정전마음공부 20년 기념집

정전(正典) 모시고

마음 공부한 자료

(총서편, 교의편)

류 백 철

정전(正典)은
누구나 다
바른 진리관,
바른 신앙관,
바른 수행관을
알게 하고
기르게 하고
사용하게 하여
광대 무량한 낙원으로
인도하는
산 경전이다.

어떤 마음가짐으로 공부할 것인가?

우리 회상은

과연 어떠한 사명을 가졌으며,

시대는

과연 어떠한 시대며,

대종사(大宗師)는

과연 어떠한 성인이시며,

법은

과연 어떠한 법이며,

실행 경로는

과연 어떻게 되었으며,

미래에는

과연 어떻게 결실될 것인가를

잘 연구하여야 할 것이니라[1].

---

1) 원불교 교사, 제1편 개벽(開闢)의 여명(黎明), 제1장 동방(東方)의 새 불토
(佛土), 1. 서설, p.1025.

왜 '정전(正典) 공부'를 열심히 해야 하는가?

"정신이 갈래이면 큰 공부를 하기가 어려우니 그대들은 정전(正典) 한 권에만 전 심력을 기울여서 큰 역량을 얻어 보라.……큰 도에 드는 데에는 글 많이 보고 아는 것 많은 것이 도리어 장애가 될 수도 있는 것이니, 큰 공부하려거든 외길로 나아가며 일심으로 적공하라2)."

정산 종사 경성에서 환가(還駕)3)하시어

"여러분들을 수 십 일 동안 보지 못하여 할 말이 있노라."

하시고 하명(下命)하시어, 학원생 수 십 명이 환희에 넘쳐 조실로 모여 들었고, 여러 가지로 훈화하신 후,

"지금에 있어서는 무엇보다 실력을 완비(完備)하여야 하며, 모든 공부를 하는 데도 요령을 잘 잡아서 특히 필요한 것을 먼저 해야 하나니라." 하시고

말씀하시기를

"제일 먼저 중요하게 공부해야 할 것은 '정전'이니, 우리의 '정전'을 숙어로나 문법으로나 진리로나 막힘이 없이 능수능란(能手能爛)하게 한다면 제아무리 석사·박사가 질문을 할지라도 거기에 막힘이 없을 것이며, 따라서 교화에도 지장이 없이 잘 할 것이니라4)."

순봉이 여쭈었다.

"정전 강의를 들어보면 표현이 서로 달라서 처음 공부하는 사람이 더위잡기 힘들겠으니 정통적인 해석서가 하나 나왔으면 좋겠습니다."

"그럴 것 없다. 누가 틀리게 하더냐. 해석서가 있으면 거기에 얽매어 '정전' 원문을 소홀히 하는 단점이 있음을 알아야 한다5)."

(이는 '정전' 원문 공부를 더 열심히 해야 한다는 의미다.)

---

2) 대종경 선외록, 8. 일심적공장(一心積功章), 1절, p.58.
3) 수레·가마 따위를 타고 돌아간다는 뜻으로, 윗사람이 외출하였다가 집으로 돌아오거나 돌아감을 이르는 말.
4) 정산 종사 법설, 제1편 마음 공부, 22. 정전을 열심히 공부하자, p.40.
5) 한 울안 한 이치에, 제1편 법문과 일화, 5.지혜 단련, 18절, p.101.

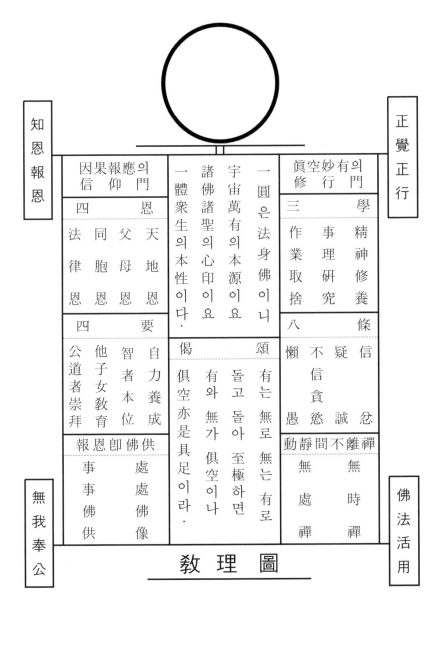

教 理 圖

知恩報恩

正覺正行

無我奉公

佛法活用

因果報應의 信仰門

四 恩

天地恩　父母恩　同胞恩　法律恩

四 要

自力養成　智者本位　他子女教育　公道者崇拜

報恩即佛供

處處佛像　事事佛供

一圓은 法身佛이니
宇宙萬有의 本源이요
諸佛諸聖의 心印이요
一體衆生의 本性이다.

頌

有는 無로 無는 有로
돌고 돌아 至極하면
有와 無가 俱空이나
俱空亦是 具足이라.

偈

眞空妙有의 修行門

三 學

精神修養　事理研究　作業取捨

八 條

信 忿 疑 誠 不信 懶 貪 愚

動靜間不離禪

無時禪　無處禪

과거에는 천생(千生)에 할 공부를
이 회상 이 법으로는 단생(單生)에 할 수 있다

"수신(修身)은 천하의 근본이니라.

각자의 마음을 잘 쓰게 하는 용심법(用心法)이라야 사주팔자(四柱八字)를 뜯어 고쳐서 인간을 다시 개조하게 되느니라.

대종사님 말씀하시기를

'과거에는 천생(千生)에 할 공부를 이 회상(會上) 이 법(法)으로는 단생(單生)에 할 수 있고, 평생(平生)에 할 공부를 정성만 들이면 쉽게 이룰 수 있다.'

고 하셨으니, 이 공부 길이라야 천여래 만보살이 배출하게 될 것이니라.

그러므로 우리는 이 회상에서 이 법으로 기필코 성불해야 하느니라.

이 법은 대종사님께서 평생을 통해서 하신 공부길이요, 영생의 공부 표준이시며, 누구나 스스로 성불하여 영겁에 불퇴전(不退轉)이 되도록 하신 법이니라6)."

"대종사님께서 말씀하시길

'내 법대로만 공부하면 천생(千生)에 할 것을 단생(單生)에 끝낼 수 있고, 단생에 할 것을 나에게 참으로 돌리면 일 년이면 끝마칠 수 있다.'

고 하셨느니라.

다 짜놓으신 법이니, 이 법으로 천여래 만보살이 나오도록 하자7)."

---

6) 대산 종사 법문집, 제1집, 정전대의, 12. 상시 응용 6조 공부, p.49.
7) 대산 종사 법문집, 제3집, 제3편 수행(修行), 64. 특신급이 곧, 정정(定靜), p.159, 제5편 법위(法位), 13. 천생에 할 것을 단생에, p.265.

정전마음공부 훈련 연혁[8]

원기 2년(1917)에 대종사께서 첫 조단을 하신 후, 구인 제자들이 오늘날의 상시 일기인 '성계명시독(誠誡名時讀)'으로 10일 동안 지낸 바 마음을 청·홍·흑점으로 조사해 그 신성의 진퇴와 실행 여부를 대조하게 하였다. 이것이 교단 최초의 정전마음공부 훈련이었다.

대종사께서 변산에서 제법하기 전, 정산 종사에게 "새 회상의 법은 어떤 방향으로 제정하여야 하겠느냐?"고 물으시니, 정산 종사 답하시기를 "앞으로의 교법은 실생활에 부합되게 해야 할 것입니다."라고 말씀드리니, "그 말이 옳도다." 인증하시고, 실생활에 부합되는 법을 제정하셨다.

그리고 익산 총부에서 교문을 처음 여시고 주경 야독으로 오랜 생활 동안 저녁에는 반드시 대중을 공회당에 모이게 하시고, 구전 심수 정통 법맥의 마음 공부 훈련을 시키셨다.

따라서 영산·변산·익산총부 시절, 주경 야독 생활을 하면서도 대종사 모시고 문답하고, 감정 얻고, 해오 얻는 구전 심수의 정법 아래 훈련한 것이 곧 정전마음공부 훈련이었다.

원기 28년(1943) 정산 종법사 취임 이후, 정산 종사·주산 종사께서도 영산과 총부에서 역시 구전 심수와 정통 법맥의 마음 공부 훈련을 직접 시키셨다.

원기 46년(1961) 대산 종사께서 하섬에서 정양하면서 '정전대의'로 강의하였고, 이때 동산(이병은)·형산(김홍철)·예타원(전이창)·향타원(박은국)·법타원(김이현) 종사들께서 참석하셨다. 7월에 하섬에서 나온 대산 종사께서는 8월부터 대구, 부산 등지의 교당을 순회하며 '교리실천도해'를 강의하셨다.

그러나, 2차 세계 대전 전후와 해방, 6·25 혼란 속에 사회의 제반 여건으로 마음 공부 훈련 여건도 재정착됨이 늦어졌고, 또한

---

8) 이 글은 장산 황직평 종사께서 포함시키라고 주신 원고를 바탕으로 시기별로 정리하고, 초기 교단의 훈련 모습과 최근 각 지역 마음 공부방의 동향을 추가한 것이다.

너무 오랜 세월 동안 불교와 유교에 힘입는 방향으로 치중되었기에 정전마음공부 훈련의 정통 법맥 계승이 부족하였다. 결과적으로, 약 20년 사이에 교단의 구전 심수의 정법 아래 훈련하는 마음공부 분위기가 흩어지게 되었다.

원기 47년(1962) 정산 종사 열반으로 종법사에 취임하신 대산 종사께서 삼동원에서 '정전대의'와 '교리실천도해'로 역시 구전 심수 마음 공부 훈련을 실시하였고, 이때 좌산(이광정)·각산(신도형)·장산(황직평)·진타원(박제현)·좌타원(김복환) 종사들께서 참석하셨다.

그러나 약 20년 동안 흩어진 구전 심수의 마음 공부 분위기의 재정착은 결코 쉽지 않았다.

대산 종사께서 원기 79년(1994) 11월 종법사위에서 퇴임하시기 1년 전인 원기 78년에 요양 문제로 여러 지역을 물색하던 중, 장산 종사(당시 법무실장)께서 수계농원을 지정하여 말씀드리니, "왕궁에서 거리도 가깝고 대종사님과 정산 종사님의 성혼(聖魂)과 성적(聖跡)이 담겨 있고 나툰 곳이니 큰 호념(護念)이 계실 것 같다."하시고 이에 응하셨다.

원기 78년 10월 16일부터 오전 9시에 가시어 오후 1시에 왕궁으로 환가하는 일을 계속하기 시작하셨다. 10여일 왕래 후, 수계농원 사무실 앞에 훈련생 숙소로 쓰던 것을 가 보시고, "이곳이 훈련을 나던 곳이 아니더냐? 이 방을 정리하여 앞으로

<원기 78년 10월부터 왕궁-수계농원 다님>

정전마음공부 훈련을 실시하라."고 장산 종사께 바로 지시하셨다.

"대종사님께서 총부의 기반을 확립하기 산업 도량으로 직접 답사하여 구입케 하셨고, 세 번 정도 더 왕래하시면서 과수 나무도

몇 그루 더 심게 하셨다. 앞으로 여기서 교단의 훌륭한 인재들이
많이 배출될 것이다. 마치 누에를 키울 때 막잠 자고 한 마리가
오르면 전 누에가 같이 오르는 것과 같이 인재들이 배출될 것이니
라."고 법문하였다.

6·25 후에 교단의 형편이 너무 어려우므로 이 수계농원 큰 덩
치를 정리하여 교단의 어려운 사정을 넘기자고 총부 전 간부들이
정산 종법사께 품의를 올리고 공사를 수없이 많이 하였었다.

그때마다 정산 종법사께서는 대종사께서 친히 마련하시고 왕래
하며 성적을 나투신 곳이라고 결재를 하지 않으셨는데, 나중에는
더 이상 피할 수 없는 과정이어서 허락하셨다.

그날 낮, 의자에 앉아 계셨는데 비몽사몽간에 수계농원에 큰 서
기가 떠오르는 것을 보시고, 수계농원 원장인 근산 지해원 종사를
불러 당시의 모든 심경을 말씀하시고 근산이 사수해 달라고 당부
하신 일이 있으셨다. 결국 그때 팔지 아니하셨기에 이 수계농원이
성지로 남아 있게 되었다.

그러므로 나는 두 스승님의 깊고 넓은 뜻과 경륜을 받들어 이
훈련을 시작하라고 하는 것이니, 장산 너는 이를 명심하여 받들어
주기 바란다. 매일 한 칸씩 방을 청소하고 수리할 곳이 있으면 하
라."고 크게 당부하셨다.

장산 종사께서 법무실 직원과 수계농원 원장 이하 전 직원과
합동 공사를 하여 대산 종법사의 뜻을 알려드리고, 훈련을 할 수
있게 모든 준비를 하자고 합의하셨다.

대산 종법사께서 원기 55년(1970)도 여름에 하섬에 유가하시며
7대 교서를 마지막 감수하시고, "교단의 생명은 교리·마음 공부
훈련에 있으니, 이후로는 전 교단과 교무들이 훈련에 대한 각성을
가져 전 교도가 교리로, 법으로 기질 변화하도록 다 같이 합심·합
력하여 정진하여야 한다."는 경륜을 발표하셨다.

다시 수년 전부터 재가·출가 전 교도에게 "이제부터는 더욱 교
리 공부에 건성건성하는 바가 없이 정신 똑바로 차려 마음 공부하
자.고 당부하셨다.

또한 "이 교단을 한 사람 한 사람이 책임지고 이끌어나갈 의무와 책임이 있으니 자력을 양성하라. 이제 나에게는 힘이 다하고 없으니 특별히 적공하라."고 당부의 말씀을 하셨다.

재가·출가가 왕궁 조실에 배알하러 오면, 과거 삼천불 명호를 걸어 놓고 자기의 호나 법명에 같은 자 하나가 들어 있으면 자기의 부처로 삼고 큰 적공하라는 당부도 있었다.

그래서 장산 종사께서 이를 어떻게 추진해야 실현될 수 있을까 염원하셨다.

원기 78년(1993) 1월부터 서울 청년 5~6명(박영훈, 홍숙현, 황인상, 인도중, 김순남, 한숙희)을 데리고(그 모임의 이름을 '정신개벽의방언공사팀'이라고 지음.) 약 1년간 정전마음공부단 활동을 실지로 훈련시켜 보고 정통 법맥의 실증이 확인되었으므로 원기 79년(1994) 1월 5일에서 10일까지 수계농원에서 제1차 정전마음공부 훈련을 실시하기 시작함으로써 구전 심수의 정통 법맥을 계승하게 되었다.

<수계농원 대각전에 있던 액자 글씨>

근 1년간 학생, 청년, 교무와 지방 교당, 강동교당, 대덕연구단지 대덕부부회, 대원회(서원회 졸업생), 제주교구, 대학원생 일부, 영동교당 교도 등 각 방향으로 훈련을 실시한 결과, 정통 법맥의 실증이 여러 방향으로 나타났다.

대산 종사께서 원기 79년 12월 20일부터 22일까지 실시한 그 해 마지막 훈련인 제주도 마음공부 훈련의 결과를 보고 받으시고, "교단의 경사요 교운이다."라고 하시며, 아울러 "이것이 바로 정법 부활이며, 수계농원은 법낭지고, 성지가 될 것이다."라고 명명하여 주셨다. 그러시고 "나를 수계농원에 오게 한 것은 대종사님과 정산 종사님과 주산 종사님께서 하신 일인 것 같으며, 교운이라고 아니할 수 없다."고 하셨다.

<원기 82년 8월 제8차 정전마음공부 정기 훈련, 수계농원>

　원기 83년(1998) 대산 종사 열반 1달 전쯤, 장산 종사를 부르시어 "앞으로 교단에 대혁명이 하나 남아 있다. 그것은 바로 '마음 공부 대혁명'이다. 이를 꼭 이루어야 한다."고 재삼재사 부촉하셨다.

　이와 같이 정전마음공부 훈련은 원기 79년(1994) 1월부터 원기 86년(2001) 8월 14차 훈련까지 수계농원에서 실시하였고, 원기 87년 2월부터 원기 91년 2월에 15~23차 훈련이 성주삼동연수원에서, 원기 91년(2006) 7월 영산성지에서 24차 훈련이, 원기 92년 1월 서울유스호스텔에서 25차 훈련이, 원기 92년 8월 대구동명훈련원에서 26차 훈련이, 원기 93년(2008) 1월 27차 훈련과 8월 28차 훈련이 경주 화랑고에서, 원기 94년 1월 오덕훈련원에서 29차 훈련이, 원기 94년 8월부터 원기 96년 1월까지 경주 화랑고에서 30~33차 훈련이, 원기 97년(2012) 8월과 원기 98년 1월에 대구동명훈련원에서 36~37차 훈련이, 원기 98년(2013) 8월부터 99년 1월 경주 화랑고에서 38~39차 훈련이, 원기 99(2014) 8월에 삼동배내청소년수련원에서 정전마음공부 20주년 40차 훈련이 실시되었고, 원기 100년 1월에 익산 유스호스텔 이리온에서 41차 훈련을 한고 난 후, 40차까지 대산 종사의 당부를 받들어 서울 시민선방에서 우산 최희공 원무를 중심으로 또 다른 정전마음공부 훈련을 실시해 오던 새삶 훈련과 통합하기로 하고, 원기 100년(2015) 7월에 오덕훈련원에서 좌산 이광정 상사님과 장산 황직평 종사님을 모시고 42차 새삶·정전마음공부 훈련을 실시하였다.

이렇게 20년 동안 서울·부산·대구·진주·익산·대전·담양 등지의 지역에서 정전마음공부방이 정착되었고, 경주화랑고, 합천원경고 등 교립 대안학교에서 정전마음공부를 바탕으로 성장하고 있다.

<원기 99년 1월 39차 정전마음공부 정기 훈련, 경주화랑고>

따라서 정전마음공부 훈련은 대종사의 일대 경륜이요 진신 사리인 정전을 바탕으로 마음을 잘 사용하여 새 세상의 주인이 되게 하는 훈련이며, 대종사·정산 종사·대산 종사께서 전해 주신 구전 심수의 정통 법맥을 계승하는 훈련이다.

대산 종사께서 재삼재사 부촉하신대로 각자가 '마음 공부 대혁명'을 일으키는 대공부인이 되고, 우리 가정·사회·국가·세계에 '마음 혁명'을 일으키는 대마음공부혁명가가 되고, 사은님께 보은하는 대보은자가 되는 것이 마음 공부인들에게 주어진 소명일 것이다.

정전마음공부의 뜻

원불교 신문, 1053호, 2000년 4월 21일(금)

최병오(경기·인천교구
교의회의장, 이천교당
교도회장)

정전마음공부에 대한 관심이 고조되고 있다. 가끔 신문에서 이 공부에 미처 동참하지 못한 일부 사람들이 반대 의견을 제시하는데, 이 또한 관심의 표시며 이 공부법의 진가에 대한 이해가 교단적으로 되어지고 있다는 뜻인지라 반갑다.

여기서 오래 전 대산 상사님께 직접 받든 법문을 전해 드리면서, 이 공부법에 대한 스승님의 거룩하신 뜻을 우리 다같이 알았으면 하는 마음으로 이 글을 쓴다.

대산 상사님께서는 일찍이 '교리실천도해(敎理實踐圖解)'라는 이름으로 이 공부법을 내신 바 있으나, 친히 정전마음공부로 그 이름을 다시 지어 주시었고, 그 훈련 방법도 직접 감정을 해 주신 것이니, 일체 대중이 그대로 받들어 쓰도록 하는 데 두 마음이 없어야 된다고 생각한다.

먼저 배운 우리가 잘 쓰면서 일체 대중에게 잘 전해 주면 대중이 최후의 심판을 할 것이니, 우리가 스승님의 가르치신 바를 놓고 시비할 것이 아니라 지금하고 있는 공부팀의 자세나 그 행하는 방법에 서툰 점이 있다면 그 점을 보완해 가는 합력이 필요하다고 생각한다.

원기 79년에 대산 상사님의 명에 따라 재가 교도들에게 정전마음공부를 훈련시키기 위한 시험 과정을 서울에서 처음으로 실시했을 때 5주간 훈련을 받는 복을 받았는데, 그때 나의 운명이 바뀌게 되었고, 원기 80년 1월 15일에는 정토회관에서 이 정전마음공부를 한 감상담을 발표하게 되었다. 이때 대산 상사님께서 내게 이 정전마음공부에 관한 많은 사실을 직접 성음으로 법문해 주셨다.

"장산 30년 됐지?"

"30년 전에 내가 이 공부법을 내놓고 공부시키다가 그때는 여러 가지 사정상 때가 되지 않아서 중지했었지. 그 이후 몇 사람이 꾸준히 공부했고 그런 중에도 형산 종사와 성산 종사가 나보다 10년이나 연장이지만 내 제자가 되어서 이 공부했지."

그때서야 두 분 선진님께서 그림자처럼 대산 상사님을 모시고 다니시던 모습이 이해가 되고 눈물이 핑 도는 감격을 느꼈다. 또 옆에 있는 장산 종사님에게는 정전마음공부를 잘 시키는 것을 칭찬하시고, 이 공부를 앞장서서 끌고 계신 장산 종사님을 높게 인증해 주셨다.

이때 나는 대산 상사님께서 일생을 거시고 우리 일체 대중에게 이 공부법을 전하고자 하시었음을 알았고, 영생을 두고 이 가르침대로 공부하고 또 하리라고 다짐했다. 그 이후 이 정전마음공부를 하면서 이 공부법은 실 뭉치 푸는 것과 같다는 것을 알았다.

대종경 수행품 1장에는 경계를 대하여 일상 수행의 요법으로 마음 대조를 어떻게 하는 것인지 그 쓰는 방법을 마치 사용 설명서 같이 알려 주시었으며, 마음 대조를 하여 그 요란함을 없게 하면 반드시 그 어리석음과 그 그름도 없게 하는 공부가 함께 되어져서 삼학 병진이 저절로 되어지는 것을 알게 되고, 전에는 그렇게도 가늠할 수가 없었던 우리의 정전 공부가 쉽고 자연스럽게 되어지며, 비로소 대산 상사님께서 왜 이 공부의 이름을 '정전마음공부'라고 정하셨는지 짐작이 되었다.

이와 같이 상사님께서는 장산 종사님을 30년간 정전으로 공부를 시키신 후에 이 정전마음공부의 지도인으로 명하시고, 수계농원을 그 기초 훈련 장소로 정하시어 언제나 이 공부에 대한 감정을 내려 주시며 이 공부가 새롭게 교단적으로 이루어지는 것에 대하여 매우 기뻐하시었다.

특히 수계농원에서 이루어지는 정전마음공부 정기 훈련에는 훈련 때마다 훈련생들에게 직접 격려를 해 주시고, 그들의 공부한 것을 감정을 해 주시기도 하시었다.

그리고 잘 아는 바와 같이 많은 교무님들이 수계농원에서 이 훈련을 나고 종법사님께 올리는 서원의 글을 써서 몇몇 사람은 그 자리에서 직접 읽어 올리고, 다른 모든 사람들의 서원문은 시자를 통하여 종법사님께 올림으로써 새롭게 정전마음공부를 할 것을 다짐하였다.

원기 79년에는 우리 교단의 많은 원로 선진님들께서도 대산 상사님을 모시고 이 훈련을 나시고, 이 훈련을 통하여 대종사님께서 가르쳐 주신 그 향기를 느낄 수 있었다고 감격해 하셨다는 말씀을 녹화 테이프나 녹음 테이프를 통하여 알았다.

이렇게 교무님들을 먼저 훈련시키신 의미는 이 정전마음공부가 감정(鑑定)과 훈증(薰蒸)이 함께하는 구전 심수가 아니면 되지 않기 때문에 그 지도인을 먼저 양성하신 것이 아닐까.

특히 원기 81년 6월 나는 하와이국제훈련원에서 대산 상사님께서 장산 종사님께 명하시어 미국인 부부에게 이 정전마음공부를 시키실 때 통역으로 보조한 적이 있다. 그때 상사님께서는 그 서양 사람 부부의 정전마음공부를 매우 기뻐하시면서 시간시간으로 통역을 한 나를 부르시어 "그 사람 어떠냐?" 하고 물으셨다. "그 사람 이제는 자기 아버지를 미워하지 않을 것 같다고 한다."고 보고를 드리면 "앗다야! 그 사람들 대단하다."고 하시며, 오로지 좋아하시었다.

그리고는 그 자리에 함께하신 향타원 박은국 종사님, 예타원 전이창 종사님과 장산 황직평 종사님께 "앞으로 이 훈련법으로 코큰 사람들을 훈련시켜라. 세계 사람이 다 할 수 있는 훈련법이다."라고 말씀하셨다[9].

이 보잘 것 없는 나에게 이런 속 이야기를 해 주신 깊으신 뜻을 근래에야 짐작해 알았다.

---

9) 덕산 최병호, "추억 속의 대산 종사 18 : 정전마음공부는 정법 부활", 원불교신문, 제 1652호, 2013. 3. 15.(금).

‘민심의 정도가 진리 신앙을 하도록까지 익어 가는 데에는 시간이 걸린다. 내가 30년을 기다린 이유를 잘 알아야 된다. 시간이 걸리고 말이 많더라도 몇몇 지킬 사람이 지키고만 있으면 진리는 때가 되면 저절로 다 이루어진다. 이것은 사람이 하는 일이 아니다. 진리가 하고 대종사님과 정산 종사님과 주산 종사님께서 하시는 일이니, 너희들은 법맥만 놓지 말고 준비하고 기다리면 된다. 때가 되면 불같이 일어날 것이니 그때까지 잘 준비해라. 반대가 있더라도 개의치 말라. 그들도 다 역할을 하고 있으니 다만 신심과 공부심으로만 대하라.’고 하신 가르침이었다고 생각했다.

우리는 더 이상 이 거룩한 공부법에 대한 개인적인 견해를 주장하지 말고, 삼가 받들어 대산 상사님께서 오랜 동안 이 정전마음공부에 쏟으신 대자대비의 성심을 잘 받들면 좋겠다.

정부에서는 교육 정책에 반영하고, 다른 종교의 신자들도 종교의 울을 넘어서 이 정전마음공부를 하고자 하는 이때에 그 종가인 우리 교단에서 오히려 무관심하거나, 비난하거나, 배척하는 실수는 하지 말아할 것이다.

이 정전마음공부는 생활 그 자체가 다 프로그램이니 달리 무슨 특별한 프로그램이 필요하지도 않다. 경계를 대할 때마다 나의 마음을 그대로 보고, 다만 끌리고 안 끌리는 대중만 잡아서 그것을 있는 그대로 기재한 마음 일기만 있으면 되는 것이다. 이것이 늘 깨어있는 불리자성(不離自性) 공부다.

원불교 교리를 모르는 초등학생들이 “앗, 경계다!”라고 선생님께 배운 이 한 마디만으로도 마음 대조를 잘하여 바른 사람이 되었다. 경계를 대하여 경계인 줄 알고, 그때가 공부할 때인 줄 알아 그 순간에 마음대조공부를 하면 되는 이 간단한 공식을 그대로 실천한 것일 뿐이다.

이 공부의 프로그램은 이미 대종사님께서 다 잡아 주시었으며, 이 공부의 지도인들은 다만 그 프로그램 따라 공부의 방향로만 잡아주므로 공부인들은 그 공부하는 방향로를 배워서 그대로 실천을 하면 되는 것이다.

또한 마음 대조로 자성의 정·혜·계를 세움에 있어 경계를 따라 취사를 먼저 할 수도 있고 혹은 수양을 먼저 할 수도 있고 혹은 연구부터 해 나갈 수도 있지만, 어느 경우라도 반드시 정전을 바탕으로 한 삼학을 병진하게 됨을 알게 될 것이다.

대종사님께서는 몇몇 수승한 깨친 사람은 물론이요, 어리석고 깨치지 못한 모든 사람들까지도 이 공부법으로 깨친 듯이 살면서 스스로 진리를 깨쳐 가도록 하는 용심법을 내시었고, 정산 종사님께서는 "마음 공부 잘 하여서 새 세상의 주인 되자."고 하셨으며, 대산 종법사님께서는 정전마음공부로 그 공부길을 다시 한 번 잡아 주신 것이다.

이제는 이 정전마음공부는 전국 각지에서 출가 교도, 재가 교도, 비교도 할 것 없이 많은 사람들이 갖가지 형태로 공부를 하고 있으며, 그 공부한 결과는 장산 종사님에게 모아져서 감정 훈증을 받고 좌산(佐山) 종법사님께 보고 되어 종법사님의 격려를 받들고 계신 것으로 알고 있다.

우리는 한 사람도 빠짐없이 다 같이 이 정전마음공부에 일심 합력하여 이 정전마음공부를 교단적 훈련법으로 정착시킴으로써 대종사님께서 일체 대중에게 주신 개교의 동기를 나의 개교의 동기로 실현하는 공부를 잘 하여 정산 종사님의 탄생 100주년에 스승님께 큰 효를 받들어 올릴 수 있기를 간절히 기원하는 바이다.

정전마음공부 훈련 법문

대산 종사, 원기 79년부터 수계농원을 왕래하시며 시자에게 말씀하시기를

"이 땅을 대종사께서 마련해 주시고 정산 종사께서 사수하라 하시며 앞으로 이 땅에서 많은 불보살들이 큰 서원을 세울 것이라 하셨으니, 이처럼 성심(聖心)어린 도량에서 염원했던 '정전마음공부' 훈련이 아주 알차고 뜻있게 진행되어 훈련받은 학생이나 교도나 교무들이 대종사님을 직접 모시는 것 같다 하고, '정전'이 살아 움직이는 경전으로 보인다 하니 참으로 무엇과 비길 수 없는 큰일이고 보배라 아니할 수 없노라.

그러므로 이곳을 교단 만대에 인농(人農)과 법농(法農)의 산 터전으로 삼도록 하자."

<대산 종사 법어(자문판 회람용), 제6 회상편, 59장>

대산 종사, 황직평(黃直平) 법무실장에게 대사식(戴謝式) 법문 초안을 읽게 하신 후 말씀하시기를

"내가 요즘 몇 차례 밝힌 것 중에서 한 가지 중요한 뜻이 빠졌나니, 그것은 숭덕존공(崇德尊公)[10]의 정신을 더욱 진작시키는 일이니라. 이는 새 종법사 추대 후 교단적으로 가장 중요한 일이므로 신성과 서원이 나날이 살아나 일원대도의 혜명을 온전히 받들고 이 법통을 누만 대에 이어갈 큰 도인을 많이 배출하도록 법풍을 진작시키고 교단의 정신적 지도 체제를 확립해야 하리라.

내가 신도안 삼동원에서 '교리실천도해'와 '정전대의'로 제자를 키웠듯 '정전마음공부' 훈련으로 그 법맥을 부활시켜야 하나니, 모든 역사는 뒷사람들에게 맡기고 오직 이 일에 정진하자."

<대산 종사 법어(자문판 회람용), 제6 회상편, 61장>

---

10) 덕을 받들고 공중을 존중함.

대산 종사, 원기 79년 12월 정전마음공부 훈련 내용을 듣고 말씀하셨다.

"내가 왜 정법으로 부활된다고 자주 말하는지 알겠느냐?

구전심수하는 정통정맥의 법맥이 다시 살아나기 때문이다. 교단과 재가·출가도 한 때는 구전심수의 정법으로 부활했다. 때로는 외부의 영향이 크고, 안으로 교단과 개인들이 수행의 힘이 약하면 자신도 모르게 상법(像法)·계법(季法)의 시기를 밟을 수 있다.

그러나 대세와 대운이 천운을 타서 나아가기 때문에 큰 걱정은 없다. 지금은 일원 회상이 천운을 받을 시대이므로 그 대세 속에 같이 휩싸여 나가나 혹 개인들은 많은 손해를 볼 수 있다.

그러므로 정신 차려 일원대도의 대도 정법 법선(法船)을 정확하게 타고 가도록 지도해야 하겠다.

이는 어디까지나 '정전'에 뿌리를 박고 박아서 일원상의 진리를 믿고 깨달아 일원상의 신앙을 잘 하고, 일원상의 수행을 하고, 일원상 서원문을 생활화하고, 일원상 법어를 정기 상시 훈련을 통하여 체질화 자기화하여, 일원의 나이를 먹고, 살이 찌고, 철이 들어 완전히 일원의 순종이 되어야 한다.

그대로 체받아 몽땅 본받아 오는 것이다. 흉내를 내거나 모양을 내거나 하는 것이 아니다. 남을 위하는 것이 아니고 자기의 일생과 영생을 위하는 것이다. 이는 자기 불공이 바로 인류의 불공이 되며, 서로 크게 도움이 되는 길이다.

내가 금년 1년 동안 수계농원을 오가면서 훈련 나는 교무들의 보고를 받고, 또한 내게 올린 편지(감각 감상)를 읽어보았다. 이가 바로 정법 부활의 훈련이다. 보통 경사가 아니고 교운이다."

<대산 종사 수필 법문집 2, 원불교100년기념성업회, p.1740, 2014>

대산 종사, 원기 80년 2월 조실에 들어온 장산에게 말씀하시었다.

"정전마음공부 훈련에 대하여 금년 초부터 계속하고 있고, 앞으로도 계속한다니 내 마음 기쁘다.

그리고 재가·출가 공부인들이 마음공부 훈련을 난 후 장산이 훈련 보고를 할 때마다 나는 항상 교단의 경사라고 심축하였다.

이는 각 훈련 기관의 훈련도 마음공부 훈련으로 정법 부활을 시키고 있으니 다행이다.

그래서 나는 장산이 내 옆을 자주 떠나 교당 교도들의 정전마음공부 훈련을 다니는 것을 죄송스럽게 생각 말라. 더 열심히 정성스럽게 부지런히 다니며 불사를 다하라.

장산이 다니는 것 같아도 그것은 아니다. 바로 대종사님과 정산 종법사님과 주산 종사님과 내가 다니는 것과 같다.

내가 크게 호념하고 있으니 아무 걱정 말고 그일 하거라."
<대산 종사 수필 법문집 2, 원불교100년기념성업회, p.1747, 2014>

대산 종사, 원기 83년 4월에 장산 황직평 교령이 서울을 다녀와 정전마음공부 훈련하고 온 보고를 드리니

"너는 건강이 괜찮으냐? 네가 그렇게 전국을 다니며 마음공부 훈련을 시키니 교단에 공부 풍토가 살아나 새 기운이 돌고 회상이 살아나는 것 같다.

그러한 일은 다 대종사님과 정산 종사님과 주산 종사님의 성령께서 오시어 지켜 주시고 돌봐 주시는 것이다.

그러므로 사람이 하는 일이 아니라, 천지와 진리가 하는 일이다."라고 말씀하셨다.
<대산 종사 수필 법문집 2, 원불교100년기념성업회, p.1759, 2014>

머 리 말

이 '정전 모시고 마음 공부한 자료'는 원기 80년 12월 23일부터 25일까지 수계농원에서 열린 정전마음공부 훈련에서부터 비롯되었다.

장산 황직평 종사님의 정전 원문에 바탕한 설법은 대종사님 법을 보는 눈을 뜨게 하였다. 즉 당시 훈련 교재 중 두 페이지에 쓰여진 '-이니라, -리요, -로다' 등의 접미사와 대종사님께서 정전에서 자상히도 일러주고 있는 '정신, 수양, 신, 분……' 등의 용어 풀이는 새로운 감동으로 다가왔다.

이들은 한글 사전과 정전에서 옮겨 놓은 것에 불과하였으나, 이때까지 느낌으로 대강 안다 여기고 스쳐버린 것들이었다.

그런데 이 풀이대로 해석을 해 보니, 정전을 대종사님의 목소리로 들을 수 있겠다는 생각이 들기 시작했다. 용어의 뜻을 정전에 쓰여 있는 대로 답해 보라는 질문에 번번이 막히기 일쑤였지만, 그 말씀대로 풀어 보니 오히려 더욱 선명해졌다.

훈련을 마치고 돌아와 정전의 용어를 하나하나 찾아보니 참으로 묘미가 있었다. 정기 일기를 기재하고, 몇몇 교우들과 공부를 하면서 용어를 하나씩 정리하기 시작했다. 처음에는 그냥 정리나 한번 해 보자는 생각으로 시작하였으나, 하면 할수록 마치 퀴즈 풀이처럼 재미가 붙기 시작했고 정전의 한 말씀 한 말씀에 담겨있는 의미를 발견하는 눈이 떠지게 되었다.

거듭되는 훈련과 공부 모임 때마다 일반적인 상식이나 불교적인 용어로 답하지 말고 대종사님께서 정전에 밝혀 놓으신 대로 답해 보라는 말씀과, 수 십 개의 테이프에 담긴 훈련 법문의 한 말씀 한 말씀은 진리에 목말랐던 가슴을 적시며 하나씩 담기기 시작했다.

어느 정도 정리한 것을 다시 보면 수정·보완할 것이 다시 보이고……. 한 구절 한 구절의 말씀은 며칠이고 때로는 몇 달이고 몇년이고 성리·의두가 되었고, 알아지는 만큼 정리하고 또 정리하였다. 우리 교리 전체가 온통 성리로 되어 있는 성리대전(性理大全)이라는 장산 스승님의 말씀이 비로소 이해되기 시작했다.

그러면서 서가에 몇 년째 꽂혀 있던 각산(覺山) 종사님의 '교전 공부'는 스스럼없는 친구가 되었고, 볼수록 돌고 도는 단어에 혼란스럽기만 하던 '원불교 용어 사전'은 좋은 길잡이가 되었다.

정전의 한 말씀 한 말씀에 담겨 있는 뜻을 캐다 보니 보물찾기가 딴 데 있지 않았다. 바로 정전에, 대종사님의 말씀에 있었다. 정산 종사님과 대산 종사님은 어떻게 말씀하셨을까 하고 '정산 종사 법어', '세전', '교사', '한 울안 한 이치', '정산 종사 법설', '대산 종법사 법문집', '대산 종사 법어'의 말씀을 인용하기도 하였다.

또한 훈련 때마다 적어 두었던 스승님들의 말씀과 법동지들의 일기는 좋은 참고 자료가 되었으며, 정전을 연마하며 기재해 둔 정기 일기는 정전 활용 예로 군데군데 삽입하였다.

이 공부 자료는 초보 교도의 입장에서, 마음 사용에 정전의 원문을 어떻게 활용할 것인가 하는 관점에서, 한글을 아는 사람이면 누구나 알 수 있고, 이 한 권이면 누구나 정전 공부를 할 수 있도록 하면 좋겠다는 생각과, 대종사님의 법을 건성건성 해석하던 지난날을 돌아보며 정리하다 보니 중언부언한 점도 없지 않다. 이런 미숙한 점들은 영생을 통해 공부가 되어지는 만큼 해결해 갈 것이다.

아직은 너무도 부족하지만 알아지는 만큼 보완할 것이며, 한 매듭을 짓는다는 의미에서 진리에 목말라 헤맨 경험을 돌아보며 한 권의 책으로 묶게 되었다.

항상 왕초보 공부인이다. 대종사님의 법을 그대로 밟아 가는 공부인, 성불 제중 제생 의세하는 공부인이 되도록까지 서원하며, 우리의 교법과 마음의 눈을 뜨도록 인도해 주신 장산 스승님과 많은 심사·심우님들의 은혜에 지면으로나마 감사드린다.

원기 101년(2016) 3월

류백철 합장

차   례

제1 총서편 (總序編)[11]

총서편은, 집을 짓는 것에 비유하면, 집을 어떻게 지을까 하는 구상이다. 가용(可用) 예산에 맞추어 어느 곳에 몇 평이나 사서 어떤 구조로 지을 것인지 그 밑그림을 그리는 것과 같이.

그러므로 총서편에는 대종사님께서 깨치신 교법과 그 경륜을 펴고자 하는 포부와 의지를 밝혀 놓으셨고, 이를 사용하여 누구나 다 대각하고 개교하여 파란 고해의 일체 생령을 광대 무량한 낙원으로 인도하는 공부길을 일러주고 있다.

제1장 개교의 동기[12] (開敎-動機)

현하 과학의 문명이 발달됨에 따라 물질을 사용하여야 할 사람의 정신[13]은 점점 쇠약[14]하고, 사람이 사용하여야 할 물질의 세력은 날로 융성[15]하여, 쇠약한 그 정신을 항복 받아 물질의 지배를 받게 하므로, 모든 사람이 도리어 저 물질의 노예 생활을 면하지 못하게 되었으니, 그 생활에 어찌 파란 고해(波瀾苦海)[16]가 없으리요[17].

---

11) 총서: 경전의 첫머리에 있는 책 전체에 대한 머리말.
  편: 형식이나 내용, 성질 따위가 다른 글을 구별하여 나타내는 말.
12) 어떤 일이나 행동을 일으키게 하는 계기.
13) ①마음과 생각. 물질이나 육신에 대해서 마음을 정신이라 함. ②마음이 두렷하고 고요하여 분별성과 주착심이 없는 경지.
14) 힘이나 세력이 점점 줄어서 약해짐.
15) 기운차게 높이 일어남.
16) ①평탄하지 못하고 복잡 다단하여 고통만 있는 중생들의 세계. ②현하 과학의 문명이 발달됨에 따라 물질을 사용하여야 할 사람의 정신은 점점 쇠약하고, 사람이 사용하여야 할 물질의 세력은 날로 융성하여, 쇠약한 그 정신을 항복 받아 물질의 지배를 받게 하므로, 모든 사람이 도리어 저 물질의 노예 생활을 면하지 못하게 되는 생활.
17) -으리요: 자음으로 끝난 어간에 붙여 '-랴(이치로 미루어 어찌 그러할 것이냐 하는

'현하'란?

정전의 본문에서 맨 처음에 있는 단어다.

예사로 보아 넘길 수 없다.

하고많은 단어 중에서 하필이면 '현하'가 왜 맨 처음에 나왔을까?

'현하'는 시간적으로는 지금(현재)을, 공간적으로는 바로 여기를 가리킨다.

내가 지금 있는 이곳, 내가 지금 처해 있는 상황, 내가 지금 대하고 있는 경계와 인연 등의 의미가 온통 이 '현하'라는 두 음절에 뭉쳐져 있다.

이러하기에 '현하'가 그렇게 소중하다.

이 몸이 만사 만리의 근본이듯 '현하' 역시 시방 삼계·무시광겁의 근본이요 시작이요 끝인 동시에, 또한 시작도 없고 끝도 없는 (無始無終) 그런 근본 되는 의미를 담고 있다.

'현하 과학의 문명이 발달됨에 따라 물질을 사용하여야 할 사람의 정신은 점점 쇠약하고, 사람이 사용하여야 할 물질의 세력은 날로 융성하여, 쇠약한 그 정신을 항복 받아 물질의 지배를 받게 하므로'라 함은?

이는 우리가 살고 있는 생활의 터전과 이를 누리고 있는 인류의 변화되는 모습이다.

오늘의 세계(병든 사회)와 사람들에 대해 내린 정확한 진단 결과다.

모든 처방은 정확한 현실 인식과 판단에서부터 출발된다.

우리의 삶은 사람의 정신과 물질 세계 사이의 관계로 이루어진다.

세상은 이들의 관계로 맺어지기에 물질의 세계를 이루게 하고

뜻을 나타내는 종결형 어미)'의 뜻으로 혼자 스스로 묻거나 탄원(사정을 자세히 말하여 도와주기를 몹시 바람) 또는 한탄을 나타내는 말.

물질의 세계와 불가분의 관계를 맺고 있는 사람의 정신에 초점이 모아지는 것은 너무나 당연하다.

그러면 우리의 정신은 어떠한가?

원래 고요하고 두렷하여 분별성과 주착심이 없건마는 경계를 따라서는 분별성과 주착심에 끌려 요란해지기도 하고, 어리석어지기도 하고, 글러지기도 한다.

사람의 마음은 지극히 미묘하여 잡으면 있어지고 놓으면 없어지는 바와 같이 경계를 따라 일어나는 마음에 끌리면 정신이 쇠약해지고, 대중만 잡아 원래 마음으로 돌리면 정신의 세력이 융성해진다.

그러므로 사람의 쇠약한 정신을 어떻게 하면 두렷하고 고요하여 분별성과 주착심이 없는 원래 자리로 돌리고 세울 것인가 하는 점이 우리가 마음 공부를 할 수밖에 없는 이유며, 우리가 도달해야 할 마음 공부의 지향점이다.

'모든 사람이 도리어 저 물질의 노예 생활을 면하지 못하게 되었으니, 그 생활에 어찌 파란 고해(波瀾苦海)가 없으리요.'라 함은?

우리의 현재 모습, 나를 찾지 못한 모습, 나를 잘 사용하지 못함에 따라 나타나는 모습이요, 이에 따라 처해진 상황이다.

'저 물질'이란 무엇인가?

내가 대하고 있는 물질이며, 내 마음 작용을 일으키게 하는 일체의 만물이다.

저 물질의 노예 생활은 현하 과학의 문명이 발달됨에 따라 물질을 사용하여야 할 사람의 정신은 점점 쇠약하고, 사람이 사용하여야 할 물질의 세력은 날로 융성하여 쇠약한 그 정신을 항복 받아 물질의 지배를 받게 되는 생활이다.

왜 모든 사람이 도리어 저 물질의 노예 생활을 면하지 못하게 되었다고 하는가?

우리의 삶에서 물질을 선용(善用)하고, 물질을 얻으려고 애쓰는 등 사람과 물질은 떨어지래야 떨어질 수 없는 불가분의 관계를 맺고 있기 때문이다.

'파란 고해'는 어디에 있는가?

다른 곳에 있지 않다. 내 마음 작용에 있다.

어떤 것인가?

경계를 따라 있어지는 그 요란함(·어리석음·그름)을 수용하지 못함에 따라 그 요란함(·어리석음·그름)에 끌려다니면서 자성의 정(·혜·계)을 세우지 못하고 있는 나의 생활이다.

'파란 고해(波瀾苦海)'란?

파(波)는 작은 파도요 란(瀾)은 큰 파도를 말한다. 즉 작은 파도가 모이고 모이면 큰 파도로 변하고, 모아지지 않으면 잔 물결로 스러지고 만다.

우리의 삶에서도 작은 파도는 작은 고(苦: 괴로움)요, 큰 파도는 큰 고(苦)이다.

작은 고를 더 작게 또는 없어지게 또는 더 큰 고로 변하게 하는 것도 나 자신에게 달려 있고, 큰 고를 작은 고로 변하게 하고 또는 큰 고의 바다(苦海)에 휩쓸려버리는 것도 나 자신에 달려 있다.

그러므로 고의 경계를 따라 있어지는 파란을 고해로 만드느냐 낙원으로 만드느냐는 내가 정신의 세력을 어떻게 확장하고, 내가 물질의 세력을 어떻게 항복 받느냐에 달려 있음을 한시도 잊지 말아야 한다.

'어찌'란 말을 언제 쓰는가?

주로 안타까운 말을 할 때 강조하는 뜻으로 사용한다.

"네가 어찌 그랬느냐?"

"어찌 됐든 이만하기 천만 다행이다."

이와 같이 '어찌'라는 이 두 음절에 무어라고 표현할 수 없는 절절한 마음이 다 녹아 있다.

물질을 선용(善用)하여야 할 사람들이 도리어 물질의 노예 생활을 면하지 못하고 파란 고해에 빠져 헤맬 것을 아시니, 그 얼마나 마음이 아프셨을까!

그러므로 대종사님께서 안타까운 심정으로 애간장을 녹이면서 하시는 말씀과 어떻게 하면 파란 고해에서 벗어나 낙원 생활하기를 바라는 대자 대비심이 이 '어찌'란 두 음절에 담겨 있다.

'없을 것이다'가 아니라, '없으리요'다

'-으리요'는 혼자 스스로 묻거나 탄원(사정을 자세히 말하여 도와주기를 몹시 바람) 또는 한탄을 나타내는 말이다.

'도와주기를 몹시 바라는' 의미와 '혼자 스스로 묻는' 의미를 담고 있는 '-으리요'라는 단어에는 어떤 의미가 깊아 있는가?

대종사님께서 몹시 바라시는 것은 무엇이며, 우리가 대종사님을 도울 수 있는 것은 무엇인가?

그것은 바로 당신의 법을 그대로 밟아가고, 진리적 종교의 신앙과 사실적 도덕의 훈련을 통하여 정신의 세력이 확장되어 복락을 구하고 낙원 생활하기를 몹시도 바라시는 것이다.

당신이 펼쳐 놓은 그 법을 모셔만 놓지 말고 갖다 쓰라는 것이다.

특별한 사람들만 쓸 수 있는 것이 아니라, 유무식·남녀·노소·선악·귀천을 막론하고 누구나 실생활에 갖다 쓰라는 것이다.

당신의 법은 쓰는 사람이 임자라는 말이다.

이것이 바로 대종사님께서 진정으로 바라시는 것이며, 대종사님께서 바라시는 것을 그대로 실행하는 것이 곧 대종사님을 가장 잘 도우는 것이며, 동시에 나를 돕는 것이다.

이것이 대종사님께서 교문을 연 본의일 것이다.

> 그러므로, 진리적 종교의 신앙18)과 사실적 도덕의 훈련19)으로써 정신의 세력을 확장하고, 물질의 세력을 항복 받아, 파란 고해의 일체 생령을 광대무량20)한 낙원(樂園)21)으로 인도22)하려 함이 그 동기니라.

'그러므로, 진리적 종교의 신앙'이라 함은?

정전에서는 '그러므로' 다음이 중요하다.

대종사님께서 실제로 일러주고 가르쳐 주고 인도하고픈 내용이 구구 절절이 담겨 있기 때문이다('그러므로'가 14번이나 나옴).

'진리적 종교의 신앙'이란 진리에 바탕을 둔 종교를 신앙하는 것이다.

무슨 진리인가?

---

18) 신불(神佛)을 굳게 믿어 그 가르침을 지키고 그에 따르는 일. 여기서 신불은 신령(神靈)과 부처를 일컫는다. 부처는 대도를 깨친 불교의 성자로서 법위 등급으로는 대각여래위에 해당되는 공부인이다. 신령은 신앙의 대상이 되는 초자연적인 정령(精靈)을 말하며, 정령은 만물의 근원이 되는 불가사이한 기운이다. 이 기운이 곧 우주 만유의 본원을 말하므로 신불은 단순히 신이나 부처만을 의미하는 것이 아니라, 일원상의 진리임도 또한 알 수 있다. 따라서 일원상의 진리를 굳게 믿어 그 가르침을 지키고 그에 따르는 일이 신앙이므로 이는 곧 일원상의 진리를 신앙의 대상으로 하는 그 일원상의 신앙임을 알 수 있다.

19) 실무를 배워 익힘. 익숙하게 될 때까지 몇 번이고 거듭하여 연습하는 것. 완료된 것이 아니라 계속 진행형의 의미가 깔아 있다.

20) 한없이 크고 넓어서 끝이 없고 헤아릴 수 없는 것.

21) 광대 무량한 낙원(樂園): 진리적 종교의 신앙과 사실적 도덕의 훈련으로써 정신의 세력을 확장하고, 물질의 세력을 항복 받아, 파란 고해의 일체 생령이 잘 살게 되는 생활.

22) ①가르쳐 일깨움. 길을 안내함. ②앞장서서 이끌어 준다는 의미와 지도(가리키어 일깨움)한다는 의미가 있다. 누가 나를 인도하는가? 대종사님 법대로 해 보면 내(공부인, 참나)가 나(비공부인, 거짓 나)를 인도하여 낙원 생활을 하게 한다.

'일원상의 진리'다.

어떤 신앙인가?

일원상의 진리에 바탕을 둔 신앙인 '일원상의 신앙'이다.

종교란 무엇인가?

으뜸 되는 가르침(宗)을 가르치는 것(敎)이다.

으뜸 되는 가르침이란 무엇인가?

참다운 이치, 즉 진리(眞理)다. 다른 진리가 아니라, 우주 만유의 본래 이치와 우리의 자성 원리, 생멸 없는 도와 인과 보응되는 이치를 하나의 세계로 아우르고 있는 '일원상의 진리'다.

그러므로 종교는 '진리적'일 수밖에 없고, 종교라고 하면 '진리적 종교'일 수밖에 없다.

이런 종교가 이 세상에 존재하는가?

으뜸되는 가르침인 일원상의 진리를 신앙의 대상과 수행의 표본으로 모시는 종교가 바로 원불교다. 누구에게나 자신있게 내놓고 권할 수 있는 자랑스런 종교다.

그렇다면 신앙은 어떤 신앙인가?

'진리적 종교의 신앙'임은 너무나도 당연하지 아니한가!?

'진리적'이란 무엇인가?

진리적이란 '진리와 하나인. 참된 이치 그대로인. 언제나, 또는 누구에게나 타당하다고 인정되는 상태 그대로인'을 말한다.

그러므로 진리는 언제 어디서 누구에게도 바르다고 인정되는 참된 도리이므로 모든 것에 두루 미치거나 통하는 보편성(普遍性)에 바탕을 두어야 하고, 여러 사물이나 이치가 전체적으로 하나의 유기적인 체계를 이루고 있는 전체성(全體性)에 바탕을 두어야 하고, 사물을 있는 그대로 그려 내고 있는 사실성(事實性, 寫實性)에 바탕을 두어야 한다.

'종교적 진리'라고 하면 그 의미가 어떻게 달라지는가?

종교는 그 종교의 가르침(교법)을 진리로 삼기 때문에 만약 이 교법이 잘못되어 있거나, 편협한 내용을 담고 있거나, 또는 교법에는 문제가 없더라도 가르치는 사람이 잘못 가르치거나 편협하게 가르친다면 열리고 막힘없이 통하는 진리가 되지 못한다.

더구나 이를 신앙하면 그 가르침대로 흐르게 되어 소위 사이비 종교의 신자나 맹신자가 될 수밖에 없다.

또한 '진리적 종교의 신앙'을 한다 하여도 진리의 체성에 바탕을 두지 않으면 그 신앙은 허울만 '진리적 종교의 신앙'일 뿐, 자신에게 속아 '종교적 진리의 신앙'을 하는 것이나 다름이 없는 것이다.

비진리적 종교, 즉 사이비 종교는 어떻게 알 수 있는가?

그 종교를 연 분(교주)이나 열고 있는 분을 신격화(우상화)하거나, 거액의 돈을 강요하듯이 하여 바치게 하거나, 그 종교의 단체를 탈퇴하려고 할 때, 그 비리를 고발하려고 할 때 폭력을 가하거나, 성(性)을 포교의 도구로 삼는 행위 중 어느 하나라도 해당된다면 그 종교는 사이비 종교임에 틀림이 없다.

내가 신앙하고 있는 종교, 신앙하려는 종교가 과연 이 중 어느 하나라도 해당되는지 주의 깊게 관찰해야 한다. 내 영생이 걸린 문제며, 만약의 경우 너무나 값비싼 대가를 치뤄야 하기 때문이다.

'진리적 종교의 신앙'이란?

편협한 신앙이 아닌 원만한 신앙이며, 미신적 신앙이 아닌 사실적 신앙이며, 부분 신앙이 아닌 전체 신앙이며, 타력 신앙이 아닌 자타력 병진 신앙으로서 신앙 표어인 처처불상(處處佛像) 사사불공(事事佛供)이 그 강령이다.

진리적 종교의 신앙은 신앙의 표준이요[23] 인과 보응의 사은 사

---

23) 대산 종사 법문집, 제3집, 제4편 훈련(訓練), 31. 훈련원은 대적공실, p.251.

요의 신앙이며24), 사실적 도덕의 훈련과 그 근본은 같다25).

'사실적 도덕의 훈련'이라 함은?

"사실적 도덕의 훈련은 형식적, 가식적인 예의 범절을 행하지 아니하고 진실된 도덕 즉, 우주의 진리를 탐구하며 사실 선행을 닦는 것이요, 문질(文質)26) 빈빈27)하고 내외 겸전28)한 것이다29). 또한 수행의 표준이요30), 진공 묘유의 수행이며31), 진리적 종교의 신앙과 그 근본은 하나다32)."

"도(道)라 하는 것은 쉽게 말하자면 곧 길을 이름이요, 길이라 함은 무엇이든지 떳떳이 행하는 것을 이름이니, 그러므로 하늘이 행하는 것을 천도(天道)라 하고, 땅이 행하는 것을 지도(地道)라 하고, 사람이 행하는 것을 인도(人道)라 하는 것이며, 인도 가운데에도 또한 육신이 행하는 길과 정신이 행하는 길 두 가지가 있으니, 이 도의 이치가 근본은 비록 하나이나 그 조목은 심히 많아서 가히 수로써 헤아리지 못하나니라33)."

"덕(德)이라 하는 것은 쉽게 말하자면 어느 곳 어느 일을 막론하고 오직 은혜(恩惠)가 나타나는 것을 이름이니, 하늘이 도를 행하면 하늘의 은혜가 나타나고, 땅이 도를 행하면 땅의 은혜가 나타나고, 사람이 도를 행하면 사람의 은혜가 나타나서, 천만 가지 도를 따라 천만 가지 덕이 화하나니라34)."

---

24) 대산 종사 법문집, 제4집, 제2부 열반인 영전에, 1. 전무출신, p.206.
25) 한 울안 한 이치에, 제1편 법문과 일화, 제3장 일원의 진리, 1절, p.62.
26) 겉에 나타난 꾸밈과 본바탕.
27) 글의 형식과 내용이 잘 갖추어져 훌륭함.
28) 여러 가지를 완전히 갖춤.
29) 한 울안 한 이치에, 제1편 법문과 일화, 3.일원의 진리, 2절, p.62.
30) 대산 종사 법문집, 제3집, 제4편 훈련(訓練), 31. 훈련원은 대적공실, p.251.
31) 대산 종사 법문집, 제4집, 제2부 열반인 영전에, 1. 전무출신, p.206.
32) 한 울안 한 이치에, 제1편 법문과 일화, 제3장 일원의 진리, 1절, p.62.
33) 대종경, 제4장 인도품(人道品), 1장, p.183.
34) 대종경, 제4장 인도품(人道品), 2장, p.184.

천지에서 '도덕'은 '우주의 대기(大機)35)가 자동적으로 운행하는 도(道)와 그 도가 행함에 따라 나타나는 결과'며, 사람에게서 '도덕'은 '사람으로서 마땅히 지켜야 할 도리와 그것을 자각하여 실천하는 행위의 총체'다.

수증기가 증발되어 먹구름이 끼고 비가 내리는 것은 도(道)며, 내린 비로 식물이 파릇파릇해지고 싱싱하게 자라는 것은 순하게 발하는 덕(德)이며, 폭우로 홍수가 지고 논밭이 잠기고 유실되는 것은 거슬러 발하는 덕이다.

또한 경계를 따라 요란해지고 어리석어지고 글러지는 마음이 생기는 것은 도(道)며, 그 결과로 주위 인연과 갈등이 생기는 것은 거슬러 발하는 덕이고, 경계를 따라 있어지는 그 마음을 원래 마음에 대조하여 맑고 밝고 훈훈한 마음으로 상대방과 잘 지낸다면 이는 순하게 발하는 덕이다.

그러므로 도와 덕은 가식적으로 만들거나 만들어지는 것이 아니라, 지극히 소소영령하게 드러나는 것이므로 사실적(事實的, 寫實的)일 수밖에 없는 것이다.

이것이 곧 사실(事實)에 바탕을 둔 도와 덕인 '사실적 도덕'이다.

그러므로 '도덕의 훈련'은 이론적이거나 가상적인 것이 아니라, 아주 사실적(事實的, 寫實的)일 수밖에 없다.

'사실적 도덕'은 어디에 나타나는가?

우리의 삶 자체가 '사실적 도덕'이다. 즉 우리의 생활, 나의 육근 작용 등 모든 것이 지극히 사실적으로 나타나는 도와 덕이다.

그러므로 육근이 작용되는 모든 나의 삶이 사실적 도덕의 훈련장이며, 공부 거리다.

그러면 무엇이 '사실적 도덕의 훈련'인가?

---

35) 우주의 작용과 조화.

내 삶의 모습으로, 살아 있는 내 모습과 살아 있는 내 마음을 대상으로 삼아 공부하고 훈련하여야 한다. 그래야 살아 있는 사실적인 도덕의 훈련을 할 수 있기 때문이다.

이렇게 하는 것이 무엇인가?

일원상의 진리를 신앙하는 동시에 수행의 표본을 삼는 '일원상의 수행'이며, 수행 표어인 무시선(無時禪) 무처선(無處禪)이 그 강령이다.

만약 '도덕적 사실의 훈련'이라고 하면 어떤 차이가 있는가?

'도덕적 사실'은 있는 그대로 드러나는 사실이 아니라, 도덕적이란 울타리에 가두어지고 걸러진 사실이란 느낌이 든다. 자연적이 아니라, 어떤 의미에서는 다분히 가공된, 인위적인 느낌이 든다.

이는 사이비 단체의 행위일 수도 있고, 또는 수행을 할 때 한편에 집착하고 끌려 중도를 잡지 못하는 것일 수도 있다.

또한 진리에 바탕을 두지 않으면 말만 '사실적 도덕의 훈련'을 한다고 할 뿐이지 실제로는 '도덕적 사실의 훈련'일 수도 있다.

그러므로 우리가 훈련을 할 때, 어떻게 해야 할 것인가는 명확해진다. 당연히 사실에 바탕을 둔 사실적 도덕으로 훈련을 하여야 바른 수행이 될 것이며, 이는 곧 일원상의 진리를 신앙하는 동시에 수행의 표본을 삼는 '일원상의 수행'이다.

우리 생활에서 '사실적 도덕의 훈련'은 무엇인가?

'사실적 도덕의 훈련'의 장(場)은 우리의 삶(생활) 그 자체다. 그러므로 우리에게 가장 사실적인 것은 삶(생활)이다.

생활 속에서 경계를 대할 때마다 나의 분별성과 주착심으로 나타나고 생겨나고 드러나는 요란함과 어리석음과 그름, 또는 모든 사물을 대할 때마다 느끼게 되는 감각·감상이 곧 사실적 도덕의 공부 자료며, 훈련 자료(정기 공부의 자료)다.

이를 통하여 마음을 지키고 몸을 수호하는 것, 요란함을 통하여 자성의 정을 쌓고 어리석음을 통하여 자성의 혜를 밝히고 그릇됨을 통하여 자성의 계를 지키는 것이 곧 지극히 '사실적 도덕의 훈련'이다.

'사실적 도덕의 훈련'은 언제, 어떻게 하는가?

경계를 따라 마음 작용이 일어날 때마다, 정기·상시로, 동정간에, 일일시시로 하는 것이며, 그 경계를 따라 있어지는 육근 작용을 공부 거리 삼아 대종사님의 법에 따라 (마음 쓰는 공부를) 하는 것이다.

이때 얻어지는 심신 작용의 처리건·감각·감상을 일기로 자세히 기재하여 대조·참회·반성하고, 서원을 세우고, 이를 다시 스승(지도인)과 문답하고 감정과 해오를 얻어 맞춤복같이 내게 맞는 공부를 함으로써 그 경계로 그 경계를 해탈하는 것이다.

왜 '수행'이 아니라, '훈련'일까?

훈련은 '실무를 배워 익힘. 익숙하게 될 때까지 몇 번이고 거듭하여 연습하는 것'이며,

수행은 '일상 하는 행동을 닦음. 행실을 닦음'이다.

이래서 보다 행동적이고, 적극적인 의미를 담고 있는 '훈련'을 쓰신 것 같다.

이 '훈련'이란 단어 속에는 완료가 아니라 계속 진행형의 의미도 갊아 있다.

'정신의 세력을 확장하고'라 함은?

이는 '진리적 종교의 신앙'과 '사실적 도덕의 훈련' 결과다.

우리가 공부하고 신앙하고 수행하는 목적은 정신의 세력을 확장

하자는 것이다.

정신의 세력을 확장함이란 무엇인가?

경계를 대할 때마다 경계에 걸리거나 막힘없이 내 마음을 사용하는 것이다. 마음의 자유를 얻어 자유 자재하는 것이다.

자행 자지하는 것이 아니라, 자타의 국한을 벗어나 법에 맞게, 동하여도 분별에 착이 없고 정하여도 분별이 절도에 맞는 생활을 하자는 것이다.

이렇게 함으로써 복락이 구해지고, 광대무량한 낙원 생활을 하게 되는 것이다.

'물질의 세력을 항복 받아'라 함은?

본래의 나를 찾는 것이다. 본래의 나로 돌아오는 것이다.

내 마음을 법대로 운전할 수 있는 주인공이 되는 것이다.

물질의 세력을 더욱 융성하게 할 수 있는 힘을 갖게 되는 것이며, 주인이 되어 물질에 끌려다니지 않고 물질을 유용하게 잘 사용하는 것이다.

나를 이롭게 하고 이웃을 이롭게 하고 세상을 이롭게 하는 물질로 사용할 수 있는 마음의 힘을 얻는 것이다.

왜 이러한 변화가 일어나는가?

정신의 세력이 확장되기 때문이다.

어떻게 해서 이런 변화가 일어나는가?

진리적 종교의 신앙과 사실적 도덕의 훈련을 통해서 내가 거듭나기 때문이다. 이를 일러 기질 변화라고 한다.

진리적 종교의 신앙과 사실적 도덕의 훈련으로써 정신의 세력을 확장하고, 물질의 세력을 항복 받는 주체는?

진리적 종교의 신앙을 하는 사람은 누구며, 사실적 도덕의 훈련을 하는 사람은 누구인가?

진리적 종교의 신앙과 사실적 도덕의 훈련으로써 정신의 세력을 확장하는 사람은 누구인가?

진리적 종교의 신앙과 사실적 도덕의 훈련으로써 물질의 세력을 항복 받는 사람은 누구인가?

대종사님인가?

우린가?

대종사님을 비롯한 누구나 해당된다.

그러나 이렇게 되어서는 간절하지 않다.

내가 해야 하고, 나부터 해야 내 것이 되고 간절해진다.

진리적 종교의 신앙도 내가(나부터) 해야 하고,

사실적 도덕의 훈련도 내가(나부터) 해야 하고,

정신의 세력을 확장하는 것도 내가(나부터) 해야 하고,

물질의 세력을 항복 받는 것도 내가(나부터) 해야 한다.

내가 주체가 되어야 한다.

이렇게 하는 것이 대종사님께서 진정으로 바라시는 것이다.

'파란 고해의 일체 생령을 광대무량한 낙원(樂園)으로 인도하려 함이 그 동기니라.' 함은?

나를 찾지 못해 파란 고해에 빠져 허우적거리던 나만 찾는 것이 아니다.

나를 찾음이 작은 일 같으나, 나로 인해 내 가정과 이웃이 밝아지고, 그들도 각자 자신을 찾는 기회를 갖게 됨에 따라 정신의 세력을 확장할 수 있는 힘을 갖게 되어 우주의 중심이 되고 천하의 근본이 된다.

이것이 성불 제중이며, 제생 의세다. 이 생활이 곧 낙원 생활이며, 수신(修身)·제가(齊家)·치국(治國)·평천하(平天下)하는 것이다.

낙원에는 어떤 것이 있는가?

"세상에 낙원이 두 가지가 있으니, 하나는 외형의 낙원이요, 둘은 내면의 낙원이다.

외형의 낙원은 과학이 발달되는 머리[36]에 세상이 좋아지는 것이요, 내면의 낙원은 도학이 발달되어 사람사람이 마음 낙으로 생활하게 되는 것이다.

과거 요순 시대에는 내면의 낙원은 되었으나 외형의 낙원이 없었고, 현세에는 외형의 낙원은 되었으나 내면의 낙원이 적으니, 우리는 내외 겸전한 좋은 낙원을 건설하기 위하여 물질이 개벽되니 정신을 개벽하자고 한 것이다[37]."

왜 '낙원을 건설하려 함'이 아니고, '낙원으로 인도하려 함'인가?

광대 무량한 낙원은 이미 건설되어 있다. 단지 마음이 작용되는 바에 따라 낙원일 수도 있고, 파란 고해일 수도 있다.

낙원은 없는 것을 새로 만드는 식으로 건설할 수 있는 것이 아니라, 이미 건설되어 있는, 항상 존재하는 것이다.

만약 항상 존재하는 현재의 모습을 낙원으로 보지 못한다면 어디에서 낙원을 발견할 수 있을 것인가?

그 마음은 항상 발견과 건설에 목말라 할 것이다. 낙원을 건설한다는 의미는 현상황의 부정을 바탕에 깔 수밖에 없게 되고, 성에 차지 않아 현실에 자족할 줄 모르게 된다.

이미 내게 있는, 내 주위에 있는 그 낙원을 발견하느냐 못하느냐, 또는 그 낙원을 나의 낙원으로 삼느냐 못 삼느냐는 내 마음에 달려 있다. 마음이 열려 있느냐, 또는 항상 마음을 열고 있느냐에 달려 있다.

일원상의 진리를 신앙하는 동시에 수행의 표본을 삼아 공부를 하면 비공부인이던 나를 공부인으로 인도하게 되고, 정신의 세력

---

36) '즈음(일이 어찌 될 무렵)'의 잘못. '즈음'의 의미로 '머리'를 쓰는 경우가 있으나 '즈음'만 표준어로 삼고, '머리'는 버린다.
37) 대종경 선외록, 14. 주세불지장(主世佛地章), 제7절, p.97.

이 확장되어 광대 무량한 낙원 생활을 하게 된다.

그러면 낙원 건설은 무슨 말인가?

교단이나 많은 선진님들은 '낙원 건설'을 많이 말하고 있다. 이 의미는 무엇인가?

파란 고해의 일체 생령을 광대 무량한 낙원(樂園)으로 인도하는 것이 곧 낙원 건설이다.

이 낙원 건설은 내가 나 자신에게 할 수도 있고, 밖으로 사회로 할 수도 있다.

즉 경계를 따라 있어지는 요란함·어리석음·그름을 해결함으로써 나와 주위 인연들을 화기롭게 하는 것은 내가 나 자신에게 하는 낙원 건설이며, 사은 사요·삼학 팔조를 실행하며 은혜를 발견하고 항상 보은 봉공함으로써 사회를 보다 활기차고 훈훈하게 하는 것은 사회를 대상으로 하는 낙원 건설이다.

이렇게 알고 나니, 낙원 건설에 가졌던 약간은 막연한 생각이 해소되며, 낙원을 건설하는 것과 낙원으로 인도하는 것이 하나임을 알게 된다.

'-니라'는 무슨 뜻을 담고 있는가?

명령할 때 쓰는 '해라'의 뜻이다.

그러나 대종사님께서는 직설적인 '해라'를 쓰지 않으시고 진리나 보통의 사실을 가르쳐 줄 때나 으레 그러한 일이나 경험으로 얻은 사실을 타이르듯 일러줄 때 쓰는 '니라'를 쓰셨다.

여기에 대종사님께서 우리를 생각하고, 대하는 마음이 온통 담겨 있다. 너무나 자상하고, 다정다감한 대종사님의 마음이 만져질 듯하다.

'개교의 동기'를 한 마디로 표현하면?

개교의 표어인 '물질이 개벽되니 정신을 개벽하자.'이다.

본교의 설립 동기는?

"과학의 문명에 반대하는 것이 아니라, 모든 물질 문명을 선용하기 위하여 그 구하는 정신과 사용하는 정신을 바로 세우자는 것이니라38)."

아~, 개교의 동기도, 일상 수행의 요법 1·2·3조도 진단과 처방과 비전으로, 진공 묘유의 조화로 짜 놓으셨구나!

'현하 과학 문명이……어찌 파란 고해가 없으리요.'는 원래 없건마는(진공) 경계를 따라 있어지는 묘유(요란함·어리석음·그름)다.

이는 지금 나[我]와 이 사회에 나타나 있는, 나타나는 정확한 현상이며, 증세에 대한 정확한 진단 결과다.

이를 알지 않고는 어찌 경계를 따라 병드는(또는 병든) 나와 사회를 치료할 수 있겠는가?!

따라서 경계를 통하여 내게 일어나는 묘유는 그 경계를 통하여 그 경계에서 해탈하게 하고, 그 경계를 통하여 진급케 하는 진리의 선물인 동시에 스승이다.

'그러므로……그 동기니라.'는 그 요란함(·어리석음·그름)을 없게하는 것으로써 자성의 정(·혜·계)을 세우는 지극히 구체적이고도 사실적인 방법이요, 나와 너를 조화롭게 하는 묘방(妙方)이다.

이처럼 '개교의 동기'는 나 자신과 사회에 대한 정확한 진단과, 누구나 실행할 수 있는 구체적인 처방과, 이 처방대로 하기만 하면 반드시 이루어지는 비전을 제시하고 있다.

일상 수행의 요법도, 병든 사회와 그 치료법도, 영육 쌍전 법도 마찬가지로 정확하고도 구체적인 진단과 처방과 비전을 제시하고

---

38) 정산 종사 법어, 제2부 법어(法語), 제6 경의편(經義編), 2장, p.839.

있다.(다음 표 참조)

대종사님 법의 특성이 곧 이런 맥락으로 짜여 있다.

아니, 더 정확한 표현은 진리의 속성이 이렇다는 말이다.

구분	개교의 동기	병든 사회와 그 치료법	영육 쌍전 법	일상 수행의 요법
진단				심지는 원래 요란함(·어리석음·그름)이 없건마는
진단	현하 과학의 문명이 발달됨에 따라⋯⋯그 생활에 어찌 파란 고해(波瀾苦海)가 없으리요.	사람도 병이 들어 낫지 못하면⋯⋯한 사회도 병이 들었으나⋯⋯, 한 사회가 병들어 가는 증거를 대강 들어 말하자면⋯⋯괴로운 것은 내가 가지는 등의 공익심이 없는 연고이니,	과거에는 세간 생활을 하고 보면⋯⋯개인·가정·사회·국가에 해독이 많이 미쳐 왔으나,	경계를 따라 있어지나니,
진단			⋯⋯새 세상의 종교는 수도와 생활이 둘이 아닌 산 종교라야 할 것이니라.	
처방	그러므로,	이 병을 치료하기로 하면	그러므로,	
처방	진리적 종교의 신앙과 사실적 도덕의 훈련으로써 정신의 세력을 확장하고, 물질의 세력을 항복 받아,	자기의 잘못을 항상 조사할 것이며,⋯⋯자리(自利) 주의를 버리고 이타 주의로 나아가면 그 치료가 잘 될 것이며	우리는 제불 조사 정전(正傳)의 심인⋯⋯그 진리를 얻어서 영육을 쌍전하여	그 요란함(·그 어리석음·그 그름)을 없게 하는 것으로써
비전	파란 고해의 일체 생령을 광대무량한 낙원(樂園)으로 인도하려 함이 그 동기니라.	따라서 그 병이 완쾌되는 동시에 건전하고 평화한 사회가 될 것이니라.	개인·가정·사회·국가에 도움이 되게 하자는 것이니라.	자성의 정(·혜·계)를 세우자.

진단과 처방과 비전.

동시성과 양면성.

원융 무애.

현재 진행형.

진공과 묘유와 조화.

대와 소와 유무.

음양 상승.

진리는 분명 이런 속성으로 나타난다.

그 모습은 인과 보응의 이치 따라 다르게 나타나지만, 이 또한 호리도 틀림이 없는 진리의 모습이 아니겠는가?!

나의 개교는 언제, 어떻게 하는가(나의 대각, 나의 개교)?

원불교의 개교는 대종사님의 대각으로부터 비롯된다.

나의 개교 역시 마찬가지다.

그럼 나의 대각과 개교는 언제, 어떻게 하는가?

경계를 대할 때마다 지금 여기서 하는 것이다.

경계를 대할 때마다 공부할 때가 돌아온 것을 염두에 잊지 말고 항상 끌리고 안 끌리는 대중만 잡는 것이며,

그 요란해지고, 그 어리석어지고, 그 글러지는 마음을 분별·주착이 없는 원래 마음에 대조하여 자성의 정·혜·계를 세우는 것이며,

원망 생활하는 나를 감사 생활하는 나로 돌리는 것이며,

타력 생활하는 나를 자력 생활하는 나로 돌리는 것이며,

신·분·의·성으로써 불신·탐욕·나·우를 제거하는 생활을 하는 것이며,

가르칠 줄 모르는 나를 잘 가르치는 나로 돌리는 것이며,

배울 줄 모르는 나를 잘 배우는 나로 돌리는 것이며,

공익심 없는 나를 공익심 있는 나로 돌리는 것이며,

옛 생활을 버리고 새 생활을 개척하는 초보를 내딛는 것이다.

이렇게 하는 것이 바로 진리적 종교의 신앙과 사실적 도덕의 훈련인 동시에, 경계를 따라 요란해지고 어리석어지고 글러지는 나를 지금 여기서(현하) 순간순간 대각하는 것이며, 개교하는 것이다.

항상 나와 함께하는 개교의 동기

'개교의 동기'는 대종사님께서 원기 1년(1916)에 대각하신 후, 그 교법을 펴기 위해 하신 말씀이나 정전의 머리말 정도로 생각했다.

그러나 '개교의 동기'는 대종사님께서 이미 그 당시에 교법을 펴기 위해 쓴 '개교의 동기'일 뿐만 아니라, 지금 여기서 누구나 다 각자가 처한 상황상황 따라 이루고 있고 거듭나고 있는 현재 진행형(……인도하려 함이……)의 '개교의 동기'며, 앞으로 영원토록 나를 개교하는 원동력과 밑바탕이 될 '개교의 동기'며, 새기고 또 새기면서 사용하여야 할 미래형의 '개교의 동기'임을 알게 되었다.

이 '개교의 동기'의 단어 하나하나, 부호 하나하나에는 물질에 항복하여 그 지배를 받아 노예 생활과 파란 고해의 생활을 하는 일체 생령들을 광대 무량한 낙원으로 인도하기 위해 애간장을 녹이면서 안타까운 심정으로 당부하고 또 당부하시는 대종사님의 말씀이 쳇소리가 되어 울리고 있다(어찌……없으리요. 그 동기니라).

'나하고 같이 가 보자. 내가 만들어 놓은 그 법 따라 가 보자. 또 다른 법 만드느라 애쓰지 말고, 이미 만들어 놓은 내 법 따라 가 보자. 서툴더라도 걱정하지 말고 내 법 믿고 가 보자.'
는 말씀으로 들리고 있다. 마음에서 떠나지 않고 있다.

개교의 동기는 경계를 대할 때마다 지금 여기서, 나를 개교하게 하는 동기로 마음속에서 살아나고 있다.

낙원은 어디에 있으며, 어떻게 인도할 수 있는가?

지금 여기(현하)에 있다. 지금 내가 있는 이곳과 지금 내가 나투고 있는 이 마음이 곧 광대 무량한 낙원이다.

이 낙원에, 경계를 따라 파란 고해에 있는, 나와 일체 생령을 어떻게 하면 인도할 수 있는가?

정신의 세력이 확장되어야 한다.

정신의 세력을 확장하려면 어떻게 해야 하는가?

진리를 믿는 종교를 신앙하는 진리적 종교의 신앙과 나타난 사실에 바탕한 사실적 도덕의 훈련을 하여야 한다.

그러면 진리적 종교의 신앙과 사실적 도덕의 훈련의 밑바탕은 무엇인가?

신앙의 대상과 수행의 표본인 법신불 일원상, 즉 일원상의 진리다.

그러므로 일원상의 진리가 무엇인지, 어떻게 나투어지고 있는지, 나와는 어떤 관계인지, 어떻게 활용할 것인지 등등 일원상의 진리에 대해서 구체적으로 알아야 한다.

그래서 교법을 한 데 묶어 설명하는 '교법의 총설' 바로 뒤에 일원상 장(章)이 오는 것은 지극히 당연한 일이라 하겠다.

제2장 교법의 총설(敎法-總說)

대종사님께서 대각하시고 짜신 교리와 가르침은 모든 사람을 구제하는 법이요 진리이므로 교법이라 하며, 이를 전체적으로 한데 묶어서 한 눈에 볼 수 있도록 설명하고 있으므로 총설이라 한다.

불교는 무상 대도(無上大道)라 그 진리와 방편39)이 호대40)하므로 여러 선지식(善知識)41)이 이에 근원하여 각종 각파로 분립하고 포교문42)을 열어 많은 사람을 가르쳐 왔으며, 세계의 모든 종교도 그 근본 되는 원리는 본래 하나이나, 교문을 별립하여 오랫동안 제도와 방편을 달리하여 온 만큼 교파들 사이에 서로 융통43)을 보지 못한 일이 없지 아니하였나니44), 이는 다 모든 종교와 종파의 근본 원리를 알지 못하는 소치45)라 이 어찌 제불 제성의 본의시리요.

'무상 대도(無上大道)'란?

이보다 더 높은 것이 없는 큰 도(道)로서 진리 중의 진리요, 만

---

39) ①목적을 위해 이용되는 편리한 수단. ②보살이 중생을 구제하기 위한 편의적인 수단이란 뜻으로 '그때 그때의 형편에 따라 일을 쉽게 처리할 수 있는 수단과 방법'을 이르는 말. 교화할 때는 진리에 바탕을 두고 방편을 사용하지 않으면 술수가 된다. 법·제도·경전은 방편이지만, 그 속에는 진리가 들어 있으므로 진리와 방편을 둘로 보지 않는다. 방편은 시대·지역·근기·환경·국가 등 처한 실정에 맞추어 대종사님의 본의에 어긋나지 않게 사용할 수 있다.
40) 넓고 큼.
41) ①유무식·남녀·노소·선악·귀천을 가리지 않고 모두 불법과 인연을 맺도록 하는 사람. ②불법을 잘 수행하여 대중을 잘 교화·제도하는 법사, 고승.
42) 각 종교를 말함.
43) 막힘 없이 일반에 두루 쓰임.
44) -나니: 동사나 '있다'·'없다'·'계시다'의 어간에 붙어, 진리나 어떠한 사실을 '하게'할 처지에 일러 주는 종결 어미.
45) 까닭에서 빚어진 일.

법(萬法)을 총섭하고 모든 사람(일체 중생)이 다 신앙하는 동시에 수행하는 대도 정법(大道正法)이라 이보다 더 높고 큰 길이 없다는 뜻에서 '무상 대도'라 하며, 이를 '일원 대도'라고도 한다.

어떠한 것을 '큰 도'라 이르는가?

대종사 말씀하시기를

"천하 사람이 다 행할 수 있는 것은 천하의 큰 도요, 적은 수만 행할 수 있는 것은 작은 도라 이르나니,

그러므로 우리의 일원 종지와 사은 사요·삼학 팔조는 온 천하 사람이 다 알아야 하고 다 실행할 수 있으므로 천하의 큰 도가 되나니라46)."

대종사님께서는 불교를 무상 대도라 하시면서 왜 불교로 주체를 삼지 않으시고, 불법으로 주체를 삼는다 하셨는가?

대종사님께서 금강경을 보시다가 "나의 연원(淵源)을 부처님에게 정하노라." 하시고, "장차 회상(會上)을 열 때에도……불법으로 주체를 삼아 완전 무결한 큰 회상을 이 세상에 건설하리라.47)"고 하셨다.

또 "불교48)는 무상 대도(無上大道)라 그 진리와 방편이 호대하므로……."라고 교법의 총설에서 불법과 불교를 말씀하셨다.

이처럼 불교가 무상 대도임을 이미 인정하셨고, 또한 연원을 부처님에게 정하셨으면서 장차 회상을 열 때 그 부처님께서 펴신 불교로 주체를 삼는다 하지 않으시고, 왜 불법으로 주체를 삼는다고 하셨는가?

---

46) 대종경, 제2 교의품(教義品), 2장, p.112.
47) 대종경, 제1 서품(序品), 2장, p.95.
48) 여기서 불교(佛教)는 종교의 명칭이라기보다는 부처님(佛)의 가르침(教)으로 해석하는 것이 더 타당하다. 그래야 불교=무상 대도의 관계가 되기 때문이다.

불법은 부처님께서 깨달아 전하는 법으로서 부처님께서 중생을 제도하기 위해 내놓으신 법(팔만 사천 무량 법문)이며, "천하의 큰 도라 참된 성품의 원리를 밝히고 생사의 큰일을 해결하며 인과의 이치를 드러내고 수행의 길을 갖추어서 능히 모든 교법에 뛰어난 바 있나니라[49]."고 하셨다.

그러면 이 불법의 핵심은 무엇인가?

부처님의 그 많은 가르침의 핵심은 무엇인가?

시공을 초월한 우주 만유의 본원이며, 제불 제성의 심인이며, 일체 중생의 본성이 아닌가!

그러고 보니 불법은 곧 일원상의 진리가 아닌가!

그러나 과거 불교에서 불법으로 주제를 삼았지만, "아무리 불법이 좋다 할지라도 너른 세상의 많은 생령이 다 불은(佛恩)을 입기 어려울지라."고 이미 그 문제점을 말씀하셨지 않았는가!

불교는 불법을 널리 펴기 위한 조직적인 방편에 불과하지 않은가!

그러니 장차 회상을 열 때 문제점을 안고 있는 불교로, 더군다나 불법을 펴기 위한 한 방편인 불교로 주체를 삼을 수는 없지 않은가!!

부처님의 가르침인, 진리의 전체(하나) 자리인 불법(일원상의 진리)으로 주체를 삼는 것은 너무나 당연하지 아니한가!?

'그 진리와 방편이 호대하므로 여러 선지식(善知識)이 이에 근원하여 각종 각파로 분립하고 포교문을 열어 많은 사람을 가르쳐 왔으며' 라 함은?

그 진리(불교의 진리)는 하나이나, 너무나 넓고 크므로 그 드러남도 천차 만별일 수밖에 없고, 근기 따라 그를 알게 하고 기르게 하고 사용하게 하는 쓰임도 천만 방편으로 다양해질 수밖에 없다.

그러므로 경계를 따라 일어나는 묘한 마음도 천차 만별로 다양

---

49) 대종경, 제1 서품(序品), 3장, p.95.

하기 때문에 이를 수용하고 원래 마음에 대조하는 것으로써 이 묘한 마음을 통하여 공부할 수 있고, 이 묘한 마음에서 해탈하는(자성의 정·혜·계가 세워지는) 내 마음 공부도, 각종 각파로 분립(分立)하고 포교문(布敎門)을 열 수 있듯, 다양하기 마련이다.

그러나 항상 잊지 말아야 할 것은 진리와 스승과 법과 회상과 법맥(法脈)[50]·신맥(信脈)[51]·법선(法線)[52]을 잇고 있는 만남이어야 서로 통하고 항상 만날 수 있다는 사실이다.

즉 공부한 내용을 어느 때든지 지도인(스승·법동지)과 문답하고, 감정과 해오를 얻어야 한다.

법형제, 법동지는 교당에 다니는 교도를 말하는 광의의 관계일 수도 있으나, 그 중심에는 법을 나누는 형제요 동지를 말한다. 대종사님의 가르침을 신앙하고 수행하며 얻은 공부 자료를 함께 나누는, 즉 문답하고 감정 얻고 해오 얻는 관계여야 진정한 법을 나누는 법형제요 법동지가 아니겠는가?

그래야 그 호대한 진리와 방편을 함께 나눌 수 있고, 함께 기를 수 있고, 함께 사용할 수 있기 때문이다.

'세계의 모든 종교도 그 근본 되는 원리는 본래 하나이나'라 함은?

"과거에 모든 교주(敎主)가 때를 따라 나오시어 인생의 행할 바를 가르쳐 왔으나 그 교화의 주체는 시대와 지역을 따라 서로 달랐나니, 비유하여 말하자면 같은 의학(醫學) 가운데도 각기 전문 분야가 있는 것과 같나니라.

그러므로, 불가(佛家)[53]에서는 우주 만유의 형상 없는 것을 주

---

50) 법 또는 법통(法統)을 전해주는 계맥(系脈). 스승에게서 제자에게로 법이 전해지는 것.
51) 믿음의 맥락, 믿음의 줄기. 사람이 핏줄이 통하고 맥박이 뛰어야 살 수 있듯이, 종교인도 스승과 믿음의 핏줄이 통하고 믿음의 맥박이 뛰어야 법이 건네지고 도를 이룰 수 있다는 뜻에서 신맥이라 한다.
52) 법(法)의 줄.
53) 유교를 유가, 도교를 도가라고 하는 말에 대하여 불교를 '불가'라고 한다.

체 삼아서 생멸 없는 진리와 인과 보응의 이치를 가르쳐 전미 개오(轉迷開悟)54)의 길을 주로 밝히셨고,

유가(儒家)에서는 우주 만유의 형상 있는 것을 주체 삼아서 삼강·오륜(三綱五倫)55)과 인·의·예·지(仁義禮智)56)를 가르쳐 수·제·치·평(修齊治平)57)의 길을 주로 밝히셨으며,

선가(仙家)58)에서는 우주 자연의 도를 주체 삼아서 양성(養性)59)하는 방법을 가르쳐 청정 무위(淸靜無爲)60)의 길을 주로 밝히셨나니,

이 세 가지 길이 그 주체는 비록 다를지라도 세상을 바르게 하고 생령을 이롭게 하는 것은 다 같은 것이니라.

그러나, 과거에는 유·불·선(儒佛仙) 삼교(三敎)가 각각 그 분야만의 교화를 주로 하여 왔지마는, 앞으로는 그 일부만 가지고는 널리 세상을 구원하지 못할 것이므로 우리는 이 모든 교리를 통합하여 수양·연구·취사의 일원화(一圓化)61)와 또는 영육 쌍전(靈肉雙全)62)·이사 병행(理事竝行)63) 등의 방법으로 모든 과정을 정하

---

54) 중생이 삼계에 윤회 생사하는 미혹을 버리고, 번뇌 망상을 해탈하여 열반의 깨달음을 얻는 것.

55) 유교의 도덕 사상에서 세 가지의 강령과 다섯 가지의 인륜. 삼강은 군위신강(君爲臣綱)·부위자강(父爲子綱)·부위부강(夫爲婦綱)으로, 임금과 신하·어버이와 자식·남편과 아내 사이에 마땅히 지켜야 할 도리며, 오륜은 '맹자'에 나오는 것으로 부자유친(父子有親)·군신유의(君臣有義)·부부유별(夫婦有別)·장유유서(長幼有序)·붕우유신(朋友有信)의 다섯 가지다. 아버지와 아들 사이에는 친애의 도가 있어야 하고, 임금과 신하 사이에는 의리의 도가 있어야 하며, 부부 사이에는 서로 분별과 화합의 도가 있어야 하고, 어른과 어린이 사이에는 차례와 질서의 도가 있어야 하며, 벗과 벗 사이에는 서로 신의의 도가 있어야 한다.

56) 유교 사상의 중심은 인(仁)인데, 맹자는 인·의·예·지로 발전시켰다. 어진 것, 정의로운 것, 예의 바른 것, 지혜 밝은 것.

57) 몸과 마음을 닦아 수양하고 집안을 다스리는 수신제가(修身齊家)와 나라를 잘 다스리고 온 세상을 평안하게 하는 치국평천하(治國平天下)를 이름.

58) 선교(仙敎).

59) ①정신 수양을 이름. 정신 수양을 양성, 사리 연구를 견성, 작업 취사를 솔성이라 함. ②일원상과 같이 원만 구족하고 지공 무사한 각자의 마음을 기르고, 천만 경계 속에서도 일원의 체성을 잘 지키는 것.

60) 마음이 깨끗하여 일체의 업을 짓지 아니하는 것.

61) 일원의 진리가 이 세상 모든 사람을 제도해 주고, 이 세상에 일원의 진리가 널리 퍼지게 한다는 말.

였나니,

누구든지 이대로 잘 공부한다면 다만 삼교의 종지를 일관(一
貫)64)할 뿐 아니라 세계 모든 종교의 교리며 천하의 모든 법이 다
한 마음에 돌아와서 능히 사통 오달65)의 큰 도를 얻게 되리라66)."

'교문을 별립하여 오랫동안 제도와 방편을 달리하여 온 만큼 교파들 사이에 서로 융통을 보지 못한 일이 없지 아니하였나니'라 함은?

경계가 다양하듯, 그를 공부하는 공부인의 마음도 다양하고, 마
음 공부 방법도 다양하기 마련이다.

이는 환경이 다르고, 근기가 다르고, 깨침이 오는 길이 한정되어
있지 않기 때문이다.

그러므로 이런 의미에서 얼마든지 교문을 별립할 수 있고, 제도
와 방편을 달리하여 공부할 수 있다.

그러나 세계 모든 종교의 근본 되는 원리, 제불 제성의 본의가
하나라는 사실만은 별립될 수도 없고, 달리할 수도 없다.

왜 서로 융통을 보지 못하는 일이 없지 아니한가?

스승(지도인)의 문답·감정을 받지 아니하고, 그를 통한 해오가

---

62) 인간의 정신과 육신을 아울러서 건전하고 튼튼하게, 조화 있고 균형 있게 발
   전시켜 가는 것. 정신 생활과 물질 생활, 정신과 육신, 이상과 현실의 조화
   발전으로 영육 일치의 생활을 하는 것. 육체에 대해 정신이 더 중요하다는
   생각이나 영혼보다 육체가 더 중요하다는 생각에 사로잡히면 영혼과 육체의
   균형 있는 조화 발전을 가져오기 어렵다. 인간은 정신과 육신의 조화를 이루
   는 것이 바람직하다. 아무리 정신이 아름답더라도 육체가 병든 사람은 세상
   을 위해 크게 공헌하거나 가치 있는 삶을 살기가 어렵다. 마찬가지로 육체가
   아무리 건강하더라도 정신이 병들고 타락한 사람은 세상에 해독을 끼치기가
   쉽고 스스로도 불행해지기 쉽다. 그래서 아름다운 정신에 건강한 육체를 가
   져야 한다.
63) 대소 유무의 이치를 바르게 깨치고, 시비 이해의 일을 정당하게 건설하여,
   개인적으로는 이상적 인격을 이루는 동시에 사회적으로는 이상 세계를 건설
   하자는 뜻.
64) 하나의 방법이나 태도로써 처음부터 끝까지 한결같음.
65) 사통 팔달이라고도 하며, 진리가 어느 것에도 막히고 걸림없이 두루 통함.
66) 대종경, 제2 교의품(教義品), 1장, p.111.

없기 때문이다.

진리와 스승과 법과 회상과 법맥(法脈)·신맥(信脈)·법선(法線)을 끊고 있기 때문이다. 잇고 있다는 자신의 묵은 생각에 속고 있기 때문이다.

그래서 서로 막힘없이 통하지 못하고, 한 덩어리로 녹아나지 못하며, 심지어 지도 받는 사람들로 하여금 그른 길로, 느리고 거친 길로 인도하기까지 하며, 자신은 정작 그런 줄 알지 못하기도 한다.

'이는 다 모든 종교와 종파의 근본 원리를 알지 못하는 소치라 이 어찌 제불 제성의 본의시리요'라 함은?

이 얼마나 안타까운 일인가?

대종사님께서 가슴이 얼마나 아프셨을까?

(여기에도 혼자 스스로 묻거나 탄원 또는 한탄을 나타내는 '-리요'가 있구나!)

나와 다르다고 하여 제불 제성의 본의까지, 상대방의 본성까지 다르다고 생각하지 말자.

나와는 다르다고 하는 그를 안타까워하고 불쌍히 여길지언정 대립하고 싸우지는 말자.

그의 본성을, 우리 스승님의 가르치심까지 의심하지는 말자.

서로 융통을 보지 못함이 우리 스승님들의 본의와는 다른 길임을 알고, 나만이라도 벽(융통하지 못할 교문을 별립하고 제도와 방편을 달리하는 것)을 쌓지 말자.

오래되면 내가 쌓고도 내 힘으로 허물지 못하는 지경에까지 이르게 된다.

대종사님께서 쓰신 '도와주기를 몹시 바라는' 의미와 '혼자 스스로 묻는' 의미를 담고 있는 '-리요'라는 단어에는 어떤 의미가 깊아 있는가?

대종사님께서 몹시 바라시는 것은 무엇이며, 우리가 대종사님을 도울 수 있는 것은 무엇인가?

그 중에도, 과거의 불교는 그 제도가 출세간(出世間)[67] 생활[68]하는 승려를 본위[69]하여 조직이 되었는지라[70], 세간 생활[71]하는 일반 사람[72]에 있어서는 모든 것이 서로 맞지 아니하였으므로, 누구나 불교의 참다운 신자가 되기로 하면 세간 생활에 대한 의무와 책임이며 직업까지라도[73] 불고[74]하게 되었나니, 이와 같이 되고 보면 아무리 불법이 좋다 할지라도 너른 세상의 많은 생령이 다 불은(佛恩)[75]을 입기 어려울지라[76], 이 어찌 원만[77]한 대도라 하리요.

'그 중에도, 과거의 불교는 그 제도가 출세간(出世間) 생활하는 승려를 본위하여 조직이 되었는지라' 함은?

이것은 과거 불교의 시대 상황적인 원인에 의해 변형된 모습이나, 그 변화 정도가 더뎌 그 폐해는 오늘도 남아 있다.

---

67) 세간 생활에 대한 의무와 책임이며, 사·농·공·상 간의 인생의 직업까지라도 돌보지 아니하고 세간을 떠나서 산중에 들어가 수도에만 전념하거나 몰두하는 것.
68) 출세간 생활: 세속 생활을 세간 생활이라고 하는데 대해서 출가 생활을 출세간 생활이라고 함. 세간의 삼독 오욕의 생활을 벗어나 무위 안락한 생활. 자기 일신의 부귀 영화를 버리고 일체 중생을 위해 봉공 헌신하는 생활.
69) 기본을 삼는 표준. 본래의 자리.
70) -ㄴ지라: 모음으로 끝난 어간에 붙어 다음 말의 이유나 전제가 되는 사실을 말할 때 쓰이는 연결 어미.
71) 출세간 생활에 상대되는 말로, 복잡하고 시끄럽고 어지러운 인간의 현실 세계에서 살아가는 욕심 경계의 생활이며, 출가 수행자의 생활에 대해서 재가 교도의 생활을 말한다.
72) 특별히 지정 받지 않은 사람. 보통 사람.
73) -라도: 설사 그렇다고 가정하여도 다른 경우와 마찬가지로 상관없음을 나타내는 연결 어미.
74) 돌보지 아니 함.
75) 부처의 은혜.
76) -ㄹ지라: 모음으로 끝난 어간에 붙어서 '마땅히 그러할 것이라'의 뜻을 나타내는 어미.
77) 조금도 결함이나 부족함이 없이 충분히 가득 참.

그러나 어찌 이것이 과거 불교만의 문제며, 나와는 상관없는 과거의 문제로 치부할 수 있겠는가?

나 자신이 끊임없이 법에 질박으며 변하는지, 나를 담고 있는 이 사회의 참 주인이요 그 변화의 원동력임을 잊어버리고 그 문제점에 혹시 젖어 있지는 않는지 공부 삼아 항상 챙기고 또 챙기고, 대조하고 또 대조할 뿐이다.

내가 출가인이라는 상(相)과, 내가 교도라는 상과, 출가인은 이러이러해야 한다는 틀과, 교도는 또 어뗘어뗘해야 한다는 틀을 끊임없이 놓는 공부를 하지 않는 한, 갈등은 결코 해소되지 않을 것이다.

오직 놓고 또 놓고, 버리고 또 버리고, 낮추고 또 낮출 뿐이다. 내가 없는 내가 드러나고 또 드러날 때까지.

원불교는 불교와 어떤 점이 다른가?

"과거의 불교는 출세간 생활을 본위로 하여 교리와 제도가 조직이 되었으므로 세간 생활하는 일반 사람에 있어서는 모든 것이 잘 맞지 아니하였으며, 세간 생활하는 신자는 주가 되지 못하고 객과 같이 되었으므로 그 중에서 특수한 사업과 특별한 공부를 한 사람이 있다면이어니와, 그렇지 못한 보통 신자는 출세간 공부하는 승려와 같이 부처님의 직통 제자로나 불가의 조상으로 들어가기가 어렵게 되었으며,

또는 종교라 하는 것은 인간을 상대로 된 것인데, 인간이 없는 산간에 교당을 두었으니 세간 생활에 분망한 사람들이 어느 여가에 세간을 벗어나서 그 가르침을 받을 것이며,

또는 일반 사람이 배우기도 어렵고 알기도 어려운 숙어와 명사로 경전이 되어 있으므로 유무식·남녀·노소를 망라하여 가르쳐 주기가 어렵게 되었으며,

의식 생활에서도 사·농·공·상의 직업을 놓아버리고 불공78)이나 시

---

78) 부처 앞에 공양을 드림. 또는 그런 일.

주79)나 동냥80)으로써 생활을 하였으니 어찌 대중이 다 할 생활이며,

결혼에서도 출세간 공부인에게는 절대로 금하게 되었으며, 예법에서도 여러 가지 형식 불공만 밝히고 세간 생활에 대한 예법은 밝히지 아니하였으니 어찌 그 생활이 또한 넓다 할 것인가?

그러므로, 우리는 재가와 출가에 대하여 주객의 차별이 없이 공부와 사업의 등위만 따를 것이며,

불제자의 계통에 있어서도 재가·출가의 차별이 없이 할 것이며,

수도하는 처소도 신자를 따라 어느 곳이든지 설치할 것이며,

경전도 그 정수를 가려서 일반 대중이 다 배울 수 있도록 쉬운 말로 편찬할 것이며,

출가 공부인의 의식 생활도 각자의 처지를 따라 직업을 갖게 할 것이며, 또는 결혼도 각자의 원에 맡길 것이며,

예법도 번잡한 형식 불공법을 다 준행할 것이 아니라 사실 불공을 주로 하여 세간 생활에 적절하고 유익한 예법을 더 밝히자는 것이니라.

또는 출가를 하는 것도 특수한 경우를 제외하고는, 유년기에는 문자를 배우게 하고, 장년기에는 도학을 배우며 제도 사업에 노력하게 하고, 노년기에는 경치 좋고 한적한 곳에 들어가 세간의 애착·탐착을 다 여의고 생사 대사를 연마하면서 춘추로는 세간 교당을 순회하여 교화에 노력하고, 동하(冬夏)에는 다시 수양 생활을 주로 하여서, 이와 같이 일생 생활에 결함된 점이 없게 하자는 것이며,

이 교리 이 제도를 운전하는 기관에 있어서도 시대와 인심을 따라 결함됨이 없도록 하자는 것이니라81)."

오늘날의 원불교는 너무 생활 종교를 표방하여 생활 속의 수행을 강조한 나머지 천주교의 수도원과 불교의 선방에 칩거하다시피 하여 수행만 하는 수도자들은 별로 눈에 잘 띄지 않는다는 비판도

---

79) 자비심으로 조건 없이 절이나 승려에게 물건을 베풀어 주는 일.
80) ①승려가 시주(施主)를 얻으려고 돌아다니는 일. 또는 그렇게 얻은 곡식. ② 거지나 동냥아치가 돌아다니며 돈이나 물건 따위를 거저 달라고 비는 일.
81) 대종경, 제1 서품(序品), 18장, p.107.

없지 않다.

그러나 대종경 수행품 47장의 말씀을 상기할 필요가 있다.

"대종사 겨울철에는 매양 해수(咳嗽)[82]로 괴로움이 되시사 법설을 하실 때마다 기침이 아울러 일어나는지라 인하여 대중에게 말씀하시기를

'……내가 다행히 전세의 습관으로 어릴 때에 발심하여 성심으로 도는 구하였으나 가히 물을 곳이 없고 가히 지도 받을 곳이 없으므로, 홀로 생각을 일어내어 난행(難行)[83]·고행(苦行)[84]을 하지 아니함이 없었나니,……

나는 당시에 길을 몰랐는지라 어찌할 수 없었지마는, 그대들은 다행히 나의 경력을 힘입어서 난행·고행을 겪지 아니하고도 바로 대승 수행의 원만한 법을 알게 되었으니 이것이 그대들의 큰 복이니라.

무릇, 무시선 무처선의 공부는 다 대승 수행의 빠른 길이라 사람이 이대로 닦는다면 사반 공배(事半功倍)[85]가 될 것이요, 병들지 아니하고 성공하리니 그대들은 삼가 나의 길 얻지 못할 때의 헛된 고행을 증거하여 몸을 상하는 폐단에 들지 않기를 간절히 부탁하노라.'"

즉 도(道)를 새로 구하려 애쓰지 말고, 대종사님께서 이미 난행 고행으로 얻은 법을 사용하기만 하면 반드시 성공할 것임을 간절히 부탁하고 있다.

자, 이제 우리는 어떤 길로 갈 것인가?!

세간 생활과 출세간 생활의 차이는 무엇인가?

삼독 오욕·번뇌 망상에서 벗어나지 못하고 끌려 있으면 몸은 비

---

82) '기침'을 한방에서 이르는 말.
83) 지극히 힘든 수행. 금욕 위주의 수행은 견디고 극복하기 힘들기 때문에 난행·고행(苦行)이라고 한다.
84) 몸을 깨끗이 하고 마음을 견고히 하기 위하여 행하는 수행.
85) 노력은 적게 들였지만 성과는 많음.

록 출세간 생활을 한다 하여도 세간 생활과 무엇이 다르겠는가?

그러나 몸은 비록 세간 생활을 하고 있어도 삼독 오욕·번뇌 망상에서 벗어나 무위 안락한 생활을 하고 있으면 이것이 진정한 출세간 생활이 아닌가?!

따라서 공부와 깨침, 또는 신앙과 수행에 어찌 처소의 구별이 있을 수 있겠는가?!

출세간 생활이라도 실제로 불법의 신앙과 수행을 나툼은 또 다른 세간 생활이며, 또한 세간 생활 그 자체는 일원상의 진리의 나툼과 조화로움으로 운전해 가는 것이므로 진리를 어찌 출세간 생활에서만 찾을 수 있겠는가?

이러한 의미들이 '불법시생활(佛法是生活) 생활시불법(生活是佛法)'이란 생활 표어에 담겨 있지 아니한가?

그 제도만 세간 생활하는 일반 사람에게 맞지 않는가?

과거 불교는 그 제도면에서 그러하다지만, 주세불로 오신 대종사님께서 생활에 맞는 법으로 짜서 펼쳐 놓으신 이 원불교에 몸담고 있는, 더구나 마음 공부한다는 나는 어떠한가?

왜 공부한다는 내가 공부하지 않는 사람의 꼴을 보지 못하고, 교무의 꼴을 보지 못하고, 교도의 꼴을 보지 못하는가?

나와 틀린 것도 아니고 조금 다를 뿐인데, 왜 생활 방식과 생각이 서로 많이도 아닌, 조금 다르다는 이유만으로 그 꼴을 보지 못하는가?

내가 원래 그러한가?

원래는 그 꼴을 보지 못함도 봄도 없건마는 경계를 따라 그럴 뿐이다.

나라는 상(분별성과 주착심)에 가려 상대가 나투는 상을 수용하지 못하기 때문이다. 더 정확히는, 내게서 묘하게 일어나는 마음을 공부 삼지 않기 때문이다.

상대방이 나투는 '삶의 체험 현장'이 나의 '삶의 체험 현장'으로 삼아지지 않으니 자신의 생각만 고집하게 되고, 내가 내 마음을 자유로이 운전하지 못하는 것이다.

즉 자력을 타력의 근본으로, 타력을 자력의 근본으로 삼지 못하며, 서로서로 도움이 되고 바탕이 되는 은혜의 관계를 맺지 못한다.

이를 해소하기 위해서는 각자가 정기·상시로 공부한 내용을 일기로 자세히 기재하여 스승과 문답하고 감정과 해오를 얻고, 공부심을 끝까지 놓지 않는 공부인이 되는 길뿐이다. 설령 기재하지 않았더라도 숨김없이 드러내어 공부하는 길뿐이다.

그래서 법 공부를 나눌 수 있는 스승이 중요하고, 법 동지가 소중한 이유가 여기에 있다.

'누구나 불교의 참다운 신자가 되기로 하면 세간 생활에 대한 의무와 책임이며 직업까지라도 불고하게 되었나니'라 함은?

영육 쌍전 법의 '과거에는 세간 생활을 하고 보면 수도인이 아니라 하므로 수도인 가운데 직업 없이 놀고 먹는 폐풍이 치성하여 개인·가정·사회·국가에 해독이 많이 미쳐 왔으나'와 같은 의미다.

생각이 하나에 묶이면 자기가 생각하는 것이 최고인 줄 알고, 그 틀을 깨는 과정에서 어쩌면 필연적으로 나타나는 현상일 것이다.

중차대한 일대사를 놓고 볼 때, '사람이 한 번 정한 목표를 이루기 위해 이와 같은 각오와 실행 없이 어찌 그 목적을 달할 수 있겠는가?' 하고 반문할 수도 있다.

문제는 치우치되 지나친 바 없고, 지나치되 치우친 바 없는 중도를 잡으며, 그 일 그 일로 공부해야 한다는 사실이다.

'이와 같이 되고 보면 아무리 불법이 좋다 할지라도'라 함은?

"불법은 천하의 큰 도(無上大道)라 참된 성품의 원리를 밝히고 생사의 큰일을 해결하며, 인과의 이치를 드러내고 수행의 길을 갖추어서 능히 모든 교법에 뛰어난 바 있나니라86)."

'너른 세상의 많은 생령이 다 불은(佛恩)을 입기 어려울지라, 이 어찌 원만한 대도라 하리요.'라 함은?

'너른 세상의 많은 생령'이란 천지의 포태 안에 있는 일체 생령, 일체 중생 없어서는 살지 못할 은혜의 관계를 맺고 있는 너무나 소중한 동포다. 심지어는 금수 초목까지도 너무나 소중한 나의 동포다.
너른 세상의 많은 생령이 다 불은(佛恩)을 입기 어렵기 때문에 "새 세상의 종교는 수도와 생활이 둘이 아닌 산 종교라야 할 것이니라87)." 하시고, 우리의 교법을 생활에 맞게 짜신 이유가 여기에 있다.

대종사님께서는 왜 하고많은 종교 중에서 불교에 대해서만 말씀 하셨는가?

이는 대종사님께서 대각하신 후 모든 종교의 경전을 두루 열람 하시다가 금강경을 보시고,
"나의 연원을 부처님에게 정하노라. 장차 회상을 열 때에도 불법으로 주체를 삼아⋯⋯. 불법은 천하의 큰 도라⋯⋯모든 교법에 뛰어난 바 있나니라88)."
하신 말씀과 무관하지 않다.
자, 생각해 보자.
불법이 하나인가, 둘인가?
불법 자체에 어떤 문제가 있는가, 아니면 없는가?
우리는 보통 무엇에 문제가 있으면 그 전체를 부정하려 하고, 무시하려 하고, 내가 새로 만든 양 손바닥으로 해를 가리려는 우

---

86) 대종경, 제1 서품(序品), 3장, p.95.
87) 정전, 제3 수행편, 제16장 영육 쌍전 법, p.89.
88) 대종경, 제1 서품(序品), 2장, p.95.

를 범하는 경향이 있다.

좋은 점은 좋은 점대로 더욱 드러내어 살리고, 문제가 되는 점만 드러내어 개선하고, 또한 자동적으로 드러나 점검하여 고쳐질 수 있는 시스템을 구성하여 운전해 가면 되는 것이다.

이것이 바로 대종사님께서 부처님을 당신의 연원불로 삼으시고, 불법을 이 회상의 주체로 삼아 당신의 깨치심과 심법을 펴시며 우리에게 꼭 전하고 싶으신 메시지 중의 하나일 것이다.

그러므로, 우리는 우주 만유[89]의 본원[90]이요, 제불 제성[91]의 심인(心印)[92]인 법신불 일원상[93]을 신앙의 대상[94]과 수행의 표본[95]으로 모시고, 천지·부모·동포·법률의 사은(四恩)과 수양 연구 취사의 삼학(三學)으로써 신앙과 수행의 강령[96]을 정하였으며, 모든 종교의 교지(敎旨)[97]도 이를 통합 활용하여 광대하고 원만한 종교의 신자[98]가 되자는 것이니라.

---

[89] 우주 안에 있는 온갖 사물, 우주 만물·삼라 만상, 유정·무정, 동물·식물·광물 등 일체를 다 포함하는 말. 천지 만물 허공 법계를 이름.

[90] 사물의 근원(어떤 일이 생겨나는 본바탕). 주장이 되는 근원. 근본.

[91] 시방 삼세의 모든 불보살과 성현에 대한 통칭.

[92] 제불 제성들이 깨치신 마음 자리로서 이심 전심할 수 있는 같은 자리. 종이는 각각 달라도 같은 글과 같은 도장(낙관)을 찍으면 그 가치는 같은 것과 같은 이치다.

[93] ①우주 만유의 본원이요, 제불 제성의 심인이요, 일체 중생의 본성이다. ②신앙의 대상과 수행의 표본. ③법신불이 곧 일원상이라는 뜻. 법신불은 만법의 근원인 진리불이며, 언어와 명상이 끊어진 자리며, 그 실체를 말하자면 우주 만유가 모두 법신불 아님이 없음.

[94] 목표가 되는 것.

[95] 표준되는 본보기. 하나를 가지고 같은 종류의 물건의 표준을 삼을 만한 물건 (사물, 이치, 진리 등).

[96] 일의 으뜸되는 줄거리.

[97] 가르치는 본의.

[98] 광대하고 원만한 종교의 신자: 우주 만유의 본원이요, 제불 제성의 심인(心印)인 법신불 일원상을 신앙의 대상과 수행의 표본으로 모시고, 천지·부모·동포·법률의 사은(四恩)과 수양·연구·취사의 삼학(三學)으로써 신앙과 수행의 강령을 정하고, 모든 종교의 교지(敎旨)도 이를 통합 활용하는 공부인.

'그러므로, 우리는 우주 만유의 본원이요, 제불 제성의 심인(心印)인 법신불 일원상을 신앙의 대상과 수행의 표본으로 모시고'라 함은?

또 '그러므로'다.

대종사님의 사자후가, 대자대비심이 이 '그러므로' 뒤에 담겨 있다.

일원상의 진리(=우주 만유의 본원=제불 제성의 심인)는 법신불 일원상이요, 신앙의 대상과 수행의 표본이며, 그렇게 모신다 함은 일원상의 진리를 신앙하는 동시에 수행의 표본을 삼는 것이다.

그런데 '모시고'의 뜻을 찾아보면, '받들고 함께 있다.'이며 현재 진행형이다. 즉 모시는 마음을 항상 놓지 않는 것이다.

만일 항상 나와 하나가 되지 못하면서 받들고 함께 있다면, 모시고 있는 것이 얼마나 불편할까?!

오직 하나로 모시고, 모시고, 또 모실 뿐이다.

'법신불'이란?

법신불(法身佛)이란 보신불(報身佛)·화신불(化身佛)과 함께 삼신불의 하나로서 만법의 근원인 진리불을 이르며, 사은의 본성과 여래의 불성을 이르며, 우주 만유의 본원, 제불 제성의 심인, 일체 중생의 본성을 말한다.

법의 성품인 만유 제법의 본체 곧 진리 그 자체를 법신이라 하고, 법신에는 깨달아 아는(覺知) 덕이 있으므로 법신불이라 한다.

법신불의 근본을 말하자면 언어와 명상이 끊어진 자리며, 그 실체를 말하자면 우주 만유가 모두 법신불 아님이 없다.

'법신불 일원상'이란?

"이 원(圓)은 만진리(萬眞理)의 본원이요 만신앙의 통합체인 바,
불교에서는 법신불 혹은 부처님의 마음 자리라고 하며,
유교에서는 무극 또는 태극이라고 하며,

도교에서는 도 혹은 천지 만물의 모(母)라고 하며,

기독교에서는 하나님이라고 하나니

각 교에서 말하는 그 이름은 다르나 그 원리는 하나인 것이다.

그러므로 우리는 그 진리를 믿음으로써 원만한 생활을 할 수 있는 실용적인 산 종교인이 되어야 할 것이요,

또는 일상 수행하는 데 표본을 삼아 항상 일원의 진리를 깨쳐 알고 마음을 원만하게 지키고 마음을 원만하게 잘 써 나가는 공부를 하자는 것이다99)."

이는 우주 변화의 원리이므로 다음과 같이 나타낼 수 있다.

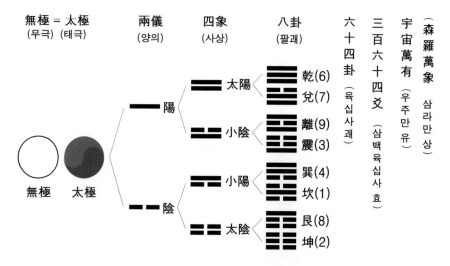

乾(건, 하늘, 북서) 兌(태, 연못, 서) 離(리, 불, 남) 震(진, 벼락, 동)
巽(손, 바람, 남동) 坎(감, 물, 북) 艮(간, 산, 북동) 坤(곤, 땅, 남서)
<우주 변화의 원리>

말씀하시기를 "사람도 보지 못한 사람을 이름으로만 있다고 일러주면 허허해서 알기가 어려우나 사진으로 보여 주면 더 절실히 알게 되는 것 같이, 대종사께서는 일원상으로 진리 그 당체의 사

---

99) 대산 종법사 법문집, 제1집, 진리는 하나, 5. 원불교, p.258.

진을 직접 보여 주셨으므로 학인들이 그 지경을 더우잡기가 훨씬 편리하게 되었나니라.

일원상은 곧 진리 전체의 사진이니, 이 진리의 사진으로써 연구의 대상을 삼고 정성을 쌓으면 누구나 참 진리 자리를 쉽게 터득할 지라, 대종사께서 '과거 회상은 일 여래 천 보살 시대였으나 앞으로는 천여래 만보살이 출현하리라' 하셨나니라[100]."

법신불 일원상과 사은과의 관계는?

법신불 일원상은 진리 그 자체, 또는 진리의 근원적인 그 자체(일원상의 진리)며, 사은은 법신불인 일원상(일원상의 진리)이 우주 만유에, 우리 곁에 현실적으로 나타나 있는 것을 말한다.

대종사님께서는 이들의 관계에 대해 "일원상의 내역을 말하자면 곧 사은이요, 사은의 내역을 말하자면 곧 우주 만유로서 천지 만물·허공 법계가 다 부처 아님이 없나니라[101]."고 하셨다.

'천지·부모·동포·법률의 사은으로써 신앙의 강령을 정하였다' 함은?

일원상의 신앙은 일원상(일원상의 진리)을 신앙의 대상으로 하고 그 진리를 믿어 복락을 구하는 것이다[102].

그런데 사은이 무엇인가?

사은은 일원상의 진리가 우리 주위에 유형·무형으로 나투어져 있는 것이며, 일원상의 내역은 곧 사은이요, 사은의 내역은 우주 만유로서 천지 만물·허공 법계가 다 부처 아님이 없으므로 곧 일원상의 진리다.

그러므로 일원상의 내역인 사은을 신앙의 대상으로 삼을 수밖에 없고, 신앙의 강령을 일원상의 진리가 실제로 형상 있는 모습으로

---

100) 정산 종사 법어, 제2부 법어(法語), 제5 원리편(原理篇), 6장, p.820.
101) 대종경, 제2 교의품(教義品), 4장, p.113.
102) 대종경, 제2 교의품(教義品), 4장, p.113.

나투어져 있는 사은으로써 정하는 것은 지극히 당연하다.

'수양연구취사의 삼학(三學)으로써 수행의 강령을 정하였다' 함은?

'일원상의 수행'이란 '일원상의 진리를 신앙하는 동시에 수행의
표본을 삼아서 일원상과 같이 원만 구족(圓滿具足)하고 지공 무사
(至公無私)한 각자의 마음을 알자는 것이며, 또는 일원상과 같이
원만 구족하고 지공 무사한 각자의 마음을 양성하자는 것이며, 또
는 일원상과 같이 원만 구족하고 지공 무사한 각자의 마음을 사용
하자는 것이니라103).'고 하셨다.
　그런데 일원상과 같이 원만 구족하고 지공 무사한 각자의 마음
을 알자는 것은 무엇인가?
　사리 연구다.
　일원상과 같이 원만 구족하고 지공 무사한 각자의 마음을 양성
하자는 것은 무엇인가?
　정신 수양이다.
　일원상과 같이 원만 구족하고 지공 무사한 각자의 마음을 사용
하자는 것은 무엇인가?
　작업 취사다.
　그러므로 (일원상의) 수행은 달리 어떻게 하는 것이 아니라, 삼
학으로써 수행의 강령을 정하여 하는 것이다104).
　따라서 사은과 삼학은 일원상의 진리와 하나 되는 길인 동시에,
원만한 신앙(진리적 종교의 신앙)과 원만한 수행(사실적 도덕의
훈련)의 공부길이 되므로 신앙과 수행의 강령으로 삼으신 것이다.
　이 신앙과 수행은 따로따로 분리되어 있는 것이 아니라, 서로서
로 도움이 되고 바탕이 되어 재세 출세의 공부인에게 일분 일각도
공부를 떠나지 않게 하는 것이며, 일원의 위력을 얻게 하는 것인
동시에 일원의 체성에 합하게 하는 것이다.

---

103) 정전, 제2교의편, 제1장 일원상, 제3절 일원상의 수행, p.24.
104) 대종경, 제2 교의품(敎義品), 5장, p.113.

'모든 종교의 교지(教旨)도 이를 통합 활용하여 광대하고 원만한 종교의 신자가 되자는 것이니라.' 함은?

솔성 요론 2조 '열 사람의 법을 응하여 제일 좋은 법으로 믿을 것이요'가 연상된다.

여기서 '통합 활용'이란 서로 융통하고 이해하며 넘나들 수 있는 것으로 편의에 따라 살려 쓰는 것이며, 막혔던 담을 트고 같은 점을 찾아 활용하며 다른 점을 이해하고 부족한 점을 보충하는 것이다.

'모든 종교의 교지(教旨)도 이를 통합 활용하여 광대하고 원만한 종교의 신자'란 출가위의 '현재 모든 종교의 교리를 정통하며, 원·근·친·소와 자타의 국한을 벗어난 사람'과 대각여래위의 '천만 방편으로 수기응변[105]하여 교화하되, 대의에 어긋남이 없고 교화 받는 사람으로서 그 방편을 알지 못하게 하며, 동하여도 분별에 착이 없고 정하여도 분별이 절도에 맞는 사람'이라 할 수 있다.

'-이니라'의 뜻은?

'-해라'할 자리에 당연한 일이나 진리나 보통의 사실, 또는 경험으로 얻은 어떤 사실을 단정적으로 베풀어 말할 때 쓰는 말이며, 이 '-이니라'가 바로 대종사님께서 내게 일러 주는 음성이 아닌가!

대종사의 교법처럼 원만한 교법은 왜 전무후무하다고 하시는가?

"첫째는 일원상을 진리의 근원과 신앙의 대상과 수행의 표본으로 모시고 일체를 이 일원에 통합하여 신앙과 수행에 직접 활용케 하여 주셨음이요,

둘째는 사은의 큰 윤리를 밝히시어 인간과 인간 사이의 윤리 뿐 아니라 천지·부모·동포·법률과 우리 사이의 윤리 인연을 원만하게

---

105) 그때 그때의 상황이나 기틀에 따라서 신축성 있게 일을 잘 처리하는 것 (隨機應變).

통달시켜 주셨음이요,

셋째는 이적을 말씀하지 아니하시고 오직 인도상 요법106)으로 주체를 삼아 진리와 사실에 맞는 원만한 대도로써 대중을 제도하는 참다운 법을 삼아 주셨음이라, 아직도 대종사를 참으로 아는 이가 많지 않으나 앞으로 세상이 발달하면 할수록 대종사께서 새 주세불이심을 세상이 고루 인증하게 되리라107)."

'교법의 총설'과 '영육 쌍전 법'을 비교해 보면

'교법의 총설'을 공부하면 영육을 쌍전함을 알 수 있다.

교법의 총설	영육 쌍전 법
과거의 불교는 그 제도가 출세간(出世間) 생활하는 승려를 본위하여 조직이 되었는지라, 세간 생활하는 일반 사람에 있어서는 모든 것이 서로 맞지 아니하였으므로,	과거에는 세간 생활을 하고 보면 수도인이 아니라 하므로
누구나 불교의 참다운 신자가 되기로 하면 세간 생활에 대한 의무와 책임이며 직업까지라도 불고하게 되었나니, 이와 같이 되고 보면 아무리 불법이 좋다 할지라도 너른 세상의 많은 생령이 다 불은(佛恩)을 입기 어려울지라, 이 어찌 원만한 대도라 하리요.	수도인 가운데 직업 없이 놀고 먹는 폐풍이 치성하여 개인·가정·사회·국가에 해독이 많이 미쳐 왔으나,
	이제부터는 묵은 세상을 새 세상으로 건설하게 되므로 새 세상의 종교는 수도와 생활이 둘이 아닌 산 종교라야 할 것이니라.

---

106) 인도(人道)란 사람으로서 행해야 할 바른 길이며, 인도상 요법이란 인도를 떠나지 않은 요긴한 가르침이다. 대종사님은 하늘이 의거하는 길을 천도(天道), 땅이 의거하는 길을 지도(地道), 사람들이 걸어야 할 길을 인도라고 말하고, 도를 실행함에 나타나는 결과를 덕(德)이라고 하였다.

107) 정산 종사 법어, 제2부 법어(法語), 제1 기연편(機緣編), 11장, p.762.

교법의 총설	영육 쌍전 법
그러므로, 우리는 우주 만유의 본원이요, 제불 제성의 심인(心印)인 법신불 일원상을 신앙의 대상과 수행의 표본으로 모시고, 천지·부모·동포·법률의 사은(四恩)과 수양·연구·취사의 삼학(三學)으로써 신앙과 수행의 강령을 정하였으며,	그러므로, 우리는 제불 조사 정전(正傳)의 심인인 법신불 일원상의 진리와 수양·연구·취사의 삼학으로써 의·식·주를 얻고 의·식·주와 삼학으로써 그 진리를 얻어서
모든 종교의 교지(教旨)도 이를 통합 활용하여	영육을 쌍전하여
광대하고 원만한 종교의 신자가 되자는 것이니라.	개인·가정·사회·국가에 도움이 되자는 것이니라.

'개교의 동기'와 '교법의 총설'의 결론과 목적은 무엇인가?

'개교의 동기'와 '교법의 총설'의 결론 부분을 표로 정리하면,
즉 '파란 고해의 일체 생령을 광대무량한 낙원(樂園)으로 인도하려 함이 그 동기니라.'는 '개교의 동기'를 실천하는 목적이며,
'광대하고 원만한 종교의 신자가 되자는 것이니라.'는 '교법의 총설'을 활용하는 목적임을 알 수 있다.

개교의 동기	교법의 총설
모든 종교의 교지(教旨)도 이를 통합 활용하여	영육을 쌍전하여
광대하고 원만한 종교의 신자가 되자는 것이니라.	개인·가정·사회·국가에 도움이 되게 하자는 것이니라.
그러므로,	그러므로,
	우리는
진리적 종교의 신앙과 사실적 도덕의 훈련으로써 정신의 세력을 확장하고, 물질의 세력을 항복 받아,	우주 만유의 본원이요, 제불 제성의 심인(心印)인 법신불 일원상을 신앙의 대상과 수행의 표본으로 모시고, 천지·부모·동포·법률의 사은(四恩)과

개교의 동기	교법의 총설
	수양·연구·취사의 삼학(三學)으로써 신앙과 수행의 강령을 정하였으며, 모든 종교의 교지(敎旨)도 이를 통합 활용하여
파란 고해의 일체 생령을 광대무량한 낙원(樂園)으로 인도하려 함이 그 동기니라.	광대하고 원만한 종교의 신자가 되자는 것이니라.

원불교 교명의 뜻은?

"원(圓)은 형이상으로 말하면 언어와 명상이 끊어진 자리라 무엇으로써 이를 형용할 수 없으나, 형이하로써 말하면 우주 만유가 다 이 원으로써 표현되어 있으니, 이는 곧 만법의 근원인 동시에 또한 만법의 실재인지라, 그러므로 이 천지 안에 있는 모든 교법이 비록 천만 가지로 말은 달리 하나 그 실(實)108)에 있어서는 원 이외에는 다시 한 법도 없는 것입니다."

"원의 뜻이 그와 같이 원융하다면 당돌한 말씀 같사오나 원도(圓道)라고 이름하시는 것이 모든 교법을 포용하는 데 더 원만하지 않을까요?

불교가 비록 노대 종교109)일지라도 아직도 세상 인식이 일부의 교의로 짐작하는 이 적지 않은 듯하오니 거기에 대하여 한 번 더 생각해 보심이 어떠하실까요?"

"불(佛)은 곧 깨닫는다는 말씀이요 또는 마음이라는 뜻이니, 원의 진리가 아무리 원만하여 만법을 다 포함하였다 할지라도 깨닫는 마음이 없으면 이는 다만 빈 이치에 불과한 것이라,

그러므로 원불(圓佛) 두 글자는 원래 둘이 아닌 진리로서 서로 떠나지 못할 관계가 있으며, 또는 과거의 불교로 말할지라도 근본 교의가 일부에 치우치는 것은 아니건마는 그 제도 여하에 따라 세

---

108) 실제의 모양이나 상태.
109) 발생한 시기가 오래 된 종교. 신종교(新宗敎)와 대칭하여 사용하기도 한다.

상 사람들이 자연 일부의 교의로 오인한 것이니 그 제도를 새로이 하면 불법의 정체가 진리 그대로 원만하게 세상에 나타나게 될 것입니다110)."

원불교로 개종(改宗)하면 지조가 없고 변절이 아닌가?

어떤 종교를 신앙하다가 원불교로 개종하거나 그 반대일 경우, 지조가 없고 변절이 아닌가 하여 양심에 가책을 받거나 비난을 하거나 비난 받을 수 있다.

종교는 정신의 양식을 제공하고 영생의 길을 열어주는 길잡이기 때문에 자신에게 맞는 종교를 선택하는 일은 대단히 중요한 일이다.

백화점에서 옷을 살 때, 이 옷 저 옷을 만져 보기도 하고 입어도 보기도 하고, 고른 옷을 가져갔다가 마음에 안 들면 반품도 하지 않는가?

하물며 내 삶과 영생에 엄청난 영향을 미치는 종교를 선택하는 것은 허투루 할 수도 없으며, 개종을 한다 하여 지조가 없다거나 변절했다고 할 수 없는 것이다.

옷도 철 따라 바꾸어 입되 취향에 맞추어 입으며, 학교도 자신의 형편과 포부에 맞춰 고등학교로, 대학교로, 대학원으로 진학하지 않는가?

이처럼 옷을 바꾸어 입거나, 상급 학교에 진학한다 하여 지조가 없고 변절한다고 하지 않을 뿐더러 그렇게 해서도 안 된다. 우리는 그것이 당연한 일임을 알고 있다.

수 십 년 동안 하나님을 신앙해 온 예수교 장로인 조송광 선진님께서 대종사님을 뵙고 제자되기를 청하며 나눈 문답에서 우리는 그 답을 찾을 수 있다.

"송광이 사뢰기를

'제가 오랫동안 저를 직접 지도하여 주실 큰 스승님을 기다렸삽

---

110) 정산 종사 법어, 제2부 법어(法語), 제4 경륜편(經綸編), 1장, p.799.

더니, 오늘 대종사를 뵈오니 마음이 흡연(洽然)[111]하여 곧 제자가 되고 싶나이다. 그러하오나, 한 편으로는 변절 같사와 양심에 자극이 되나이다.'

대종사 말씀하시기를

'예수교에서도 예수의 심통 제자만 되면 나의 하는 일을 알게 될 것이요, 내게서도 나의 심통 제자만 되면 예수의 한 일을 알게 되리라. 그러므로 모르는 사람은 저 교 이 교의 간격을 두어 마음에 변절한 것 같이 생각하고 교회 사이에 서로 적대시하는 일도 있지마는, 참으로 아는 사람은 때와 곳을 따라서 이름만 다를 뿐이요 다 한 집안으로 알게 되나니, 그대의 가고 오는 것은 오직 그대 자신이 알아서 하라.'

송광이 일어나 절하고 제자되기를 다시 발원하거늘, 대종사 허락하시며 말씀하시기를

'나의 제자된 후라도 하나님을 신봉하는 마음이 더 두터워져야 나의 참된 제자니라[112].'"

또한 대산 종사님의 말씀을 들어보자.

"한 제자 사뢰기를

'저는 교도로서 한없이 기쁘고 행복하오나 한편으로는 개종한 것이 마음에 걸리나이다.'

대산 종사 말씀하시기를

'예수님이나 부처님이 서로 다른 분이 아니므로 종교를 바꿨다고 생각하지 마라.

나도 2천 년 전에 나왔으면 예수님 제자가 되었을 것이요 3천 년 전에 나왔으면 부처님 제자가 되었을 것이나, 이 시대에 태어 났으므로 대종사님 제자가 되었나니 마음에 두지 마라[113].'"

원불교에서는 무엇을 가르치며, 그 핵심은 무엇인가?

---

111) 매우 흡족한 듯함.
112) 대종경, 제14 전망품(展望品), 14장, p.387.
113) 대산 종사 법어, 제9 동원편, 8장, p.225.

대종사님과와 정산 종사님께서 선원(禪院)에서 제자들과의 나눈 문답을 통해 알아보자.

"어떤 사람이 너희 교에서는 무엇을 가르치고 배우느냐고 묻는다면 어떻게 대답하오리까?"

"원래 불교는 일체유심조(一切唯心造)114)되는 이치를 스스로 깨쳐 알게 하는 교이니, 그 이치를 알고 보면 불생 불멸의 이치와 인과 보응의 이치까지도 다 해결되나니라."

"그 이치를 안 후에는 어떻게 공부를 하나이까?"

"마음이 경계를 대하여 요란하지도 않고 어리석지도 않고 그르지도 않게 하나니라115)."

"그대들은 여기서 무엇을 배우느냐고 묻는 이가 있다면 어떻게 대답하겠는가?"

한 선원(禪員)은

"삼대력 공부를 한다 하겠나이다."

하고, 또 한 선원은

"인생의 요도116)를 배운다 하겠나이다."

하며, 그 밖에도 여러 사람의 대답이 한결같지 아니한지라, 대종사 들으시고 말씀하시기를

"그대들의 말이 다 그럴 듯하나, 나도 또한 거기에 부연하여 한 말 더하여 주리니 자세히 들으라.

'무릇 무슨 문답이나 그 상대편의 인물과 태도에 따라 그 때에 적당한 대답을 하여야 할 것이며,

거기에 다시 부분적으로 말하자면

지식 있는 사람에게는 지식 사용하는 방식을,

권리 있는 사람에게는 권리 사용하는 방식을,

물질 있는 사람에게는 물질 사용하는 방식을,

---

114) 세상의 모든 일은 다 마음이 들어서 그렇게 만든다는 뜻.
115) 대종경, 제2 교의품(敎義品), 27장, p.128.
116) 사은(천지은, 부모은, 동포은, 법률은)과 사요(자력 양성, 지자 본위, 타자녀 교육, 공도자 숭배).

원망 생활하는 사람에게는 감사 생활하는 방식을,

복 없는 사람에게는 복 짓는 방식을,

타력 생활하는 사람에게는 자력 생활하는 방식을,

배울 줄 모르는 사람에게는 배우는 방식을,

가르칠 줄 모르는 사람에게는 가르치는 방식을,

공익심 없는 사람에게는 공익심이 생겨나는 방식을 가르쳐 준다고 하겠노니, 이를 몰아 말하자면 모든 재주와 모든 물질과 모든 환경을 오직 바른 도로 이용하도록 가르친다.'함이니라117)."

사람이 세상에서 생활하는 데 제일 긴요한 것에 대한 대종사의 답변이다.

"사람이 육신 생활하는 데에는 의·식·주가 중요하고 공부를 하는 데에는 수신(修身)이 중요하나니, 이는 의·식·주나 수신이 생활과 공부의 근본이 되는 까닭이니라.

그러나 지금 학교에서 가르치는 수신 과목만으로는 수신의 법이 충분하지 못할 것이요, 오직 마음 닦는 공부를 주장하는 도가 아니면 그 진경을 다 발휘하지 못할 것이니,

그러므로 도학 공부는 모든 학술의 주인이요, 모든 공부의 근본이 되는 줄을 명심하라."

가장 크고 원만한 법을 가르쳐 달라는 질문에 정산 종사님께서는 "마음을 찾아서 잘 닦고 잘 쓰는 법이니라118)."고 하셨고, 대산 종사님께서는 "천하의 제일 큰 법은 모든 사람들로 하여금 자기의 마음을 잘 쓰도록 가르치는 용심법이니라119)."고 말씀하셨다.

따라서 원불교에서는 일체유심조 되는 이치를 스스로 깨쳐 알게 하여 불생 불멸의 이치와 인과 보응의 이치까지도 다 해결되게 하고, 모든 재주와 모든 물질과 모든 환경을 오직 바른 도로 이용하도록 가르치며, 이를 위해 제일 긴요하고 원만한 법으로 '마음을 찾아서 잘 닦고 잘 쓰는 법(用心法)'을 제시하고 있다.

---

117) 대종경, 제2 교의품(敎義品), 29장, p.129.
118) 정산 종사 법어, 제2부 법어(法語), 제8 응기편(應機編), 12장, p.893.
119) 대산 종사 법어, 제11 교훈편, 3장, p.259.

제2 교의편(教義編)

교의120)편은, 집을 짓는 것에 비유하면, 구상한 집의 상세한 설계도다. 모든 이치와 원리와 대종사님의 경륜이 세세하게 담겨 있는 일원 회상의 설계도(設計圖)이다.

제1장 일원상(一圓相)

'일원상'은 대종사님께서 대각하신 순간, 그 혜안으로 보신 진리 전체(우주의 진리)의 사진 모습이다. 즉 대종사님께서 깨치신 우주의 진리를 사진처럼 사실적이고도 생생한 모습을 형상화한 상징이 둥그런 모양의 일원상(○)이다.

원기(圓紀) 원년 4월 28일에 대종사 대각을 이루시고 말씀하시기를 "만유가 한 체성이며, 만법이 한 근원이로다. 이 가운데 생멸 없는 도(道)와 인과 보응되는 이치가 서로 바탕하여 한 두렷한 기틀을 지었도다121)."라고 하셨다. 이 한(一) 두렷한(圓) 기틀(相)이 곧 일원상이다.

그러면 대종사님께서는 왜 진리의 모습을 하고 많은 모양 중에서 둥근 모양으로 나타내셨을까?

우주는 성·주·괴·공으로 진공 묘유의 조화로 끊임없이 변화(순환 무궁)하며, 원융 무애122)하며, 어느 것 하나 감싸지 않는 것이 없으며(포용적), 음과 양이 오행(五行)123)의 이치를 따라 상생으로 또는 상극으로 끊임없이 상승 작용(음양 상승)하고 있으며, 만물은 생·로·병·사로 사생은 심신 작용을 따라 육도로 변화하고 있다.

이러한 진리의 속성을 많은 사람들이 쉽게 알 수 있도록 하기 위해 어떤 모양으로 나타낼 수 있을까?

---

120) (그 종교에서 진리로 여기고 있는) 종교상의 가르침이나 요지. 교법(教法).
121) 대종경, 제1 서품(序品), 1장, p.95.
122) 원만구족하고 융통·융화해서 조금도 거리낌이 없고 막힘이 없음.
123) 목·화·토·금·수의 기운.

세모로? 네모로? 찌그러진 모양으로? ……?

진리의 상징을 형상으로 나타내기가 쉽지 않겠지만, 그래도 가장 가까운 모양이 둥근 원(○) 외에 무엇이 있겠는가?

대종사님께서 깨치신 우주의 진리는 부처님께서 깨치신 진리, 예수님께서 깨치신 진리, 공자님께서 깨치신 진리와 같은 것이다.

동일한 물건을 놓고도 시대와 나라와 지역과 사람에 따라 부르는 이름이 다르듯이 불교에서는 청정 법신불, 유교에서는 무극(無極)·태극(太極), 기독교에서는 하나님, 천도교에서는 한울님, 원불교에서는 일원상의 진리(=일원상, 법신불 일원상, 법신불 사은, 일원)라고 부르고 있다.

우주 반유는 정(精)·기(氣)·신(身)으로 이루어진 모든 유·무정물이며, 이들의 생·노·병·사, 흥·망·성·쇠의 이치와 현상 어느 하나라도 일원상의 진리 아닌 바가 없다.

그러므로 "일원상은 우주 만물·허공 법계와 진리불의 도면이니, 견성 성불하는 화두요, 진리 신앙하는 대상이요, 일상 수행하는 표준"이다[124].

일원상의 유래는?

일원상은 대종사님께서 20여년의 구도 끝에 원기 1년(1916) 대각하시고 "만유가 한 체성이요, 만법이 한 근원이로다. 이 가운데 생멸 없는 도와 인과 보응되는 이치가 바탕하여 한 두렷한 기틀을 지었도다[125]."고 한 대각 일성 중 "한(一) 두렷한(圓) 기틀(相)"로부터 기원한다.

이후 대종사님께서는 원기 4년(1919) 금산사 송대에 잠시 머물 때, 문설주에 ○을(를) 그렸고, 원기 20년(1935) 4월 익산 총부 대각전을 준공하고 그 정면 불단에 '심불 일원상(心佛 一圓相)'을 정식으로 봉안, 신앙의 대상과 수행의 표본으로 삼았다[126].

124) 정산 종사 법어, 제2부 법어(法語), 제6 경의편(經義編), 3장, p.839.
125) 대종경, 제1 서품(序品), 1장, p.95.

이 일원상은 지금으로부터 약 1,200년 전 중국 당(唐)나라 때 남양(南陽) 혜충 국사(惠忠國師)께서 항상 원상(○)을 그려 학인(學人)들로 하여금 도(道)를 깨닫게 하는 수단으로 삼게 하다가 그 제자 탐원(眈源)에게 전한 것이 효시가 되었다. 약 850년 전 송(宋)나라 때 자각 선사(慈覺禪師)께서 일원상을 두고 "고불미생전(古佛未生前) 응연일상원(凝然一相圓) 석가유미회(釋迦猶未會) 가섭기능전(迦葉豈能傳)이라[127]." 하셨다[128].

제1절 일원상의 진리(一圓相-眞理)

'의'자(字)의 의미는?

'일원상의 진리'는 대종사님께서 대각하신 순간, 그 혜안으로 보신 진리의 모습을 일원상(○)의 형상으로 나타낸 진리며, 대종사님께서 깨친 진리의 이름이다. '일원상 진리'가 아니다. '일원상의 진리'다. 그러므로 이 '의' 자(字)가 주는 의미는 '으로 나타낸'이다.

흔히 조사(助詞)를 빼는 경향이 허다하다. 만약 '의' 자(字)를 빼고, '일원상 진리'라고 하면, 여러 진리 중의 하나로 볼 수 있다. 그래서는 안 된다. 반드시 정전에 있는 그대로, 대종사님께서 사용하신 그대로 '의'자를 넣어 '일원상의 진리'라고 해야 한다.

대종사님께서 사용한 그대로 쓰는 것도 그 전하신 법을 오롯이 체받는 것이기 때문이다.

---

126) 나상호 기자, 원불교 신문, 원기 84년(1999) 2월 12일 금요일(주간), 제1000호.
127) "옛 부처님 나기 전에도 응연하게 한 상은 둥글었네. 서가모니 부처님도 알지 못하는 걸 어찌 가섭이 전할까?"라는 뜻이다. 고대 칠불(七佛) 이전에도 일원상의 진체(眞體)는 엄연히 존재하였으므로 일원상은 여여(如如)하여 시종(始終)과 고금(古今)이 없다. 또한 서가모니불께서는 색신(色身)을 가지고 탄생한 부처님인지라 생멸이 있었으나, 일원상의 불신(佛身)은 그 탄생한 날이 없음과 동시에 멸할 때도 없어서 불생 불멸하여 영원 무궁하다는 뜻이다.
128) www.hanulan.or.kr, 한울안 신문, 2011. 6. 28.

> 일원(一圓)은 우주 만유의 본원이며129), 제불 제성의 심인이며, 일체 중생의 본성이며, 대소 유무(大小有無)130)에 분별131)이 없는 자리며, 생멸 거래에 변함이 없는 자리132)며, 선악 업보133)가 끊어진 자리며, 언어 명상(言語名相)134)이 돈공(頓空)135)한 자리로서

'일원(一圓)'이란?

정전에서는 '일원'을 또 어떻게 이르고 있는가?

'일원상의 진리, 법신불 일원상, 우주 만유의 본원, 제불 제성의 심인, 일체 중생의 본성, 제불·조사 정전의 심인, 제불·조사·범부·중생의 성품, 언어 도단의 입정처, 유무 초월의 생사문, 천지·부모·동포·법률의 본원, 원만 구족 지공 무사'라고 하셨다.

또한 '대소 유무에 분별이 없는 자리며, 생멸 거래에 변함이 없는 자리며, 선악 업보가 끊어진 자리며, 언어 명상(言語名相)이 돈공(頓空)한 자리로서 공적 영지(空寂靈知)의 광명을 따라 대소 유무에 분별이 나타나서 선악 업보에 차별이 생겨나며, 언어 명상이

---

129) -이며: 자음으로 끝난 체언에 붙어, 두 가지 이상의 사실을 같은 자격으로 열거하는 뜻을 나타내는 접속 조사. 〔모음 뒤에서는 '이'가 생략되기도 함.〕

130) 대(大)는 우주 만유의 본체를 이름이며, 소(小)는 만상(萬象)이 형형색색(形形色色)으로 구별되어 있음을 이름이며, 유무(有無)는 천지의 춘·하·추·동 사시 순환과 풍·운·우·로·상·설(風雲雨露霜雪)과 만물의 생·로·병·사와 흥·망·성·쇠의 변태를 이름.

131) 사물의 종류에 따라 나누어 가름. 마음으로 이것저것 가려내는 작용.

132) 생멸 거래에 변함이 없는 자리: ①언어 도단의 입정처. 언어 명상이 돈공한 자리. 우주 만유의 본원, 제불 제성의 심인, 일체 중생의 본성. ②요란함·어리석음·그름이 일어나기 전 마음 자리, 또는 자성의 정·혜·계가 세워진 원래 마음 자리.

133) 착한 일은 착한 대로 악한 일은 악한 대로 선악이 대갚음되는 것.

134) 언어(言語)는 언어 문자. 명(名)은 귀에 들리는 것, 곧 이름. 상(相)은 눈에 보이는 것, 곧 형상. 사물의 이름과 모양과 그를 설명하는 언어 문자.

135) 마음에 모든 생각이 끊어지고 일체 만상(萬象)이 다 비어 있어서 무엇이라 고정할 수 없는 상태.

완연하여 시방 삼계(十方三界)가 장중(掌中)에 한 구슬같이 드러
나고, 진공 묘유의 조화는 우주 만유를 통하여 무시광겁(無始曠劫)
에 은현 자재(隱顯自在)하는 것'이라 하셨다.

이름만 다른 뿐 그 대상은 같다.

원래 요란함(·어리석음·그름)이 없건마는(진공) 경계를 따라 있어
지나니(묘유), 그 요란함(·어리석음·그름)을 없게 하는 것으로써 자
성의 정(·혜·계)이 세워지는(조화) 심지는 무엇인가?

제불 제성의 심인이요, 일체 중생의 본성이니, 이 심지 또한 일
원의 또 다른 표현이다.

'우주 만유'란?

우주 만유(宇宙萬有)는, 글자의 뜻을 보면 우주 안에 있는 온갖
사물이나, '형상 없는 세계'인 허공 법계(虛空法界)[136)와 '형상 있
는 세계'인 천지 만물[137)을 말하며, 허공 법계가 '음(negative)의
세계'면, 천지 만물은 '양(positive)의 세계'다.

우주 만유는 음의 세계인 허공 법계(진공)와 양의 세계인 천지
만물(묘유)이 모여야 온전한 하나의 세계를 이루며, 음양 상승의
도를 따라 끊임없이 변화하며 돌고 돌고 있다.

'우주 만유의 본원'이란?

'우주 만유의 본원'은 일원상의 진리를 우주적 관점에서 본 것으
로서, 천지간에 가득 찬 넓고 큰 원기(元氣), 즉 만물이 자라고 만

---

136) 허공을 진리의 입장에서 강조하는 말. 허공처럼 텅 비었으면서도 일체의
     법을 다 포함한 진리의 세계. 곧 우리의 청정자성심을 허공에 비유하여
     이르는 말.
137) 삼라만상(森羅萬象). 우주에 형형색색으로 나열되어 있는 온갖 현상. 해·
     달·별·비·바람·안개·눈, 또는 봄·여름·가을·겨울 등의 우주의 모든 현상과,
     강·산·돌·나무·풀·짐승·사람 등 땅위의 온갖 만물을 총칭하는 말. 삼라만
     상은 진리의 응화신불이기도 하다.

물을 이루는 데 근본이 되는 기운이다.

어느 것 하나 우주 만유 아닌 것이 없고, 천차 만별로 형형 색색으로 모습은 달라도 그를 이루고 있는 근본이 곧 일원상의 진리라는 말이다.

천차 만별(千差萬別)로 나누어져 있는 천지 만물·허공 법계를 공통적으로 표현할 수 있는 말이 무엇이겠는가?

근본 되는 진리인 본원이다. 이들의 공통되는 요소를 본원 말고 어떤 말로 표현할 수 있겠는가?

'우주 만유'는 형상 있는 것과 형상 없는 것으로 나눌 수 있는데, 천지 만물·허공 법계, 유정·무정, 동물·식물·광물 등 일체를 다 포함하며, 이는 곧 사은의 내역이며, 사은은 일원상의 내역이다.

그러므로 우주 만유의 본원이란 사은의 본원이며, 일원상의 진리며, 일원상 서원문에서는 천지·부모·동포·법률의 본원이라 했다.

천지 만물, 즉 삼라 만상은 목(木)·화(火)·토(土)·금(金)·수(水) 오행(五行)으로 이루어졌다. 즉 오행지기(五行之氣)가 삼라만상을 만들고 유지시킨다. 이 오행을 낳는 것은 음양(陰陽)이다. 음양의 가장 큰 것은 하늘과 땅, 즉 천지(天地)인데, 천지가 둘로 나누어지기 전(天地未分前)에는 하나다. 즉 음양을 낳는 것은 태극(太極)이며, 이 태극이 곧 일원(一圓)이다. 이 태극의 기운이 삼라 만상의 근본이며, 우주 만유의 본원이다.

'우주 만유의 본원'은 '바다와 강의 물'과 같은 이치다

저 강은 어디로 흘러가는가?
바다다.
바다에는 저 강만 이르는가?
천하의 수많은 강이 모두 바다에 이른다.
천하에 강은 몇 개나 있는가?
셀 수 없다.
바다는 몇 개인가?

하나다. 태평양, 대서양, 한국 바다, 남해 바다……

여러 개인 것 같으나, 다 연결되어 있기 때문에 결국은 하나다.

이것이 자연의 섭리고, 세상의 이치다.

그러면 천하의 강은 몇 개인가?

이 또한 하나다. 세상의 모든 바다가 모두 연결되어 있기 때문에 하나이듯, 수많은 강도 물로 연결되어 있어 결국은 하나다. 무슨 바다니, 무슨 강이니 하는 것은 다 사람들이 붙인 이름이고, 원래는 강이든 바다든 다 하나다.

그러면 강과 바다의 근원(본원)은 무엇인가?

세상 천지의 수많은 강과 바다가 다 물로 연결되어 있으니, 결국은 물이 시작이고 끝이 아닌가?! 모든 강과 바다의 본질(본원)은 물이라는 하나에서 비롯된 것이다.

태초부터 존재하는 본원. 모든 것을 창조하고 조화시키는 본원.

우주와 만유와 본원의 관계 또한 바다와 강과 물의 관계와 하등 다를 바 없다.

'제불 제성의 심인'이란?

이는 우리가 존경하고 닮아가려는 대상인 제불 제성의 관점에서 보았을 때, 일원상의 진리는 제불 제성의 심인이라는 말이다.

'제불 제성의 심인'이란 대종사님을 비롯한 부처님, 예수님, 공자님, 노자님 등의 제불 제성과 우리의 스승님들께서 깨치신 마음 자리다.

이 마음은 제불 제성에 따라 제각기 다르고 또 달라질 수 있는 것이 아니라, 마치 도장을 찍은 듯이 똑 같다. 그래서 그 똑 같은 마음을 마음 도장-심인(心印)-이라 하셨다.

그러면 내게는 제불 제성의 마음이 없는가?

나는 도달할 수는 없는 경지인가?

원래 마음, 온전한 마음은 누구에게나 다 깃들어 있다.

제불 제성과 내가 다른 점은 그 마음이 유지되는 시간의 길고 짧음의 차이며, 경계를 따라 일어나는 묘한 마음을 원래 자리로 돌리고 세우는 순발력의 차이며, 오래오래 계속하는 지속성의 차이다.

원래 분별·주착이 없는 성품을 오래오래 유지하고, 경계를 따라 있어지는 묘한 마음에 끌리는 나를 순발력 있게 원래 마음으로 돌리는 시간을 어떻게 하면 보다 빨리 단축하느냐 하는 것이 내가 공부하는 진정한 이유며, 영생의 변할 수 없는 본래 직업이다.

제불 제성은 어디에서 나오는가?

일체 중생에서 나온다.

제불 제성의 심인과 일체 중생의 본성은 같은 자리이므로 일원상 서원문과 일원상 법어에서는 제불·조사·범부·중생의 성품이라 하셨고, 경계를 따라 나투어지는 이 원상(圓相)의 진리를 각하면 제불 제성이 되어진다.

그래서 이 법으로 공부하기만 하면 보통급에서 대각여래위로 진급할 수 있고, 천여래 만보살이 될 수 있다고 하셨다.

부처와 중생의 차이는?

"본래 선악·염정이 없는 우리 본성에서 범성(凡聖)138)과 선악의 분별이 나타나는 것은 우리 본성에 소소영령한 영지가 있기 때문이니,

중생은 그 영지가 경계를 대하매 습관과 업력에 끌리어 종종 망상이 나고,

부처는 영지로 경계를 비추되 항상 자성을 회광 반조하는 지라 그 영지가 외경에 쏠리지 아니하고 오직 청정한 혜광이 앞에 나타나나니, 이것이 부처와 중생의 다른 점이니라139)."

'일체 중생의 본성'이란?

일원상의 진리를 우주적인 관점(우주 만유의 본원)과 성현의 관

---

138) 범부와 성인. 깨치지 못한 자와 깨친 자. 중생과 부처. 자기 마음을 자기 마음대로 하지 못하는 사람과 자기 마음을 자기 마음대로 하는 사람.

139) 정산 종사 법어, 제2부 법어(法語), 제5 원리편(原理編), 11장, p.822.

점(제불 제성의 심인)에서 보았는데, 이번에는 생명체의 관점(일체 중생의 본성)에서 보면, 일원상의 진리가 사람을 비롯한 일체 생령이 가지고 있는 본래 성품-일체 중생의 본성-이라는 뜻이다.

이렇게, 일원상의 진리를 우주 만유, 제불 제성, 일체 중생의 관점에서 보니, 일원상의 진리를 벗어나는 대상이 있을 수 없고, 어느 하나 일원상의 진리 아님이 없음을 인정하지 않을 수 없다.

일원은 경계를 따라 묘하게 마음이 작용되기 전 원래 마음 자리요, 경계를 따라 있어지는 묘한 마음이요, 조화되는 이치를 따라 순하게 발하면 선이 될 수 있고 악하게 발하면 악이 될 수 있다.

그러나 이 세 마음속에는 원래 요란함(·어리석음·그름)이 없는 보배 구슬이 있기에, 누구나 이 마음은 다 있기에 이를 발견하면 자성의 혜광을 가리는 그 요란함(·그 어리석음·그 그름)은 자동적으로 스러지면서 자성의 정(·혜·계)이 세워지고, 이 마음으로 일마다 불공을 하면 자리 이타행을 하게 된다.

본래 나를 찾게 하는 이 마음은 어떤 것인가?

내가 그토록 이루기를 염원하는 대종사님의 마음(구경각)이요, 부처님의 마음이다. 그래서 내가 곧 부처라는 말이다. 누구나 다 부처가 될 수 있다 함은 모든 사람의 본성이 같기 때문이다.

한 마음 돌리면 부처라는 의미가 경계를 따라 있어진 마음을 원래 마음에 대조하여 자성의 정·혜·계를 세우는 것을 이름이며, 육근을 통하여 인식되는 대상을 간섭·판단 없이 있는 것을 있는 그대로 보고 믿는 것이 부처의 마음을 사용하는 것이다. 즉 산은 산으로 물은 물로 보고, 참으로 그렇게 보이는 것이다.

사람의 본성(본래 성품)에 대해 맹자(孟子)는 성선설(性善說)을, 순자(荀子)는 성악설(性惡說)을, 대종사님께서는 "사람의 성품이 정한즉 선도 없고 악도 없으며, 동한즉 능히 선하고 능히 악하나니라[140]."고 하셨다.

즉 사람의 성품은 경계를 대하기 전 평상 시에는 선하다 악하다

---

140) 대종경, 제7 성리품(性理品), 2장, p.258.

는 분별이 없건마는 경계에 끌리면 능히 악할 수도 있고, 마음을 챙겨 끌리지 않으면 능히 선할 수도 있다 하셨다.

빛만 추구하고 싶다 하여 추구할 수 있고, 그림자는 배척하고 싶다 하여 배척할 수 있는 것이 아니라, 경계를 따라 빛과 그림자가 동시에 나타나는데, 어느 것으로 나타나느냐는 그 경계를 공부 거리 삼아 공부하느냐 하지 않느냐에 달려 있다는 너무나 통쾌한 법문이다.

빛이 있으면 그림자가 있고, 그림자는 빛이 있어야 비로소 생기므로 이 둘을 동시성으로, 양면성으로, 진리의 나툼으로, 진공 묘유의 조화로 보신 것이다.

법대로 공부하기만 하면, 원래 없는 것도 묘하게 나타남도 동시에 수용할 수 있는 심법을 기르고, 그 마음을 실생활에 활용하면서(상시 훈련) 생생하게 작용되는 마음을 공부 자료 삼아 연구하고 취사하여 삼대력을 동시에 얻는다는 점이 용심법의 무서운 위력이다.

일원상과 인간과의 관계는?

광전(光田)141)이 여쭈기를
"일원상과 인간과의 관계가 어떠하오니까?"
대종사 말씀하시기를
"네가 큰 진리를 물었도다.

우리 회상에서 일원상을 모시는 것은 과거 불가에서 불상을 모시는 것과 같으나, 불상은 부처님의 형체(形體)를 나타낸 것이요, 일원상은 부처님의 심체(心體)142)를 나타낸 것이므로, 형체라 하는

---

141) 본명은 길진(吉眞). 법호는 숭산(崇山). 법훈은 종사. 전남 영광에서 출생. 소태산 대종사의 장남으로 원불교 창립기에 활동한 교육자·행정가·철학사상가. 일찍이 일본에 유학하여 철학을 공부하였고, 1941년(원기26) 4월 1일 출가했다. 교정원장·원광대학교 총장·수위단원을 역임하면서 일원상 연구를 통해 원불교학의 효시를 이루고, 국내외의 종교계·문화계·교육계 등에 교단 대표로 활동하면서 원불교의 세계화에 선봉이 되었다.
142) 마음의 본체. 변하지 않는 참된 마음 성품.

것은 한 인형에 불과한 것이요, 심체라 하는 것은 광대 무량하여 능히 유와 무를 총섭[143]하고 삼세를 관통하였나니,

곧 천지 만물의 본원이며 언어 도단의 입정처(入定處)라,

유가(儒家)에서는 이를 일러 태극(太極) 혹은 무극(無極)이라 하고,

선가(仙家)에서는 이를 일러 자연 혹은 도라 하고,

불가(佛家)에서는 이를 일러 청정 법신불이라 하였으나,

원리에 있어서는 모두 같은 바로서 비록 어떠한 방면 어떠한 길을 통한다 할지라도 최후 구경(究竟)에 들어가서는 다 이 일원의 진리에 돌아가나니, 만일 종교라 이름하여 이러한 진리에 근원을 세운 바가 없다면 그것은 곧 사도(邪道)라,

그러므로 우리 회상에서는 이 일원상의 진리로써 우리의 현실 생활과 연락시키는 표준을 삼았으며, 또는 신앙과 수행의 두 문을 밝히었나니라[144]."

'대소 유무(大小有無)에 분별이 없는 자리'란?

요란함·어리석음·그름이 일어나기 전 마음 자리, 또는 자성의 정·혜·계가 세워진 원래 마음 자리다.

이는 일상 수행의 요법 1·2·3조의 '심지는 원래 요란함·어리석음·그름이 없건마는'의 그 없는 자리다.

'대소 유무가 없는 자리'가 아니고, 왜 '대소 유무에 분별이 없는 자리'인가?

대소 유무는 천조(天造)의 이치다. 우주 만유의 존재와 그 변화 자체다. 그러므로 대소 유무가 없다는 것은 손바닥으로 하늘을 가

---

143) 유무총섭(有無總攝): 있는 것(有)과 없는 것(無)을 모두 다 포용·포섭했다는 뜻. 유무 초월한 일원상의 진리를 설명하는 말. 일원의 진리는 유도 아니고 무도 아니지만, 그 가운데에는 유도 있고 무도 있어서 없는 것이 없다는 말.

144) 대종경, 제2 교의품(敎義品), 3장, p.112.

리려는 것만큼이나 억지에 다름 아니다.

대소 유무에 분별이 없다 함은 일일이 나투어지고 이 모두를 하나로 아우름에 있어 크니 작니, 있니 없니, 이러니 저러니 하는 일체 분별이 끊어진 마음이며, 있는 것을 있는 그대로 없는 것은 없는 그대로 보는 것이다.

어떠한 상황, 어떠한 처지에 있든지 분별하는 생각이 끊어진 상태이므로 얼마나 여유롭고 한가로운가?

이런 분들을 일러 무어라 할 것인가?

천진난만한 도인, 하늘 사람이라고 하며, 경계에 걸림이 없으니 유무를 초월하였다 하며, 천만 경계에서 자유 자재하는 공부인이다.

'생멸 거래에 변함이 없는 자리'란?

'생멸 거래가 없는 자리'가 아니라, '생멸 거래에 변함이 없는 자리'다.

'대소 유무'와 마찬가지로 '생멸 거래'는 우주 만유가 변화하는 현상인 동시에, 이 '생멸 거래'의 변화는 결코 바뀌지 않는 것 또한 엄연한 사실이요 진공과 묘유와 조화되는 모습이므로 시비의 대상이 될 수가 없다.

우주 만유의 변화는 나고(生) 없어지고(滅) 가고(去) 오는(來) 것이므로 이 변화에 끌림이 없는 것, 생멸 거래는 변화의 당연한 모습인 동시에 결코 변하거나 멈추지 않는 것, 비록 변화는 될지언정 결코 변하지 않는 진체(眞體) 또한 간직되어 있는 것이 진리의 속성이므로 이것이 곧 '생멸 거래에 변함이 없는 자리'다.

이는 '심지는 원래 요란함·어리석음·그름이 없건마는'의 그 없는 자리다.

사람의 생사(생멸)란?

"사람의 생사는 비하건대 눈을 떴다 감았다 하는 것과도 같고, 숨을 들이쉬었다 내쉬었다 하는 것과도 같고, 잠이 들었다 깼다

하는 것과도 같나니,

그 조만의 차이는 있을지언정 이치는 같은 바로서 생사가 원래 둘이 아니요 생멸이 원래 없는지라, 깨친 사람은 이를 변화로 알고 깨치지 못한 사람은 이를 생사라 하나니라[145]."

'선악 업보가 끊어진 자리'란?

이는 '심지는 원래 요란함·어리석음·그름이 없건마는'의 그 없는 자리다.

경계를 대하기 전에는 선악에 대한 생각이 있었는가 없었는가?

없었다.

그러니 업보인들 나타날 수 없다. 이것이 원래 마음이며, 선악 업보에 대한 분별이 없는 것이다. 이 마음이 바로 평상심(平常心)이다. 이 마음을 유지하자는 것이다.

경계를 따라 선악 업보에 차별이 생겨나더라도 그 미묘한 마음으로 공부(신앙)하여 선악 업보가 끊어진 원래 마음으로 돌리고, 원래 마음을 세우자는 것이다.

'언어 명상(言語名相)이 돈공(頓空)한 자리'란?

말(言語)로 이르지도 못하고, 무엇이라 이름(名) 지을 수도 없으며, 무엇(相)으로 나타낼 수도 없는 진리 자리라는 말이며,

일원상 서원문의 '언어 도단의 입정처', 무시선법의 '원래에 분별 주착이 없는 성품', 정신 수양의 '두렷하고 고요하여 분별성과 주착심이 없는 마음'의 또 다른 표현이다.

또한 이는 '심지는 원래 요란함·어리석음·그름이 없건마는'의 그 없는 자리다.

일념미생전(一念未生前)[146], 부모미생전(父母未生前)[147], 본래면목

---

145) 대종경, 제9 천도품(薦度品), 8장, p.290.

(本來面目)[148], 천지미분전(天地未分前)[149]이다.

> 공적 영지(空寂靈知)[150]의 광명[151]을 따라 대소 유무에 분별이 나타나서 선악 업보에 차별이 생겨나며, 언어 명상이 완연하여 시방 삼계(十方三界)가 장중(掌中)에 한 구슬같이 드러나고, 진공 묘유의 조화는 우주 만유를 통하여 무시광겁(無始曠劫)에 은현 자재(隱顯自在)하는 것이 곧 일원상의 진리니라.

'공적 영지(空寂靈知)'란?

"공적(空寂)이란 정(靜)한 성품에 마음이 그 가운데 있는 것이요, 영지(靈知)란 동(動)한 마음에 성품이 그 가운데 있는 것으로서 이 공적 영지 속에 모든 공부 길이 다 들어 있는 것이다[152]."

'공적 영지(空寂靈知)의 광명을 따라'라 함은?'

146) 요란함·어리석음·그름이 일어나기 전 마음 자리.
147) 자기 자신은 물론 부모님까지도 이 세상에 출생하기 이전의 소식이 무엇이냐 하는 뜻으로, 인간이 본래부터 갖추어 있는 본래면목 곧 청정자성을 가리키는 말. 일념미생전·천지미분전과 같은 뜻.
148) 사람마다 본래부터 갖추고 있는 자성불(自性佛). 천연 그대로여서 조금도 인위적인 조작이 섞이지 않는 진실한 모습.
149) 하늘과 땅이 나누어지기 이전이라는 뜻으로, 우리의 본래면목 또는 일원상의 진리의 본체를 표현하는 말. 부모미생전·일념미생전이라고도 한다.
150) ①텅 비고 고요한 가운데 소소영령(昭昭靈靈)하게 나타나는 알음알이, 지혜 광명이니 마음에 있어 티없는 한 생각. ②진리(심성) 자체를 나타낸 말로서 진리의 광명적인 면을 표현할 때 씀. ③마음의 두 면을 이르는 것으로, 공적하고 영지한 마음을 이름. 즉 공적은 비고 고요하여 일체의 상상과 움직임을 초월한 마음의 절대적인 모습(體)을 말하며, 영지는 그러한 절대적인 바탕 위에 신령스럽게 아는 본래의 지혜를 말한다. 공적이 마음의 체(體)를 말한다면, 영지는 마음의 용(用)을 말한다. 중요한 것은 이 두 면이 서로 다른 것이 아니라, 떼려야 뗄 수 없는 관계에 있는 것이다.
151) 공적 영지(空寂靈知)의 광명: 돈공한 가운데 소소영령하게 아는 진리의 광명 즉 알음알이, 천지의 식(識). 경계를 따라 나타나는 한 생각.
152) 한 울안 한 이치에, 제1편 법문과 일화, 제23장 일원의 진리, 31, p.69.

일원상의 진리를 설명할 때 인성적(人性的)인 측면에서는 '공적 영지의 광명'이라 하고, 우주적인 측면에서는 '진공 묘유의 조화'라고 한다.

공적(진공)은 진리의 본체로서 '대소 유무에 분별이 없는 자리며, 생멸 거래에 변함이 없는 자리며, 선악 업보가 끊어진 자리며, 요란함(·어리석음·그름)이 없는 자리'다.

공적(진공)이라야 영지(묘유)가 나오고, 영지(묘유)가 나오면 광명(조화)이 발생하는 것이다.

그러므로 우주는 공적하기 때문에 영지의 광명이 나타나며, 또한 사람도 누구나 다 공적하면(원래 마음 자리로 돌아가면) 영지의 광명(자성의 혜광, 지혜 광명)이 나타난다.

진공 묘유와 공적 영지는 어떻게 다릅니까?

한 제자가 여쭈었다.
"진공 묘유와 공적 영지는 어떻게 다릅니까?"
"서로 같은 말이다.
그러나, 진공 묘유는 진리를 두고 말하며, 공적 영지는 사람을 두고 말하는 것이 좋은 표현이다[153]."

왜 '대소 유무가 나타나서'가 아니고, '대소 유무에 분별이 나타나서'인가?

대소 유무는 우주 만유·시방 삼계에 나타나 있는 진리 자체를 이르므로 새삼스럽게 대소 유무가 또 나타난다, 나타나 있다고 말할 수 없다.

단지 나타나는 것은 진리의 작용(또는 육근 작용)에 따라 나타나는 분별일 뿐이다.

---

153) 한 울안 한 이치에, 제1편 법문과 일화, 3. 일원의 진리, 69절, p.79, 1987.

'나타나서'는 '나와서 눈에 띄어서'이다.

그러므로 '대소 유무에 분별이 나타나서'라 함은 원래 대소 유무에 분별이 없건마는 경계를 따라 분별이 나타난 것이다.

이것이 묘한 우리의 마음 작용이다.

'나는 몇 년, 또는 수 십 년씩이나 원불교에 다니면서 마음 공부를 하고 있는데, 왜 분별이 나타날까?' 하고 자학하던 마음이, 경계를 따라 생생 약동하게 나타나는 진리의 작용임을 아는 순간, '아, 그럴 수 있는 것이구나! 원래는 없는 것인데, 바로 하면 되는 것인데…….' 하고 매우 안심하게 된다.

마치 자신이 거부 장자(巨富長者)인 줄 모르다가 이제 안 것처럼, 돌아갈 고향이 있음을 모르다가 이제 안 것처럼…….

진리의 생멸 거래에 변함이 없는 면(불생 불멸)은 있는데, 왜 변함이 있는 면은 없는가?

	진공 (변함이 없는 진리)		묘유 (나타나는 진리)
일원 (一圓)은	대소 유무(大小有無)에 분별이 없는 자리며,	공적 영지 (空寂靈知)의 광명을 따라	대소 유무에 분별이 나타나서
	생멸 거래에 변함이 없는 자리며,		
	선악 업보가 끊어진 자리며,		선악 업보에 차별이 생겨나며,
	언어 명상(言語名相)이 돈공(頓空)한 자리로서		언어 명상이 완연하여 시방 삼계(十方三界)가 장중(掌中)에 한 구슬같이 드러나고,

생멸 거래는 생(生)했다 멸(滅)했다 갔다(去) 왔다(來), 또는 생멸은 가고 오는 것이므로 이는 진리의 변화를 말하는데, 있었다(有) 없다(無) 하는 유무에 이미 그 의미가 포함되어 있으므로 굳

이 중복할 필요가 없기 때문인 것 같다.

즉 생멸 거래에 변함이 있다고 하지 않아도 대소 유무에 분별이 나타나는 유무에 그 의미가 녹아 있다는 말이다.

'(대소 유무에 분별이 나타나서) 선악 업보에 차별이 생겨나며' 라 함은?

선악 업보의 차별이 생겨나는 것은 대소 유무에 분별이 나타나기 때문이다. 대소 유무에 분별이 나타나지 않고 우리의 마음에 분별성이 없으면 선악 업보에 차별이 생겨나지 않는다는 말이다.

그러나 마음이 살아 있기 때문에 경계를 따라 분별성이 없을 수 없으며, 그로 인하여 선악 업보에 차별(요란함·어리석음·그름, 시·비·이·해)이 생겨나지 않을 수 없다.

그러므로 마음속에서 일어나는 분별성을 어떻게 하면 없게 할 것인가? 어떻게 하면 그 분별성이 나타나는 마음을 있어진 그대로 수용하고, 어떻게 하면 원래 마음에 재빨리 대조할 것인가?

즉 그 요란한 마음이 지속되는 시간을 얼마나 짧게 하고, 그와 동시에 원래 마음으로 얼마나 빨리 돌려 그 요란함을 없게 하는 것으로써 응용할 때 원래 마음이 된 상태, 혹은 원래 마음에 가까워진 상태에서 취사할 것인가 하는 것이 우리 공부의 지향점이다.

경계를 대할 때마다 나타나는 그 요란함(·어리석음·그름)을 나타난 그대로 수용하는(일원상의 신앙) 동시에 원래 마음에 대조하고 또 대조함으로써 자성의 정(·혜·계)이 세워진다.

이것이 곧 정신의 세력이 확장되는 것이며, 마침내 그 분별이 나타나는 세력이 약해짐에 따라 선악 업보에 차별이 생겨나는 것(횟수와 정도)도 차츰차츰 줄어들 것이다.

이처럼 우리 마음에서 분별하는 세력을 없게 하여 원래 마음으로 돌아가게 하는 마음 대조 공부야말로 선악 업보에 차별이 생겨나지 않게 하는 공부법이며, 대소 유무에 분별이 나타나서 선악 업보에 차별이 생겨나는 연결 고리를 내 스스로 끊게 하는 용심법이다.

'생겨나며'는 '없던 것이 계속 있게 되며'이다. '원래 (요란함이) 없건마는 경계를 따라 있어지나니'다.

왜 '선악에 차별'이 아니고 '선악 업보에 차별'인가?

선악 업보는 '착한 일은 착한 대로, 악한 일은 악한 대로 선악이 대갚음되는 것'이므로 '선악 업보에 차별이 생겨나며'라 함은 인과에 대한 대갚음에 차별이 생기는 것이다.

즉 차별이 생기는 것은 선악이 아니라, 선악에 대한 보응에 차별이 생기므로 '선악 업보에 차별'이다.

'언어 명상이 완연하여'라 함은?

'완연'이란 '뚜렷하게 나타남'이다.

진리의 작용이 우주 만유가 성·주·괴·공으로, 만물이 생·로·병·사로, 사생이 심신 작용을 통하여 어떤 말(言語)로, 어떤 이름(名)과 어떤 모양(相)으로 나타나는데, 그것이 너무나 뚜렷하다는 말이다.

그러니 묘하게 나타나는 이 진리의 모습을 '사실적(事實的 또는 寫實的)'이라 하지 않고 다른 말로 무어라 하겠는가?

'시방 삼계(十方三界)'란?

우주와 세계를 말하며, 지금 여기(현하)도 시방 삼계의 부분이요 출발점이다. 이 몸이 만사 만리의 근본이듯, 지금 여기가 그렇게 소중한 것이다.

내가 존재하는 지금 여기, 살아 있는 내 마음으로 공부할 수 있는 지금 여기, 파란 고해의 일체 생령을 광대무량한 낙원으로 인도할 수 있는 찬스가 주어져 있는 지금 여기가 더없이 소중하다.

지금 여기 없이 어찌 시방 삼계가 존재할 수 있겠는가?!

'장중(掌中)에 한 구슬같이 드러나고'라 함은?

언어 명상(言語名相)이 뚜렷하게 나타나 있기(완연) 때문에 가릴래야 가릴 수 없음이 마치 손바닥에 놓여 있는 한 구슬 보듯이 환히 보인다는 말이다.

이는 눈으로 가까이서 직접 볼 수 있다는 뜻으로, 시방 삼계가 너무나 완연하게 드러나 있는 진리의 묘유적인 면이다.

'드러나고'는 '겉으로 보이게 나타나고'다.

없던 것이 아니라, 원래 존재하고 있었기 때문에 경계를 따라 겉으로 보이게 나타나는 것이다.

'진공 묘유의 조화'란?

'진공 묘유의 조화'는 돈공한(텅 빈) 가운데 묘하게 나타나서 생성 변화하는 진리의 작용이며, 진공으로 체를 삼고 묘유로 용을 삼는 것을 말한다.

심지는 원래 요란함(·어리석음·그름)이 없건마는(공적, 진공, 대) 경계를 따라 있어지나니(영지, 묘유, 소), 그 요란함(·어리석음·그름)을 없게 하는 것으로써 자성의 정(·혜·계)을 세우자(광명, 조화, 유무).

진공 묘유(眞空妙有)가 바로 원상(圓相) 자리니라

대산 종사, 대종사 탄생가에서 예비 교무들에게 말씀하시기를

"진공 묘유(眞空妙有)가 바로 원상(圓相) 자리니, 진공이란 공이라는 것도 없는 자리라, 우주 만유의 체(體)도 공이요 원상도 공이나 그 공도 공이 아닌 진공이므로 천지의 작용이 수억만 년을 지나더라도 묘유로 나타나는바, 육근이 육진(六塵)에 출입하되 물들

지 않는 것이 바로 진공에 바탕한 묘유니라.

보통 사람들은 육근으로 들어오는 번뇌 망상이 진공이 되지 못하고 가득 차서 참다운 묘유가 되지 못하므로154) 자기가 원상에 표준을 잡고 진공이 되었는가를 살펴보아야 하나니라.

항마위는 모든 탐진치와 오욕155)을 항복 받았으나 진공 묘유156)는 되지 못한 위(位)요, 출가위는 조금 벗어나 초연한 자리에서 진공 묘유가 되나 진공 묘유의 자유 자재하는 힘은 완전히 얻지 못한 위이요, 여래위는 진공 묘유가 되고 묘유 진공157)이 되어 동정 간에 자유 자재하는 심법이 나타나는 위니라158)."

'우주 만유를 통하여'란?

'통하여'는 '막힘이 없이 트이어'다. 안으로는 내 마음을 통하여, 밖으로는 자연과 상대방과 주위 모든 인연을 통하여다.

진리가 우주 만유를 통하지 않고 어찌 나타날 수 있겠는가?

'무시광겁(無始曠劫)'이란?

한없는 세월·세상·시간으로서 불생 불멸을 이른다.

지금 이 순간(현하)도 무시광겁의 부분이요 비롯이다.

'은현 자재(隱顯自在)'하는 것이란?

스스로 숨고(隱) 나타나는(顯) 것이 무엇에도 걸림이 없고, 저절로 인과 보응이 일어나고, 인과의 윤회가 절로 일어남을 이른다.

---

154) 참다운 묘유가 되지 못한다 함은 번뇌 망상이 가득 차서 진공이 되지 못하고 나오는 묘유를 말함.
155) 재욕(財慾)·색욕(色慾)·식욕(食慾)·명예욕(名譽慾)·수면욕(睡眠欲)의 다섯 가지 욕망.
156) 진공에 바탕한 묘유이므로 육근이 육진(六塵)에 출입하되 물들지 않음.
157) 묘유 조차도 진공이라는 말임. 어떠한 경우에도 진공을 떠나지 아니함.
158) 대산 종사 법어(자문판 회람용), 제2 교리편, 24장, 2013(원기 98년 2월), p.84.

**'진공 묘유의 조화는 우주 만유를 통하여 무시광겁에 은현 자재'
한다 함은?**

진공 묘유의 조화가 무한한 시공(時空)을 초월하여 우주 만유로
나투어지며 은현 자재하는데, 생멸 없는 도와 인과 보응되는 이치
를 따라 이러한 소소영령한 과정이 쉼 없이 돌고 도는 것이다.
진공과 묘유와 조화가 숨었다 나타나는 것이 자유 자재로 음양
상승의 도를 따라 그런다는 말이다.

**진공 묘유의 조화가 우주 만유를 통하지 않고 무시광겁에 은현
자재할 수 있는가?**

없다. 반드시 우주 만유를 통해야 가능하다.
우주 만유 자체가 일원상의 진리에 따라 나타나고 생겨나고 드
러나는 것이며, 진공 묘유의 조화가 곧 일원상의 진리인데 어찌
우주 만유를 통하지 않고 은현 자재할 수 있겠는가!?

'곧 일원상의 진리니라' 함은?

일원상의 진리는 우주 만유(천지 만물, 허공 법계), 일체 사생,
시방 삼계 자체며, 이 현상을 모두 포함하는구나!
우주 만유의 본원(本源)일 수밖에 없겠구나!!
제불 제성의 심인(心印)일 수밖에 없겠구나!!!
일체 중생의 본성(本性)일 수밖에 없겠구나!!!!

우리의 생활이 일원상의 진리와 완전히 합치되려면?

"저 원상은 참 일원을 알리기 위한 표본이라, 비하건대 손가락
으로 달을 가리킴에 손가락이 참 달은 아닌 것과 같나니라.
그런즉 공부하는 사람은 마땅히 저 표본의 일원상으로 인하여

참 일원을 발견하여야 할 것이며, 일원의 참 된 성품을 지키고, 일원의 원만한 마음을 실행하여야 일원상의 진리와 우리의 생활이 완전히 합치되리라159)."

일원상의 진리를 진공과 묘유로 나누면?

진공은 '대소 유무(大小有無)에 분별이 없는 자리며, 생멸 거래에 변함이 없는 자리며, 선악 업보가 끊어진 자리며, 언어 명상(言語名相)이 돈공(頓空)한 자리로서'까지고,

묘유는 '공적 영지(空寂靈知)의 광명을 따라 대소 유무에 분별이 나타나서 선악 업보에 차별이 생겨나며, 언어 명상이 완연하여 시방 삼계(十方三界)가 장중(掌中)에 한 구슬같이 드러나고'까지다.

일원상의 원리는?

"일원상의 원리는 모든 상대처가 끊어져서 말로써 가히 이르지 못하며 사량(思量)으로써 가히 형용하지 못할지라 이는 곧 일원의 진공체(眞空體)요,

그 진공한 중에 또한 영지 불매(靈知不昧)하여 광명이 시방을 포함하고 조화가 만상을 통하여 자재하나니 이는 곧 일원의 묘유요,

진공과 묘유 그 가운데 또한 만법이 운행하여 생멸 거래와 선악 과보가 달라져서 드디어 육도 사생으로 승급·강급하나니 이는 곧 일원의 인과인 바, 진공과 묘유와 인과가 서로 떠나지 아니하여 한 가지 일원의 진리가 되나니라.

대종사께서 이 일원상으로써 교리의 근원을 삼아 모든 공부인으로 하여금 이를 신앙케 하고, 이를 연구케 하고, 이를 수행케 하신 것은 곧 계단을 초월하여 쉽게 대도에 들게 하고 깊은 이치를 드러내어 바로 사물에 활용케 하심이니,

---

159) 대종경, 제2 교의품(敎義品), 6장, p.114.

그러므로 진리를 구하는 이가 이 외에 다시 구할 곳이 없고 도를 찾는 이가 이 외에 다시 찾을 길이 없으며 그 밖에 일체 만법이 이 외에는 다시 한 법도 없나니라[160]."

'일원상의 진리'의 진공·묘유·조화는 일원의 진공체·묘유·인과라

일원상의 진리	일원의 진공체와 묘유와 인과
일원(一圓)은 우주 만유의 본원이며, 제불 제성의 심인이며, 일체 중생의 본성이며, 대소 유무(大小有無)에 분별이 없는 자리며, 생멸 거래에 변함이 없는 자리며, 선악 업보가 끊어진 자리며, 언어 명상(言語名相)이 돈공(頓空)한 자리로서	일원상의 원리는 모든 상대처가 끊어져서 말로써 가히 이르지 못하며 사량으로써 가히 형용하지 못할지라 이는 곧 일원의 진공체(眞空體)요,
공적 영지(空寂靈知)의 광명을 따라 대소 유무에 분별이 나타나서 선악 업보에 차별이 생겨나며, 언어 명상이 완연하여 시방 삼계(十方三界)가 장중(掌中)에 한 구슬같이 드러나고,	그 진공한 중에 또한 영지 불매(靈知不昧)하여 광명이 시방을 포함하고 조화가 만상을 통하여 자재하나니 이는 곧 일원의 묘유요,
진공 묘유의 조화는 우주 만유를 통하여 무시광겁(無始曠劫)에 은현 자재(隱顯自在)하는 것이	진공과 묘유 그 가운데 또한 만법이 운행하여 생멸 거래와 선악 과보가 달라져서 드디어 육도 사생으로 승급·강급하나니 이는 곧 일원의 인과인 바, 진공과 묘유와 인과가 서로 떠나지 아니하여
곧 일원상의 진리니라.	한 가지 일원의 진리가 되나니라.

---

160) 정산 종사 법어, 제2부 법어(法語), 제5 원리편(原理編) 2장, p.818.

따라서 '일원상의 진리'의 '진공과 묘유와 조화'는 '일원상의 원리'의 '일원의 진공체와 묘유와 인과'임을 알 수 있다. 또한 조화가 인과임도.

일원상의 진리를 공(空)·원(圓)·정(正)으로 요약하면?

대종사 말씀하시기를

"일원의 진리를 요약해 말하자면 곧 공(空)과 원(圓)과 정(正)이니, 양성(養性)에 있어서는 유무 초월한 자리를 관하는 것이 공이요, 마음의 거래가 없는 것이 원이요, 마음이 기울어지지 않는 것이 정이며,

견성(見性)에 있어서는 일원의 진리가 철저하여 언어의 도가 끊어지고 심행처가 없는 자리를 아는 것이 공이요, 지량(知量)이 광대하여 막힘이 없는 것이 원이요, 아는 것이 적실(的實)161)하여 모든 사물을 바르게 보고 바르게 판단하는 것이 정이며,

솔성(率性)에 있어서는 모든 일에 무념행을 하는 것이 공이요, 모든 일에 무착행을 하는 것이 원이요, 모든 일에 중도행을 하는 것이 정이니라162)."

대산 종사 공·원·정(空圓正)에 대하여 말씀하시기를

"공은 텅 비고 고요한 절대 자리를 보아서 상대가 끊어진 심경을 갖는 것이요,

원은 두렷하고 밝고 원만평등한 자리를 보아서 치우치고 모자람이 없는 마음을 갖는 것이요,

정은 바르고 화(和)하여 지공무사한 처사를 하는 것이니라163)."

일원상의 진리, 일원상 서원문 및 일상 수행의 요법 1·2·3조를 대·소·유·무로 나누어 보면?

---

161) 틀림없이 확실함. 실제에 적합함.
162) 대종경, 제2 교의품(教義品) 7장, p.115.
163) 대산 종사 법어(자문판 회람용), 제2 교리편, 23장, p.83, 2013(원기 98년).

	일원상의 진리	일원상의 서원문	일상 수행의 요법
	일원(一圓)은	일원은	심지(心地)는
	우주 만유의 본원이며, 제불 제성의 심인이며, 일체 중생의 본성이며,	언어 도단(言語道斷)의 입정처(入定處)이요, 유무 초월의 생사문(生死門)인 바, 천지·부모·동포·법률의 본원이요, 제불·조사·범부·중생의 성품으로	
大·眞空·空		(능이성 유상(能以成有常)하고 능이성 무상(無常)하여)	
	대소 유무(大小有無)에 분별이 없는 자리며, 생멸 거래에 변함이 없는 자리며, 선악 업보가 끊어진 자리며, 언어 명상(言語名相)이 돈공(頓空)한 자리로서	유상으로 보면 상주 불멸로 여여 자연(如如自然)하여 무량 세계를 전개하였고,	원래 요란함· 어리석음· 그름이 없건마는
小·妙有·圓	공적 영지(空寂靈知)의 광명을 따라 대소 유무에 분별이 나타나서 선악 업보에 차별이 생겨나며, 언어 명상이 완연하여 시방 삼계(十方三界)가 장중(掌中)에 한 구슬같이 드러나고,	무상으로 보면 우주의 성·주·괴·공(成住壞空)과 만물의 생·로·병·사(生老病死)와 사생(四生)의 심신 작용을 따라 육도(六途)로 변화를 시켜 혹은 진급으로 혹은 강급으로 혹은 은생어해(恩生於害)로 혹은 해생어은(害生於恩)으로 이와 같이 무량 세계를 전개하였나니,	경계를 따라 있어지나니,
有無·造化·正	진공 묘유의 조화는 우주 만유를 통하여 무시광겁(無始曠劫)에 은현 자재 (隱顯自在)하는 것이	우리 어리석은 중생은 이 법신불 일원상을 체받아서 심신을 원만하게 수호하는 공부를 하며, 또는 사리를 원만하게 아는 공부를 하며, 또는 심신을 원만하게 사용하는 공부를 지성으로 하여 진급이 되고 은혜는 입을지언정 강급이 되고 해독은 입지 아니하기로써 일원의 위력을 얻도록까지 서원하고 일원의 체성(體性)에 합하도록까지 서원함.	그 요란함· 어리석음· 그름을 없게 하는 것으로써 자성(自性)의 정(定)· 혜(慧)· 계(戒)를 세우자.
	곧 일원상의 진리니라.		

일원의 원만한 진리는 천하의 대도라

대산 종사 교법의 선언을 발표하시니

"일원의 원만한 진리는 천하의 대도라, 삼학 공부는 만생령 부활의 원리요 대도이고, 사은 보은은 세계 평화의 원리요 대도이고, 사요 실천은 세계 균등의 원리요 대도니라.

그러므로 일원의 원만한 진리, 삼학의 원만한 수행, 사은의 원만한 신앙, 사요의 원만한 치국은 만고의 대법이니라164)."

일원상의 진리와 일상 수행의 요법 1·2·3조를 관계 지어 보면?

진공 자리인 '대소 유무에 분별이 없는 자리며,……언어 명상(言語名相)이 돈공(頓空)한 자리로서'까지는 '심지는 원래 요란함·어리석음·그름이 없건마는'에 해당되고,

묘유 자리인 '공적 영지(空寂靈知)의 광명을 따라 대소 유무에 분별이 나타나서……장중(掌中)에 한 구슬같이 드러나고,'까지는 '경계를 따라 있어지나니,'에 해당되고,

조화 자리인 '진공 묘유의 조화는 우주 만유를 통하여 무시광겁에 은현 자재하는 것이니라.'는 '그 요란함·그 어리석음·그 그름을 없게 하는 것으로써 자성의 정·혜·계를 세우자.'에 해당된다.

이와 같이 일원상의 진리도 일상 수행의 요법 1·2·3조도 진공 묘유의 조화로 이루어져 있음을 알 수 있다.

제2절 일원상의 신앙(一圓相-信仰)

'의'자(字)의 의미는?

'의'자(字)를 빼고 그냥 '일원상 신앙'이라고 말하기 쉽다. 이렇게 하는 것은 정전을 건성으로, 간단하게 줄이려는 마음이 있기 때문이다.

---

164) 대산 종사 법어(자문판 회람용), 제2 교리편, 16장, p.80, 2013(원기 98년).

이 '의'자(字)의 뜻은 '(일원상의 진리)에 바탕을 둔'이란 말이다. '의'를 빼고 '일원상 신앙'이라고 하면, 이런 신앙, 저런 신앙 중의 하나인 느낌이 든다.

대종사님께서 쓰신 단어 하나하나, 부호 하나하나에는 진리가 온통 다 살아 숨 쉬고 있다.

그러므로 우리는 대종사님께서 쓰신 그대로 사용하는 것이 곧 대종사님의 법을 온통 체받는 지름길이다.

> 일원상의 진리를 우주 만유의 본원으로 믿으며165), 제불 제 성의 심인으로 믿으며, 일체 중생의 본성으로 믿으며, 대소 유 무에 분별이 없는 자리로 믿으며, 생멸 거래에 변함이 없는 자 리로 믿으며, 선악 업보가 끊어진 자리로 믿으며, 언어 명상이 돈공한 자리로 믿으며,

'일원상의 진리를 우주 만유의 본원으로 믿으며, 제불 제성의 심인으로 믿으며, 일체 중생의 본성으로 믿으며,'라 함은?

아무리 밉고 원망할 일이 있더라도 그 사람의 본래 마음은 우주 만유의 본원임을, 제불 제성의 심인임을, 일체 중생의 본성임을 믿 는 것이 '우주 만유의 본원으로 믿으며, 제불 제성의 심인으로 믿 으며, 일체 중생의 본성으로 믿으며'에 담긴 뜻이다.

'믿으며'는 '꼭 그렇게 여겨서 의심하지 않으며'이다.

팔조의 '신(信)'을 보자.

'신(信)이라 함은 믿음을 이름이니, 만사를 이루려 할 때에 마음 을 정하는 원동력(原動力)이니라.'고 하셨다.

여기서, 믿는다 하여 무조건적으로 맹신하라는 것이 아니다. 요 모조모 따지고 또 따져야 한다.

믿지 못해서라기보다는 간단없는 마음으로, 용장한 전진심으로

---

165) 믿다: 꼭 그렇게 여겨서 의심하지 않다.

왜 그런지 모르는 것을 발견하여 알고자 따져 보는 것이다.

그래야 일어나는 의심·분별성·주착심이 해결되어 만사를 이루려 할 때에 마음을 정(定)할 수 있기 때문이다.

따지면 따질수록 그 타당함에, 논리 정연함에, 지극히 진리적이며, 지극히 사실적이며, 지극히 과학적임에 감탄하지 않을 수 없다.

그리고 자연히 일원상의 진리를 우주 만유의 본원으로, 제불 제성의 심인으로, 일체 중생의 본성으로 믿을 수밖에 없게 되고, 또한 믿지 않을 수 없게 된다.

이 '믿으며'는 있는 것은 있는 그대로, 없는 것은 없는 그대로 수용하는 것이다. 분별·주착 없이, 간섭·판단 없이 받아들이는 것이다.

일어나는 생각이 끊어진 상태에서, 일어나는 마음을 그 전 마음(원래 마음)으로 돌린 상태에서 보는 것이다.

산은 산으로, 물은 물로 받아들이는 것이다.

믿고 안 믿고가 끊어진 상태에서 믿는 것, 믿을 수 없는 상황을 받아들이는 것이 참으로 믿는 것이다.

이렇게 하면 어떻게 되는가?

내가 처한 곳곳이 불상으로 보이게 되고(처처 불상), 내가 하는 일마다 상없는 마음으로 불공하게 된다(사사 불공).

'일원상의 신앙'을 오래오래 하고 또 함으로써 공통적으로 해결되는 것이 처처 불상, 사사 불공이다.

만약 해결되지 않으면 자신의 신앙을 이 '일원상의 신앙'으로 돌아가 점검하고 또 점검해 보아야 한다.

끊임없이 점검하는 마음을 놓지 않아야 한다.

이렇게 하는 것이 공부심을 항상 챙기는 동시에, 공부의 방향로를 항상 잃지 않는 것이다.

'대소 유무에 분별이 없는 자리로 믿으며, 생멸 거래에 변함이 없는 자리로 믿으며, 선악 업보가 끊어진 자리로 믿으며, 언어 명상이 돈공한 자리로 믿으며,'라 함은?

'대소 유무에 분별이 없는 자리'는 '생멸 거래에 변함이 없는 자리, 선악 업보가 끊어진 자리, 언어 명상이 돈공한 자리'며, 요란함·어리석음·그름이 일어나기 전 원래 마음이다.

그 없는 자리에서 공적 영지의 광명을 따라 대소 유무에 분별이 나타나는 것을 믿으며, 선악 업보에 차별이 생겨나는 것을 믿으며, 언어 명상이 완연하여 시방 삼계가 장중에 한 구슬같이 드러나는 것을 믿으며, 진공 묘유의 조화는 우주 만유를 통하여 무시광겁에 은현 자재하는 것을 믿는 것이 곧 일원상의 신앙이니라.

'그 없는 자리'란 무엇인가?

'대소 유무에 분별이 없는 자리, 생멸 거래에 변함이 없는 자리, 선악 업보가 끊어진 자리, 언어 명상이 돈공한 자리'다.
시비가 없는 자리에서 시비를 바라보는 마음 자리다.
자신의 틀(기준)로 자신과 상대방을 간섭하는 마음, 분별하는 마음, 판단하는 마음이 쉬어버린 마음이다.

'공적 영지의 광명을 따라 대소 유무에 분별이 나타나는 것을 믿으며, 선악 업보에 차별이 생겨나는 것을 믿으며'란?

경계를 따라 묘하게 있어지는 것은 나의 틀로 판단하는 것이 아니라, 있는 그대로를 온통 믿고 수용하는 것이다. 본대로, 들은 대로, 냄새 맡은 대로 털끝만큼의 내 생각 없이 믿는 것이다.
내 마음에서 '대소 유무에 분별이 나타나는 것, 선악 업보에 차별이 생겨나는 것, 언어 명상이 완연하여 시방 삼계가 장중에 한 구슬같이 드러나는 것'이 무엇일까?
경계를 따라 요란함·어리석음·그름이 일어나는 내 마음이다.

그런데 시비를 보고 시비가 쉬어버린 마음으로 그 시비를 바라볼 수 있던가?

끊임없이 일어나는 이 묘한 마음이 쉽게 놓아지던가?

경계를 따라 원망하고, 미워하고, 남에게 전가하려 하고, 대접받으려 하고, 섭섭해 하는 마음이 쉽게 없어지던가?

시·비·이·해를 따라, 원·근·친·소를 따라, 자신의 예민한 부분에 따라 작용되는 정도의 차이가 있을 뿐 그 마음 작용은 없어지지 않는다.

이러하기에 우리는 공부심을 놓을 수 없다. 남의 것이 아닌, 내게 나타나는 마음 작용을 먼저 인정하지 않을 수 없다.

내 마음 작용도 못 받아들이면서 어찌 남의 마음을 받아들일 수 있겠는가?

말이 자꾸 많아지고 늘어놓는 것은 자신의 잘못을 인정하지 않기 때문이다. 즉 자신의 마음 작용이 수용되지 않기 때문이다.

"미안하다.", "잘못했다.", "용서해라."는 한 마디면, 나의 마음도, 상대방의 마음도 쉬어버린다.

이것이 무엇인가?

내게 나타나는 대소 유무의 분별과 내게 생겨나는 선악 업보의 차별을 믿는 것이며, 상대방에서 나타나고 생겨나는 것도 믿는 것이다.

'언어 명상이 완연하여 시방 삼계가 장중에 한 구슬같이 드러나는 것을 믿으며'란?

어찌 이렇게까지 드러나는데 믿지 않을 수 있겠는가?

자신의 마음을 잘 조사해 보면, 다 드러난다. 마치 정치·경제인들이 검찰에 출두하기 전에는 아무 잘못이 없다고 주장해도 출두해서 조사를 받으면 증거가 명명백백하므로 인정하듯이.

'아, 이게 내 마음이구나! 내 마음이 이렇구나!'

'저 사람도 이런 마음이겠구나!'

드러나는 것을 그대로 믿는 것이 오롯한 '일원상의 신앙'이다.

이렇게 되어야 비로소 참회하게 되고, 심고와 기도를 올리게 되고, 불공하게 되고, 서원을 올리게 된다.

'진공 묘유의 조화는 우주 만유를 통하여 무시광겁에 은현 자재하는 것을 믿는 것이 곧 일원상의 신앙이니라.' 함은?

일원상의 신앙은 이것은 믿고 저것은 믿지 않는 형식 신앙, 부분 신앙이 아니다. 오로지 분별성과 주착심을 놓고, 있어지는 그대로 간섭 없이, 판단 없이 믿는 사실 신앙, 전체 신앙이다.

분별성과 주착심(선입관, 고정 관념)만 놓으면, 어느 한쪽으로 끌리는 마음 없이 일과 이치를, 마음 작용을 객관적으로 주시하면서까지 받아들여진다. 이것이 곧 하면 할수록 깊어지게 하고 밝아지게 하는 일원상의 신앙이다.

이렇게 되면 어떻게 변하는가?

원래 마음이 되살아나고 내 마음이 지극히 미묘한 줄 알게 되므로 곳곳이 부처(처처 불상)로 보이고, 일마다 불공(사사 불공)을 하지 않을 수 없게 된다.

이것이 일원상의 신앙을 하는 공부인들의 공통적인 현상이며, 실제로 나투는 수행하는(진리적 종교의 신앙과 사실적 도덕의 훈련을 하는) 모습이다.

원불교에서는 부처님을 본사(本師)로 모시면서 신앙의 상징을 불상으로 하지 않고 왜 일원상을 모시는가?

일원상을 모시는 것은 불교에서 불상을, 기독교에서 십자가를, 천주교에서 성모 마리아를 모시는 것과 같다.

그러나 불상은 부처님의 형체(形體)를, 십자가는 예수님의 형체를, 성모 마리아상은 마리아의 형체를 나타낸 것이지만, 일원상은 부처님의 심체(心體), 즉 대종사님께서 깨치신 진리를 나타낸 것이다.

형체는 인형(人形)에 불과하나, 심체는 광대무량하여 능히 유와 무를 총섭하고 삼세를 관통하였으므로 천지 만물의 본원이며 언어도단의 입정처(入定處)다.

그러므로 신앙과 수행의 지름길은 진리를 깨친 분들의 형체(불상, 십자가, 마리아상 등)를 통해 진리에 합일하는 것보다는 진리를 나타낸 상징, 즉 진리와 직거래하면서 진리를 깨치는 것이므로 원불교에서는 일원상을 신앙과 수행의 대상으로 모시고 있다166).

일원상의 신앙은 왜 하는가?

복락을 구하기 위함이다. 즉 원불교를 믿고, 교당에 다니는 목적과 이유는 복락을 구하기 위해서다.

신앙을 함에도 불구하고 자신의 생활이 복되고 즐겁지 않다면 자신의 신앙하는 모습을 점검해야 한다.

왜 그런지, 어디에 문제가 있는지 점검하여 근원적으로 해결해야 한다.

우리 공부인의 모습은 이 문제를 끊임없이 점검하고 해결하는 과정 속에서 차츰차츰 복락을 얻게 되고(일원의 위력), 일원의 체성에 합해지는 것이 아니겠는가?

일원상의 신앙은 어떻게 하는가?

"일원상을 신앙의 대상으로 하고 그 진리를 믿어 복락을 구하나니, 일원상의 내역을 말하자면 곧 사은이요,

사은의 내역을 말하자면 우주 만유로서 천지 만물 허공 법계가 다 부처 아님이 없나니,

우리는 어느 때 어느 곳이든지 항상 경외심을 놓지 말고 존엄하신 부처님을 대하는 청정한 마음과 경건한 태도로 천만 사물에 응할 것이며,

---

166) 대종경, 제2 교의품(教義品), 3장, p.112.

천만 사물의 당처에 직접 불공하기를 힘써서 현실적으로 복락을 장만할지니,

이를 몰아 말하자면 편협한 신앙을 돌려 원만한 신앙을 만들며, 미신적 신앙을 돌려 사실적 신앙을 하게 한 것이니라[167]."

"일원상을 신앙하자는 것은 자기의 마음이 곧 부처이며, 자기의 성품이 곧 법인 것을 확인하자는 것이요,

인과의 묘리가 지극히 공변[168]되고 지극히 밝아서 가히 속이지 못하며 가히 어기지 못할 것을 신앙하자는 것이요,

죄복 인과를 실지 주재하는 사은의 내역을 알아 각각 그 당처를 따라 실제적 신앙을 세우고 일을 진행하자는 것이요,

곳곳이 부처요 일일이 불공이라는 너른 신앙을 갖자는 것이니, 이는 곧 진리를 사실로 신앙하는 길이라,

능히 자력을 양성하고 타력을 바르게 받아들여 직접 정법 수행의 원동력이 되게 하신 것이니라[169]."

제3절 일원상의 수행(一圓相-修行)

'의'자(字)의 의미는?

이 '의'자에는 '(일원상의 진리)에 바탕을 둔'이란 뜻이 담겨 있다.

그냥 건성으로 '일원상 수행'이라 말하기 쉬우나, 대종사님께서 쓰신 그대로 사용하는 것이 바로 대종사님의 법을 체받는 것이다.

이런 수행, 저런 수행 중의 하나인 '일원상 수행'이 아니라, 일원상의 진리에 바탕을 둔 '일원상의 수행'이다.

수행의 의미는?

---

167) 대종경, 제2 교의품(教義品), 4장, p.113.
168) 공평하고 정당하여 사정이나 치우침이 없음.
169) 정산 종사 법어, 제2부 법어(法語), 제5 원리편(原理編), 3장, p.819.

수행이란 일상하는 행동을 닦는 것, 수양·연구한 것을 행동과 실천으로 나타내는 것이다.

일원상 서원문에서 보면 수(修)는 일원의 체성(體性)에 합하는 것이며, 행(行)은 일원의 위력을 얻는 것이다.

또는 수(修)는 지혜를 밝히는 것이며, 행(行)은 복덕을 쌓아가는 것이므로 복과 혜를 아울러 닦아가는 것이다.

또는 수는 공부요, 행은 사업이므로 공부와 사업을 병행해 가는 것이다.

또는 수는 무아의 경지에 들어가는 것이며, 행은 봉공행을 하는 것이므로 무아 봉공이 곧 수행이다.

그러므로 수와 행은 둘이 아니라, 동시성이며 하나다.

또한 수(修)는 마음속의 요란함·어리석음·그름을 있어진 그대로 수용하고 원래 마음에 대조하여 자성의 정·혜·계를 세우는 것이고, 행(行)은 그를 통해 길러진 두렷하고 고요하여 분별성과 주착심이 없는 마음을 사용하는 것이다.

그러므로 '수행'이라 하면 당연히 일원상의 진리를 신앙하는 동시에 수행의 표본을 삼는 '일원상의 수행'이라고 해야 한다.

'진리'는 '일원상의 진리', '신앙'은 '일원상의 신앙'이라고 하듯이.

일원상의 진리를 신앙하는 동시에 수행의 표본을 삼아서 일원상과 같이 원만 구족(圓滿具足)하고 지공 무사(至公無私)한 각자의 마음을 알자는 것이며, 또는170) 일원상과 같이 원만 구족하고 지공 무사한 각자의 마음을 양성171)하자는 것이며, 또는 일원상과 같이 원만 구족하고 지공 무사한 각자의 마음을 사용하자는 것이 곧 일원상의 수행이니라.

---

170) 그렇지 않으면. '또는'의 앞뒤 문장은 동격(同格)으로, 이렇게도 볼 수 있고 저렇게도 볼 수 있는, 이렇게도 볼 수밖에 없고 저렇게도 볼 수밖에 없는 동시성과 다양성을 나타낸다.
171) 길러 냄.

'일원상의 진리를 신앙하는 동시에 수행의 표본을 삼아서'란?

일원상의 진리를 신앙하는 것과 일원상의 진리를 수행의 표본으로 삼는 것은 둘이 아니요, 따로 떨어질 수 없는 것이다.

이는 신앙을 잘 하면 수행도 잘 되고, 수행을 잘 하면 그에 비례하여 신앙도 깊어지기 때문이다.

따라서 신앙과 수행은 분리될 수 있는 것이 아니라, 서로서로 도움이 되고 바탕이 되는 동시성의 관계다.

실제로 신앙과 수행은 항상 동시에 이루어지며, 깊은 신앙심으로 수행할 때 비로소 바른 수행이 나투어지고, 그를 통하여 바른 신앙이 동시에 길러진다.

이 '일원상의 진리를 신앙하는 동시에 수행의 표본을 삼아서'가 일원상 서원문의 '이 법신불 일원상을 체받아서'와 같은 뜻이며, 교법의 총설의 '우리는 우주 만유의 본원이요, 제불제성의 심인(心印)인 법신불 일원상을 신앙의 대상과 수행의 표본으로 모시고'와 같은 뜻이다.

표본과 표준의 차이는?

'표본(標本)'은 '표준된 본보기. 본보기가 되고 표준이 되는 것'이고, '표준(標準)'은 '사물을 정하는 기준, 타의 규범이 되는 준칙·기준'이다.

따라서 표준은 이미 표본에 포함되어 있다. 즉 표준이 잡혀 있고 (타의) 본보기가 되는 것이 표본이다.

마음 공부에서 표본은 당연히 '일원상의 진리'다.

이를 알기 쉽게는 '일원상과 같이 원만 구족하고 지공 무사한 각자의 마음, 원래에 분별과 주착이 없는 각자의 성품, 원래 요란함·어리석음·그름이 없는 심지'로 표현할 수 있다.

그러므로 이들이 내 마음의 표본이다.

그런데 표본이 없고 표준만 있으면 불안하다. 왜냐하면 표준은 상황 상황에 따라 바뀔 수 있기 때문이다.

이는 사람이 운동을 하고 다이어트를 하는 목적은 건강해지기 위함이지, 체중을 줄이고 날씬해지기 위함이 아닌 것과 같은 이치다.

체중과 날씬한 정도는 남녀 노소에 따라 그 기준이 서로 다르고, 키가 큰 사람과 작은 사람에 따라 또 달라진다. 각자가 가지고 있는 표준은 상황에 따라 얼마든지 바뀔 수 있다.

그러나 건강해지는 것은 어느 누구나 염원하는 것으로서 바뀔 수가 없다. 이 건강해지는 것이 바로 누구나 가지고 있는 표본이다.

따라서 표준을 가진 사람은 불안할 수 있지만, 표본을 가진 사람은 항상 든든하고 자신에 차 있고 안정되어 있다. 마치 돌아갈 고향이 있는 사람처럼.

일원상과 같이 원만 구족(圓滿具足)하고 지공 무사(至公無私)한 각자의 마음을 알자는 것이란?

'원만 구족'은 조금도 모자람이 없고 완전하게 갖추어 있는 또는 갖추어질 수 있는 상태로서 진리의 체성(體性)[172]을 이르며,

'지공 무사'는 지극히 공변(公遍)[173]되고 일호의 사(私)가 없는 진리의 작용을 말한다.

그러므로 '원만 구족하고 지공 무사함'은 일원상의 진리를 이르는 말이다.

이 '일원상과 같이 원만 구족(圓滿具足)하고 지공 무사(至公無私)한 각자의 마음을 알자는 것이며'는 일원상 서원문의 '이 법신불 일원상을 체받아서 사리를 원만하게 아는 공부를 하며'와 같다.

원만 구족(圓滿具足)하고 지공 무사(至公無私)하다는 것은?

일원상(=일원상의 진리)과 같다. 즉 우리의 마음이 원만 구족하고 지공 무사하며, 원만 구족하고 지공 무사한 것은 일원상과 같

---

172) 사람이 본디부터 가지고 있는 성질. 사물이나 현상에 본디부터 있는 고유한 특성.
173) 공변하고 정당하여 사사로움이나 어느 한편에 치우침이 없음.

다 하셨다.

'원만 구족 지공 무사'는 '일원상의 진리'를 말하므로, '원만 구족하고 지공 무사하게'와 같이 조건적으로 사용하는 것은 '원만 구족 지공 무사'한 진리의 한 단면만 이르는 것이다.

'원만 구족 지공 무사'는 어떤 조건이나 결과뿐만 아니라, 과정의 상태도 다 포함한다.

모든 과정은 우리에게 잘 가르치고, 잘 배울 수 있고, 경계 경계마다 깨칠 수 있는 기회를 주며, 이렇게 되어야 비로소 원만 구족하고 지공 무사한 것이다.

각자의 마음은 어떠한가?

원래 요란함·어리석음·그름이 없건마는 경계를 따라 요란해지고·어리석어지고·글러질 수 있으며, 그 마음으로 공부하면 자성의 정·혜·계가 세워져 요란함·어리석음·그름에 걸리거나 끌림 없는 마음을 사용할 수 있게 된다.

이것이 바로 우리의 마음에 진공 묘유의 조화(대소 유무)가 나타나는 일원상의 모습이다.

그러므로 우리의 마음이나 우주 만유가 어찌 분별 주착이 없는 것만 이르는 것이며, 대소 유무에 분별이 없는 것만 이르는 것이며, 선악 업보에 차별이 끊어진 것만 이르는 것이겠는가?

일원상의 진리는 이렇게 편협하지 않다. 원래 없는 또는 걸림 없는 진공도, 묘하게 나타나는 묘유도 다 포함한다. 원래 있는, 지금 여기에서 나타나고 생겨나고 드러나는 모든 것이다.

일원상과 원만 구족 지공 무사와 마음과의 관계는?

이들의 관계는 표현만 다른 뿐이지 하나다.

일원상(=일원상의 진리=일원)=원만 구족 지공 무사=각자의 마음

일원상의 진리가 진공 묘유의 조화와 대소 유무로 나투어지듯

우리의 마음도 마찬가지다. 대종사님께서는 이를 원만 구족하고 지공 무사하다고 하셨다.

그런데 일원상의 진리가 원만 구족하고 지공 무사한 것인 줄은 알겠는데, 각자의 마음이 원만 구족하고 지공 무사하다 함은 고개를 갸우뚱거린다. 분별성과 주착심에 끌려 원망하고 미워하는 마음이 어찌 원만 구족하고 지공 무사하느냐는 것이다.

그럼 이 묘하게 일어나는 마음은 일원상의 진리가 아니냐는 물음에는 당연히 일원상의 진리라고 하지만, 역시 원만 구족 지공 무사하다 함은 쉽게 수긍이 되지 않는다는 반응이다.

왜 이런 현상이 일어나는가?

원만 구족하고 지공 무사함을 우리가 일상에서 흔히 사용하는 '원만함'과 혼동하는 데서 오는 차이인 것 같다.

원만하다: (성격이나 행동이) 모나지 않고 두루 너그럽다.
원만 구족: 조금도 모자람이 없고 완전하게 갖추어져 있는 또는 갖추어질 수 있는 상태로서 진리의 진체(眞體)를 말함. 원만 구족을 진공으로 보는 측면이 있으나, 조금도 모자람이 없고 완전하게 갖추어져 있으려면 진공·묘유·조화가 다 있어야 한다. 이들은 동시성이기 때문이다.
지공 무사: 어디에도 치우치지 않고 무엇에 가림도 없이(지극히 공변되고) 두루 소소영령하고 정확하게 나타나는(일호의 사가 없는) 진리의 작용(作用)을 말함.

짜증나고 화나고 미워하는 묘한 마음은 모나지 않고 두루 너그러운 마음이 아니므로 분명 원만하지는 않으나, 이 또한 진리의 작용이므로 원만 구족하고 지공 무사한 것이다.

이렇게 '원만 구족하고 지공 무사함'을 '원만함'과 혼돈하기 때문에 원만 구족 지공 무사가 '일원상의 진리'며, '일원상의 진리'의 작용이며, '일원상의 신앙'임은 인정하면서도 '일원상의 수행'임은 인정하지 못하는 원인이라 생각된다.

'원만 구족 지공 무사'를 원만 구족하고 지공 무사하게 눈·귀·코·입·몸·마음을 사용하라는 수행의 한 조건으로 삼는 것이다.

이렇게 조건으로 사용할 때는 '원만 구족하고 지공 무사하게'가 아니라, '원만하게'라고 해야 한다.

일원상 서원문의 '심신을 원만하게 수호하는, 사리를 원만하게 아는, 심신을 원만하게 사용하는'과 같이 '원만하게'라고 해야 한다. 이래야 뜻이 제대로 맞는다.

평소의 관념과 습관의 뿌리가 얼마나 철석같이 굳고 질긴지 새삼 나를 돌아보게 한다.

일원상과 같이 원만 구족(圓滿具足)하고 지공 무사(至公無私)한 각자의 마음을 알자는 것은?

이는 삼학의 '사리 연구'다.

일상 수행의 요법 2조 '심지는 원래 어리석음이 없건마는 경계를 따라 있어지나니, 그 어리석음을 없게 하는 것으로써 자성의 혜를 세우자.'를 이른다

그런데 "마음이 일원상(일원상의 진리)과 같고, 원만 구족하고 지공 무사한 줄은 알겠는데(또는 어느 정도 수긍이 가는데), '원만 구족하고 지공 무사한 각자의 마음을 알자(또는 양성하자, 사용하자)'는 말씀은 어떻게 이해해야 되느냐? 어떤 뜻이냐?"는 질문을 하게 된다.

'우리 마음에는 묘하게 일어나는 마음도 있는데, 이 요란해지고 어리석어지고 글러지는 마음도 알고 양성하고 사용하자는 것이냐?'

'원만 구족하고 지공 무사한 각자의 마음을 알자(또는 양성하자, 또는 사용하자)는 것이 일원상의 수행일진대, 어찌 이런 마음까지 아는(또는 양성하는, 또는 사용하는) 것이 수행이란 말이냐?

그렇다면 (일원상의) 수행을 할 필요도 없고, 원불교를 다닐 필요도 없지 않느냐?'

'요란한 마음을 알자는 것은 그래도 이해가 되는데, 이 마음을 양성하고, 이 마음을 사용하자는 것은 무슨 얘기냐?'

'대종사님께서 이처럼 자행 자지하라고 할 리는 없는데, 무슨 뜻이란 말인가?'

하는 심각한 의문과 혼란에 빠질 수 있다.

이것은 요란한 마음과 요란함이 없는 마음을 동시에 보자는 것이다.

마음에 요란함이 없는 줄만 알다가 요란해지면 어떻게 되는가?

'공부를 해도 해도 나는 왜 요 모양 요 꼴인가!'

하고 좌절하거나 낙망하게 된다.

이는 빛만 추구하는 꼴이다. 빛(진공)이 있으면 그림자(묘유)도 반드시 존재한다는 지극히 평범한 진리를 미처 생각하지 못한 소치다.

요란함은 한 번 없어졌다 해서 영원히 생기지 않는가?

잡초처럼 경계를 따라 있어진다. 단지 요란한 정도와 시간의 차이가 있을 뿐이다.

그럼 요란한 마음을 알고, 양성하고, 사용하자는 말은 무슨 뜻인가?

자신의 요란한 마음을 주체하지 못하여 자신은 물론이고 주위도 요란하게 하자는 것이 아니다.

사람의 성품이 정한즉 선도 없고 악도 없는 바와 같이 원래 요란함이 없건마는 경계를(진리의 작용에) 따라 내가 요란해진 줄 알고(지극히 미묘하구나! 이 묘함을 인정하고 수용하는 것이 일원상의 신앙), 그 요란한 마음을 공부 거리 삼아 공부(대조)함으로써 요란함에 끌리거나 걸림 없는 마음으로 대하는 것이 곧 그 요란함을 통해서 요란함이 없는 마음을 아는 것이며, 또는 그 요란함을 통해서 요란함이 없는 마음을 양성하는 것이며, 또는 그 요란함을 통해서 요란함이 없는 마음을 사용하는 것이다.

이렇게 하면 어떻게 되는가?

그 요란함을 통해서 자성의 정력(定力)이 쌓이고, 그 어리석음을 통해서 자성의 혜력(慧力)이 쌓이고, 그 그름을 통해서 자성의 계력(戒力)이 쌓인다. 이를 일러 그 경계를 통해서 그 경계를 해탈하는 공부를 한다고 하는 것이다.

이것이 무엇인가?

'일원상과 같이 원만 구족(圓滿具足)하고 지공 무사(至公無私)한 각자의 마음을 알자는 것이며, 또는 일원상과 같이 원만 구족하고 지공 무사한 각자의 마음을 양성하자는 것이니라.'에 담겨진 대종사님의 본의일 것이다.

'사랑하면 알게 되고, 알게 되면 보이나니, 그때 보이는 것은 예와 같지 않으리라.'고 하신 옛 선비의 말씀처럼 내가 이처럼 대단한 존재임을 새삼 깨닫게(발견하게) 될 것이다.

'또는'의 의미는?

'또는'은 '그렇지 않으면'이다.

'일원상과 같이 원만 구족(圓滿具足)하고 지공 무사(至公無私)한 각자의 마음을 알자는 것이며, 또는 일원상과 같이 원만 구족하고 지공 무사한 각자의 마음을 양성하자는 것이며, 또는 일원상과 같이 원만 구족하고 지공 무사한 각자의 마음을 사용하자는 것'에 이를 적용하면, 수행을 할 때 '일원상과 같이 원만 구족(圓滿具足)하고 지공 무사(至公無私)한 각자의 마음'을 알든, '일원상과 같이 원만 구족하고 지공 무사한 각자의 마음'을 양성하든, '일원상과 같이 원만 구족하고 지공 무사한 각자의 마음'을 사용하든, 어느 것이든 상관없다는 '선택'의 의미가 되고 만다.

일원상의 수행은 이들 셋 중 어느 것 하나나 둘을 선택해서 하면 되는 것이 아니다. 이들 셋은 본디부터 하나며, 셋이 함께 어우러져야 균형 있게 수행이 되는 것이다.

따라서 여기서 '또는'의 의미는 '일원상과 같이 원만 구족(圓滿具足)하고 지공 무사(至公無私)한 각자의 마음'도 알아야 하고, '일원상과 같이 원만 구족하고 지공 무사한 각자의 마음'도 양성해야 하고, '일원상과 같이 원만 구족하고 지공 무사한 각자의 마음'도 사용해야 하는 열거의 의미로 보아야 한다.

즉 일상생활을 할 때(응용할 때, 상시 응용 주의 사항으로 공부하는 중) 심신 작용을 처리하는 과정을 보면, 일원상과 같이 원만 구족하고 지공 무사한 각자의 마음을 알고(사리 연구), 양성하고 (정신 수양), 사용하는(작업 취사) 삼학이 따로따로 독립적으로 행해지는 것이 아니라, 동시에 병진되는 것이다. 셋이면서 하나고 하나면서 셋인 동시성이다.

비로소 '또는'의 의미가 명확해진다!

또는 일원상과 같이 원만 구족하고 지공 무사한 각자의 마음을 양성하자는 것이란?

이는 삼학의 '정신 수양'이며, 일상 수행의 요법 1조 '심지는 원래 요란함이 없건마는 경계를 따라 있어지나니, 그 요란함을 없게 하는 것으로써 자성의 정을 세우자.'를 이른다.

이 '일원상과 같이 원만 구족하고 지공 무사한 각자의 마음을 양성하자는 것이며'는 일원상 서원문의 '이 법신불 일원상을 체받아서 심신을 원만하게 수호하는 공부를 하며'와 같은 뜻이다.

'또는 일원상과 같이 원만 구족하고 지공 무사한 각자의 마음을 사용하자는 것이 곧 일원상의 수행이니라.'함은?

이는 삼학의 작업 취사며, 일상 수행의 요법 3조 '심지는 원래 그름이 없건마는 경계를 따라 있어지나니, 그 그름을 없게 하는 것으로써 자성의 계를 세우자.'를 이른다.

이 '일원상과 같이 원만 구족하고 지공 무사한 각자의 마음을 사용하자는 것이며'는 일원상 서원문의 '이 법신불 일원상을 체받아서 심신을 원만하게 사용하는 공부를 지성으로 하여'와 같은 의미다.

일원상의 수행은 어떻게 하는가?

"일원상을 수행의 표본으로 하고 그 진리를 체받아서 자기의 인격을 양성하나니 일원상의 진리를 깨달아 천지 만물의 시종 본말과 인간의 생·로·병·사와 인과 보응의 이치를 걸림 없이 알자는 것이며,

또는 일원과 같이 마음 가운데에 아무 사심(私心)이 없고 애욕과 탐착에 기울고 굽히는 바가 없이 항상 두렷한 성품 자리를 양성하자는 것이며,

또는 일원과 같이 모든 경계를 대하여 마음을 쓸 때 희·로·애·락과 원·근·친·소에 끌리지 아니하고 모든 일을 오직 바르고 공변되게 처리하자는 것이니,

일원의 원리를 깨닫는 것은 견성(見性)이요, 일원의 체성을 지키는 것은 양성(養性)이요, 일원과 같이 원만한 실행을 하는 것은 솔성(率性)인 바,

우리 공부의 요도인 정신 수양·사리 연구·작업 취사도 이것이요, 옛날 부처님의 말씀하신 계·정·혜(戒定慧) 삼학도 이것으로서, 수양은 정이며 양성이요, 연구는 혜며 견성이요, 취사는 계며 솔성이라,

이 공부를 지성으로 하면 학식 있고 없는 데에도 관계가 없으며 총명 있고 없는 데에도 관계가 없으며 남녀 노소를 막론하고 다 성불함을 얻으리라[174)."

이를 표로 정리하면 다음과 같다.

구분	일원상의 수행	일원상의 수행은 어떻게 하는가?	비고
공통	일원상의 진리를 신앙하는 동시에 수행의 표본을 삼아서	일원상을 수행의 표본으로 하고 그 진리를 체받아서 자기의 인격을 양성하나니	
견성(見性) =사리연구 =혜(慧)	일원상과 같이 원만구족(圓滿具足)하고 지공 무사(至公無私)한 각자의 마음을 알자는 것이며,	일원상의 진리를 깨달아 천지 만물의 시종 본말과 인간의 생·로·병·사와 인과 보응의 이치를 걸림 없이 알자는 것이며,	일원의 원리를 깨닫는 것

174) 대종경, 제2 교의품(敎義品), 5장, p.113.

구분	일원상의 수행	일원상의 수행은 어떻게 하는가?	비고
양성(養性) =정신수양 =정(定)	또는 일원상과 같이 원만 구족하고 지공 무사한 각자의 마음을 양성하자는 것이며,	또는 일원과 같이 마음 가운데에 아무 사심(私心)이 없고 애욕과 탐착에 기울고 굽히는 바가 없이 항상 두렷한 성품 자리를 양성하자는 것이며,	일원의 체성을 지키는 것
솔성(率性) =작업취사 =계(戒)	또는 일원상과 같이 원만 구족하고 지공 무사한 각자의 마음을 사용하자는 것이	또는 일원과 같이 모든 경계를 대하여 마음을 쓸 때 희·로·애·락과 원·근·친·소에 끌리지 아니하고 모든 일을 오직 바르고 공변되게 처리하자는 것이니,	일원과 같이 원만한 실행을 하는 것
	곧 일원상의 수행이니라.	…… 이 공부를 지성으로 하면 학식 있고 없는 데에도 관계가 없으며 총명 있고 없는 데에도 관계가 없으며 남녀 노소를 막론하고 다 성불함을 얻으리라.'	

"일원의 수행은 일원의 진리를 그대로 수행하자는 것이니,

그 방법은 먼저 일과 이치를 아는 공부를 하되 그 지엽175)에만 그치지 말고 바로 우리 자성의 근본 원리와 일원 대도의 전모176)를 원만히 증명하자는 것이요,

다만 아는 데에만 그칠 것이 아니라 또한 회광 반조177)하여 그 본래 성품을 잘 수호178)하자는 것이요,

다만 정(定)에만 그칠 것이 아니라 천만 사물을 접응179)할 때에

---

175) 지엽(枝葉): 가지와 잎으로 여기서는 중요하지 않다는 뜻이다.
176) 전모(全貌): 전체의 모양.
177) 회광반조(回光返照): '빛을 돌이켜 거꾸로 비춘다.'라는 뜻으로, 언어 문자에 의지하지 않고, 자기의 본래 면목을 성찰하고 참구하여 바로 심성을 밝히는 것으로 모든 것을 자기의 본래 마음에서 찾는 것.
178) 수호(守護): 지키다.

또한 일원의 도를 잘 운용하자는 것이니,

이 세 가지 공부는 곧 일원의 체와 용을 아울러 닦는 법이라 할 것이니라[180]."

'일원상의 진리'인가, '일원의 진리'인가?

'일원의 진리'는 대종경에 5회, 정산 종사 법어에 4회, '일원의 수행'은 정산 종사 법어에 1회, 교의품 3장에는 '일원상의 진리'와 '일원의 진리'가 혼용되고 있다.

또한 교단의 언론지인 원불교 신문과 월간 원광, 교무님들의 설법에서도 이들은 흔히 혼용되고 있으며, '일원상의 진리'는 일원상 진리, '일원상의 신앙'은 일원상 신앙, 일원상의 수행은 일원상 수행으로도 표현되고 있다.

과연 이들은 혼용해도 좋은지, 아니면 바른 표현은 무엇인지 살펴보자.

정전에서 보면 '일원'은 법신불 일원상과 일원상의 진리를 나타낸다. 여기서 일원상은 일원상의 진리를 형상화한 것이므로 당연히 일원상의 진리, 또는 일원으로 표기할 수 있다.

그러면 '일원상의 진리'를 '일원의 진리'로 표기해도 무리가 없는가?

일원이 일원상의 진리이므로 '일원의 진리'는 '일원상의 진리의 진리', '일원의 신앙'은 '일원상의 진리의 신앙', '일원의 수행'은 '일원상의 진리의 수행'으로 된다. 어순이 뭔가 이상하지 않은가?

그러므로 일원상장의 제1절 일원상의 진리와 제4절 일원상 서원문에서 이미 정의되어 있는 바와 같이, '일원상의 진리'는 '일원'이라고 하든지 아니면 그대로 '일원상의 진리'라고 해야 걸맞은 표현이다.

대종사님과 정산 종사님의 언행록인 대종경과 정산 종사 법어에서 우리의 스승님들께서 그렇게 사용하였다 하여 '일원의 진리'가 무리가 없다고 할 수 있으나, 그 타당성은 교단 차원에서 검토해

---

179) 접응(接應): 어떤 사물에 접촉함.
180) 정산 종사 법어, 제2부 법어(法語), 제5 원리편(原理編), 4장, p.820.

볼 필요가 있다.

다음에는 '일원상 진리'와 '일원상의 진리'의 혼용 문제를 살펴보자.

이들 두 구절의 차이는 조사(助詞) '의' 자(字)를 빼고 빼지 않은 차이다. 그러면 이들이 갖는 차이는 무엇인가?

일원상의 진리에서 '의' 자가 주는 의미는 '대종사님께서 대각하신 순간, 그 혜안으로 보신 진리의 모습을 일원상(○)의 형상으로 나타낸'이란 뜻이 담겨 있으며, '일원상의 신앙'과 '일원상의 수행'에서 '의' 자는 '(일원상의 진리)에 바탕한'이란 뜻이 담겨 있다.

만약 '의' 자를 빼고 '일원상 진리', '일원상 신앙', '일원상 수행'이라고 하면, 여러 진리 중의 한 진리, 여러 신앙 중의 한 신앙, 여러 수행 중의 한 수행인 느낌이 든다.

물론 이런 의미는 아니라고 하겠지만, 이런 혼란을 느끼게 할 필요는 없지 않은가?

대종사님께서 진리의 모습을 정전에 담으시면서 왜 이들을 빼지 않고 기재하였을까?

대종사님께서 쓰신 단어 하나하나, 부호 하나하나에는 진리가 온통 다 살아 숨 쉬고 있다.

우리가 건성건성으로 넘어가는 이들 조사, 접미사, 접두사들이 함께 어우러져야 비로소 진리의 모습이 온전하게 표현될 수 있기 때문이 아니겠는가?

우리가 간략하게 표현하기 위해 또는 습관적으로 조사를 생략하는 것은 진리의 모습을 있는 그대로 나타내는 의미에서 볼 때도 타당하지 않음은 물론이거니와 대종사님께서 쓰신 그대로 사용하는 것이 곧 대종사님의 법을 온통 체받는 것임을 각자 한번쯤 깊이 생각해 볼 일이다.

정전 원문대로 공부하는 것이 얼마나 소중하고 공부의 방향로를 법대로 밟아가는 지름길임을 누구나 인정하고 있지 않은가?

제4절 일원상 서원문(一圓相 誓願文)

일원상 서원문을 올리는 목적은?

진급이 되고 은혜는 입을지언정, 강급이 되고 해독은 입지 아니하고자 함이다.

일원상 서원문은 어떤 경문(經文)인가?

정전과 대종경 등 많은 법문 중에서 제일 중요한 것이 삼학 팔조 사은 사요이고, 여기서 제일 진수가 일원상 서원문이다.

일원상 서원문은 삼세 제불 제성의 도본(圖本)181)도 되고, 천만 경전의 근원이 되며182), 팔만대장경의 서문(序文)인 동시에 우리 경전의 서문이다183).

그러므로 대종사께서

"이 서원문만 하나 가지면 다 멸도되어 없어지더라도 다시 회상을 펼 수 있는 경문(經文)이며184),

난리가 나서 다 없어진다 하더라도 이 일원상 서원문 하나만 남겨두면 다시 법을 펼 수 있다185)."고 말씀하셨다.

일원상은 무엇이며, 서원문은 언제 어디서 올리면 좋은가?

일원상은 무소부재한 일원상의 진리를 나타낸 형상(상징)이므로 곧 법신불 일원상이다.

그러면 일원상 서원문은 일정한 장소에서만, 또는 교당의 법신

---

181) 설계도.
182) 대산 종사 법문집, 제3집, 제3편 수행, 127, p.210.
183) 대산 종사 법문집, 제3집, 제5편 법위, 64, p.296.
184) 대산 종사 법문집, 제3집, 제5편 법위, 64, p.296.
185) 대산 종사 법문집, 제3집, 제3편 수행, 113, p.198.

불 전에서만 올리는 것인가?

물론 교당에서 기도할 때나 의식을 치를 때 일원상 법신불 전에 올리는 것도 일원상 서원문이다.

그러나 일원상의 진리는 없는 곳이 없고, 일원상의 진리에 바탕하지 않은(는) 것이 없고, 있는 그대로가 다 일원상의 진리이므로 지금 여기서 원하는 바를 밝혀서 오직 간절하고 지극한 마음으로 맹세하고 서약하는 것이 곧 일원상 서원문이다.

그러므로 일원상 서원문은 나와는 한시도 떨어질 수 없는 것이며, 마음이 있으면 항상 함께하는 진리와 나누는 대화요, 진리와 하나되는 지름길이다.

> 일원은 언어 도단(言語道斷)의 입정처(入定處)이요, 유무 초월의 생사문(生死門)인 바[186], 천지·부모·동포·법률의 본원이요, 제불·조사·범부·중생의 성품으로

'일원'이란?

일원은 '일원상의 진리'의 준말이며, 일원상, 법신불 일원상, 법신불 사은이라고도 부른다.

제1절 일원상의 진리, 제2절 일원상의 신앙, 제4절 일원상 서원문에서 말하는 일원의 표현은, 사람도 처한 입장에 따라 부르는 이름이 무수히 많듯이, '일원상의 진리'를 보는 입장에 따라 다음 그림과 같이 나타내며, 이 외에도 무수히 많은 표현이 있다.

부르는 이름과 표현은 소(小) 자리이므로 이들이 아무리 많아도 대(大) 자리인 '일원상의 진리=일원'에 합일될 뿐이다.

---

186) -ㄴ바: 모음으로 끝난 어간이나 높임의 '-시-'에 붙어, '하였더니'·'뭣이 어떠어떠하니까'의 뜻으로 쓰이는 종속적 연결 어미로, 앞 말에 대하여 뒷말이 보충 설명의 관계에 있음을 나타냄. 〔받침 뒤에서는 매개 모음 '으'가 들어감.〕

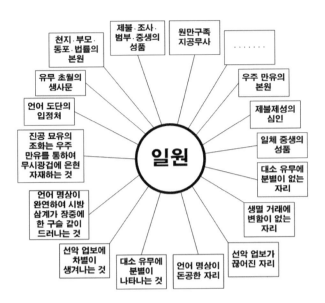

일원은 형상 없는(변하지 않는) 진리와 형상 있는(변하는) 진리로 나타난다

"일원상의 내역을 말하자면 곧 사은이요, 사은의 내역을 말하자면 곧 우주 만유로서 천지 만물 허공 법계가 다 부처 아님이 없나니라[187]."

"불공을 하는 데에는 천지 만물 산 부처님에게 실지 불공을 하는 법도 있고 또는 허공 법계 진리 부처님에게 진리 불공을 하는 법도 있느니라.

이 두 가지 불공의 효력이 빠르고 더디기는 각자의 정성과 적공 여하에 있느니라[188]."

"실지 불공은 천지 만물의 양계에 하는 것이요, 진리 불공은 허공 법계의 음계에 하는 것이니, 이를 아울러야 처처불상 사사불공이 원만히 되리라[189]."

---

187) 대종경, 제2 교의품(敎義品), 4장, p.113.
188) 대종경 선외록, 8. 일심적공장(一心積功章), 15절, p.64.

이들 세 법문은 다음 그림과 같이 하나의 흐름으로 나타나는데, '일원상의 진리'를 왜 형상 있는 진리와 형상 없는 진리, 처처불상이라 이르며, 사사불공을 왜 실지 불공과 진리 불공으로 해야 하는지, 어느 지경에 이르기까지 해야 하는지 알게 된다.

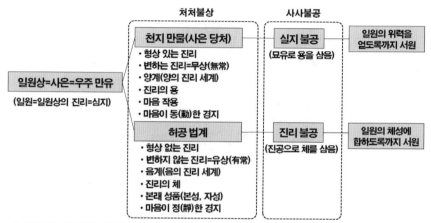

※ 실지 불공 : 현실 생활 속에서 만유를 부처로 모시고 당처에 올리는 불공. 사실 불공, 당처 불공이라고도 함.
　진리 불공 : 형상 없는 허공 법계를 통하여 법신불께 올리는 불공. 법신불 전에 심고와 기도로 원하는 바를 고하고
　　　　　이루어지기를 빌며, 다짐의 서원을 세우는 불공

'언어 도단(言語道斷)의 입정처(入定處)이요'라 함은?

'언어 도단'은 '말문이 막힌다는 뜻으로 어이가 없어 이루 말로 나타낼 수 없음을 이르는 말'이 아니라, '말과 말의 길이 끊어졌다.'는 뜻이니, 말로써 설명하기 어렵고, 설사 설명한다고 해도 이해하기 어렵다는 뜻이며, 원래에 분별 주착이 없다는 뜻이다.

또한 진리 자체는 깊고 묘하여 도저히 말로 표현하기 어려우므로 이렇게 말하며, 상대 개념의 언어가 끊어진 상태로서 말을 얼마든지 할 수 있는데도 말이 필요 없어진 경지를 말한다.

'입정처(入定處)'는 말로 이르지 못하고, 생각으로 헤아리지 못하고, 형상으로 그리지 못하고, 동작으로 나투지 못하는 진리의 지극

189) 한 울안 한 이치에, 제1편 법문과 일화, 제3장 일원의 진리, p.65.

한 자리, 언어 명상이 돈공한 자리를 이른다.

따라서 '언어 도단의 입정처'는 일원상의 진리를 설명하는 말로서, 일원상의 진리는 현묘하고 헤아리기 어려워서 언어 문자나 언어 명상으로써는 어떻게 짐작할 수도 없고, 설명할 수도 없고, 표현할 수도 없으며, 오직 천만 가지의 분별 사량이 다 끊어지고 쉬어 버린 경지, 언어 명상(言語名相)이 돈공한 자리다.

즉 일념미생전(一念未生前), 경계를 따라 요란함·어리석음·그름이 있기 전 마음, 요란함·어리석음·그름에 끌리거나 막힘이 없어져 버린 상태의 마음을 말한다.

또는 분별성·주착심·고정 관념·선입견·생각·관념·마음을 표현하는 상대 개념의 산물인 언어가 끊어지고 나와 너의 구별이 없어진 경지며, 마음이 허공처럼 완전히 비워진 경지의 마음 상태며, 원래에 분별 주착이 없는 성품 자리다.

입정처(入定處)는 어떤 상태인가?

정(定)에 든 상태인 입정처는 원래에 분별 주착이 없고 마음이 두렷하고 고요하여 분별성과 주착심이 없는 언어 도단(言語道斷)의 상태다.

'언어 도단(言語道斷)의 입정처(入定處)'의 경지에 어떻게 하면 도달할 수 있는가?

대종사님의 '장차 이 일을 어찌 할꼬?'라든가, 불교의 '나는 무엇인가?', '이 뭐꼬?', '무(無)'와 같은 수많은 화두들 중 하나를 잡고 오직 생각이 끊어지는 경지를 향해 마음을 집중하고 일로 매진하는 화두선(話頭禪)에 의한 방법과, 많은 사람들이 일상 생활에서 실천하고 있는 '항상 공정한 자리에서 실행하는 자리 이타행'이 있다.

여기서 자리 이타행(自利利他行)이라 함은 자리(自利)가 이타(利他)보다 앞서는 것이 아니라, 이타행이 곧 자리요 자리가 곧 이타행인 줄 아는 것이다. 즉 자리와 이타를 둘로 보지 않는 것이다.

언어 도단의 입정처는 나[我]가 없는 무아(無我)의 경지이므로 이 무아의 경지에 도달하려면, 무엇보다 먼저 마음을 열고 욕심을 버려야 한다.

이처럼 마음을 비우는데 이타행 이상 가는 기쁨이 수반되는 수행 방법은 없다.

나보다 남을 먼저 생각하는 사람은 항상 친절과 봉사 정신이 몸에 배어 있어서 그의 얼굴에는 늘 웃음이 떠나지 않고, 온화한 빛을 주위에 발산한다.

소아(小我)를 극복하고 대아(大我)에 이르는데, 이것 이상 가는 수행법은 없다.

화두선이 인위적인 데 반해, 이타행이야말로 인간성을 충분히 살리는 추호도 꾸밈없는 지극히 자연스런 수행법이라 할 수 있다.

이것이 곧 시끄러운 데 처해도 마음이 요란하지 아니하고, 욕심 경계를 대하여도 마음이 동하지 아니하는 참 선(禪)이요 참 정(靜)이며,

육근이 무사(無事)하면 잡념을 제거하고 일심을 양성하며 육근이 유사하면 불의를 제거하고 정의를 양성하는 무시선 무처선이며,

경계를 대할 때마다 공부할 때가 돌아온 것을 염두에 잊지 말고 항상 끌리고 안 끌리는 대중만 잡는 것이며,

경계를 따라 있어지는 그 요란함·그 어리석음·그 그름을 없게 하는 것으로써 자성의 정·혜·계를 세우는 것이다.

'유무 초월의 생사문(生死門)인 바'란?

'유무 초월'이란 있고 없음을 뛰어 넘는 진리의 절대적인 경지를 나타내는 말로서, 신비스럽게 신통력을 부리는 것이 아니라 있는 것은 있는 대로 없는 것은 없는 대로 보는(수용하는) 것이다.

또한 괴로울 때 괴로워하되 괴로움에 끌리거나 잡히지 않는 것

이며, 동료·부모 간에 원·근·친·소는 있되 지나치거나 치우치지 않는 것(중도)이며, 유(묘한 마음)와 무(원래 마음)에 대한 분별성과 주착심에 끌리거나 걸리지 않는 것(일원상의 수행)이며, 대·소·유·무에 분별이 없는 자리다.

'생사문'이란 공적 영지의 광명을 따라(영지의 작용으로) 천지 만물과 심신 작용이 능히 나타날 수 있고(生), 숨을 수 있는(滅) 조화문이요 거래문으로서 경계를 따라 있어지는 그 요란함·그 어리석음·그 그름을 원래 요란함·어리석음·그름이 없는 심지에 대조하여 자성의 정·혜·계를 세우는 문(門)이다.

즉 생사문은 모든 변화(작용과 조화)가 나타났다가 없어지는 것(生死)이 마치 문을 들락날락하듯이 한다 해서 문으로 표현한 것 같고, 이는 곧 일상 수행의 요법의 그 심지와 같다.

'언어 도단(言語道斷)의 입정처(入定處)'가 진리의 체라면 '유무 초월의 생사문'은 진리의 작용이다

일원상의 진리는 진공 묘유의 조화, 체와 용, 동과 정, 유상과 무상, 대소 유무로 나타난다.

'언어 도단(言語道斷)의 입정처(入定處)이요, 유무 초월의 생사문'도 마찬가지다.

'언어 도단(言語道斷)의 입정처(入定處)'가 진리의 체라면 '유무 초월의 생사문'은 진리의 용(진리의 작용)을 나타낸다.

'유무 초월의 생사문'은 일상 수행의 요법의 그 심지다

'유무 초월의 생사문'이란?

일원상의 진리를 체(體: 진공)와 용(用: 묘유)의 입장에서 설명한 말로서, 일원상의 진리는 언어 도단의 입정처이기 때문에 있다고도(有) 할 수 없고 없다고도(無) 할 수 없으나(초월), 그러한 중에서도 천만 분별이 일어나서(有) 멸하며(無), 우주 만물이 생성되

기도(有, 生) 하고 소멸되기도(無, 死) 하는 작용과 조화가 일어나
는 것이 마치 출입하는 문(門)과 같다고 하여 대종사님께서는 이
를 일러 유무 초월의 생사문이라고 하신 것 같다.

공적 영지의 광명을 따라 유무를 초월하여 천지 만물과 삼신 작
용이 능히 나타날 수 있고(生, 有), 숨을 수 있는(死, 滅, 無) 조화문
(造化門)인 이 생사문은 경계를 따라 있어지기도 하고 없어지기도
하는 '일상 수행의 요법' 1·2·3조의 그 심지와 같다는 생각이 든다.

'심지는 원래 요란함·어리석음·그름이 없건마는 경계를 따라 있
어지나니, 그 요란함·그 어리석음·그 그름을 없게 하는 것으로써
자성의 정·혜·계를 세우자.'와 같이, 있어지기도 하고 없어지기도
하는 것이 바로 생(生)과 사(死)며, 이 생과 사는 문을 출입하듯이
작용하고, 또한 조화를 이룬다.

여태까지 막연하고 어렵게만 느껴지던 '유무 초월의 생사문'이
나의 심지며, 일상 수행의 요법 1·2·3조로 보인다.

일원상의 진리를 부려쓰게 하는 이 1·2·3조를 통하여 유무 초월
의 생사문, 언어 도단의 입정처, 아니 '일원상의 진리' 전체를 보게
되니, 내 정도껏이지만, 어깨춤이 절로 난다.

'천지·부모·동포·법률의 본원'은 '우주 만유의 본원'이다

일원상의 내역을 말하자면 곧 사은이요, 사은의 내역을 말하자면
우주 만유이므로 천지·부모·동포·법률은 사은이요 곧 우주 만유다.

그러므로 '천지·부모·동포·법률의 본원'은 '사은의 본원'이며, '우
주 만유의 본원'임을 알 수 있다.

'제불·조사·범부·중생'의 정의와 각각의 차이는 무엇이며, '제불·조사·범부·중생'이 왜 '일체 중생'인가?

'제불·조사·범부·중생' 각자의 차이를 알기 위해 그 정의를 다음
표에 정리하였고, 이들의 대략적인 수의 차이는 '제불≪조사≪범부

≪중생'의 관계와 다음 그림을 통해 알 수 있다.

구분	뜻
제불	· 시방 삼세의 모든 부처님
조사	· 시방 삼세에서 한 종파를 처음 세우고, 그 종지(宗旨: 종교의 근본이 되는 목적이나 긴요한 뜻)를 펼친 사람을 높여 부르는 말
범부	· 번뇌에 얽매어서 생사 고해를 벗어나지 못하는 평범한 보통 사람. 지혜가 얕고 우둔한 사람
중생	· 깨치지 못한 사람을 통칭. 범부와 같은 뜻이나, 인간을 포함한 모든 생명체를 이름.

※ 제불 제성 : 시방 삼세의 모든 부처님과 성현으로서 모든 종교의 성자
　제불 조사 : 제불 제성, 천여래 만보살. 불교에 한정시켜 표현한 말

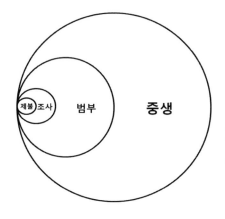

<제불·조사 범부·중생=일체 중생>

불교의 경우, 제불과 조사의 관계를 선종의 예를 들어 살펴보자.

서가모니불을 부처님으로 모시고 서천(西天: 인도의 옛 이름)에서는 제1조 마하가섭(摩訶迦葉 Maha-kasyapa), 제2조 아난다(阿難陀 Ananda)에서 제28조 보리달마(菩提達磨, 457~528)까지 스물여덟 분의 조사가 있었다.

이 달마 대사께서 중국으로 건너와 선맥을 이어 선종 1대 제28조 일조가 되었고, 선종 2대 제29조 이조 혜가(二祖慧可, 528~593), 선종 3대 제30조 삼조 승찬(三祖僧璨, 593~606), 선종 4대 제31조 사조 도신(四祖道信, 606~651), 선종 5대 제32조 오조 홍인(五祖弘忍, 651~674), 선종 6대 제33조 육조 혜능(六祖慧能, 674~718)……선종 29대 제56조 석옥청공(石屋淸珙, ~1352)에 이르기까지 스물아홉 분의 조사가 있었다.

한국의 선맥은 제57조 태고 보우(太古普愚, 1325~1382)……제75조 경허 성우(鏡虛惺牛, 1879~1912)……제78조 송담 정은(松潭正隱, 1974~)까지 스물두 분의 조사가 선종(禪宗)의 맥을 이어왔다[190].

교종(敎宗)·율종(律宗)의 경우도 마찬가지로 수십 분들의 조사가 법맥을 이어왔다.

원불교의 경우, 소태산 박중빈 대종사를 교조로 모시고, 제1조 정산 송규 종사, 제2조 대산 김대거 종사, 제3조 좌산 이광정 조사, 제4조 경산 장응철 종사로 그 교법이 이어지고 있다.

다른 이웃 종교들도 마찬가지다.

따라서 제불(諸佛)의 수(數)와 조사(祖師)의 수에는 이와 같은 차이가 있음을 알 수 있다.

한 분의 부처님에게서 얼마나 많은 조사들이 배출되며, 얼마나 많은 범부 중에서 조사들이 나오며, 얼마나 많은 생명체 중에서 범부들이 나올까!

'제불·조사·범부·중생'이 왜 '일체 중생'인지 확연히 알 수 있다.

'제불·조사·범부·중생의 성품'을 체(體)와 용(用)으로 나누면?

'제불·조사·범부·중생'이 '일체 중생'이므로 성품을 진공·본성·불변 자리에서 보면, '제불·조사·범부·중생의 성품'은 '제불 제성의 심인'이요 '일체 중생의 본성'이며, '제불의 성품'과 '조사의 성품'과 '범부의 성품'과 '중생의 성품'은 다 같다.

이러하기에 중생도 경계를 따라 공부하면 부처가 될 수 있다.

그러나 묘유와 변하는 자리에서 보면, 그 성품의 고요한(분별 주착이 없는) 정도는 '제불의 성품'과 '조사의 성품'은 차이가 없으나, '제불·조사의 성품'과 '범부·중생의 성품'은 그 차이가 매우 크고, '범부의 성품'과 '중생의 성품'은 그 차이가 없다.

그러므로 각 성품을 체와 용의 관점으로 나타내면 다음과 같다.

---

190) 위키 백과, http://ko.wikipedia.org/wiki/%EC%A1%B0%EC%82%AC_%28%EB%B6%88%EA%B5%90%29, 2014.10.22.

구분	진공(眞空), 체[體: 진리의 본체와 정태(靜態)]로 보면	묘유(妙有), 용[用: 진리의 작용과 동태(動態)]으로 보면
제불의 성품	·원래에 분별 주착이 없음. ·제불 제성의 심인	·원래에 분별 주착이 없으므로 경계에 끌리지 않아 요란해지고 어리석어지고 글러지지 않으며, 끌리면 곧바로 대조함. ·마음 대조 속도 매우 빠름. (부지런 딴딴)
조사의 성품	·정하여도 분별이 절도에 맞음.	·동하여도 분별에 착이 없음. ·출가위, 대각여래위
범부의 성품	·(정한즉) 무선 무악 ·일체 중생의 본성	·(동한즉) 능선 능악 ·경계를 따라 분별성과 주착심에 끌려 요란해지고 어리석어지고 글러짐. ·마음 대조 속도 매우 느리나, 마음 공부하면 빨라짐.
중생의 성품	·대소 유무에 분별이 없음. ·생멸 거래에 변함이 없음. ·선악 업보에 차별이 끊어짐. ·언어 명상이 돈공함. ·제불의 성품=조사의 성품 =범부의 성품=중생의 성품 =본성, 심인	·대소 유무에 분별이 생겨나서 선악 업보에 차별이 나타남. ·언어 명상이 완연하여 시방 삼계가 장중에 한 구슬같이 드러남. ·보통급, 특신급, 법마상전급 ·범부·중생의 성품≠제불·조사의 성품

'성품(性稟, 性品)'이란?

사람의 성질(性質)[191]이나 됨됨이, 성정[性情: 성질(性質)과 심정(心情)[192]], 성질과 품격(品格)[193]이다.

그러므로 사람의 성품은 사람이 지닌 마음의 본바탕, 즉 원래에

---

191) 사람이 지닌 마음의 본바탕.
192) 마음속에 품고 있는 생각이나 감정.
193) 사람된 바탕과 타고난 성품

분별 주착이 없고, 마음이 두렷하고 고요하여 분별성과 주착심이 없으며, 원래 요란함·어리석음·그름이 없건마는 경계를 따라 있어지며, 정한즉 무선 무악하고 동한즉 능선능악한 것이다.

사람의 성품이 '원래에 분별 주착이 없다, 원래 요란함·어리석음·그름이 없건마는'이라 함은 원래는 없지만 현실적으로는(경계를 따라서) 분별 주착이 나타나고, 요란함·어리석음·그름이 있어지는 진리의 양면성과 동시성이 있음을 말한다.

성품은 사람의 본성(本性: 본래 성품)과 우주의 본질이 하나로 합일되는 것으로서 모든 인간은 누구나 다 이 두렷하고 고요하여 분별성과 주착심이 없는 경지의 마음을 가지고 있으므로 제불·조사·범부·중생의 성품은 오직 하나요 일원상의 진리요 성리다.

거울도 먼지를 닦는 정도에 따라 그 맑기와 비추는 정도가 다르듯이, 수행 정도에 따라 '제불·조사'로 혹은 '범부·중생'으로 된다.

성품은 양면성과 동시성, 음양 상승의 도를 따라 생생 약동하기 때문에 일과 경계를 따라 그 작용과 조화가 천만가지로 달라진다.

즉 저 허공의 둥근 달은 항상 하나이나, 그 빛은 우주에 가득 차 시방 삼세를 비추며, 가려지는 정도에 따라 조각 달로 혹은 둥근 달로, 비치는 대상에 따라 호수에 잠긴 달, 혹은 개울에 비친 달, 혹은 강물에 비친 달, 혹은 바다에 비친 달, 혹은 맑은 물에 비친 달, 혹은 흐린 물에 비친 달 등 헤아릴 수 없이 많게 된다.

이와 같이 비치는 대상(경계, 인연)에 따라 나타나는 달은 각각 일지라도 허공의 달은 오직 하나이듯, 우리의 마음이 경계를 따라 요란함으로 혹은 어리석음으로 혹은 그름으로 일어나지만, 그 원래 마음은 오직 하나며 여여자연할 뿐이다.

따라서 유무식·남녀·노소·선악·귀천에 따라 사람의 마음은 참으로 다양해도, 그 본래 마음은 곧 '제불·조사·범부·중생의 성품'이며 오직 하나다.

본래 마음은 분별성과 주착심 없이 텅 비어 있어서 대소 유무에 분별도 없고, 선악 업보에 차별도 없고, 생멸 거래에 변함이 없고, 죄복 고락도 없고, 행·불행도 없고, 염정 미추도 없고, 동서 남북도 없다. 그러나 천만 경계를 따라 생사 고락이 있게 되고, 선악 시비가 있게 되고, 빈부 귀천이 있게 되고, 염정 미추가 있게 되고, 이념과 사상이 있게 된다.

이와 같이 일 따라 경계 따라 천만 분별이 일어나는 것은 잔잔한 호수에 돌멩이 한 개를 던지면 천파 만파가 따라서 일어나듯, 본래 성품이 경계에 흔들리면 천만 번뇌가 불타듯 일어난다.

물거품이 일어났다 사라지듯, 구름이 일어났다 사라지듯, 안개가 모였다가 흩어지듯, 풀잎에 이슬이 맺혔다 없어지듯 우주의 삼라 만상이 몽·환·포·영(夢幻泡影)이다.

이것이 곧 세상 사는 일이요, 인간 세계의 천차 만별한 차별 현상이다. 이 차별 현상에 따라 춤추듯 흔들리지 않는 마음이 곧 누구나 다 갖고 있는 본래 마음이요 성품이다.

성품은 텅 비어 아무것도 없지만, 경계를 따라 순하게 발하면 선이 되고 거슬러 발하면 악이 된다. 즉 순하게 발하면 어질고 정의롭고 예의 바르고 지혜로움(仁義禮智)으로 나타나고, 효도와 우애와 충성과 신뢰(孝悌忠信)로 나타나고, 정각 정행·지은 보은·불법 활용·무아 봉공으로 나타난다. 그러나 거슬러 발하면 악이 되어 번뇌 망상·사심 잡념·삼독 오욕이 일어난다.

또한 성품은 성리 자리다. 성리란 우주 만유의 본래 이치와 우리의 자성 원리를 해결하여 알자 함이므로 성리 연마를 하게 되면 우주 만유의 본래 이치와 우리의 자성 원리가 하나임을 알게 된다.

이렇게 하여 성품의 변화되는 이치를 깨치면 형상 있는 모든 것(우주 만유)이나 생로 병사·빈부 귀천·부귀 공명도 다 풀잎의 이슬이요, 재색 명리·희로 애락·흥망 성쇠도 다 뜬구름 한 조각과 다름없음을 알게 되고 확인하게 된다. 죄복 고락·시비 선악도 다 물거품이요, 시방 삼세·삼라 만상도 다 눈 깜짝할 사이임도 알게 된다.

이처럼 성품의 작용과 조화되는 원리를 발견하여 이를 사용하는 사람은 걸음걸음 생각 생각이 도(道)에 합해져 걸리고 막힘이 없으며, 두려움도 공포도 찾을 수 없고, 경계에 따라 흔들리지 않아 천만 번뇌가 봄눈 녹듯 사라지고 생사 해탈의 자유를 얻게 되고, 마음이 석벽의 외면이 되고 철주의 중심이 되어 늘 한가롭고 넉넉하다.

'일원상 서원문'을 서론·본론·결론으로 나누면?

'일원(一圓)은 언어 도단(言語道斷)의 입정처(入定處)이요, 유무 초월의 생사문(生死門)인 바, 천지·부모·동포·법률의 본원이요, 제불·조사·범부·중생의 성품으로'까지가 일원의 체성(體性)에 대한 것으로 서론이며,

'능이성 유상하고……이와 같이 무량 세계를 전개하였나니,'는 진리의 변화에 대한 것으로 본론이며(진리의 속성과 작용과 조화),

'우리 어리석은 중생은……합하도록까지 서원함.'은 공부하고 서원하는 주체가 바로 나 자신임을 나타내는 것으로 결론이다.

○○의 마음(또는 ○○)은……천지·부모·동포·법률의 본원이요, 제불·조사·범부·중생의 성품으로(大),

○○는 능이성 유상하고……전개하였나니(小),

○○는 이 법신불 일원상을 체받아서……합하도록까지 서원함(有無).

일원상 서원문을 다음 표와 같이 서론·본론·결론으로 나누어 보니 그 의미가 보다 명확해진다.

서원을 하는 주체가 어느 누구가 아니라, 바로 '나 자신'으로 드러나서 내가 하는 서원으로, 내가 경계경계마다 천만 법신불 전에 올리는 서원문으로 살아난다.

다음 표와 같이 정리해 보니, 일원의 정의가 더욱 선명해지고, 우리의 교법의 대강이 이 일원상 서원문에 어떻게 스며들어 뭉쳐져 있고, 우리의 서원이 이루어지려면 실지 불공인 일원의 위력을 얻도록까지 서원하고 진리 불공인 일원의 체성에 합해지기까지 서원해야 하는지 확연히 알 수 있다.

일원은	언어 도단(言語道斷)의 입정처(入定處)이요, 유무 초월의 생사문(生死門)인 바, 천지·부모·동포·법률의 본원이요, 제불·조사·범부·중생의 성품으로				서론	일원의 체성
	능이성 유상(能以成有常)하고 능이성 무상(無常)하여				본론	진리의 속성과 작용과 조화
	유상으로 보면					
	상주 불멸로 여여 자연(如如自然)하여 무량 세계를 전개하였고,					
	무상으로 보면					
	우주의 성·주·괴·공 (成住壞空)과	을(를) 따라	육도(六途)로 변화를 시켜	혹은 진급으로 혹은 강급으로		
	만물의 생·로·병·사 (生老病死)와			혹은 은생어해(恩生於害)로		
	사생(四生)의 심신 작용			혹은 해생어은(害生於恩)으로		
	이와 같이 무량 세계를 전개하였나니,					
우리 어리석은 중생은	이 법신불 일원상을 체받아서				결론	서원과 공부의 방향로 ↓ 일원의 체성, 일원의 위력
	심신을 원만하게 수호하는 공부를 하며, 또는 사리를 원만하게 아는 공부를 하며, 또는 심신을 원만하게 사용하는 공부를 지성으로 하여					
	진급이 되고 은혜는 입을지언정 강급이 되고 해독은 입지 아니하기로써					
	일원의 위력을 얻도록까지 서원하고 일원의 체성(體性)에 합하도록까지 서원함.					

일원상 서원문을 대각의 네 단계로 나누어 보면?

"육십이 년 전 병진 4월 28일에 대종사님께서 무엇을 대각하셨는가? 우리 후래 제자들은 대종사님께서 지내신 행적을 그대로 본 받아 우리가 밟아가야 되기 때문에 어떠한 진리를 대각하셨는지 알아야 된다. 부처님께서 납월 팔일(臘月八日)194) 대각하신 바른 바로 여래(如來) 자리로 와도 온 바가 없고 가도 간 바가 없는 그 여래 자리를 대각하셨다.

공자님께서는 무극(無極) 자리, 노자님께서는 천지의 어머니, 예수님께서는 하느님 자리를 대각하셨다.

그런데 우리 대종사님께서는 바로 법신불(法身佛) 일원불(一圓佛)을 대각하셨다. 일원불은 여래요, 무극이요, 천지의 어머니다. 하느님 자리를 다 합한 자리가 되기 때문에 모든 종교의 통합체인 것이다.

일원대도(一圓大道)는 우리가 조석으로 송경(誦經)하는 일원상 서원문(一圓相 誓願文)에 전후 본말(前後本末)[195]이 밝혀져 있다.

그러므로 일원상 서원문을 늘 궁글리고 생각하며, 조석으로 외우게 되면 거기에 깊은 뜻이 들어 있음을 알 수 있다.

그래서 오늘은 일원상 서원문의 내용을 부처님 법문인 대각의 네 단계에 인거(引據)해서 설명해 주겠다.

첫째, 대원경지(大圓鏡智)이다. 우주의 청정법신불(淸淨法身佛) 자리가 대원경지의 자리다. 중생에 덜함도 없고, 불보살에 더함도 없는 자리로 일원상 서원문에 '일원(一圓)은 언어도단(言語道斷)의 입정처(入定處)이요 유무 초월(有無超越)의 생사문(生死門)인 바' 까지가 대원경지의 자리를 밝힌 것이다.

그 자리를 깨쳐야 천지·부모·동포·법률이라든지, 제불 조사(諸佛祖師) 범부 중생 (凡夫衆生)의 성품(性稟)이 같은 것을 안다.

그것이 바로 평등성지(平等性智) 자리다.

대원경지 자리를 우리가 증득해야 평등성지가 된다.

또 평등성지가 되어야 묘관찰지(妙觀察智)로 나갈 수 있다.

즉 '유상(有常)으로 보면'에서 '진급이 되도록까지'가 묘관찰지로서 우주의 진급·강급과 음양 상승의 이치 등 육도로 변하는 것이 바로 묘관찰지다. 천만 사람이 못 보는 것을 대종사님은 대각을

---

194) 음력 12월 8일, 줄여서 납팔(臘八)이라고도 한다. 이 날에 서가모니불이 성도(成道)했다. 음력 12월을 불교나 도교에서 납월이라 한다.
195) 전후(前後)는 일의 근본과 대수롭지 않은 일. 중요한 부분과 중요하지 않은 부분이고, 본말(本末)은 이치나 일 또는 물건의 근본이 되는 것과 끝이 되는 것. 중심이 되는 것과 종속적인 전후 본말은 '모든 것'이다.

하서서 보셨다.

그 다음은 성소작지(成所作智)다. 모든 경계를 대할 때마다 천백 억 화신을 나투는 것이 성소작지다.

이 경지에 이르기 위하여 우리 모두 대서원을 올려야 한다. 우리가 역사를 한번 바꾸고 세계를 개벽하기로 하면 개인에 있어서는 정신 혁명이 있어야 하고 생활에는 기질 변화가 되어야 새 역사를 창조할 수 있다196)."

이를 정리하면 다음 표와 같다.

구분	일원상 서원문	의미
대원 경지 (大圓 鏡智)	일원(一圓)은 언어 도단(言語道斷)의 입정처(入定處)이요 유무 초월(有無超越)의 생사문(生死門)인 바	우주의 삼라만상을 있는 그대로 비추어 주는 크고 뚜렷하여 거울 같이 밝은 지혜로서, 부처님께서 깨친 불생 불멸의 자리, 우주의 청정 법신불(淸淨法身佛) 자리며, 공자님께서 깨친 무극의 자리며, 예수님께서 깨친 하나님 자리로 곧 일원상 자리며, 깨치지 못한 우리 중생의 본지(本智) 자리니 대원경지 자리를 증득해야 평등성지가 된다. 그 자리를 깨쳐야 천지·부모·동포·법률이라든지, 제불조사·범부 중생의 성품이 같은 것을 안다. 그것이 바로 평등성지 자리다.
평등 성지 (平等 性智)	천지·부모·동포·법률의 본원이요, 제불 조사(諸佛祖師) 범부 중생 (凡夫衆生)의 성품(性稟)으로	평등하게 보는 지혜니, 대원경지의 본지(本智) 자리에서 볼 때, 부처와 중생이 다를 바 없고, 일체 차별 세계가 본래 평등하고, 이 가운데 일체 차별이 전개됨을 알아 평등 행을 나투는 지혜며, 또는 자타 일체의 평등을 깨닫고 대자대비심을 일으키는 지혜. 평등성지가 되어야 묘관찰지로 나아갈 수 있다.

---

196) 대선 종사 법문집, 3집, 제2편 교법(敎法). 71. 무엇을 대각하였는가?, p. 101.

구분	일원상 서원문	의미
묘관찰지(妙觀察智)	능이성 유상하고 능이성 무상하여 유상으로 보면⋯⋯ 이와 같이 무량 세계를 전개하였나니,	모든 변화를 잘 관찰하는 지혜로서 우주의 진강급과 만물의 생노병사와 인간의 길흉화복 등을 환히 보는 지혜다. 그러므로 삼세의 모든 불보살께서 중생의 죄짓는 모습과 그 고통을 보시고 내 자녀와 같이 불쌍히 여기지 않을 수 없어 제도 사업의 문을 펴는 것이다.
성소작지(成所作智)	우리 어리석은 중생은⋯⋯ 또는 심신을 원만하게 사용하는 공부를 지성으로 하여	대하는 곳마다 지혜를 이루는 것이니, 부처님께서는 만능·만지·만덕을 갖추셨기 때문에 시시(時時)·처처(處處)·사사(事事)·물물(物物)을 대할 때마다 지혜 광명을 나투어 세세생생 대자대비의 방편으로 중생을 제도하고 새 세계를 건설해 나가는 것이다.
결론	진급이 되고 은혜는 입을지언정 강급이 되고 해독은 입지 아니하기로써 일원의 위력을 얻도록까지 서원하고 일원의 체성에 합하도록까지 서원함.	이 네 가지 지혜(사반야지)를 이루기 위한 대서원이며, 그 원리와 방법을 밝히셨다.

능이성 유상(能以成有常)하고 능이성 무상(無常)하여 유상으로 보면 상주 불멸로 여겨 자연(如如自然)하여 무량 세계를 전개하였고, 무상으로 보면 우주의 성·주·괴·공(成住壞空)과 만물의 생·로·병·사(生老病死)와 사생(四生)[197]의 심신 작용을 따라 육도(六途)로 변화를 시켜 혹은[198] 진급으로 혹은 강급으로 혹은 은생어해(恩生於害)로 혹은 해생어은(害生於恩)으로 이와 같이 무량 세계를 전개[199]하였나니,

---

197) ①일체 생령(유정물)의 태어나는 방식에 따라 네 가지로 분류한 것. 곧 태생(胎生)·난생(卵生)·습생(濕生)·화생(化生)의 네 가지 생성 형태를 이

'능이성 유상(能以成有常)하고'란?

능이성(能以成)은 '저절로, 스스로, 원래'라는 뜻이며, 유상(有常)은 '항상 있는 것'이다.

따라서 능이성 유상(能以成 有常)은 원래 항상 있는 것, 스스로 항상 있는 것이므로 변하지 않는 것이며, 진리의 불생 불멸을 말한다.

항상 있는 것이 무엇인가?

춘·하·추·동의 경우를 보자.

각각을 보면 봄은 봄으로 있지 않고 여름으로 변하며, 가을은 가을로 존재하지 않고 겨울로 변화한다. 밤과 낮도 마찬가지요, 생·로·병·사도 마찬가지다. 소(小) 자리에서 보면 이들 각각은 고정되어 있지 않고 분명 변화되나, 대(大) 자리에서 보면 이들 각각이 끊임없이 돌고 도는 운행은 변하지 않는다.

밤이 온 다음에 밤이 올 수 있는가?

여름이 지난 뒤에 겨울이 올 수 있으며, 가을이 온 뒤에 여름이 올 수 있는가?

이들의 변화는 자연의 변화라 정해진 대로 돌고 돌 뿐 그 운행의 질서는 변함이 없다.

그러므로 '능이성 유상'은 항상 그대로 있어서 영원히 변하지도 않고 없어지지도 않는 면을 나타낸(내는) 말이며, 여여 자연한 불생 불멸의 진리임을 표현한다.

일원상의 진리를 '능이성 유상' 불변하는 입장에서 보면, 불생

름. 태생(胎生)은 어미의 뱃속에서 개체로서의 생활이 가능할 때까지 발육한 다음 태어나는 일로서, 대부분의 포유 동물과 물고기의 일부가 이에 해당된다. 난생(卵生)은 (동물의 새끼가) 알의 형태로 태어나는 일 또는 그런 생물로서, 모기·물고기·개구리·거북·새 따위가 이에 속한다. 습생(濕生)은 습기에 의하여 태어나는 일 또는 그런 생물로서, 모기·물고기·개구리·거북 따위가 있다. 화생(化生)은 태생·난생·습생처럼 다른 생물에 기생하여 그 모습을 쓰고 태어나는 것이 아니고, 스스로 자신의 업력(業力)에 의하여 외형상 아무 것도 없는 데서 갑자기 나타나는 것을 말한다.

198) ('혹은…, 혹은…' 구성으로 쓰여) 더러는. 전체 가운데 얼마쯤은.
199) 눈앞에 벌어짐.

불멸·영원 불멸·무시 무종·여여 자연·부증 불감·불구 부정한 것이며, 시간적으로는 과거·현재·미래도 없고 무시 무종·영원 불멸이며, 공간적으로는 동서 남북도 없고 상하 사방도 없어 광대하고 무량한 것이다.

또한 이는 일원상의 진리를 진공의 입장에서 표현한 말이므로 '일원상의 진리'에서 '대소 유무에 분별이 없는 자리며,……언어 명상이 돈공한 자리로서'에 해당된다.

'능이성 무상(無常)하여'란?

'능이성 무상(無常)'은 원래 항상 없는 것, 스스로 항상 없는 것이므로 일원상의 진리가 생생 약동하여 스스로 인과 보응의 이치로 변하는 것을 이르는 말이다.

일원상의 진리를 변하는 입장에서 보면 동서 남북이 있고 상하 사방이 있으며, 풍·운·우·로·상·설의 조화가 있고, 춘·하·추·동, 성·주·괴·공으로 변한다. 인생은 생로 병사·선악 귀천·흥망 성쇠·길흉 화복으로 변한다.

또한 이는 일원상의 진리를 묘유의 입장에서 표현한 말이므로 일원상의 진리에서 '공적 영지의 광명을 따라……시방 삼계가 장중에 한 구슬같이 드러나고,'에 해당된다.

'유상(有常)'이 어찌 변함이 없음을 나타내며, '무상(無常)'이 어찌 변함을 이르는가?

'유상(有常)'은 상(常)자의 뜻이 '항상'이므로 '항상 있는 것'이며, '무상(無常)'은 '항상 없는 것'이다.

그러므로 '항상 있는 것'은 변함이 없는 것이다.

즉 언제나 존재하는 것(여여 자연), 춘하 추동, 낮과 밤, 성주 괴공, 생노 병사 등의 현상은 결코 변하거나 달라지지 않는다.

이들 자연 현상이 멈춰지거나 이들 중 어느 하나라도 빠지거나 더해질 수 있는가?

없다.

우주 만유의 변화가 항상 일어난다는 사실만은 결코 변하거나 멈추어질 수도 없다. 이 또한 유상이다.

우리의 마음도 마찬가지다. 마음은 항상 살아 있으므로 경계를 대할 때마다 정(靜)하면 정한대로, 동(動)하면 동한대로 작용한다.

이 심신 작용이 한 번인들 멈추어지는가?

멈춰지지 않는다.

심신이 경계를 따라 작용된다는 사실만은 결코 변함이 없으므로 이 심신 작용 또한 변함이 없는 것(유상)이다.

반면에 무상(無常)은 '항상 없는 것'이다. 항상 없는 것이 무엇인가?

고정되어 있지 않고 원인·결과에 따라 끊임없이 변하는 것이다.

그래서 유상을 생멸 없는 도(道), 무상을 인과 보응되는 이치라고 한다.

이 세상은 변하는 이치와 불변하는 이치로 이룩되어 있나니

말씀하시기를

"이 세상은 변하는 이치와 불변하는 이치로 이룩되어 있나니, 우주의 성·주·괴·공과 사시의 순환이며 인간의 생·로·병·사와 길·흉·화·복은 변하는 이치에 속한 것이요, 불변하는 이치는 여여자연하여 시종과 선후가 없는지라 이는 생멸 없는 성품의 본체를 이름이니라.

우리는 변하는 이치를 보아서 묵은 습관을 고치고 새로운 마음을 기르며 묵은 제도를 고치고 새로운 제도로 발전시키는 동시에, 그 변화 가운데 불변하는 이치가 바탕해 있음을 깨달아서 한없는 세상에 각자의 본래 면목을 확립하여 천만 변화를 주재하며, 원래에 세운 바 서원을 계속 실천하여 천지로 더불어 그 덕을 합하여야 할 것이니,

이는 곧 천지의 변화하는 이치를 보아서 변할 자리에는 잘 변하

며, 천지의 불변하는 이치를 보아서 변치 아니할 자리에는 또한 변치 말자는 것이나, 변과 불변은 곧 둘 아닌 진리로서 서로 떠나지 못할 관계를 가지고 있나니, 그대들은 이 변·불변의 둘 아닌 이치를 아울러 깨달아서 각자의 공부길을 개척하라[200]."

'유상으로 보면 상주 불멸로 여여 자연(如如自然)하여 무량 세계를 전개하였고'라 함은?

'유상(有常)'은 '불변의 진리, 진공, 생멸 변화 없이 항상 있음'이다.
'상주 불멸'은 항상 그대로 있으며 영원히 없어지지 아니하는 것이므로 불생 불멸을 이른다.
'여여 자연'은 과거나 현재나 미래에 항상 그대로 있는 모습(常住不滅)이므로 진리 자체가 불생 불멸하고, 부증 불감(不增不減)하며, 불구 부정(不垢不淨)하다는 뜻으로 일원상의 진리를 변하지 않는 입장에서 설명하는 말이다.
무량 세계는 이루 다 말할 수 없이(한량없이) 광대한 세계다.
심지는 원래 요란함·어리석음·그름이 없건마는 경계를 따라 있어지는데, 이를 수용하고, 원래 마음에 대조하여 그 요란함·그 어리석음·그 그름을 없게 하는 것으로써 자성의 정·혜·계를 세우면 정신의 세력이 확장되고 낙원 생활을 하게 되며, 이렇게 심신 작용이 처리되어 평안해진 생활이 곧 공부인 각자가 전개하는 무량 세계다.

'무상으로 보면 우주의 성·주·괴·공(成住壞空)(을 따라)'라 함은?

'무상'이란?
'변하는 진리, 묘유, 생멸 변화에 상주(常住)함이 없음'이다.
우주의 진화·순환·변천은 성(생겨나서)·주(머물다가)·괴(부서져)·공(마침내 없어지는 것)에 따라 이루어지는 것이 진리임을 알 수 있다.

---

200) 정산 종사 법어, 제2부 법어, 제5 원리편(原理編), 34장, p.829.

성(成)이 있으면 주(住)가 있고, 결국에는 괴(壞)와 공(空)으로 순환되는데, 이들 각각에는 음양 상승되는 이치에 따라 성·주·괴·공이 다 내재되어 있다.

소우주인 사람의 마음도 이와 똑같아서 성·주·괴·공으로 심신이 작용과 조화를 거듭하여 진급된(되는) 생활, 은혜를 입는 생활을 하는가 하면 상황에 따라서는 강급된 생활, 해독을 입는 생활을 하기도 한다.

이 '성·주·괴·공'도 우리의 마음에서 일어나는 자성 원리임을 또한 알 수 있다.

'(무상으로 보면) 만물의 생·로·병·사(生老病死)(를 따라)'라 함은?

만물이 변화될 때 나서 늙고 병들고 마침내 죽는 네 가지 과정을 거치는 것은 일원상의 진리의 한 모습이다.

우주의 성·주·괴·공과 마찬가지로 마음 작용에 이 만물의 생·로·병·사를 적용해 보면, 이 역시 우리의 자성 원리임을 알 수 있다. 마음도 하루에 몇 번이고 생·로·병·사로 작용하여 진공 묘유의 조화가 나타남을 알 수 있다.

우리 공부인은 마음 작용이 생·로·병·사되는 것임을 알고 이를 수용하여, 생·로·병·사의 경계 경계에서 일어나는 마음을 돌리고 또 돌려서 두렷하고 고요하여 원래 분별성과 주착심이 없는 마음자리를 찾게 하는 공부 거리로 삼을 뿐이다. 이렇게 하는 것이 곧 생·로·병·사의 경계를 통하여 생·로·병·사를 해탈하는 것이다.

'(무상으로 보면) 사생(四生)의 심신 작용을 따라'라 함은?

사생을 사람의 마음 상태를 비유하면, 태생은 철석같이 굳은 오랜 습관이요, 난생은 어리석은 성품이요, 습생은 사견(邪見)에 끌려가는 마음이요, 화생은 육도 윤회에 떨어지는 것이요 경계를 따라 일어나는 분별성과 주착심에 끌려 요란해지고 어리석어지고 글러지는 생활에서 벗어나지 못하는 것이다.

'무상으로 보면 우주의 성·주·괴·공(成住壞空)과 만물의 생·로·병·사(生老病死)와 사생(四生)의 심신 작용을 따라'라 함은?

일원이 '육도(六途)로 변화를 시켜 혹은 진급으로 혹은 강급으로 혹은 은생어해(恩生於害)로 혹은 해생어은(害生於恩)으로 이와 같이 무량 세계를 전개하는 것'이 우주의 성·주·괴·공(成住壞空)과 만물의 생·로·병·사(生老病死)와 사생(四生)의 심신 작용 각각을 따라 변화하지만,

우주 떠난 만물 없고, 사생도 만물에 속하므로 이들은 각각으로 또는 동시에 더러는 진급으로, 더러는 강급으로, 더러는 은생어해로, 더러는 해생어은으로 무량 세계를 전개하고 있다.

왜 그냥 심신 작용이 아니라, 사생(四生)의 심신 작용인가?

사생은 동포 중 유정물을 말하는 것으로, 일체 생령이다. 사생은 최령한 인간이 아닌 한갓 미물일지라도 나의 동포요, 나의 한 모습이며, 이것이 곧 사생 일신(四生一身)[201]이다.

이와 같이 사생이 일신임을 수용할 때, 사생의 심신 작용은 나와 하나된 마음 작용이며, 나의 또 다른 모습인 줄 알게 될 것이다.

그러므로 사생의 심신 작용은 스스로를 전미 개오(前迷改悟)[202]케 하여 정신의 세력이 확장되게 함은 물론 낙원 생활을 하게 하

---

201) 시방 세계 일체 중생을 모두 내 몸 같이 아끼고 사랑하는 마음. 곧 불보살의 대자 대비심을 말한다. 여기에서 사생은 태·란·습·화 사생 또는 동·서·남·북 사방에 사는 모든 사람이라는 뜻이다. 중생들은 자기 한 몸이나 자기의 가족만을 소중하게 생각하여 아끼고 사랑하며, 다른 사람이나 다른 생명에 대해서는 별로 중요하게 생각하지 않으나, 불보살들은 일체 중생을 내 몸 같이 아끼고 사랑하며, 일체 중생을 교화하기 위한 일이라면 어떠한 고통과 죽음까지도 두려워하지 않는다.

202) 번뇌 망상을 공부 거리 삼아 공부함으로써 번뇌 망상이 있기 전 마음으로 돌아가 분별 주착이 없는 성품을 회복하는 것이다.

고, 또는 스스로를 파란 고해에 빠뜨리게 하며, 인과 보응의 이치에 따라 육도로 변화를 시킨다.

'육도(六途)로 변화를 시켜'라 함은?

육도는 일체 생령의 생활 모습을 여섯 가지로 구분하여 선악간 심신 작용에 따라 진급 또는 강급되는 것을 설명하는 것으로서 천도(天道)·인도(人道)·수라(修羅)·축생(畜生)·아귀(餓鬼)·지옥(地獄)을 말한다.

이 육도의 세계를 경계를 따라 다양하게 나타나는 마음의 상태로 구분해 보면, 육도 사생으로 건설되는 이 세계는 우리 마음의 분별성과 주착심으로부터 생겨나는 세계다.

천도(天道)란 모든 경계와 고락을 초월하여 그에 끌리지 아니하며, 그 가운데서도 낙을 발견하여 수용하는 세계요, 법위 등급으로 말하면 법강항마위·출가위·대각여래위일 것이다.

인도(人道)란 능히 선(善)도 할 만하고 능히 악(惡)도 할 만하여 고(苦)도 있고 낙(樂)도 있으며, 향상과 타락의 기로에 있어 잘하면 얼마든지 좋게 되고 자칫 잘못하면 악도에 떨어지게 되는 세계요, 법위 등급으로 말하면 법마상전급일 것이다.

수라(修羅)란 일생 살다 죽어 버리면 그만이라고 하여 아무 것도 하지 않고 허망히 살기 때문에 무기공(無記空)203)에 떨어진 세계요,

축생(畜生)은 예의 염치를 잃어버리는 세계요,

아귀(餓鬼)란 복은 짓지 아니하고 복을 바라며, 명예나 재물이나 무엇이나 저만 소유하고자 허덕이는 세계요,

지옥(地獄)이란 항상 진심(嗔心)을 내어 속이 끓어올라 그 마음이 어두우며, 제 주견만 고집하여 의논 상대가 없는 세계다.

이와 같이 육도 세계가 우리의 마음으로부터 건설되는 것임을 알아서 능히 천도를 수용하며 더 나아가서는 천도도 초월하여야 육도 세계를 자유 자재하는 것이다.

---

203) 정신이 적적성성하고 성성적적한 상태가 아니라, 흐리멍텅한 상태.

육도의 세계를 사람이 현생에 지은 업에 따라 후생에 태어나는 세계로 구분하면?

천도는 금생에 수양과 선행을 많이 쌓아 복락을 짓고 죄고가 적은 사람이 다음 세계에 태어나는 세계며,

인도는 고락과 죄복이 상반되는 사람이 내생에 태어나는 세계며,

수라는 금생에 시기·질투·교만에 가득 찬 사람이 내생에 태어나는 잡귀의 세계며,

축생은 살·도·음 같은 중계를 많이 범한 사람이 내생에 태어나는 동물의 세계며,

아귀는 탐욕심이 많은 사람이 태어나는 귀신 세계·도깨비 세계며,

지옥은 죄를 많이 지은 사람이 내생에 태어나는 광명이 없는 암흑 세계·고통의 세계다.

심신 작용에서 육도는 무엇이며, 육도로 변화를 시키는 것은?

우주의 성·주·괴·공과 만물의 생·로·병·사가 우리의 자성 원리라 했듯이, 육도 역시 심신 작용에 따라 있어지는 그 요란함·그 어리석음·그 그름이며, 신·분·의·성과 불신·탐욕·나·우며, 감사 생활과 원망 생활이며, 자력 생활과 타력 생활이며, 배울 줄 모르는 사람과 잘 배우는 사람이며, 가르칠 줄 모르는 사람과 잘 가르칠 줄 아는 사람이며, 공익심 없는 사람과 공익심 있는 사람이다.

육도로 변화를 시키는 것은 일원(=일원상의 진리)이 그렇게 하며, 변화되는 그 자체 또한 일원상의 진리 아님이 없다.

우주는 성·주·괴·공을 따라 육도로 변화되고, 만물은 생·로·병·사를 따라 육도로 변화되고, 사생은 심신 작용을 따라 육도로 변화된다.

육도(六途) 또한 우리의 자성의 원리라 함은?

우리의 마음이 경계를 따라 유무식·남녀·노소·선악·귀천으로 또

는 팔조(신·분·의·성·불신·탐욕·나·우)로 나타나듯이, 이 육도 역시 마찬가지다.

경계를 따라 나타나는 마음이 천도·인도·수라·축생·아귀·지옥으로 진급과 강급을 거듭하는 것이 곧 우리의 자성 원리임을 알 수 있다.

육도와 사생은 어떤 길인가?

육도는 가는 길이요 사생은 오는 길이다. 즉 생함과 멸함이 오고 가는 길의 모습이다.

"사람으로서 육도와 사생의 세계를 널리 알지 못하면 이는 한편 세상만 아는 사람이요, 육도와 사생의 승강되는 이치를 두루 알지 못하면 이는 또한 눈앞의 일 밖에 모르는 사람이니라[204]."

'혹은'의 의미는?

'10년 혹은 20년', '직접으로 혹은 간접으로'와 같이 '혹은'의 앞과 뒤에 비교 대상이 있으면, '그렇지 아니하면. 또는 그것이 아니라면'의 뜻으로 둘 중에서 하나를 선택하거나 이것 아니면 저것이라는 의미다.

그러나 '일원상 서원문'에서 '혹은 진급으로 혹은 강급으로 혹은 은생어해(恩生於害)로 혹은 해생어은(害生於恩)'으로와 같이 '혹은 ……, 혹은 ……' 구조의 문장으로 쓰일 때에는 '전체 가운데 얼마쯤은', '더러는'의 뜻이다.

'전체 가운데 얼마쯤은'에서 전체는 무엇(또는 누구)이며, '얼마쯤'은 무엇(또는 누구)인가?

'일원은……, 무상으로 보면 우주의 성·주·괴·공(成住壞空)과 만물의 생·로·병·사(生老病死)와 사생(四生)의 심신 작용을 따라 육도(六途)로 변화를 시켜 혹은 진급으로 혹은 강급으로 혹은 은생어해(恩生於害)로 혹은 해생어은(害生於恩)으로 이와 같이 무량

---

204) 대종경, 제11 요훈품(要訓品), 44장, p.323.

세계를 전개하였나니'에서 보자.

일원을 변하는 자리(=묘유)에서 보면, 일원(=사은=우주 만유=삼라 만상)은 우주의 성·주·괴·공을 따라 육도로 변화하는데, 일부는 진급으로 일부는 강급으로, 일부는 은생어해로 일부는 해생어은으로 변화하여 무량 세계를 전개하였으며,

또는 일원은 만물의 생·로·병·사를 따라 육도로 변화하는데, 일부는 진급으로 일부는 강급으로, 일부는 은생어해로 일부는 해생어은으로 변화하여 무량 세계를 전개하였으며,

또는 일원은 사생의 심신 작용을 따라 육도로 변화하는데 일부는 진급으로 일부는 강급으로, 일부는 은생어해로 일부는 해생어은으로 변화하여 무량 세계를 전개하고 있다.

경계를 따라 취사하는 사람들을 보자.

경계를 따라 요란해지거나 어리석어지거나 글러지는 마음을 원래 마음에 대조하여 자성의 정·혜·계를 세우는 사람들은 진급이 되지만, 그렇지 못한 사람들은 경계에 끌려 요란해지거나 어리석어지거나 글러지면 강급이 된다.

해(害)에서 은(恩)을 발견한 사람들은 진급으로, 은(恩)을 버리고 해(害)에 끌린 사람들은 강급이 되는 것이다.

또한 요란한 경계에서 해탈하면 그 마음은(=더러는) 진급이요, 경계에 끌려 요란해지면 그 마음은(=더러는) 강급인 것이다.

따라서 '혹은(=더러는=전체 가운데 얼마쯤은)'은 '전체 중의 일부' 또는 '하루 중 어느 때'는, '내 마음 중 어느 때는 이런 마음이, 어느 때는 저런 마음'임을 알려 주고 있다.

'혹은 진급으로 혹은 강급으로'라 함은?

우주 만유의 현상을 진급과 강급으로 나타내 보면, 성·주는 진급이고 괴·공은 강급이다. 생은 진급이고 노·병·사는 강급이다.

또한 춘·하·추·동의 변화에서, 춘·하는 진급이고 추·동은 강급이다.

하루를 놓고 보면, 낮은 진급이고 밤은 강급이다.

심신 작용을 처리하는 입장에서 보면, 요란해지고 어리석어지고 글러지는 것은 강급이고, 그 요란함·그 어리석음·그 그름을 없게 하는 것으로써 자성의 정·혜·계를 세우는 것은 진급이다.

또 원망 생활하는 것은 강급된 생활이요, 원망 생활을 감사 생활로 돌리는 것은 진급이며, 감사 생활은 진급된 생활이다.

그러나 어찌 우주 만유(삼라 만상)의 작용을 진·강급으로만 나눌 수 있겠는가!

음양 상승의 도를 따라, 진급 속에도 강급되는 이치가 갊아져 있고, 강급 속에도 진급되는 이치가 이미 깃들어 있지 아니한가?!

진리는 고정된, 또는 고정되는 것이 아니다. 언제나 조화하고 변화하는 역동적이기에 삶의 의미가 더해지는 게 아니겠는가!?

'혹은 은생어해(恩生於害)로'라 함은?

은생어해는 은혜가 해에서 나오는 것이며, 해에서 은을 얻는 것이다. 이는 전화위복, 고진감래며, 경계를 따라 있어지는 그 요란함과 그 어리석음과 그 그름을 통하여 자성의 정을 쌓고, 자성의 혜를 밝히고, 자성의 계를 지키는 것이다.

또는 분별성이 생길 때는 경계를 따라 대소 유무에 분별이 나타나는 것을 수용하고, 그 마음을 원래 분별성과 주착심이 없는 나의 마음 자리에 대조하여 그 분별성과 주착심을 없이 하여 두렷하고 고요한 정신을 양성하는 것이 곧 은생어해다.

또는 누구를 미워하고 원망하는 마음이 날 때, 선악 업보에 차별이 생겨나는 것을 믿고(수용하고), 그 마음을 원래 선악 업보가 끊어진 마음 자리에 대조하여 원망 생활을 감사 생활로 돌리는 것이 곧 은생어해다.

'혹은 해생어은(害生於恩)으로'라 함은?

해가 은혜에서 나오는 것이며, 부처도 깨달았다고 해서 공부를 게을리 하고 닦지 않으면 다시 어두워진다.

이처럼 누구나 다 현재의 은혜를 영원히 지속되게 하여 복락을 누리게 되기도 하지만, 현재의 복락(은혜)은 해를 낳게 하는 한 근원이 되어 자력을 약화시키고 타력에 의존하는 생활을 하게 하여 무능력자가 되거나 또는 가패 신망하는 등의 지경에까지 이르게 됨을 이 해생어은은 우리에게 일러주고 있다.

'은생어해(恩生於害)·해생어은(害生於恩)'에는 '은생어은(恩生於恩)·해생어해(害生於害)'가 생략되어 있다

일원상 서원문에서 '은생어해(恩生於害)', '해생어은(害生於恩)'만 챙기다 보니, 은에서 은이 나오고 은에서 은을 발견하는 '은생어은(恩生於恩)'과 해에서 해가 나오고 해에서 해를 발견하는 '해생어해(害生於害)' 되는 이치가 있음은 잊고 살았다.

'이와 같이 무량 세계를 전개하였나니'라 함은?

이와 같이 이루 다 말할 수 없이(한량없이) 광대한 세계인 무량 세계는 이미 전개되어 있다. 단지 이 세계에서 살고 못살고는 내가 무량 세계를 발견하느냐 못하느냐, 어느 정도 발견하느냐, 어떻게 발견하여 사용하느냐에 달려 있다.

심지는 원래 요란함·어리석음·그름이 없건마는 경계를 따라 있어지는데, 이를 수용하고, 그 요란함·그 어리석음·그 그름이 있기 전 마음에 대조하여 그 요란함·그 어리석음·그 그름을 없게 하는 것으로써 자성의 정·혜·계가 세워지면 정신의 세력이 확장되고 낙원 생활을 하게 되며, 이렇게 심신 작용이 처리되어 평안해진 생활이 곧 무량 세계며, 진리가 내게 전개한 무량 세계다.

무량 세계도 두 개의 세계요 동시성과 양면성이다

무량 세계에는 '유상으로 보면 상주 불멸로 여겨 자연(如如自然)하게 전개되는 무량 세계'와 '무상으로 보면 우주의 성·주·괴·공(成住壞空)과 만물의 생·로·병·사(生老病死)와 사생(四生)의 심신 작용을 따라 육도(六途)로 변화를 시켜 혹은 진급으로 혹은 강급으로 혹은 은생어해(恩生於害)로 혹은 해생어은(害生於恩)으로 전개한 무량 세계'가 있다.

즉 변하지 않는 이치로 전개 되는 무량 세계와 변하는 이치로 전개 되는 무량 세계가 있는데, 이들의 관계는 양면성과 동시성으로 조화를 이루고 있다.

크기나 양으로 헤아릴 수 없는 무량 세계도 이 두 세계로 이루어져 있다니, 무량(無量) 무량일 뿐이다.

> 우리 어리석은 중생은 이 법신불 일원상을 체받아서 심신을 원만205)하게 수호206)하는 공부를 하며, 또는207) 사리를 원만하게 아는 공부를 하며, 또는 심신을 원만하게 사용하는 공부를 지성으로 하여 진급208)이 되고 은혜는 입을지언정209) 강급210)이 되고 해독은 입지 아니하기로써 일원의 위력을 얻도록까지 서원하고 일원의 체성(體性)에 합하도록까지 서원함.

'우리 어리석은 중생'이란?

여기서 '중생'은 '제불·조사·범부·중생'이며, 곧 '일체 중생'이므

---

205) 성격이 모난 데가 없이 부드럽고 너그럽다.
206) 지키어 보호함.
207) 그렇지 않으면.
208) 육도를 윤회할 때에 점점 상등급으로 올라가서 태어나고 살게 되며, 마음을 쓰게 됨.
209) -을지언정: 서로 반대되는 일에 대해 그 중 한 가지를 양보적으로 시인하거나 부정하고 다른 한 가지를 부인하거나 시인할 때 자음으로 끝난 어간에 붙여 쓰는 말.
210) 육도를 윤회할 때에 점점 하등급으로 떨어져 태어나고 살게 되며, 마음을 쓰게 됨.

로 '우리 어리석은 중생'은 절대적 진리 자리인 '법신불 일원상'에 대하여 겸손한 표현이다.

우리는 원래 어리석은가?

원죄설이 아니다.

우리의 성품은 정한즉 무선무악하고, 동한즉 능선 능악한 이치에 따라 때때로 어리석어질 뿐이다.

이런 이치를 알고, 수용하고, 대조하기만 하면 원래 분별·주착이 없는 성품이 드러나고, 자성의 혜광이 비치므로 그 어리석은 마음은 풀잎에 맺힌 이슬처럼 없어지는 줄도 모르게 없어지고 말 것이다.

'(우리 어리석은 중생은) 이 법신불 일원상을 체받아서'라 함은?

'이 법신불 일원상'을 체받으려면 '이 법신불 일원상'이 어떤 것이며, '체 받는다'는 말이 무엇인 줄 알아야 한다.

'이 법신불 일원상'은 일원상 서원문 중에서 찾아보면 '일원은 언어 도단(言語道斷)의 입정처(入定處)요, 능이성 유상하고 능이성 무상하여 유상으로 보면……무량 세계를 전개하였고, 무상으로 보면……이와 같이 무량 세계를 전개하였나니,'로 정의된 법신불 일원상이며, 일원상 법어의 '이 원상의 진리'며, 일상 수행의 요법의 '그 요란함(·어리석음·그름)'이다. 또한 내가 대하고 있는 경계를 따라 작용되는 내 마음이요, 상대방의 마음이며, 진공 묘유의 조화, 대소 유무의 이치 그 자체다.

'체받는다'는 말은 '본받아 실행하다. 진리를 닮아가다.'이므로 이는 진리를 본으로 삼고, 본으로 삼는 그 진리를 그대로 신앙하는 동시에 수행의 표본을 삼는(실행하는) 것이다.

따라서 '이 법신불 일원상을 체받는다' 함은 '일원상의 진리를 신앙하는 동시에 수행의 표본을 삼아 일원상과 같이 원만 구족(圓滿具足)하고 지공 무사(至公無私)한 각자의 마음을 알고, 또는 일원상과 같이 원만 구족하고 지공 무사한 각자의 마음을 양성하고, 또는 일원상과 같이 원만 구족하고 지공 무사한 각자의 마음을 사용하자'는 일원상의 수행이며, 우리의 성품은 원래에 분별·주착 없는 것임을 알고 경계 따라 묘하게 일어나는 마음 작용을 있어지는 그대로 수용하고 대조하여 그 일어나는 마음에 끌리지 않고 원래에 분별·주착이 없는 마음을 사용하는 것이며, 이 원상의 진리를 각(覺)하는 것이며, 그 요란함(·어리석음·그름)을 없게 하는 것으로써 자성의 정(·혜·계)을 세우는 것이며, 법신불 일원상을 신앙의 대상과 수행의 표본으로 모시는 것이다.

'심신을 원만하게 수호하는 공부를 하며, 또는 사리를 원만하게 아는 공부를 하며, 또는 심신을 원만하게 사용하는 공부를 지성으로 하는' 삼학 수행은 무엇인가?

이 또한 '이 법신불 일원상'을 체받는 것이 아닌가!?

'(우리 어리석은 중생은 이 법신불 일원상을 체받아서) 심신을 원만하게 수호하는 공부를 하며(지성으로 하여)'라 함은?

정신 수양이다.

'심지는 원래 요란함이 없건마는 경계를 따라 있어지나니, 그 요란함을 없게 하는 것으로써 자성의 정을 세우자.'며,

'일원상과 같이 원만 구족하고 지공 무사한 각자의 마음을 양성하자는 것'이다.

공부는 무엇이며, 어떻게 하는가?

심신을 원만하게 수호하는 것이 곧 공부며, 사리를 원만하게 아는 것이 곧 공부며, 심신을 원만하게 사용하는 것이 곧 공부다.

이 공부는 어떻게 하는가?

천만 경계를 공부 거리로, 천만 경계를 대하는 순간을 공부 찬스로 삼는 것이다.

이 법신불 일원상(일원은 언어 도단(言語道斷)의 입정처(入定處)이요,……이와 같이 무량 세계를 전개하였나니,)을 체받아서 하는

것이며, 일원상의 진리를 신앙하는 동시에 수행의 표본을 삼아서
하는 것이다.

'또는'의 의미는?

'또는'은 '그렇지 않으면'의 뜻으로 둘 중 하나가 주(主)이나, '둘
중 하나는 반드시'라는 뜻이며, 그 말의 의미는 둘 다가 될 수도
있고, 셋일 때는 세 가지 경우가 될 수도 있다.

'우리 어리석은 중생은 이 법신불 일원상을 체받아서 심신을 원
만하게 수호하는 공부를 하며, 또는 사리를 원만하게 아는 공부를
하며, 또는 심신을 원만하게 사용하는 공부를 지성으로 하여'라고
하면, '심신을 원만하게 수호하는 공부'와 '사리를 원만하게 아는
공부'와 '심신을 원만하게 사용하는 공부' 셋 중에 어느 것이든 상
관이 없다는 '선택'의 의미를 나타낸다.

그런데 '시장 또는 군수 또는 구청장은 허가권을 행사할 수 있
다.'에서와 같이 '시장, 군수, 구청장' 모두가 허가권자이므로 이런
경우는 둘 중에 어느 하나를 선택하는 경우가 아니라, 모두를 열
거하는 의미가 있다.

따라서 우리 어리석은 중생이 진급이 되고 은혜는 입을지언정,
강급이 되지 아니하려면 '이 법신불 일원상을 체받아서 심신을 원
만하게 수호하는 공부'도 지성으로 하고, '이 법신불 일원상을 체
받아서 사리를 원만하게 아는 공부'도 지성으로 하고, '이 법신불
일원상을 체받아서 심신을 원만하게 사용하는 공부'도 지성으로
해야 하므로 여기서 '또는'은 둘 중 또는 셋 중 어느 것도 상관없
다는 '선택'의 의미가 아니라, 이것도 해야 하고 저것도 해야 하는
'열거'로 보아야 한다.

'또는 (우리 어리석은 중생은 이 법신불 일원상을 체받아서) 사리를 원만하게 아는 공부를 하며(지성으로 하여)'라 함은?

사리 연구다.

'심지는 원래 어리석음이 없건마는 경계를 따라 있어지나니, 그 어리석음을 없게 하는 것으로써 자성의 혜를 세우자.'며,

'일원상과 같이 원만 구족하고 지공 무사한 각자의 마음을 알자는 것'이다.

'또는 (우리 어리석은 중생은 이 법신불 일원상을 체받아서) 심신을 원만하게 사용하는 공부를 지성으로 하여'라 함은?

작업 취사다.

'심지는 원래 그름이 없건마는 경계를 따라 있어지나니, 그 그름을 없게 하는 것으로써 자성의 계를 세우자.'며,

'일원상과 같이 원만 구족하고 지공 무사한 각자의 마음을 사용하자는 것'이다.

'지성으로 하여'라 함은?

부처의 가장 큰 무기는 무엇인가?

지극한 정성으로 하는 것이다. 오직 하고 또 할 뿐이다.

지성으로 하는 것은 거래나 조건이 아니다.

나의 몫은 오직 정성으로 하는 것이며, 거래는 진리의 몫이다.

'……공부를 지성으로 하여' 얻어지는 결과는?

진급이 되고 은혜는 입을지언정 강급이 되고 해독은 입지 아니하는 것이다.

'진급이 되고 은혜는 입을지언정 강급이 되고 해독은 입지 아니하기로써'라 함은?

진급이 되고 은혜는 입을지언정 강급이 되고 해독은 입지 아니하는 것은 일원의 소소영령한 위력(생멸 없는 이치와 인과 보응되는 이치에 따라 나타나는 조화)이다.

진급이 되고 은혜를 입는 것은 누구나 좋아하는 혜복과 즐거운 낙으로 오는 위력이나, 강급이 되고 해독을 입는 것은 누구나 싫어하는 죄벌과 괴로운 고로 오는 위력이다.

우리의 공부가 승급되고 강급되는 원인은?

(정산 종사) 말씀하시기를

"우리의 공부가 승급되고 강급되는 원인은 발원의 국한이 크고 작은 데와 자만심을 두고 안 두는 데와 법 높은 스승을 친근하고 안하는 데에 있나니,

우리는 공부를 할 때에 먼저 한정과 국한이 없는 큰 원을 세우고 조금이라도 자만심을 내지 말며,

이상 사우(師友)를 친근하여 계속 정진하여야 영원한 세상에 강급되지 아니하고 길이 승급으로 나아가나니라211)."

진급과 강급은 반드시 수행 여하에만 따라서 되는가?

"진급과 강급에는 자연히 되는 것과 인력으로 되는 것이 있으니,

자연으로 되는 것은 천지의 운행하는 도수에 따라서 저절로 진급 혹은 강급이 되는 것이요,

인력으로 되는 것은 수도와 행동 여하에 따라서 각자 업인으로 진급 혹은 강급이 되는 것이니라212)."

진급하는 길 여섯 가지는?

---

211) 정산 종사 법어, 제2부 법어(法語), 제7 권도편(勸道編), 7장, p.869.
212) 정산 종사 법어, 제2부 법어(法語), 제5 원리편(原理編), 37장, p.830.

"하나는 스스로 타락심을 내지 아니하고 꾸준히 향상함이요,

둘은 견실한 신성을 가져 천만 역순 경계에 부동할 신근을 확립함이요,

셋은 나 이상의 도덕 가진 이를 친근 공경하고 숭배 신봉하며 정진함이요,

넷은 나만 못한 근기를 항상 포용 보호하여 나 이상이 되도록 인도함이요,

다섯은 공부와 사업에 대하여는 스스로 만족하지 않고 항상 부족한 생각으로 계속 적공함이요,

여섯은 모든 수용에 대하여는 언제나 스스로 만족하며 부족한 이웃에게 보시하기를 좋아함이니라213)."

'일원의 위력을 얻도록까지 서원하고'라 함은?

일원의 위력은 일원상의 진리의 작용이며, 일원의 체성인 진공에 바탕을 둔 묘유와 그 조화며, 일원의 체성인 공적에 바탕을 둔 영지와 그 광명이다.

공적 영지의 광명을 따라(경계를 따라, 육근 동작을 통하여) 대소 유무에 분별이 나타나서 선악 업보에 차별이 생겨날 때 그 마음을 있는 그대로 수용(인정·신앙)하고(경계를 따라 있어지나니,), 원래 마음은 대소 유무에 분별이 없는 자리며 선악 업보가 끊어진 자리인 줄 알고(심지는 원래 요란함·어리석음·그름이 없건마는), 이를 서로 대조하여(그 요란함·그 어리석음·그 그름을 없게 하는 것으로써) 대소 유무에 분별이 나타나서 선악 업보에 차별이 생겨나기 전 마음으로 돌아가는 것(자성의 정·혜·계를 세우자.)이 곧 일원의 체성에 바탕을 둔 일원의 위력이다.

이와 같이 경계를 따라 작용되는 심신 작용을 능숙하게 처리할 수 있게 되고(일원의 위력을 얻게 되면) 일원상의 진리를 마음대

213) 정산 종사 법어, 제2부 법어(法語), 제5 원리편(原理編), 38장, p.831.

로 부려쓰는 것이다.

　이렇게 되면 진급이 되고 은혜는 입을지언정 강급이 되고 해독은 입지 아니하게 된다.

　그래서 우리는 일원의 위력을 얻을 때까지 서원하는 것이며, 일원의 체성에 합할 때까지 서원하는 것이다.

'일원의 체성(體性)에 합하도록까지 서원함.'이라 함은?

　일원의 체성은 일원상의 진리의 본체(本體)로서 진공 묘유의 조화로 나타낼 때 진공(眞空)에 해당되고, 공적 영지의 광명으로 나타낼 때는 공적(空寂)에 해당된다.

　즉 일원상의 진리 중에서 체(體)와 성(性)은 본질과 그 본질이 영원히 변하지 않는 성질이므로 이는 우주 만유의 본원이며, 제불 제성의 심인이며, 일체 중생의 본성이며, 대소 유무(大小有無)에 분별이 없는 자리며, 생멸 거래에 변함이 없는 자리며, 선악 업보가 끊어진 자리며, 언어 명상(言語名相)이 돈공(頓空)한 자리며, 언어 도단의 입정처임을 알 수 있다.

　따라서 일원의 체성은 '일원상의 진리'의 근본을 나타내고, 일원의 위력은 일원의 체성에 바탕을 둔 '일원상의 진리'의 쓰임(작용)이므로, 이 둘은 분리되어 있는 것이 아니라 원래 하나며 동시성이다.

일원의 위력을 얻도록까지 서원하면 되지, 왜 또 일원의 체성에 합하도록까지 서원한다고 하셨나?

　일원의 위력을 얻는 것은 곧 일원상의 진리와 내가 하나가 되어 조화가 나타나는 것이며, 모든 심신 작용이 '일원상의 진리'의 작용과 조화임을 알고 느끼고 사용하는 것이다.

　비록 서툴더라도 해 보면 천만 경계 따라 있어지는 일체의 심신 작용이 일원의 체성에 바탕을 둔 일원의 위력(작용과 조화)임을 알게 되고, 일원의 위력과 일원의 체성이 둘 아닌 줄 알게 되며, 음양 상승의 도에 따라 나타나는 진리의 작용과 조화임을 알게 되고, 하나하나의 모든 자연 현상과 심신 작용이 사은의 무한한 은혜임을 알게 되며, 곳곳이 부처임을 알게 되며, 모든 일이 진리의 작용인 줄 앎으로 불공하지 않을 수 없게 된다.

이처럼 진리와 내가 둘이 아닌 줄 알게 되므로 우리는 자신을 낮추고 또 낮추게 되며, 항상 왕초보로 돌릴 수 있으며, 보다 깊어지고 선명해질 수 있다.

나무를 예로 들어보자.

잎이 무성해지고 열매가 탐스럽게 열리려면 그 뿌리가 튼튼해야 한다. 이 잎과 열매는 나타난 나무의 한 현상(묘유와 조화)이므로 일원의 위력에 해당되고, 튼튼한 뿌리는 나무의 바탕(진공)이므로 일원의 체성에 해당된다. 즉 일원의 체성이란 튼튼한 뿌리로부터 충분한 영양분을 공급 받아 잎과 열매라는 일원의 위력이 나타난다.

이와 같이 나무의 잎과 열매가 뿌리와 서로 공생 관계를 이루듯, 일원의 위력을 얻는 것과 일원의 체성에 합해지는 것 또한 마찬가지다.

따라서 일원의 위력은 일원의 체성과 떨어져서 나타날 수 없고, 일원의 체성 또한 일원의 위력 없이 존재할 수 없다.

또 마음을 예로 들어보자.

경계를 따라 요란해지고 어리석어지고 글러지는 마음을 원래 마음에 대조하여 자성의 정·혜·계를 세우는 것은 일원의 위력을 얻는 동시에 일원의 체성에 합해지는 것이다.

이처럼 경계를 대할 때마다 자성의 정·혜·계를 세우는 것은 그 경계를 통해서 공부하는 것이며, 훈련하는 것이며, 참회하는 것이며, 서원하는 것이다.

그러므로 경계를 대할 때마다 진급이 되고 은혜는 입을지언정 강급이 되고 해독은 입지 아니하려면 어떻게 해야 하는가?

일원의 위력을 얻도록까지 서원하는 것은 물론이고 일원의 체성에 합해질 때까지 서원하는 것은 지극히 당연한 이치인 동시에, 지극히 논리적인 공부법이라 하지 않을 수 없다.

또한 일원의 위력을 얻도록까지 서원하는 것이 천지 만물에 올리는 실지 불공이라면 일원의 체성에 합해질 때까지 서원하는 것은 허공 법계에 올리는 진리 불공이므로 이 불공 역시 합일해야 위력을 얻듯 일원의 체성과 일원의 위력 역시 하나에서 나오고 하나로 돌아가는 것이므로 일원의 위력을 얻도록까지 서원하고 일원의 체성에 합해질 때까지 서원하는 것은 지극히 당연하다 하겠다.

'(얻·합하) 도록까지 서원하는' 것이란?

'하루도 안 빠뜨리고 몇 번 이상은 반드시 한다.'가 아니다.

경계를 대할 때마다, 마음 작용이 일어날 때마다 대조하고 또 대조하고, 챙기고 또 챙겨서 마침내 대조하고 챙기지 아니하여도 저절로 되어지는 경지에까지 도달함이다.

지극한 정성으로 오직 하고 또 할 뿐이다.

이것이 얻도록까지 서원하는 것이며, 합해지도록까지 서원하는 것이다. 오직 '~도록까지' 지성으로 할 뿐이다.

이것이 내가 하고, 또 해야 하는 나의 몫이다. 영생토록 하고 또 해야 할 내 본연의 직업인 것이다.

일원의 위력을 얻도록까지 서원하고, 일원의 체성에 합하도록까지 서원한(하는) 결과는?

진급이 되고 은혜는 입을지언정, 강급이 되고 해독은 입지 아니하는 것이다.

제5절 일원상 법어(一圓相法語)

이 법어는 일원상장(一圓相章)의 점검표(check list)다.

'일원상의 진리'에 바탕을 둔 나의 진리관(眞理觀)을 점검하고, '일원상의 신앙'에 바탕을 둔 나의 신앙관(信仰觀)을 점검하고, '일원상의 수행'에 바탕을 둔 나의 수행관(修行觀)을 점검하는 공부인의 둘도 없는 활용 도구다.

진리에 대한 의심이 걸리면 '일원상의 진리'에 대조하며 나를 비추어 살피고,

신앙면이 미심쩍으면 '일원상의 신앙'으로 돌아가 신앙(~믿으며, ~믿으며,)의 어디에 문제가 있는지 살피고,

수행이 제대로 되지 않으면 '일원상의 수행'에 대조하며 왜 법대로 수행이 나투어지지 않는지 점검하는 잣대가 바로 이 '일원상 법어'다.

○ 이 원상(圓相)의 진리를 각(覺)[214]하면 시방 삼계가 다 오가(吾家)[215]의 소유인 줄을 알며, 또는 우주 만물이 이름은 각각 다르나 둘이 아닌 줄을 알며, 또는 제불 조사와 범부 중생의 성품인 줄을 알며, 또는 생·로·병·사의 이치가 춘·하·추·동과 같이 되는 줄을 알며, 인과 보응[216]의 이치가 음양 상승(陰陽相勝)[217]과 같이 되는 줄을 알며, 또는 원만 구족한 것이며 지공 무사한 것인 줄을 알리로다[218].

---

214) ①불법의 본체와 마음의 본원(일원상의 진리)을 깨달아 앎. ②일원상의 진리가 진공 묘유의 조화임을 아는 것이며, 일원상의 진리를 신앙하는 것(일원상의 신앙)과 수행의 표본으로 삼는 것(일원상의 수행)이 떨어져 있는 것이 아니라 동시성(同時性)임을 아는 것.

215) 나[我].

216) 인과의 법칙에 따라서 은혜를 입으면 갚고, 은혜를 베풀면 받게 되는 것. 진리에 대한 기도의 정성을 쏟으면 쏟는 만큼 진리의 응답이 있다는 것. (원인이 있으면 반드시 결과가 있고 그 결과는 새로운 원인이 되어 다시 새로운 결과를 내는 원리로서, 천지 만물의 생성 변화하는 가장 기본적인 법칙.

217) ①우주가 변화하는 기본적인 법칙으로서 음(陰) 중에 있는 양(陽)이, 양(陽) 중에 있는 음(陰)이 서로서로 도움이 되고 바탕이 되어 끊임없이 돌고 도는(循環無窮) 원리다. ②천지 만물이 생성 변화하는 가장 기본적인 원리로서 오면 가고, 가면 반드시 오는 순환 무궁하는 이치다. ③음양 상

'이 원상(圓相)의 진리'란 무엇인가?

경계를 따라 지금 여기서(현하) 육근이 작용되어(분별성과 주착심에 끌려) 일어나는 일체의 마음 작용이다.

또는 우주 만유(천지 만물 허공 법계)로 나투어지는 전체와 낱낱이 음양 상승으로 또는 동과 정으로 없어서는 살지 못할 관계를 이루고 있는 것이며, 이들의 관계가 동시성으로 양면성으로 이루어지는 것이다.

이처럼 '이 원상의 진리'는 우주 만유든, 우리의 지극히 다양한 마음 작용이든 하나에서 만유(만법)로, 만유(만법)에서 하나로 끊임없이 변화하는 것이며, 내게서 전체로 전체에서 내게로 끊임없이 돌고 도는 것이다.

따라서 '이 원상의 진리를 각(覺)하면'에서 '이'는 일상 수행의 요법 1·2·3조의 '그'와 같은 뜻이며, 상시 응용 주의 사항 1조의 '응용하는데'와 같은 뜻이다.

이 원상(圓相)의 진리를 각(覺)한다 함은?

경계를 따라 나투어지는 '이 원상(圓相)의 진리'를 각(覺)한다 하여도(道)를 닦듯이 깨치라는 것이 아니라, 내가 대하고 있는 천지 만물과 허공 법계의 작용과 그 변화되는 이치, 경계를 따라 있어지는 일체의 심신 작용이 일원상의 진리임을 알고, 이를 신앙하는 동시에 수행의 표본으로 삼는 것이다.

승은 일원상의 진리의 변화하는 이치를 나타낸 것으로 '우주의 성·주·괴·공(成住壞空)과 만물의 생·로·병·사(生老病死)와 사생(四生)의 심신 작용을 따라 육도(六途)로 변화를 시켜 혹은 진급으로 혹은 강급으로 혹은 은생어해(恩生於害)로 혹은 해생어은(害生於恩)으로' 되는 이치며, 진급 속에 강급이 있고 강급 속에 또한 진급이 있으며, 은(恩) 속에 해가 깃아져 있고 해(害) 속에 은이 깃들어 있는 것과 같은 이치다.

218) -로다: '-다'보다 더 단정적이고, 예스러운 느낌을 나타냄. (예스러운 표현으로) 해라할 자리에 쓰여, 감탄을 나타내는 종결 어미. 장중한 어조를 띤다.

이것이 곧 내가 대하고 있는 '이 원상(圓相)의 진리'를 각(覺)하는 것이다.

그러면 우리의 마음을 살펴보자.

일체의 심신 작용이 일원상의 진리다.

'심지는 원래 요란함(·어리석음·그름)이 없건마는 경계를 따라 있어지나니, 그 요란함(·어리석음·그름)을 없게 하는 것으로써 자성의 정(·혜·계)을(를) 세우자.'와 같이

나의 마음은 원래 요란함(·어리석음·그름)이 없는 줄도 알고, 그렇지만 경계를 따라 요란함(·어리석음·그름)이 있어지는 줄도 알고(인정, 수용, 신앙), 그 요란함(·어리석음·그름)의 실체는 무엇이며, 그 원인은 무엇인지 공부하면 요란함(·어리석음·그름)에 끌리거나 막힘이 없는 마음 상태가 되어 자성의 정(·혜·계)이 세워지는 줄도 아는 것이 바로 '이 원상(圓相)의 진리를 각(覺)하면'의 뜻이다.

각(覺)하는 것은 한 번하면 영원히 깨닫는 것인가?

경계를 대할 때마다 항상 끌리고 안 끌리는 대중만 잡는 것이 곧 순간순간 끊임없이 깨닫는 것이며, 이는 공부심만 놓지 않고 법대로 하기만 하면 멈추어질 수도 멈출 수도 없는 것이다.

오직 하고 또 하고, 오래오래 계속할 뿐이다.

이것이 바로 '이 원상(圓相)의 진리'를 각(覺)하는 공부인이 영원히 깨닫는 길이다.

이 원상(圓相)의 진리를 각(覺)하면 어떻게 되는가?

시방 삼계가 다 오가(吾家: 나)의 소유인 줄을 알게 되며, 또는 우주 만물이 이름은 각각 다르나 둘이 아닌 줄을 알게 되며, 또는 제불 조사와 범부 중생의 성품인 줄을 알게 되며, 또는 생·로·병·사의 이치가 춘·하·추·동과 같이 되는 줄을 알게 되며, 또는 인과 보응의 이치가 음양 상승(陰陽相勝)과 같이 되는 줄을 알게 되며, 또는 원만 구족한 것이며 지공 무사한 것인 줄을 알게 된다.

'[이 원상(圓相)의 진리를 각(覺)하면] 시방 삼계가 다 오가(吾家)의 소유인 줄을 알며'라 함은?

시방 삼계가 다 오가(吾家)의 소유인 줄 알려면 내가 대하는 경계를 따라 나투어지는(또는 나투는) 이 원상의 진리를 깨쳐야 한다. 즉 이 원상의 진리를 각(覺)하는 것이 시방 삼계가 다 오가(吾家)의 소유인 줄 알기 위한 전제 조건이며 필요 충분 조건이다.

그러나 경계를 따라 있어지는 이 원상의 진리를 깨치고 시방 삼계가 오가의 소유인 줄 아는 정도는 수행(공부)의 정도에 비례하여, 깨치는 만큼 알게 되고 아는 만큼 깨치게 된다.

'시방 삼계가 다 오가(吾家)의 소유인 줄을 알며'라 함은 시방 삼계와 내가 둘이 아니라, 하나라는 말이다.

시방 삼계가 무엇인데 나의 것이며, 나와 하나라는 말인가?

시방 삼계는 내가 존재하고 있는 우주와 세계다. 나의 몸과 마음이 존재하는 시공(時空), 즉 과거·현재·미래다.

나의 모습과 항상 함께하는 어제·오늘·내일, 전생·이생·내생, 살았던 곳·사는 곳·살 곳 등이며, 경계인 줄도 모르던 나, 경계인 줄 알고 수용하는 나, 그 경계를 통하여 자성의 정·혜·계를 세우는 나이다.

그러면 이러한 시방 삼계의 나[我]라는 존재는 무엇이며 누구인가?

우주 만유의 본원이며, 제불 제성의 심인이며, 일체 중생의 본성인 동시에, 원래는 대소 유무(大小有無)에 분별이 없고 생멸 거래에 변함이 없고 선악 업보가 끊어진 존재이건마는 경계를 따라 대소 유무에 분별이 나타나서 선악 업보에 차별이 생겨나기도 하며, 내게서 일어나는 진공 묘유의 조화는 우주 만유를 통하여 무시광겁(無始曠劫)에 은현 자재(隱顯自在)한다.

이런 시방 삼계와 나의 관계를 알면, 시방 삼계와 내가 둘이 아니라 하나며(진공, 대), 때로는 인연 따라 우주 만유로 변화하는 것인 줄 알게 된다.

이와 같이 시방 삼계가 나와 둘이 아니라는 이치를 알게 되면, 천지와 둘이 아닌 나, 부모와 둘이 아닌 나, 동포와 둘이 아닌 나, 법률과 둘이 아닌 나임을 경계를 대할 때마다 알고 보은하며, 비공부인에서 공부인으로, 약자에서 강자로, 일원의 체성에 합하여 일원의 위력을 얻는 영겁 법자(永劫法子), 천여래 만보살이 될 것이다.

'또는 [이 원상(圓相)의 진리를 각(覺)하면] 우주 만물이 이름은 각각 다르나 둘이 아닌 줄을 알며'라 함은?

이 세상의 우주 만물은 원래(본원 자리에서 보면) 대소 유무(大小有無)에 분별이 없건마는 경계(상황, 환경, 인연 등)를 따라 천태 만상으로, 형형 색색으로 나투어지며, 이는 다시 여러 가지 모습으로 변화하여 조화를 이루고 있다.

비록 이 우주 만물(만유)의 이름이 각각 다르지만, 그 체성은 하나며 그 근원도 하나다219).

이는 마치 바닷물이 증발하여 구름으로, 비로, 옹달샘물로, 개울물로, 강물로 변하지만 그 근본은 변하지 않으며, 결국에는 다시 바다에서 만나는 이치와 같은 것이다.

또는 발전소의 전기가 용도에 따라 다양한 용량의 전기로 바뀌나 그 바탕은 변함이 없는 것과 같은 것이다.

이와 같이 이 원상의 진리를 각(覺)하면, 우주 만유의 본래 이치와 우리의 자성 원리를 알게 된다.

그것도 교리(또는 법)를 다 안 후에 사용하는, 즉 알아서(깨쳐서) 해결하는(실생활에 활용하는) 식이 아니라, 아는 것과 해결하는 것이 동시인 해결하면서(활용하면서) 알아가는 것이다.

또한 절대 세계를 절대 세계로 고집하지 않으며, 상대 세계를 상대 세계로 고집하지 않게 되어 이 둘이 하나인 줄도 알고 각각인 줄도 알게 된다.

---

219) 대종경, 제1 서품(序品), 1장, p.95.

이와 같은 이치를 간단한 교리와 편리한 방법으로 뭉쳐놓은 것이 누구나 다 쓰도록 내놓은 대종사님의 용심법이며, 이를 사용하면 할수록 그 수행의 정도도 비례하여 깊어지고, 교리를 깨치는 정도도 음양 상승의 도를 따라 비례하게 되어 실생활에 걸림이 없어지고 한 쪽으로 치우치거나 지나치지 않게 될 것이다.

따라서 이 원상의 진리를 각하면, 우주 만물이 다 내 몸과 하나(四生一身)인 줄 알게 되기 때문에 미물 곤충이나 금수 초목까지도 함부로 살생하거나 꺾지 않게 되며, 내 몸을 아끼고 생각하듯이 만물을 대하기 때문에 처처 불상임을 알게 되고 사사 불공하는 생활을 자동적으로 하게 될 것이다.

'또는 [이 원상(圓相)의 진리를 각(覺)하면] (일원상의 진리가, 또는 ○○의 심지가) 제불 조사와 범부 중생의 성품인 줄을 알며'라 함은?

내가 대하는 경계를 따라 나타나는 이 원상의 진리를 깨치고 보면, 제불·조사의 성품과 범부·중생의 성품이 하나인 줄을 알게 된다.

나의 성품이 곧 부처(제불·조사)의 성품임을 알기 때문에 나 자신을 함부로 대하지 않으며, 자신에 대한 불공을 게을리 하지 않으며, 범부·중생의 성품도 나의 성품과 하나임을 알기 때문에 범부·중생(금수 초목까지도)이라 해서 경멸하거나 무시하지 않게 된다.

오직 경계를 대할 때마다 공부 거리 삼아 공부할 뿐이다. 경계가 경계인 줄 알면 어느 것 하나 소용없는 것이 없고, 어느 것 하나 중요하지 않은 것이 없다.

그러나 그 성품이 아무리 하나며 같다하여도 영원히 부처일 수 없고, 영원히 범부·중생일 수 없다. 부처도 경계 따라 공부하지 않으면 중생이요, 중생도 공부하면 부처가 되는 것이다.

'또는 [이 원상(圓相)의 진리를 각(覺)하면] 생·로·병·사의 이치가 춘·하·추·동과 같이 되는 줄을 알며'라 함은?

경계를 따라 나투어지는 이 원상의 진리를 깨치면, 만물이 생·로·병·사되는 이치는 사시가 춘·하·추·동으로 순환하는 이치와 같이 때를 따라 변화되는 이치(無常)로, 또는 돌고 도는 불변의 진리(有常)임도 알게 된다.

인간의 생·로·병·사도 마찬가지다.

일회성이 아니다. 영원한 세월에 끊임없이 돌고 도는 것이다.

춘·하·추·동이 한 번 가면 일 년이 바뀔 뿐, 이듬해가 되면 또 다시 춘·하·추·동으로 돌고 도는 것과 같으며, 열매가 싹으로 자라나 나무가 되고 꽃으로 피어나고 다시 열매로 돌고 도는 이치와 같은 것이다.

그러므로 이 원상의 진리를 깨치면 인간의 생·로·병·사가 춘·하·추·동처럼 끊임없이 돌고 도는 변화의 이치와 불변의 이치임을 동시에 알게 되므로 삶에 대한 애착도, 죽음에 대한 공포도 없이 담담하게 생사를 맞이하게 될 것이다.

따라서 와도 왔다 할 것이 없고 가도 갔다 할 것이 없는 가운데 생사 거래를 하고, 오고 감이 없는 가운데 오고 가기 때문에 생사에 해탈을 얻게 되는 것이다.

경계를 따라 작용되는 우리의 마음도 마찬가지다.

경계를 대하기 전에는 요란함도 없건마는 경계를 따라 묘하게 일어나고(生), 그 일어난 마음에 끌려 요란해질 수도 있고(老·病), 이를 공부 거리 삼아 공부하면 자성의 정·혜·계가 세워지는(死) 이치도 생·로·병·사의 이치를 따라 작용하게 되므로, 이를 마음 작용되는 원리로 받아들이고, 우주 만유의 본래 이치로도 받아들이게 되어 우주 만유와 내가 각각인 줄도 알게 되고 하나인 줄도 알게 된다.

'[이 원상(圓相)의 진리를 각(覺)하면] 인과 보응의 이치가 음양 상승(陰陽相勝)과 같이 되는 줄을 알며'라 함은?

경계를 따라 나투어지는 이 원상의 진리가 진공 묘유의 조화며, 대소 유무의 이치에 따라 나타나므로 이 원상의 진리를 깨치면 이 조화와 이치로 나투어지는 인과 보응이 음양 상승의 도를 따르는 줄 알게 되며, 이 원상의 진리의 변화하는 이치와 불변하는 이치를 동시에 알게 된다.

경계(인연, 때, 상황 등)를 따라 묘하게 나타나고, 이것이 원래 모습으로 또는 다른 모습으로 변화되는 것이 인과 보응되는 이치를 따라 일어난다.

즉 원인(報)에 따라 결과가 나타나고(應), 그 결과는 새로운 원인이 되어 또 다른 결과로 나투어지는 인과 보응의 이치가 마치 음(陰) 속에 양(陽)이 있고 양 속에 음이 있어 서로 음과 양이 상승되는 이치와 같은 줄 알게 된다.

그러므로 모든 이치(萬法)의 근원은 같으므로 이 근본 되는 원리(대소 유무의 이치)만 정확하게 알아 활용하면, 만법으로 펼쳐지고 다시 한 이치로 돌아가므로 응용 무념으로, 불편 불의(不偏不倚)하게 된다.

이를 대종사님께서는 어떻게 말씀하셨는지 알아보자.

"천지의 사시 순환하는 이치를 따라 만물에 생·로·병·사의 변화가 있고 우주의 음양 상승(陰陽相勝)하는 도를 따라 인간에 선악 인과의 보응이 있게 되나니,

겨울은 음(陰)이 성할 때이나 음 가운데 양(陽)이 포함되어 있으므로 양이 차차 힘을 얻어 마침내 봄이 되고 여름이 되며,

여름은 양이 성할 때이나 양 가운데 음이 포함되어 있으므로 음이 차차 힘을 얻어 마침내 가을이 되고 겨울이 되는 것과 같이,

인간의 일도 또한 강과 약이 서로 관계하고 선과 악이 짓는 바에 따라 진급 강급과 상생 상극의 과보가 있게 되나니, 이것이 곧 인과 보응의 원리니라[220]."

'생·로·병·사의 이치가 춘·하·추·동과 같이 되는 줄을 알며'와 '인과 보응의 이치가 음양 상승(陰陽相勝)과 같이 되는 줄을 알며,' 사이에는 왜 '또는'이 없는가?

---

[220] 대종경, 제5 인과품(因果品), 2장, p.219.

'이 원상의 진리를 각(覺)하면……이(가)……인 줄을 알며,' 사이에는 '또는'으로 연결되는데, 다음 표와 같이 '생·로·병·사의 이치가 춘·하·추·동과 같이 되는 줄을 알며'와 '인과 보응의 이치가 음양 상승(陰陽相勝)과 같이 되는 줄을 알며,' 사이에는 왜 '또는'이 없는가?

이 원상(圓相)의 진리를 각(覺)하면		시방 삼계가 다 오가(吾家)의 소유인	줄을 알며,
	또는	우주 만물이 이름은 각각 다르나 둘이 아닌	
	또는	제불 조사와 범부 중생의 성품인	
	또는	생·로·병·사의 이치가 춘·하·추·동과 같이 되는	
		인과 보응의 이치가 음양 상승(陰陽相勝)과 같이 되는	
	또는	원만 구족한 것이며 지공 무사한 것인	줄을 알리로다.

이 원상의 진리를 각(覺)하면 '시방 삼계가 다 오가(吾家)의 소유인 줄을 알며(十方一家)'와 '우주 만물이 이름은 각각 다르나 둘이 아닌 줄을 알며(四生一身, 우주 만유의 본원)'와 '제불 조사와 범부 중생의 성품인 줄을 알며(제불 제성의 심인, 일체 중생의 본성)'와 '원만 구족한 것이며 지공 무사한 것인 줄을 알며'는 각각 독립적이다.

그러나 '생·로·병·사의 이치가 춘·하·추·동과 같이 되는 줄을 알며'와 '인과 보응의 이치가 음양 상승(陰陽相勝)과 같이 되는 줄을 알며'는 "만유가 한 체성이며 만법이 한 근원이로다. 이 가운데 생멸 없는 도(道)와 인과 보응되는 이치가 서로 바탕하여 한 두렷한 기틀을 지었도다[221]."의 말씀에서 알 수 있듯이

생·로·병·사의 이치가 춘·하·추·동과 같이 되는 것과 인과 보응의 이치가 음양 상승과 같이 되는 것은 하나의 기틀이며, 하나의 이치를 나누어 설명한 것이다.

그러므로 이들을 독립적이고 병진(竝進)의 의미를 나타내는 '또는'

---

221) 대종경, 제1 서품(序品), 1장, p.95.

으로 연결하지 않고 하나의 문장으로 보는 것이 타당한 것 같다.

'인과 보응'과 '인과 응보'의 차이는?

'인과 보응'과 '인과 응보'는 국어 사전과 원불교 용어 사전에 보면 같은 뜻으로 나와 있다.

그러면 대종사님께서는 왜 뜻이 같고 이미 익숙하게 사용하고 있는 '인과 응보'라 하지 않고 '인과 보응'이라 하셨을까?

'인과 응보'는 '과거 또는 전생의 선악의 인연에 따라서 길흉 화복의 갚음을 받게 됨.'을 이르므로 육근으로 짓는 것에 따라 그 보답이 내게 오게 된다. 이는 다분히 권선 징악적이며, 숙명적, 절망적, 부정적인 의미가 느껴진다.

그러나 '인과 보응'은 인과를 나투고, 인과가 나투어지는 만사 만리의 근본되는 이 몸이 사은의 은혜 속에서 태어나고, 사은의 은혜로 살아가며, 사은의 은혜에 감사 보은하며 살아가는 존재(공물)이므로 존재 자체가 은혜의 관계 속에서 이루어지고 있음을 나타내고 있다.

즉 은혜를 입으면 갚고, 은혜를 베풀면 받게 되는 이치를 말해 주고 있다.

그러므로 보응은 창조적, 희망적이며, 대긍정과 대자비를 전제로 하고 있음을 발견할 수 있다.

따라서 '인과 응보'는 응(應)을 인(因)으로, 보(報)를 과(果)로 보는 반면에, 인과 보응은 보은하면 그에 따라 인(因)과 과(果)가 나타나므로 보(報)를 인(因)으로, 응(應)을 과(果)로 인식하는 것이다.

대종사님의 이 간단한 말(응보를 보응으로 바꿈.) 속에서도 우리 공부인들이 어떻게 하면 배은하지 않고 먼저 보은하게 할 것인가 하고 고심하는 대종사님의 대자대비심을 발견할 수 있다.

'또는 [이 원상(圓相)의 진리를 각(覺)하면] 원만 구족한 것이며 지공 무사한 것인 줄을 알리로다.'라 함은?

경계를 따라 나투어지는 이 원상의 진리를 각하면 이미 내가, 나의 나툼이 일원상의 진리인 줄 알게 되므로 나 자신이 원만 구족하고 지공 무사한 줄 알게 된다.

원만 구족한 것은 조금도 모자람이 없고 완전하게 갖추어져 있는 상태로서 진리의 체성을 말하며, 지공 무사는 어디에도 치우치지 않고 무엇에 가림도 없이 두루 소소영령하고 정확하게 나타나는 진리의 작용(作用)을 말한다.

원래는 대소 유무에 분별이 없으며, 선악 업보에 차별이 없으며, 생멸 거래에 변함이 없으나, 경계를 따라 대소 유무에 분별이 나타나서 선악 업보에 차별이 생겨난다.

이 원만 구족하고 지공 무사한 진공 묘유의 조화를 있는 그대로 보는 것이 우리 공부인의 공부 거리다.

내가 원하고 좋아하는 것만 가려서 보거나 그렇게 판단하는 것이 아니라, 진공과 묘유와 조화를 있는 그대로, 양면성으로, 동시성으로 보는 것이다. 진리의 작용되는 실체를 그대로 보고, 진리가 그런 줄 알자는 것이다.

이렇게 전체를 볼 수 있게 되려면 우리의 마음이 열려 있어야 한다. 어느 경우든 진리의 작용으로, 그 속에 갊아 있는 이치를 동시에 보아야 한다.

'이 원상(圓相)의 진리를 각(覺)하면……, 또는 원만 구족한 것이며 지공 무사한 것인 줄을 알리로다.'에서 각각의 주어는 무엇인가? 즉 '……인 줄을 아는' 존재는 누구인가?

생략된 주어는 '이 원상의 진리를 각(覺)하는 공부인'이다.

마음이 작용될 때가 공부 찬스고, 분별성과 주착심으로 일어나는 마음 작용과 결과가 공부 거리인 줄 모르거나, 평소 마음 공부한다고 하지만 실제로는 경계를 따라 일어나는 마음을 공부하지 않는다면 자연히 어떻게 되겠는가?

시방 삼계가 다 오가(吾家)의 소유인 줄을 알지 못할 것이며, 또는 우주 만물이 이름은 각각 다르나 둘이 아닌 줄을 알지 못할 것이며, 또는 제불·조사와 범부·중생의 성품인 줄을 알지 못할 것이며, 또는 생·로·병·사의 이치가 춘·하·추·동과 같이 되는 줄을 알지 못할 것이며, 인과 보응의 이치가 음양 상승(陰陽相勝)과 같이 되는 줄을 알지 못할 것이며, 또는 원만 구족한 것이며 지공 무사한 것인 줄을 알지 못할 것이다.

이 원상의 진리! 생생이 살아 움직이는 이 원상의 진리!

경계를 대할 때마다 내게서 일어나는 이 원상의 진리!

막연하기만 하던 그 의미가 무엇이고, 이 원상의 진리를 각(覺)한 결과가 무엇이고, 각하지 못한 결과가 무엇인지 확연히 알게 된다.

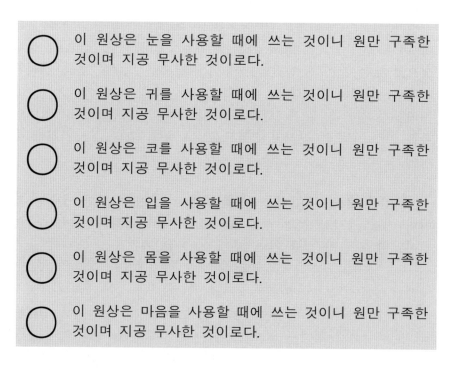

이 원상은 눈을 사용할 때에 쓰는 것이니 원만 구족한 것이며 지공 무사한 것이로다.

이 원상은 귀를 사용할 때에 쓰는 것이니 원만 구족한 것이며 지공 무사한 것이로다.

이 원상은 코를 사용할 때에 쓰는 것이니 원만 구족한 것이며 지공 무사한 것이로다.

이 원상은 입을 사용할 때에 쓰는 것이니 원만 구족한 것이며 지공 무사한 것이로다.

이 원상은 몸을 사용할 때에 쓰는 것이니 원만 구족한 것이며 지공 무사한 것이로다.

이 원상은 마음을 사용할 때에 쓰는 것이니 원만 구족한 것이며 지공 무사한 것이로다.

육근의 순서를 말할 때 왜 '안·이·비·설·신·의' 순서인가?

경계를 따라 마음이 작용되는 정도가 안·이·비·설·신·의 순(順)이며, 눈을 통해 일어나는 분별성과 주착심이 가장 먼저이고 가장 크다는 말이다.

이 육근 동작을 통하여 아는 것은 빙산의 일각일 뿐이다.

보되 보이지 않고, 들어도 들리지 않는다 하여 진리의 작용은 일어나지 않고 있는가?

우리가 단지 보되 다 보지 못하고, 들되 다 듣지 못하고, 냄새를 맡되 다 맡지 못하고, 맛을 보되 다 맛보지 못하고, 느끼되 다 느끼지 못할 뿐이다.

내가 본 것이 보이는 것의 전부가 아니고, 내가 들은 것이 들리는 것의 전부는 아니다.

진리의 이러한 속성을 헤아리지 못하고 육근을 통하여 보고 듣고 알게 되는 것만으로 판단하고 고집한다면, 그 얼마나 안타까울 것이며 또는 불완전하지 않겠는가?

보지 않아도 볼 수 있고, 듣지 않아도 들을 수 있도록까지 오직 공부하고 또 공부할 뿐이다.

눈(·귀·코·입·몸·마음)을 사용하는 것은 무엇인가?

육근은 각자의 몸에 있는 것이므로 당연히 육근을 사용하는 존재는 나 자신이다.

나 자신의 주인공인 나의 성품이다. 원래에 분별 주착이 없고, 원래에 불생 불멸·불구 부정·부증 불감인 나의 성품이다.

내 마음이 들어서 육근을 사용하게 한다.

차이가 있게 되는 것은 정할 때는 무선 무악하고 동할 때는 능선 능악하게 되며, 순하게 발하면 정의가 되고 거슬러 발하면 불의가 되는 것이다.

눈(·귀·코·입·몸·마음)을 사용할 때에 이 원상(일원상의 진리)과 같이 쓴다 하여 '원만 구족하고 지공 무사하게 눈(·귀·코·입·몸·

마음)을 사용해야 된다.'가 아니다.

천만 경계를 따라 작용되는 모든 육근 작용 그대로가 일원상의 진리(에 따라 나타난 조화)며, 그대로가 원만 구족하고 지공 무사한 것이다.

이런 이치를 알고 양성하고 사용할 때에 비로소 육근을 원만 구족하고 지공 무사하게 사용하라 해도 그 말이 무슨 뜻인 줄 알게 되며, 나와 일원상 법어는 하나가 되어 육근 동작 그대로가 일원상 법이요, 일원상 법어가 곧 육근 동작으로 화해 나투어지는 것이다(보보 일체 대성경).

이 원상은 눈을 사용할 때 쓰는 것이란?

'이 원상은 눈(·귀·코·입·몸·마음)을 사용할 때 쓰는 것이니 원만 구족하고 지공 무사한 것이로다.'에서 이 원상과 눈을 사용하는 것은 무슨 관계며, 이 원상을 쓰는 것은 무엇인가 하는 궁금증이 생긴다.

이 원상 = 경계를 따라 일어나는 일체의 마음 작용 또는 그 경계에 끌린 심신 작용이 원래 없는 자리(진공)에서 묘하게 있어졌다가 (묘유) 원래 없는 자리로 또는 다른 형태로 변화하는 것(조화)
= 내가 대하고 있는 우주의 성·주·괴·공과 만물의 생·로·병·사, 사생의 심신 작용
쓰는 것 = 이 원상의 진리가 진공 묘유의 조화와 대소 유무의 이치 따라 조화되고 변화하는 줄 알고 믿는 것
= 이 원상의 진리가 양면성·동시성으로 작용하고 변화하는 것을 신앙하는 동시에 수행의 표본을 삼는 것

결국 이 원상을 쓰는 것은 육근 작용을 통해 알게 되는 모든 것이 일원상의 진리인 줄 아는 것이므로 일원상의 진리와 하나 되는 것이며, 일원상의 진리인 줄 믿는 것이므로 일원상의 진리를 신앙하는 것이며, 일원상의 진리를 신앙하는 동시에 수행의 표본을 삼

는 것이므로 일원상의 수행임을 알 수 있다.

육근을 원만하게 사용하는 공부는 어떻게 하는가?

"눈으로 볼 때 편벽되지 않고 원만하게 보며 사사롭지 않고 공정하게 볼 것이오.

귀로 들을 때 편벽되지 않고 원만하게 들으며 사사롭지 않고 공정하게 들을 것이오.

코로 냄새를 맡을 때 편벽되지 않고 원만하게 맡으며 사사롭지 않고 공정하게 맡을 것이오.

입으로 말할 때 편벽되지 않고 원만하게 말하며 사사롭지 않고 공정하게 말할 것이오.

몸을 가질 때 편벽되지 않고 원만하게 발하며 사사롭지 않고 공정하게 가질 것이오.

마음을 쓸 때 편벽되지 않고 원만하게 쓸 것이며 사사롭지 않고 공정하게 쓸 것이니라222)."

원만 구족하고 지공 무사한 것은?

눈을 사용하는 것이며, 귀를 사용하는 것이며, 코를 사용하는 것이며, 입을 사용하는 것이며, 몸을 사용하는 것이며, 마음을 사용하는 그 자체를 말한다.

즉 우리가 어떠한 형태로든 눈으로 보고, 귀로 듣고, 코로 냄새 맡고, 몸을 움직이고, 마음을 쓰는 육근 동작이 순하게 발하든 거슬러 발하든 그 자체가 바로 원만 구족하고 지공 무사한 것이며, 소소영령한 진리의 작용이며, 일원상의 진리다.

일원상의 진리, 일원상의 신앙, 일원상의 수행, 일원상 서원문까지 내리셨는데, 또 왜 일원상 법어를 내리셨는가?

---

222) 대산 종법사 법문집, 제1집, 진리는 하나, 5. 원불교, p.244.

일원상 법어는 각자의 신앙과 수행의 정도를 스스로 점검할 수 있는 점검표(checklist)다.

경계를 대할 때마다 있어지는 그 요란함(·어리석음·그름)을 원래 없는 자리에 대조해 보고 자성의 정(·혜·계)이(가) 잘 세워지지 않을 때 확인하여 점검하고, 또는 진리에 대한 확신이 부족하면 일원상의 진리에서 그 부족한 부분을 확인하여 점검하고, 또는 신앙에 문제가 있다 싶으면 일원상의 신앙으로 돌아가 무엇에 걸려 있나 점검해 보고, 또는 수행에 문제가 있다 싶으면 일원상의 수행에서 확인해 본다.

이렇게 끊임없이 반복하여 대조하고 또 대조해 보면, 경계를 따라 요란해지고 어리석어지고 글러지는 마음을 수용할 수 있게 되고, 그 마음이 일어나기 전 마음에 대조하여 자성의 정·혜·계를 반드시 세울 수 있게 된다. 더 정확한 표현은 이와 같이 수용하고 대조해 보면, 자성의 정·혜·계는 자동적으로 세워지게 된다.

이것이 일원의 위력을 얻는 것이며, 일원의 체성에 합해지는 것이다.

육근과 육경과 육식의 관계는?

육근(六根)	육경(六境＝六塵)	육식(六識)
육식(六識)을 일으키어 경계를 인식케 하는 여섯 가지 근원. 곧 심신을 작용하는 여섯 가지 감각 기관	육근이 작용하여 육식으로 인식하는 여섯 가지 경계	육경에 대하여 보고, 듣고, 냄새 맡고, 맛보고, 부딪치고, 아는 여섯 가지 인식 작용
안(眼)	색(色)	안식(眼識)
이(耳)	성(聲)	이식(耳識)
비(鼻)	향(香)	비식(鼻識)
설(舌)	미(味)	설식(舌識)
신(身)	촉(觸)	신식(身識)
의(意)	법(法)	의식(意識)
육근(六根)＋육경(六境)＋육식(六識)＝십팔계(十八界)		

'원만 구족, 지공 무사'는 곧 '일원상의 진리'의 한 표현이다

대종사님께서 '일원상의 진리'를 '원만 구족·지공 무사'로 달리 표현하셨건만, 그대로 받아들이지 못하고 계속 헷갈리고 있다.

일원상의 진리가 진공 묘유의 조화임은 알지만, 원만 구족·지공 무사는 진공 자리만 포용하고 있다는 (선천 시대의) 틀을 놓지 못하기 때문이다. 결국은 건성으로 알고 있는 셈이다.

각산님의 '교전 공부'에 보면,

원만 구족은 '조금도 모자람이 없고 완전하게 갖추어져 있는, 또는 갖추어질 수 있는 상태로서 진리의 진체(眞體)를 말함.'을 이르고,

지공 무사는 '어디에도 치우치지 않고 무엇에 가림도 없이(지극히 공변되고) 두루 소소영령하고 정확하게 나타나는(일호의 사가 없는) 진리의 작용(作用)을 말함.'으로 정의하고 있다.

조금도 모자람이 없고 완전하게 갖추어져 있는 상태와 어디에도 치우치지 않고 무엇에도 가림이 없이 두루 소소영령하게 나타난다는 말은 진공과 묘유와 조화를 하나의 동시성, 대소 유무의 이치로 보신 것이다.

이를 여태까지 진공 자리와 좋은 것인 줄만 알고, 묘유와 조화는 볼 줄 모른 것이다.

만약 진공만 있고 묘유와 조화가 없다면, 그것이 어찌 조금도 모자람이 없고 완전하게 갖추어져 있는 상태며, 어디에도 치우치지 않고 무엇에도 가림이 없이 두루 소소영령하게 나타나는 것이라 할 수 있겠는가?

또한 우리의 성품은 어떠한가?

정할 때는 무선 무악하지만, 동할 때는 능선 능악하지 않은가!

이것은 진공과 묘유의 조화가 동시성임을 이르는 말이며, 일원상의 진리며, 원만 구족하고 지공 무사한 것임을 이르지 않는가!

그러면 일원상의 수행에서 보면, '일원상과 같이 원만 구족하고 지공 무사한 각자의 마음을……'에서 각자의 마음은 원만 구족하고 지공 무사한데, 일원상(일원상의 진리)과 같다고 하셨다.

결국 일원상의 진리를 원만 구족·지공 무사로 표현하였다.

일원상의 진리가 어찌 진공만 수용하고 묘유는 수용하지 않을 수 있겠는가?!

일원상의 진리는 경계를 대하기 전의 마음(진공)이나, 경계를 따라 나타나는(있어지는) 분별성·주착심(묘유)까지도 다 수용(조화)하고 있지 않는가?!

일원상 법어의 '이 원상(일원상)의 진리를 각(覺)하면……, 또는 원만 구족한 것이며 지공 무사한 것인 줄을 알리로다.'에서 보면, 깨치면 일원상의 진리가 원만 구족하고 지공 무사한 것인 줄 알게 된다는 말이니, 말은 다르나 뜻은 매양 그 뜻임을 알 수 있다.

또 '이 원상은 눈·귀·코·입·몸·마음을 사용할 때 쓰는 것이니 원만 구족한 것이며 지공 무사한 것이로다.'에서 눈·귀·코·입·몸·마음을 사용하는 것 자체가 원만 구족·지공 무사한 것임을 알 수 있다.

육근의 작용은 경계를 대하기 전에는 요란하다 요란하지 않다, 또는 어리석다 어리석지 않다, 또는 그르다 그르지 않다는 조짐조차도 없는 것인데, 경계를 따라 요란하게도, 또는 어리석게도, 또는 그르게도 나타나지 않는가?

즉 육근의 작용은 경계를 따라 순하게 발할 수도 있고 거슬러 발할 수도 있다.

이와 같은 육근의 작용은 그 차체가 원만 구족하고 지공 무사한 것이며, 진공 묘유의 조화와 대소 유무의 이치대로 작용된다.

따라서 있는 그대로(진공이든 묘유든)가 원만 구족하고 지공 무사한 것이며, 있는 그대로가 조금도 모자람이 없고 완전하게 갖추어져 있는 상태며, 어디에도 치우치지 않고 무엇에도 가림이 없이 두루 소소영령하게 나타나는 것임을 알 수 있다.

이 상태가 바로 일원상의 진리며, 원만 구족하고 지공 무사한 것이다.

그래서 대종사님께서는 '일원상의 수행'에서 원만 구족하고 지공 무사한 것을 일원상과 같다고 하셨다.

◯ 이 원상은 눈을 사용할 때 쓰는 것이니 원만 구족한 것이며
지공 무사한 것이로다.

"여기에서의 원만 구족은 안으로 모든 분별, 즉 번뇌 망상 없이 온
전한 일심으로 보고, 이로써 모든 경계를 일일이 다 보는 것이니라.
예를 들면 사람이 어떤 책임을 맡았으면 그 범위 안에서 빠짐없
이 잘 보는 것이 원만 구족이요, 지공 무사는 청·황·흑·백·적(靑
黃黑白赤)223)을 바로 보는 것이라, 가령 경전이나 책을 보아서 할
일과 안 할 일, 좋고 낮은 것을 가히 판단하여 취사를 하되, 잘못
된 실행에 나아가지 않는 것이 지공 무사니라224)."
원만 구족 지공 무사가 진공 묘유의 조화인 줄 알면서도 이를
여전히 좋은 것, 진공으로 보는 것은 이에 치우치는 것이다. 이래
서는 진공과 항상 함께하는 묘유와 조화는 수용하기 어렵다. 전체
를 다 볼 수 있어야 모든 분별, 번뇌 망상 없이 온전한 일심으로
볼 수 있고, 모든 경계를 일일이 다 볼 수 있다.
귀·코·입·몸·마음의 경우 또한 마찬가지다.

'이 원상의 진리를 각하면……' 앞의 일원상은 왜 크고, '이 원상은
눈(·귀·코·입·몸·마음)을(를) 사용할 때……' 앞의 일원상은 왜
작은가?

전자가 '대(大)' 자리라면, 후자는 '소(小)' 자리를 의미하는 것이
아니겠는가?!

◯ 이 원상은 귀를 사용할 때 쓰는 것이니 원만 구족한 것이며
지공 무사한 것이로다.

---

223) 일체의 색상을 이름.
224) 정산 종사 법설, 제9편 불교 정전(佛敎 正典) 의해(義解), p.405.

"원만 구족은 무슨 말씀을 들을 때에 번뇌 망상 없이 온전한 일심으로 듣는 것이니, 예컨대 누구의 부탁을 듣는다든지 무슨 이유를 들을 때에 원근이 없는 심경으로 듣는 것이요, 또는 법설이나 강연을 들을 때에 미오(迷悟)225)의 분별 없이 듣는 것이 원만 구족이며,

지공 무사는 분별을 낼 때 공정하여 끌림이 없는 것으로 귀의 분별을 바르게 하는 것이니라226)."

○ 이 원상은 코를 사용할 때 쓰는 것이니 원만 구족한 것이며 지공 무사한 것이로다.

"여기서 원만 구족은 냄새를 맡을 때 향내와 악취를 잘 맡아서 구별하는 것이니, 가령 비슷한 냄새를 받아들일 때 물리지227) 않는 것이 원만 구족이요,

지공 무사는 구별한 후에는 바른 생각으로 판단하는 것이라, 가령 발을 보고 안 나는 냄새를 내심에 발 고린내가 날 것이라는 관념에 의해 냄새가 난다고 하는 경우는 지공 무사가 안 되나니라228)."

○ 이 원상은 입을 사용할 때 쓰는 것이니 원만 구족한 것이며 지공 무사한 것이로다.

"보통의 사람은 입이 화문(禍門)229)이라, 그래서 웅변은 은(銀)이요 침묵은 금(金)이라 하나니, 될 수 있는 대로 말은 적게 하는 것이 좋

---

225) 미혹(무엇에 홀려 정신을 차리지 못함.)과 깨달음을 통틀어 이르는 말.
226) 정산 종사 법설, 제9편 불교 정전(佛敎 正典) 의해(義解), p.406.
227) (물리다+지): 다시 대하기가 싫을 만큼 몹시 싫증이 나다.
228) 정산 종사 법설, 제9편 불교 정전(佛敎 正典) 의해(義解), p.406.
229) 구시화문(口是禍門). 입이 화를 불러오는 문이라는 말. 함부로 말을 해서는 안 된다는 뜻.

으나, 부득이 꼭 할 경우에는 자상히 잘 하는 것이 원만 구족이니라.

예를 들면 강연을 하거나 정전을 해석할 때에 조리 있게 잘 하는 것이며, 또 사람이 말을 할 때에는 반드시 남이 알아듣도록 하기 위해 하는 것이라, 말을 할 때에 청중의 미오(迷悟)230)를 보지 말고 자기가 아는 데까지는 힘써 하라는 것이니라.

지공 무사는 말을 하되 삿되지 않게 법 될 말을 하라는 것이니, 진리적으로 보자면 가령 상좌(上座)에 있는 사람이 하수인(下手人)의 허물을 말할 때 내심(內心)에 증애(憎愛)의 분별·계교를 끊고 오직 공변되게 하는 것이요, 또는 음식을 먹을 때에 간택심(揀擇心)231)이 없이 소탈하게 먹는 것은 원만 구족이며, 먹을 것을 대할 때에 불의(不義)232)인지 정의(正義)인지 구별을 잘 하여 먹는 것은 지공 무사니라233)."

○ **이 원상은 몸을 사용할 때 쓰는 것이니 원만 구족한 것이며 지공 무사한 것이로다.**

"이상의 안·이·비·설을 잘 사용하고 잘못 사용하는 것을 남이 일일이 다 알 수 없으나, 이 몸의 일동 일정(一動一靜)을 법신불의 진리는 다 알고 있나니, 예를 들면 눈이 많이 온 후 축생이나 사람이 밟고 지나가면 다 각각 그 자리가 나타나지 않는가?

그와 같이 우리의 몸을 사용한 뒤에도 소소영령(昭昭靈靈)하게

---

230) 미혹과 깨달음을 통틀어 이르는 말.
231) 분간하여 고르는 마음.
　　원본에는 동역심(棟譯心)이나, 이는 사전에 없는 말이다. 동(棟)은 용마루, 집채를 셀 때 쓰는 말이며, 역(譯)은 통역하다, 가리다의 뜻이므로 법문을 정리하면서 생긴 오류로 생각된다. 그러므로 동(棟)은 간(揀: 가리다. 구별하다)의 잘못된 글자이며, 역(譯)은 택(擇: 가리다. 고르다)의 잘못된 글자이다. 그러므로 문맥상 간택심(揀擇心)이 맞다.
232) 원본에는 불의(不意)로 나와 있다. 불의(不意)는 '미처 생각하지 않았던 판'이며, 불의(不義)는 '의리·도리·정의 따위에 어긋남'이므로 문맥상 불의(不義)가 맞다.
233) 정산 종사 법설, 제9편 불교 정전(佛敎 正典) 의해(義解), p.406.

나타나나니, 몸을 사용한 후에 흉잡힐 것이 없고 결함이 자취를 남기는 것이 원만 구족이요, 지공 무사니라.

곧 우리가 일동 일정을 할 때에 앉으나 누우나, 가나 오나, 문을 열거나 닫거나, 어른에게 자리를 내드리는 것이나, 의복을 입을 때 남에게 흉잡히지 않는 것이 원만 구족이요, 지공 무사한 것이니라[234]."

○ **이 원상은 마음을 사용할 때 쓰는 것이니 원만 구족한 것이며 지공 무사한 것이로다.**

"우리 어리석은 중생들이 마음을 사용할 때에 어찌하여 원만 구족하지 못하는가 하면, 탐·진·치가 들어 가린 연고라, 사람에게 이 탐심(貪心)이 가리면 바르게 보고 듣고 말하지 못하여 전(顚)[235]을 하고, 또 진심(嗔心) 역시 그러하여 진심이 끓을 때에는 좋은 말도 바르게 들리지 않고, 자신의 말도 바르게 나오지 않으며, 치심(癡心)도 역시 그러하여 안으로 이 삼독(三毒)의 불이 타는 까닭에 증애(憎愛)·선악(善惡)·고락(苦樂)의 분별을 일으키나니,

그러나 안으로 이 삼독심이 잠들면 매매사사(每每事事)[236]가 자연히 원만 구족하고 지공 무사한 처리로 나타나나니라[237]."

제6절 게송(偈頌)

게송은 일원상의 진리, 일원상의 신앙, 일원상의 수행, 일원상 서원문, 일원상 법어를 해 본 사람에게서 나오는 깨침의 노래다.

즉 자신의 삶이 일원상의 진리에 바탕을 둔 진공 묘유의 조화임

---

234) 정산 종사 법설, 제9편 불교 정전(佛敎 正典) 의해(義解), p.407.
235) ①엎드러지다. ②뒤집히다. ③거꾸로 하다. ④미혹(迷惑)하다.
236) 번번이 모든 일.
237) 정산 종사 법설, 제9편 불교 정전(佛敎正典) 의해(義解), p.408.

을 알고 일원상의 진리와 하나 되는 삶을 사는 사람에게서 나오는 깨침의 노래며,

자신의 생활을 온통 일원상의 진리에 바탕을 둔 일원상의 신앙으로 사는 사람에게서 나오는 깨침의 노래며,

자신의 일상 하나하나가 일원상의 진리의 작용임을 알고 일원상의 수행으로 사는 사람에게서 나오는 깨침의 노래며,

경계를 대할 때마다 순간순간 올리는 서원이, 또는 법신불 전에 올리는 서원이 오롯이 일원상의 진리, 일원상의 신앙, 일원상의 수행에 바탕을 둔 서원을 올리는 사람에게서 나오는 깨침의 노래며,

자신의 삶이 '일원상 법어'와 하나 되는 사람에게서 나오는 깨침의 노래다.

게송이 '……사람들에게서 나오는 깨침의 노래'라고 하니 그렇지 못한 나는 게송과는 무관하다고 생각할 수 있다.

그러나 누구나 다 자신의 게송을 부를 수 있다.

유무식·남녀·노소·선악·귀천을 막론하고 누구나 다 각자의 수행 정도에 따라 경계를 따라 있어지는 깨침의 표현이 곧 그 공부인의 게송이다.

그러므로 게송은 공부인의 수행 정도를 따라 천각 만각하듯이 순간순간 나투어져야 한다. 이러기가 하루하루의 삶이 되어야 한다. 이소성대로, 소각(小覺)이 모이고 모여 대각(大覺)으로 나아가야 한다.

유(有)는 무(無)로	무는 유로
돌고 돌아	지극(至極)238)하면
유와 무가	구공(俱空)239)이나
구공 역시	구족(具足)240)이라.

---

238) 어떠한 정도나 상태 따위가 극도에 이르러 더할 나위 없음.
239) 텅 비어 있으나 없지도 않은, 그 무엇이라 말할 수 없는 상태. 유(有)도 아니요 무(無)도 아닌 그 것.

유(有)는 무(無)로 무는 유로

유(有)는 나타나고 생겨나고 드러나는 것이니 묘하게 있어지는 묘유(妙有)요, 색즉시공(色卽是空)의 색이며, 대소 유무(大小有無)의 소(小) 자리며, 체용(體用)의 용(用: 작용)을 말한다.

또한 일원상 서원문에서는 '무상으로 보면 우주의 성·주·괴·공(成住壞空)과 만물의 생·로·병·사(生老病死)와 사생(四生)의 심신 작용을 따라 육도(六途)로 변화를 시켜 혹은 진급으로 혹은 강급으로 혹은 은생어해(恩生於害)로 혹은 해생어은(害生於恩)으로 이와 같이 무량 세계를 전개하였나니,'라고 하셨다.

무(無)는 숨어 버리는 것(隱), 진공(眞空), 색즉시공(色卽是空)의 공(空), 대소 유무(大小有無)의 대(大) 자리, 체용(體用)의 체(體: 진리의 본체)를 말한다. 또한 일원상 서원문에서는 '유상으로 보면 상주 불멸로 여여 자연(如如自然)하여 무량 세계를 전개하였고'라고 하셨다.

'유(有)는 무(無)로 무는 유로'는 없던(원래) 마음에서 있는(묘한) 마음으로, 있는 마음에서 없는 마음으로 들고 나는 마음 작용의 상태요, 삼라 만상 자연의 성주 괴공, 흥망 성쇠하는 이치다.

이와 같이 유와 무는 음과 양, 행과 불행, 고와 낙, 순경과 역경, 죄와 복, 상생과 상극 등과 같이 상대적인 현상 세계를 말한다.

(유는 무로 무는 유로) 돌고 돌아 지극(至極)하면

지극은 어떠한 정도나 상태가 극도에 이르러 더할 나위 없음이다.

'로'와 '돌고 돌아'는 진리의 순환성을 나타내기도 하지만, 오히려 진리의 능동성(생동성)을 나타낸다.

마음 작용면에서 보면, (원래는 없건마는) 경계를 따라 묘한 마

---

240) 무엇이나 빠짐없이 다 갖추어져 있음. 무엇이나 빠짐없이 다 갖출 수 있는 상태.

음이 있다가도 없어지고, 없다가도 있어지는 이치를 이른다.

'돌고 돌아'는 유가 무로 무가 유로 변화하는 과정이다.

유가 무로 변화되고 무가 유로 변화되는 것이 어찌 쉽겠는가?

무위이화 자동적으로 변화되는 것도 있으나, 물이 100℃가 되어야 비로소 끓듯이 변할 수밖에 없는 지경에 이르러야 변화한다. 유는 무로 무는 유로 변화함에 어찌 굽이굽이 곡절이 없겠는가!

이 '유는 무로 무는 유로 돌고 돌아'는 참회문의 '음양 상승(陰陽相勝)의 도를 따라'와 같은 의미다.

유와 무가 구공(俱空)이나

구공(俱空)은 텅 비어 있으나 없지도 않은 상태며, 그 무엇이라 말할 수 없는 상태다. 진공(眞空), 체성(體性), 허공(虛空)을 말한다.

있어지는 묘함은 '원래는 (묘하게 일어나는 마음이) 없건마는'이므로 이를 신앙(수용)하고 대조함으로써 없어지기도 하지만, 경계를 따라 묘하게 있어지기도 한다는 의미며, 이것이 순환 무궁하는 진리의 모습이며, 진공 묘유의 조화이다.

구공 역시 구족(具足)이라

구족(具足)은 무엇이나 빠짐없이 다 갖추어져 있음이며, 무엇이나 빠짐없이 다 갖출 수 있는 상태다. 즉 공즉시색(空卽是色)이듯 진공(體)이 묘유(用)요 색즉시공(色卽是空)이듯 묘유가 곧 진공임을 이르며, 진리의 동시성과 양면성을 말한다.

원래는 없건마는(구공, 진공) 경계를 따라 묘한 마음이 생겨나 요란함·어리석음·그름이 있어지고(구족, 묘유), 이를 수용(신앙)하고 원래 마음에 대조하면 일어나기 전 원래 마음이 되어져 자성의 정·혜·계가 세워진다(조화).

'-이라'는 이러이러하다고 베풀어 말하는 뜻을 나타낸다.

누가 말하는가?

대종사님께서 우리에게 하시는 말씀이다.

스스로 깨쳐 얻은 일원상의 진리와 심법을 우리에게 게송으로 전하는 법문이다.

원기 이십 육년 일월에 대종사 게송(偈頌)을 내리신 후 하신 말씀은?

"유(有)는 변하는 자리요 무(無)는 불변하는 자리나, 유라고도 할 수 없고 무라고도 할 수 없는 자리가 이 자리며,

돌고 돈다, 지극하다 하였으나 이도 또한 가르치기 위하여 강연히(强然-)241) 표현한 말에 불과하나니, 구공이다, 구족하다를 논할 여지가 어디에 있으리요.

이 자리가 곧 성품의 진체(眞體)이니 사량으로 이 자리를 알아 내려고 하지 말고 관조로써 이 자리를 깨쳐 얻으라242)."

"옛 도인들은 대개 임종 당시에 바쁘게 전법 게송을 전하였으나 나는 미리 그대들에게 이를 전하여 주며, 또는 몇 사람에게만 비밀히 전하였으나 나는 이와 같이 여러 사람에게 고루 전하여 주노라.

그러나, 법을 오롯이 받고 못 받고는 그대들 각자의 공부에 있나니 각기 정진하여 후일에 유감이 없게 하라243)."

대종사 이미 3년 전부터 은밀히 열반의 준비를 하시며 대중에게 말씀하시기를

"나는 떠날 때에 바쁘게 봇짐을 챙기지 아니하고 미리부터 여유 있게 짐을 챙기리라." 하시었고,

게송(偈頌)을 지어 대중에게 내려 주시면서도

"나는 이 게송도 한두 사람에게만 가만히 전해 주지 아니하고

---

241) 어떻게 설명할 수도 없고 무어라 이름 붙일 수도 없는 것을 방법적으로 설명하고 이름 붙이는 것. 형상 없는 본래 마음이나 진리의 본체를 설명할 때 흔히 강연히라는 말을 빌려서 설명하게 된다.

242) 대종경, 제7 성리품(性理品), 31장, p.268.

243) 대종경, 제15 부촉품(附囑品), 2장, p.399.

이렇게 여러 사람이 고루 받아 가게 지어 주노니 그대들은 누구든지 다 잘 받아가라." 하시며

"모르는 것이 있으면 유감 없이 물어두라."

고까지 하셨건마는 대중은 말씀 뜻을 미처 알지 못하였다[244].

의리선(義理禪), 여래선(如來禪), 조사선(祖師禪)과 우리의 게송과는 어떠한 관계가 있습니까?

박정훈(朴正薫)[245]이 여쭈었다.

"의리선(義理禪)[246], 여래선(如來禪)[247], 조사선(祖師禪)[248]과 우리

---

244) 대종경 선외록, 2. 유시계후장(遺示啓後章), 1절, p.24.

245) 1934~2013. 본명은 동환(董煥). 법호는 이산(裡山). 법훈은 종사. 1934년 7월 21일 전북 남원시 주천면 어현리에서 6남매 중 외아들로 출생, 1953년(원기38) 남원교당에서 양도신의 연원으로 입교했고, 그 다음해에 전무출신을 서원했다. 수학 중 1957년에 정화사 근무를 시작으로 종법실·재무부·교무부·총무부를 거쳐 1971년(원기56) 서울출장소 사무장으로 재직했다. 이어 교화부장 겸 훈련부장·순교감·전북교구장·만덕산훈련원장 등을 역임했으며, 1988년(원기73) 서울교구장을 끝으로 퇴임했다. 1978년에 '이산'이라는 법호를 받았으며, 1988년 정수위단에 피선되어 3선을 역임했고, 2000년에 종사 법훈을 수훈했다. 박정훈은 1960년부터 종법실에 근무할 당시 정산 종사를 가까이 모시고 살면서 받들었던 말씀을 '한 울안 한 이치에' 법문집으로 출판했으며, 정산의 일대기를 '정산종사전'으로 정리했다. 교단의 대표적인 서예가로 활동하면서 많은 법문을 서예 작품으로 남겼다.

246) 불교의 교리에 의한 문자선(文字禪)·사구선(死句禪)이라고도 한다. 부처의 마음, 곧 진리는 언어와 문자에 있는 것은 아니지만, 언어 문자를 통해서 표현하기 때문에, 과거 제불 제성의 교리나 게송 등에 의지해서 마음을 깨치려 하는 것. 초보자는 처음 의리선에서 출발하여 차츰 여래선·조사선의 경지로 들어가게 된다.

247) 중국 당나라 시대의 화엄종의 규봉종밀(圭峰宗密, 780-841)이 세운 오종선(五種禪: 外道禪·凡夫禪·小乘禪·大乘禪·最上乘禪) 중에서 최상승선. 원래 여래선이란 '능가경'에 인원하는 것으로, 규봉종밀은 이것을 교선일치(教禪一致)라 주장하여 달마가 전한 최상승선 또는 여래청정선이라 하였다. 그러나 이에 대한 비판이 일어나 앙산혜적(仰山慧寂, 803-887) 이후에 여래선은 오히려 문자의 이(理)에 떨어져 달마선의 진수에 도달하지 못한다고 하여 조사선이란 말이 생기게 되었다. 조사선은 여래선보다 한 단계 높은 경지로서 여래선이 진공의 경지라면 조사선은 진공묘유의 경

의 게송과는 어떠한 관계가 있습니까?"

"'유는 무로 무는 유로 돌고 돌아'는 의리선이요, '지극하면 유와 무가 구공이나'는 여래선이며, '구공 역시 구족이라.'는 조사선이라 할 수 있다249)."

지라고 주장하였다. 그러므로 여래선에 대한 해석은 규봉종밀의 입장과 앙산혜적 이후의 입장이 서로 다르다.

248) 달마 조사 이후 대대로 전해온 선종의 최고 경지의 선. 불립 문자 직지인 심 교외별전을 주장하는 육조 혜능 문하의 남종선을 말한다. 규봉종밀이 선을 외도선·범부선·소승선·대승선·여래청정선의 5종으로 분류하고, 여래 청정선이 최상승선으로서 달마 대사가 전해준 선이라고 주장하였다. 그러나 후세에 와서 규봉종밀이 말하는 여래선은 의해(義解)·명상(名相)에 걸려서 참된 선의 정신을 잃어버렸다고 비판하고, 남종선이 조사선이라고 했다. 조사선이라는 말은 앙산혜적이 맨 처음 사용했다.

249) 한 울안 한 이치에, 제1편 법문과 일화, 제33장 일원의 진리, 35절, p.71.

제2장 사 은 (四恩)

사은은 '일원상의 진리'가 천지와 인간 세상에 유형(천지 만물) 또는 무형(허공 법계)으로 나투어져 있는 모습이다.

즉 "일원상의 내역을 말하자면 곧 사은이요, 사은의 내역을 말하자면 우주 만유로서 천지 만물, 허공 법계가 다 부처 아님이 없나니라[250]."고 하셨다.

일원의 형상 있는 진리를 주체 삼아 우주 만유가 생성 발전(성·주·괴·공, 생·로·병·사)할 때 서로서로 도움이 되고 바탕(근원)이 되어 서로 없어서는 살지 못하는 관계를 은(恩)으로 규명하시어 크게 네 가지(천지은·부모은·동포은·법률은)로 분류하시고, 피은과 보은의 도(道)와 배은의 결과를 밝혀 세상을 건지는 새 시대 윤리(우주적인 윤리)의 기본 강령으로 정해 주신 것으로 누구나 무궁한 복전을 개발할 수 있는 대불공법이다.

제1절 천지은(天地恩)

천지는 하늘과 땅, 또는 여기에 존재하는 만물(우주 만유)을 이르며, 만물이 나투어진, 나투어져 있는, 나투어질 터전이요 그 자체다.

천지은은 우리가 천지에서 입은 은혜, 천지(우주 만유)가 베풀어 준 은혜며, 천지가 있으므로 이 존재를 보전하여 살 수 있는 것 자체가 은혜다.

이 은혜는 아무리 부정하려 해도 도저히 부정할 수 없다.

1. 천지 피은(被恩)의 강령

천지 피은은 우리가 천지에서 은혜를 입는 것으로서 내게 주어

---

250) 대종경, 제2 교의품(敎義品), 4장, p.113.

지는 이 은혜(피은)는 내가 받고 싶다고 해서 받고, 받기 싫다고 해서 받지 않을 수 있는가?

느끼든 느끼지 못하든, 원하든 원하지 않든 은혜는 이미 자동적으로 베풀어져 있으며, 더구나 내가 원하는 경우에는 서로서로 감응이 일어나 진정한 피은의 도를 알게 되며, 이는 곧 보은의 결과로 나투어진다.

> 우리가 천지에서 입은 은혜를 가장 쉽게 알고자 할진대 먼저 마땅히 천지가 없어도 이 존재를 보전[251]하여 살 수 있을 것인가 하고 생각해 볼 것이니, 그런다면 아무리 천치(天痴)[252]요 하우자(下愚者)[253]라도[254] 천지 없어서는 살지 못할 것을 다 인증[255]할 것이다. 없어서는 살지 못할 관계가 있다면 그 같이 큰 은혜가 또 어디 있으리요.

이는 우리가 천지에서 입은 은혜를 가장 쉽게 알고자 할 때에 가장 쉽게 알 수 있고, 누구나 다 인정할 수밖에 없는 사실이요 논리다.

'우리'란?

한 사람에서부터 수많은 사람도 다 우리다.
그러므로 우리는 부분이면서 전체다.
나는 전 동포와 이어져 있고, 동포는 또 나로부터 비롯된다.

---

251) 보호하여 안전하게 함.
252) 백치. 뇌수의 장애·질병 등으로 정신 작용의 발달이 저지되고, 연령에 비해 지력(사물을 헤아리는 지능)이 진보치 못한 사람. 또는 그런 병.
253) 어리석고 못난 사람. 하근기의 사람.
254) -라도: 모음으로 끝난 체언이나 '아니다'의 어간에 붙어서, 어떤 사실을 인정하거나 가정하되, 뒷말이 거기에 매이지 아니함을 나타냄.
255) 문서·행위가 진정으로 이뤄졌다는 것을 인정하여 증명함.

우리는 개인으로 보면 나를 비롯한 각자며, 또는 일체 중생이며, 또는 일체 생령이다.

우리 속에는 대종사님도 포함되어 있는가?

우리라는 말 속에는 개인에서부터 일체 중생·제불 제성에 이르기까지 국한이 없기 때문에 당연히 대종사님도, 부처님도 다 포함되어 있다.

'천지에서' '에서'의 의미와 '부모에게서' '에게서'의 의미는?

'에서'는 명사·대명사 밑에 붙어 어떤 곳이나 때나 대상을 나타내는 조사로서, 움직임이 이루어지고 있는 곳을 나타내고,

'에게서'는 주로 사람을 나타내는 명사·대명사에 붙어서 움직임이 이루어지고 있는 데를 나타낸다. 또는 떠나거나 비롯(처음으로 시작되다)된 데를 나타낸다.

그러므로 천지·법률 피은의 강령에서는 '우리가 천지·법률에서'고, 부모·동포 피은의 강령에서는 '우리가 부모·동포에게서'다.

'이 존재를 보전하여 살 수 있을 것인가'란 어떻게 사는 것인가?

'이 존재가 살 수 있을 것인가'가 아니다. '보전하여 살 수 있을 것인가'이다.

이 존재, 즉 만사 만리의 근본 되는 이 몸을 아무렇게 살게 하는 것이 아니라, 보호256)하여 안전257)하게 사는 것'이다.

나[我]라는 존재는 천지 없어서는 살 수 없는 관계에 있음(천지 피은)을 알고, 내가 이런 존재임을 안 이상 천지의 은혜에 보은하

---

256) 돌보아서 잘 지킴.
257) 위험이 없음. 아무 탈이 없음.

는 것은 선택이 아니라 당연한 의무임을 알 수 있다.

'아무리 천치(天痴)요 하우자(下愚者)라도 천지 없어서는 살지 못할 것을 다 인증할 것이다.'라 함은?

누구나 다 인증할 수밖에 없다는 말이다.
심지어는 연령에 비해 지력이 진보하지 못한 천치나 어리석고 못난 하우자라도 다 인증할 것이라는 말이다.
그럼 천치와 하우자가 따로 있는가?
나는 아니고 특정한 사람만 그러한가?
대소 유무와 시비 이해를 전연 알지 못하고 자행 자지하는 사람이 천치요 하우자이므로, 경계를 따라 분별성과 주착심에 끌려 나타나는 묘한 나의 모습이요 너의 모습이다.
아무리 똑똑하다 하더라도 이 존재가 마땅히 천지 없어서는 보전하여 살 수 없음을 인증하지 못한다면, 그가 바로 그 경계에서 천치요 하우자가 되는 것이다.
인증을 받으려면 적어도 이 정도는 되어야 할 것이다.
아무도 부정할 수 없는 유형·무형의 증거 앞에 흔쾌히 인정하지 않을 수 없다.

'천지 없어서는 살지 못할 관계'라 함은?

천지은과 나와의 관계다.
천지와 내가 맺고 있는 은혜의 관계다.
여기서 보면, 천지 없어서는 살지 못한다가 아니라, 살지 못할 관계가 있음이다.
나와 천지간에 맺어져 있는 관계 속에 내가 있으며, 거래하는 관계 속에 있다는 말이다.
내게 베풀어져 있는 천지의 은혜가 한량없음을 다시금 느낀다.

대범, 천지에는 도(道)와 덕(德)이 있으니, 우주의 대기(大機)258)가 자동적으로 운행하는 것은 천지의 도요, 그 도가 행함에 따라 나타나는 결과는 천지의 덕이라, 천지의 도는 지극히 밝은 것이며, 지극히 정성259)한 것이며, 지극히 공정260)한 것이며, 순리261) 자연한 것이며, 광대 무량한 것이며, 영원 불멸한 것이며, 길흉이 없는 것이며, 응용에 무념(無念)한 것이니, 만물은 이 대도가 유행되어 대덕이 나타나는 가운데 그 생명을 지속262)하며 그 형각(形殼)263)을 보존264)하나니라.

'천지의 도(道)와 덕(德)'은 무엇인가?

천지(天地)의 도(道)는 우주의 대기(大機)가 자동적으로 운행하는 것으로서 지극히 밝은 것이며, 지극히 정성한 것이며, 지극히 공정한 것이며, 순리 자연한 것이며, 광대 무량한 것이며, 영원 불멸한 것이며, 길흉이 없는 것이며, 응용에 무념(無念)한 것이며,

천지(天地)의 덕(德)은 천지의 도가 행함에 따라 나타나는 결과다.

천지의 도와 덕은 둘이면서 하나고, 하나면서 둘이다.

---

258) 우주의 작용과 조화.

259) 온갖 힘을 다하려는 참되고 성실한 마음.

260) 공평하고 정대함. 만사를 작용할 때에 원·근·친·소(遠近親疎)와 희·로·애·락(喜怒哀樂)에 끌리지 아니하고 오직 중도를 잡는 것.

261) ①순조로운 이치. 질서 있게 진행되는 이치. 봄·여름·가을·겨울이 순서 있게 바뀌는 것이라든가, 우주의 성·주·괴·공이나 인생의 생·로·병·사가 순서 있게 진행되는 것 등이 순리다. ②세상 모든 일을 물 흐르듯이 도리에 거역하지 않고 순종하는 것. 우주의 성·주·괴·공의 이치에 따라 인생은 생·로·병·사를 겪게 된다. 따라서 죽을 때가 되면 당연히 죽는 것이 순리다. 한 가정의 일이나 세상의 일도 물 흐르고 바람 불듯 질서 있게 진행하는 것이 순리다. 피곤하면 잠자고 배 고프면 밥 먹는 것도 순리다. 그러므로 순리가 곧 진리요 도리다.

262) 계속해 지녀 나감. 끊임없이 계속함.

263) 사물이 겉으로 드러나 보이는 형체와 그 겉모양. 사물의 외형.

264) 잘 보호하고 간수하여 남김.

이 도와 덕이 운행되는 것은 막히거나 걸림이 없다. 하였다는 상도, 한다는 상도 없이 무위이화 자동적이다. 자연스럽게 돌고 돌 뿐이다.

거슬러 발하느냐 순하게 발하느냐에 차이가 있을 뿐이다. 순하게 발하면 은혜로 다가오고, 거슬러 발하면 재앙으로 다가온다.

호우로 강이 범람하여 농경지가 침수되는 것도 천지의 도와 덕이나, 강이 범람하지 않도록 제방 공사를 튼튼히 하여 홍수로 인한 피해가 없도록 하는 것 또한 천지의 도요 덕이다.

'천지의 도는 지극히 밝은 것'이라 함은?

일원상의 진리가 천지를 통하여 나타나는 소소영령한 천지의 식(識)265)을 말한다.

그 실증은 콩을 심으면 콩이 나고 팥을 심으면 팥이 나는 것이며, 죄를 지으면 고(苦)를 받게 하고 복을 지으면 낙(樂)을 받게 하는 것이며, 공을 잘 들이면 들인 만큼 잘못 들이면 못 들인 만큼 조금도 틀림없이 그 반응이 나타나는 것이 천지의 밝음이다.

그리고 이 '지극히 밝은(·정성한·공정한) 것'이란 선과 악을 초월한 자리가 지선(至善)266)이고, 고와 낙을 초월한 자리가 극락267)이라 했듯268) 밝음과 어두움을 초월한 밝음과 어두움에 대한 분별이 없는 것이다.

이는 밝음에도, 어둠에도 잡히지 않는 것이다. 밝은 것은 밝은 대로, 어두운 것은 어두운 대로 보는 것이다. 내 기준으로 재며 보는 것이 아니라, 판단하고 간섭하는 마음 없이 보이는 대로 보는 것이다.

---

265) 대종경, 제6 변의품(辨疑品), 1장, p.235.
266) 선도 없고 악도 없는(無善無惡) 경지, 선도 생각하지 않고 악도 생각하지 않은(不思善 不思惡) 경지, 곧 선악을 초월한 최고 최상의 선을 말한다.
267) 아무런 고통과 걱정이 없이 평화 안락하여 살기 좋은 세상. 즐거움과 행복과 희망이 가득 찬 세상.
268) 대종경, 제7 성리품(性理品), 3장, p.258.

한 걸음 더 나아가, 경계를 따라 생기는 어둠은 자성의 혜광으로 밝히고 밝혀 내 주위와 내 이웃과 사회의 많은 사람들이 진급하고 밝아지도록 하는 것이 내가 나를 통해서 나툴 수 있는 천지의 지극히 밝은 도이다.

'정성(精誠)'이란?

온갖 성의를 다하려는 참되고 거짓 없는 마음이다.

이는 곧 팔조의 그 성(誠)으로서, 만사를 작용할 때에 간단 없이 시종이 여일하게 그 목적을 달하는 것이다.

'천지의 도는 지극히 정성한 것'이라 함은?

일원상의 진리가 천지를 통하여 시종이 여일하게 끊임없이 작용하는 지극히 정성한 도를 말하며,

그 실증은 일월이 왕래하는 것, 밤과 낮이 바뀌는 것, 밀물과 썰물이 들고 나는 것, 사시가 순환하는 것, 천체의 자전과 공전 등이다.

그러므로 천지의 지극히 정성한 도는 천지 순환의 끊임없는 모습이요 만물 생성의 핵심적인 원동력이다.

'공정(公正)'이란?

공평하고 정대함을 이르며, 만사를 작용할 때에 원·근·친·소와 희·로·애·락에 끌리지 아니하고 오직 중도(지나치지 않으며, 치우치지 않는 것)를 잡는 것이다.

또한 "공(公)은 천지가 어느 한 물건만을 위함이 아니고 일체 만물의 공유가 된 것이요, 정(正)은 각자가 하는 바에 따라 원근친소 없이 응하는 것이다[269]."

---

269) 정산 종사 법어, 제2부 법어(法語), 제6 경의편(經義編), 5장, p.840.

'천지의 도는 지극히 공정한 것'이라 함은?

일원상의 진리가 천지를 통하여 나타날 때 지극히 공정하게 나타나는 모습을 말한다.

그 실증은 하늘은 만물을 다 똑 같이 덮어 주고, 땅은 다 똑 같이 만물의 바탕이 되어 주며, 일월은 시방 세계를 다 똑 같이 비추어 주며, 그 안에 있는 진리는 만물에게 빠짐없이 두루 바르게 작용한다.

'순리 자연'이란?

순리는 이치에 따라 순서 있게 되어지는 것이며, 또는 도리에 맞고 질서가 정연한 것이며, 또는 마땅히 행하여야 할 바른 길(道理)에 순순히 따르는 것이다.

자연은 사람의 힘이 더해지지 아니하고 세상에 스스로 존재하거나 우주에 저절로 이루어지는 모든 상태를 이른다.

그러므로 순리 자연은 순리를 따르고 이루어지는 것이 인위적인 것 없이 사시가 순환하는 것처럼 지극히 자연적이다.

'천지의 도는 순리 자연한 것'이라 함은?

순리는 일부러 하려고 하지 않아도 자연적으로(=무위이화 자동적으로=저절로) 되어지는 것이므로 될 일이요, 상생(相生)하는 일이요, 순서에 맞으면서 합리적인 일이요, 그런 마음이다.

그러므로 일원상의 진리가 천지를 통하여 자동적으로 나타날 때의 모습과 작용은 지극히 합리적이고 질서 정연하므로 순리 자연하다고 하며, 천지가 이처럼 자동적으로 운행하는 것을 천지의 순리 자연한 도라고 한다.

그 실증은 모든 행성이 태양을 중심으로 일정한 궤도를 여의지 않고 운행하는 것이나, 사시 순환이 그 질서를 여의지 않는 것이나, 우주의 성·주·괴·공과 만물의 생·로·병·사가 순서 있게 진행되는 것이나, 음양 상승·인과 보응이 합리적으로 작용되는 것 등이며, 이는 변화하는 진리가 호리도 질서를 잃거나 어겨 본 일이 없음을 말하는 것이다.

'천지의 도는 광대 무량한 것'이라 함은?

천지가 끝이 없고 헤아릴 수 없으며, 국한이 없으며, 크고 넓어서 무엇이나 다 덮고 싣고 간직할 수 있는 것으로, 하늘이 일월성신(日月星辰)[270]을 안고 있고 만물을 다 덮고 있는 것이 그 한 모습의 예이다.

'천지의 도는 영원 불멸한 것'이라 함은?

우주의 작용과 조화는 응연(應然)[271]하여 원래 생멸이 없는 것이다. 부분적으로 약간의 변화는 있지마는 그 전체가 영원히 없어지는 것은 아니다.

예를 들면 동양의 한국 서해안은 점차 육지가 넓어지고 있는데(成·住), 서양의 어느 곳은 육지가 바다로 무너지고 있다(壞·空). 질량 불변의 법칙과 에너지 보존의 법칙도 이 천지의 영원 불멸한 도이다.

'천지의 도는 길흉이 없는 것'이라 함은?

천지는 응용 무념하여 하염없이 순리 자연하고 공정 무사하게 길이길이 돌고 돌 뿐이요, 길흉이 따로 없는 것이다.

음이 가면 양이 오고, 양이 가면 음이 오는 것과 같이 오직 순환할 따름이요, 길흉 화복이 고정되어 있지 않다.

---

270) 해와 달과 별을 통틀어 이르는 말.
271) 당연하게. 마땅히 그러하게.

이때 인간의 입장에서 생각하지 말고 천지의 입장에서 보고 전체를 하나로 보면, 천지 그 자체에 무슨 길흉이 있을 것이며 영원히 돌고 도는 순환 무궁하는 터에 길흉을 고정할 수 있겠는가?

'응용에 무념(無念)'이라 함은?

응용 무념은 동정간에 정신·육신·물질을 경계 따라 활용하여 은혜를 베푼 후 은혜를 베풀었다는 관념과 상이 없는 것으로서, 자신의 생각을 모든 경계에서 놓아버리고 법에 대하여 생각을 일으키지 않는 것이며, 분별성과 주착심도 없고 망념도 없는 것이다.

생각이 있고 없고는 경계를 따라 육근이 작용할 때 나타난다.

경계에 끌리면 생각(요란함·어리석음·그름)이 있는 것이요, 끌리지 않으면 생각이 없는 것이다.

그러므로 무념은 동정간에 정신·육신·물질의 경계를 따라 활용(응용)할 때 알 수 있다.

'천지의 도는 응용에 무념한 것'이라 함은?

천지가 '천지 피은의 조목'으로 한량 없는 은혜를 베풀고도(응용) 은혜를 베풀었다는 관념과 상을 가지고 있으며, 그 대가와 보상을 바라는 적이 있는가(무념)?

천지는 오직 우리에게 두루 빠짐없이 무조건 있는 대로 다 주시고(응용 무념), 아무런 바람이 없다(무념).

천지의 도는 우리의 원래 마음 자리요 성품 자리다

천지의 도가 진공이라면 천지의 덕은 묘유며, 천지의 도가 일원의 체성이라면 천지의 덕은 일원의 위력이다.

천지의 도는 '지극히 밝은 것이며, 지극히 정성한 것이며, 지극히 공정한 것이며, 순리 자연한 것이며, 광대 무량한 것이며, 영원 불멸한 것이며, 길흉이 없는 것이며, 응용에 무념(無念)한 것'이다.

이 '지극히 밝은 것, 지극히 정성한 것, 지극히 공정한 것, 순리 자연한 것, 광대 무량한 것, 영원 불멸한 것, 길흉이 없는 것, 응용에 무념(無念)한 것'이 무엇인가?

이것이 곧 마음이 두렷하고 고요하여 분별성과 주착심이 없는 경지의 정신이며, 원래 분별 주착이 없는 나의 성품이며, 원래 요란함·어리석음·그름이 없는 나의 심지가 아닌가!

결국 천지 마음이 내 마음이요, 내 마음이 곧 천지 마음이구나!

'만물'은 무엇인가?

세상에 있는 모든 물건이며, '천지의 도가 유행되어 천지의 덕이 나타나는 가운데 그 생명을 지속하며 그 형각(形殼)을 보존하는 모든 것'이며, 우주 만유의 형상 있는 천지 만물이며, 천지의 도에 바탕하여 나타나는 묘유가 아닌가!

만물은 이 대도가 유행되어 대덕이 나타나는 가운데 그 생명을 지속하며 그 형각(形殼)을 보존한다 함은?

만물이 생명을 지속하고 그 형체와 그 겉모양을 원상태로 유지하는 것은 천지의 도와 덕이 나타나기 때문이다.

이것이 천지가 우리에게 주는 무한한 은혜임을 어떻게 부정할 수 있겠는가?

없어서는 살 수 없는 관계에 있음을 어찌 부정할 수 있겠는가!

'-나니라'의 뜻은?

'-나니라'는 '-느니라'의 옛말이다. 예스러운 표현으로 해라 할 자리에 쓰여, 진리나 으레 있는 사실을 가르쳐 줌을 나타낸다.

즉 "대범, 천지에는 도(道)와 덕(德)이 있으니,……만물은 이 대도가 유행되어 대덕이 나타나는 가운데 그 생명을 지속하며 그 형각(形殼)을 보존하나니라."고 대종사님께서 만물이 그 생명을 지속하며 그 형각을 보존하는 이치를 내게 자상하게 일러 주고 있음을 이 '-나니라'를 통하여 알 수 있다.

그래서 어미 하나하나, 토씨 하나하나도 놓치지 말고 공부하자는 것이다.

이를 통하여 대종사님의 자상하고, 안타까워하고, 당부하는 음성을 더욱 느낄 수 있기 때문이다.

2. 천지 피은의 조목272)

천지 피은은 천지의 도와 덕으로써 체와 용을 이루어 나투어지므로, 이 조목 역시 천지의 도와 덕으로써 이루어져 있을 것임을 미루어 짐작할 수 있다.

1. 하늘의 공기가 있으므로 우리가 호흡을 통하고 살게 됨이요,
2. 땅의 바탕이 있으므로 우리가 형체273)를 의지하고 살게 됨이요,
3. 일월의 밝음이 있으므로 우리가 삼라 만상274)을 분별하여 알게 됨이요,
4. 풍·운·우·로(風雲雨露)의 혜택이 있으므로 만물이 장양(長養)275)되어 그 산물로써 우리가 살게 됨이요,
5. 천지는 생멸이 없으므로 만물이 그 도를 따라 무한한 수(壽)를 얻게 됨이니라.

---

272) 법률이나 규정 따위의 낱낱의 조나 항목.
273) 물건의 생김새나 그 바탕이 되는 몸체.
274) 우주에 있는 온갖 사물과 현상.
275) 정성들여 키우는 것.

천지 피은의 조목을 천지의 도와 덕으로 나누면?

	천지의 도 (우주의 대기가 자동적으로 운행하는 것)	천지의 덕 (천지의 도가 행함에 따라 나타나는 결과)
1	하늘의 공기가 있으므로	우리가 호흡을 통하고 살게 됨이요,
2	땅의 바탕이 있으므로	우리가 형체를 의지하고 살게 됨이요,
3	일월의 밝음이 있으므로	우리가 삼라 만상을 분별하여 알게 됨이요,
4	풍·운·우·로(風雲雨露)의 혜택이 있으므로	만물이 장양(長養)되어 그 산물로써 우리가 살게 됨이요,
5	천지는 생멸이 없으므로	만물이 그 도를 따라 무한한 수(壽)를 얻게 됨이니라.

'하늘의 공기가 있으므로 우리가 호흡을 통하고 살게 됨이요'라 함은?

하늘에 공기가 있는 것은 인위적이 아니라, 항상 존재하는 자연적인 것이다.

이 자연적인 것이야말로 이 존재(만사 만리의 근본 되는 이 몸)를 보전하여 살아가게 하는 필수 조건이다.

그러나 말이 없고, 의식하지 않고, 요구가 없다 하여 그 은혜(하늘의 공기, 땅의 바탕, 일월의 밝음, 풍·운·우·로의 혜택)를 어찌 잊을 수 있겠는가?

만약 이들이 없다면 우리가 사는 데 불편한 정도가 아니라, 살 수 없게 된다.

이런 위력을 나투는 것이 천지의 은혜다.

'하늘의 공기가 있으므로'가 천지의 도라면 '우리가 호흡을 통하고 살게 됨'은 천지의 덕이다.

'땅의 바탕이 있으므로 우리가 형체를 의지하고 살게 됨이요'라 함은?

'땅의 바탕이 있으므로'가 우주의 대기(大機)가 자동적으로 운행하는 것이므로 천지의 도라면,

'우리가 형체를 의지하고 살게 됨이요'는 천지의 도가 행함에 따라 나타나는 결과이므로 천지의 덕이다.

1, 2, 3조에서 왜 '에'가 아니고, '의'인가?

'하늘에 공기가(땅에 바탕이) 있으므로'가 아니라, '하늘의 공기가(땅의 바탕이) 있으므로'임을 발견할 수 있다.

맞춤법이 틀렸다고 의심이 들 정도다. 한두 번 이런 경우를 경험하는 것이 아니므로 섣불리 단정할 수는 없다. 자연히 의두 연마를 하게 된다.

이 '하늘의 공기'에서 '의'는 하늘에 바탕을 둔 공기, 하늘에 차 있는 공기, 하늘이 주는 공기라는 뜻이며, '땅의 바탕'의 '의'는 땅이 곧 바탕이란 뜻이다. 또 3조에서 '일월의 밝음'의 '의'는 일월이 주는 밝음, 일월이 곧 밝음이라는 뜻이다.

그러므로 '-의'가 주는 느낌은 '-에'보다는 훨씬 가까운 느낌이 들게 하며, 따로 떨어져 있는 것이 아니라, 이미 하나, 원래 하나임을 깨닫게 한다. 없던 것이 있고 없고가 아니라, 원래부터 있는 것이란 느낌을 갖게 한다.

'일월의 밝음이 있으므로 우리가 삼라 만상을 분별하여 알게 됨이요'라 함은?

삼라 만상은 우주 사이에 벌여 있는 수많은 현상이요, 우주의 온갖 사물과 모든 형상이요, 진공 묘유의 조화가 무시광겁에 은현 자재하는 현상이다.

'일월의 밝음이 있으므로'가 천지의 도라면, '우리가 삼라 만상을 분별하여 알게 됨이요'는 천지의 덕이다.

만물은 어떻게 장양(長養)되는가?

풍·운·우·로의 혜택이 있기 때문이다.

풍·운·우·로·상·설로 재난을 당하기도 하는데, 이들이 어찌 혜택이며, 은혜란 말인가?

우리에게 혜택과 은혜를 주는 풍·운·우·로·상·설도 지나치면 재난이 되어 생명과 재산을 잃게 한다.

이런 경우에도 이들이 혜택이며, 은혜라고 할 수 있는가?

재난을 당한 그 자체만 보면 이들이 어찌 혜택이며 은혜냐고 생각하기 쉬우나, 이는 재난을 미리 대비하지 않은 우리에게도 책임이 있음을 알게 하고, 이를 통하여 다음에 올 수 있는 재난을 미리 방지할 수 있게 하는 징조로 받아들인다면 이 또한 더 많은 사람(또는 일체 생령)들에게 혜택과 은혜를 주는 진리의 작용임을 알 수 있다.

풍·운·우·로·상·설이 재난도 주는데, 이것이 어찌 혜택이며 은혜라 할 수 있는가 하는 점에 매이면 정작 더 크고 소중한 것을 간과하기 쉽다.

풍·운·우·로·상·설이 혹 우리에게 혜택과 은혜를 주지 않는다고 생각할 수 있겠지만, 이들 없이 산물이 어떻게 장양될 수 있을 것이며, 이들로 장양되는 산물 없이 우리(또는 일체 생령)가 어떻게 살아갈 수 있을 것이며, 또는 이들 없이 우리가 어찌 살 수 있을 것인가 생각해 본다면 풍·운·우·로·상·설이야말로 진리가 우리에게 주는 혜택이요 은혜며, 진공 묘유의 조화임을 확연히 알 수 있다.

'아, 이래서 풍·운·우·로·상·설이 혜택이며 은혜구나!'

'풍·운·우·로의 혜택이 있으므로'가 천지의 도라면, '만물이 장양(長養)되어 그 산물로써 우리가 살게 됨이요'는 천지의 덕이다.

천지의 행하는 도를 보아도 어느 해에는 너무 가물어서 사람을

괴롭게 하고, 어느 해에는 너무 장마가 져서 또한 사람을 괴롭히는 수가 있는데, 이것이 어찌 은혜인가?

"외면으로 보면 그 행하는 도가 고르지 못한 것 같으나 천지가 만물을 다스릴 때에 종종 변고(變故)276)와 재앙(災殃)277)을 내리기도 하고 풍우(風雨)의 순조(順調)278)와 상서(祥瑞)279)를 내리기도 하는 것은 비하건대 부모가 자녀를 다스릴 때에 혹은 엄하게도 혹은 화(和)하게도 하여 상벌을 겸행하는 것과도 같은 것이다.
이 이치를 모르는 사람들은 공연히 천지를 원망하기만 하나, 깨치신 분들은 그 연유를 아는 고로 모든 일에 조심하여 새로운 복을 지을지언정 이미 돌아오는 재앙에 원망은 하지 아니하는 것이다280)."

천지는 생멸이 없으므로 만물은 왜 천지의 생멸 없는 도를 따라 무한한 수(壽)를 얻게 되는가?

만물이 무엇인가?
천지의 도가 유행되어 천지의 덕이 나타나는 가운데 그 생명을 지속하며 그 형각(形殼)을 보존하는 모든 것이며,
이들은 생·로·병·사의 이치를 따라 춘·하·추·동과 같이 돌고 돌며, 인과 보응의 이치를 따라 음양 상승으로 은현 자재하는 만물의 변화가 한시인들 멈추는가?
이처럼 만물이 끊임없이 돌고 도는 것은 결코 멈추어지지도 않은 채 여여자연할 뿐이다.
이것이 천지의 생멸 없는 도며, 무한한 수(壽)을 얻는다 하는 것이다.

---

276) 갑작스러운 재앙이나 사고.
277) 뜻하지 않은 불행한 변고. 또는 천변지이(天變地異)로 말미암은 불행한 사고.
278) 일이 아무 탈이나 말썽 없이 예정대로 잘되어 가는 상태.
279) 복되고 길한 일이 일어날 조짐.
280) 대종경 선외록, 6. 인연과보장(因緣果報章), 3절, p.53.

그러면 우리의 마음은 어떠한가?

만물이 천지의 생멸 없는 도를 따라 그러하듯, 우리의 마음 역시 그러하다.

원래는 요란함·어리석음·그름도 없건마는 경계를 따라 요란해지기도 하고, 어리석어지기도 하고, 글러지기도 하고, 이들 마음을 원래 마음에 대조하면 완전히 해결되기도 하고 부분적으로 그러하기도 하며,

정할(마음에 분별이 없을) 때에는 선도 없고 악도 없다가도 동하면(경계를 따라 마음에서 일어나는 분별성과 주착심에 끌리면) 능히 선하기도 하고 능히 악하기도 하는 것이 우리의 자성 원리며, 우리 마음에서 일어나는 천지의 생멸 없는 도며, 무한한 수(壽)를 얻게 되는 것이다.

'천지는 생멸이 없으므로'가 천지의 도라면 '만물이 그 도를 따라 무한한 수(壽)를 얻게 됨이니라.'는 천지의 덕이다.

천지의 도와 덕의 관계는?

'천지 피은의 조목'에서 보는 바와 같이, 천지의 도와 덕은 동시성이며, 서로서로 도움이 되고 바탕이 되는 관계를 맺고 있다.

이를 통하여 천지의 도와 덕은 음양 상승·불생 불멸·인과 보응의 이치에 따라 자동적으로 운행되고 있음을 발견할 수 있다.

천지의 도가 체(體)라면 덕은 용(用)이며, 천지의 도가 진공(眞空)이라면 덕은 묘유(妙有)며 은혜로 나타난다.

천지의 덕은 오직 은혜가 나타나는 것을 이름이다

대종사 이어서 말씀하시기를

"덕(德)이라 하는 것은 쉽게 말하자면, 어느 곳 어느 일을 막론하고 오직 은혜(恩惠)가 나타나는 것을 이름이니,

하늘이 도를 행하면 하늘의 은혜가 나타나고, 땅이 도를 행하면 땅의 은혜가 나타나고, 사람이 도를 행하면 사람의 은혜가 나타나서 천만 가지 도를 따라 천만 가지 덕이 화하나니라.

그르므로, 이 여러가지 덕 가운데에 우선 사람의 덕만 해석하여 본다 하여도 그 조건이 또한 한이 없나니,

부모 자녀 사이에 도를 행하면 부모 자녀 사이에 덕이 나타나고, 상 하 사이에 도를 행하면 상 하 사이에 덕이 나타나고, 부부 사이에 도를 행하면 부부 사이에 덕이 나타나고, 붕우 사이에 도를 행하면 붕우 사이에 덕이 나타나고, 동포 사이에 도를 행하면 동포 사이에 덕이 나타나서,

개인에 당하면 개인이 화하고, 가정에 당하면 가정이 화하고, 사회에 당하면 사회가 화하고, 국가에 당하면 국가가 화하고, 세계에 당하면 세계가 화하는 것이며,

그 중에 제일 큰 덕으로 말하면 곧 대도를 깨달은 사람으로서 능히 유무를 초월하고 생사를 해탈하며 인과에 통달하여 삼계 화택(三界火宅)281)에서 헤매는 일체 중생으로 하여금 한 가지 극락에 안주하게 하는 것이니, 이러한 사람은 가히 대덕을 성취하였다 하리라282)."

'천지의 도'와 '천지 피은의 조목'의 차이는?

'천지의 도'는 천지의 입장에서 천지의 운행하는 모습을 여덟 가지로 밝혀 놓은 것이며,

'천지 피은의 조목'은 인간(또는 만물)이 천지에게 현실적으로 직접 입고 있는 가장 기본적인 은혜의 내역을 다섯 조목으로 밝혀 놓은 것이다.

---

281) 삼계의 시끄러움을 불타는 집에 비유하는 말. 번뇌가 그칠 사이 없는 중생 세계가 마치 불이 활활 타오르고 있는 집과 같다는 뜻에서 괴로움이 가득 찬 현실 세계를 삼계 화택이라 한다.
282) 대종경, 제4 인도품(人道品), 2장, p.184.

그러므로 '천지 피은의 조목'은 천지와 인간(또는 만물)과의 관계를 나타내는 것이며,

천지의 여덟 가지 도에 따라 나타나는 무궁한 덕 중에서 가장 기본적이며 인정하지 않으래야 인정하지 않을 수 없는 은혜를 다섯 가지로 밝혀 주신 것이니, 이는 천지의 대표적인 도와 덕이다.

3. 천지 보은(報恩)의 강령

천지 보은은 천지 피은에 대한 보은으로서 천지의 은혜를 갚는 것이요, 천지의 도를 체받는 것이다.

> 사람이 천지의 은혜를 갚기로 하면 먼저 마땅히 그 도를 체받아서 실행할 것이니라.

'사람이 천지의 은혜를 갚기로 하면'이란 천지에서 입은 은혜에 대하여 고마움을 나타내는 것이다.

고마움을 나타내려면 말과 마음으로 나타내기도 하지만, 참으로 고마운 뜻을 나타내려면 몸으로 실행해야 한다.

이때 천지의 도를 체받아서 실행하라는 것이다.

왜 천지의 도를 체받아서 실행하라고 하는가?

천지의 도를 체받으면 내 마음이 곧 천지 같은 마음이 되고, 천지 마음이 내 마음이 되기 때문이다.

이 마음이 되어 행하는 실행은 보은으로 나투어지기 때문이다.

천지의 도를 체받아 실행한 것만으로 어떻게 천지 보은이 되는가?

한 제자 여쭙기를

"정전 가운데 천지 보은의 강령에 '사람이 천지 보은을 하기로 하면 먼저 그 도를 체받아 실행하라.' 하였사오니, 천지는 우리에

게 그러한 큰 은혜를 입혔사온데 우리는 한갓 천지의 도를 본받아 행하는 것만으로써 어찌 보은이 된다 하겠나이까?"

대종사 말씀하시기를

"이에 대하여 한 예를 들어 말한다면, 과거 불보살의 회상이나 성현 군자의 문정(門庭)283)에 그 제자가 선생의 가르치신 은혜를 받은 후 설사 물질의 보수는 없다 할지라도 그 선생의 아는 것을 다 알고 행하는 것을 다 행하여 선생의 사업을 능히 계승한다면, 우리는 그를 일러 선생의 보은자라 할 것인가 배은자라 할 것인가?

이것을 미루어 생각할 때에 천지의 도를 본받아 행함이 천지 보은이 될 것임을 가히 알지니라284)."

4. 천지 보은의 조목

> 1. 천지의 지극히 밝은 도를 체받아서 천만 사리(事理)를 연구하여 걸림없이 알 것이요.

'천지의 지극히 밝은 도'는 무엇인가?

일월(日月)의 밝음이며, 또는 우주를 생성하고 움직이는 근원적인 힘이며, 또는 인과 보응의 이치며, 또는 삼라만상을 분별하여 소소영령하게 알게 하는 천지의 식(識)이며, 또는 춘·하·추·동과 같이 되는 만물의 생·로·병·사의 이치며, 지은 바에 따라 음양 상승과 같이 나타나는 인과 보응의 이치다.

또한, 원래 대소 유무에 분별이 없고, 생멸 거래에 변화가 없고, 선악 업보에 차별이 없고, 언어 명상이 돈공하나, 때로는 대소 유무에 분별이 나타나서 선악 업보에 차별이 생겨나고, 언어 명상이

---

283) 대문이나 중문 안에 있는 뜰이란 뜻으로, 같은 스승을 모시고 수행하는 문중(門中) 또는 종파(宗派).
284) 대종경, 제6 변의품(辨疑品), 24장, p.249.

완연하여 시방 삼계가 장중에 한 구슬 같이 드러나게 하는 공적 영지의 광명이며,

또는 우주 만유를 통하여 무시 광겁에 은현 자재하는 진공 묘유의 조화다.

그러므로 '천지의 지극히 밝은 도'는 이 모든 것의 체성이요 묘유와 은혜로 위력을 나투는 '일원상의 진리'라고 해야 할 것이다.

천만 사리(事理)를 연구하여 걸림 없이 알려면, 왜 천지의 지극히 밝은 도를 체받아야 하는가?

사(事)라 함은 인간의 시·비·이·해(是非利害)를 이르며, 이(理)라 함은 곧 천조(天造)[285]의 대소 유무(大小有無)[286]를 이르는데, 왜 천만 사리라고 하는가?

세상이 넓은 만큼(천조의 난측한) 이치의 종류도 수가 없고, 인간이 많은 만큼(인간의 다단한) 일의 종류도 한이 없기 때문에 그 수효가 아주 많다는 의미에서 천만 사리라고 이름하였을 것이다.

그러므로 이 수없이 많은 사(事)와 이(理)를 연구하여 아는 것이 어찌 간단할 것이며, 어찌 걸림이 없겠는가!

이를 해결하는 길이 영원히 변하지 않고 지극히 밝은 표본인 '천지의 지극히 밝은 도'를 체받는 것이다.

사람과 사람 사이에서 일어나는 시·비·이·해와 천지 자연·우주 만유의 조화에 대한 대·소·유·무를 속속들이 파고들어 깊게 연구함에 있어 '천지의 지극히 밝은 도'로 해결 되지 않는 것이 있을 것이며, 이를 벗어나서 해결 되는 것이 있겠는가?

그러므로 천만 사리를 연구하여 걸림없이 알려면 당연히 만사

---

285) 천지 자연의 조화. 우주 만유의 조화.
286) 대(大)라 함은 우주 만유의 본체를 이름이요, 소(小)라 함은 만상이 형형 색색으로 구별되어 있음을 이름이요, 유무라 함은 천지의 춘·하·추·동 사시 순환과 풍·운·우·로·상·설(風雲雨露霜雪)과, 만물의 생·로·병·사와 흥· 망·성·쇠의 변태를 이름.

만리의 근본이 되는 일원상의 진리, 즉 '천지의 지극히 밝은 도'를 체받고(대조하고), 또 걸리면 또 체받고(대조하고)…….

이렇게 하기를 하고 또 하고, 하고 또 하기를 오래오래 계속하면 천만 사리를 걸림 없이 알게 될 수밖에 없지 않겠는가?

2. 천지의 지극히 정성한 도를 체받아서 만사를 작용할 때에 간 단287) 없이 시종이 여일288)하게 그 목적을 달할 것이요,

'천지의 지극히 정성한 도'는 무엇인가?

천지는 하늘과 땅, 우주 또는 세상이다.

그러면 이 천지에서 잠깐이라도 끊어지지 않고 처음이나 끝이 한결 같은 것[간단 없이 시종이 여일(如一)한 것]은 무엇인가?

우주의 성·주·괴·공이며, 만물의 생·로·병·사와 흥·망·성·쇠며, 춘·하·추·동의 사시 순환 등이다.

이들 천지 자연의 변화가 돌고 돎에 끊임이 있고 그 순서에 바뀜이 있는가?!

무위이화 자동적으로 오직 끊임이 없이 한결 같으며, 오직 그 목적을 달하고 달할 뿐이다. 오직 정성을 다하고 또 정성을 다할 뿐이다.

이것이 '천지의 지극히 정성한 도'이다.

그러므로 만사를 작용할 때에 간단(間斷) 없이 시종(始終)이 여일하게 그 목적을 달하려면 '천지의 지극히 정성한 도'를 체받는 것은 지극히 당연하다 하겠다.

'만사를 작용할 때'는 언제인가?

---

287) 잠깐 끊어짐.
288) 한결 같음.

모든 일을 응용할 때며, 무슨 일에나 안·이·비·설·신·신·의(顔耳鼻舌身意) 육근을 작용할 때며, 상시 응용 주의 사항으로 공부하던 중이며, 천만 경계를 대할 때이다.

만사를 작용할 때에 간단 없이 시종이 여일하게 그 목적을 달하려면 왜 천지의 지극히 정성한 도를 체받아야 하는가?

만사(萬事)는 모든 일이며, 일은 인간의 시·비·이·해(是非利害)다.

이 세상은 시비 이해의 일로써 운전해 가는데, 그 과정이나 결과에는 항상 '옳으냐 그르냐, 이로우냐 해로우냐', 또는 '옳게 하느냐 그르게 하느냐, 이롭게 하느냐 해롭게 하느냐', 또는 '옳게 했느냐 그르게 했느냐, 이롭게 했느냐 해롭게 했느냐', 또는 '옳았느냐 글렀느냐, 이로웠느냐 해로웠느냐' 하는 시·비·이·해가 있기 마련이다.

이 시·비·이·해의 기준은 자리 타해(自利他害)가 아니라 자리 이타(自利利他)며, 그리고 해로운 비(非)와 해(害)가 아니라 옳고 이로운 시(是)와 이(利)며, 은혜에서 해가 나오는 해생어은(害生於恩)보다는 해에서 은혜가 나오는 은생어해(恩生於害)다.

만사를 작용할 때에 누구나 달성하고자 하는 목적은 그 일 그 일에 성공하는 것이지 실패가 아니다.

그 목적을 달성할 때 처음부터 끝까지 한결 같은 마음으로 올바르게, 나도 좋고 남도 좋게 하려는 마음을 지키는 것은 결코 쉬운 일이 아니다.

당장 눈앞에 거머쥐어지는 이익이 보이고, 다소 옳지 않은 면이 없지 않지만 보다 쉬운 길이 보이는데…….

나는 이롭게 하고 남은 해롭게 한다든지, 이익을 위해서는 조금 비겁하지만 옳지 않은 일도 하는 것은 '만사를 작용할 때에 간단 없이 시종이 여일하게 그 목적을 달하는 것'이 아니다.

지금은 비록 그 일에 성공하여 목적을 달성하였더라도 '처음부터 끝까지 한결 같은 마음과 올바른 마음과 자리 이타하는 마음'

을 지키지 않는다면 '간단없이 시종이 여일한 것'은 아니다.

이 만사를 작용할 때에 간단없이 시종이 여일한 것이 '정성'이며, 온갖 성의를 다하려는 참되고 거짓이 없는 마음으로 하는 것이 '정성'이다.

오직 이 정성으로, 일구월심(日久月深)[289] 정성을 다할 뿐이다.

우주가 성·주·괴·공으로 변화하는 정성한 도를 따르듯이, 만물이 생·로·병·사와 흥·망·성·쇠로 변화하는 정성한 도를 따르듯이, 사시가 춘·하·추·동으로 순환하는 정성한 도를 따르듯이 지성(至誠)으로 하고 또 할 뿐이다. 이러한 천지의 지극히 정성한 도를 체받을 뿐이다.

이 길이 곧 만사를 작용할 때에 간단없이 시종이 여일하게 그 목적을 달하는 것이기 때문이다.

> 3. 천지의 지극히 공정한 도를 체받아서 만사를 작용할 때에 원·근·친·소(遠近親疎)와 희·로·애·락(喜怒哀樂)에 끌리지 아니하고 오직 중도를 잡을 것이요,

만사를 작용할 때에 원·근·친·소(遠近親疎)와 희·로·애·락(喜怒愛樂)에 끌리지 아니하여 오직 중도를 잡는 것이란?

'경계를 대할 때마다 공부할 때가 돌아온 것을 염두에 잊지 말고 항상 끌리고 안 끌리는 대중만 잡아갈지니라.'와 같은 의미다.

여기서 중도(中道)는 어떤 일의 중간이 아니다. 육근 동작이 어느 한 편에 치우치지도 않고 어느 무엇에 의지하지도 않으며(不偏不倚), 능력·지혜·예의·의욕 등이 보통보다 지나치거나 보통에 미치지 못하여 모자람(過不及)이 없는 원만행이다.

만약 중도를 잡지 못하면 원·근·친·소와 희·로·애·락에 끌려 어느 한편에 치우치거나 어느 무엇에 의지하게 되고, 또한 무슨 일

---

289) 날이 오래고 달이 깊어 간다는 뜻으로, 세월이 흐를수록 더함을 이르는 말.

이나 지나치게 되어 오히려 모자람만 못한 결과가 되고 만다. 예의나 친절도 지나치면 오히려 예가 아니다(過恭非禮).

그러므로 만사를 작용할 때에 원·근·친·소와 희·로·애·락에 끌리지 아니하고 오직 중도를 잡는 것이 우리 공부인들이 끝까지 놓지 말아야 하는 원만행(圓滿行)이요 중도행(中道行)이다.

희·로·애·락의 감정을 어떻게 운용해야 하는가?

대종사 말씀하시기를

"나는 그대들에게 희·로·애·락의 감정을 억지로 없애라고 가르치는 것이 아니라, 희·로·애·락을 곳과 때에 마땅하게 써서 자유로운 마음 기틀을 걸림없이 운용하되 중도에만 어그러지지 않게 하라고 하나니라[290]."

만사를 작용할 때에 원·근·친·소(遠近親疎)와 희·로·애·락(喜怒哀樂)에 끌리지 아니하고 오직 중도를 잡으려면 왜 천지의 지극히 공정한 도를 체받아야 하는가?

만사를 작용할 때에 원·근·친·소와 희·로·애·락에 끌리지 아니하는 것이 공평하고 정대한 것이므로 이것이 곧 중도요 공정한 것이다.

사람의 마음에서 일어나는 이 정성한 마음은 경계를 따라 원·근·친·소와 희·로·애·락에 끌리기도 하므로, 이런 일 없이 시종이 여일하게 지극히 정성하려면 영원히 변하지 않는 진리요 표본인 '천지의 지극히 공정한 도'를 체받자는 것이다.

일월이 시방 세계를 비출 때 원·근·친·소와 희·로·애·락에 끌려 어느 곳은 더 많이 비춰주고 어느 곳은 덜 비춰주는가?

분별·주착심 없이 어느 곳에나 다 똑같이 비춰 주지 않는가!

그러므로 천지의 지극히 공정한 도를 체받자는 것이다. 항상 변

---

290) 대종경, 제3 수행품(修行品), 37장, p.164.

함이 없이 지극히 공정한 천지의 도를 체받자는 것이다.

4. 천지의 순리 자연한 도를 체받아서 만사를 작용할 때에 합리 와 불합리를 분석하여 합리는 취하고 불합리는 버릴 것이요,

만사를 작용할 때에 합리와 불합리를 분석하여 합리는 취하고 불합리는 버리려면 왜 천지의 순리 자연한 도를 체받아야 하는가?

만사를 작용할 때에 합리(合理)는 이치에 맞으므로 될 일이요, 불합리(不合理)는 이치에 맞지 않으므로 안 될 일이다[291].

그러면 무엇이 이치에 맞는 합리고, 무엇이 이치에 맞지 않는 불합리인가?

합리는 순리(順理)에 따르는 것으로 상생(相生)하는 일이요, 순서에 맞는 일이요, 힘에도 맞는 일이며,

불합리는 순리에 따르지 않는 역리(逆理)로서 상극이 되는 일이요, 순서에 맞지 않으면서 억지로 하는 일이요, 과불급하고 일확천금을 노리는 욕속심(欲速心)[292]이나 요행심(僥倖心)으로 하는 일이다.

일원상의 진리가 천지를 통하여 자동적으로 나타날 때의 모습과 작용은 지극히 합리적이고 질서 정연하므로 순리 자연하다고 하며, 천지가 이처럼 자동적으로 운행하는 것이 천지의 순리 자연한 도이다.

그러면 불합리는 버리고 합리를 취하려면 어떻게 해야 할까?

영원히 변치 않는 표본이나 롤 모델(roll model)[293]을 찾아야 한다. 그것이 천지의 순리 자연한 도이다.

그러면 천지의 순리 자연한 도에는 어떠한 것들이 있는가?

모든 행성이 태양을 중심으로 일정한 궤도를 여의지 않고 운행하는 것이나, 또는 사시 순환이 그 질서를 여의지 않는 것이나, 또

---

291) 정산 종사 법어, 제2부 법어(法語), 제6 경의편(經義編), 5장, p.840.
292) 무슨 일이든지 급히 이루고자 하는 마음.
293) 자기가 마땅히 해야 할 직책이나 임무 따위의 본보기가 되는 대상이나 모범.

는 우주의 성·주·괴·공과 만물의 생·로·병·사가 순서 있게 진행되는 것이나, 또는 음양 상승·인과 보응이 합리적으로 작용되는 것 등이다. 이는 변화하는 진리가 호리(毫釐)294)도 질서를 잃거나 어긴 일이 없음을 말한다.

천지의 순리 자연한 도가 이러하기에 합리와 불합리를 분석하여 합리는 취하고 불합리는 버리려면 천지의 순리 자연한 도를 체받자는 것이다.

만사를 작용할 때에, 즉 무슨 일에나 안·이·비·설·신·의(顔耳鼻舌身意) 육근을 작용할 때에 합리와 불합리를 분석하는 것은 무엇인가?

사리 연구다.

만사를 작용할 때에 합리와 불합리를 분석하는 사리 연구를 하여 합리는 취하고 불합리는 버리는 것은 무엇인가?

작업 취사다.

즉 천지의 순리 자연한 도를 체받아서 만사를 작용할 때에 합리와 불합리를 분석하여 합리는 취하고 불합리는 버리는 것은 정신 수양에 바탕을 둔 사리 연구요 작업 취사이므로 삼학임을 알 수 있다.

천지의 순리 자연한 도를 체받아서 만사를 작용할 때에 합리와 불합리를 분석하여 합리는 취하고 불합리는 버리기를 오래 오래 계속하면 어떻게 되는가?

천만 사리를 분석하고 판단하는 데 걸림없이 아는 지혜의 힘이 생겨 결국 연구력을 얻을 것이며, 모든 일을 응용할 때에 정의는 용맹 있게 취하고 불의는 용맹 있게 버리는 실행의 힘을 얻어 결국 취사력을 얻을 것이며, 더불어 정신이 철석같이 견고하여 천만 경계를 응용할 때에 마음에 자주(自主)의 힘이 생겨 결국 수양력(修養力)도 함께 얻게 될 것이다.

이것이 천지의 순리 자연한 도를 체받는 결과요 위력이다.

---

294) ①자나 저울 눈의 호(毫: 붓의 털끝. 이(釐)의 10분의 1, 사(絲)의 10배, 곧 10⁻³)와 이(釐: 십진급수의 단위의 하나. 분(分)의 10분의 1. 호(毫) 또는 모(毛)의 10배. 곧, 1의 100분의 1). ②몹시 적은 분량의 비유.

어찌하면 순리 자연한 도를 알게 되는가?

천지의 순리 자연한 도를 따르는 순(順)은 일원상의 진리가 천지를 통하여 나타날 때 아주 합리적이고 질서가 정연한 모습과 작용이나, 사람과 사람 사이에서 천지의 도가 거슬러 발하는 역(逆)과는 대비되는 것이라, 이를 대종사님께서는 어떻게 이르셨는가?

"순이라 함은 저 춘·하·추·동 사시의 변천이 차서를 잃지 아니함과 같이 모든 일에 그 순서를 찾아서 하는 것이요,

역이라 함은 일의 순서를 알지 못하고 힘에 감당 못할 일을 구태여[295] 하고자 하며, 남의 원 없는 일을 구태여 권하며[296], 남의 마음을 매양 거슬리게 하는 것이니, 사람이 무슨 일을 할 때에 먼저 이 순과 역을 잘 구분해서 순을 주로 하여 행한다면 성공하지 못할 일이 거의 없으리라[297]."

실행하는 편이 실행하지 않는 것보다 낫다면 남이 원하지 않는다 하여 구태여 권하지 않을 것이며, 하기 싫어하는 마음을 거슬리게 하지 않느라고 실행하지 않는다면 순리 자연의 도에 순응하는 것인가?

남녀·노소·선악·귀천을 막론하고 소수가 뚜렷한 이유 없이 반대하거나 훼방을 놓는다면, 그 사람이 원하지 않는다 하여 권하거나 실행하지 않을 것이며, 그 마음을 거슬리게 하지 않으려고 실행하지 않는다면 이것은 순리 자연의 도를 따르는 것인가?

이때의 기준은 누구의 반대나 호응이 아니라, 실행하고 실행하지 않는 것 중 어느 쪽이 합리이고, 어느 쪽이 불합리냐는 것이다.

소수의 의견과 호응도 중요하며, 마땅히 존중 받아야 한다. 아무리 다수의 의견이 순리에 맞더라도, 권하고 이해시키려는 노력과

---

295) (부정하는 말과 어울려 쓰이거나 반문하는 문장에 쓰여) 일부러 애써.
296) 솔성요론 15. 다른 사람의 원 없는 데에는 무슨 일이든지 권하지 말고 자기 할 일만 할 것이요.
297) 대종경, 제4 인도품(人道品), 9장, p.188.

절차 없이 밀어붙이기식으로 진행한다면 이 또한 순리 자연의 도에 순응하는 것은 아니다.

이러한 노력과 절차를 밟았음에도 반대가 여전하다면, 이에 굴하지 않고 중지를 모아 추진하는 것 또한 순리 자연의 도에 순응하는 것이다.

모두 함께 손에 손을 맞잡고 나아가는 것이 얼마나 어렵고, 얼마나 귀중한지 새롭게 느끼게 된다.

5. 천지의 광대 무량한 도를 체받아서 편착심(偏着心)[298]을 없이 할[299] 것이요,

편착심(偏着心)을 없이 하려면 왜 천지의 광대 무량한 도를 체받아야 하는가?

편착심은 만사를 작용할 때에 원·근·친·소(遠近親疎)와 희·로·애·락(喜怒哀樂)에 끌려 중도를 잡지 못하고 어느 한 쪽에만 치우쳐 이를 고집하는 마음이다.

이 마음에 잡히면, 어느 누구의 얘기도 들리지 않게 되고, 주위의 어느 것도 보이지 않게 되며, 보고 싶은 것만 보고 듣고 싶은 것만 듣게 된다.

그러면, 이 편착심을 벗어나려면 어떻게 해야 할까?

하나는 타인의 충고나 문답을 통해 스스로 벗어나는 것이요,

둘은 원하지 않음에도 어찌할 수 없는 타력에 의해 벗어날 수밖에 없는 것이나, 이는 여석압초(如石壓草)[300]와 같아서 또 다른 경계에 처하면 재발할 수도 있다.

---

298) 어느 한 쪽에만 치우치고 고집하는 마음.

299) 없이 하다: '……을' 없어지게 하다.

300) 뿌리를 뽑지 않고 돌로 풀을 눌러놓은 결과, 우선 당장 눈에 띄지 않지마는 옆으로 삐져나와 더 무성해진 풀을 뽑으려면 뒤에 크게 고생하는 경우가 많음.

셋은 이 편착심을 공부 거리 삼아 '천지의 광대 무량한 도'에 대조함으로써 그 편착심 경계에서 해탈하는 것이다.

그러면 '천지의 광대 무량한 도'가 무엇인데, 이를 체받으면 편착심을 없이 할 수 있단 말인가?

천지는 편착되는 바가 없이 국한이 없고, 크고 넓어 무엇이나 다 포용할 수 있고, 무엇이나 다 수용하는 광대 무량하므로 이 도를 체받자는 것이다.

우리의 마음도 편착심 경계를 대하기 전에는 국한이 없고, 크고 넓어 무엇이나 다 포용할 수 있고, 무엇이나 다 수용할 수 있으므로 이 광대 무량한 원래 마음에 대조함으로써 편착심을 없게 할 수 있다.

이것은 내가 '천지의 광대 무량한 도'를 체받은 결과다.

이를 정산 종사님께서는 어떻게 이르셨는가?

"크다는 것은 바로 막힘이 없는 것이다. 한정 있는 국가주의나 민족주의를 초월하여야 제일 큰 부처님주의가 되고, 국한 있는 착심과 편심을 벗어나야 심량이 광대한 큰사람이 된다[301]."

작은 것에 억매이지 않는 광대 무량한 공부법은?

대종사 말씀하시기를

"선(善)이 좋은 것이나 작은 선에 얽매이면 큰 선을 방해하고, 지혜가 좋은 것이나 작은 지혜에 얽매이면 큰 지혜를 방해하나니, 그 작은 것에 얽매이지 아니하는 공부를 하여야 능히 큰 것을 얻으리라[302]."

6. 천지의 영원 불멸한 도를 체받아서 만물[303]의 변태[304]와 인생의 생·로·병·사에 해탈(解脫)[305]을 얻을 것이요,

---

301) 한 울안 한 이치에, 제1편 법문과 일화, 1. 마음공부, 8절, p.23.
302) 대종경, 제11 요훈품(要訓品), 5장, p.315.
303) 우주 안에 있는 일체의 사물(물질 세계에 있는 모든 구체적이며 개별적인

만물은 어떻게 변태하는가?

만물(萬物)은 우주 안에 있는 일체의 사물, 즉 이 세상에 있는 모든 것이며,

천지의 도가 유행되어 대덕이 나타나는 가운데 그 생명을 지속하며 그 형각(形殼)을 보존하고, 생·로·병·사와 흥·망·성·쇠의 과정을 거치면서 그 형태나 상태가 변화한다.

어떻게 하면 만물의 변태에 해탈(解脫)을 얻을 수 있는가?

이 세상에 있는 만물은 원래는 생·로·병·사 또는 흥·망·성·쇠도 없건마는 존재하는 그 순간부터 이러한 과정을 거치면서 그 형태나 상태가 변화되는데,

만물의 변태에 해탈을 얻는 것은 무엇이며, 어떻게 하면 그리할 수 있는가?

여기서 보면, 만물에 해탈을 얻는 것이 아니라, 만물의 변태에 해탈을 얻는 것이다. 즉 해탈의 대상은 만물이 아니라, 그 형태와 상태가 변하는 변태다.

그러면 해탈은 무엇인가?

경계로부터 도망가거나 모른 척하는 것이 아니라, 경계 따라 일어나는 탐욕·애착·분노·어리석음 등 온갖 구속과 속박으로부터 자유로워지는 것이다.

소유하고 싶은 물건·나무·보석·애완 동물 등을 얻은 기쁨으로부터도, 아기자기한 멋스러움으로부터도(生), 애지중지하던 이들이 낡아지거나 자라서 모양이 변해버리거나 부서지거나 병들어 결국에는 죽거나 처음에 가졌던 마음이 변해버리는 것(老·病·死)으로

존재를 통틀어 이르는 말). 우주 만유. 삼라 만상.
304) 우주 만물의 형태나 상태가 달라짐. 달라진 형태·상태.
305) 일체의 속박에서 벗어나 자유롭게 되는 것. 탐욕·애착·분노·어리석음 등 온갖 구속과 속박으로부터 해방되어 자유를 얻는 것이다.

부터도 걸리거나 막힘없이 자유로워지는 것이다.

어떻게 하면 이러한 만물의 변태로부터 해탈을 얻을 수 있는가?

만물의 생·로·병·사 또는 흥·망·성·쇠의 변태도 만물의 영장인 사람의 변태와 다르지 않은 줄 알고, 이를 수용하는 것이다.

만물은 돌고 도는 하나의 기운으로, 또는 천지의 포태 안에 있는 동포로 연결되어 있는 은혜의 존재다.

만물의 생 속에는 노·병·사의 오묘한 이치가 있음을 알고 이를 수용함은 물론이고, 노·병·사 각각에도 또한 그러한 줄 아는 것이며, 이들의 각 과정이 끊임없이 돌고 도는 줄도 아는 것이다.

이는 마치 난경을 당할 때에는 순경될 심고와 혹은 설명 기도를 올리고, 순경을 당할 때에는 간사하고 망녕된 곳으로 가지 않도록 심고와 혹은 설명 기도를 올리는 이치와 같이

은(恩) 속에는 해(害)도 갚아 있음을 알고 이를 대비하고, 해(害) 속에는 은(恩)도 그러하므로 해(害) 속에서도 은(恩)의 기틀을 발견하며 해(害)를 수용하는 동시에 이를 은(恩)으로 돌리는 데에 정성을 다하는 것이 은(恩)에도 구속 받지 않고 해(害)에도 구속되지 않아 이들로부터 자유스러워지는 것이다.

이렇게 함이 만물의 변태에 해탈을 얻는다 할 것이다.

어떻게 하면 인생의 생·로·병·사에 해탈(解脫)을 얻을 수 있는가?

인생은 사람이 세상을 살아가는 일이므로 육체적인 생·로·병·사의 변화 과정과 정신적인 생·로·병·사의 변화 과정도 다 포함되어 있다.

생·로·병·사를 거치는 육체적인 변화는 내게 일어나는 순리인 줄 알고, 병(病)을 통하여 자신과 가족이 겪는 육신·정신적인 고통과 그를 이겨 낸 기쁨, 끝내 극복하지 못한 죽음(死), 젊음을 뒤로하고 노년을 보내는 쓸쓸함과 인생의 완숙함에서 갖게 되는 지혜와 여유, 경계를 따라 일어나는 요란함과 어리석음과 그름(生)에 끌려 일어나는 갈등과 반목도, 비록 힘들고 괴롭더라도, 삶의 과정

에서 있어지는 진공 묘유의 조화임을 알고 이를 온통 공부 거리, 공부 찬스로 삼아 비록 흔들릴지언정 그 경계에 속지 않아 결국에는 그 경계를 극복하며 돌파하는 것이 곧 인생의 생·로·병·사에 해탈(解脫)을 얻는 것이리라.

우리가 세간의 모든 일에 해탈을 얻으려면 어떻게 해야 하는가?

"먼저 모든 이치의 근원을 관조하여야 할 것이요, 다음은 그 진리를 모든 경계에 잘 응용하여야 할 것이니,

첫째는 생사가 원래 없는 불생 불멸의 근본 진리를 철저히 관조하고 그 진리를 생사의 경계에 실지로 응용하여 죽고 나는 데에 해탈을 얻는 것이요,

둘째는 고락이 원래 돈공한 자성의 원리를 철저히 관조하고 그 진리를 고락의 경계에 실지로 응용하여 괴롭고 즐거운 데에 해탈을 얻는 것이요,

셋째는 모든 차별과 이해가 원래 공한 자리에서 인과 보응되는 이치를 철저히 관조하고 그 진리를 차별과 이해의 경계에 실지로 응용하여 모든 차별과 이해에 해탈을 얻는 것이다306)."

만물의 변태와 인생의 생·로·병·사에 해탈(解脫)을 얻으려면 왜 천지의 영원 불멸한 도를 체받아야 하는가?

만물은 생·로·병·사와 흥·망·성·쇠로 변화되고, 사람은 세상을 살아가면서 생·로·병·사로 변화되는데, 이들의 경계에 끌려 이들이 변화의 전부인 줄 알거나, 또는 그 경계에 걸려 넘어지고 깨어지며 자신과 상대를 힘들게 하는 경계에서 어떻게 하면 해탈할 수 있는가?

생·로·병·사와 흥·망·성·쇠는 좁게 보면 만물과 인생의 순간순

---

306) 정산 종사 법어, 제1부 세전(世典), 제8장 휴양, 3. 해탈의 도, p.749.

간 나타나는 변태 모습이나, 넓게 보면 이들의 변태는 영원 불멸로 변함없이 나타난다.

순간순간 나타나는 이들 모습에 일희일비(一喜一悲)307)하여 걸리고 넘어지고 치우쳐 파란 고해에 빠져있는 줄도 모르고 살 것이 아니라, 이들의 변태는 각각에서 끝나지 아니하고 천지의 순환 무궁하는 도인 줄 알고, 또는 이들이 영원히 돌고 돌며 나를 포함한 만물이 진·강급되는 모습인 줄 알고 이들을 온통 공부 거리 삼아 이들 경계로부터 해탈하자는 것이다.

그러므로 영원히 변하지 않는 '천지의 영원 불멸한 도'를 표본으로 삼아 만물의 변태와 인생의 생·로·병·사에서 해탈하자는 것이다.

마치, 일원의 체성에 합해지고 일원의 위력을 얻기 위해 신앙의 대상과 수행의 표본인 법신불 일원상을 모시고 이를 체받듯이.

> 7. 천지의 길흉 없는 도를 체받아서 길한 일을 당할 때에 흉할 일을 발견하고, 흉한 일을 당할 때에 길할 일을 발견하여, 길흉에 끌리지 아니할 것이요,

길한 일을 당할 때에 흉할 일을 발견하고, 흉한 일을 당할 때에 길할 일을 발견하여, 길흉에 끌리지 아니하려면 왜 천지의 길흉 없는 도를 체받아야 하는가?

길한 일을 당할 때에 흉할 일을 발견하는 것이란 길한 일 속에 흉할 일도 내재(內在)되어 있으므로 이는 해생어은(害生於恩)의 이치를 나타낸 것이며,

흉한 일을 당할 때에 길할 일을 발견하는 것이란 흉한 일 가운데에도 길할 일도 잉태되어 있음을 나타내므로 이는 은생어해(恩生於害)의 이치를 이르는 것이다.

---

307) ①기쁜 일과 슬픈 일이 번갈아 일어남. ②한편으로는 기쁘고 한편으로는 슬픔.

따라서 길흉에 끌리지 아니하려면 천지의 길흉 없는 도를 체받자고 하는데, 천지의 길흉 없는 도가 무엇인데 이를 체받으면 길흉에 끌리지 아니한가?

천지는 응용 무념하여 하염없이 순리 자연하고 공정 무사하게 길이길이 돌고 돌므로 길흉이 따로 없다. 길흉 화복은 음이 가면 양이 오고 양이 가면 음이 오는 것과 같이 오직 순환할 따름이며, 고정되어 있지 않다.

천지 그 자체에 무슨 길흉이 있을 것이며, 영원히 돌고 도는 터에 길흉을 고정할 수 있겠는가?

그러므로 길흉에 끌리지 아니한다 함은 경계를 따라 있어지는 그 요란함과 그 어리석음과 그 그름을 있어지는 그대로 수용하고, 원래 자리에 대조하여 자성의 정·혜·계를 세우는 것이며, 또한 경계를 대할 때마다 공부할 때가 돌아온 것을 염두에 잊지 말고 항상 끌리고 안 끌리는 대중만 잡아가는 것이다.

'길한 일을 당할 때에 흉할 일을 발견하고, 흉한 일을 당할 때에 길할 일을 발견하는 것'이란?

'흉할 일'과 '길할 일'은 아직 일어나지 않은 미래다.

길한 일을 당하는 현재를 통하여 미래에 일어날 수 있는 흉할 일을 발견하고, 흉한 일을 당하는 현재를 통하여 미래에 일어날 수 있는 길할 일을 발견하자는 것이다.

이는 은생어해(恩生於害)의 이치와 해생어은(害生於恩)의 이치가 있으므로 현재에 안주하지 말고 미리 대비하자는 것이다.

'심고와 기도'에서처럼 "즐거운 일을 당할 때에는 감사를 올리며, 괴로운 일을 당할 때에는 사죄를 올리고, 결정하기 어려운 일을 당할 때에는 결정될 심고와 혹은 설명 기도를 올리며, 난경을 당할 때에는 순경될 심고와 혹은 설명 기도를 올리고, 순경을 당할 때에는 간사하고 망녕된 곳으로 가지 않도록 심고와 혹은 설명

기도를 하자는 것이니,

이 심고와 기도의 뜻을 잘 알아서 정성으로써 계속하면 지성이면 감천으로 자연히 사은의 위력을 얻어 원하는 바를 이룰 것이며 낙있는 생활을 하게 될 것이니라[308]."

와 같은 이치가 있으니, 이를 알자는 것이다.

8. 천지의 응용 무념(應用無念)한 도를 체받아서 동정간 무념의 도를 양성할 것이며, 정신·육신·물질로 은혜를 베푼 후 그 관념[309]과 상(相)[310]을 없이 할 것이며, 혹 저 피은자가 배은 망덕[311]을 하더라도 전에 은혜 베풀었다는 일로 인하여 더 미워하고 원수를 맺지 아니할 것이니라.

'천지의 응용 무념(應用無念)한 도(道)'란?

천지가 다음의 '천지 피은의 조목'과 같이 한량 없는 은혜를 베풀고도(응용하고도) 은혜를 베풀었다는 관념과 상을 가지고 있으며, 그 대가와 보상을 바라는 적이 있는가?

1. 하늘의 공기가 있으므로 우리가 호흡을 통하고 살게 됨이요,
2. 땅의 바탕이 있으므로 우리가 형체를 의지하고 살게 됨이요,
3. 일월의 밝음이 있으므로 우리가 삼라 만상을 분별하여 알게 됨이요,
4. 풍·운·우·로(風雲雨露)의 혜택이 있으므로 만물이 장양(長養)되어 그 산물로써 우리가 살게 됨이요,
5. 천지는 생멸이 없으므로 만물이 그 도를 따라 무한한 수(壽)

---

308) 정전, 제3 수행편, 제9장 심고와 기도, p.79.
309) 어떤 일에 대한 생각이나 견해. 자극이 사라진 뒤에도 의식 속에 남아 있는 심상.
310) 집착하여 잊지 않는 것.
311) 남한테 입은 은덕을 잊어서 저버림.

를 얻게 됨이니라.

천지는 오직 우리에게 두루 빠짐없이 무조건 있는 대로 다 주시고(응용 무념), 아무런 바람이 없다(무념 무상).

일상생활에서 나투어지는 이 천지의 응용 무념한 도는 무엇인가?

일이 있을 때나 없을 때나 경계를 따라 항상 정신·육신·물질을 활용하여 은혜를 베풀고 있거나 또는 은혜를 베풀었다는 관념과 상을 없게 하는 것이며,

혹 저 피은자가 배은 망덕을 하더라도 전에 은혜를 베풀었다는 일로 인하여 더 미워하고 원수를 맺지 아니하는 것이다.

'응용 무념의 도'를 왜 천지 보은 8조목의 대표로 삼는가?

"사은 장(章)에 '천지의 도는 지극히 밝은 것이며, 지극히 정성한 것이며, 지극히 공정한 것이며,……' 등 8도가 있는데, 어찌하여 응용 무념의 도를 8도의 대표로 삼으셨습니까?"

"천지의 도가 밝아도 응용 무념으로 밝고, 정성하여도 응용 무념으로 정성하고, 공정하여도 응용 무념으로 공정하기 때문이다312)."

천지의 원(願)과 천지가 좋아하는 것은 무엇인가?

권동화(權動華)313) 묻기를

---

312) 한 울안 한 이치에, 제1편 법문과 일화, 제3장 일원의 진리, 10절, p.64.

313) 1904~2005. 소태산 대종사의 초기 제자. 1904년 전북 장수군에서 출생하여 16세에 전음광(全飮光)과 결혼, 1923년(원기 8)에 시어머니 전삼삼(田參參)의 인도로 입교했다. 당시 전주에 있던 사가(私家)에는 소태산 대종사도 몇차례 내왕하였고, 불법연구회 창립 발기인 모임을 갖기도 했다. 익산총부 건설 직후 총부 구내로 사가를 옮겼고, 1925년(원기 10) 여름, 교단 제1회 하선(夏禪)은 그의 사가를 빌려 갖게 된다. 총부 구내에 살면서 부군 전음광과 남동생 대호와 장녀 전팔근의 전무출신을 후원했고, 스스로도 수행 정진에 적극 노력했다. 언변이 능하고 지혜가 밝았다. 종사위 법훈을 받았다.

"천지도 사람 같이 원이 있으며, 보은하면 좋아하는 느낌이 있나이까?"

답하시기를

"응용에 무념하는 것이 천지의 도이나,

천지의 하는 것을 보면 그 원을 가히 알 것이요 우리의 좋아하는 것을 미루어 생각하면 천지의 좋아할 것을 가히 알 것이니라. 일체 유정 무정이 천지 아님이 없나니라314)."

"동정간 무념의 도를 양성할 것이며"라 함은?

8조에서 보면, '응용 무념의 도'는 천지가 행하는 도라 할 수 있고, '동정간 무념의 도'는 천지의 '응용 무념한 도'를 체받아서 사람이 행하는 도라 할 수 있다.

그러나 '응용'은 '경계를 따라 육근을 작용하는 것'이므로 응용이 곧 동정간이니, 천지의 도를 체받으면 '응용 무념의 도'나 '동정간 무념의 도'는 같은 것이다.

여기서 동(動)이라 함은 경계를 따라 육근(또는 마음) 작용이 일어나는 것이며, 정(靜)이라 함은 경계를 대하여도 경계에 끌리지 않으므로 육근(또는 마음) 작용이 일어나지 않거나 마음이 동하는 순간 본래 마음에 대조하여 자성의 정·혜·계를 세우면 정이라 할 수 있다.

'동정간(動靜間)'이라 함은 '동할 때나 정할 때나', 또는 '일이 있을 때나 일이 없을 때나'란 말이므로 이 동정은 언제 어디서나 동으로 또는 정으로 일어나는 마음 작용이다.

특히 이 마음 작용은 은혜를 베푼 후에 은혜를 베풀었다는 관념과 상(相)으로 나타낼 수도 있고 그렇지 않을 수도 있으며, 또는 혹 저 피은자가 배은 망덕을 하더라도 은혜를 베풀었다는 것으로 인하여 미워하거나 원수를 맺을 수도 있고 그렇지 않을 수도 있다.

그러므로 '응용 무념', '동정간 무념'에서 '무념(無念)'의 뜻은 하

314) 정산 종사 법어, 제2부 법어(法語), 제6 경의편(經義編), 6장, p.840.

자는 조목과 말자는 조목에 취사하는 주의심이 없이 한 것이 아니라, 은혜를 베푼 후에 은혜를 베풀었다는 관념과 상(相)을 없이 하고, 혹 저 피은자가 배은 망덕을 하더라도 은혜를 베풀었다는 것으로 인하여 미워하거나 원수를 맺지 아니하는 것이다.

그러므로 우리가 하고 또 하고, 오래오래 계속해야 할 일은 천지의 응용 무념한 도를 체받아서 이 동정간 무념의 도를 양성하고 또 양성하는 것이 곧, 내가 나를 공부하게 하고, 내가 나를 훈련하게 하고, 일일시시로 내가 나를 가르치는 것이다.

유념의 공덕과 무념의 공덕의 차이는?

"있는 것보다 없는 것이 더 큰 것이며 유념보다 무념이 더 크나니, 대개 유는 테가 있으나 무는 테가 없는 까닭이니라.

유념의 공덕에는 유루(有漏)315)의 복316)이 오고 무념의 공덕에는 무루(無漏)317)의 복이 오나니 옛 사람이 '상천(上天)318)의 덕은 소리도 없고 냄새도 없다.' 하였나니라319)."

"정신·육신·물질로 은혜를 베푼 후 그 관념과 상을 없이 할 것이며"라 함은?

각자의 처지에서 생활하다 보면 정신·육신·물질로 은혜를 베풀

---

315) 누(漏): 육근문을 통하여 진성(眞性)이 누설된다는 뜻으로 번뇌를 말함. 번뇌로 인하여 일어나는 온갖 법을 유루라 함.
316) 유루의 복: 번뇌심·사량 계교심 등 유루의 마음으로 지은 복이고, 무루의 복은 사량 계교심 없이 텅 빈 마음으로 지은 복이다. 무루의 복이라야 아무리 사용해도 조금도 줄지 않고 다 하지 않는 큰 복이며, 유루의 복은 영원하지도 못하고 오히려 고통과 죄업을 불러올 수도 있다. 복을 짓고 나서 지었다는 관념과 상(相)이 남아있는 것이 유루의 복이다.
317) 누(漏)는 번뇌의 다른 이름. 번뇌를 떠났다, 번뇌가 없다, 번뇌와 함께 있지 않다는 뜻.
318) 조물주, 하느님, 상제.
319) 정산 종사 법어, 제2부 법어(法語), 제5 원리편(原理編), 27장, p.826.

기도 사실은 쉽지 않다.

내 마음으로, 만사 만리의 근본된 이 몸으로, 내가 가진 것으로 보은하겠다는 마음이 나지 않는 한, 하고 또 하여 이 몸과 마음이 습관이 되지 않는 한 은혜를 베풀기도 결코 쉽지 않을 것이다.

그러나 어쩌면 그보다 더 어려운 것은 은혜를 베푼 후, 내가 무엇을 누구에게 어떻게 하였다는 관념과 상을 나타내고픈 마음에 끌려가 드러내느냐 그렇지 않느냐이다.

그러므로 이 드러내고픈 마음과 끝까지 싸우는 정신을 놓지 않고 대조하고 또 대조하고 살피고 또 살펴 기어이 드러내지 않는 응용 무념 공부를 하고 또 하여야 한다.

여기서 관념(觀念)과 상(相)이란 무엇인가?

경계를 따라 육근 작용을 통하여 묘하게 나오는 분별성과 주착심이다.

이 분별성과 주착심은 나쁜 것만은 아니다.

분별성과 주착심이 있기 때문에 요란해지고 어리석어지고 글러지며, 이렇기 때문에 공부할 수 있는 계기를 장만하게 되고, 진급할 수 있는 기회를 갖게 되며, 파란 고해에서 헤매는 나를 광대무량한 낙원으로 이끌 수 있다.

그러므로 분별성과 주착심은 진리가 내게 주는 은혜요 선물이며, 그 분별성과 주착심을 일으키게 하는 분일수록 나를 공부시키고 진급하게 하는 스승인 줄 알고 오직 공부하고 공부해야 한다.

'혹 저 피은자가 배은 망덕을 하더라도 전에 은혜 베풀었다는 일로 인하여 더 미워하고 원수를 맺지 아니할 것이니라.' 함은?

이는 4대 강령 중 '지은 보은'의 '보은'이다.

"원망할 일이 있더라도 먼저 모든 은혜의 소종래를 발견하여 원망할 일을 감사함으로써 그 은혜를 보답하자는 것이니라."와 같은 의미다.

아니, 오히려 더 진일보(進一步)하는 것이다.

정신·육신·물질로 은혜를 베푼 후, 혹 저 피은자가 배은 망덕을 하더라도 전에 은혜 베풀었다는 일로 인하여 더 미워하고 원수를 맺지 아니할 뿐만 아니라, 혹 저 피은자가 배은 망덕을 하더라도 먼저 모든 은혜의 소종래를 발견하여 원망할 일을 감사함으로써 그 은혜를 보답하는 것이니,

이는 천지의 응용 무념한 도를 체받아서 동정간 무념의 도를 양성하여 그 도를 실행하는 것이다.

여기서 원수란 누구인가?

사전적(辭典的)인 의미는 '자기 또는 자기 집이나 나라에 해를 끼쳐 원한이 맺힌 사람'이다.

처지에 따라 그 유형은 다르겠지만, 우리가 살아가면서 흔히 생길 수 있는 원수는 거의 대부분 경계를 따라 마음을 잘 사용하지 못하거나, 또는 마음 사용이 서툴러 일어나는 갈등으로 생기는 인연인 경우가 대부분이다.

우리가 마음을 쓸 때 그 마음 쓰는 것이 서툴러서 내가 나를 용납하지 못하고, 상대방의 생각이 나와 다르면 그 다른 것을 수용하지 못하여 나와는 전혀 틀린 것으로 속단함으로써 기운이 막히고 마음이 닫혀 원수일 수 없는 원수를 맺게 되는 경우다.

그러므로 원수를 맺고 맺지 않게 하는 나의 조물주는 나 자신이며, 원수를 맺느냐 맺지 않느냐는 내 안에서 일어나는 마음 작용을 끝까지 놓치지 않고 공부 거리로 삼아 공부를 하느냐 하지 않느냐의 차이에서 오는 결과다.

은혜를 베푼 후 그 관념과 상(相)을 놓지 못하면 어떻게 되는가?

이공주(李共珠) 사뢰기를

"제가 저번에 이웃집 가난한 사람에게 약간의 보시를 하였삽더니, 그가 그 후로는 저의 집 일에 몸을 아끼지 아니하오니 복은 지을 것이옵고 지으면 받는 것이 그와 같이 역력320)함을 알았나이다."

대종사 말씀하시기를

"그대가 복을 지으면 받아지는 이치는 알았으나, 잘못하면 그 복이 죄로 화하는 이치도 아는가?"

공주 사뢰기를

"복이 어찌 죄로 화하겠나이까?"

대종사 말씀하시기를

"지어 놓은 그 복이 죄가 되는 것이 아니라 복을 지은 그 마음이 죄를 짓는 마음으로 변하기도 한다 함이니,

범상321)한 사람들은 남에게 약간의 은혜를 베풀어 놓고는 그 관념과 상을 놓지 못하므로 저 은혜 입은 사람이 혹 그 은혜를 몰라주거나 배은 망덕(背恩忘德)을 할 때에는 그 미워하고 원망하는 마음이 몇 배나 더하여 지극히 사랑하는 데에서 도리어 지극한 미움을 일어내고322), 작은 은혜로 도리어 큰 원수를 맺으므로, 선(善)을 닦는다는 것이 그 선을 믿을 수 없고 복을 짓는다는 것이 죄를 만드는 수가 허다하나니,

그러므로 달마(達磨)께서는 '응용 무념(應用無念)을 덕이라 한다.' 하셨고, 노자(老子)께서는 '상덕(上德)은 덕이라는 상이 없다.' 하셨으니,

공부하는 사람이 이 도리를 알고 이 마음을 응용하여야 은혜가 영원한 은혜가 되고 복이 영원한 복이 되어 천지로 더불어 그 덕을 합하게 될 것이니,

그대는 그 상 없는 덕과 변함 없는 복을 짓기에 더욱 꾸준히 힘쓸지어다323)."

---

320) 자취·낌새·기억 따위가 환히 알 수 있게 또렷함.
321) 중요하게 여길 만하지 아니하고 예사로움.
322) 으뜸꼴인 '일어내다'는 사전에 없다. 의미로 보아 '일어나게 하다.'나 '불러 일으키다.'로 생각되므로 '일어나게 하고'나 '불러일으키고'인 것 같다.
323) 대종경, 제4 인도품(人道品), 17장, p.191.

상(相)을 내는 유상 보시(有相布施)와 상을 내지 않는 무상(無相) 보시의 공덕의 차이는?

한 제자 여쭙기를
"유상 보시와 무상 보시의 공덕의 차이가 어떻게 다르나이까?"
대종사 말씀하시기를
"보시를 하는 것이 비하건대 과수에 거름을 하는 것과 같나니, 유상 보시는 거름을 위에다가 흩어 주는 것 같고, 무상 보시는 거름을 한 후에 묻어 주는 것 같나니라.

위에다가 흩어 준 거름은 그 기운이 흩어지기 쉬운 것이요, 묻어 준 거름은 그 기운이 오래가고 든든하나니, 유상 보시와 무상 보시의 공덕의 차이도 또한 이와 같나니라[324]."

천지의 도와 천지 보은의 조목(천지의 8도)은 하나다.

천지 보은의 조목 중 어느 하나라도 부족하거나 치우치면, 즉 지극히 밝지 못하면서 과연 지극히 정성할 수 있으며, 지극히 공정할 수 있으며, 순리 자연할 수 있으며, 광대 무량할 수 있으며, 영원 불멸할 수 있으며, 길흉 없을 수 있으며, 응용 무념할 수 있는가?

천지의 도는 일원상의 진리의 모습을 여덟 가지 표현을 빌어 나타낸 것일 뿐 그 체성이 어찌 달라질 수 있겠는가?

그러니 여덟 조목으로 밝힌 천지의 도와 그 도를 체받아서 나타나는 결과 역시 하나일 수밖에 없다.

그러므로 지극히 밝으면, 지극히 정성하며 지극히 공정하며 순리 자연하며 광대 무량하며 영원 불멸하며 길흉 없으며 응용 무념하다.

또한 지극히 정성한 경우도, 지극히 공정한 경우도, 순리 자연한 경우도, 광대 무량한 경우도, 영원 불멸한 경우도, 길흉 없는 경우도, 응용 무념한 경우도 마찬가지다.

---

324) 대종경, 제6 변의품(辨疑品), 28장, p.252.

천지 보은의 조목(천지의 8도)과 일원상의 진리와의 관계는?

천지 보은의 조목은 일원상의 진리가 천지를 통해서 나타나는 모습을 여덟 조목으로 밝힌 것으로, 진공 묘유의 조화(우주적인 표현)와 공적 영지의 광명(인간적인 표현) 측면으로 나타낼 수 있다.

우주의 공적 영지의 광명			인간의 공적 영지의 광명
천지 의 도는	지극히 밝고	(우리가) 천지의 도를 체받으면	천만 사리(事理)를 연구하여 걸림없이 알게 되고,
	지극히 정성스럽고		만사를 작용할 때에 간단없이 시종이 여일하게 그 목적을 달하게 되며,
	지극히 공정하고		만사를 작용할 때에 원·근·친·소(遠近親疎)와 희·로·애·락(喜怒哀樂)에 끌리지 아니하고 오직 중도를 잡게 되고,
	순리 자연하고		만사를 작용할 때에 합리와 불합리를 분석하여 합리는 취하고 불합리는 버리게 되고,
	광대 무량하고		편착심(偏着心)이 없어지고,
	영원 불멸하고		만물의 변태와 인생의 생·로·병·사에 해탈(解脫)을 얻게 되고,
	길흉이 없고		길할 일을 당할 때에 흉할 일을 발견하고, 흉할 일을 당할 때에 길할 일을 발견하여, 길흉에 끌리지 아니하게 되고,
	응용에 무념한 것이며		동정간 무념의 도를 양성하게 되고, 정신·육신·물질로 은혜를 베푼 후 그 관념과 상(相)을 없이 하게 되고, 혹 저 피은자가 배은 망덕을 하더라도 전에 은혜 베풀었다는 일로 인하여 더 미워하고 원수를 맺지 아니할 것이다.

5. 천지 배은(背恩)

천지 배은이란 천지 피은에 대한 배은으로서 천지에 대한 피은·

보은·배은을 알지 못하는 것과 설사 안다 할지라도 보은의 실행이 없는 것이며, 천지의 도를 체받지 못하는 것이다.

> 천지에 대한 피은·보은·배은을 알지 못하는 것과 설사[325] 안다 할지라도[326] 보은의 실행이 없는 것이니라.

천지 배은은 "천지에 대한 피은·보은·배은을 알지 못하는 것과 설사 안다 할지라도 보은의 실행이 없는 것이니라."의 의미는?

이는 '작업 취사의 목적'의 내용과 같은 의미를 담고 있다.

천지 배은	작업 취사의 목적
천지에 대한 피은·보은·배은을 알지 못하는 것과 설사 안다 할지라도	정신을 수양하여 수양력을 얻었고 사리를 연구하여 연구력을 얻었다 하더라도,
	실제 일을 작용하는 데 있어 실행을 하지 못하면 수양과 연구가 수포에 돌아갈 뿐이요 실효과를 얻기가 어렵나니,
보은의 실행이 없는 것이니라.	예를 들면 줄기와 가지와 꽃과 잎은 좋은(데) 나무에 결실이 없는 것과 같다 할 것이니라.

즉 천지 배은(背恩)은 천지에 대한 피은·보은·배은을 알지 못하는 것과 설사 안다 할지라도 보은의 실행이 없는 것이므로,

이는 정신을 수양하여 수양력을 얻었고 사리를 연구하여 연구력

---

325) 그렇다 치고. 일반적으로 불가능한 사실을 가능한 것처럼 가정할 때 쓰는 말.
326) -ㄹ지라도: 모음으로 끝난 체언이나 어간이나 높임의 '-시-'에 붙어서 '비록 그러하더라도'의 뜻으로, 뒷말이 앞 말에 매이지 아니함을 나타내며, 미래의 일을 양보적으로 가정하는 종속적 연결 어미.

을 얻었다 하더라도, 실제 일을 작용하는 데 있어 실행을 하지 못하면 수양과 연구가 수포에 돌아갈 뿐이요 실효과를 얻기가 어렵다는 의미다.

그러므로 무슨 일에나 안·이·비·설·신·의(眼耳鼻舌身意) 육근을 작용할 때마다 정의는 기어이 취하고 불의는 기어이 버리는 실행 공부를 하듯,

보은은 기어이 행하고 배은은 기어이 행하지 아니하고 보은으로 기어이 돌리는 실행 공부를 하자는 것이다.

피은·보은·배은이 왜 하나며, 이들의 관계는?

피은·보은·배은은 진리의 작용에 따라 나타나는 은혜의 모습이다.

사람의 성품은 정할 때는 무선 무악하나 동할 때는 능선 능악한 이치와 같이 피은·보은·배은은 그때의 상황, 그 사람의 근기 등에 따라 나타날 수 있는 진리의 작용이다.

경계(상황)를 따라 피은될 수도 있고, 자신이나 남의 배은을 통해 느끼고 깨달아 보은할 수도 있고, 보은하다가 시비 이해를 따라 배은할 수도 있고, 배은하다가 보은할 수도 있다.

따라서 피은·보은·배은은 각각인 듯 싶으나, 진리의 작용이라는 관점에서 보았을 때 하나라는 말이다.

6. 천지 보은의 결과

우리가 천지 보은의 조목을 일일이 실행한다면 천지와 내가 둘이 아니요, 내가 곧 천지일 것이며 천지가 곧 나일지니327), 저 하늘은 비록328) 공허329)하고 땅은 침묵330)하여 직접 복락(福樂)331)은 내리지 않는다 하더라도, 자연 천지 같은 위력과 천지 같은 수명과 일월 같은 밝음을 얻어 인천 대중(人天大衆)332)과 세상이 곧 천지같이 우대333)할 것이니라.

'우리가 천지 보은의 조목을 일일이 실행한다면'이란?

동정간에, 경계를 대할 때마다 천지의 은혜를 갚는 것이다.

천지의 지극히 밝은 도, 천지의 지극히 정성한 도, 천지의 지극히 공정한 도, 천지의 순리 자연한 도, 천지의 광대 무량한 도, 천지의 영원 불멸한 도, 천지의 길흉 없는 도, 천지의 응용 무념(應用無念)한 도를 체받아서

경계를 따라 묘하게 나타나는 마음을 나타나는 그대로 묘하게 보고, 이를 원래 마음에 대조하여 원래 마음으로 돌리고, 그 마음을 사용하자는 것이다.

이렇게 하는 것은 경계를 대할 때마다, 마음 작용이 일어날 때마다 항상 천지의 도를 체받아 실행하는 것이다.

즉 경계를 따라 일어나는 묘한 마음을 원래 마음에 대조하여

천지 같이 지극히 밝은 마음을 사용하며,

또는 천지 같이 지극히 정성한 마음을 사용하며,

또는 천지 같이 지극히 공정한 마음을 사용하며,

또는 천지 같이 순리 자연한 마음을 사용하며,

또는 천지 같이 광대 무량한 마음을 사용하며,

또는 천지 같이 영원 불멸한 마음을 사용하며,

또는 천지 같이 길흉 없는 마음을 사용하며,

또는 천지 같이 응용 무념(應用無念)한 마음을 사용하므로

천지의 도를 체받아 이와 같이 실행하는 것이 곧 '천지 보은의 조목을 일일이 실행하는 것'이다.

---

327) -ㄹ지니: 모음으로 끝난 체언이나 어간에 붙어서 '마땅히 그러할 것이니'의 뜻으로, 앞 말이 뒷말의 원인이나 근거가 됨을 나타내는 연결 어미.
328) 아무리 그렇다 할지라도.
329) 속이 텅 빔.
330) 말없이 잠잠히 있음.
331) 행복과 안락.
332) 일체의 생명체. 인간계와 천상계의 모든 대중.
333) 특별히 잘 대우함.

'천지와 내가 둘이 아니요, 내가 곧 천지일 것이며 천지가 곧 나일지니'라 함은?

내가 천지 같은 마음을 내면 천지의 기운과 하나가 되므로 천지는 이미 나를 통해 나타나서 천지와 합일되므로 천지와 나는 이미 우리며 하나가 된다.

이는 영주(靈呪)의 '천지여아 동일체(天地與我 同一體)334)'와 삼동 윤리의 동원도리(同源道理)335)·동기연계(同氣連繫)336)라는 뜻이다.

'저 하늘은 비록 공허하고 땅은 침묵하여'라 함은?

이는 하늘과 땅의 체성을 나타내는 말로서, 묘유를 온통 안고 있는 텅빈 진공 자리며, 일체의 소소영령한 현상(소 자리)이 담겨 있는 대 자리다.

또한 하늘의 공허와 땅의 침묵은 경계를 통하여 공부함에 따라 이르게 되는 우리의 원래 마음이며, 분별 주착이 없는 나의 성품이며, 원래 요란함·어리석음·그름이 없는 심지다.

하늘은 공허하고 땅은 침묵하고만 있는가?

하늘은 공허하고 땅은 침묵하고 있다 하나, 내가 느끼지 못할

---

334) 천지와 나는 하나가 되어, 천지가 곧 내가 되고 내가 곧 천지가 되며, 나는 천지의 주인이 된다.
335) 이 세상의 모든 종교가 비록 이름과 교리와 제도를 달리하고 있으나 그 근본 정신은 하나의 진리에 근원하고 있고, 근본 목적은 인류를 평화와 행복의 길로 인도하려는 같은 것임을 알아서 서로 대동 화합하고 이해 협력하자는 것이다.
336) 이 세상의 모든 인종과 생령이 그 근본은 다 같은 한 기운으로 연계된 동포로서 한 집안 한 권속이니, 이를 알아서 서로 다투지 말고 대동 화합 하자는 것이며, 이 세상에는 씨족과 민족의 차이가 있으나 그 근본을 추구해 본다면 한 기운에서 나온 같은 동포들이므로 서로 만나고 이해하며 상부 상조하고 사랑하며 살아가자는 것이다.

뿐 실은 다북 차 있고, 소리내고 있고, 움직이고 있다.

물 속에 있는 고기는 물이 가득 차 있는 줄 알지 못하고,

만물은 허공에 공기가 다북 차 있는 줄 느끼지 못하고,

지구는 일분 일각도 멈추지 않고 움직이고 있건마는 그 위에 사는 만물은 그 움직임을 알지 못하고, 그 소리를 듣지 못하고 있으므로 하늘은 공허하고, 땅은 침묵하고 있다고 인식하는 것이다.

'저 하늘은 비록 공허하고 땅은 침묵하여 직접 복락(福樂)은 내리지 않는다 하더라도'라 함은?

저 하늘은 공허하고 땅은 말이 없으므로 천지가 우리 중생들의 생각과 알음알이와 친소에 따라 직접 복락을 내리지 않는다고 생각할 수도 있지만, 시일을 두고 간접적으로 복락과 죄고가 오는 수도 있고 자신의 마음에 큰 힘이 생기는 경우도 있다는 뜻이다.

'천지 같은 위력'이란?

천지는 조화가 무궁하여 만물을 능히 살릴 수도 있고 능히 죽일 수도 있는 큰 힘이 있으므로 천지의 도를 체받으면 만사를 작용하되 이루지 못할 일이 없으며, 그 공덕이 미치지 않는 바가 없는데, 이는 자신할만한 법신불의 타력 또는 일원의 위력을 형상화하여 표현한 말인 것 같다(大戒力, 大德化).

'천지 같은 수명'이란?

사람이 천만 번 죽고 세상이 천만 번 변한다 할지라도 천지는 무궁하여 영원 불멸하므로 천지의 도를 체받으면 누구나 다 능히 고락을 초월하고 생사를 해탈하여 천지와 같은 영생을 얻는 것을 말하는 것 같다(大定力, 無量壽).

'일월 같은 밝음'이란?

형상 있는 발광체 중에서 가장 밝은 것이 일월이므로 이 일월의 밝음(광명)은 시방 세계를 비추지 않는 데 없이 비추며 길이 변함 없는 밝음이다. 그러므로 천지의 도를 체받으면 항상 사리간에 걸림 없는 큰 지혜가 얻어짐을 이르는 것이다(大慧力, 般若智).

가장 큰 위력과 가장 긴 수명과 가장 큰 밝음과 가장 큰 우대는?

가장 큰 위력은 천지 같은 위력이며, 가장 긴 수명은 천지 같은 수명(불생 불멸)이며, 가장 밝은 것은 일월 같은 밝음이며, 가장 큰 우대는 천지같이 우대하는 것이다.

천지 같은 위력과 천지 같은 수명과 일월 같은 밝음을 얻는 불공법은?

천지에 다북 차 있는 진리가 온통 하감할 수 있도록 지극한 마음으로 심고와 기도로써 진리 불공을 올리는 동시에, 천지 보은의 조목을 일일이 실행하여 당처 당처에 실지 불공을 드리는 것이다.

'인천 대중(人天大衆)과 세상이 (나를) 곧 천지 같이 우대할 것이니라'는 뜻은?

인천 대중과 세상이 나를 천지같이 우대하는 전제 조건은 내가 천지 보은의 조목을 일일이 실행하는 것이다.

내가 천지 보은을 한다면 천지와 내가 둘이 아닌 하나이므로 인천 대중과 세상이 자연히 나를 천지 같이 우대하는 것은 순리일 것이다.

그러나 내가 하고 또 해야 하는 것은 오직 천지 보은의 조목을 일일이 실행하고 또 실행하는 것이다. 인천 대중과 세상이 나를 천지 같이 우대하는 것은 그저 응용 무념의 대상일 뿐이다.

7. 천지 배은의 결과

우리가 만일 천지에 배은을 한다면 곧 천벌을 받게 될 것이니, 알기 쉽게 그 내역을 말하자면 천도(天道)를 본받지 못함에 따라 응당[337] 사리간에 무식할 것이며, 매사[338]에 정성이 적을 것이며, 매사에 과불급한 일이 많을 것이며, 매사에 불합리한 일이 많을 것이며, 매사에 편착심이 많을 것이며, 만물의 변태와 인간의 생·로·병·사와 길·흉·화·복을 모를 것이며, 덕을 써도 상에 집착하여 안으로 자만하고 밖으로 자랑할 것이니, 이러한 사람의 앞에 어찌 죄해(罪害)[339]가 없으리요. 천지는 또한[340] 공적하다 하더라도 우연히 돌아오는 고(苦)나 자기가 지어서 받는 고는 곧 천지 배은에서 받는 죄벌이니라.

‘우리가’라는 말이 ‘천지 피은의 강령’과 ‘천지 보은의 결과’에 있는가 하면, 왜 ‘천지 배은의 결과’에도 있는가?

‘우리’라는 말 속에는 나뿐만 아니라, 일체 대중·제불 제성이 다 포함되어 있다. 대종사님도, 부처님도 다 들어 있다.

은혜를 입고(피은) 그에 보은하는 것은 누구에게나 다 당연한 일이므로 그로부터 피은된 바를 알고, 천지의 도를 체받아서 실행하면 보은하게 된다.

그런데 배은에 우리, 즉 나뿐만 아니라 일체 대중이 있다는 것은 누구라도 스스로를 닦지 않고 설사 안다 할지라도 보은의 실행이 없으면 배은할 수 있음을 나타내는 말이다.

---

337) 당연히. 으레.
338) 하나하나의 모든 일.
339) 죄를 저지르고 받는 해로움.
340) 어떤 것을 전제로 하고 그것과 같게. 역시. 그 위에 더. 또는 거기에다 더.

'천벌(天罰)'이란 무엇인가?

천지가 베푼 은혜를 배은함으로써 받는 죄벌로서
천도(天道), 즉 천지 보은의 여덟 조목을 본받지 못함에 따라
응당 사리간에 무식할 것이며,
매사에 정성이 적을 것이며,
매사에 과불급한 일이 많을 것이며,
매사에 불합리한 일이 많을 것이며,
매사에 편착심이 많을 것이며,
만물의 변태와 인간의 생·로·병·사와 길·흉·화·복을 모를 것이며,
덕을 써도 상에 집착하여 안으로 자만하고 밖으로 자랑할 것이니,
이러한 사람의 앞에 있는 죄해(罪害)를 말하며,
우연히 돌아오는 고(苦)나 자기가 지어서 받는 고도 천벌이다.

천도(天道)를 본받고(보은), 본받지 못함(배은)의 차이는 무엇인가?

천도를 본받으면 천지의 도는……것이나, 천도를 본받지 못하면……것임을 다음 표에 비교하였다.

	천도를 본받으면 (천지 보은의 조목)	천도를 본받지 못하면 (천지 배은의 결과)
1	천지의 도는 지극히 밝은 것이므로 천만 사리(事理)를 연구하여 걸림없이 알 것이나,	응당 사리간에 무식할 것이다.
2	천지의 도는 지극히 정성한 것이므로 만사를 작용할 때에 간단없이 시종이 여일하게 그 목적을 달할 것이나,	매사에 정성이 적을 것이다.
3	천지의 도는 지극히 공정한 것이므로 만사를 작용할 때에 원·근·친·소(遠近親疎)와 희·로·애·락(喜怒哀樂)에 끌리지 아니하고 오직 중도를 잡을 것이나,	매사에 과불급한 일이 많을 것이다.

	천도를 본받으면 (천지 보은의 조목)	천도를 본받지 못하면 (천지 배은의 결과)
4	천지의 도는 순리 자연한 것이므로 만사를 작용할 때에 합리와 불합리를 분석 하여 합리는 취하고 불합리는 버릴 것이나,	매사에 불합리한 일이 많을 것이다.
5	천지의 도는 광대 무량한 것이므로 편착심(偏着心)을 없이 할 것이나,	매사에 편착심이 많을 것이다.
6	천지의 도는 영원 불멸한 것이므로 만물의 변태와 인생의 생·로·병·사에 해탈 (解脫)을 얻을 것이나,	만물의 변태와 인간의 생·로·병·사를 모를 것 이다.
7	천지의 도는 길흉 없는 것이므로 길한 일을 당할 때에 흉할 일을 발견하고, 흉한 일을 당할 때에 길할 일을 발견하여, 길흉에 끌리지 아니할 것이나,	길·흉·화·복을 모를 것 이다.
8	천지의 도는 응용 무념(應用無念)한 것이므로 동정간 무념의 도를 양성할 것이며, 정신·육신·물질로 은혜를 베푼 후 그 관념 과 상(相)을 없이 할 것이며, 혹 저 피은자가 배은 망덕을 하더라도 전 에 은혜 베풀었다는 일로 인하여 더 미워 하고 원수를 맺지 아니할 것이나,	덕을 써도 상에 집착하 여 안으로 자만하고 밖 으로 자랑할 것이다.

　그러므로 천도를 본받지 못하면 응당 사리간에 무식한 것은 천만 사리(事理)를 연구하여 걸림없이 알지 못함이니, 이는 천지의 지극히 밝은 도를 체받으면 해결될 것이며,

　매사에 정성이 적은 것은 만사를 작용할 때에 간단없이 시종이 여일하게 그 목적을 달하지 못함이니, 이는 천지의 지극히 정성한 도를 체받으면 해결될 것이며,

　매사에 과불급한 일이 많은 것은 만사를 작용할 때에 원·근·친·소와 희·로·애·락에 끌려 오직 중도를 잡지 못함이니, 이는 천지의 지극히 공정한 도를 체받으면 해결될 것이며,

　매사에 불합리한 일이 많은 것은 만사를 작용할 때에 합리와 불

합리를 분석하여 합리는 취하고 불합리는 버리지 못함이니, 이는 천지의 순리 자연한 도를 체받으면 해결될 것이며,

매사에 편착심이 많은 것은 편착심(偏着心)을 없이 하지 못함이니, 이는 천지의 광대 무량한 도를 체받으면 해결될 것이며,

만물의 변태와 인간의 생·로·병·사와 길·흉·화·복을 모르는 것은 만물의 변태와 인생의 생·로·병·사에 해탈(解脫)을 얻지 못함이니, 이는 천지의 영원 불멸한 도를 체받으면 해결될 것이며,

길·흉·화·복을 모르는 것은 길한 일을 당할 때에 흉할 일을 발견하지 못하고, 흉한 일을 당할 때에 길할 일을 발견하지 못함이니, 이는 천지의 길흉 없는 도를 체받으면 해결될 것이며,

덕을 써도 상에 집착하여 안으로 자만하고 밖으로 자랑하는 것은 동정간 무념의 도를 양성하지 않는 것이며, 정신·육신·물질로 은혜를 베푼 후 그 관념과 상(相)을 없이 하지 않는 것이며, 혹 저 피은자가 배은 망덕을 하면 전에 은혜 베풀었다는 일로 인하여 더 미워하고 원수를 맺는 것이다.

이러한 마음을 원래 마음으로 돌리는 방안이 천지의 응용 무념(應用無念)한 도를 체받는 것이다.

천도를 본받지 못함에 따라 나타나는 것도 천지의 덕이다

'천도를 본받지 못함에 따라……밖으로 자랑할 것이니,'는 천지의 도에 대한 배은의 결과로 나타나는 천지의 위력이다.

또한 이는 경계를 따라 일어나는 마음 작용에 끌려 요란해지고 어리석어지고 글러진 우리의 마음이며, 강급이 되고 해독을 입음에 따라 거슬러 나타나는 일원의 위력이다.

'우연히 돌아오는 고(苦)'란?

생각하지 않았던 고로서 현실적으로 그 원인을 알 수 없는 고를

말하는데, 전생에 지은 것은 알기 어렵고, 무심으로 지은 것은 그 원인을 스스로 알기 어렵다.

그러나 알고 보면 짓지 않고 받는 고는 없다.

'지어서 받는 고'란?

우연히 돌아오는 고든, 정당한 고든, 부정당한 고든 그 원인을 스스로 알기 어려운 경우가 많으나, 알고 보면 모두 각자의 육근(六根)을 운용하여 일을 짓는 결과이므로 짓지 않고 받는 고는 없다.

'천지는 또한 공적하다 하더라도 우연히 돌아오는 고(苦)나 자기가 지어서 받는 고'란?

고(苦)를 반기는 사람은 아무도 없지만, 이 고는 사은에 대한 배은의 결과며, 공적 영지의 광명을 따라 우주 만유를 통하여 나타나는 진공 묘유의 조화며, 법신불 사은의 위력이다.

이 고를 내게 주어진 진공 묘유의 조화로, 묘한 진리의 작용으로 수용한다면 이 또한 나를 진급하게 하는 공부 찬스요 공부 거리가 될 것이다.

천지 보은은 천지 피은에 대한 보은이고, 천지 배은은 천지 피은에 대한 배은이구나!

천지 보은은 '천지에 입은 은혜를 갚는 것'인 줄만 알았더니 다시 보니 천지 피은에 대한 보은이고,

천지 배은은 '천지에 대한 피은·보은·배은을 알지 못하는 것과 설사 안다 할지라도 보은의 실행이 없는 것'인 줄만 알았더니 천지 피은에 대한 배은임을 새삼스럽게 알게 된다.

이렇게 보니 다음 표와 같이 천지 보은과 천지 배은의 공통 분모

는 천지 피은으로 드러나며, 천지 피은은 천지에 도(道)와 덕(德)이 있는 것을 이르므로 천지의 도에 근본을 두고 있음을 알 수 있다.

천지 피은 (被恩)의 강령		천지 보은의 조목		
천지의 도(道)		천지의 도	보은	천지의 덕(德)(보은의 결과)
1 지극히 밝은 것이며,	1	천지의 지극히 밝은 도를	체받아서	천만 사리(千萬事理)를 연구하여 걸림없이 알 것이요,
2 지극히 정성한 것이며,	2	천지의 지극히 정성한 도를	체받아서	만사를 작용할 때에 간단없이 시종이 여일하게 그 목적을 달할 것이요,
3 지극히 공정한 것이며,	3	천지의 지극히 공정한 도를	체받아서	만사를 작용할 때에 원·근·친·소(遠近親疏)와 희·로·애·락(喜怒哀樂)에 끌리지 아니하고 오직 중도를 잡을 것이요,
4 순리 자연한 것이며,	4	천지의 순리 자연한 도를	체받아서	만사를 작용할 때에 합리와 불합리를 분석하여 합리는 취하고 불합리는 버릴 것이요,
5 광대 무량한 것이며,	5	천지의 광대 무량한 도를	체받아서	편착심(偏着心)을 없이 할 것이요,
6 영원 불멸한 것이며,	6	천지의 영원 불멸한 도를	체받아서	만물의 변태와 인생의 생·로·병·사에 해탈(解脫)을 얻을 것이요,
7 길흉이 없는 것이며,	7	천지의 갈흉 없는 도를	체받아서	길할 일을 당할 때에 흉할 일을 발견하고, 흉할 일을 당할 때에 길할 일을 발견하여, 길흉에 끌리지 아니할 것이요,
8 응용에 무념 (無念)한 것이다.	8	천지의 응용 무념(應用無念)한 도를	체받아서	동정간 무념의 도를 양성할 것이며, 정신·육신·물질로 은혜를 베푼 후 그 관념과 상(相)을 없이 할 것이며, 혹 저 피은자가 배은 망덕을 하더라도 전에 은혜 베풀었다는 일로 인하여 더 미워하고 원수를 맺지 아니 할 것이니라.

그러므로 천지 보은과 천지 배은 역시 천지의 도를 당연히 근본으로 하고 있으리라는 짐작은 쉽게 할 수 있다.

그러면 천지 보은과 천지 배은에서 천지의 도에 대한 내용이 있는지 찾아보자.

우선 천지 보은의 조목에 보면, 이 조목 자체가 천지의 도를 주체로 하고 있음을 쉽사리 발견할 수 있다. 즉 천지의 도를 체받는 것이 곧 보은임을 알 수 있다.

또한 지극히 밝은 것은 천만 사리(千萬事理)를 연구하여 걸림없이 아는 것이며,

지극히 정성한 것은 만사를 작용할 때에 간단없이 시종이 여일하게 그 목적을 달하는 것이며,

지극히 공정한 것은 만사를 작용할 때에 원·근·친·소(遠近親疎)와 희·로·애·락(喜怒哀樂)에 끌리지 아니하고 오직 중도를 잡는 것이며,

순리 자연한 것은 만사를 작용할 때에 합리와 불합리를 분석하여 합리는 취하고 불합리는 버리는 것이며,

광대 무량한 것은 편착심(偏着心)을 없이 하는 것이며,

영원 불멸한 것은 만물의 변태와 인생의 생·로·병·사에 해탈(解脫)을 얻는 것이며,

길흉이 없는 것은 길할 일을 당할 때에 흉할 일을 발견하고 흉할 일을 당할 때에 길할 일을 발견하여 길흉에 끌리지 아니하는 것이며,

응용에 무념(無念)한 것은 동정간 무념의 도를 양성하는 것이며, 정신·육신·물질로 은혜를 베푼 후 그 관념과 상(相)을 없이 하는 것이며, 혹 저 피은자가 배은 망덕을 하더라도 전에 은혜 베풀었다는 일로 인하여 더 미워하고 원수를 맺지 아니 하는 것임을 발견할 수 있다.

다음에는 천지 배은의 결과에서 보면, 이 역시 천지의 도를 근본으로 하고 있음을 알 수 있다.

그런데 천지 배은은 천지 피은에 대한 배은이므로 천지 배은의 결과의 내용은 천지의 도에 대한 반대 현상과 천지 보은의 조목과

반대로 기재되리라 짐작할 수 있다.

정말 그런지 두 내용을 비교해 보면 너무나 잘 맞는다.

천지 피은(被恩)의 강령		천지 배은의 결과		
천지의 도(道)		천지의 배은		천지 배은의 결과
1	지극히 밝은 것이며,	1	천도를 본받지 못함	에 따라	응당 사리간에 무식할 것이며
2	지극히 정성한 것이며,	2	천도를 본받지 못함	에 따라	매사에 정성이 적을 것이며,
3	지극히 공정한 것이며,	3	천도를 본받지 못함	에 따라	매사에 과불급한 일이 많을 것이며,
4	순리 자연한 것이며,	4	천도를 본받지 못함	에 따라	매사에 불합리한 일이 많을 것이며,
5	광대 무량한 것이며,	5	천도를 본받지 못함	에 따라	매사에 편착심이 많을 것이며,
6	영원 불멸한 것이며,	6	천도를 본받지 못함	에 따라	만물의 변태와 인간의 생·로·병·사와 길·흉·화·복을 모를 것이며,
7	길흉이 없는 것이며,	7	천도를 본받지 못함	에 따라	
8	응용에 무념(無念)한 것이다.	8	천도를 본받지 못함	에 따라	덕을 써도 상에 집착하여 안으로 자만하고 밖으로 자랑할 것이니라.

여기서 보니, 지극히 밝은 것의 반대는 응당 사리간에 무식한 것이며,

지극히 정성한 것의 반대는 매사에 정성이 적은 것이며,

지극히 공정한 것의 반대는 매사에 과불급한 일이 많은 것이며,

순리 자연한 것의 반대는 매사에 불합리한 일이 많은 것이며,

광대 무량한 것의 반대는 매사에 편착심이 많은 것이며,

영원불멸한 것과 길흉이 없는 것의 반대는 만물의 변태와 인간

의 생·로·병·사와 길·흉·화·복을 모르는 것이며,

응용에 무념(無念)한 것의 반대는 덕을 써도 상에 집착하여 안으로 자만하고 밖으로 자랑하는 것임을 알 수 있다.

그리고 보니, 뭐가 또 발견된다.

즉 응당 사리 간에 무식한 것, 매사에 정성이 적은 것, 매사에 과불급한 일이 많은 것, 매사에 불합리한 일이 많은 것, 매사에 편착심이 많은 것, 만물의 변태와 인간의 생·로·병·사와 길·흉·화·복을 모르는 것, 덕을 써도 상에 집착하여 안으로 자만하고 밖으로 자랑하는 것은 경계를 따라 있어지는 그 요란함·그 어리석음·그 그름으로 나타나는 내 모습임을 알 수 있다.

이렇게 하나하나 분석해 보니, 피은·보은·배은이 하나라는 말씀이 한결 쉽게 이해된다.

'아하, 천지은 전체가 내 마음이구나!'

제2절 부모은(父母恩)

부모라고 하면 일반적으로 내 육신을 낳아 길러 주신 현세의 부모만을 말하기 쉽다.

그러나 종교나 경전을 통해 가르침을 나투어 정신을 깨우쳐 주고 열어 주신 스승(제불 제성)과 지식의 문으로 인도하여 주신 학문의 스승도 만사 만리의 근본 되는 이 몸의 정신을 낳아 주고 길러 주신 부모며, 지나간 세상의 부모와 스승, 돌아 올 세상의 부모와 스승도 다 부모다.

또한 생멸 없는 도와 인과 보응의 이치에 따라 과거의 부모와 스승은 오늘의 자식과 제자로, 오늘의 자식과 제자는 내일의 부모와 스승으로, 오늘의 부모와 스승은 내일의 자식과 제자로 돌고 도는 하나의 관계를 이루고 있으므로 내가 대하는 인연들을 돌고 도는 부모인 줄 알고 보은하자는 것이다.

1. 부모 피은의 강령

우리가 부모에게서[341] 입은 은혜를 가장 쉽게 알고자 할진대, 먼저 마땅히 부모가 아니어도[342] 이 몸을 세상에 나타내게[343] 되었으며, 설사 나타났더라도 자력(自力) 없는 몸으로서 저절로 장양될 수 있었을 것인가 하고 생각해 볼 것이니, 그런다면 누구나 그렇지 못할 것은 다 인증할 것이다. 부모가 아니면 이 몸을 나타내지 못하고 장양되지 못한다면 그 같이 큰 은혜가 또 어디 있으리요.

대범, 사람의 생사라[344] 하는 것은 자연의 공도[345]요 천지의 조화라 할 것이지마는, 무자력할 때에 생육(生育)[346]하여 주신 대은[347]과 인도의 대의[348]를 가르쳐 주심은 곧 부모 피은이니라.

'우리가 부모에게서 입은 은혜'란?

태어나는 것 자체, 아니 낳아 주신 자체가 바로 은혜다.

왜냐 하면 낳아 주셨기 때문에 사은(四恩)을 알게 되었고, 공부할 수 있게 되었고, 진급할 수 있는 기회를 가질 수 있게 되었지 않은가!

가르치고 길러 주신 은혜는 또 어찌 표현할 수 있단 말인가!

그러니 부모은(父母恩)이 어찌 신앙의 대상이 되지 않겠는가?!

---

341) -에게서: 주로 사람을 나타내는 명사·대명사에 붙어서 움직임이 이루어지고 있는 데를 나타낸다.
342) -어도: 가정이나 양보의 뜻을 나타내는 종속적 연결 어미.
343) 나타내게(나타내다+게): 나타나게 하다.
344) -라: '-라고'의 준말로, 보편적·일반적 개념을 인용하는 투로, 그것도 남에게 알려주는 뜻을 나타냄.
345) 공평하고 바른 도리. 떳떳하고 당연한 이치.
346) 낳아서 길러 줌.
347) 무자력할 때에 생육(生育)하여 주신 것.
348) 인도의 대의: 사람으로서 행해야 할 의무와 책임, 의리와 본분.

왜 태어난다고 하지 않고 (이 몸을 세상에) 나타내게 되었다고 하셨는가?

'어미의 태(胎)로부터 세상에 나오다'라는 뜻인 태어나게 되었다 하지 않으시고, 왜 '나와서 눈에 뜨이게 하다'의 뜻을 가진 '나타내게' 되었다고 하셨는가?

이는 우리라는 존재가 부모의 몸을 빌려 비록 태어나기는 했지만 불생 불멸의 이치에 따라 변화되면서 나타나는 여여자연한 존재임을 이르신 말씀이다.

'먼저 마땅히 부모가 아니어도 이 몸을 세상에 나타내게 되었으며, 설사 나타났더라도 자력(自力) 없는 몸으로서 저절로 장양될 수 있을 것인가 하고 생각해 볼 것이니'라 함은?

'먼저 마땅히 부모가……나타내게 되었으며'는 만사 만리의 근본되는 이 몸을 나타내게 하여 공부할 수 있는 기회를 갖게 하고, 더구나 사은에 보은할 수 있는 기회를 갖게 해 준 부모님의 은혜와 부모님이 우리에게 본능적으로 갖는 마음을 나타내며,

'설사 나타났더라도……생각해 볼 것이니'라 함은 낳은 은혜 못지않게, 아니 낳은 은혜보다 더 큰 길러주신 은혜를 나타낸다.

대종사님의 이 말씀은 부모님이 우리를 낳아 주신 은혜와 길러 주신 은혜를 비교하기 위함이 아니다.

낳아 주심은 낳아 주심대로, 길러 주심은 길러 주심대로 다같이 소중하다. 그 자체가 은혜기 때문이다.

그러므로 우리는 이 몸을 나타내게 된 것과 장양된 것은 어떠한 상황과 어떠한 경우에 처하든 그 은혜를 부정할 수 없는 것이며, 설사 일시적으로 부정한다 하더라도 결코 부정되는 것이 아니다.

왜냐 하면, 알게 모르게 이미 부모를 통하여 일원상의 진리가 나투어져 있기 때문이다. 이 나투어진 진리가 '부모에게서 입은 은혜'다.

'누구나 그렇지 못할 것은 다 인증할 것이다.'라는 말씀은?

부모가 아니었으면 이 몸을 세상에 나타내지 못하였을 것이며, 설사 나타났더라도 자력(自力) 없는 몸으로서 저절로 장양될 수 없었을 것을 이르는 말이다.

그러니까 진리다. 만약 누구나 다 인증하지 않는다면 진리일 리 없지 않은가!

'부모가 아니면 이 몸을 나타내지 못하고'의 '이 몸'은 어떤 몸인가?

이 몸을 통하여, 법신불 사은이 흐르고 나타난다.

이 몸은 업의 덩어리도 되지만 원래는 은혜 덩어리며, 또한 만사 만리의 근본이다.

이 몸이 있기에 법신불 사은이 드러나므로 이 몸은 법신불 사은의 화신(화신불)인 것이다.

대범, 사람의 생사라 하는 것은 자연의 공도요 천지의 조화라 할 것이지마는, 무자력할 때에 생육(生育)하여 주신 대은과 인도의 대의를 가르쳐 주심은 곧 부모 피은이니라

왜 사람의 생사가 자연의 공도요 천지의 조화라고 하는가?

자연의 공도(公道)는 자연의 조화로서 생·로·병·사, 춘·하·추·동, 성·주·괴·공 등 아무도 어찌할 수 없고 누구도 밟지 않을 수 없는 길이며,

천지의 조화는 천지가 변화됨에 따라 나타나는 천만 가지의 변화로서 만물을 살리고 죽이는 천지의 큰 힘과 재주다.

이 도도히 흐르는 자연과 천지의 변화와 작용이 사람 육신의 생사 거래와 마음 작용의 들고 남과 다르지 않다는 의미다.

그러므로 이 몸 자체는 자연의 공도에 따라 생로 병사, 생멸 거래의 불가피성을 인정한다 하더라도 무자력할 때 생육하여 주신 은혜와 인도의 대의를 가르쳐 주신 것은 도저히 부정하려야 부정할 수 없는, 너무나 엄연한 진실이므로 당연히 진리요 피은이다.

사람의 생사가 아무리 자연의 공도와 천지의 조화라 하더라도, 자연의 공도와 천지의 조화만으로 바르게 살아갈 수 있는가?

없다. 자연의 공도와 천지의 조화를 거치려면 먼저 부모님을 통하여 그 모습이 세상에 나타나야 하고(生), 무자력할 때에는 저절로 장양될 수 없으므로 부모님이 길러주신 은혜를 입게 된다(育).

길러 주심도 아무렇게 하는 것이 아니라, 사람으로서 행해야 할 의무와 책임, 의리와 본분 등 '인도의 대의'를 가르치기까지다.

2. 부모 피은의 조목

1. 부모가 있으므로 만사 만리[349]의 근본[350] 되는 이 몸을 얻게 됨이요,

왜 이 몸을 '만사 만리의 근본 되는 이 몸'이라 하셨는가?

만사 만리의 근본 되는 이 몸은 육신의 몸만이 아니라, 만사 만리의 근본인 진리를 담고 있고 부처의 마음이 깃든 몸이다.

이 몸 속에는 천만 경계를 대할 때마다 작용하는 진리가 스스로 있으므로 이 몸이 그렇게 소중하고 귀한 존재인 것이다.

이 몸은 진리의 작용(인연) 따라 나타나는 보신불(報身佛)[351]이

---

349) 헤아릴 수 없는 모든 일과 이치.
350) 사물의 본질이나 본바탕.
351) 과보와 수행의 결과로 나타나는 불신(佛身)이다. 오랜 수행의 과정을 거

며, 이 몸 속의 진리를 스스로 발견해 내는 것이 곧 우리의 공부 거리며 깨달음의 씨앗이 된다.

이 몸이 만사 만리의 근본인 줄 안 것만도 기쁜데, 부모가 있기 때문에 이런 줄 알게 되는구나!

내가 이런 존재(만사 만리의 근본)인 줄 이제야 알게 되었는데, 이런 나를 있게 한 존재는 누구인가?

내 부모, 우리 부모, 전체 부모구나! 사은의 은혜구나!

이렇게 소중한 나로구나!

2. 모든 사랑을 이에 다하사352) 온갖353) 수고354)를 잊으시고355) 자력을 얻을 때까지 양육356)하고 보호357)하여 주심358)이요,

'모든 사랑을 이에 다하사 온갖 수고를 잊으시고'라 함은?

부모의 자식 사랑에는 계급도, 차별도, 분별도, 국한도 없다. 사랑하게 되면 그 자체가 전부요, 온전히 100%다.

사랑은 조금이라도 남겨두면서 하고, 재면서 하는가?

온통 다하는 사랑이다. 그러니 조건 없는 사랑이 나투어진다. 즉

처 나타난 무궁무진한 공덕을 갖춘 몸을 의미한다.

352) 다하사(다하다+사): 물자나 심력을 있는 대로 들이다. -사: '-시어'가 준말

353) 여러 가지의. 모든 종류의.

354) 일을 하는 데 힘을 들이고 애를 씀.

355) 잊으시고(잊다+으시+고): 단념하고 생각하지 아니하다. -으시-: 자음으로 끝난 동사나 형용사의 어간에 붙이어 존경의 뜻을 나타내는 보조 어간. -고: 두 가지 이상의 동작·성질·사실 등을 대등하게 또는 대조적으로 잇달아 나타내는 연결 어미.

356) 길러 자라게 함.

357) 돌보아서 잘 지킴.

358) 주심(주다+ㅁ): 받게 하다. 입게 하다.

우리 부모는 막노동을 하든, 떡장사를 하든 자신의 희생은 희생으로 여기지 않으시고, 또 자신의 수고는 수고로 여기지 않으시고 자식의 뒷바라지에 평생을 보낼 수 있다.

왜 부모의 사랑은 이렇게까지 나타나는가?

일원상의 진리가 부모를 통해서 나투어져 자신도 모르게 천심(天心)이 발현되기 때문이다.

부모의 사랑은 자력을 얻을 때까지만인가?

자식이 어른이 되어도 부모에게는 항상 자식이다.

몸으로는 미치지 못할지라도, 마음은 항상 양육하고 보호하여 주심이다. 넉넉한 마음으로 부족한 것도, 허물도 항상 다 감싸며 자식들이 건강하고 잘 되기를 빌고 또 빌어 주신다.

3. 사람의 의무와 책임을 가르쳐 인류 사회로359) 지도360)하심이니라.

'사람의 의무와 책임'이란?

각자가 가정·사회·국가·세계에 처해서 맡은 일이나 또는 맡겨진 일을 말한다.

한 가정에서 모든 가권(家眷: 가족)이 그 가정의 평화와 복지를 유지·향상시키는 면에서 그 의무는 다 같으나(진공, 대) 그 의무를 이행하는 방법면에서 각자의 책임은 다른 것이다(묘유, 소).

또한 가정에서도 호주의 책임(견문과 학업을 잊어버리지 아니하며, 자녀의 교육을 잊어버리지 아니하며, 상봉 하솔하는 것), 부녀의 책임, 자녀의 책임은 다르다.

---

359) -로: 받침이 없거나 'ㄹ' 받침인 체언에 붙어 방향을 표하는 말.
360) 가리키어 이끎.

이처럼 각자가 느끼고 실행하는 의무와 책임은 세상을 어떻게 보느냐에 따라 그 경계는 다르다.

개인·가정·국가만 아는 사람과, 진리가 하나인 줄도 알고 이 세계가 하나의 마을인 줄도 알고 이 세계의 모든 사람들이 하나의 가족인 줄도 알고 이 세상이 한 일터인 줄도 아는 사람과 그렇지 않은 사람이 생각하고 행하는 의무와 책임이 어찌 같겠는가?

'인류 사회로'의 '로'와 '지도'의 어울림은?

'로'는 '방향을 나타내는 조사'며, '지도'는 '가리키어 이끎'이므로 방향이다.

어디를 가리키어 이끄는가?

'인류 사회'다.

3. 부모 보은의 강령

> 무자력할 때에 피은된 도를 보아서 힘 미치는 대로361) 무자력한 사람에게 보호362)를 줄 것이니라.

'무자력할 때'와 '무자력한 사람'이란?

'무자력할 때에 피은된 도를 보아서 힘 미치는 대로 무자력한 사람에게 보호를 줄 것이니라'의 말씀에서, 태어나서 부모가 챙겨 주지 않아도 될 정도로 자력이 양성될 때까지가 무자력할 때며, 이런 경우의 사람이 무자력한 사람이다.

또 비록 성인이 되었다 하더라도 상황에 따라서는 누구나 무자력한 때가 있으며, 무자력한 사람이 될 수 있음도 인정하지 않을

---

361) (어미 '-는' 뒤에 쓰여) 어떤 상태나 행동이 나타나는 족족.
362) 돌봐 지킴. 보전하여 호위함.

수 없다.

이는 어떤 경우라 할지라도 그 상황에 맞는 능력이 내게 없을 때에는 내가 무자력한 사람이며, 자력이 있는 다른 사람의 도움을 받게 된다.

따라서 누구나 무자력한 경우에 부딪칠 수 있고, 누구나 보호를 줄 수 있다. 더구나 보호를 줄 수 있는 능력이 있어도 보호를 줄 수 있어야 비로소 공익심 있는 사람이 되는 것이며, 자력이 양성된 사람이라 할 수 있다.

또한 자력 있는 사람이 무자력한 사람에게 보호를 주는 것은 자연스레 진리에 순응하는 것이며, 천지의 도를 체받는 것이다. 이는 마치 물은 위에서 아래로 흐르고, 차면 넘치는 이치와 같다 하겠다.

그러므로 무자력할 때와 무자력한 사람이 되는 것을 해결하는 구체적인 방법은 자력 양성과 지자 본위다.

'무자력할 때 피은된 도를 보아서'라 함은?

'피은된 도'는 흥정의 대상이 아니다. 피은된 도는 내게 나타나는 순리 자연한 진리의 작용이요 조화다.

'보아서'는 '흥정하듯이, 감안(헤아려 살핌)하듯이'의 의미가 아니다.

피은된 도를 깊이 느끼고 알아서 수용하는 것이며, 피은된 도가 나타난 그대로 분별성과 주착심으로 간섭하거나 판단하는 마음 없이 수용하는 것이다.

'힘 미치는 대로'의 한계는 어디까진가?

부모와 자식이 서로 생각하고 실행하는 데에 차이가 있는 것 같다.

부모는 무조건적이고 모든 사랑을 이에 다하사 온갖 수고를 잊으시고 자력을 얻을 때까지 양육하고 보호하여 주시는데 반해, 자식은 각자의 처지에 맞추어 생각하고 헤아린다.

그러니까 부모와 부모은이 어찌 신앙의 대상이 되지 않겠는가?

따라서 힘 미치는 대로의 한계는 어떠한 희생을 감수하고라도의 의미보다는 내가 할 수 있는 데까지 최선을 다하여 보호를 주는 것이라는 의미로 보는 것이 타당하다.

처한 상황과 변하는 상황 따라 각자가 생각하고 실행하는 의무와 책임의 범위와 한계를 어떻게 정하느냐에 따라 '힘 미치는 대로'의 한계 역시 달라질 것이다.

4. 부모 보은의 조목

> 1. 공부의 요도(要道)363) 삼학 팔조와 인생의 요도 사은 사요를 빠짐없이364) 밟을365) 것이요,

왜 공부의 요도와 인생의 요도를 빠짐없이 밟으라 하셨는가?

우리가 세상에 출세하여 살아갈 때에 공부의 요도인 삼학 팔조와 인생의 요도인 사은 사요 중 어느 하나도 빼놓고 실행하는가?

그렇지 않다. 처한 상황 따라, 비록 알지 못할지라도, 사은·사요·삼학·팔조를 실행하고 있으며, 그 실행의 정도에 차이가 있을 뿐이다.

그러므로 빠짐없이 밟으라 했다 하여, 어떻게 빠뜨리지 않고 다 할 수 있느냐고 부담감을 느낄 필요는 없다.

이미 나의 실행 자체가 공부의 요도와 인생의 요도를 따르고 있으므로 이들 요도를 이미 나도 모르게 실행하고 있다. 그러나 그 실행 정도가 법에 맞느냐 그렇지 않느냐에 차이가 있다.

이런 문제들은 공부의 요도와 인생의 요도를 빠짐없이 밟아가다 보면 반드시 해결할 수 있고, 또한 원만 구족하고 지공 무사한 줄 아는 나는 공부의 요도와 인생의 요도를 빠짐없이 잘 밟을 수 있

---

363) 요긴한 길. 중요한 일.
364) 하나도 빼 놓지 아니하고.
365) 예전 사람이 한대로 행하다.

음을 인정한다면, 누구나 다 대종사님의 법을 그대로 빠짐없이 실행하게 될 것이다. 단지 경계를 따라 이런 사실을 잠시 잠깐 잊고 있을 뿐이므로 챙기고 또 챙기면서 바로 하자는 것이다.

공부의 요도와 인생의 요도를 빠짐없이 밟는 것이 왜 부모 보은 되는 내역인가?

한 제자 여쭙기를

"부모 보은의 조목에 '공부의 요도와 인생의 요도를 유루(有漏)366) 없이 밟으라.' 하셨사오니, 그것이 어찌 부모 보은이 되나이까?"

대종사 말씀하시기를

"공부의 요도를 지내고 나면 부처님의 지견을 얻을 것이요, 인생의 요도를 밟고 나면 부처님의 실행을 얻을지니,

자녀된 자로서 부처님의 지행을 얻어 부처님의 사업을 이룬다면 그 꽃다운 이름이 너른 세상에 드러나서 자연 부모의 은혜까지 드러나게 될 것이라,

그리 된다면 그 자녀로 말미암아 부모의 영명(令名)367)이 천추(千秋)368)에 길이 전하여 만인의 존모(尊慕)369)할 바 될 것이니, 어찌 단촉370)한 일생에 시봉(侍奉)371)만 드리는 것에 비하겠는가.

그러므로, 이는 실로 무량한 보은이 되나니라372)."

학인이 묻기를

"공부의 요도(要道)와 인생의 요도를 밟음이 부모 보은되는 내

---

366) 누(漏)는 육근문을 통하여 진성(眞性)이 누설 된다는 뜻으로 번뇌를 말하며, 번뇌로 일어나는 온갖 법을 유루라고 한다.
367) 훌륭한 인물이라는 좋은 평판.
368) 오래고 긴 세월, 또는 먼 장래.
369) 이미 열반한 분의 공덕을 높이어 추모하는 것.
370) 시일이 촉박함.
371) 부모님이나 스승님을 잘 모시고 받드는 것.
372) 대종경, 제6 변의품(辨疑品), 25장, p.249.

역을 더 자상히 알고 싶나이다."

말씀하시기를

"그 부모의 영명(榮·令名)373)이 천추에 영전(永傳)374)됨이요, 그러한 불보살을 세상에 희사한 공덕으로 자연 하늘 복이 돌아감이요, 현생과 후생을 통하여 공덕 있는 자녀의 감화를 받기가 쉬움이니라375)."

2. 부모가 무자력할 경우에는 힘 미치는 대로 심지(心志)376)의 안락377)과 육체의 봉양378)을 드릴 것이요,

심지(心志)의 안락이 육체의 봉양보다 먼저구나!

'육체의 봉양과 심지(心志)의 안락을 드릴 것이요'라고 하지 않고, 왜 '심지(心志)의 안락과 육체의 봉양을 드릴 것이요'라 했는가?

이것은 심지의 안락이 육체의 안락보다 먼저기 때문이다.

육체의 봉양은 경우와 처지에 따라 차이가 날 수 있어도, 마음이 편하면 그 자체가 즐겁고 낙원 생활이며, 그 마음에는 분별이나 차별이 없는 것이다.

육체의 봉양을 아무리 잘해 드려도 마음이 안락하지 않으면, 그것이 바로 파란 고해의 생활이요 현세의 지옥 생활일 것이다.

3. 부모가 생존379)하시거나380) 열반(涅槃)하신 후나 힘 미치는 대로 무자력한 타인의 부모라도 내 부모와 같이 보호할 것이요,

---

373) 명예스러운 이름. 천추에 빛나는 이름.
374) 오래토록 전해짐.
375) 정산 종사 법어, 제2부 법어(法語), 제6 경의편(經義編), 7장, p.840.
376) 마음과 뜻. 마음에 지니는 의지
377) 심지(心志)의 안락: 본의와 하고자 하는 뜻을 잘 받들어 근심과 걱정이 없이 길이 평안하고 즐겁게 해 드림.
378) 부모·조부모를 받들어 모심. 육체의 봉양: 의식주에 불편이 없도록 잘 받들어 드리고 건강에 손상이 없게 해 드리는 것.

'무자력한 타인의 부모라도 내 부모와 같이 보호할 것이요'라 하였는데, 그것이 어찌 부모 보은이 되는가?

대종사 말씀하시기를
"과거 부처님이 말씀하신 다생의 이치로써 미루어 보면 과거 미래 수천만 겁을 통하여 정하였던 부모와 정할 부모가 실로 한이 없고 수가 없을 것이니, 이 많은 부모의 은혜를 어찌 현생 부모 한두 분에게만 보은함으로써 다하였다 하리요.

그러므로, 현생 부모가 생존하시거나 열반하신 후나 힘이 미치는 대로 자력 없는 타인 부모의 보호법을 쓰면 이는 삼세 일체 부모의 큰 보은이 되나니라381)."

무자력한 타인의 부모 보호하기를 왜 내 부모의 생존·열반에 관계 없이 힘 미치는 대로 보호하라 하시며, 이렇게 함이 어떻게 부모 보은이 되는가?

영겁 다생의 이치로 보면 영겁의 부모도 수가 없고, 미래에 만날 부모도 수가 없으므로 내 부모가 계시든 계시지 않든 무자력한 타인의 부모 보호하기를 항상 내 부모와 같이 보호하는 것은 삼세의 일체 부모님께 보은하는 길이므로 영겁의 일체 부모에 대하여 큰 효(大孝)가 된다.

이렇게 하는 것은 내가 영겁 다생을 통해 잘 받는 것(피은)이며, 이것은 호리도 틀림이 없는 불생 불멸의 이치인 동시에 인과 보응의 이치에 따른 진리의 작용이기 때문이다.

이에 대한 대종사님의 말씀을 들어 보자.
"과거 부처님이 말씀하신 다생의 이치로써 미루어 보면 과거 미래 수천만 겁을 통하여 정하였던 부모와 정할 부모가 실로 한이

---

379) (죽지 않고) 살아 있음.
380) -거나: 가리지 아니하는 뜻을 나타내는 연결형 서술격 조사.
381) 대종경, 제6 변의품(辨疑品), 25장, p.249.

없고 수가 없을 것이니, 이 많은 부모의 은혜를 어찌 현생 부모 한두 분에게만 보은함으로써 다하였다 하리요.

그러므로, 현생 부모가 생존하시거나 열반하신 후나 힘이 미치는 대로 자력 없는 타인 부모의 보호법을 쓰면 이는 삼세 일체 부모에게 큰 보은이 되나니라[382]."

> 4. 부모가 열반하신 후에는 역사[383]와 영상[384]을 봉안[385]하여 길이 기념[386]할 것이니라.

이렇게 하는 목적은 피은된 도 - 만사 만리의 근본 되는 이 몸을 얻게 함이요, 더구나 모든 사랑을 이에 다하사 온갖 수고를 잊으시고 자력을 얻을 때까지 양육하고 보호하여 주심이요, 사람의 의무와 책임을 가르쳐 인류 사회로 지도하여 주심 - 를 보아서 부모님의 은혜를 잊지 말자는 것이며,

힘 미치는 대로 무자력한 타인의 부모라도 내 부모같이 보호하자는 마음을 일깨우고 또 일깨우고, 나만 이렇게 하는 것이 아니라, 내 가족, 내 후손도 길이길이 보은 생활을 하게 하자는 것이다.

나를 잘 키워 주신 부모가 열반하신 후에 역사와 영상을 봉안하여 길이 기념하는 것은 당연하다지만, 그렇지 못한 부모까지도 이렇게 해야 하는가?

가장 큰 은혜는 만사 만리의 근본 되는 이 몸을 얻게 한 은혜다.

그리고 혹여 가지는 원망과 미움은 또 다른 인연(악연)의 사슬을 엉키게 한다.

---

382) 대종경, 제6 변의품(辨疑品), 25장, p.250.
383) 어떤 사물의 금일에 이르기까지의 변화의 자취.
384) 영정(影幀: 사람의 얼굴을 그림으로 그린 족자나 사진).
385) 신주(神主: 죽은 사람의 위패)나 화상(畵像)을 모심.
386) 오래도록 사적(事蹟: 사건의 자취·일의 형적)을 전해 잊지 아니하게 함.

낳기만 하고 키우지 못했거나, 키우더라도 원만하게 키우지 못한 경우, 그런 부모를 원망하며 평생을 보내는 사람도 있다.

원망한다 하여 해결되기보다는 오히려 이 원망이 자손들에게까지 유전된다는 무서운 사실에 우리 공부인은 주목하지 않을 수 없다.

내게 맺힌 사슬, 내가 맺은 사슬, 내가 맺을 사슬, 내 후손에게까지 이어질 사슬까지도 지금 여기서(이생에서) 풀어야 한다.

이것이 내가 나를 천도하는 것이며, 내 부모를 천도하는 것이며, 내 후손들을 자유롭게 하는 것이다.

이처럼 소중한 나임을 한시라도 잊지 않게 하고 분발하게 하는 계기를 마련하자는 의미에서라도 역사와 영상을 봉안하여 길이 기념하는 것은 대단히 큰 뜻이 서려 있음을 부정할 수 없다.

5. 부모 배은

> 부모에 대한 피은·보은·배은을 알지 못하는 것과 설사 안다 할지라도 보은의 실행이 없는 것이니라.

알지 못하는 것도 배은이지만, 안다하더라도 보은의 실행이 없는 것이 곧 배은이다. 앎과 실행의 차이는 이처럼 큰 것이다.

앎을 견성(見性)이라 한다면, 실행은 해탈(解脫)이다.

안다는 것도 쉽지 않으나, 실행은 보통 어려운 것이 아니다.

그러나 첫 실행이 어렵지, 거듭하면 할수록 실행하는 가운데에 길이 있기에 피은·보은·배은의 도를 깨치게 되고, 이미 진리와 하나가 된다.

6. 부모 보은의 결과

> 우리가 부모 보은을 한다면 나는 내 부모에게 보은을 하였건마는[387] 세상은 자연히 나를 위하고[388] 귀히[389] 알 것이며,

사람의 자손은 선악간에 그 부모의 행하는 것을 본받아 행하는 것이 피할 수 없는 이치인지라,390) 나의 자손도 마땅히 나의 보은하는 도를 본받아 나에게 효성391)할 것은 물론이요, 또는 무자력한 사람들을 보호한 결과 세세 생생 거래간에 혹 나의 무자력한 때가 있다 할지라도 항상 증인392)의 도움을 받을 것이니라.

'우리가 부모 보은을 한다면……항상 증인의 도움을 받을 것이니라'에서 우리·나·내 부모·세상·증인의 관계는?

우리·부모·나·세상·증인은 각각 구분되어 있는 것 같지만, 본래 둘이 아니요 하나다.

불생 불멸의 이치와 인과 보응의 이치에 따라 응하여 변화되고, 진공 묘유의 조화와 대소 유무의 이치에 따라 각각으로 나투어질 뿐, 그 근원 자리는 본래 하나다.

그러므로 대소 유무의 이치와 음양 상승의 도를 따라 부분이 전체가 되는 줄도 알고, 전체가 또한 부분으로 되는 줄도 알 때 보은은 자연스럽게 나투어지게 된다.

'사람의 자손은 선악간에 그 부모의 행하는 것을 본받아 행하는 것이 피할 수 없는 이치인지라' 함은?

사람의 자손이 본받아 행하는 것은 그 부모가 선악간에 행하는 것을 보고 배우는 것이므로 선일 수도 있고 악일 수도 있다.

---

387) -쓰건마는: 이미 말한 사실과 일치되지 않은 일을 말하려 할 때 붙이는 어미.
388) 위하고(위하다+고): 이롭게 하다. 소중히 여겨 아끼다. 어떤 사람이나 단체를 도우려고 생각하다.
389) 소중하게. 사랑스러워 귀염을 받을 만하게.
390) -인지라: 어떤 이유되는 사실을 말할 때 쓰는 연결형 어미.
391) 마음을 다해 부모를 섬기는 정성.
392) 여러 사람. 보통 사람.

특히 부모들은 선한 일이어든 죽기로써 행하고 악한 일이거든 죽기로써 행하지 아니하여 부모의 선은 자손들이 길이 본받고, 악한 행동은 자손에게까지 이어지지 않도록 보은을 생활화하자는 것이다.

부모에게서 자손으로 이어지는 이치가 얼마나 소소영령하기에, 대종사님께서는 '피할 수 없는 이치'라고까지 단언하셨을까!

7. 부모 배은의 결과

> 우리가 만일 부모에게 배은을 한다면 나는 내 부모에게 배은을 하였건마는 세상은 자연히 나를 미워하고 배척393)할 것이요, 당장 제가 낳은 제 자손도 그것을 본받아 직접 앙화394)를 끼칠 것은 물론이며, 또는 세세 생생 거래간에 혹 나의 무자력한 때가 있다 할지라도 항상 중인395)의 버림396)을 받을 것이니라.

내 부모에게 배은을 하였건마는 왜 세상은 나를 미워하고 배척하는가?

나와 부모와 세상은 각각인 것 같으나, 실제로는 사은의 공물(公物)397)이며, 서로 이어진 하나라는 증거다. 그렇지 않으면 세상이 어찌 내가 내 부모에게 배은했다 하여 미워하고 배척하기까지 하겠는가?

또한 내가 내 부모에게 배은을 하였건마는 나의 그름을 내 자손들이 본받아 배은하게 되고, 더구나 세상의 중인까지도 배은하게 되어 세세 생생 악연의 고리에서 벗어나지 못하게 된다.

---

393) 물리쳐 내뜨림.
394) 지은 죄의 앙갚음으로 받는 온갖 재난.
395) 여러 사람. 보통 사람.
396) 버림(버리다+ㅁ): 돌보지 않다.
397) 사은의 은혜 속에서 태어나서 사은의 은혜로 살아가며, 사은의 은혜에 보은 불공하기 위해 살아가는 사람.

이 모두가 나로 말미암아 일어나는 문제다.

아, 내 한 마음 챙기고 지키는 것이 이래서 더욱 중요하구나!

'부모 보은의 결과'와 '부모 배은의 결과'는 생멸 없는 이치와 인과 보응 되는 이치에 따라 이렇게 달라지는구나!

부모 보은의 결과와 부모 배은의 결과를 다음 표와 같이 정리하니, 그 차이가 확연해진다.

어떻게 하든 배은하지 않고 보은하기를 바라는 대종사님의 간절한 당부와 타이르심을 확연히 느낄 수 있다.

부모 보은의 결과	부모 배은의 결과
우리가 부모 보은을 한다면	우리가 만일 부모에게 배은을 한다면
나는 내 부모에게 보은을 하였건마는	나는 내 부모에게 배은을 하였건마는
세상은 자연히 나를 위하고 귀히 알 것이며, 사람의 자손은 선악간에 그 부모의 행하는 것을 본받아 행하는 것이 피할 수 없는 이치인지라,	세상은 자연히 나를 미워하고 배척할 것이요,
나의 자손도 마땅히 나의 보은하는 도를 본받아 나에게 효성할 것은 물론이요,	당장 제가 낳은 제 자손도 그것을 본받아 직접 앙화를 끼칠 것은 물론이며,
또는 무자력한 사람들을 보호한 결과 세세 생생 거래간에 혹 나의 무자력한 때가 있다 할지라도	또는 세세 생생 거래간에 혹 나의 무자력한 때가 있다 할지라도
항상 중인의 도움을 받을 것이니라.	항상 중인의 버림을 받을 것이니라.

제3절 동포은(同胞恩)

　동포는 천지의 포태[398) 안에 있는 일체 생령으로서 사·농·공·상의 일체 인류, 또는 육도 사생의 일체 생령, 또는 유정·무정의 일체 만물이다. 즉 금수·초목도 다 동포다.

1. 동포 피은의 강령

　우리가 동포에게서 입은 은혜를 가장 쉽게 알고자 할진대 먼저 마땅히 사람도 없고 금수[399)도[400) 없고 초목[401)도 없는 곳에서 나 혼자라도 살 수 있을 것인가 하고 생각해 볼 것이니, 그런다면 누구나 살지 못할 것은 다 인증할 것이다.
　만일, 동포의 도움이 없이, 동포의 의지가 없이, 동포의 공급[402)이 없이는 살 수 없다면 그 같이 큰 은혜가 또 어디 있으리요.

동포 피은을 가장 쉽게 알고 싶으면 남에게 묻기에 앞서 자신에게 물어 보자

　자신의 마음에, 자신의 양심에 물어 보자.
　동포에게서 입은 은혜가 무엇이냐고.
　남도 아닌 자신에게 묻는데, 쑥스러울 것도 유치할 것도 없다.
　남한테 듣고 이해하는 것이 아니라, 스스로 이해가 되어야 받아들여도 100% 받아들이게 된다.

---

398) 태내의 아이를 싸는 얇은 막.
399) 길짐승과 날짐승. 모든 짐승.
400) -도: 두 가지 이상의 사물을 아울러 들 때에 쓰는 조사. 〔대개, '~도~도'의 꼴로 쓰이어〕 반대되는 사물(사실)을 나란히 들어 말할 때 쓰인다.
401) 풀과 나무.
402) 수요에 응하여 물품을 제공함.

부모·형제의 도움도 없이, 이웃의 도움도 없이, 사회의 도움도 없이 먹고, 입고, 살 수 있는가?

현재 내가 누리는 생활이 동포의 도움이 없이 과연 가능한가?

책이 어떻게 만들어지는가?

인쇄기, 컴퓨터, 프린터, 잉크는?

이들의 원료는?

이들의 원료가 되는 원료는?

또 그들의 근원은?

산 속의 옹달샘이 시내를 이루고, 강물을 이루고, 급기야는 바다로 모여들어 대해(大海)를 이루고, 다시 구름으로, 이슬로, 또는 비로…….

결국에는 바다에 이르러 하나가 되듯이 변화는 될지언정 그 근본은 변하지 않는 대소 유무(大小有無), 용변부동본(用變不動本)의 관계를 이루며, 동포와 나의 관계 또한 옹달샘과 바다의 관계와 하등 다를 바가 없다. 피은도, 보은도 하등 다를 바가 없다.

우리가 살아감에 있어 없어서는 안 될 동포의 활동은?

일방적이 아닌, 서로서로 도움이 되고 바탕이 되는(自利利他) 동포의 도움과 동포의 의지(依支)와 동포의 공급(供給)이다.

대범, 이 세상은 사·농·공·상(士農工商)의 네 가지 생활 강령이 있고, 사람들은 그 강령 직업 하403)에서 활동하여, 각자의 소득으로 천만 물질404)을 서로 교환405)할 때에 오직 자리 이타(自利利他)406)로써 서로 도움이 되고 피은이 되었나니라.

---

403) (한자어로 된 일부 명사 밑에 붙어, 주로 '하에'·'하에서'·'하의'의 꼴로 쓰이어) 어떤 처리와 상태 아래, 어떤 영향을 받는 범위, 또는 무엇에 딸림 등의 뜻을 나타냄.

404) 모든 물질. 사람·초목·금수·미물·곤충 등.

사·농·공·상(士農工商)을 왜 생활 강령이라 했는가?

사·농·공·상(士農工商)은 직업 이전에 우리의 생활 모습 자체이기 때문에 사·농·공·상(士農工商)의 생활 속에는 그 활동이 모두 다 들어 있으므로 이들이 곧 생활의 으뜸 되는 줄거리, 즉 생활 강령이다.

우리 본연의 직업은 무엇인가?

사·농·공·상(士農工商)의 직업에서 그 선호도는 개인이나 그 시대의 관념에 따라 다르다.

어느 직업이 좋고 안 좋고는 개개인의 기준에 따라 구분되겠지만, 좋은 직업과 나쁜 직업은 나눌 수 있다. 즉 그 직업이 상생으로 많은 생령의 앞길을 열어주는 직업인가, 아니면 상극으로 많은 생령의 앞길을 막히게 하는 직업인가에 따라 직업 선택의 기준이 된다.

우리가 말하는 직업은 육신의 직업이다. 육신이 없어지더라도, 영생을 통해서 변치 않고 가질 수 있는 직업은 무엇인가? 즉 우리 본연의 직업은 무엇인가?

그것은 경계를 대할 때마다 있어지는 심신 작용을 공부 거리 삼아 대조하고 또 대조하고, 챙기고 또 챙겨서 그 경계 속에서 그 경계를 통하여 자성의 정·혜·계를 세우는 공부심을 놓지 않는 것이다.

이것이야말로 영원히 변치 않는 우리 본연(마음)의 직업이다. 이 공부심을 지키고 있으면 정신이 충만해지므로, 육신의 직업이 아무리 어렵고 고되더라도 직업에 대한 분별성과 주착심은 한결 놓아진다. 이는 마음이 충만하면 모든 것이 완벽해진다는 의미다.

이때의 직업은 사은에 보은하는 훌륭한 수단이 되며, 제생 의세 할 수 있는 소중한 도구가 된다. 진공으로 체를 삼고 묘유로 용을

---

405) 이것과 저것을 서로 바꿈.
406) 남도 이롭게 하면서 자기 자신도 이롭게 하는 것.

삼는다는 공부의 의미가 여기에도 적용된다.

따라서 이러한 바탕에서 각자가 종사하는 육신의 직업은 더할 수 없이 소중하게 여기게 되고, 직업에 대한 생각도 더욱 확고해지므로 직업의 귀천 의식도 그에 따라 해결될 것이다.

정신 생활에 있어서 사·농·공·상(士農工商)은 무엇인가?

말씀하시기를

"사람의 육신 생활상 직업 강령으로 사·농·공·상이 있거니와 정신 생활에 있어서도 사·농·공·상이 있나니,

선비로는 도덕을 배우고 가르치는 도학의 선비가 제일가는 선비가 되고,

농사로는 인재를 기르는 사람 농사가 제일가는 농사가 되고,

공장으로는 마음을 개조시키는 마음 공장이 제일 가는 공장이 되고,

장사로는 정법을 받들어 세상에 전파하는 법의 장사가 제일가는 장사가 되나니라[407]."

'각자의 소득으로 천만 물질을 서로 교환하는 것'이란?

천만 물질을 서로 교환할 때 다른 사람의 소득으로 교환하는 것이 아니라 각자(我)의 소득으로 하는 것이므로 각자의 소득과 천만 물질을 서로 교환하는 것이 곧 양성된 자력을 나누는 모습이다.

이 교환 활동은 자력을 양성하는 공부길이며, 공부심을 기르고 공부인이 되게 하는 공부 거리 공부 찬스며, 남을 이롭게 하는 동시에 자기 자신도 이롭게 하는 보은행이다.

천만 물질을 서로 교환할 때에 서로 도움이 되고 피은이 되는

---

407) 정산 종사 법어, 제2부 법어(法語), 제9 무본편(務本編), 28장, p.917.

마음가짐과 자세는?

오직 자리 이타(自利利他)로 행할 뿐이다.

2. 동포 피은의 조목

1. 사(士)는 배우고 연구하여 모든 학술[408]과 정사[409]로[410] 우리를 지도[411] 교육하여 줌이요,
2. 농(農)은 심고 길러서 우리의 의식[412] 원료를 제공[413]하여 줌이요,
3. 공(工)은 각종 물품을 제조하여 우리의 주처[414]와 수용품[415]을 공급하여 줌이요,
4. 상(商)은 천만 물질을 교환하여 우리의 생활에 편리[416]를 도와 줌이요,
5. 금수[417] 초목까지도 우리에게 도움이 됨이니라.

사·농·공·상은 삼학의 활동이요 삶의 활동이다

우리의 삶이 삼학으로 이루어져 있듯 사·농·공·상은 삶의 각 분야이므로 당연히 삼학으로 행하는 활동이다.

---

408) 학문과 기술.
409) 다스리는 일.
410) -로: 받침이 없거나 'ㄹ' 받침인 체언에 붙어 수단과 방법 또는 재료·기구·이유 등을 표하는 조사.
411) 가리키어 이끎.
412) 의복과 음식.
413) 바치어 이바지함.
414) 집. 사는 곳.
415) 필요에 따라 꼭 써야 되는 중요한 물품.
416) 편하고 쉬움.
417) 날짐승(禽)과 길짐승(獸)이라는 뜻으로, 모든 짐승을 이르는 말

정신 수양에 사리 연구·작업 취사가 이미 들어 있고, 사리 연구에 정신 수양·작업 취사가 이미 들어 있고, 작업 취사에 정신 수양·사리 연구가 이미 들어 있듯, 사·농·공·상 각각에도 사·농·공·상 각각이 이미 다 포함되어 있다.

주된 바탕을 어디에 두고 있느냐에 따라 사와 농과 공과 상으로 각각 나뉘며, 어떤 마음으로 사느냐에 따라 장사꾼 같은 선비, 선비 같은 농부도 있는 것이다.

왜 사(士)가 맨 처음에 오는가?

우대나 대우 측면에서 생각해 볼 일이 아니다. 무슨 일을 하든지, 어떤 직업을 가지든지 맨 처음에 시작되는 것은 자력으로든, 또는 타력을 빌든 모르는 것이나 서툰 것이 익숙하게 될 때까지 배우는 것이며, 이를 토대로 연구하는 것이다.

그런 후 자신이 아는 만큼 모든 학술과 정사로 지도 교육하여 주는 활동이 곧 사(士)이며, 우리 삶의 모습이다.

그러므로 이 사(士)의 생활 강령은 사·농·공·상 각각에서 가장 기본이 될 수밖에 없기 때문이다.

'모든 학술과 정사'란?

학술(학문과 기술)과 정사(政事)라 하여 거창한 것이 아니다.

우리가 사·농·공·상의 삶 속에서 지도(가리키어 이끎)하고 교육(가르쳐 기름)하는 모든 활동이요, 생활 모습이며, 사·농·공·상에 종사하는 사람들의 마음에 대한 것이다.

우선 학술과 정사가 무엇인지 알아보자.

학술은 '학문과 기술'이며, 정사는 '다스리는 일'이다.

학문은 '어떤 분야의 지식을 체계적으로 배워서 익히는 일 또는 사물을 탐구하여 이론적으로 체계화된 지식을 세우는 일'이며, 기술은 '어떤 일을 솜씨 있게 할 수 있는 재간이나 능력'이다.

그러므로 모든 학술과 정사도 자력이 양성된 정도에 따라, 지자를 본위로 삼는 정도에 따라, 타자녀도 내 자녀 교육하는 마음으로 교육하는 정도에 따라, 항상 공정한 자리에서 자리 이타하는 공익심을 나투는 정도에 따라 차이가 나기 마련이다.

사·농·공·상의 쓰임은?

사는 우리를 지도 교육하여 줌이요, 농은 우리에게 제공하여 줌이요, 공은 우리에게 공급하여 줌이요, 상은 우리를 도와 줌이다.

그러므로 사·농·공·상의 활동은 우리가 은혜를 입는 과정이요 수단이며, 또한 그 입은 은혜를 돌려주고 베푸는 보은의 과정이요 수단이다.

농(農)은 심고 길러서 제공하여 주는 삶의 활동이다

농사만이 아니다.

심고 길러서 우리의 의식 원료를 제공하여 주는 모든 활동이다.

그러므로 가축을 기르는 것도 농이며, 사회·국가·세계로 나아가는 자식과 후학을 가르치고 기르는 것도 농이며, 마음을 살리고 키우는 것도 농이다.

어떻게 금수 초목까지도 우리에게 도움이 되는가?

금수 초목도 동포이기 때문이다. 죄복의 결산 따라 육도 사생으로 끊임없이 돌고 도는 우리의 모습이요, 이웃이기 때문이다.

우리도 동포요 사은의 공물이듯 금수 초목도 마찬가지다.

금수 초목이 우리와 다르지 않으며, 서로 은혜의 관계를 맺고 있으며, 받기보다는 오히려 말없이 주는 은혜 덩어리인 줄 알아야 하고, 그런 은혜 덩어리인 줄 깨쳐야 한다.

그래야 환경 문제도, 삶의 문제도 상극이 아닌 상생의 관계로 풀어진다.

미물 곤충이 어찌 동포은이 되는가?

한 제자가 여쭈었다.

"독사가 어찌 동포은이 되겠습니까?"

"미물 곤충이 있어야 하겠느냐, 없어야 하겠느냐?"

"있어야 하겠습니다."

"그러면 은혜가 아니겠느냐418)."

3. 동포 보은의 강령

동포에게 자리 이타로 피은이 되었으니419) 그 은혜를 갚고
자420) 할진대, 사·농·공·상이 천만 학술421)과 천만 물질을 서로
교환할 때에 그 도를 체받아서 항상 자리 이타로써 할 것이니라.

보은할 때 왜 자리 이타로써 하라고 하시는가?

동포의 자리 이타로 피은이 되었으니, 이번에는 내가 자리 이타
로써 보은하는 것은 너무나도 당연한 얘기다.

자리 이타로 피은 되지 않았으므로 자리 이타로써 보은할 필요
가 있겠냐는 사람도 있을 수 있으나, 아무리 은혜를 입지 않았다

---

418) 한 울안 한 이치에, 제1편 법문과 일화, 제3장 일원의 진리, 13절, p.65.

419) -으니: 장차 하려는 말에 대해 먼저 이유를 말할 때 자음으로 끝난 어간
에 붙여 쓰는 말.

420) 갚고자(갚다+고자): 은혜 등에 대하여 고마움의 뜻을 나타내다.

421) 모든 학문과 기술.

고 해도 은혜를 입지 않고 과연 존재할 수 있으며, 은혜를 입지 않았다고 여기는 사람이 동포 중에서 과연 몇이나 되겠는가?

이 얼마 안 되는 동포에 굳이 끼고 싶은가?

은혜 입은 것이 뭐 있냐고 하는 동포가 실상은 음으로 양으로 너무나도 가깝고 소중한 인연이며, 내가 받아들여야 할 대상이며, 나를 강급·진급하게 하는 경계 덩어리며, 나를 공부하게 하고 해탈하게 하는 너무나 귀중한 도반이요 스승이다.

설령 배은을 하였더라도 자리 이타로써 보은하는 것은 나를 살리고, 이웃을 살리고, 사회를 살리고, 무엇과도 바꿀 수 없는 나의 영원 무궁한 수행길이요 공부길이다.

자, 그러면 사소한 것에 집착하여 한 걸음이라도 내딛지 아니할 것인지, 아니면 걸림 없이 한가로이 살 것인지 우리 한 번 깊이 생각해 보자.

4. 동포 보은의 조목

1. 사는 천만 학술로 교화[422]할 때와 모든 정사를 할 때에 항상 공정[423]한 자리에서 자리 이타로써 할 것이요,
2. 농은 의식 원료를 제공할 때에 항상 공정한 자리에서 자리 이타로써 할 것이요,
3. 공은 주처와 수용품을 공급할 때에 항상 공정한 자리에서 자리 이타로써 할 것이요,
4. 상은 천만 물질을 교환할 때에 항상 공정한 자리에서 자리 이타로써 할 것이요,
5. 초목 금수도 연고[424] 없이는 꺾고 살생하지 말[425] 것이니라.

---

422) 교도(가르쳐 지도함)해 감화시킴.
423) 공평하고 정대함. 만사를 작용할 때에 원·근·친·소와 희·로·애·락에 끌리지 아니하고 오직 중도를 잡는 것.
424) 일의 까닭.

'항상 공정한 자리에서 자리 이타로써 할 것이요'에서 서로의 관계는?

항상 공정한 자리에서 활동(수양·연구·취사)을 하면 자리 이타가 되지 않으려야 되지 않을 수 없고, 자리 이타하는 마음을 사용하면 항상 공정하지 않으려야 공정해지지 않을 수 없게 된다.

만일 항상 공정하지 않다면 자리 이타가 될 수 있고, 자리 이타가 안 되는데 공정할 수 있겠는가?

항상 공정함과 자리 이타는 떨어지려야 떨어질 수 없는 진공과 묘유, 실과 바늘 같은 관계를 이루고 있기 때문이다.

자리 이타는 물질로만 하는 것인가?

학인이 묻기를

"자리 이타는 물질로만 하는 것이오니까?"

말씀하시기를

"말과 행실을 잘하여 남의 수행에 모범이 되어 주는 것도 훌륭한 자리 이타가 되나니라[426]."

천만 물질을 교환할 때에 왜 항상 공정한 자리에서 자리 이타로써 해야 하는가?

"물건을 사고 팔 때 서로 자리 이타로 해야 한다.

사는 사람이 너무 싸게 사고, 파는 사람이 너무 비싸게 팔면 이것이 다 빚이 되기 때문이다[427]."

왜 연고 없이는 금수 초목도 꺾고 살생하지 말라 하셨나?

---

425) 말(말다): 동사의 어미 '-지'의 아래에 와서 그 동작을 막는 뜻을 나타내는 말.
426) 정산 종사 법어, 제2부 법어(法語), 제8 응기편(應機編), 35장, p.898.
427) 한 울안 한 이치에, 제1편 법문과 일화, 제2장 심은 대로 거둠, 39절, p.54.

금수 초목도 천지의 포태 안에 있는 동포며, 나 자신과 형제·부모가 불생 불멸의 진리와 인과 보응되는 이치에 따라 생을 달리하며 나타나는 또 다른 모습일 수도 있다.

현재는 비록 초목 금수로 태어났더라도 그 동포들이 사명을 다하기 전에 아무런 연고도 없이 꺾고 살생을 한다면, 짓지 않아도 될 새로운 업을 짓게 되고, 그 동포들이 나와 천지의 동포들에게 보은할 수 있는 기회를 잃게 하고, 내가 그 동포들에게 보은할 수 있는 기회를 잃게 되기 때문이다.

금수 초목과 나와의 관계는 서로 무관한 것이 아니라 이처럼 밀접하므로, 보은하지는 못할망정 상극의 인연을 맺지 않도록 경계하고 또 경계하도록 말씀하셨다.

더구나 보통급 십계문 1조 "연고 없이 살생을 말며"와 법마상전급 십계문 3조 "연고 없이 사육(四肉)을 먹지 말며"를 두어 살생을 삼가고 또 삼가도록 하였다.

'동포 보은의 조목'의 중심 사상은 무엇인가?

모든 활동을 할 때에 항상 공정한 자리에서 자리 이타로써 하는 것이다.

한두 번하고 마는 것이 아니라 항상이며(정기·상시, 동정간), 편착심으로 하는 것이 아니라 항상 공정한 자리에서 하며, 나는 이롭되 남은 어떻게 되든 알 바 아니라는 마음(自利他害) 없이 나도 이롭고 남도 이로운, 즉 서로서로 도움이 되고 바탕이 되는 자리 이타(自利利他)하는 마음이다.

5. 동포 배은

동포에 대한 피은·보은·배은을 알지 못하는 것과 설사 안다 할지라도[428] 보은의 실행이 없는 것이니라.

이 결과는 무엇인가?

내가 원망·섭섭함·배반감 등의 경계에 끌려다니므로 요란해지고 어리석어지고 글러지며, 불신과 탐욕과 나와 우, 원망 생활, 타력 생활의 파란 고해를 벗어나지 못하게 되고, 잘 가르칠 줄 모르게 되고, 잘 배울 줄 모르게 되고, 공익심이 없게 된다.

또한 사회는 불완전하고 부패하고 파멸의 사회로 된다.

이처럼 내 마음을 잘못 사용하는 자그마한 불씨가 나는 물론이고 사회까지도 걷잡을 수 없는 지경으로 번지게 하며, 바루는데 너무나 큰 희생을 치르게 한다.

6. 동포 보은의 결과

우리가 동포 보은을 한다면, 자리 이타에서 감화429)를 받은 모든 동포가 서로 사랑하고 즐거워하여, 나 자신도 옹호430)와 우대431)를 받을 것이요, 개인과 개인끼리 사랑할 것이요, 가정과 가정끼리 친목432)할 것이요, 사회와 사회끼리 상통433)할 것이요, 국가와 국가끼리 평화434)하여 결국 상상하지 못할 이상의 세계가 될 것이니라.

감화를 받는 것이란?

어떤 영향을 받아 깊이 느끼고 마음에 깨우침이 생겨 그 실행이

---

428) ―ㄹ지라도: '비록 그러하더라도'의 뜻으로, 뒷말이 앞 말에 매이지 아니함을 나타내며, 미래의 일을 양보적으로 가정하는 종속적 연결 어미.
429) 영향을 주어 마음이 변하게 함. 다른 사물의 영향을 받아 마음이 변함.
430) 부축하여 보호함. 편들어 지킴.
431) 특별히 잘 대우함.
432) 서로 친해 화목함.
433) 서로 통함.
434) 평온(조용하고 평안함)하고 화목함.

선(善)하게 되는 것이다.

우리가 동포 보은을 하면 동포가 왜 감화를 받으며, 서로 사랑하고 즐거워하는가?

나 자신도 옹호와 우대를 받을 것이요, 서로의 마음이 통하기 때문에 감화를 받게 된다.

그러면 감화를 받게 하는 이 마음은 어떤 마음인가?

두렷하고 고요하여 분별성과 주착심이 없는 마음이며, 원만 구족하고 지공 무사한 마음이며, 욕심이 없기 때문에 서로 사랑하고 즐거워한다.

이것은 누구나 다 원래부터 지니고 있는 하늘 마음이다.

이 마음, 즉 일원상의 진리가 나를 통해 나오기 때문에 그와 내가 하나가 되고, 드디어 감동을 받게 된다. 보은의 결과기 때문이다.

'상상하지 못할 이상 세계'란?

모든 동포가 서로 사랑하고 즐거워하여 나 자신도 옹호와 우대를 받고, 개인끼리는 사랑하고, 가정끼리는 친목하고, 사회끼리는 상통하고, 국가끼리는 평화롭게 사는 세계며, 개교의 동기의 '광대무량한 낙원'이며, 법률은의 '다시 없는 안락 세계(安樂世界)'며, 염불법의 '서방 정토 극락'이다.

이와 같은 세계는 누가 만들고, 누가 만들어 주는가?

내가 만든다. 사랑하고 친목하고 상통하는 마음이 나오므로 자연히 자리 이타하게 된다.

그래서 이 모든 게 겨자씨만한 내 마음을 어떻게 사용하느냐에 따라 달라지며, 어떻게보다는 어떤 마음으로 취사하느냐에 따라 그 결과는 천양지차(天壤之差)435)로 달라진다.

---

435) 하늘과 땅 사이와 같이 엄청난 차이.

그러나, 만일 전 세계 인류가 다 보은자가 되지 못할 때에, 혹436) 배은자의 장난437)으로 인하여438) 모든 동포가 고해439) 중에 들게 되면, 구세 성자들이 자비440) 방편441)을 베푸사442) 도덕이나 정치443)나 혹은 무력444)으로 배은 중생을 제도445)하게 되나니라.

'만일 전 세계 인류가 다 보은자가 되지 못할 때'는 언젠가?

전 세계 인류가 다 보은자가 되지 못할 때가 있는가?

누구나 다 자신의 삶 자체가 다 보은행이고, 다 배은행이라고 이분법적으로 단정할 수는 없다.

보은과 배은은 동시성으로 양면성으로 나타난다.

경계를 따라 원·근·친·소, 희·로·애락, 시·비·이·해에 끌려 보은으로 나타나느냐 배은으로 나타나느냐에 따라 보은자가 되기도 하고, 배은자가 되기도 한다. 이처럼 보은 속에는 배은이 있고, 배은 속에는 보은이 있다.

과연 전 세계 인류가 다 보은자가 될 수 있는가?

보은하며 살지 않는 사람이 과연 존재하며, 배은만 하며 사는

436) 그럴 리가 없지만 만약에.
437) 실없이 하는 일. 못된 희롱을 하는 짓.
438) 인하여(인하다+여): 본디 그대로 하다. 의지하다. 말미암다.
439) 고뇌가 많은 이 세상.
440) ①사랑하고 가엽게 여김. ②사랑하는 것(慈)과 불쌍히 여기는 것(悲)인데, 모든 중생에게 즐거움을 주는 것이 자(慈)이며, 중생의 고통을 덜어 주는 것을 비(悲)라 함. 자비는 마음의 작용이 완전히 개발 성숙된 것이다.
441) 목적을 위하여 이용되는 편리한 수단. 보살이 중생을 구제하기 위하여 쓰는 묘한 수단. 진실한 교법에 끌어넣기 위하여 가설한 법문.
442) (베풀다+사): (…에게 …을) 남에게 돈을 주거나 일을 도와주어서 혜택을 받게 하다. -사: (예스러운 표현으로) '-시어'의 뜻을 나타내는 어미.
443) 국가의 주권자가 그 영토 및 국민을 통치 함. 권력의 획득·유지 및 행사 등에 관한 현상.
444) 군사상의 힘. 병력.
445) 보살이 중생을 고해에서 건져 극락 세계로 건네어 줌.

사람이 과연 존재하겠는가?

누구나 다 보은하는 삶을 살고 있지만, 시비 이해를 따라 또는 경계를 따라 배은하기도 하는 것이 우리의 삶이다.

대종사님의 바람은 전 세계 인류가 다 보은자가 되는 것이다.

구세 성자들이 자비 방편을 베푸사 도덕이나 정치나 혹은 무력으로 배은 중생을 제도하게 되는 경우는 '만일 전 세계 인류가 다 보은자가 되지 못할 때'와 '혹(그럴 리는 없지만 만약에) 배은자의 장난으로 인하여 모든 동포가 고해 중에 들게 되는 것'이 결합되는 것이다.

'만일 전 세계 인류가 다 보은자가 되지 못할 때'와 '혹 배은자의 장난으로 인하여 모든 동포가 고해 중에 들게 되는 경우'에 구세 성자들이 도덕이나 정치나 혹은 무력으로 배은 중생을 제도하게 되면 얼마나 많은 동포와 부모 형제들이 또 다른 고통을 감내해야 하고 슬퍼해야 하는 경우가 생김을 잊지 말아야 할 것이다.

'배은자의 장난'이란 무엇인가?

사은에 대한 피은·보은·배은을 알지 못하거나 설사 안다 할지라도 보은의 실행이 없는 자가 대중을 그릇 인도하거나 세상을 소란하게 만드는 일체의 행위로서 전쟁을 일으키는 자, 불의한 사상을 유포(流布)446)하는 자, 인도 정의를 문란하게 하는 자들로 인해 많은 동포가 고해 중에 들게 되는 것이다.

'구세 성자'란 누구인가?

전 세계 인류가 다 보은자가 되지 못할 때에, 혹 배은자의 장난으로 인해 모든 동포가 고해 중에 들게 되면, 자비 방편을 베푸사 도덕이나 정치나 혹은 무력으로 배은 중생을 제도하는 분이다.

---

446) 세상에 널리 퍼짐. 또는 세상에 널리 퍼뜨림.

구세 성자 중에는 대종사님·부처님·예수님처럼 도덕을 자비 방편으로 배은 중생을 제도하는 분도 있고, 정치로 강력하게 제재하여 배은 중생을 제도하는 분도 있고, 도덕이나 정치로 안 될 때는 어쩔 수 없이 많은 사람들을 살리기 위해 무력으로 배은자를 제거하는 등 중생을 제도하는 분도 있다.

이는 처한 상황에 따라 구세 성자들의 역할이 각각 다르기 때문이다.

대종사님께서는 "세상이 말세가 되고 험난한 때를 당하면 반드시 한 세상을 주장할 만한 법을 가진 구세 성자가 출현하여 능히 천지 기운을 돌려 그 세상을 바로 잡고 그 인심을 골라 놓나니라447)."고 하셨다.

구세 성자가 베푸는 자비 방편이란?

자비 방편은 불보살(지도인 또는 스승)이 중생을 교화하기 위하여 대자 대비심으로 베푸는 무량 방편이며, 스승은 중생(제자 또는 법을 사용하려는 사람)의 근기(공부 또는 수행의 정도)와 상황 상황에 맞게(때와 장소에 따라) 맞춤복처럼 천만 가지 자비 방편을 베풀어 인도한다.

그러므로 구세 성자가 베푸는 자비 방편은 도덕이나 정치나 혹은 무력이다.

구세 성자는 배은 중생을 도덕이나 정치로 어떻게 제도하는가?

말씀하시기를

"요사이 세간에서 우리를 좌(左)냐 우(右)냐 하여 말이 많다 하나, 이는 종교의 대의를 모르는 말이니, 종교 즉 도덕은 정치의 체(體)가 되고 정치는 도덕의 용(用)이 될 뿐이니라.

---

447) 대종경, 제14 전망품(展望品), 1장, p.376.

우리 사대 강령에 무아 봉공은 고금 좌우를 통한 도덕 정치의 근본이니, 진정한 주의자는 무아의 이치를 철저히 깨쳐서 사심 없이 봉공하는 이요 명예나 권력에 추세(趨勢)448)하여 망동하는 이는 한 국가의 건설에 주인이 될 수 없나니라.

정치의 근본은 도덕이요 도덕의 근본은 마음이니, 이 마음을 알고 이 마음을 길러 우리의 본성대로 수행하는 것이 우리의 본분이며 소임이니라."

또 말씀하시기를

"지금은 정치인들이 주연이 되어 정치극을 벌이는 도중이나, 그 막이 끝나면 도덕막이 오르나니 지금은 도덕가의 준비기라, 바쁘게 준비하라."

또 말씀하시기를

"집을 짓는데 터를 닦고 목수 일을 하며 그 다음에 토수 일과 도배를 한 후 집 주인이 들어가 살게 되는 것 같이, 지금 좌우당(左右黨)은 터를 닦고 이후 정부는 목수 일을 하고 그 후 도덕은 토수 일과 도배를 하여 완전한 좋은 국가를 이룩하리라449)."

구세 성자가 배은 중생을 무력으로 어떻게 제도할 수 있는가?

부득이한 경우, 그 배은 중생과 세상을 구제하기 위해 무력을 사용한다.

구세 성자가 무력을 사용하는 것이 어떻게 중생을 제도하는 것이며, 보은하는 것인가 의문이 생길 수 있다.

우선, 구세 성자가 무력을 사용하는 경우는 묵은 것을 뜯어고치는 부득이한 경우며, 많은 사람과 세상이 고통을 받는 것은 소수의 배은자 장난에 의해 자행(恣行)450)되므로 소수에게 무력을 행사하여 많은 대중이 편안해진다면 어찌 그 길을 택하지 않고, 어

---

448) 어떤 세력이나 세력 있는 사람을 붙좇아서 따름.
449) 정산 종사 법어, 제2부 법어(法語), 제3 기연편(機緣編), 27장, p.794.
450) 방자하게 행동함. 또는 그런 행동.

찌 그 길을 마다하겠는가?

무자비(無慈悲)451)한 대자비심(大慈悲心)이다.

말씀하시기를

"모든 일을 화(和)와 유(柔)로써 해결하면 능히 강(剛)을 이길 수 있고 촉(鏃)452) 없이 그 일을 성취할 수 있으나, 아무리 화와 유로 하여도 되지 않는 경우에는 부득이 강을 쓰기도 하나니라453)."

구세 성자가 세상을 소란하게 하면 그 과보를 받게 되는가?

한 제자가 여쭈었다.

"구세 성자가 세상을 소란하게 하면 그 과보를 받게 됩니까?"

"집을 지을 때 일시에 다 지을 수 없는 것처럼 세상의 평란(平亂)454)도 때를 맞추어 가며 인심을 지도하게 되는 것이다.

종교나 정치로써 세상을 구제하지 못할 때에는 인심을 충동시켜 무력으로써 다스리기도 한다.

세계 제2차 대전은 동학란이 그 발단이다. 동학란으로 인하여 청일 전쟁, 러일 전쟁이 일어나고 일본이 국제연맹에서 탈퇴하니, 이에 따라 독일과 이태리가 탈퇴하게 되어 제2차 대전이 일어나게 된 것이다.

최수운 선생께서 앞으로는 시끄러운 세상을 정법으로 청산455)하게 된다고 하시었다.

성자들이 세계를 평정하기 위하여 난리를 일으키는 것은 수단이요 방편이지 사(私)를 위한 것이 아니므로 큰 과보는 없는 것이다456)."

끝내 불의한 사람을 어떻게 대처하는 것이 자비인가?

---

451) 인정이 없이 냉혹하고 모짐.
452) 긴 물건의 끝에 박힌 뾰족한 물건의 총칭.
453) 정산 종사 법어, 제2부 법어(法語), 제11 법훈편(法訓編), 34장, p.945.
454) 난리를 평정(平定: 난리를 평온하게 진정시킴)함.
455) 과거의 관계나 주의(主義)·사상·과오(過誤) 등을 깨끗이 씻어 버림.
456) 한 울안 한 이치에, 제1편 법문과 일화, 제6장 돌아오는 세상, 34장, p.109.

학인이 묻기를

"끝내 불의한 사람을 어떻게 대처하는 것이 자비이오니까?"

말씀하시기를

"불의한 사람을 아무리 타일러도 듣지 않으면 큰 경계를 써서 개과를 시키는 것도 자비니,

선악을 불고하는 자비는 참 자비가 아니요, 죄고를 방지하여 주는 것이 곧 활불의 자비니라.

그러나 마음에 미워서 해할 마음이 있으면 자비가 아니니라.457)"

7. 동포 배은의 결과

> 우리가 만일 동포에게 배은을 한다면, 모든 동포가 서로 미워하고 싫어하며 서로 원수가 되어 개인과 개인끼리458) 싸움이요, 가정459)과 가정끼리 혐극(嫌隙)460)이요, 사회461)와 사회끼리 반목(反目)462)이요, 국가463)와 국가끼리 평화를 보지 못하고 전쟁의 세계가 되고 말 것이니라.

동포에게 배은하면 왜 이런 결과가 나타나는가?

동포는 서로서로 상사·동료·부하의 관계로, 사회 구성원의 관계로, 국민의 관계로, 세계 시민의 관계로 연결되어 있기 때문이다.

현세만 이런 게 아니라, 생멸 없는 도와 인과 보응의 이치를 따

457) 정산 종사 법어, 제2부 법어(法語), 제8 응기편(應機編), 34장, p.897.
458) -끼리: 같은 패를 지음을 나타내는 말.
459) 한 가족이 살림하고 있는 집안. 부부를 중심으로 혈연 관계자가 함께 살고 있는 사회의 가장 작은 집단.
460) 서로 꺼리어 생기는 틈.
461) 같은 무리끼리 모이어 이루는 집단. 서로 협력하여 공동 생활을 하는 인류의 집단. 또는 온갖 형태의 인간의 집단적 생활.
462) 서로 못 사귀어 미워함.
463) 나라. 일정한 영토에 거주하는 다수인으로 구성된 정치 단체.

라 삼세가 하나로 이어져 있기 때문이다.

나와 무관한 줄 알았던 동포의 배은 행위로 말로 이를 수 없는 고통을 당해야 하는 것도 내가 단지 알지 못할 뿐 그럴 수밖에 없는 관계가 이미 있어 왔고, 이미 예정되어 있기 때문이다.

설령, 도저히 무관한 사이라 할지라도 천지의 포태 안에서 살아가는 공업(共業)464)이 있기 때문이다.

이 모든 출발점은 어디에서 비롯되는가?

어디도, 누구도 아닌 내 마음에서 비롯된다. 내 마음 잘 사용하는 법(用心法)에서 비롯된다.

이러하기에 내가 더할 수 없이 소중하며, 가정·이웃·사회·국가·세상을 살려 키우기도 하고 그르쳐 망치기도 한다.

이러니 나를 담고 있는 이 몸을 어찌 만사 만리의 근본이라 하지 않을 수 있겠는가?

현재의 마음으로는 어찌하지 못하는 습성과 욕심까지도 공부 거리 삼아 끝까지 싸우는 정신을 놓지 않고 힘써 행하며 나를 살리고 기르는 것이 너무나도 소중하다.

누구에게도, 그 무엇에도 걸림 없이 묵묵히 무소의 뿔처럼, 경계를 따라 일어나는, 나[假我]를 해결해 나가는 나[眞我]를 놓지 않음이 곧 동포·천지·부모·법률에게 배은하지 않는 것이며, 보은하고 또 보은하는 길이다.

'전쟁의 세계'란?

무기를 서로 겨눠 싸우고, 죽고 죽이는 것만 전쟁이 아니다.

남편과 아내, 시어머니와 며느리 등 개인과 개인끼리의 싸움도

---

464) 여러 사람이 공동으로 선악의 업을 짓고, 공동으로 고락의 과보를 받게 되는 것. 공업은 선업보다는 악업의 경우에 흔히 사용하는 말이다. 가령 전쟁이나 재난으로 한꺼번에 많은 사람들이 죽게 되거나 고통을 받게 될 때 흔히 공업 때문이라고 한다. 개개인은 선한 사람들이지만, 단체를 이루어 살게 될 때는 공업을 지어 고통을 받을 수도 있는 것이다.

전쟁이요,

이해 관계가 얽힌 가정과 가정끼리의 반목도 전쟁이요,

어느 한 국가가 다른 국가를 침략하는 것도 전쟁이다.

이들 전쟁은 어느 한쪽이 자신의 욕심을 채우기 위해 시작하거나 마음과 마음이 서로 통하지 못하고 막혀 일어나는 것이다.

그러나 가장 근본적인 전쟁은 자신의 내면에서 일어나는 것이다.

불의를 저지르고 나서 양심의 가책에서 오는 갈등이든, 또는 경계를 대할 때마다 공부할 때가 돌아온 것을 염두에 잊지 말고 끌리고 안 끌리는 대중만 잡으며 행하는 공부이든,

내 마음속에서 일어나는 법과 마의 전쟁이 가장 소중한 전쟁이다. 이 끊임없이 일어나는 전쟁에서 이기고 또 이기는 법을 배우고 또 배워야 한다. 지는 전쟁을 통하여 이기는 전술과 전략을 개발하고 또 개발하여 결국에는 백전 백승해야 한다.

동포 보은의 결과와 동포 배은의 결과를 비교해 보면?

싸움↔사랑

혐극(서로 꺼리어 생기는 틈)↔친목

반목(서로 못 사귀어 미워함)↔상통

전쟁의 세계↔상상하지 못할 이상의 세계

동포 보은의 결과	동포 배은의 결과
우리가 동포 보은을 한다면,	우리가 만일 동포에게 배은을 한다면,
자리 이타에서 감화를 받은 모든 동포가 서로 사랑하고 즐거워하여, 나 자신도 옹호와 우대를 받을 것이요,	모든 동포가 서로 미워하고 싫어하며

동포 보은의 결과	동포 배은의 결과
개인과 개인끼리 사랑할 것이요, 가정과 가정끼리 친목할 것이요, 사회와 사회끼리 상통할 것이요, 국가와 국가끼리 평화하여 결국 상상하지 못할 이상의 세계가 될 것이니라.	서로 원수가 되어 개인과 개인끼리 싸움이요, 가정과 가정끼리 혐극(嫌隙)이요, 사회와 사회끼리 반목(反目)이요, 국가와 국가끼리 평화를 보지 못하고 전쟁의 세계가 되고 말 것이니라.
그러나, 만일 전 세계 인류가 다 보은자가 되지 못할 때에, 혹 배은자의 장난으로 인하여 모든 동포가 고해 중에 들게 되면, 구세 성자들이 자비 방편을 베푸사 도덕이나 정치나 혹은 무력으로 배은 중생을 제도하게 되나니라.	

이와 같이 비교해 보니, 보은과 배은의 결과가 너무나 명확해진다.
우리 세계가 왜 시끄러운가?
배은의 결과 때문이다.
그래도 희망적인 건 보은하는 삶을 사는 사람이 절대적으로 많다는 사실이다.

제4절 법률은(法律恩)

법률이 베푼 은혜, 또는 법률에서 입은 은혜, 제불 제성의 가르침·도덕·불문율·성문법, 입법자와 치법자의 은혜 등이다.

1. 법률 피은의 강령

우리가 법률에서 입은 은혜를 가장 쉽게 알고자 할진대[465], 개인에 있어서 수신하는 법률과, 가정에 있어서 제가(齊家)[466]하는 법률과, 사회에 있어서 사회 다스리는[467] 법률과, 국가에 있어서 국가 다스리는 법률과 세계에 있어서 세계 다스리는 법률이 없고도 안녕[468] 질서[469]를 유지[470]하고 살 수 있겠는가 생각[471]해볼 것이니, 그런다면 누구나 살 수 없다는 것은 다 인증할 것이다. 없어서는 살 수 없다면 그 같이 큰 은혜가 또 어디 있으리요.

'개인에 있어서는 수신(修身)하는 법률'이란?

대종사님께서 일대 경륜이 담겨진 용심법(用心法)이며, 최초 법어의 그 '수신(修身)의 요법'이며,

정전 수행편과 대종경 수행품의 그 주옥같은 말씀들과 성현들의 가르침이 곧 내 몸과 마음을 닦게 하는, 즉 수신하는 법률이다.

수신(修身)의 요법

1. 시대를 따라 학업에 종사하여 모든 학문을 준비할 것이요,
2. 정신을 수양하여 분수 지키는 데 안정을 얻을 것이며, 희·로·애·락의 경우를 당하여도 정의를 잃지 아니할 것이요,

---

465) -ㄹ진대: ('이다'의 어간, 받침 없는 용언의 어간, 'ㄹ' 받침인 용언의 어간 뒤에 붙어) (예스러운 표현으로) 앞 절의 일을 인정하면서, 그것을 뒤 절 일의 조건이나 이유, 근거로 삼음을 나타내는 연결 어미. 장중한 어감을 띤다.
466) 집안을 제대로 다스림.
467) 다스리는(다스리다+는): 나라·사회·집안 일을 보살피고 주재(주장하여 맡음)하다.
468) 안전하고 태평함. 평안의 경칭.
469) 사물의 조리(일의 가닥). 또는 그 순서. 안녕 질서: 공공(公共)의 안녕과 사회의 질서.
470) 지탱하여 감. 지니어 감.
471) 사고·추억·기억·상상·관심·사모·동경 따위 정신 작용의 통칭.

> 3. 일과 이치를 연구하여 허위와 사실을 분석하며 시비와 이해
>   를 바르게 판단할 것이요,
> 4. 응용할 때에 취사하는 주의심을 놓지 아니하고 지행(知行)을
>   같이 할 것이니라.

수신(修身)은 곧 수심(修心)이다

수신은 몸과 마음을 바루기 위해 도덕을 공부하는데 노력하는 일로서 개인에 있어서는 각자의 몸이 만사 만리의 근본이므로 몸을 닦는 것이 가장 기본적인 공부며, 몸을 닦으면 영육이 쌍전되므로 수신이 곧 수심(修心)이다.

'에게서'와 '에서'의 차이는?

천지·부모·동포·법률 피은의 강령, 즉 '우리가 천지에서 입은 은혜를……', '우리가 부모에게서 입은 은혜를……', '우리가 동포에게서 입은 은혜를……', '우리가 법률에서 입은 은혜를……'에서 천지·부모·동포·법률 다음의 조사는 '에서'와 '에게서'로 구분되어 있다.

왜 대종사님께서는 '에서'나 '에게서' 또는 '에게'로 통일해 사용하지 않았는가?

그리고 부모 피은의 강령과 동포 피은의 강령에서는 '에게서'고, 천지 피은의 강령과 법률 피은의 강령에서는 왜 다 같이 '에게서'가 아니고 '에서'인가?

'에게서·에게·에서'의 뜻을 각각 확인해 보자.

에 게: 사람이나 동물 따위를 나타내는 명사·대명사에 붙어 행동이
        닿거나 미치는 대상을 나타낸다.
에게서: 주로 사람을 나타내는 명사·대명사에 붙어서 움직임이
        이루어지고 있는 데를 나타낸다. 또는 떠나거나 비롯된

(처음으로 시작된) 데를 나타낸다.

에　　서: 명사·대명사 밑에 붙어 어떤 곳이나 때나 대상을 나타내는
　　　　조사로서, 움직임이 이루어지고 있는 곳을 나타낸다.

　이들의 뜻을 통하여 그 의미는 명확해졌다. '에서'와 '에게서'는
다 같이 움직임이 이루어지고 있는 대상을 나타내는데, 천지와 법
률은 어떤 대상이 일반 명사이므로 '에서'를 붙였고, 부모와 동포
는 사람을 나타내는 명사이기 때문에 '에게서'를 쓴 것이다.
　'에게서'와 '에서'는 누구나 다 안다고 할 정도로 쉬운 단어지만,
정전에서만큼은 이미 안다고 생각하고 건성건성 넘어가서는 대종
사님의 본의를 발견하기가 쉽지 않다는 감각이 불같이 일어난다.

법률의 역할은?

　개인·가정·사회·국가·세계에 있어서 안녕 질서를 유지하고 살
수 있게 한다.

'가정에 있어서는 가정 다스리는 법률'이란?

　최초 법어의 '제가(齊家)의 요법'과 세전 제3장의 '가정'의 내용이다.

제가(齊家)의 요법

1. 실업과 의·식·주를 완전히 하고 매일 수입 지출을 대조하여
　근검 저축하기를 주장할 것이요,
2. 호주는 견문과 학업을 잊어버리지 아니하며, 자녀의 교육을
　잊어버리지 아니하며, 상봉 하솔의 책임을 잊어버리지 아니할
　것이요,
3. 가권(家眷)이 서로 화목하며, 의견 교환하기를 주장할 것이요,

---

4. 내면으로 심리 밝혀 주는 도덕의 사우(師友)가 있으며, 외면
   으로 규칙 밝혀주는 정치에 복종하여야 할 것이요,
5. 과거와 현재의 모든 가정이 어떠한 희망과 어떠한 방법으로
   안락한 가정이 되었으며, 실패한 가정이 되었는가 참조하기를
   주의할 것이니라.

가정에 대하여

　가정은 인간 생활의 기본이라, 사람이 있으면 가정이 이루어
지고 가정에는 부부로 비롯하여 부모 자녀와 형제 친척의 관계
가 자연히 있게 되는 바,
　그 모든 관계가 각각 그에 당한 도를 잘 행하여야 그 가정이
행복한 가정, 안락한 가정, 진화하는 가정이 될 것이니라.

　또한 대종경 인도품의 가르침, 여러 성현들의 가르침이 우리의
가정을 잘 다스리고 행복하게 하는 묘방이다.

'사회에 있어서는 사회 다스리는 법률'이란?

　'병든 사회와 그 치료법'이며, '강자·약자의 진화(進化)상 요법'과
'지도인으로서 준비할 요법'이며, 진리적 종교의 신앙과 사실적 도
덕의 훈련법(상시 훈련법과 정기 훈련법)이며,
　가정은 사회의 가장 작은 단위이므로 '제가(齊家)의 요법'을 확대
하면 사회를 다스리는 법률이 되며, 세전 제5장의 '사회'의 내용이
며, 각종 법률과 사회의 도덕적 규범, 관습 등이다.

병든 사회와 그 치료법

　사람도 병이 들어 낫지 못하면 불구자가 되든지 혹은 폐인이

되든지 혹은 죽기까지도 하는 것과 같이, 한 사회도 병이 들었으나 그 지도자가 병든 줄을 알지 못한다든지 설사 안다 할지라도 치료의 성의가 없다든지 하여 그 시일이 오래되고 보면 그 사회는 불완전한 사회가 될 것이며, 혹은 부패한 사회가 될 수도 있으며, 혹은 파멸의 사회가 될 수도 있나니,

한 사회가 병들어가는 증거를 대강 들어 말하자면 각자가 서로 자기 잘못은 알지 못하고 다른 사람의 잘못하는 것만 많이 드러내는 것이며, 또는 부정당한 의뢰 생활을 하는 것이며, 또는 지도 받을 자리에서 정당한 지도를 잘 받지 아니하는 것이며,

또는 지도할 자리에서 정당한 지도로써 교화할 줄을 모르는 것이며, 또는 착한 사람은 찬성하고 악한 사람은 불쌍히 여기며, 이로운 것은 저 사람에게 주고 해로운 것은 내가 가지며, 편안한 것은 저 사람을 주고 괴로운 것은 내가 가지는 등의 공익심이 없는 연고이니,

이 병을 치료하기로 하면 자기의 잘못을 항상 조사할 것이며, 부정당한 의뢰 생활을 하지 말 것이며, 지도 받을 자리에서 정당한 지도를 잘 받을 것이며, 지도할 자리에서 정당한 지도로써 교화를 잘 할 것이며, 자리(自利) 주의를 버리고 이타 주의로 나아가면 그 치료가 잘 될 것이며 따라서 그 병이 완쾌되는 동시에 건전하고 평화한 사회가 될 것이니라.

강자·약자의 진화(進化)상 요법

1. 강·약의 대지(大旨)를 들어 말하면 무슨 일을 물론하고 이기는 것은 강이요, 지는 것은 약이라, 강자는 약자로 인하여 강의 목적을 달하고 약자는 강자로 인하여 강을 얻는 고로 서로 의지하고 서로 바탕하여 친·불친이 있나니라.
2. 강자는 약자에게 강을 베풀 때에 자리 이타법을 써서 약자를 강자로 진화시키는 것이 영원한 강자가 되는 길이요, 약자는 강자를 선도자로 삼고 어떠한 천신만고가 있다 하여도 약자의 자리에서 강자의 자리에 이르기까지 진보하여 가는 것이 다시

없는 강자가 되는 길이니라. 강자가 강자 노릇을 할 때에 어찌하면 이 강이 영원한 강이 되고 어찌하면 이 강이 변하여 약이 되는 것인지 생각 없이 다만 자리 타해에만 그치고 보면 아무리 강자라도 약자가 되고 마는 것이요, 약자는 강자 되기 전에 어찌하면 약자가 변하여 강자가 되고 어찌하면 강자가 변하여 약자가 되는 것인지 생각 없이 다만 강자를 대항하기로만 하고 약자가 강자로 진화하는 이치를 찾지 못한다면 또한 영원한 약자가 되고 말 것이니라.

지도인으로서 준비할 요법

1. 지도 받는 사람 이상의 지식을 가질 것이요,
2. 지도 받는 사람에게 신용을 잃지 말 것이요,
3. 지도 받는 사람에게 사리(私利)를 취하지 말 것이요,
4. 일을 당할 때마다 지행을 대조할 것이니라.

사회에 대하여

사람과 사람이 서로 어울리면 사회가 이룩되나니 몇몇 사람이 모인 단체로부터 국가나 세계가 다 크고 작은 사회인 것이며, 사회에는 남녀와 노소의 별이 있고 강약과 지우(智愚)의 차가 있으며 또한 각각 그 관계에 따라 여러 가지 단체와 계급이 이루어지나니,

이 모든 관계들 사이에 서로 도가 있으면 그 사회는 평화와 번영을 누리게 될 것이요, 만일 그렇지 못하고 보면 그 사회는 반목과 다툼이 그치지 아니하나니라.

'국가에 있어서는 국가 다스리는 법률'이란?

세전 제6장의 '국가'의 내용이며, '강자·약자의 진화(進化)상 요법'과 '지도인으로서 준비할 요법'이며,

국가의 헌법, 법률(형법, 민법, 상법 등), 행정 명령, 조례, 규칙, 조약 등이다.

국가에 대하여

국가에는 다스리는 이와 다스림을 받는 이가 있게 되고 교화하는 이와 교화를 받는 이가 있게 되며, 다스리는 이와 다스림을 받는 이들이 각각 그 도를 잘 행하고 못함에 따라 나라의 흥망이 좌우되고, 교화하는 이와 교화 받는 이들이 각각 그 도를 잘 행하고 못함에 따라 나라의 성쇠가 좌우되나니라.

그러므로, 나라의 지도자들은 정전에 밝혀 주신 지도인으로서 준비할 요법을 먼저 갖추는 동시에 반드시 그 도를 잘 이행하여야 나라의 운명과 민중의 앞 길에 지장이 없을 것이요, 국민은 또한 국민의 도를 잘 이행하여야 그 나라가 흥성하고 그 국민이 한 가지 행복을 누리게 되나니라.

'세계에 있어서는 세계 다스리는 법률'이란?

국제연합헌장472)과 모든 국제법이며, 세전 제7장의 '세계'의 내용이다.

세계에 대하여

세계는 곧 온 인류를 한 단위로 한 큰 집이니, 인류는 개인 가정 사회 국가에 있어서 각각 그 도를 다하는 동시에 또한 다 같이 한 세계 동포로서의 도를 잘 이행하여야 할 것이니라.

---

472) 국제연합(유엔)헌장(Charter of the United Nations)은 국제연합의 '헌법'으로, 회원국의 권리와 의무를 명시하고, 제반 기관과 절차를 규정하고 있다. 국제 조약으로서 주권과 평등, 국제 관계에서의 무력사용 금지 및 모든 인간의 기본권 향유에 이르기까지 국제 관계의 주요 원칙을 성문화했다. 전문(前文), 목적과 원칙, 회원국의 지위, 주요 기관, 분쟁의 평화적 해결, 평화에 대한 위협, 평화의 파괴 및 침략 행위에 관한 조치, 국제 경제 협력, 비자치 지역 등 19장 111조로 구성되었다.(유엔 개황, 2008., 외교부).

이 세상 모든 일을 접응할 때에 개인의 일이나 가정의 일이나 사회의 일이나 국가의 일이나 세계의 일이 결국 한 일임을 철저히 알아서, 어느 경우에든지 항상 대를 저버림이 없이 소를 운용하여야 할 것이며, 따라서 세계에 있어서는 온 인류가 한결 같이 세계의 평화와 인류의 공동 이익을 위하여 염원하고 이해하고 협력하여야 할 것이니라.

'안녕 질서'란?

공공(公共)의 안전하고 태평함과 사회의 질서다.

'그런다면……다 인증할 것이다'는 대종사님의 독특한 화법

'천지 피은의 강령'에서는 <u>그런다면</u> 아무리 천치(天痴)요 하우자 (下愚者)라도 천지 없어서는 살지 못할 것을 <u>다 인증할 것이다.</u>
'부모 피은의 강령'에서는 <u>그런다면</u> 누구나 그렇지 못할 것은 <u>다 인증할 것이다.</u>
'동포 피은의 강령'에서는 <u>그런다면</u> 누구나 살지 못할 것은 <u>다 인증할 것이다.</u>
'법률 피은의 강령'에서는 <u>그런다면</u> 누구나 살 수 없다는 것은 <u>다 인증할 것이다.</u>

대범, 법률이라 하는 것은 인도 정의[473]의 공정[474]한 법칙[475]을 이름이니, 인도 정의의 공정한 법칙은 개인에 비치면 개인이 도움을 얻을 것이요, 가정에 비치면 가정이 도움을 얻을 것이요, 사회에 비치면 사회가 도움을 얻을 것이요, 국가에 비치면 국가가 도움을 얻을 것이요, 세계에 비치면 세계가 도움을 얻을 것이니라.

---

473) 사람이 마땅히 지켜야 할 올바른 도리(道理)와 대의(大義).

'인도 정의의 공정한 법칙'이란?

법률이다.

사람이 마땅히 지켜야 할 올바른 도리와 대의는 공평하고 정대한 것이므로 만사를 작용할 때에 원·근·친·소와 희·로·애·락에 끌리지 아니하고 오직 중도를 잡으며,

개인에 비치면 개인이 도움을 얻을 것이요,

가정에 비치면 가정이 도움을 얻을 것이요,

사회에 비치면 사회가 도움을 얻을 것이요,

국가에 비치면 국가가 도움을 얻을 것이요,

세계에 비치면 세계가 도움을 얻을 것이다.

개인·가정·사회·국가·세계가(이) 도움을 얻는 것은?

개인·가정·사회·국가·세계에 비치는 것은 인도 정의의 공정한 법칙인 법률이다.

'비치다'와 '비추다'의 차이는?

'비치다'는 빛을 받는 입장에서 '빛이 이르러 환하게 되다'이므로 법률은(일원상의 진리)이란 빛이 이르러 개인·가정·사회·국가·세계가 환하게 된다는 뜻이며,

'비추다'는 빛을 보내는 입장에서 '빛을 보내어 밝게 하다'이므로, 법률은이란 빛을 보내어 개인·가정·사회·국가·세계를 밝게 한다는 뜻이다.

여기서 개인·가정·사회·국가·세계에 비치는 인도 정의의 공정한 법칙은 법률이며, 개인·가정·사회·국가·세계를 환하게 하는 빛이

---

474) 공평하고 정대함으로서 만사를 작용할 때에 원·근·친·소와 희·로·애·락에 끌리지 아니하고 오직 중도를 잡는 것.

475) 이상과 현실을 이루기 위하여 꼭 지켜야 할 규범(법칙과 원리).

다. 이 법률에서 입은 은혜가 사은 중에서 법률은이다.

법률은이야말로 일원상의 진리를 조화롭게 하는 법칙이요 도리다.

따라서 법률은은 일원상의 진리의 한 나툼이며, 응해서 나타난 법칙이므로 어느 곳이든 비출 수 있으며, 법률의 은혜를 입는 곳은 법률이란 빛이 비치는 곳이다.

법률의 은혜를 입는 곳이 곧 개인·가정·사회·국가·세계며, 이 개인·가정·사회·국가·세계는 법률이란 빛이 이르러 환하게 되므로 개인·가정·사회·국가·세계가 도움을 얻게 된다.

그러므로 법률은으로 나타난 일원상의 진리는 이를 신앙하는 동시에 수행의 표본을 삼으므로 개인·가정·직장·국가·세계에 두루두루 비치어 나를 위시하여 내 가정·내 직장·우리 나라·세계는 환하게 밝아진다.

2. 법률 피은의 조목

1. 때를 따라 성자들이 출현476)하여 종교와 도덕으로써 우리에게 정로(正路)를 밝게 하여 주심이요,

세상이 말세가 되고 험난한 때를 당하면 구세 성자가 출현하나니

대종사 말씀하시기를

"세상이 말세가 되고 험난한 때를 당하면 반드시 한 세상을 주장할 만한 법을 가진 구세 성자(救世聖者)가 출현하여 능히 천지 기운을 돌려 그 세상을 바로잡고 그 인심을 골라 놓나니라477)."

때를 따라 성자들이 출현하여 종교와 도덕으로써 우리에게 정로 (正路)를 밝게 하여 주심이요

---

476) 나타남. 나타나서 보이다.
477) 대종경, 제14 전망품(展望品), 1장, p.376.

이 말씀에서 눈길을 끌지 않는 단어는 단 하나도 없다.

'**때**'는 '동포 보은의 결과'에서 말씀하신 '전 세계 인류가 다 보은자가 되지 못할 때에, 혹 배은자의 장난으로 인하여 모든 동포가 고해 중에 들게 될 때'며, '개교의 동기'에서 말씀하신 '일체 중생이 파란 고해에 들게 되는 때'를 말한다.

'**성자**'는 '제불 제성·구세 성자'의 그 성자로서, 때를 따라 출현하여 종교와 도덕으로써 우리에게 정로(正路)를 밝게 하여 주시는 분들이며, 전 세계 인류가 다 보은자가 되지 못할 때에, 혹 배은자의 장난으로 인해 모든 동포가 고해 중에 들게 되면 자비 방편을 베푸사 도덕이나 정치나 혹은 무력으로 배은 중생을 제도하는 분들이다.

'**종교와 도덕으로써**'에서 '종교와 도덕'은 일원상의 진리에 바탕을 둔 '진리적 종교'와 '사실적 도덕'을 말하며, '종교와 도덕으로써'는 개교의 동기의 '진리적 종교의 신앙과 사실적 도덕의 훈련으로써'에서 발견할 수 있다.

여기서 진리적 종교의 신앙은 어떻게 하고, 사실적 도덕의 훈련은 언제 어떻게 하는가?

이 진리적 종교의 신앙은 어떻게 하는지 어디에서 찾을 것이 아니라, 우리가 알고 있는 그 일원상의 신앙이다. '일원상의 진리를 신앙하는 동시에 수행의 표본을 삼아서'라고 할 때의 바로 그 일원상의 신앙이다.

그리고 사실적 도덕의 훈련은 경계를 따라 마음 작용이 일어날 때마다, 또는 일일시시로, 또는 정기 상시로, 또는 동정간에 하는 것이다.

정기 훈련법과 상시 훈련법으로 서로서로 도움이 되고 바탕이 되어 동정간에 일분 일각도 공부를 떠나지 아니하게 한다.

또한 재가 출가와 유무식을 막론하고 당일의 유무념 처리와 학습 상황과 계문에 범과 유무를 반성하기 위하여 상시 일기법으로 자신을 훈련하고, 공부인들이 당일내 작업한 시간 수와 당일의 수입 지출과 심신 작용의 처리건과 감각 감상을 기재시키는 정기 일기법으로 자신을 훈련하게 한다.

이것이 바로 사실적 도덕의 훈련이다.

'**정로(正路)**'는 바른 길로서 대종사님 법대로 밟아 가는 것이다. 또한 우리에게 이 정로는 '일원상의 진리를 신앙하는 동시에 수행의 표본을 삼아 일원상과 같이 원만 구족(圓滿具足)하고 지공 무사(至公無私)한 각자의 마음을 알고·양성하고·사용하는 것'이며, '재세 출세의 공부인에게 일분 일각도 공부를 떠나지 않게 하는 길'이며, '공부하는 방향로'로서 우리가 밟아가는 그 공부길이다.

다음에는 '**밟게 하여**'을 보면, '밟(다)+게 하(다)여'로 나눌 수 있다.

'**밟다**'는 예전 사람이 한 대로 행하는 것'이요, '남의 발자국을 좇아가는 것이다. 눈 덮인 길을 갈 때 이미 발자국이 나 있는 길과 나 있지 않은 길 중 어느 경우가 더 쉽고 안전할까?

구세 성자와 제불 제성의 가르침을 그대로 믿고 수용하여 실행하는 것이 곧 밟는다는 말이다.

대종사님께서 이미 드러내 놓으신 법을 그대로 실행하는 것이 바로 정로를 밟는 것이다. 즉 일원상의 진리를 신앙하는 동시에 수행의 표본을 삼는 생활이다.

'**-게 하여**'는 시킴을 나타내므로 우리에게 정로(正路)를 밟을 수 있도록까지, 또는 정로를 따라 갈 수 있도록까지 인도한다는 의미다.

끝으로 '**주심**(주다+시+ㅁ)'을 보자.

'주다'의 뜻을 찾아보면, '내 것을 남에게 건네어 그의 것이 되게 하다'이다. 사실 이 '주다' 속에는 법률 피은의 조목 중 1조가 다 들어 있다 해도 과언이 아니다. 즉 '내 것'은 성자의 깨달음 또는 가르침이며, '남'은 일체 중생, 즉 우리며, 정로를 밟아 가는 공부인들이다.

'건네어'에서 건네어지는 것은 종교와 도덕을 통해서 전해지는 성자의 깨달음 또는 가르침이다.

'그의 것이 되게 하다'를 보면 공부인에게 도움이 되는 것, 공부인이 일원상의 진리를 체받는 것, 공부인이 일원상의 진리를 신앙하는 동시에 수행의 표본을 삼는 것이 곧 그의 것이 되는 것이다.

또한 '그의 것이 된 것'은 이미 내게서 떠난 것이므로 그 떠난 것은 이미 나의 것이 아니다. 내게서 떠나 그의 것이 된 것에 대해서는 천지 보은의 조목 중 8조의 응용 무념(應用無念)한 도를 체받아서 은혜를 베푼 후 그 관념과 상을 없이 할 것이며, 혹 저 피은자가 배은 망덕을 하더라도 전에 은혜 베풀었다는 일로 인하여 더 미워하고 원수를 맺지 말라는 의미와

사대 강령 중 지은 보은의 '우리가 천지와 부모와 동포와 법률에서 은혜 입은 내역을 깊이 느끼고 알아서 그 피은의 도를 체받아 보은행을 하는 동시에, 원망할 일이 있더라도 먼저 모든 은혜의 소종래(지내온 내역)를 발견하여 원망할 일을 감사함으로써 그 은혜를 보답하자'는 의미가 담겨 있다.

단어의 곳곳에 숨어 있는 대종사님 법의 뜻을 캐다 보니, 보물 찾기가 따로 있지 않다.

정전 전체가 온통 보배로 가득 차 있지 않은가!

발견하는 마음의 눈을 밝혀 가면서 그대로 수용할 뿐이다.

이것이 바로 성자들(대종사님)이 출현하여 밝혀 주신 그 정로를 그대로 밟아가며(법맥·신맥·법선을 대고) 내 것으로 삼는 것이다.

우리에게 정로(正路)를 밟게 하는 종교와 도덕은 어떤 것인가?

이 '종교와 도덕'은 일원상의 진리에 바탕을 둔 '진리적 종교'와 '사실적 도덕'을 말한다.

즉 진리적 종교를 신앙하고, 사실적 도덕으로 훈련하는 것이 우리가 정로(正路)를 밟아 가는 것이다.

스승의 가없는 은혜는 무엇인가?

대종사 말씀하시기를

"예로부터 모든 성인이 때를 따라 출세하사 정당한 법도를 제정

하여 각각 그 사람답게 사는 길을 밝히셨나니, 만일 그 법도를 가벼이 알고 자행 자지를 좋아한다면 그러한 사람은 현세에서도 사람의 가치를 나타내지 못할 것이요, 내세에는 또한 악도에 떨어져서 죄고[478]를 면하지 못하리라[479]."

원기 28년 6월, 대종사 영결식에서 성령 전에 고하시기를

"대종사께옵서는 몽매[480]한 저희들을 가르치고 지도하실 제 온갖 수고를 잊으시고 모든 사랑을 이에 다 하시와 천만 방편과 무량 법문으로써 어둠에 헤매던 저희들의 앞길을 인도하셨사오니,

스승님이 아니시면 부유(蜉蝣)[481]같은 이 중생으로서 어찌 영원한 생명을 찾을 수 있었사오며,

스승님이 아니시면 주객[482]을 구분하지 못하던 이 우자로서 어찌 죄복의 근원을 알 수 있었사오며,

스승님이 아니시면 유혹이 많은 이 세간에서 어찌 정당한 인도를 깨칠 수 있었사오며,

스승님이 아니시면 끝없는 이 미륜(迷淪)[483]에서 어찌 성불의 길을 감히 바랄 수 있었사오리까?

은혜를 생각하오면 창천(蒼天)[484]이 한(限)[485]이 없사옵고 정의(情誼)[486]를 말씀하오면 하해(河海)[487]가 더욱 깊나이다[488]."

---

478) 지은 죄 때문에 받는 괴로움(罪苦).
479) 대종경, 제4 인도품(人道品), 4장, p.186.
480) 어리석고 사리에 어두움(蒙昧).
481) ①내일이 있는 줄을 모르고 오늘 밖에 모르는 하루살이. ②삼세 인과를 모르거나 부정하고 현재에만 집착하여 내생 준비를 위한 마음 공부를 할 줄 모르는 사람을 비유하는 말.
482) ①주인과 손. ②주되는 사물과 거기 딸린 사물.
483) 미혹·미망·미로·미란 등에 빠져 어찌할 줄 모르고 헤매는 것. 번뇌 망상에 빠져들어서 청정자성을 찾지 못하는 것.
484) 맑게 개인 새파란 하늘.
485) (주로 '없다', '있다'와 함께 쓰여) 시간, 공간, 수량, 정도 따위의 끝을 나타내는 말.
486) 서로 사귀어 친하여진 정.
487) 큰 강과 바다. 은혜와 공덕 등이 한 없이 크다는 것을 비유적으로 표현할 때 주로 쓰인다.
488) 정산 종사 법어, 제2부 법어, 기연편(機緣編) 13장, p.763.

2. 사·농·공·상의 기관[489]을 설치[490]하고 지도[491] 권면[492]에 전
력[493]하여, 우리의 생활을 보전[494]시키며, 지식을 함양[495]하
게 함이요,

'사·농·공·상의 기관'이란?

우리가 사·농·공·상의 직업을 가지고 활동하는 생활의 터전으로서,
각종 직장과 이를 돕고 관리하고 감독·규제하는 일체의 기관이다.

사·농·공·상의 기관을 설치하고 지도 권면에 전력하는 목적은?

우리의 생활을 보전시키며, 지식을 함양하게 하기 위함이며, 이
것은 동포은과의 만남이다.

즉 우리는 이 세상에 있는 사·농·공·상의 네 가지 생활 강령 직
업 하에서 우리의 생활을 보전시키며, 지식을 함양한다.

사·농·공·상의 기관을 왜 설치하며, 이들 기관과 법률의 관계는?

사·농·공·상의 활동으로 이루어지는 우리의 생활을 보전시키고,
그 이익과 발전을 꾀하고, 지식을 함양하게 하기 위해 이들 기관
들이 자연스럽게 또는 인위적으로 설치하며, 제각기 목적에 따라
다양한 형태의 모임·직장·단체·종교·사회 등으로 구성한다.

그런데 이러한 기관들을 설치·운영하려면 법률의 보호와 이 법

---

489) 행동의 목적을 이루기 위한 시설.
490) 베풀어 둠.
491) 가르치고 이끌어 줌.
492) 권하여 힘쓰게 함.
493) 오로지 한 일에만 힘을 씀.
494) 보호하여 안전하게 함.
495) 차차 길러 냄. 학문과 식견을 권하여 힘 쓰게 함. 넓혀서 심성을 기름.

률의 기본 정신인 사·농·공·상의 도덕에 바탕을 두지 않으면 안된다.

혹 이들 기관이 더욱 발전 되지 못하거나, 오히려 구속을 받는다면 이는 그 법률이 원만하지 못하거나, 그를 운용하는 입법자와 치법자들의 마음이 시비 이해에 끌려 열려 있지 않거나 미처 생각이 미치지 못하여 사·농·공·상의 발전을 촉진하고 원만하게 운용되도록 선도하지 못하기 때문이다.

따라서 이들 기관과 법률은 서로서로 도움이 되고, 바탕이 되는 은혜의 관계를 맺고 있다.

3. 시비 이해496)를 구분497)하여 불의498)를 징계499)하고 정의를 세워 안녕 질서를 유지500)하여 우리로 하여금 평안히 살게 함이니라.

법률이 어떻게 시비 이해를 구분하게 하는가?

법률이 금지하는 조건을 지키면 이는 시(是)요, 안으로 이(利)를 보게 됨은 물론 밖으로도 이를 보게 하고, 어기면 비(非)요 내가 해(害)를 보게 될 뿐만 아니라 심지어 주위에 이르기까지 해를 끼치게 된다.

법률이 권장하는 조건에 순응하면 이는 시(是)요 나를 포함하여 모두가 이(利)를 보게 되고, 순응하지 않으면 비(非)요 우선 내가 해(害)를 보게 될 뿐만 아니라 급기야는 남에게까지 해가 될 수 있다.

따라서 시와 이는 자리(自利)인 동시에 이타(利他)이므로 정의가

---

496) 옳고 그른 것과 이롭고 해로운 것.
497) 따로따로 갈라 나눔.
498) 의리(사람으로서 지킬 바른 도리)에 어긋남.
499) 허물이나 잘못을 뉘우치도록 나무라며 경계함. 부정이나 부당한 행위에 대하여 제재를 가함.
500) 지탱하여 감. 지탱하여 지니어 감.

되어 안녕 질서가 유지되고 우리가 평안히 살 수 있게 되나, 비와 해는 일차적으로 나를 해치고 더군다나 고의든 아니든 남한테 해를 입히게 되는 경우도 있으므로 불의가 된다.

그러므로 죄는 미워하되 사람은 미워하지 말라는 말씀처럼 죄에 해당되는 불의는 안녕 질서를 문란하게 하고 우리로 하여금 평안히 살 수 없게 하므로 징계하지 않을 수 없다.

그러나 시(是)와 비(非)는 경계를 따라 일어나는 내 마음을 어떻게 사용하고, 어떤 마음으로 처리하느냐에 따라 달라지는 양면성이요 동시성이므로 서로 구분되어 있는 것이 아니라 내 마음을 어떻게 사용하느냐에 따라 얼마든지, 언제든지 모습을 달리하여 나타날 수 있다.

경계에 지더라도 속지는 말라고 하듯이, 시비 이해로 대중만 잡아 공부만 하면 비(非)도 비가 아니요 시(是)도 시가 아닌 줄 알게 되고, 또한 이(利)도 이가 아니요 해(害)도 해가 아닌 줄 알게 된다. 또한 때로는 시(是)가 비(非)가 되고 비(非)가 시(是)가 되는 경우도 있으며, 이(利)와 해(害) 또한 그러한 줄 알게 된다.

그러므로 시비 선악과 염정의 제법은 고정되어 있는 것이 아니라 변화하는 이치가 있으므로 결국에는 시비 선악과 염정의 제법이 다 제호의 일미인 줄 알게 된다. 이것이 곧 생사 자유와 윤회 해탈과 정토 극락을 이루는 불이문이 아니겠는가?!

3. 법률 보은의 강령

법률에서 금지[501]하는 조건[502]으로 피은이 되었으면 그 도에 순응[503]하고, 권장[504]하는 조건으로 피은이 되었으면 그 도에 순응할 것이니라.

---

501) 말려서 못하게 함.
502) 무슨 일을 어떻게 규정한 항목.
503) 경우에 따라 이에 적응함.
504) 권하여 북돋아 줌.

법률에서 금지하는 이유는?

사람의 성품은 정한즉 무선 무악하고(심지는 원래 요란함·어리석음·그름이 없건마는) 동한즉 능선 능악하므로(경계를 따라 있어지나니,) 경계를 따라 그 마음과 행동이 진리에 어긋나서 죄를 짓고 남에게 해를 끼치며 사회의 안녕 질서를 파괴할 수 있기 때문이다.

'법률에서 금지하는 조건'이란?

법률의 금지 조항, 30계문, 불신·탐욕·나·우, 사은의 배은 등이다.

법률에서 권장하는 이유는?

법률을 그대로 행하는 것이 진리에 맞으므로 스스로 복이 되고 사회에 은(恩)이 미쳐가며, 사회의 안녕 질서를 유지하는 근본이 되기 때문이다.

'법률에서 권장하는 조건'은?

포상 장려 규정, 솔성 요론, 삼학, 신·분·의·성, 사은의 보은, 사요 등이다.

악법(惡法)도 순응하는 것이 옳은가, 아니면 불의이므로 지키지 않는 게 옳은가?

우리의 본래 마음에는 정법(正法)은 준수하고 악법은 불의이므로 준수하지 않는다는 분별이 없는 것이다.

소크라테스의 '악법도 법이다'라는 말씀은 환경적인 업일지라도 거부하지 않고 악법에 순응하지 않으려는 마음에 끌리지 않는 걸림 없는 마음의 발로며, 악법일망정 수용하는데 걸림 없는 공부인의 모습이다.

그렇다고 하여 공부 삼아 순응하는 것이 능사인가?

불의에 순응하기만 하면 사회는 발전되지 않는다. 불의에는 투쟁하되, 투쟁을 위한 투쟁, 반대를 위한 반대가 아닌 걸림 없는 마음, 자리 이타하는 마음이어야 한다. 즉 어떤 마음으로 하느냐가 가장 중요하다.

천지·동포 보은의 강령에서는 왜 '체받아서'이고, 부모 보은의 강령에서는 왜 '보아서'이며, 법률 보은의 강령에서는 왜 '순응하고'인가?

천지·부모·동포·법률 보은의 강령을 다음 표와 같이 비교해 보자.

천지 보은의 강령	부모 보은의 강령	동포 보은의 강령	법률 보은의 강령
사람이 천지의 은혜를 갚기로 하면 먼저 마땅히	무자력할 때에	동포에게 자리 이타로 피은이 되었으니 그 은혜를 갚고자 할진대, 사·농·공·상이 천만 학술과 천만 물질을 서로 교환할 때에	법률에서 금지하는 조건으로 피은이 되었으면
그 도를 <u>체받아서</u> 실행할 것이니라.	피은된 도를 <u>보아서</u> 힘 미치는 대로 무자력한 사람에게 보호를 줄 것이니라.	그 도를 <u>체받아서</u> 항상 자리 이타로써 할 것이니라.	그 도에 <u>순응하고,</u> (법률에서) 권장하는 조건으로 피은이 되었으면 그 도에 <u>순응할</u> 것이니라.

천지은에서 우리가 닮아야 할 대상(진리)은 무엇인가?

우주의 진리요 우리의 성품 자리인 천지의 팔도(八道: 지극히 밝은 도, 지극히 정성한 도, 지극히 공정한 도, 순리 자연한 도, 광대 무량한 도, 영원 불멸한 도, 길흉이 없는 도, 응용에 무념한 도)이다.

그러므로 이 천지 팔도를 그대로 닮아가는 것이 천지 보은이므로 '체받다'가 잘 어울린다.

그러면 동포은에서는 어떠한가?

각자의 소득으로 천만 물질을 서로 교환할 때에 오직 자리 이타(自利利他)로써 서로 도움이 되고 피은된 도가 있으니, 이것이 우리가 닮아야 할 대상(진리)이다.

사·농·공·상이 천만 학술과 천만 물질을 서로 교환할 때에 오직 자리 이타로써 행하는 것이 동포 보은이므로 살피고 따르는 '보다'와 '순응하다'보다는 '체받는다'가 더 잘 어울린다.

이번에는 부모은에서 살펴보자.

부모가 있으므로 만사만리의 근본이 되는 이 몸을 세상에 나타내게 되었으며, 설사 나타났더라도 자력(自力) 없는 몸으로서 저절로 장양될 수 있겠는가?

모든 사랑을 이에 다 하사 온갖 수고를 잊으시고 자력을 얻을 때까지 양육하고 보호하여 주실 뿐만 아니라, 사람의 의무와 책임을 가르쳐 인류 사회로 지도하시기까지 하신다.

이러한 사정을 잘 살피고 헤아려서 보은하자는 것이니, 부모은에서는 '보다'가 더 잘 어울린다.

다음에는 법률은에서 '순응하다'를 보자.

내가 처한 환경이나 변화에 적응하여 익숙해지고 따르는 대상이 법률에 금지하는 조건으로 피은된 도와 법률에서 권장하는 조건으로 피은된 도이다.

그런데 '체받다', '보다', '순응하다'가 서로 다른가?

사대 강령의 '지은 보은'에서 보자.

"지은 보은은 우리가 천지와 부모와 동포와 법률에서 은혜 입은 내역을 깊이 느끼고 알아서 그 피은의 도를 체받아 보은행을 하는 동시에,……"

결국 사은에 보은하기 위해 천지의 도와 동포 피은의 도를 그대로 닮아가는 것(체받아서)이나, 부모 피은의 도를 살피고 헤아리는 것(보아서)이나, 법률 피은의 도에 적응하여 따르는 것(순응하고, 순응할)은 모두 체받는 것임을 알 수 있다.

이는 일원상의 진리를 진공과 묘유와 조화로 이렇게도 저렇게도 표현하였듯이, 천지·부모·동포·법률 피은의 도를 체받는 길을 달리 표현한 것이다.

4. 법률 보은의 조목

> 1. 개인에 있어서는 수신(修身)하는 법률을 배워 행할505) 것이요,
> 2. 가정에 있어서는 가정 다스리는 법률을 배워 행할 것이요,
> 3. 사회에 있어서는 사회 다스리는 법률을 배워 행할 것이요,
> 4. 국가에 있어서는 국가 다스리는 법률을 배워 행할 것이요,
> 5. 세계에 있어서는 세계 다스리는 법률을 배워 행할 것이니라.

배워 행하는 것이 곧 보은이구나!

배워 행하는 것이 무엇인가?

정신 수양과 사리 연구를 바탕으로 하는 작업 취사며, 배울 줄 모르는 나를 잘 배우는 사람으로 돌리는 것이다.

개인에 있어서는 수신(修身)하는 법률과 가정(·사회·국가·세계)에 있어서는 가정(·사회·국가·세계) 다스리는 법률에 순응506)하는 것이다.

그런데 배우는 것과 행하는 것에 왜 차이가 생기는가?

배운 만큼, 알아지는507) 만큼 왜 실행이 되지 않는가?

---

505) 행할(행하다+ㄹ): 작정한 대로 해 나가다.
506) 환경이나 변화에 적응하여 익숙해지거나 체계, 명령 따위에 적응하여 따름.
507) 아지다: (어미) 모양, 상태 따위가 그렇게 변함을 나타내는 접미어.

배움이 아는 것은 될지언정 체험을 통해서 배우지 아니하고 단순히 지식으로 알고 머리로만 깨닫기 때문이며, 설령 체험으로 배우고 느낀다손 치더라도 행함에 있어 시종이 여일하지 않은 것은 철석같이 굳은 습관을 과감히 놓지 못하기 때문이다.

또한 배우고도 행하지 않는 것은 그 배움이 근본 이치를 아는 데에까지 이르지 못하기 때문이며, 행하지 않으려는 경계에 끌리는 마음을 살피고 또 살피고, 원래 없는 마음에 대조하고 또 대조하기를 적당히 하기 때문이다.

그러므로 만사 만리의 근본 되는 내 마음을 나(내 가정, 내가 처한 사회·국가·세계)를 다스리는 데 걸림 없이 사용하고, 걸림 있는 마음을 대중만 잡아 끝까지 싸우는 정신을 놓지 않고 힘써 행하는 것이 잘 배워 행하는 것이며, 법률은에 대한 피은·보은·배은이 내 마음 작용에 따라 일어나는 진공 묘유의 조화임을 아는 것이며 보은하는 것이다.

5. 법률 배은

법률에 대한 피은·보은·배은을 알지 못하는 것과 설사 안다 할지라도 보은의 실행이 없는 것이니라.

알지 못하는 것과 안다할지라도 보은의 실행이 없다 함은?

지식으로만 아는 것이며, 몸으로 행하지 않고 마음속으로 생각으로만 행하는 것이다.

이것은 살아 있는 앎, 살리는 앎이 되지 못하고 죽은 지식에 불과하다. 실행을 함으로써 그 속에서 앎을 발견하고, 그 앎 속에 갊아 있는 실행이 드러나므로 자신과 주위를 환하게 살아나게 하고 밝고 맑고 훈훈하게 한다.

그러므로 실행 없는 천만 지식과 실행을 통해 얻어지는 한 가지

지혜의 경중은 비교 대상이 아니다. 배움이 적은 우리의 어머니, 할머니가 많이 배운 우리를 조건 없이 얼싸안을 수 있는 것도 진리와 하나된 마음이 드러나기 때문이다.

그런데 실행을 통해서만 진정한 앎이 있고, 실행을 통해서만 알 수 있다면 그 복잡 다단한 천만 이치와 천만 사물을 언제 깨칠 것이며, 더구나 어떻게 부려 쓸 수 있단 말인가?!

이를 해결할 수 있는 길이 바로 대종사님께서 밝혀 놓으신 용심법이며, 그 법을 모셔두지만 말고 실생활에서 법대로 써먹는 것이다. 정기·상시로, 일분 일각도 법대로 응용하기를 떠나지 않는 것이다.

6. 법률 보은의 결과

우리가 법률 보은을 한다면, 우리 자신도 법률의 보호를 받아, 갈수록[508] 구속[509]은 없어지고 자유[510]를 얻게 될 것이요, 각자의 인격[511]도 향상[512]되며 세상도 질서가 정연[513]하고 사·농·공·상이 더욱 발달하여 다시없는[514] 안락 세계(安樂世界)[515]가 될 것이며, 또는 입법(立法)[516]·치법(治法)[517]의 은혜도 갚음이 될 것이니라.

우리가 법률 보은을 한다면, 왜 우리 자신도 법률의 보호를 받는가?

우리가, 아니 내가 법률 보은을 하는 것은 법률에서 금지하는

---

508) -ㄹ수록: 모음으로 끝난 체언이나 어간에 붙어서 어떤 일이 더하여 감을 나타내는 연결 어미.
509) 얽매임.
510) 무엇이나 마음대로 하되 진리에 어긋남이 없고, 남에게 피해를 주지 않는 것.
511) 사람의 품격.
512) 보다 나아지거나 나아지려고 노력함. 위를 향해 나아감.
513) 질서 있고 가지런함.
514) 다시없는(다시없다+는): 그보다 더 낳은 것이 없을 만큼 완전하다.
515) 몸과 마음에 불편·불안이 없고 고통이 없는 세상.
516) 법을 제정함. 또 그 행위.
517) 법으로 다스림. 또 그 행위.

조건에 순응하고, 또한 권장하는 조건에 순응하는 것이므로 법률의 보호를 받는 것은 지극히 당연하다.

그런데 법률에서 금지하는 조건에 순응하는 매 순간, 과연 일어나는 마음 없이 순순히 따르던가?

마음 한편에서 부르는 유혹에 끌리지 않던가?

밖에서 오는 경계에도 끌림이 없던가?

금지하는 조건은 그렇다 치고, 권장하는 조건에 순응할 때는 또 어떠하던가?

반응이 일어나는 모습이 다를 뿐 끌리고 안 끌리려는 마음 작용은 마찬가지다.

그러므로 일어나는 마음을 공부 거리 삼아 공부함으로써 내 마음을 걸림없이 사용하는 것이 곧 법률의 보호를 받는 것이며, 내 안에서 내가 나를 닦게 하고, 내가 나를 건지게 하므로 내가 나를 보호하는 것이다.

이렇게 됨이 무엇인가?

구속이 없어지는 것이며, 마음의 참 자유를 얻는 것이다.

우리가 법률 보은을 한다면, 왜 구속은 없어지고 자유를 얻게 되는가?

법률의 보호를 받기 때문이다.

법률 보은이 법률에서 금지하고 권장하는 조건에 순응하는 것이므로 이들에 익숙하지 않아 당장은 괴롭고 구속스러울 수 있다.

그러나 영원한 세상을 통해서 참다운 자유를 얻는 길은 오직 진리와 모든 법률에 어긋남이 없고 남에게 해가 되지 않는 심신 작용이어야 하므로 법률 보은이 아니면 어찌 법률의 보호를 받을 것이며, 참다운 자유를 얻겠는가?!

법률 보은을 하면 어떻게 인격이 향상되는가?

종교, 도덕과 정치를 비롯하여 개인·가정·사회·국가·세계에 필요한 인도 정의의 공정한 법칙을 잘 알아서 그대로 실행하는 사람의 인격과 그 법칙을 알지 못하고 자행 자지하는 사람의 인격은 다를 수밖에 없다.

최초 법어의 '수신(修身)의 요법'과 '제가(齊家)의 요법'만 잘 실행하여도 그 사람의 인격은 크게 향상될 것이다.

법률 보은을 하면 어떻게 사·농·공·상이 더욱 발달되는가?

사·농·공·상의 모든 기관은 법률에 의하여 설치되고 법률로써 운영되므로 법률이 권장하고 금지하는 조건을 그대로 순응만 한다면 모든 기관과 동포는 그 운영과 생활이 날로 발전되지 않을 수 없다.

그러나 혹 현재 향상 발전하지 못하거나 도리어 구속으로 느끼는 것은 그 법률이 원만하지 못하거나 입법자와 치법자나 피치법자의 마음이 지공 무사하지 못하여 법률에서 권장하고 금지하는 조건에 순응하는, 즉 법률의 근본 정신에 순응하지 못하기 때문이다.

그러므로 우리는 법의 근본 정신이 지공 무사함을 알아서 시대에 적절하지 못한 법은 개정하여 원만하게 그 정신을 다시 밝히는 동시에 입법자와 치법자나 피치법자가 다 같이 법의 정신을 체받아 순응해야 하며, 순응하기만 하면 사·농·공·상은 반드시 향상·발달될 것이다.

입법(立法)·치법(治法)의 은혜란?

우주에는 질서 정연하고 지공 무사한 진리가 있고, 또 모든 인류가 안녕 질서를 유지하며 다시없는 안락 세계에서 살고자 할지라도 제불 제성과 입법자들이 그 진리를 체받아서 그 법률을 제정(입법)하지 않았다면 법률은 있을 수 없는 것이요,

설령 법률이 제정되어 있다 할지라도 이 법률이 실행되도록 지도 권면하고 운영(치법)하는 이가 없다면 법률은은 크게 드러나지

않을 것이다.

그러므로 법률은은 특별히 입법·치법의 은혜까지 말씀하신 것이다.

7. 법률 배은의 결과

우리가 만일 법률에 배은을 한다면, 우리 자신도 법률이 용서[518]하지 아니하여, 부자유(不自由)와 구속을 받게 될 것이요, 각자의 인격도 타락[519]되며 세상도 질서가 문란[520]하여 소란[521]한 수라장(修羅場)[522]이 될 것이니라.

법률에 배은을 한다면, 우리 자신도 법률이 용서하지 아니하여, 부자유와 구속을 받게 되는 내역은?

법률은에 보은하지 않고 배은한다면 법률이 나를 보호하지 않을 것이며, 또한 제일 먼저 내 안의 원래 마음(양심)에 의해 내가 나를 용서하지 아니하여 부자유와 구속을 받게 되고, 사회의 일반 통념과 불문율에 의해 구설수에 오르고 손가락질 당할 뿐만 아니라 정신적으로 구속되어 부자유하게 될 것이다.

만약에 사회·국가·세계의 법률에 배은하면 어떻게 되는가?

경(輕)하면 경한 대로, 중(重)하면 중한 대로 지은 바에 따라 처벌을 받아 심신의 자유가 제한되고 구속을 받게 된다.

하늘 그물은 성긴 것 같으나 빠뜨림이 없다고 하듯이, 무엇보다도 소소영령한 진리에 의해 주어지는 구속은 생멸 없는 도와 인과 보응되는 이치를 따라 도저히 면할 수 없는 것이다.

---

518) 잘못이나 죄를 꾸짖거나 벌하지 않음.
519) 품행이 나빠서 못된 구렁에 빠짐. 죄를 범하여 불신의 생활에 빠짐. 사람의 품격. 도심(道心)을 잃고 속심(俗心)에 빠짐.
520) 도덕이나 질서가 어지러움.
521) 수선수선 어지러움. 정신을 어지럽히는 말이나 짓거리에 의해 어지러움.
522) '야단스럽고 뒤범벅이 되어 비참한 광경을 이룬 곳'의 비유.

법률에 배은을 한다면 왜 각자의 인격도 타락되는가?

우리의 삶은 홀로 존재하지 않는다. 항상 관계 속에서 존재한다.
순하게 발하는 도움과 바탕이 될 수도 있고, 거슬러 발하는 도움과 바탕이 될 수도 있다.

배은은 요란해지고 어리석어지고 글러지는 생활에서 벗어나지 못하기 때문에 있어지는 결과로서, 자신의 마음과 몸으로 나타낸다.

품행이 나빠서 못된 구렁에 빠진 모습으로, 죄를 범하여 불신의 생활에 빠진 모습으로, 천심(天心)을 잃고 속심(俗心)에 빠진 모습으로 나타난다.

마음을 잘 사용하는 것이 가장 먼저 나를 건지고, 수라장이 된 가족·사회·국가·세계를 건지는 것이다.

마음 잘 사용하는 것이 이렇게도 중요하다.

법률 보은의 결과와 법률 배은의 결과를 비교해 보면?

법률 보은의 결과	법률 배은의 결과
우리가 법률 보은을 한다면,	우리가 만일 법률에 배은을 한다면,
우리 자신도 법률의 보호를 받아, 갈수록 구속은 없어지고 자유를 얻게 될 것이요,	우리 자신도 법률이 용서하지 아니하여, 부자유(不自由)와 구속을 받게 될 것이요,
각자의 인격도 향상되며 세상도 질서가 정연하고 사·농·공·상이 더욱 발달하여	각자의 인격도 타락되며 세상도 질서가 문란하여
다시없는 안락 세계(安樂世界)가 될 것이며, 또는 입법(立法)·치법(治法)의 은혜도 갚음이 될 것이니라.	소란한 수라장(修羅場)이 될 것이니라.

피은·보은·배은은 과거·현재·미래로 이어져 있는 진리의 작용

천지·부모·동포·법률 피은의 강령에서 '우리가 천지에서·부모에게서·동포에게서·법률에서 입은 은혜를……'에서 '-은'은 '어간에 붙어 그 말로 하여금 이미 되어 있는 사실을 나타내어 그 아래의 체언의 뜻을 꾸미게 하는 말'이므로 피은은 과거에서부터 현재까지 이미 입은 은혜를 나타내며, 피은된 시간은 과거에서부터 현재까지임을 알 수 있다.

보은의 강령에서 '실행할 것이니라. 보호를 줄 것이니라. 자리이타로써 할 것이니라. 순응할 것이니라'와 보은의 조목에서 '알 것이요, 달할 것이요, 잡을 것이요, 버릴 것이요, 없이 할 것이요, 얻을 것이요, 아니할 것이요, 아니할 것이니라. 밟을 것이요, 드릴 것이요, 보호할 것이요, 기념할 것이니라, 자리 이타로써 할 것이요, 행할 것이요, 행할 것이니라'에서 '-ㄹ'은 체언·어간에 붙어, 미래의 일을 나타내므로 보은은 현재부터 미래로 하고 또 하여야 할 것임을 알 수 있다.

그리고 천지·부모·동포·법률 배은, 즉 '천지·부모·동포·법률에 대한 피은·보은·배은을 알지 못하는 것과 설사 안다 할지라도 보은의 실행이 없는 것이니라'에서 '-는'은 존재사의 어간에 붙어 그 동작이 현재 중임을 나타내므로 배은은 현재 진행중임을 나타낸다.

따라서 피은·보은·배은은 과거에서부터 지금까지 입은 은혜를 지금 여기서부터 앞으로 갚는 것이며, 그런 중에 피은된 도를 본받지 못함에 따라 현재 배은 행위를 하고 있는 것이다. 이는 진리의 작용인 동시에 내 마음 작용임을 알고 서원과 실행과 참회로써 보은행을 생활화해야 할 것이다.

배은이 '보은의 결과' 뒤에 오지 않고 왜 앞에 왔을까?

'천지·부모·동포·법률 배은'이 '천지·부모·동포·법률 보은의 결과’ 뒤에 오지 않고, 왜 앞에 왔을까?

사은이 ‘피은·보은·배은’으로 나투어지므로 피은 부분, 보은 부분, 배은 부분으로 각각 나누어 기술하는 것이 더 알기 쉽고 타당할 것 같은데 대종사님께서는 왜 이렇게 하셨을까?

‘피은·보은·배은’이 과거에 이미 나투어졌고, 현재에도 나투어지고 있고, 미래에도 나투어질 것임을 확실하게 알게 하고, 우리가 피은된 도를 체받아 실행함으로써 배은보다는 보은 생활하기를 바라시는 것이 대종사님의 본의임을 짐작해 보건대, ‘배은’이 ‘보은의 결과’ 앞에 온 뜻을 두 가지로 생각해 볼 수 있다.

첫째, 배은이 무엇인 줄 알고 어떻게 하든지 보은하게 되면 ‘보은의 결과’대로 된다는 점을 강조하기 위해 ‘배은’을 먼저 말씀하신 것 같고,

둘째, ‘천지·부모·동포·법률 배은’이 ‘천지·부모·동포·법률에 대한 피은·보은·배은을 알지 못하는 것과 설사 안다 할지라도 보은의 실행이 없는 것’이므로, 알고 실행하면 확실하게 ‘보은의 결과’대로 되고, 알지 못하거나 설사 안다할지라도 실행이 없으면 ‘배은의 결과’대로 됨을 명확하게 알게 되고, 상황에 따라서는 보은할 수도 또는 배은할 수도 있음이 진리의 작용임을 알게 하기 위해 배은을 먼저 말씀하신 것 같다.

이는 곧 대종사님의 대자대비심이 아닌가!

사은과 나와의 관계는?

없어서는 살지 못하는 관계다.

구체적으로는 천지은과 나의 관계는 천지 없어서는 살지 못하며,

부모은과 나의 관계는 부모 아니면 이 몸을 나타내지 못하고 장양되지 못하였을 것이며,

동포은과 나의 관계는 동포의 도움이 없이, 동포의 의지가 없이, 동포의 공급이 없이는 살 수 없으며,

법률은과 나의 관계는 법률 없이는 살 수 없다.

그러므로 사은과 나는 없어서는 살 수 없는 은혜의 관계를 맺고 있다.

'사은'과 '일원상의 진리'와의 관계는?

대종사님께서는 '일원상의 내역을 말하자면 곧 사은이요, 사은의 내역을 말하자면 곧 우주 만유로서 천지 만물·허공 법계가 다 부처님 아님이 없나니, 어느 때 어느 곳이든지 항상 경외심을 놓지 말고 존엄하신 부처님을 대하는 청정한 마음과 경건한 태도로 천만 사물에 응할 것이며,……523).'라고 하셨으며,

'일원상은 곧 청정 법신불을 나타낸 바로서 천지·부모·동포가 다 법신불의 화신(化身)이요, 법률도 또한 법신불의 주신 바이라524).'고 '사은'과 '일원상의 진리'의 관계에 대하여 이르셨다.

대종사님의 은혜는 사은 중에서 어디에 해당될까?

대종사님께서 교법으로 나를 이끌어 거듭나게 하는 스승이시니 부모은으로 모실 수도 있고, 만법으로 세상을 건지고 교화하니 법률은으로 모실 수도 있다.

그러나 대종사님께서는 일원상의 진리와 합일하신 분이요, 일원상의 내역인 사은을 밝히시고 일동 일정(一動一靜)525)이 모두 사은의 덕으로 화하므로 사은 중 어디에 해당된다고 생각하기보다는 일원상의 진리와 같이 모시면 될 것이다.

---

523) 대종경, 제2 교의품(教義品), 4장, p.113.
524) 대종경, 제2 교의품(教義品), 9장, p.116.
525) 하나하나의 동정. 또는 모든 동작.

제3장 사 요(四要)

사요는 일원상의 진리가 이 세상에 펼쳐져 있는 사은에 보은하게 하는 대불공법이며, 사은에 보은하면 은혜가 나투어져 전 인류가 평등해지므로 세상을 고르는 대균등법이다.

사은과 사요는 실과 바늘과 같은 동시성의 관계요 서로서로 도움이 되고 바탕이 되는 은혜의 관계이므로 사은에는 사요가 당연히 포함되어 있다.

그러면 이 사요는 어떻게 실천하면 좋은가?

먼저 만사 만리의 근본되는 이 몸은 나[我]라는 존재를 떠나서 존재할 수 없으므로 나 자신부터 시작해야 하고, 또한 이 사회를 떠나서는 살 수 없으므로 사회를 향하여 한 걸음씩 무아봉공·자리이타·이소성대 정신으로 나아가야 한다.

그러므로 나 자신부터 시작하고 나 자신에게 불공하는 것이 자력 양성이요, 나로부터 사회로 눈을 돌리며 세상을 고르는 불공하는 법이 곧 지자 본위요, 타자녀 교육이요, 공도자 숭배다.

사요가 교리도에서 왜 '인과 보응의 신앙문'에 있는가?

사요는 세상을 고르고, 전 인류를 잘 살게 하고, 나와 이웃과 전 동포를 평등하게 하는 구체적인 실천 방법이므로 '진공 묘유의 수행문'에 포함시키는 것이 타당할 것 같은데, 왜 '인과 보응의 신앙문'에 있는가?

이 사요는 사은에 구체적으로 보은하고 불공하는 묘방(妙方)이므로 사은과는 떨어지려야 떨어질 수 없다.

즉 사요는, 영과 육이 쌍전하고 동과 정이 일여(一如)이듯, 사은과 이미 한 몸이므로 '진공 묘유의 수행문'에 속하기보다는 '인과 보응의 신앙문'에 속하는 것이 보다 타당하다.

그러므로 자력 양성은 나 자신의 인격을 사회의 다른 구성원들과 평등하게 하는 인격 평등이요, 나 자신과 밖으로 사회로 미래로 보은할 수 있게 하는 힘을 기르는 자기 불공법이며,

지자 본위는 사회 구성원들이 더 큰 보은을 하도록 지자(智者)를 선도자로 삼아 더 큰 불공을 할 수 있게 하는 지식 평등이며,

타자녀 교육은 내 자녀뿐만 아니라 남의 자식도 잘 가르치고 길러 사회를 더욱 더 잘 살게 하고 평등 사회를 건설하는 역량을 갖추도록 불공하는 교육 평등이며,

공도자 숭배는 나를 놓고 사회와 동포에게 보은하고, 또한 희생도 마다하지 않고 응용 무념의 도를 실천하는 분들을 공도자로 드러내어 그 공덕을 인정하고 박수 보내고 본받고 숭배하며 누구나 다 공도자가 되자는 생활 평등이다.

제1절 자력 양성(自力養成)

자력이란 누가 챙겨 주지 않아도 스스로 할 수 있는 힘이며, 양성이란 실력이나 역량 등을 길러서 발전시키는 것이다.

누가 길러서 발전시키는가?

나 자신이 주체가 되어 사람으로서 책임과 의무를 다할 수 있는 자력을 타력인 사은을 근본으로 삼아 길러서 발전시킨다.

이렇게 기른 힘을 받은 만큼 이웃과 사회에 보은하는 것은 진리의 흐름에 자연스럽게, 적극적으로 순응하는 것이다.

혹 경우에 따라 자력이 부족한 경우에는 부족한 부분을 제외하고는 스스로 준비가 되어 있으므로 나의 부족한 부분을 채워 줄 수 있는 타력은 자력의 근본이 되고, 내가 가진 자력은 부족한 부분이 있는 타력의 근본이 되어 서로서로 도움이 되고 바탕이 된다.

그러므로 이 세상에서 가장 소중한 존재는 나 자신이며, 이 세상의 조물주(造物主)인 나 자신을 조물주답게 하고, 사은에게 보은자 되게 하는 나의 힘을 기르고 키우는 것이 모든 일의 근본이요

중심이요 출발점이면서 종점이다. 이를 위해 정신의 힘, 육신과 물질을 사용하는 힘을 기르고 또 길러야 한다.

1. 자력 양성의 강령

> 자력이 없는 어린이가 되든지[526], 노혼(老昏)[527]한 늙은이가 되든지, 어찌할 수 없는 병든 이가 되든지 하면이어니와[528], 그렇지 아니한 바에는 자력을 공부삼아[529] 양성하여 사람으로서 면할[530] 수 없는 자기의 의무와 책임을 다하는 동시에, 힘 미치는 대로는 자력 없는 사람에게 보호를 주자는 것이니라.

자력이 없는 사람이란?

'자력이 없는 어린이, 노혼(老昏)한 늙은이, 어찌할 수 없는 병든 이' 등이다.

그러나 이런 이들만 자력 없는 사람인가?

경우에 따라서는 누구나 다 자력 없는 사람이 될 수 있다.

대학 총장이 수위실에 가서는 수위의 업무에 대해서는 수위보다 모르므로 자력이 부족하며, 은행장이 주민센터에 가서는 민원 담당 직원보다 자력이 부족하여 도움을 청하게 된다.

그러므로 경험이 부족한 사람은 경험자보다 그만큼 자력이 덜 양성된 사람이므로 겸손해지지 않을 수 없다.

---

526) -든지: 무엇이나 가리지 않는다는 뜻을 나타낼 때 모음으로 끝난 체언에 붙여 쓰는 조사. 일의 내용을 가리지 않는다는 뜻을 나타내는 연결 어미.
527) 늙어서 정신이 흐림.
528) -이어니와: 말할 것도 없거니와. 자음으로 끝난 체언 밑에 붙어 사리가 상반되는 구절을 잇는 연결형 서술격 조사. 자음으로 끝난 체언에 붙어 이미 있는 사실은 인정하되 그 보다 한 걸음 더한 사실을 요할 때 쓰는 연결형 서술격 조사. [모음 뒤에서는 '이'가 생략되기도 함.]
529) 삼아: 무엇으로 무엇이 되게 하다.
530) 면할(면하다+ㄹ): 책임이나 의무에서 벗어나다.

이렇게 경우에 따라 모든 이들이 나 이상 가는 자력 있는 동포
요 지자(智者)요 스승이며, 동시에 동포의 은혜를 서로서로 입는
것은 자연스런 삶의 모습이다.

자력을 양성하되 왜 공부삼아 양성하라 하셨을까?

자력을 양성하는 과정 하나하나가 경계 아님이 없다.

내 마음에서 일어나는 경계, 밖에서 오는 경계, 그에 따라 작용
하는 온갖 경계가 곧 공부 거리요 그때가 공부 찬스다.

그러므로 우리는 이를 통하여 자력을 양성할 수 있고, 이를 통
하여 자신이 공부하고 훈련할 수 있고, 이렇게 한 만큼 자력이 양
성되기 때문이다.

'사람으로서 면할 수 없는 자기의 의무와 책임'이란?

사람으로 태어나 삶을 살아가는 이상 아무리 하기 싫어도 피은된
도에 따라 도저히 벗어날 수 없는 기본적인 책임이나 의무가 있다.

즉 개인·가정·사회·국가·세계에 대한 기본적인 책임이나 의무를
말하며, 이를 다하는 것이 곧 피은된 바를 알고 보은하는 것이며,
자력을 양성하는 것이며, 진급하는 것이다.

'사람으로서 면할 수 없는 자기의 의무와 책임을 다하는 동시에, 힘 미치는 대로'라 함은?

'사람으로서 면할 수 없는 자기의 의무와 책임을 다하는' 것은
사람이면 누구나 최소한 이행하여야 하는 기본 사항이다.

이 기본도 제대로 다 못하면 어쩌나 하고 부담감을 느낄 수도
있으나, 응용하는 데 온전한 생각으로 취사하기를 주의하기만 하
면 피은된 도에 바탕하여 자동적으로 보은하게 된다.

이렇게 하면 어떻게 되는가?

첫째 삼대력이 길러지고,

둘째 보은하려는 마음이 주위의 자력 없는 사람에게로 향하게 된다. 지나치게 하라는 것도 아니다.

힘 미치는 대로다.

내 힘에 버거운 것은 아무리 하라 하여도 할 수 없다.

그러니까 힘 미치는 대로 하되, 성심 성의껏 하자는 것이다.

'……보호를 주자는'에서 '-자'의 의미는?

명령조의 '주라'가 아니다.

'-자'의 의미는 (친구나 손아랫 사람에게) 함께하기를 청하고 권하는 것이다. 나도 할 테니 너도 하자는 것이다.

이 마음이 모두를 인정하는 바탕에서 너와 나를 인정하고 살리고 훈풍이 돌게 한다.

'자기의 의무와 책임을 다하는 동시에, 힘 미치는 대로 자력 없는 사람에게 보호를 주자는 것'은?

세상을 고르고, 세상을 살리는 보은이다.

특히 부모은에 대한 보은이요, 동포은에 대한 보은이다.

2. 과거의 타력 생활 조목

과거의 타력 생활 조목은 나와는 무관한 딴 세상의 얘기가 아니다.

항상 나와 함께하는, 지금 여기서 경계를 따라 내 안에서 일어나는 진리의 작용이다.

요란해지고 어리석어지고 글러지는 것,

불신과 탐욕과 나와 우를 버리지 못하는 것,

원망 생활하는 나를 감사 생활하는 나로 돌리지 않는 것,

배울 줄 모르는 나를 잘 배우는 나로 돌리지 않는 것,

가르칠 줄 모르는 나를 잘 가르치는 나로 돌리지 않는 것,

공익심 없는 나를 공익심 있는 나로 돌리지 않는 것이

지금 여기서 내가 하고 있는 과거의 타력 생활 조목이며, 누구나 경계(·상황·처지)를 따라 이럴 수 있다.

1. 부모·형제·부부·자녀·친척 중에 혹531) 자기 이상의 생활을 하는 사람이 있으면 그에 의지하여 놀고 살자는 것이며, 또는 의뢰를 구하여도 들어주지532) 아니하면 동거533)하자는 것이며, 또는 타인에게 빚을 쓰고 갚지534) 아니하면 일족(一族)535)이 전부 그 빚을 갚다가536) 서로 못 살게 되었음이요,

이런 경우, 나라면 어떻게 할까?

상황에 따라 내 안에서 이런 마음도 나오고, 내게 이렇게 하는 사람이 있다면 어찌할 것인가?

가까운 인연일수록 잘 처리하기가 여간 쉽지 않다. 일관된 해결 방안, 정해진 해결 방안은 없다. 응용의 형세를 잘 보아 온전한 마음으로 취사하기를 주의하여야 한다.

이때, 변할 수 없는 가장 단순하면서도 최선의 방법은 나도 살고 상대방도 살리는 자리 이타의 길이어야 한다. 짧게 또는 길게 보았을 때

---

531) 일이 어찌 될지 모르거나 일의 내용을 단언하기 어려운 경우에 의문을 붙여 쓰는 말.
532) 청이나 원하는 것을 듣고 허락하거나 원을 풀어 주다.
533) 한 집에 같이 삶.
534) 빌리거나 꾸거나 한 금품을 돌려 주다. 은혜 등에 대하여 고마움의 뜻을 나타내다
535) 같은 조상의 친척. 같은 겨레를 이룬 사람(겨레붙이).
536) -다가: 계속되던 상태나 동작이 그치고 다른 동작으로 옮기거나 다른 일이 생김을 말할 때 그 그치는 동작을 나타내는 연결 어미.

어떤 길이 나에게도 상대방에게도 더 유익할 것인가 냉철하게 판단해야 한다.

남의 전기(電氣)를 끌어다─궁색하게 기(氣)도 못 펴고─쓸 것이 아니라, 당당하게 자가 발전을 할 수 있는 길로 나아가야 하고 또한 가게 해야 한다.

이럴 때 있어지는 당장의 아픔과 갈등은 훗날의 기쁨을 기약하며 받아들여야 한다.

여기서 반드시 유념해야 할 것은 상대방을 어떻게 하려고 할 것이 아니라, 어떤 마음으로 하느냐는 것이며, 온전한 마음을 끝까지 잃지 않고 취사하는 것이다.

왜 이런 마음이 나오고, 왜 이렇게까지 하게 되는가?

내가 자력이 없거나, 만사 만리의 근본 되는 이 몸이 '자력이 없다. 무능력하다'고 단정하는 마음에 속기 때문이다.

어렵더라도 나 스스로 해결하며 차근차근 쌓기보다는 힘 덜 들이고 쉽게 빨리 이루려는 욕속심에 가려 자존심을 버리고 의지처를 찾으려 한다.

또한 처지가 매우 다급하면 누구나 이런 마음을 가질 수 있다.

부모·형제는 물론이고 사돈의 팔촌, 선·후배 등 연고 있는 사람 어디 없나 둘러보게 된다.

그러나 찾더라도 결코 버려서 안 되는 것이 있다.

떳떳하게 자리 이타하는 마음으로 정당하게 의지하는 것이다.

주위의 어찌할 수 없는 인연의 끈을 이용하여 자신의 욕심을 채우려 한다면, 자력 있는 나를 자력 없는 나로 돌려 기어이 복락은 버리고 고(苦)의 바다로 들어가는 것이며, 부정당한 취사로 누군가는 억울한 일을 당하게 된다.

의지하려는 마음 나는 것도 공부 삼으면, 자력 없다고 생각한 내가 사은의 공물임을 발견하게 되고, 만사를 이루게 하는 무한동력을 나투는 진리의 화신임을 발견하게 될 것이다.

'또는 타인에게 빚을 쓰고 갚지 아니하면 일족(一族)이 전부 그 빚을 갚다가 서로 못 살게 되었음이요'라 함은?

질기디 질긴 인연의 모습이요, 그를 통해 내게 나타난 진리의 작용이다.

현재는 상속 또는 보증으로 나와 내 주위에 흔히 있는 일이며, 본의와는 달리 어찌할 수 없이 이렇게 되는 경우도 있다.

상대방은 나와 다른 존재인 것 같으나, 실제로는 서로 이어져 있는 유기적인 존재다.

지은 바에 따라 받든, 받을 수밖에 없어서 받든 너무나 묘한 진리의 작용이요 하나의 관계 속에 있는 우리다.

왜 하필이면 내게 이런 일이 일어나는가?

인과 보응되는 이치를 따라, 생멸 없는 도에 따라 나투어지는 소소영령한 진리의 작용이다.

이를 공부 거리 삼고, 이때를 공부 찬스로 삼아 오래오래 공부하기만 하면, 새로운 업의 사슬은 맺지 않게 하고 유전되는 인과의 사슬에서 나를 자유롭게 풀려나게 할 수 있다.

> 2. 여자는 어려서는 부모에게, 결혼 후에는 남편에게, 늙어서는 자녀에게 의지하였으며, 또는 권리가 동일하지 못하여 남자와 같이 교육도 받지 못하였으며, 또는 사교(社交)[537]의 권리도 얻지 못하였으며, 또는 재산에 대한 상속권[538]도 얻지 못하였으며, 또는 자기의 심신이지마는[539] 일동 일정[540]에 구속[541]을 면하지 못하게 되었음이니라.

---

537) 사회적으로 교제하여 사귐.
538) 상속(호주 또는 재산을 이어 받음.) 개시 이전 또는 이후에 상속인이 가진 법률상 권리.

'여자는 어려서는 부모에게, 결혼 후에는 남편에게, 늙어서는 자녀에게 의지하였으며'라 함은?

이를 일러 여자의 삼종지의(三從之義)라 하였다.
어쩔 수 없는 숙명처럼 여자만 이렇게 하였고, 또 하고 있는가?
남자도 이런 사람이 있고, 누구나 상황에 따라 이럴 수 있다.
문제는 자력이 없어 이리하는 것이다.

남녀의 동일한 권리, 동일한 평등이란?

인간의 기본적인 권리는 동일하고 평등하다 하여 남녀의 육체적인 조건이나 생리적인 특성까지 무시하고 모든 책임과 권한이 어떤 경우에나 정량적으로 동일해야 된다가 아니다.
그 특성을 존중해 주고, 잘 하는 것은 더 잘 하게 하고, 부족한 것은 배려하여 잘 할 수 있도록 하는 것도 평등하게 하는 것이다.
서로의 기본 바탕은 누구나 원만 구족하고 지공 무사하듯, 서로의 인격 또한 분별·차별이 없으므로 항상 공정한 자리에서 자리이타로 바르게 해야 한다는 의미다.
권리 중에서 겉으로 드러난 일부분이 교육을 받을 권리, 사교의 권리, 재산에 대한 상속권이다.
그러므로 어느 경우에나 지나치지 않고 치우침이 없는 것이 참다운 권리를 누리는 것이며, 참으로 평등한 것이다.
이렇게 보니, 내 마음과 내 삶을 고르게 하고, 내가 사는 세상을 바루는 일이 곧 내가 해야 할 일임을 자각하게 된다.
나 자신이 원래 평등한 만사 만리의 근본 되는 존재며, 원래 평등한 줄 알아야 남도 그런 줄 알고 존중하게 된다. 자신을 바르게

---

539) −이지마는: 자음으로 끝난 체언에 붙어, 서로 반대되는 말을 잇는 어미.
  [모음 뒤에서는 '이'가 생략되기도 함.]
540) 모든 동작. 일거수 일투족.
541) 마음대로 못하게 얽어맴.

알고 밝게 아는 것, 이렇게 하는 공부심이 너무나 존귀하다.

사람의 인권이 왜 평등한가?

유무식·남녀·노소·선악·귀천을 막론하고 누구에게나 그 사람의 주인공인 각자의 본성은 요란함·어리석음·그름, 높음과 낮음, 어두움과 밝음 등의 차별·분별이 원래 없으므로 절대 평등하며,

현실적으로 나투어져 있는 우리는 서로서로 도움이 되고 바탕이 되므로 또한 평등하며,

영생을 통해 볼 때 일체 생령은 어느 계층에 고정되어 있는 것이 아니라, 지은 바 인연 따라 모습을 달리하여 오고가므로 평등하다 하지 않을 수 없다.

이와 같이 사람뿐만 아니라, 일체의 생령은 진리적으로나 현실적으로나 영생을 통해서 그 권리는 평등하게 되어 있다.

그러므로 눈앞의 부분적인 현실에 집착하여 차별심을 내거나, 급기야는 차별법을 주장하는 것은 진리를 모르기 때문에 하게 되는 분별성이요 주착심이다.

3. 자력자로서 타력자에게 권장할 조목

강자가 영원한 강자가 되고, 약자가 변하여 강자로 진급할 수 있는 길이며, 천지의 포태 안에 있는 부모·동포에게서 입은 은혜에 보은하는 길인 동시에 바로 이 세상을 고르는 길이다.

> 1. 자력 있는 사람이 부당한 의뢰를 구할 때에는 그 의뢰를 받아 주지 아니할 것이요,

'부당한 의뢰'란?

그 사람의 처한 입장이나 그 일의 성질에 따라 다르겠지만, 자력으로 할 수 있는 데에도 불구하고 의뢰하는 경우와, 사람으로서 면할 수 없는 자기의 의무와 책임을 다할 수 없는 어린이나 노혼한 늙은이나 병든 이가 구하는 것을 제외한 의뢰를 말한다.

자력 있는 형제·친척 등 거절하기 어려운 사람이 부당한 의뢰를 구할 때 어떻게 그 의뢰를 받아주지 않을 것인가?

형제·친척이 도움을 청할 때 그것이 부당한 의뢰인 줄 뻔히 알더라도 거절하기가 여간 난처하지 않다. 특히 많지 않은 액수 때문에 은행 빚을 갚지 못해 재산이 압류되거나 신용불량자가 되는 다급한 경우에는 더욱 그러하다.

무엇이 옳은 길이고 무엇이 상대방을 위하는 것인지 내 입장에서가 아니라, 그의 입장에 서서 신중하게 생각하지 않을 수 없다.

부당한 의뢰를 받아주면 그 사람의 장래 일을 막는 결과가 될 수도 있다.

따라서 항상 의뢰자의 영원한 장래를 진심으로 생각하고 법 있게 취사하여야 하고, 도와주거나 거절할 때에는 항상 사사로운 감정이나 현실에 끌려 취사하지 않도록 해야 한다.

또한 부당한 의뢰를 받아주지 않는 것이 의뢰자의 자각심과 경각심을 일깨워 근본적인 권장과 합력이 되는 것이니, 그 처지를 따라 잘 조절하여 중도를 잡아가야 할 것이다.

부모·형제·친척·친구가 돈을 빌려 달라고 할 때 어떤 마음을 가지는 것이 좋은가?

만약의 경우, 빌려주고 받지 않아도 되는 사람은 그리 흔치 않을 것이다. 더구나 액수가 많으면 많을수록 포기해 버리고 마음을 정리하기가 여간 쉽지 않을 것이다.

그리고 상대방의 처지가 변화함에 따라 아무리 주고 싶어도 줄 수 없고, 아무리 받고 싶어도 받을 수 없는 경우도 생길 수 있다.

이럴 때를 대비하여 받지 않아도 생계에 별 지장이 없을 만한 액수 범위에서 거래하는 것이 바람직하며, 쉽지는 않겠지만 빌려주는 순간에 만약의 경우가 생기면 포기하겠다는 마음을 먹고 거래하여야 돈은 잃어도 부모·형제·친척·친구는 잃지 않을 것이다.

그리고 빌린 사람은 누구나 다 당장 갚을 수 없는 경우가 생기더라도 반드시 갚겠다는 신뢰를 먼저 주고, 갚으려는 노력을 최대한 보여야 엉킨 인연의 사슬을 보다 느슨하게 할 수 있고 풀어버릴 수 있고 엉키지 않게 할 수 있다.

> 2. 부모로서 자녀에게 재산을 분급542)하여 줄 때에는, 장자나
> 차자나 여자를 막론543)하고 그 재산을 받아 유지 못할 사람
> 외에는 다 같이 분급하여 줄 것이요,

'차자'란?

여기서 차자는 여러 형제가 있는 경우, 꼭 둘째 아들을 가리키기보다는 장자를 제외한 다른 아들들을 가리킨다.

'자녀로서 자산을 받아 유지 못할 사람'이란?

그 재산으로 인하여 개인이나 사회나 국가에 유익을 주지는 못하고 도리어 해독을 끼칠 수 있는 자녀를 말한다.

'다 같이'란?

---

542) 나누어 줌.
543) 의논할 것조차 없음. 말할 나위도 없음.

'크기가 작거나 크거나 또는 양이 많거나 적지 않게 모두 다 똑같이(1/n)'라는 의미가 아니라,

'설령 서로간에 정도의 차이는 있더라도 빠뜨리지 않고 서로 함께'라는 의미로 보아야 할 것이다.

부모가 자녀에게 재산을 분급하여 줄 때 그 재산을 받아 유지 못할 사람에게는 왜 다 같이 분급하지 말라고 하셨는가?

그 재산을 활용하여 자신도 발전하고 사회에 보은하기는커녕 그 재산에 기대어 부당한 의뢰 생활을 하거나, 또는 정신 박약자나 신경 쇠약자와 같이 그 재산으로 인하여 사회나 국가에 유익을 주지는 못할망정 도리어 해독을 끼칠 수 있기 때문이며,

또한 부모가 애써 모은 재산이 의미 없이 쓰이는 일이 없도록 하기 위해 그 재산을 유지 발전시킬 수 있는 자녀에게는 더 주어 더욱 사업을 번창케 하고 사회에 보은·헌공토록 하기 위함이다.

> 3. 결혼 후 물질적 생활을 각자 자립적으로 할 것이며, 또는 서로 사랑에만 그칠[544] 것이 아니라 각자의 의무와 책임을 주로 할 것이요,

'결혼 후 물질적 생활을 각자 자립적으로' 하라는 이유는?

부부가 일심동체라고 하지만, 정신적·물질적으로 자력을 양성하여 의뢰 생활을 하지 말자는 것이다.

즉 물질적 생활을 각자 자립적으로 함으로써

첫째, 길흉 화복은 고정되어 있지 않으므로 만약의 경우 법률적으로나 사회적으로 정당한 처리와 재기하는데 실질적인 합력이 가

---

544) 그칠(그치다+ㄹ): 계속되는 움직임이 멈추게 되거나 멈추게 하다. 하던 일을 멈추다.

능하여 가정의 참다운 평화를 유지할 수 있으며,

둘째, 서로의 인권을 존중하게 되고 사실적으로 서로의 인권이 보장될 수 있으며,

셋째, 근본적으로 의뢰심이 없어지고 각자의 의무와 책임을 다하여 사회·국가·세계 발전에 큰 도움이 될 것이다.

이런 의미에서 수입·지출을 각자 따로 하여 가정을 유지 발전시킬 책임도 각각 분담하고, 저축도 따로 하는 것이 좋을 것이다.

항상 잊지 말아야 할 것은 서로에 대한 신뢰가 바탕이 되어야 서로의 마음이 항상 합해지고 상승 작용을 일으켜 그 효과가 배가된다는 사실이다.

서로 사랑에만 그칠 것이 아니라 각자의 의무와 책임을 주로 하라는 이유는?

서로의 사랑보다 각자의 의무와 책임이 더 귀중하다는 뜻이 아니라, 각자의 의무와 책임을 다함으로써 그 의무와 책임도 다하고 부부의 사랑도 더욱 돈독해진다는 의미다.

아무리 사랑으로 결합된 부부라 할지라도 삶을 떠나서는 살 수 없으므로 참다운 사랑을 키워가고 알뜰한 가정을 이루기 위해서는 반드시 그 도(부부의 도, 수신·제가의 요법 등)가 있는 것이며, 인류545)의 대의546)가 곧 그 도의 근본이 되므로 각자의 의무와 책임을 주로 하는 것은 인류의 대의를 잘 알아 실천하는 것이며, 이는 곧 참다운 사랑을 영원히 유지하는 것이다.

4. 기타 모든 일을 경우547)와 법에 따라 처리548)하되549) 과거와 같이 남녀를 차별550)할 것이 아니라 일에 따라 대우551)하여 줄 것이니라.

---

545) 사람으로서 마땅히 지켜야 할 도리.
546) 사람으로서, 특히 국민으로서 마땅히 행하거나 지켜야 할 도리.

기타 모든 일을 처리할 때, 어떤 경우와 법에 따라 처리해야 하는가?

인도 정의의 공정한 법칙에 따른다. 즉 만사를 작용할 때에 사람이 마땅히 지켜야 할 올바른 도리(인륜)와 대의로써 대하고, 원·근·친·소와 희·로·애·락에 끌리지 아니하고 중도를 잡아 나간다.

일에 따라 대우한다 함은?

여기서 일이란 누가 했느냐에 따라 분별·차별하는 것이 아니라, 일의 과정과 결과가 어떻게 되었느냐에 따라 예를 갖추어 대하라는 말(대우)이다.

일[事]이란 무엇인가?

인간의 시·비·이·해(是非利害)를 이르며, 대소 유무의 분별이 없는 것인 동시에 공적 영지의 광명을 따라(경계를 따라) 대소 유무에 분별이 나타나는 것이다.

시·비·이·해가 있고 대소 유무에 분별이 나타나더라도, 예를 갖추어 대하고 예를 잃지 말라는 말이다. 예를 갖춤에 어찌 유무식·남녀·노소·선악·귀천이 있겠는가?

그리고 대우의 뜻 중에 '신분에 맞게 대함'이란 신분에 따라 차별하여 대하라는 의미가 아니다. 상대방의 눈높이에 맞추라는 말이다. 상대방의 신분에 구애552)됨이 없고 걸림 없는 마음으로 대하는 것이다.

이런 마음이 어떻게 나올 수 있는가?

누구에게나 있는 본성을 분별 없이 믿으며, 원래 요란함·어리석음·그름이 없는 원래 마음으로 대하는 것이다. 일어나는 마음은

---

547) 형편(일이 되어 가는 모양이나 결과)과 사정(일의 형편이나 그렇게 된 까닭)
548) 사무 또는 사건을 정리하여 치우거나 마무리를 지음.
549) -되: 용언의 어간이나 높임의 '-시-'에 붙어는 연결 어미로서 위의 사실을 시인하면서, 아래에서 그것을 덧붙여 그것을 설명하는 뜻을 나타냄.
550) 차등이 있게 구별함.
551) 예의를 갖추어 대함. 신분에 맞게 대함.
552) 거리끼거나 얽매임.

절대 자리에 대조하여 일어나는 마음 없이 대하는 것이다.

4. 자력 양성의 조목

1. 남녀를 물론[553]하고 어리고 늙고 병들고 하여 어찌할 수 없는 의뢰면이어니와, 그렇지 아니한 바에는 과거와 같이 의뢰 생활을 하지 아니할 것이요,

어리고 늙고 병들어 어찌할 수 없이 의뢰를 하는 사람은?

사람으로서 면할 수 없는 자기의 의무와 책임을 다하지 못하는 자력 없는 사람을 말한다.

의뢰와 의뢰 생활의 차이는?

의뢰는 상황에 따라 누구나 할 수 있고, 일시적일지언정 의뢰 생활도 누구나 할 수 있다.

이는 마치 누구나 원망심을 낼 수 있고 원망 생활을 할 수 있으나, 정작 문제는 원망 생활을 감사 생활로 돌리지 않는 데에 있는 것과 같이, 의뢰심을 지속적으로 가지고 있는 의뢰 생활이 문제인 것이다.

이 의뢰 생활은 진리를 배반하는 것이며, 자타(自他)를 망치는 원인이 되며, 개인의 영생을 그르치게 하며, 사회·국가에 해악을 끼치게 하며, 자기의 무한한 보고(寶庫)를 사장(死藏)시키기 때문이다.

2. 여자도 인류 사회에 활동할 만한 교육을 남자와 같이 받을 것이요,

---

553) 말할 것도 없음.

왜 여자도 남자와 같이 교육을 받으라고 하시는가?

우리 사회는 차별이 없는 동시에 차별이 존재하는 것 또한 엄연한 사실이다.

우리 인류가 하나되지 못하는 가장 큰 이유 중의 하나가 남녀평등에서 생기는 문제다.

천지 만물이 모성(母性)을 통해서 나타나 자라고 길러지는 것이 순환 무궁하는 진리의 모습일진대, 그 어머니에게 그 자녀가 있는 것 또한 너무나도 당연한 진리의 모습이다.

그러므로 온 인류의 어머니이고 어머니가 될 여성의 교육은 인류 교화의 근본이 되며, 세계를 움직인다고 하는 남자를 움직이는 사람은 다름 아닌 남자들이 차별하는 여성이므로 여성 교육은 세계 교화의 근본이 된다.

따라서 여성 교육은 영원한 세계의 발전을 위해 남성 교육 못지않게 중요한 것이다.

> 3. 남녀가 다 같이 직업에 근실554)하여 생활에 자유를 얻을 것이며, 가정이나 국가에 대한 의무와 책임을 동등하게 이행555)할 것이요,

왜 그냥 자유를 얻을 것이라 하지 않고, 생활에 자유를 얻을 것이라 하였는가?

이 자유는 누구에게나 주어져 있다. 이미 자유로운 나를 그대로 유지하느냐, 아니면 구속되게 하느냐는 나 자신에게 달려 있다.

나를 진정으로 자유롭게 하는 것은 의뢰 생활을 하지 않고 정신·육신·물질로 생활에서 자유로워야 한다. 천만 경계에서 마음의 자유를 얻듯, 생활의 자유를 얻어야 한다.

---

554) 부지런하고 착실함.
555) 실제로 행함. 말과 같이 행함.

이렇게 되었을 때 비로소 자력이 양성된 생활을 할 수 있기 때문이다.

남녀가 가정이나 국가에 대한 의무와 책임을 동등하게 이행하려면?

먼저, 남녀의 인권이 동등함을 자각하는 동시에 인정해야 한다.

이런 바탕 위에서 스스로의 의무와 책임이 무엇인가를 알아서 가정에 대해서는 상봉 하솔의 도리와 가정의 유지 발전을 위해 분담된 각자의 의무와 책임을 다해야 하며, 국가에 대해서는 국민으로서의 의무와 맡은 바 책임을 성실하게 이행해야 한다.

남녀 차별이 없어지고 인권 차별이 없는 세상이 되기 위해서는 각자가 먼저 자력을 양성해야

말씀하시기를

"교단 창립 당시 사요 중 남녀 권리 동일(男女權利同一)이 지금의 자력 양성(自力養成)이다.

지금 세계가 남녀 권리 동일이 되는 것 같다. 그러나 아직도 멀었다. 육십여 년 전 대종사님께서 남녀 권리 동일을 말씀하시고 남녀 수위단을 똑같이 두셨다. 그때는 그 말씀을 반신반의하며 어떤 사람은 '그럴 리가 있을까?' 하고 웃기도 했다.

그러나 지금 세계의 방향이 그대로 되어 가고 있다. 그러니 부인이 어려울 때 남편이 도와주고, 남편이 어려울 때 부인이 도와서 서로 협조하고 살아야 된다. 재산 상속도 남녀를 구별할 것이 아니라, 똑같이 분배하여 주어야 한다.

이와 같이 이 세계가 남녀 차별이 없어지고 인권 차별이 없는 세상이 되기 위해서는 먼저 각자 각자가 자력을 양성해야 한다. 자력 없이 서로 권리만을 주장할 수는 없는 것이다.

그러므로 먼저 스스로 설 수 있는 자력을 세워야 한다. 정신의 자주력(自主力)을 세우고, 육신의 자활력(自活力)을 세우고, 경제의 자립력(自立力)을 세워 놓아야 권리가 동일해져서 자연 인권 평등이 될 것이다.

따라서 '오늘은 내 힘으로 살았는가? 빚을 지고 살았는가?'를 대조하여 수지(收支)를 맞추고 예축(預蓄)하며 살도록 하자556)."

4. 차자도 부모의 생전 사후를 과거 장자의 예로서 받들 것이니라.

'과거 장자의 예'란?

과거에는 장자가 부모를 성심 성의껏 모셨고, 사후에는 조상의 제사를 거의 대부분 지냈다.

과거와는 많이 달라졌지만, 요즘도 장자는 자라면서부터 부모 봉양에 대한 책임과 의무를 지는 것을 당연하게 또는 어느 정도는 그렇게 받아들이고 있다.

그러므로 장자는 부모의 생전 사후에 자식이 부모를 받드는 표준이 되고 있다.

이 조목이 자력 양성의 조목에 해당되는 이유는?

우리가 자력을 양성하는 목적은 사람으로서 면할 수 없는 자기의 의무와 책임을 다하는 데에 있고, 남녀의 권리가 평등한 것인 줄 알고 평등하게 대우하는 데에 있다.

과거에는 풍습과 제도에 있어서 상속과 부모 봉양과 일가 친척의 접대도 장자 차자의 차별에 의해 그 의무와 책임이 장자에게만 주어졌기 때문에 상속의 권리와 부모 봉양의 의무와 책임이 의식적으로든 무의식적으로든 동등하지 못하였다.

그러므로 이 조목을 자력 양성의 조목에 두신 뜻은 과거와 같이

---

556) 대산 종사 법문집, 제3집, 제2편 교법(敎法), 88. 자력 양성, p.117.

장자 중심의 불합리한 제도와 낡은 풍습을 개선하자는 것이다.

농경 사회가 무너진 산업 사회에서는 재산 상속권에서도 장자 차자가 동등한 권리를 갖게 되었다.

그러므로 누구나 동등한 입장에서 출발하는 동시에 의무와 책임 까지도 동등하게 이행할 수 있도록 하기 위함이다.

참다운 자력 양성의 표준은?

정신의 자주력(自主力)과 육신의 자활력(自活力)과 경제의 자립 력(自立力)을 말하며, 이런 자력이 양성되어 있을 때 평등한 인권 을 누릴 수 있다.

자력 양성과 일상 수행의 요법을 연결지어 보면?

일상 수행의 요법 전체가 자력 양성과 관련되어 있다.

가장 직설적으로 나타낸 조항은 6조 '타력 생활을 자력 생활로 돌리자'지만, 다른 조항도 크게 다르지 않다.

1·2·3조 '심지는 원래 요란함(·어리석음·그름)이 없건마는 경계 를 따라 있어지나니, 그 요란함(·어리석음·그름)을 없게 하는 것 으로써 자성의 정(·혜·계)을 세우자'와 같이 경계를 따라 있어진 그 요란함(·어리석음·그름)을 내게 주어진 경계와 내가 풀어야 할 숙제로 수용하고, 자성의 정(·혜·계)을 세우는 것도 그 만큼 자력 이 양성된 정도만큼 되는 것이며,

4조 '신과 분과 의와 성으로써 불신과 탐욕과 나와 우를 제거하 는 것'도,

5조 '원망 생활을 감사 생활로 돌리는 것'도,

7조 '가르칠 줄 모르는 나를(사람을) 잘 가르치는 나로(사람으 로) 돌리는 것'도,

8조 '배울 줄 모르는 나를(사람을) 잘 배우는 나로(사람으로) 돌

리는 것'도,

9조 '공익심 없는 나를(사람을) 공익심 있는 나로(사람으로) 돌리는 것'도 모두 자력이 양성된 정도에 따라 세우고 돌리는 것이 달라진다.

또한 일상 수행의 요법 전체에 의해 자력이 양성되므로 자력 양성과 각 조목들은 서로서로 도움이 되고 바탕이 되는 관계라 하겠다.

자력 양성의 대지(大旨)[557]는?

"먼저 생활 방면에 자력을 본위하여 사람으로서 면할 수 없는 의무와 책임을 같이 지키자는 것이요,

정신 방면에 있어서도 자력 신앙을 근본하여 모든 신앙을 자기가 주인이 되어 믿자는 것이며,

모든 공부를 자기가 주인이 되어 수행하자는 것이며,

모든 사업을 자기가 주인이 되어 정성을 바쳐서 모든 일에 자타력을 병진하되 자력을 근본으로 실행하자는 것이니라[558]."

자타력을 병진하되, 자력이 주가 되어야 사은에 보은할 수 있고 남을 도와줄 수 있다

(전략)

"천지 만물의 생장(生長)은 자력과 타력이 아울러 이루어지되, 항상 자력이 주장되어 스스로의 생을 보존하고 약자를 보호하며 이웃을 돕는 것이 천리의 당연한 것입니다.

그러므로 개인·가정·사회·국가가 자력이 없으면 살 수 없고 길이 발전할 수 없는 것이니, 우리 재가·출가의 모든 동지는 이에 깊이 명심하여 개인·가정·국가·교단이 다 같이 스스로 주인이 될 수 있는 자주력과 제 힘으로 활동할 수 있는 자활력과 제 힘으로

---

557) 글이나 말의 대략적인 뜻.
558) 정산 종사 법어, 제2부 법어(法語), 제6 경의편(經義編), 10장, p.841.

설 수 있고 살아갈 수 있는 자립력을 양성하여 사은에 보은하는 동시에 나아가 정신·육신·물질로 언제나 남을 도와주고 살 수 있는 실력을 기르는 데 앞장 설 것을 거듭 촉구하면서 이에 자력 양성의 도를 대강 밝혀 뜻 깊은 이 날을 기념하고자 하는 바입니다.

① 배워서 아는 것과 알아 실천하는 것은 바로 자력이 된다.

② 자력은 실력이요 실력은 자산이다.

③ 자력은 생명이요 원기다.

④ 나의 참된 자력은 곧 천지의 힘이 된다.

⑤ 내가 나를 먼저 헐고 망친 뒤에 남이 나를 헐고 망하게 한다.

⑥ 참 나는 부처요, 하늘이요, 여래요, 상제요, 조물주다.

⑦ 의뢰심은 나의 보배를 사장(死葬)한다.

⑧ 내가 할 수 있는 일을 남에게 미루는 것은 천리를 어기는 것이다.

⑨ 천불(千佛)이 가르쳐 주시려 해도 제 그릇밖에는 더 담지 못할 것이니 먼저 제 그릇을 넓혀야 한다.

⑩ 나의 마음을 통일한 후에 남의 마음을 통일시킬 수 있고, 나의 마음을 밝힌 후에 남의 마음을 밝힐 수 있고, 나의 마음을 정화한 후에 남의 마음을 정화시킬 수 있다.

⑪ 자타력을 병진할 줄 알면 타력도 곧 자력이 될 것이다[559].”

제2절 지자 본위(智者本位)

'지자(智者)'라 함은?

그냥 지혜 있는 사람이 아니라, 정신·육신·물질로 자력이 양성된 사람이라야 참다운 지자(智者)라고 하겠다.

---

[559] 대산 종사 법문집, 제2집, 제5부 대각개교절 경축사, 원기 54년 대각 개교 경축사, 자력 양성하는 길, p.154.

지자 본위560)는 무엇이나 나보다 나은 사람을 선도자로 삼고 그에 표준하여 배우는 동시에, 그 일 그 일에 선도적 역할을 할 수 있도록 중심적인 자리에 두자는 것이다.

처처(處處)를 불상(佛像)으로 받들고, 사사(事事)에 불공(佛供)하듯 대하는 방법을 구체적으로 일러주신 말씀이다.

1. 지자 본위의 강령

> 지자는 우자(愚者)561)를 가르치고 우자는 지자에게 배우는 것이 원칙적562)으로 당연한 일이니, 어떠한 처지563)에 있든지 배울 것을 구할 때에는 불합리564)한 차별 제도에 끌릴 것이 아니라 오직 구하는 사람의 목적만 달하자는 것이니라.

어째서 지자는 우자(愚者)를 가르치고 우자는 지자에게 배우는 것이 원칙적으로 당연한 일인가?

가면 오고 오면 가며, 차면 넘치고 넘치면 흐르는 것이 당연한 이치이듯, 지자는 우자(愚者)를 가르치고 우자는 지자에게 배우는 것 또한 당연하다 하겠다.

지자는 그냥 자연적으로 되는 것이 아니라 누군가의 가르침을 받아 배워서 되는 것이니, 나도 누군가를 가르치는 것은 당연한 일이다.

또 내가 영원한 지자가 되기 위해서는 남을 가르치는 것이 당연한 일이며, 지자가 되는 것은 잘 살기 위함이요 내가 참으로 잘

---

560) 근본 위치 또는 중심적인 위치, 기본되는 표준, 선도적인 역할을 할 수 있는 자리에 두는 것.
561) 지혜가 적은 사람. 사리간에 무식하고 어리석은 사람.
562) 원칙적: 원칙성이 있거나 원칙에 근거를 두는 (일).
563) 자기가 처해 있는 경우. 또 환경. 지위 또는 신분.
564) 불합리는 안 될 일이요, 합리는 될 일이다.

살기 위해서는 남도 잘 살아야 하므로 나도 잘 살고 남도 잘 살게 하기 위해서는 지자는 우자를 가르치고 우자는 지자에게 배우는 것이 너무나도 당연한 일이다.

'원칙적으로 당연한 일이니'에서 느낌은?

우리가 '원칙적으로'라는 말을 언제 쓰는가?

원칙이 기준이므로 원칙을 준수하되, 처한 상황에 맞추어 융통성 있게 처리할 수도 있다는 말이다.

즉 지자는 우자(愚者)를 가르치고 우자는 지자에게 배우는 것이 원칙적으로 당연하나 경계(이해 관계 등)를 따라서는 그렇지 않는 면도 있음을 함축하는 말이다.

어떠한 처지와 배울 것을 구할 때와 불합리한 차별 제도는 상황 따라 있어지는 경계다

이들은 연쇄적으로 연결되어 있다.

어떠한 처지는 상황에 따라 나타나는 유무식·남녀·노소·선악·귀천이며, 이 처지에 따라 배울 것을 구하게 되고, 구하려는 마음(욕심)이 있기 때문에 자신이 처한 환경이 불합리한 차별 제도로 보이게 되기도 한다.

불합리한 차별 제도를 어찌하지 못하여 그만 기가 죽고 망설이고 포기하고 낙망하기도 한다.

본래, 처지와 구함에는 욕심·이기심·분별성·주착심도 없건마는 이들이 경계인 줄 모르기 때문에 끌려가 요란해지고 어리석어지고 글러지기도 한다.

그러나 내가 어떠한 처지에 있든, 어떠한 것을 구하려 하든, 어떠한 제도에 차별이 있든 그 근원 자리, 즉 그를 대하는 내 성품 자리에는 어떠한 처지나 불합리한 차별 제도가 없다는 사실이다.

'불합리한 차별 제도'란?

반상(班常)의 차별, 적서(嫡庶)의 차별, 노소(老少)의 차별, 남녀(男女)의 차별, 종족(種族)의 차별 등이다.

이들 하나하나의 차별에는 말로 이루 다할 수 없는 피눈물과 땀과 한(恨)과 후회와 오만과 인과가 얽히고 얽혀 있다.

오늘날에는 이 차별 제도가 분명 없어지고 타파되고 개선되고 있다 하지만, 빈부의 격차에서 오는 차별 등과 같이 또 다른 새로운 형태로 모습을 달리하면서 존재하는 것 또한 부인할 수 없는 사실이다.

'어떠한 처지에 있든지 배울 것을 구할 때에는 불합리한 차별 제도에 끌릴 것이 아니라 오직 구하는 사람의 목적만 달하자는 것이니라'의 의미는?

이 말씀은 목적을 이루기 위해서는 수단과 방법을 가리지 말라는 의미로 생각할 수도 있을 것이나, 그 근본 뜻은 전혀 그렇지 않다.

자신이 처한 환경이나 불합리한 차별 제도에 끌리거나 걸리지 말고, 정당하고 공정한 방법으로 구하려는 목적만 달하자는 것이다.

불합리한 차별 제도에 끌려버리면 구하려는 목적을 달하지 못함은 물론이고, 불평과 불만이 쌓여 진급의 길이 더디거나 강급의 길로 나아가게 된다.

자, 우리들은 어느 길을 택할 것인가?

또한 이 '어떠한……이니라'의 말씀은 무시선법의 '경계를 대할 때마다 공부할 때가 돌아온 것을 염두에 잊지 말고 항상 끌리고 안 끌리는 대중만 잡아갈지니라'와 같은 뜻이라 하겠다.

2. 과거의 불합리한 차별 제도의 조목

원래에 분별 주착이 없는 우리의 성품에는 반상의 차별, 적서의 차별, 노소의 차별, 남녀의 차별, 종족의 차별이 없다.

이는 모두 각자의 욕심·이기심·분별성·차별심이 굳어져 주착심이 되고 급기야는 불합리한 차별 제도로까지 나타난 것이다.

1. 반상(班常)565)의 차별이요,
2. 적서(嫡庶)566)의 차별이요,
3. 노소(老少)의 차별이요,
4. 남녀(男女)의 차별이요,
5. 종족(種族)의 차별이니라.

과거의 불합리한 차별 제도의 폐해는?

양반(兩班)은 상인(常人)에게, 적자(嫡子)는 서자(庶子)에게, 노인(老人)은 젊은이에게, 남자(男子)는 여자(女子)에게, 백인(白人)은 흑인(유색인)에게 배우지 아니하였다.

이들은 재능이 있어도 제도적으로 배울 수 있는 기회를 거의 가질 수 없었으며, 재능이 있어 스스로 배웠을지라도 활용하지 못하였고 선도자가 될 수도 없었다.

'과거의 불합리한 차별 제도'와 나의 관계는?

과거의 불합리한 차별 제도란, 말 그대로 과거에 있었던 불합리한 차별 제도다.

그러나 이들 제도가 과거에만 있었고, 대종사님께서 이 땅에 나

---

565) 양반(근세 조선 중엽에, 지체나 신분이 높은 상류 계급의 사람. 곧 사대부 계층을 이르던 말)과 상사람[조선 중엽 이후에 양반 계급이 그 밖의 계급, 즉 평민을 부르던 말. 상인(常人). 상민(常民)]. 문무·양반의 귀족 계급과 일반 서민의 상인 계급. 귀족(貴族)과 천민(賤民).
566) 정실 아내(본처)가 낳은 자녀(嫡子)와 첩에게서 난 자녀(庶子).

셨기 때문에 우리나라에만 있는 제도인가?

그렇지 않다.

오늘날에도, 세계 어느 나라에나 다 있다.

지금은 옛날처럼 제도적으로 정해져 있지 않을 뿐, 상황에 따라 모습을 달리하여 관습으로나 직·간접적으로 존재하고 있음을 부인할 수 없다.

또한 이 차별심은 우리의 마음속에 잠재하다가, 경계를 따라 분별성과 주착심이 되어 요란함과 어리석음과 그름으로 드러나고 있다.

우리에게는 유무식·남녀·노소·선악·귀천의 마음이 다 들어 있으므로 경계를 따라 어떠한 형태로 나타나고 생겨난다.

원·근·친·소의 마음도 마찬가지다.

단지 차이는 이런 마음을 내느냐 내지 않느냐, 내더라도 어느 정도냐에 따라 달라질 뿐이다.

이때마다 챙기고 또 챙길 건 이렇게 나타나거나 나타내는 마음 작용이며, 이 마음을 공부 거리 삼아 일어나기 전 원래 마음에 대조하고 또 대조하는 것이 내가 하고 또 해야 할 일이다.

3. 지자 본위의 조목

1. 솔성(率性)567)의 도와 인사의 덕행568)이 자기 이상이 되고 보면 스승으로 알 것이요,
2. 모든 정사를 하는 것이 자기 이상이 되고 보면 스승으로 알 것이요,
3. 생활에 대한 지식이 자기 이상이 되고 보면 스승으로 알 것이요,
4. 학문과 기술이 자기 이상이 되고 보면 스승으로 알 것이요,

---

567) 일원상과 같이 원만 구족하고 지공 무사한 마음을 잘 사용하는 것.
568) 인사: 사람의 하는 일. 사람들 사이에 지켜야 할 예의. 덕행: 어질고 너그러운 행실. 인사의 덕행: 대인 접물에 나타나는 은덕.

5. 기타 모든 상식이 자기 이상이 되고 보면 스승으로 알 것이
니라.

이상의 모든 조목에 해당하는 사람을 근본적으로 차별 있게
할 것이 아니라, 구하는569) 때에 있어서 하자는 것570)이니라.

'솔성의 도와 인사의 덕행'의 관계는?

'솔성(率性)의 도'는 일원상과 같이 원만 구족하고 지공 무사한
각자의 마음을 잘 사용하는 것이며, 원래에 분별 주착이 없는 성
품을 오득하여 마음의 자유를 얻는 것이며, 행실이 법도에 맞아
정(靜)을 떠나지 아니하여 무선무악할 것이며, 또는 행실이 법도에
서 벗어나 동(動)한즉 능선능악할 수 있음을 알고 악도 선으로 돌
려 결국에는 선을 나투는 것이다.
인사의 덕행은 각자의 행실이 덕스러운 행으로 대인 접물에 나
타나는 은덕이다.

'스승'이란?

솔성(率性)의 도와 인사의 덕행이 자기 이상이 되는 사람, 모든
정사를 하는 것이 자기 이상이 되는 사람, 생활에 대한 지식이 자
기 이상이 되는 사람, 학문과 기술이 자기 이상이 되는 사람, 기타
모든 상식이 자기 이상이 되는 사람, 이상의 모든 조목에 해당되
는 사람이다.
이렇게 되면, 상황이나 분야에 따라 지자가 본위가 되고 처처가
다 스승인 불상이 되며, 사사가 다 스승이 되게 하고 스승으로 모
시는 불공을 하게 된다.

---

569) 구하는(구하다+는): 찾아 얻다. 바라다.
570) 하자는 것: 스승으로 알자는 것.

자기 이상이 되면 스승으로 알라고 하셨는데, 나보다 못하면 스승이 아닌가?

'이상'에는 나부터 포함되므로 나도 스승이며, 나 이상이 되면 누구나 나를 발전시키고 일깨우는 스승이다.

그리고 설령 나보다 못한 사람이라 할지라도 그런 그를 통하여 '나는 저러면 안 되지. 저렇게 되어서는 안 되지.' 하는 깨우침을 얻는 계기가 되므로 이들 또한 나의 스승이다.

이에 관해서는 솔성의 요론 9·10·11조에서 직접 대종사님의 음성을 들을 수 있다.

즉 9조의 말씀은 '무슨 일이든지 잘못된 일이 있고 보면 남을 원망하지 말고 자기를 살필 것이요'며,

10조는 '다른 사람의 그릇된 일을 견문하여 자기의 그름은 깨칠지언정 그 그름을 드러내지 말 것이요'며,

11조는 '다른 사람의 잘된 일을 견문하여 세상에다 포양하며 그 잘된 일을 잊어버리지 말 것이요'다.

수도인(또는 공부인)의 세 스승이란?

말씀하시기를
"수도인에게 세 가지 스승이 있나니,
말로나 글로나 행동으로써 나를 가르쳐 주시는 사람 스승과,
눈앞에 벌여있는 무언의 실재로써 나를 깨우쳐 주는 우주 스승과,
스스로 자기를 일깨워 주는 양심 스승이라,
사람이 큰 도를 이루고자 하면 이 세 가지 스승의 지도를 다 잘 받아야 하나니라[571]."

왜 '기타 모든 상식'이란 말을 쓰셨는가?

---

571) 정산 종사 법어, 제2부 법어(法語), 제9 무본편(務本編), 53장, p.926.

지자 본위의 조목에서 자기 이상이 되어 스승으로 앞에 있어, 자칫 잘못 이해하게 되면 지자 본위의 조목의 해당 분야를 솔성(率性)의 도와 인사의 덕행, 모든 정사, 생활, 학문과 기술로만 생각하는 바가 없도록 혹 하나라도 빠뜨리지는 않았나 끝까지 챙기는 말씀이 '기타 모든 상식'에 담겨진 뜻이라고 생각된다.

이 또한 대자비심이 아닌가!

'이상의 모든 조목에 해당하는 사람'이란?

솔성(率性)의 도와 인사의 덕행이 자기 이상이 되고, 모든 정사를 하는 것이 자기 이상이 되고, 학문과 기술이 자기 이상이 되고, 기타 모든 상식이 자기 이상이 되는 모든 사람이다.

'이상의 모든 조목에 해당하는 사람'에는 처처가 불상으로 보이고, 처처를 불상으로 모시는 '일원상의 신앙'이 바탕을 이루고 있다.

'근본적으로 차별 있게 할 것'이란?

과거의 불합리한 차별 제도의 조목에 따라 차별하거나, 또는 고정관념·선입견 등에 의하여 한번 밉게 본 사람은 그 사람이 아무리 옳은 일을 해도 밉게 보이고, 한번 좋게 본 사람은 그 사람이 어느 정도 잘못을 저지르더라도 너그럽게 넘어가는 것과 같은 경우를 말한다.

따라서 사람을 대할 때에는 경우와 법에 따라 처리하되 일에 따라 대우하여야 하며, 근본적으로 차별 있게 하면 진리의 평등성에 어긋난다.

진리의 본원 자리에서 보면, 근본적으로는 차별도 우대도 없다.

경계를 따라 일시적으로 일어나는 마음 작용에 끌려 차별이 생겨날 뿐이다.

차별은 햇빛이 비치면 흔적 없이 사라지는 풀잎의 이슬 같지만,

밤이 되고 새벽이 되면 다시 이슬이 맺히는 것과 같이 경계를 따라 있어지는 진리의 한 작용이다.

'이상의 모든 조목에 해당하는 사람을 근본적으로 차별 있게 할 것이 아니라, 구하는 때에 있어서 하자는 것이니라.' 함은?

솔성의 도와 인사의 덕행, 모든 정사를 하는 것, 생활에 대한 지식, 학문과 기술, 기타 모든 상식에 있어서 자기 이상이 되어 스승으로 삼을 수 있다 하여도 과거의 불합리한 조목 등으로 인하여 차별한다면, 그것은 진리의 평등성에 어긋나는 것이며, 진솔하게 믿고 따르는 것이 아니라 분별성과 주착심을 마음 밑바닥에 깔고서 자신을 속이고 스승을 속이는 것이며, 실제로는 근본적으로 차별하는 것이다.

그러나 구하는 때에 있어서, 즉 나의 자력으로 해결할 수 없는 상황에서는 다른 사람의 도움(타력)을 받지 않을 수 없다.

누구든지 내가 갖지 못한 능력을 갖고 있다면, 그 방면에서는 나보다 뛰어난 것임을 인정하지 않으려야 인정하지 않을 수 없다.

이처럼 내가 도움을 받게 되는 다른 사람들의 다양한 능력들이 바로 동포은이다.

그러므로 상황상황에 따라 나보다 나은 사람은 다 스승이요, 설령 나보다 못한 사람이라 할지라도 그를 통하여 내가 깨우치게 되는 계기가 되므로 그 사람 역시 나의 스승이니, 이 세상에는 스승 아닌 사람이 없다.

또한 아무리 상대방에 원망할 일이 있더라도 구하는 때에 있어서(상황상황에 따라서) 나보다 나은 사람은 다 스승이라는 대중만 잡고 있다면, 또 내 마음 작용을 대조하며 먼저 나에 대한 모든 은혜의 소종래를 발견하는 여유를 갖게 된다면 섭섭한 마음은 차츰 없어지고 구하는 때에 있어서는 그 사람 또한 나의 스승이구나 하는 마음이 되살아나고 동포은을 발견하게 되므로 답답하던 마음이 뚫릴 것이다.

이런 마음으로, 나와 만나게 되는 모든 사람들이 스승임을 발견해 가고, 그 사람들이 내게 주는 동포은임을 발견해 가는 것이 곧 정신 세력이 확장되는 것이며, 본디부터 여여 자연하게 있는 처처 불상을 발견하는 것이며, 사사 불공하는 마음으로 화하는 것이다.

'지자 본위'와 '일상 수행의 요법'을 관련지어 보면?

무엇이나 나보다 나은 사람을 선도자로 삼고 그에 표준하여 배우는 동시에 그 일 그 일에 선도적 역할을 할 수 있도록 중심적인 자리에 두는 것은 너무나 당연하다고 누구나 말하기는 쉬워도 실행하기는 말처럼 결코 쉽지 않다.

각자 욕심이 있고, 고정 관념과 선입견이 있어 이에 견주어서 보기 때문에 실제로 보이는 대로 보지 못하고, 느끼는 대로 느끼지 못하는 경우가 허다하다.

나보다 나은 사람을 선도자로 삼고 그에 표준하여 배우는 동시에, 그 일 그 일에 선도적 역할을 할 수 있도록 하는 것은 상황에 따라서는 자신에게 경계로 작용될 수 있다.

즉 지자를 본위로 하는 것 자체가 바로 경계라는 말이다. 우리가 단합을 잘 하지 못하고, 지자를 신뢰하지 않고, (사람의 속성이라고도 할 수 있지만) 따르려 하지 않는 경향이 있지 않은가?

배울 줄 모르는 나를 잘 배우는 나로 돌리고, 가르칠 줄 모르는 나를 잘 가르치는 나로 돌리는 것도 지자를 본위로 할 때 그런 마음으로 돌아서게 되는 것이다.

그러면 공익심 없는 나를 공익심 있는 나로 돌리는 것은 어떠한가?

공익심이 있게 되는 것은 이미 내가 엄청난 에너지를 갖추게 되었음을 의미한다.

즉 이 공익심 있는 마음은 지자를 본위로 하는 마음과 전혀 다르지 않으며, 지자 본위하는 마음으로 돌려진 참다운 공익심은 공익심 없는 나를 공익심 있는 나로 돌리는 원동력이 될 것이다.

진정으로 내 마음에 스승이 있는가 깊이 생각하여 보라

지자 본위(智者本位)에 대하여 말씀하시기를
"진정으로 내 마음에 스승이 있는가 깊이 생각하여 보라.
나의 모든 것을 직접 고백할 스승이 없다면 그 사람은 일생의 불행이며 영생을 통하여 불행한 사람이다.
사람은 백 살이 되더라도 스승이 있어야 한다.
스승을 모실 때에도 한 분만 모시지 말고 되도록 많이 모셔야 한다.
스승이 없을 때에는 스승을 구하여 항상 모시고 배우며 살아야 한다.
우리가 스승을 모시고 배우지 않을 때 어둠과 퇴보와 차별이 기다리고 있음을 알아야 한다.
대종사님께서 '모든 불합리한 차별 제도를 버리되 지우 차별(智愚差別)만은 세워 놓아야 사람마다 배우기에 힘써서 지자(智者)가 되는 동시에 온 인류의 지식은 자연 평등하게 될 것이라.'고 하셨다.
지식(知識)은 눈이요 수족(手足)이며 힘이며 영생의 등불이니, 날마다 옳은 것을 배우고 살았는가 배우지 않고 살았는가를 대조하여 배우기에 힘써야 한다[572]."

제3절 타자녀 교육(他子女 敎育)

자타의 국한 없는 교육 정신을 널리, 구체적으로 실현해 문명의 혜택을 두루 입을 수 있도록 교육 평등을 이룩하자는 대불공법이다.

---

572) 대산 종사 법문집, 제3집, 제2편 교법(敎法), 84. 지자본위, p.114.

1. 타자녀 교육의 강령

교육573)의 기관이 편소574)하거나 그 정신이 자타의 국한575)을 벗어나지576) 못하고 보면 세상의 문명이 지체577)되므로, 교육의 기관을 확장578)하고 자타의 국한을 벗어나, 모든 후진579)을 두루580) 교육함으로써 세상의 문명을 촉진581)시키고 일체 동포가 다 같이 낙원의 생활을 하자는 것이니라.

'교육의 기관과 그 정신'의 관계는?

교육의 기관이 사람의 육신이라면 그 정신은 마음이므로, 교육의 기관이 외형적인 면을, 그 정신은 내면적인 면을 나타낸다.
그런데 교육의 기관과 그 정신을 따로 구분할 수 있는가?
구분될 수 있는 것이 아니다.
원래 하나이기 때문이다.
이들은 마치 바늘 가는 데 실 가는 것과 같고, 항상 서로서로 도움이 되고 바탕이 되는 육신과 마음 같은 관계를 이루고 있다.

자타의 국한을 벗어나는 것이란?

남과 내가 각각인 듯 싶지만 천지의 포태 안에 있는 우리며, 한 울안 한 이치에 한 집안 한 권속인 우리임에도 자리 이타적인 대

---

573) 가르치고 기름.
574) 작고 한편으로 치우침. ㉝확장.
575) 어떠한 부분에 한정됨.
576) 벗어나지(벗어나다+지): 어려운 일에서 헤어나다. 자유롭게 되다.
577) 지정(조금 늦어지는 것)거려서 늦어짐. ㉝촉진.
578) 범위·규모·세력 등을 늘이어 넓힘. ㉝편소
579) 나이나 사회적 지위·학예 따위가 뒤지는 사람. 후배.
580) 빠짐 없이. 골고루.
581) 죄어치어 빨리 나아가게 함. ㉝지체.

승행보다는 아전 인수격으로 자리(自利)를 추구하는 것은 분별성과 주착심(이기심, 고정 관념, 선입견, 사회의 오랫동안 그릇된 통념으로 굳어진 차별 제도 등)에서 벗어나지 못하기 때문이다.

그러하기 때문에 교육의 기관이 편소해지고 세상의 문명이 지체된다.

그러나 물은 위에서 아래로 흐르고, 고이면 넘치는 것이 천지 자연의 이치인 동시에 우리의 자성 원리임을 알고, 또 본래 우리는 하나며 한 집안 한 권속임을 안다면 나만을 중심으로 삼으려는 이기심과 어리석음에서 벗어나 만사를 자리 이타로써 취사하게 된다.

이에 따라 우선 내가 기쁘고, 더불어 남도 즐거워지며, 교육의 기관을 더욱 확장하게 되고, 모든 후진을 두루 교육하게 될 것이다.

따라서 나의 틀을 없이 하여 자타의 국한을 벗어나는 것은 나 개인에게서 가정·사회·국가·세계로 나아가는 것이며, 세계화·국제화가 되는 것이며, 세상 문명을 촉진케 하는 문을 내가 활짝 여는 것이다.

타자녀 교육은 개교의 동기를 실현하자는 것이구나!

'타자녀 교육의 강령'의 '일체 동포가 다 같이 낙원의 생활을 하자는 것이니라'를 개교의 동기의 '파란 고해의 일체 생령을 광대 무량한 낙원으로 인도하려 함이 그 동기니라'와 비교해 보자.

'일체 동포'는 '파란 고해의 일체 생령'이며, '낙원의 생활을 하자는 것'은 '광대 무량한 낙원으로 인도하려 함'이다.

따라서 타자녀 교육은 교육 평등면에서 개교의 동기를 구체적으로 실현하는 실천 방안임을 알 수 있다.

2. 과거 교육의 결함 조목

1. 정부나 사회에서 교육에 대한 적극적582) 성의583)와 권장584)이 없었음이요,

과거에 이러했던 원인은?

과거에는 개인 및 가족주의가 지배하던 시대라, 사람의 활동 범위와 경쟁이 개인·지역·국가 안에서 이루어졌으므로 협소하고 국한을 벗어나지 못해 교육을 개인·가문의 영달로 생각했기 때문에 개인과 가정의 문제로 여겼다.

따라서 정부나 사회에서 교육에 대한 적극적 성의와 권장이 없었으며, 있어도 특정 계층(양반, 귀족)에 국한되었다.

2. 교육의 제도가 여자와 하천585)한 사람은 교육받을 생의586)도 못하게 되었음이요,

왜 과거의 교육 제도가 여자와 하천(下賤)한 사람은 교육받을 생의(生意)도 못하게 되었는가?

지자 본위의 '과거의 불합리한 차별 제도의 조목'과 같이 반상(班常)의 차별, 적서(嫡庶) 차별, 남녀(男女)의 차별, 종족(種族)의 차별 때문에 제도적으로 교육받을 기회도 없었을 뿐만 아니라,

설령 배웠다손 치더라도 활용할 수 있는 기회가 주어지지 않아 생활에 이득이 되지 않았기 때문에 교육의 필요성을 느끼지 못하였으며, 느꼈다고 하여도 주위에서 길을 열어 주지 않았기 때문이다.

3. 개인에 있어서도 교육을 받은 사람으로서 그 혜택587)을 널리 나타내는 사람이 적었음이요,

---

582) 사물에 대한 태도가 긍정적이고 능동적인 모양.
583) 참되고 정성스러운 뜻.
584) 권하여 북돋아 줌.
585) 신분이 낮고 천함.
586) 하려는 마음을 냄(生心).

과거에 이러했던 원인은?

과거라고 하면, 우리나라의 경우는 대종사님께서 태어나기 전 사회적 병폐가 심했던 조선 시대를 생각할 수 있으며, 세계의 경우는 인권보다는 신권(천권)·귀족 중심의 봉건 시대를 생각할 수 있다.

이때의 중심 사상과 주의는 인본주의, 실용주의, 현실주의[588]보다는 신권주의, 비실용주의, 비현실적인 이상주의 성향이 강했다.

이는 권력을 가진 상류 계층(양반, 귀족)의 중심 사상이 되었고, 교육을 받은 계층도 그 혜택을 대중에게 베풀지 못하고 개인·가문·지배 계층을 중심으로 나타내었다.

사회 활동의 임무와 직책이 세습적이고, 더구나 기술은 천시되다 보니 제한적·폐쇄적으로 전승되어 그 경영 기법 및 기술 내용이 널리 알려지지 못했다.

또한 설치된 사·농·공·상의 기관이 적어 활동할 수 있는 일터가 제한되었던 점도 그 원인의 하나였다.

그러면 과거에만 자신이 교육받은 혜택과 아는 바를 널리 나타내는 사람들이 적었는가?

지금 여기도 정도의 차이만 있을 뿐 마찬가지다.

그래서 대종사님께서는 일상 수행의 요법 8조(가르칠 줄 모르는 사람을 잘 가르치는 사람으로 돌리자.)로써 교육의 혜택을 널리 나타내는 마음 공부를 하도록 하셨다.

과거에는 교육을 받은 사람으로서 그 혜택을 널리 나타내는 사람이 왜 적었는가?

서당(書堂)을 열어 자신의 학문이나 경륜을 가르쳐 후학을 길러내는 분들도 있었으나, 자신이 애써 터득한 지식을 혼자만 알고

---

587) 은혜와 덕택. 그 혜택: 교육을 받은 혜택.
588) 현실을 가장 중요시하고, 이상에 구애되지 않고 현실에 적용하여 일을 처리하는 주의.

있는 것을 장한 일로 알고 가르치고 전하려는 성의가 적었다.

또한 사·농·공·상의 기관이 적어 생활의 터전이 제한되었기 때문에 품은 뜻을 펼치거나, 후진을 가르치거나, 사회에 공헌할 수 있는 기회가 적었기 때문이다.

> 4. 언론589)과 통신590) 기관이 불편591)한 데 따라 교육에 대한 의견592) 교환593)이 적었음이요,

교육은 서로의 의견을 교환하는 활동이다.

정부와 사회에서 교육에 대한 성의와 권장이 아무리 적극적이고, 여자와 하천한 사람까지도 교육받을 수 있도록 교육 제도를 제정·운용하고, 교육을 받은 개개인이 그 혜택을 널리 나타낸다 하더라도 교육은 그 지식과 기술에 대한 의견을 널리, 신속하게 교환하는 것이 필수불가결한 활동이자 생명이므로 이를 충족시키는 교환 수단을 담당하는 곳이 언론 기관이며 통신 기관이다.

옛날에는 이들 기관의 설치 정도가 어떠하였으며, 그 편리 정도와 상태가 어떠하였는가?

심지어 언론과 통신 기관이 발달되었다는 오늘날에도 그 편리하고 불편한 정도와 능력에 따라 교환되는 정보의 양과 속도에 매우 큰 차이가 있지 않은가?

그런데 주목해 보자.

언론과 통신 기관이 매우 편리한 지금은 교육에 대한 의견 교환

---

589) 말이나 글로 자기 사상을 발표하여 논의함. 언론 기관: 인쇄(신문·잡지 등)·방송·영화 등으로 언론을 담당하는 기관.
590) 소식을 전함. 우편·전신·전화·팩스·인터넷 등으로 서로 소식을 전하는 일. 자사 및 특파원 등이 취재한 것을 본사에 알리는 일.
통신 기관: 우편·전신·전화 등 일체의 통신을 매개하는 기관의 총칭.
591) 부족하고 불완전하여 흠이 되는 구석. 결점.
592) 마음에 느낀 바 생각.
593) 이것과 저것을 서로 바꿈.

이 잘 이루어지고 있는가?

외형적인 면에서는 엄청난 발전이 이루어졌다 하더라도 이 기관을 운전해 가는 주체는 사람의 마음이므로 참으로 교육이 잘 이루어지려면 의견을 교환하는 우리의 마음에 막힘이나 걸림이 없어야 한다.

우리가 공부하고 훈련하는 목적이 바로 이 막힘이나 걸림을 없게 하자는 것이다.

이렇게 함이 거짓 나를 가르치고 참 나를 기르는 교육이다.

5. 교육의 정신이 자타의 국한594)을 벗어나지 못한 데 따라, 유산자(有産者)595)가 혹 자손596)이 없을 때에는597) 없는 자손만 구하다가 이루지 못하면 가르치지 못하였고, 무산자598)는 혹 자손 교육에 성의599)는 있으나600) 물질적 능력이 없어서 가르치지 못하였음이니라.

유산자(有産者)가 혹 자손이 없을 때에는 없는 자손만 구하다가 이루지 못하면 가르치지 못하였을 때 어떤 문제가 생기는가?

내 재산인데 내 마음대로 쓰고, 내 자손만 가르치면 되지 무엇이 문제냐고 반문할 수 있다.

그러나 이 사회는 서로 관계를 맺지 않고 혼자 살아갈 수는 없다. 서로서로 도움을 주고 받고 받고 주면서 살아간다.

이와 같이 자력 있는 사람은 자력 없는 이에게 보호를 주며, 또

594) 범위를 일정한 부분에 한정함.
595) 재산이 있는 사람.
596) 아들과 손자. 아들·손자·증손·현손 및 후손.
597) -에는: 부사격 조사 '-에'의 힘준 말.
598) 재산이 없는 사람.
599) 참되고 정성스러운 뜻.
600) -으나: 자음으로 끝난 어간에 붙어 뒷말의 내용이 앞 말의 내용에 따르지 않음을 나타내는 말.

자력 없는 사람은 영원한 강자가 될 수 있도록 자력을 공부삼아 양성하는 공생의 관계를 이루고 있다.

그런데 내 재산이니까 내 마음대로 하고, 내 자손이어야 가르치겠다는 생각은 내 재산도, 내 자손도, 심지어는 나 자신까지도 사은의 공물(公物)임을 모르는 소치에서 나온 어리석음이며, 만일 그렇게 한다면 너도 나도 같이 망하자는 것이나 다름없는 것이다.

베풀면 베풀수록 나도 살리고, 또 남도 살리게 된다.

부자가 삼대(三代) 가기 어렵다는 말은 그냥 나온 것이 아니라, '교육의 정신이 자타의 국한을 벗어나지 못한 데 따라, 유산자(有産者)가 혹 자손이 없을 때에는 없는 자손만 구하다가 이루지 못하면 가르치지 못하였다'는 이 말씀의 다른 표현임을 알 것 같다.

3. 타자녀 교육의 조목

타자녀 교육의 조목은 우리가 타자녀 교육을 개인·사회·국가·세계에 구체적으로 실현할 수 있고, 또한 사회·국가·세계가 타자녀 교육을 구체적으로 실현할 수 있는 교육 평등법이다.

> 1. 교육의 결함 조목이 없어지는 기회601)를 만난 우리는, 자녀가 있거나602) 없거나 타자녀라도 내 자녀와 같이 교육하기 위하여, 모든 교육 기관에 힘 미치는 대로 조력603)도 하며, 또는 사정이 허락되는 대로 몇 사람이든지 자기가 낳은 셈 치고604) 교육할 것이요,

'교육의 결함 조목이 없어진'이 아니라, '없어지는'이다.

---

601) 어떤 일을 하여 나아가는 데 가장 알맞은 고비.
602) -거나: 용언의 어간에 붙어서 가리지 않는 뜻을 나타내는 연결형 서술격 조사.
603) 힘을 써 도와 줌.
604) 셈치고(셈치다+고): 어떤 동작이나 사실을 어떠한 상태라고 인정하거나 사실인 듯 받아들이다.

'없어지는'은 현재 진행형이다.

현재의 교육에도 결함 조목이 있지만, 개인·사회·국가·세계의 흐름에 따라 없어지고 있다는 말이며, 이에 따라 우리가 만나는 기회도 정해지고 변화됨을 의미한다.

왜 자녀가 있거나 없거나 타자녀라도 내 자녀와 같이 교육을 하여야 하는가?

진리적으로 보면, 만유가 한 체성이므로 천지의 포태 안에 있는 동포는 서로 부모요 형제 자매요 자녀간이다.

생멸 없는 도와 인과 보응되는 이치에 따라 사생이 일신이므로 함께 골고루 잘 살자는 것이다. 이 길이 각자가 자력을 양성하게 하는 타자녀 교육이다.

그러므로 영겁 다생을 통하여 내가 잘 살기 위해서는 배워야 하고, 내가 잘 배우기 위해서는 국한 없이 남도 잘 가르쳐야 한다. 이것이 진리적인 관점에서 본 타자녀 교육의 필요성이요 당위성이다.

현실적인 면에서 보면, 개인적으로 인생의 가치는 아는 것을 아는 만큼 가르치는 데에 있으며, 선진이 후진을 가르치는 것은 의무인 동시에 즐거움이며, 자신만 알고 남을 가르치지 않는 것은 사은에 대한 배은이며 안타까운 낭비다.

사회적으로는 밝고 맑고 훈훈한 세상을 건설하기 위해서 교육 평등을 구체적으로 실현함이 너와 나, 사회·국가·세계를 다 같이 살리고 발전하게 하므로 자타의 국한 없이 가르치자는 것이다.

모든 교육 기관에 힘 미치는 대로 조력도 할 수 있는 방법은 구체적으로 무엇이 있는가?

정신·육신·물질로 교육 기관이나 장학 기관, 기타 보육·재활 시설 등에 힘 미치는 대로 합력·참여하는 것이다.

이것이 곧 배울 줄 모르는 나를 잘 배우는 나로 돌리는 것이며,

가르칠 줄 모르는 나를 잘 가르치는 나로 돌리는 지름길이다.

'자기가 낳은 셈치고'에 담긴 의미는?

자기가 낳았다고 생각해야 타자녀라도 내 자녀와 같이 교육할 수 있다. 즉 자기가 낳은 셈친다면, 이미 타자녀도 내 자녀인 것이다.

> 2. 국가나 사회에서도 교육 기관을 널리 설치[605]하여 적극적으로 교육을 실시[606]할 것이요,

과거와는 달리 세상도 넓고 사람도 수가 없을 정도로 많아 서로 잘 배우고 서로 잘 가르치기 위해서는 개인은 물론이려니와 국가와 사회에서도 교육 기관을 제도적으로 설치해야 하고, 원하는 사람은 사정이 허락하는 한 생활에 필요하고 인류 문명을 선도할 수 있도록 누구나 다 교육을 받을 수 있게 제도적으로 교육을 실시해야 한다.

그러므로 오늘날에는 국가와 사회가 개인과 더불어 교육의 문제를 해결하는 것이 삶의 질을 향상시킬 수 있는 가장 큰 문제 중의 하나로 대두되어 있다.

> 3. 교단(敎團)[607]에서나 사회·국가·세계에서 타자녀 교육의 조목을 실행하는 사람에게는 각각 그 공적[608]을 따라 표창[609]도 하고 대우도 하여 줄 것이니라.

여기서 아주 재미있는 단어를 몇 군데서 발견할 수 있다.

---

605) 베풀어 둠.
606) 실제로 시행함.
607) 종교 단체. 원불교에서는 중앙 총부나 각 교구.
608) 공로의 실적. 타자녀 교육의 조목을 실행한 것.
609) 드러내어 밝힘. 공로·선행·학업 등을 널리 세상에 칭찬하여 알림.

우선 '타자녀 교육을 실행'하는 것이 아니라, '타자녀 교육의 조목을 실행'하는 것에 주목할 필요가 있다.

'타자녀 교육의 조목을 실행'하는 것은 첫 번째 조목과 두 번째 조목을 실행하는 것을 가리키며, '타자녀 교육 실행'보다는 그 범위가 훨씬 넓고, 구체적인 실행 방안을 나타내고 있다.

내가 실행할 수 있는 것은 아무래도 이 첫 번째 조목에 해당될 것이며, 두 번째 조목은 내가 몸담고 있는 직장·사회에서 힘 미치는 대로 최선을 다하는 것임을 알 수 있다.

두 번째는 '표창'이 지닌 뜻에서 깊은 의미를 찾을 수 있다. 즉 '표창'의 뜻은 '드러내어 밝힘'이다.

따라서 실행하는 사람의 공적·표창은 교단에서나 사회·국가·세계에서 하는 것인데, 실행하는 사람의 공적을 드러내는 것이 왜 바람직한지 생각해 보지 않을 수 없다.

우리가 매스컴에서 대하게 되는 미담의 주인공들은 대부분 자신들의 공적이 알려지기를 원하지 않으며(응용 무념의 도), 어떠한 경우에는 익명으로 남기를 원한다는 소식도 심심찮게 접할 수 있다.

이 분들은 정신·육신·물질로 은혜를 베풀었으나, 응용 무념의 도를 체받아 관념과 상 없이 하였기 때문에 스스로 굳이 드러내어 밝힐 필요가 없는 것이다.

그러나 당사자는 그렇다 치더라도 교단에서나 사회·국가·세계에서는 공도에 활동하신 분들을 드러내고 밝혀 표창도 하고 예의를 갖추어 대우도 하는 것은 그 분들의 보은행에 대하여 조금이나마 감사 표시를 하고픈 마음의 발로이기 때문이다.

또한 다른 사람들로 하여금 교단·사회·국가·세계에 보은하는 공도 사업에 동참하기를 권장하려는 뜻도 있다 하겠다.

타자녀 교육에 관련 깊은 일상 수행의 요법의 조목은?

8조 '가르칠 줄 모르는 사람을 잘 가르치는 사람으로 돌리자'다.

제4절 공도자 숭배(公道者 崇拜)

'공도'란 무엇인가?

공도는 공평하고 바른 도리요 떳떳하고 당연한 이치며, 공중(대중)을 위하여 일하는 것, 즉 공중의 도이다.

공도에는 춘·하·추·동 사시가 순환하고 우주가 성·주·괴·공으로 변화하고 낮과 밤이 변화하는 것과 같은 천지 자연의 공도가 있고, 인생(또는 만물)이 생·로·병·사와 흥·망·성·쇠로 변화하는 것과 같은 인생(또는 만물)의 공도가 있다.

그러나 여기서 대종사님께서 말씀하시는 공도는 공중을 위하여 일하는 것으로서 세계·국가·사회·교단을 위하여 일하는 것이다.

따라서 공도, 즉 공중의 도는 다음과 같다610).

첫째는 공의(公議)를 존중함이니, 공의라 함은 곧 그 사회가 대체로 옳다고 여기는 바라, 모든 개인은 그 공법과 공론을 존중하며 그에 순응할 것이요,

둘째는 예의를 지킴이니, 지도하는 사람과 지도받는 사람이며 남녀와 노소며 지우와 강약이 다 각각 적당한 예의를 서로 잃지 말 것이요,

셋째는 공익을 위주함이니, 모든 일과 공과 사가 상대되는 경우에는 공을 본위로 처리하며 힘 미치는 대로 공익을 위하여 노력하는 동시에 공용물을 아끼고 공도자를 알뜰히 숭배할 것이요,

넷째는 공의 원리를 자각함이니, 공을 존중하는 것이 곧 자기를 존중함이 되고 공을 유익케 하는 것이 곧 자기를 이롭게 함이 되는 원리와 공도 사업은 곧 보은의 근본적 의무임을 철저히 깨쳐 알고 해야 한다.

'공도자'는 어떤 사람인가?

---

610) 정산 종사 법어, 제1부 세전(世典), 제5장 사회(社會), 5. 공중의 도, p.742.

공도자는 정신·육신·물질로 세계·국가·사회·종교계의 대중을 위해 무아(無我)의 심경으로 항상 공정한 자리에서 자리 이타로 헌신·봉사하는 사람이다.

이 분들이 무엇을 바라고 이렇게 하는가?

아무런 바람도 없이 힘듦도 힘듦으로 여기지 않고 남에게 미룸도 없이 당연히 내가 해야 되겠기에 하는 것이며, 이를 통해 오는 보람이 크든 작든 대중을 위하는 길을 묵묵히 갈 뿐이다.

이 공도자가 안고 감내하는 괴로움과 안타까움과 어려움에 대해 한 번이라도 절절하게 생각해 본 적이 있는가?

왜 이 분들이 이런 힘든 길을 밟아가는지 생각해 보았는가?

공도자는 자신이 하는 일에 대한 서원과 해야만 하는 사명감과 하나씩 하나씩 일궈가는 보람과 때로는 가슴 아픈 좌절감을 공부거리 삼아 오로지 하고 또 할 뿐이다.

여기에 우리의 감응이 일어나고 우리의 합력이 보태진다면, 천지은·부모은이 하감하고 동포은·법률은이 응감하여 공도 사업을 더할 나위 없이 정성스럽게 끊임없이 펼쳐 갈 수 있을 것이다.

'공도자 숭배'는 무엇인가?

공도자 숭배는 세계나 국가나 사회나 교단을 위하여 여러 방면으로 공헌한 사람들을 그 공적에 따라 자녀가 부모에게 하는 도리로써 우러러 공경하자는 것이며,

우리 각자도 그 공도 정신을 체받아서 공도를 위하여 활동하자는 것이다.

공도자를 숭배하는 마음이 곧 지자를 본위로 하는 마음과 같다

구하는 때, 즉 내가 아쉽거나 도움이 필요할 때 내게 도움을 줄 수 있는 사람을 선도자와 스승으로 인정하고 그를 선도자와 스승으로 삼는 지자 본위하는 마음이나

세상을 위하고 국가를 위하고 사회를 위하고 교단을 위하는 공도자를 공도자로 인정하고 그를 우러러 공경하는 공도자 숭배하는 마음은 같은 것이다.

그 지자를 지자로 인정하고 나의 스승으로 삼기가 과연 쉽던가?

그 공도자를 공도자로 인정하고 나의 공도자로 삼기가 과연 쉽던가?

그들이 나투는 큰 공덕을 과거에 나툰 작은 허물로 덮어 인정하지 않으려 하고 험담·비방·비하하는 마음 없이 잘하는 점은 잘하는 대로 드러내어 작은 허물은 덮어 용서하고 구하는 때 나의 스승으로, 세계·국가·사회·교단을 위하는 공도자로 삼자는 것이다.

1. 공도자 숭배의 강령

세계에서 공도자 숭배[611]를 극진[612]히 하면 세계를 위하는 공도자가 많이 날 것이요, 국가에서 공도자 숭배를 극진히 하면 국가를 위하는 공도자가 많이 날 것이요, 사회나 종교계에서 공도자 숭배를 극진히 하면 사회나 종교를 위하는 공도자가 많이 날 것이니, 우리는 세계나 국가나 사회나 교단을 위하여 여러 방면[613]으로 공헌[614]한 사람들을 그 공적에 따라 자녀가 부모에게 하는 도리로써 숭배하자는 것이며, 우리 각자도 그 공도 정신[615]을 체받아서 공도를 위하여 활동하자는 것이니라.

세계에서 공도자 숭배를 극진히 하면 세계를 위하는 공도자가 많이 날 것이요, 국가에서 공도자 숭배를 극진히 하면 국가를 위하는 공도자가 많이 날 것이요, 사회나 종교계에서 공도자 숭배를 극진히 하면 사회나 종교를 위하는 공도자가 많이 나오는 이유는?

---

611) 우러러 공경함.
612) 마음과 힘을 다함.
613) 전문적으로 뜻을 두거나 생각하는 분야.
614) 힘을 들이어 이바지 함.
615) 공도 정신: 공중을 위하여 응용 무념한 심경으로 봉사하는 마음.

이는, 콩 심은 데 콩 나고 팥 심은 데 팥 난다고 하듯이, 자신의 한량없는 국량(局量)616)을 스스로 키우는 결과다.

내가 어떻게 할 수 있겠느냐는 분별성과 망설임과 부담감이 일어나는 나를 놓고 세계를 위하는 자력을 양성하면서, 국가를 위하는 자력을 양성하면서, 사회나 종교계를 위하는 자력을 양성하면서 공도자가 되자는 것이다.

그러면 공도자 숭배를 극진히 하면 왜 공도자가 많이 나오는가?

공도자 숭배를 하는데 어떻게 공도자가 나올 수 있는가?

숭배, 즉 우러러 공경하기를 하는 둥 마는 둥 대강하는 것이 아니라, 극진히 하는 것이다.

정성이 더할 나위 없을 정도로 공도자를 숭배하는 것은 그 공도자와 이심전심으로 하나되는 것이며, 그 공도자의 정신을 보고 느끼며 체받는 것이다.

그러니 어찌 공도자가 많이 나오지 않겠는가!

여기서 공도자가 나오는 형태를 살펴보자.

나 스스로 직접 육신으로 공도 사업을 할 수도 있고, 비록 육신으로 직접하지는 못하더라도 정신·물질로 공도자들이 공도 사업을 전개할 수 있도록 합력할 수도 있다.

이 후자 역시 공도자며, 공도 사업을 하는 것이다.

어느 것이든 각자의 처지(處地)617)에 따라 발원(發願)618)하여 실행(實行)하는 것이다.

여러 방면으로 공헌한 사람들을 그 공적에 따라 그냥 숭배하자고 하지 않고, 왜 자녀가 부모에게 하는 도리로써 숭배하자고 하는가?

우리가 일반적으로 하고 있는 최상의 숭배는 부모에 대한 숭배다. 즉 부모에게 하는 도리는 국한이나 이유가 없이 무조건적이고

---

616) 남의 잘못을 이해하고 감싸주며 일을 능히 처리하는 힘.
617) 처하여 있는 사정이나 형편.
618) 어떠한 일을 바라고 원하는 생각을 내는 것.

자연스럽다.

관념이나 상 없이 응용 무념한 마음으로 숭배한다. 이게 자녀의 부모에 대한 참 사랑이요 참 마음이다.

세계·국가·사회·교단을 위하는 공도자는 세계·국가·사회·교단을 위하는 것이 마치 부모가 자녀 위하듯이 하므로 우리 역시 이 분들 숭배하기를 부모에게 하는 도리로써 숭배하듯이 똑 같이 하자는 것이다.

2. 과거 공도 사업의 결함 조목

과거 공도 사업의 결함 조목은 과거의 문제만이 아니라, 앞으로도 공도 사업을 잘 하기 위해서 개선해야 할 조목이다.

또한 내 마음속에서는 이런 결함 조목들이 경계를 따라 나투어지지 않는지, 그리하여 공도 사업을 촉진하지 못하게 작용되는 점은 없는지 일일 시시로 챙기고 또 챙기고 대조하고 또 대조해야 한다.

설령 내가 촉진케 하지는 못할망정 사은의 공물인 나의 심신 처리로 인해 공도 사업 추진에 저해 요인이 되는 것은 배은이다.

혹여 보은이 적을지언정 배은하는 일은 없는지 챙기고 또 챙겨야 한다. 이 또한 내가 할 수 있는 공도 사업이다.

1. 생활의 강령이요 공익619)의 기초인 사·농·공·상의 전문 교육620)이 적었음이요,
2. 사·농·공·상의 시설621) 기관이 적었음이요,
3. 종교의 교리622)와 제도623)가 대중적624)이 되지 못하였음이요,
4. 정부나 사회에서 공도자의 표창이 적었음이요,

---

619) 공익: 사회·공중의 이익.
620) 전문: 한 가지 일을 오로지 함. 전문 교육: 특정한 직업을 목적으로 하는 전문적인 교육.
621) (도구나 장치 등을) 베풀어 차림, 또는 그 차린 설비.
622) 종교상의 이치나 원리. 어떤 종교에서 진리라고 인정하는 가르침의 체계. 원불교의 기본 교리는 일원상의 진리, 삼학 팔조, 사은 사요, 사대 강령 등임.

5. 모든 교육이 자력을 얻지 못하고 타력을 벗어나지 못하였음이요,
6. 타인을 해하여서까지 자기를 유익[625]하게 하려는 마음과, 또는 원·근·친·소에 끌리는 마음이 심하였음이요,
7. 견문과 상식이 적었음이요,
8. 가정에 헌신[626]하여 가정적[627]으로 숭배함을 받는 것과, 공도에 헌신하여 공중적[628]으로 숭배함을 받는 것이 무엇인지 아는 사람이 적었음이니라.

사·농·공·상이란 무엇이며, 왜 '생활의 강령과 공익의 기초'인가?

사·농·공·상은 다음의 '동포 피은의 조목'에서 알 수 있듯이 모든 생활의 강령이다.

1. 사(士)는 배우고 연구하여 모든 학술과 정사로 우리를 지도 교육하여 줌이요,
2. 농(農)은 심고 길러서 우리의 의식 원료를 제공하여 줌이요,
3. 공(工)은 각종 물품을 제조하여 우리의 주처와 수용품을 공급하여 줌이요,
4. 상(商)은 천만 물질을 교환하여 우리의 생활에 편리를 도와 줌이요.

또한 사·농·공·상은 사람들이 이 강령 직업 하에서 활동하여 각자의 소득으로 천만 물질을 서로 교환할 때에 오직 자리 이타(自利利他)로써 서로 도움이 되므로 공익의 기초가 된다.

---

623) 사회·단체를 유지·발전시키기 위하여 마련된 법도.
624) 널리 일반 대중(수가 많은 여러 사람)을 중심으로 한 (것).
625) 이익이 있음. 도움이 됨.
626) 몸을 바쳐 있는 힘을 다함.
627) 가정 생활에 성실한 경향. 가정에서나 있음직한 (것).
628) 공중 생활에 성실한 경향. 널리 일반 공중(사회의 여러 사람)을 중심으로 한 (것).

그러므로 사·농·공·상은 우리의 삶이 이루어지는 마당이며, 우리의 공부 거리와 공부 찬스가 끊임없이 생겨나고 이들이 온통 담겨 있는 터전이다.

사농공상의 시설 기관이 적었음이 어찌 공도 사업의 결함이 되는가?

사·농·공·상은 생활의 강령이요 공익의 기초며, 이웃·사회·국가·세계에 보은할 수 있는 정신·육신·물질의 자력을 세울 수 있는 터전이요 일자리다.

만약 사·농·공·상의 시설 기관이 적다면, 공익 사업의 바탕도 비례하여 빈약할 것이요 도움도 크게 받지 못할 것이다.

사(士)의 시설 기관인 학교나 연구 기관이 적다면 배우고 연구하여 모든 학술과 정사로 우리를 지도 교육하여 주는 것이 부족할 것이므로 배우고자 하는 많은 사람들이 배울 수 없을 것이며, 배우지 못하면 공도 사업이 왜 필요하고 어떻게 하며 왜 내게도 도움이 되는지 깨치지 못하여 공도 사업에 헌신할 마음을 내기 어려울 것이며, 그럴 능력도 없을 것이다.

농(農)의 시설 기관인 논밭, 농사 관련 연구 기관과 행정 기관이 적다면 심고 길러서 우리의 의식 원료를 제공하여 주는 것이 부족할 것이므로 공도 사업을 전개할 여유가 그만큼 없어지므로 공도 사업의 결함이 될 것이다.

공(工)의 시설 기관인 공장이나 여러 생산 시설이 적다면 각종 물품을 제조하여 우리의 주처와 수용품을 공급하여 주는 것이 부족할 것이므로 그만큼 공도 사업이 어려워질 것이다.

상(商)의 시설 기관인 시장, 유통 기관, 무역 회사 등이 적다면 천만 물질을 교환하여 우리의 생활에 편리를 도와주는 것이 부족할 것이므로 그만큼 공도 사업의 결함이 될 것이다.

요즘 사·농·공·상의 시설 기관인 일자리가 부족하여 청년 실업이 엄청나게 심각한 사회 문제가 되고 있지 아니한가!

사농공상의 전문 교육이 적었음이 어찌 공도 사업의 결함이 되는가?

구슬이 서 말이라도 꿰어야 보배라고 했듯이 사·농·공·상이 생활의 강령이요 공익의 기초이기는 하나, 이를 보다 활성화하여 대중에 유익을 주기 위해 필요한 활동이 전문 교육이다.

그러면 이 전문 교육은 어떻게 하는가?

사(士)의 전문 교육은 배우고 연구하여 모든 학술과 정사로 우리를 올바르게 지도 교육하는 것이며,

농(農)의 전문 교육은 심고 길러서 사은에 보은하도록 우리의 의식 원료를 제공하는 것이며,

공(工)의 전문 교육은 각종 물품을 제조하여 우리의 주처와 수용품을 부족함이 없도록 공급하는 것이며,

상(商)의 전문 교육은 천만 물질을 교환하여 우리의 생활에 편리를 도와주는 것이다.

이러한 전문 교육의 활동이 곧 공도 사업이요 이를 촉진케 하므로 전문 교육의 기회가 적으면 당연히 공도 사업의 결함이 될 것이다.

우리의 마음 공부도 마찬가지다.

마음 공부하는 법이 이미 있음에도 이를 경계를 대할 때마다 활용하지 않는다면, 또는 요란해지고 어리석어지고 글러진 마음을 원래 마음으로 돌리지 않는다면 이는 마치 사·농·공·상이란 구슬이 있음에도 전문 교육이 적어 보물로 활용하지 못하는 것과 같으며, 줄기와 가지와 꽃과 잎은 좋다 하더라도 나무에 결실이 없는 것과 같다.

종교의 교리와 제도가 대중적이 되지 못하였음이 어찌 공도 사업의 결함이 되는가?

종교는 인간 생활의 고뇌를 해결하고 삶의 궁극적인 의미를 추구하는 문화 체계이므로 그 대상·교리·행사의 차이에 따라 여러 가지가 있으나, 그 본래 가르침(교리)을 전하고자 하는 대상은 교

조의 제자들이나 주변의 일부 대중만이 아니라 너른 세상의 일체 대중이며, 이들이 교법대로 원만하게 신앙과 수행을 할 수 있도록 정한 방편이 제도다.

그러나 종교의 교리와 제도가 대중에게 자리 이타하는 마음으로 보은 봉공하며 공도 사업을 하도록 되어 있느냐 되어 있지 않느냐에 따라 차이가 클 것이다.

제도의 경우, 제도가 원만하지 못하여 봉사의 터전과 교육이 부족하거나, 공도 사업에 종사하여도 생활 보장이 안 되거나 사회적인 표창이 부족하다면 아무리 상없는 응용 무념이 좋다 하더라도 일반 대중이 다 이같은 마음은 아니기 때문이다.

그러므로 비대중적인 교리와 제도하에서 신앙과 수행을 한다면 어찌 대중적이고 국한 없이 공도 사업에 헌신할 수 있겠는가!

불교의 출세간 승려 중심의 제도, 유교의 차별·관료적인 제도, 기독교의 배타적인 교리 해석 등은 공공의 이익을 목적으로 하는 국한 없는 공도 사업을 저해하는 요인으로 작용되고 있다.

여기서 비대중적인 종교의 교리와 제도는 우리의 마음 작용과 어떤 관계가 있는가?

종교의 교리와 제도에 따라 형성되는 마음은 이러이러해야 한다는 틀로 작용되어 때로는 요란한 행동으로, 때로는 어리석은 행동으로, 때로는 그른 행동으로 강급되는 생활을 하고, 사회의 갈등을 부르기도 한다.

우리의 성품은 원래 분별·주착이 없듯이 제불 제성이 펴신 종교의 교리와 제도 역시 처음부터 막히거나 걸리게 만들었겠는가?!

모든 종교와 종파의 근본 되는 원리는 본래 하나인데, 제불 제성의 본의를 안다면 어찌 비대중적으로 바뀌게 할 수 있겠는가?! 본의를 모르니 이기심에 끌려 비대중적으로 된 것이다.

정부나 사회에서 공도자의 표창이 적었음이 어찌 공도 사업의 결함이 되는가?

정신·육신·물질로 은혜를 베풀었으나, 응용 무념의 도를 체받아 관념과 상 없이 하였기 때문에 스스로 굳이 드러내어 밝힐 필요가 없다고는 하나, 정부나 사회에서는 공도에 활동하신 분들을 표창하는 것은 그 보은행에 대한 감사의 표시인 동시에 다른 사람들로 하여금 공도 사업에 동참하기를 권장하려는 뜻도 있다.

정부나 사회에서 나의 보은행과 선행(善行)을 알리는 것은, 공과(功過)가 있을 수 있으나, 뜻을 가지고는 있으나 쉽게 드러내지 못하고 망설이는 분들을 촉진케 하여 많은 사람들이 공도 사업에 동참하는 것이 사은에 대한 당연한 보은이며, 물이 위에서 아래로 흐르듯이 더 가진 사람이 나누는 것이 당연한 기부 활동이며, 주는 것이 곧 받는 이치임을 알게 하기 때문이다.

따라서 정부나 사회의 표창이 적은 것은, 미처 생각이 못 미쳤든 아니든, 공도 사업의 결함으로 작용되는 것이다.

정부나 사회에서 공도자를 드러내려는 뜻은?

제1회 특별 공로자 시상식에 치사하시기를
"상(賞)은 원래 몇몇 분의 드러난 공로를 치하함으로써 남은 대중의 일반 공로도 간접으로 치하하는 뜻을 표하자는 것이요,

몇몇 분을 드러난 표준으로 내세워서 남은 대중에게도 그러한 노력을 더욱 권장하자는 한 형식이요,

표창을 받게 된 분들도 그 숨은 공로를 다 표창 받기가 어렵지마는 표창 받지 않은 분들 가운데 혹 깊은 공로가 있어도 우리가 그것을 다 드러내어 표창하기도 또한 어려운 것이므로, 참으로 정확하고 큰 시상은 명명하신 진리가 소소히 보응하시는 것이요 인간의 시상은 그 드러난 일면을 표창하는 데 불과한 것이니라.

그러므로, 우리 회상에 이러한 형식의 상을 받는 동지들도 앞으로 수 없이 계속해 나와야 하겠고, 마음 가운데 참다운 진리의 상을 깨달아 얻는 동지들도 많이 배출되어야 우리 회상이 너른 세계에 더욱 찬란한 빛을 내게 되리라629)."

모든 교육이 자력을 얻지 못하고 타력을 벗어나지 못하였음이 어찌 공도 사업의 결함이 되는가?

"정부의 강압이 심하므로 민중이 합심하여 무슨 일을 개척하거나 건설할 만한 정신을 기르고 펼 수 없었음이요,

도가에서도 과거의 인습에 집착된 점이 많아서 대중적 교리가 되지 못하고 타력적 교화에만 그쳤음이요,

일반 가정에서도 대개 미신 행사나 풍수 예언 등에 끌리어 모든 것을 운명으로 돌리고 바라고만 앉아 있었음이라.

그러므로 공도 사업이 결함되었나니라630)."

타인을 해하여서까지 자기를 유익하게 하려는 마음과, 또는 원·근·친·소에 끌리는 마음이 심하였음이 어찌 공도 사업의 결함이 되는가?

공도 사업은 대중을 유익하게 하는 것이므로 자리 이타하는 마음이 기본 바탕을 이루고 있다.

자리 이타심이 아니라 자신만 이익이 되고 다른 사람은 해가 되어도 관계치 않는 이기심과 원·근·친·소에 끌리는 마음(편착심)이 심하다면 일시적으로 자신에게 이익이 되겠지만, 결국에는 인과 보응의 이치를 따라 자신에게도 해로 돌아올 것이다.

공도를 위하는 마음을 조금이라도 더 낸다면 여러 사람의 어려움이 덜어져 더불어 유익하게 되므로 이기심과 편착심이야말로 공도 사업의 결함이 된다.

"지금 사람들은 대개 남을 해롭게 하는 것으로써 자기의 이익을 삼지마는 돌아오는 세상 사람들은 남을 이익 주는 것으로써 자기의 이익을 삼을 것이니, 인지가 발달됨에 따라 남을 해한즉 나에게 그만한 해가 돌아오고 남을 이롭게 한즉 나에게 그만한 이익이 돌아오는 것을 실지로 경험하게 되는 까닭이니라631)."

---

629) 정산 종사 법어, 제2부 법어(法語), 제4 경륜편(經綸編), 23장, p.812.
630) 정산 종사 법어, 제2부 법어(法語), 제6 경의편(經義編), 12장, p.842.

견문과 상식이 적었음이 어찌 공도 사업의 결함이 되는가?

우선 사람들이 흔히 말하는 '견문과 상식이 없다'가 아니라, '견문과 상식이 적다'이다.

사람은 누구나 성인의 태를 기르고 있고(成胎長養), 또는 양심이 있듯이 견문과 상식은 누구나 다 가지고 있다. 단지 '많느냐 적느냐'에 차이가 있을 뿐이다.

그런데 왜 견문과 상식이 적었음이 공도 사업의 결함이 되는가?

견문과 상식이 많으면 공도 사업에 대한 이해와 판단이 바르고 빠를 것이며, 그 필요성과 중요성을 깨닫게 되면 자신의 역량을 배양해서라도 공도 사업의 추진에 합력하거나 앞장 설 것이다.

그런데 견문과 상식이 적어 반드시 필요한 공도 사업에 대한 생각이 미치지 못하여 도리어 걸림이 되거나, 역량이 있음에도 무관심하다면 공도 사업의 추진이 어찌 잘 되겠는가!?

가정에 헌신하여 가정적으로 숭배함을 받는 것과, 공도에 헌신하여 공중적으로 숭배함을 받는 것이 무엇인지 아는 사람이 적었음이 어찌 공도 사업의 결함이 되는가?

가정에 헌신하여 가정적으로(가족으로부터) 숭배를 받는 것과 공도에 헌신하여 공중적으로(대중으로부터) 숭배함을 받는 것의 가치와 비중을 비교하며 가정에 헌신하는 것(가정 사업)은 국한이 있고 공도에 헌신하는 것(공도 사업)은 국한이 없으므로 가정에는 다소 소홀하더라도 공도에 더 헌신하자는 것은 아니다.

가정 사업은 개인 가정이라는 국한이 있다면 공도 사업은 공중을 위하는 공익 사업이므로 공익에 보다 더 의미를 부여하자는 것이며, 가정 사업과 공도 사업은 사실은 둘이 아니므로 가정 사업 하듯이 공도 사업도 하자는 것이다.

---

631) 대종경, 제14 전망품(展望品), 28장, p.396.

이처럼 가정 사업과 공도 사업을 둘로 보지 않고 공도 사업을 가정 사업하듯이 하는 것이야말로 자타의 국한을 벗어나는 것이며, 공도에 헌신하는 것은 사회·국가·세계에 피은된 도를 보아서 보은하는 것이다.

가정 사업한다고 공도 사업을 못하고, 공도 사업한다고 가정 사업에 소홀하는 것은 자타의 국한을 벗어나지 못하는 것이며, 자리이타행이 아니므로 결과적으로 공도 사업의 결함이 되는 것이다.

가정에 헌신하여 가족으로부터 숭배를 받는 것은 수신(修身)을 바탕으로 가정을 평화롭고 화목하게 잘 다스리는 것(齊家)이다.

수신은 천하의 근본이므로 모든 핵심은 수신으로부터 출발된다.

자식과 아내와 남편이 몸과 마음을 바르게(修身) 하면 화목한 가정이 안 되려야 안 될 수가 없다(齊家).

각 가정마다 수신으로 제가를 이루면 나아가 공도 사업을 하는 치국(治國)과 평천하(平天下)는 자연적으로 이루어진다.

가정에 헌신하여 숭배를 받는 것과 공도에 헌신하여 숭배를 받는 것은 하나며, 가족으로부터 숭배를 받는 것은 곧 대중적으로 숭배를 받는 것이다.

여기서 잘 살펴보아야 한다.

대종사님께서는 '가정에 헌신하는 것과 공도에 헌신하는 것'이라고 하지 않으시고, '가정에 헌신하여 가정적으로 숭배함을 받는 것과 공도에 헌신하여 공중적으로 숭배함을 받는 것'이라고 하셨다.

가정에 헌신하여도 가정적으로 숭배를 받을 수도 있고 그렇지 않을 수도 있다. 공도에 헌신하는 경우도 마찬가지다.

가족을 부양하기 위해 헌신하고 있는 나는 과연 가족으로부터 숭배를 받고 있으며, 공도를 위해 헌신하는 나는 과연 공중으로부터 숭배를 받고 있는가?

오롯이 헌신하기도 쉽지 않지만, 헌신하면서도 숭배를 받는 것은 더더군다나 쉽지 않다.

가정에서 경계를 따라 순간순간 일어나는 나를 놓고 가족을 잘 살피며 가정을 화목하게 하는 마음과, 공도에서 경계를 따라 순간 순간 일어나는 나를 내려놓고 공중을 두루두루 잘 살펴 유익을 주는 마음은 결국 하나다.

따라서 이런 줄 아는 사람이 적은 것이 공도 사업의 결함이 되므로 공도 사업도 가정 사업하듯이, 가정 사업도 공도 사업하듯이 한다면 가정적으로도 공중적으로도 숭배를 받는 것이 무엇인지 아는 사람들이 많아져 공도 사업의 추진도 잘 될 것이다.

3. 공도자 숭배의 조목

1. 공도 사업[632]의 결함 조목이 없어지는 기회를 만난 우리는 가정 사업[633]과 공도 사업을 구분하여, 같은 사업이면 자타의 국한을 벗어나 공도 사업을 할 것이요,

'공도 사업의 결함 조목이 없어지는 기회'란?

과거 시대에는 사회의 생활이 국한이 많고 사람의 견문이 부족하여 너무나 고루(固陋)[634]하였으므로 이기주의와 가족주의가 인심을 지배해 왔으나, 앞으로는 천하 일가의 도운이 열리게 되므로 오직 큰 공심을 가진 사람이라야 대중의 환영을 받으며, 널리 세상에 드러나게 되는 까닭에[635] 공도 중심의 사회가 보편화됨에 따라 공도 사업의 결함 조목들이 더욱 더 해소될 것이다.

그러므로 가정 사업과 공도 사업은 원래 둘이 아니니, 국한을 크게 잡으면 가정 사업도 다 공이 되고, 국한을 작게 잡으면 공도 사업도 다 가정 사업이 되는 것이다[636].

---

632) 공공의 이익(공익)을 목적으로 하는 사업.
633) 가족이나 가정의 영리를 목적으로 하는 사업.
634) 낡은 관습이나 습관에 젖어 고집이 세고 새로운 것을 잘 받아들이지 않음.
635) 정산 종사 법어, 제2부 법어(法語), 제13 도운편(道運編), 8장, p.979.

그러므로 왜 같은 값이면 자타의 국한을 벗어나 공도 사업을 하는 것이 좋은가?

대종사 선원들의 변론함을 들으시니,

한 선원은 말하기를 "같은 밥 한 그릇으로도 한 사람에게만 주는 것보다 열 사람에게 고루 나누어 주는 공덕이 더 크다." 하고,

또 한 선원은 말하기를 "열 사람이 다 만족하지 못하게 주는 것보다 한 사람이라도 만족하게 주는 공덕이 더 크다." 하여 서로 해결을 못 짓고 있는지라,

대종사 판단하여 말씀하시기를

"같은 한 물건이지마는 한 사람에게만 주면 그 한 사람이 즐겨하고 갚을 것이요, 또는 한 동리나 한 나라에 주면 그 동리나 나라에서 즐겨하고 갚을 것이요, 국한 없는 세계 사업에 주고 보면 전 세계에서 즐겨하고 갚게 될 것이라.

그러므로 같은 것을 가지고도 국한 있게 쓴 공덕과 국한 없이 쓴 공덕을 비교한다면, 국한 없이 쓴 공덕이 국한 있게 쓴 공덕보다 한량없이 더 크나니라637)."

2. 대중을 위하여 공도에 헌신638)한 사람은 그 노력한 공적에 따라 노쇠639)하면 봉양640)하고, 열반 후에는 상주641)가 되어 상장642)(喪葬)을 부담643)하며, 영상644)과 역사645)를 보관646)하여 길이 기념할 것이니라.

---

636) 정산 종사 법어, 제2부 법어(法語), 제12 공도편(公道編), 43장, p.969.
637) 대종경, 제6 변의품(辨疑品), 27장, p.251.
638) 어떤 일이나 남을 위하여 자기의 이해 관계를 돌보지 아니하고 몸과 마음을 다하여 힘씀.
639) 늙어서 몸과 마음이 쇠약함.
640) 부모·조부모를 받들어 모심.
641) 주장(主張)되는 상제[喪制: 부모 또는 승중(承重: 장손으로 아버지와 할아버지를 대신하여 초상의 제사를 받듦) 조부모의 거상(居喪: 상중에 있음)] 중에 있는 이.

공도자 숭배의 조목 2조와 부모 보은의 조목 2·3·4조는 왜 같은가?

공도자 숭배 2조는 부모 보은의 조목 2·3·4조와 같은 내용을 담고 있음을 알 수 있다. 이를 비교해 보자.

공도자 숭배의 조목	부모 보은의 조목
2. 대중을 위하여 공도에 헌신한 사람은 그 노력한 공적에 따라 노쇠하면 봉양하고,	2. 부모가 무자력할 경우에는 힘 미치는 대로 심지(心志)의 안락과 육체의 봉양을 드릴 것이요, 3. 부모가 생존하시거나 열반(涅槃)하신 후나 힘 미치는 대로 무자력한 타인의 부모라도 내 부모와 같이 보호할 것이요,
열반 후에는 상주가 되어 상장(喪葬)을 부담하며,	4. 부모가 열반하신 후에는
영상과 역사를 보관하여 길이 기념할 것이니라.	역사와 영상을 봉안하여 길이 기념할 것이니라.

단지 차이는 '부모'가 '대중을 위하여 공도에 헌신한 사람'으로 대체되었을 뿐이다.

'대중을 위하여 공도에 헌신한 사람'은 대중을 자녀 위하듯 하는 분들이므로 이 분들은 대중의 부모다.

---

642) 상사(喪事)를 비롯하여 상중(喪中)에 치르는 모든 예식.
643) 어떤 일이나 의무·책임 따위를 떠맡음, 또는 떠맡게 된 일이나 의무·책임 따위.
644) 그림으로 나타낸 부처나 사람의 모습(影像).
645) 어떤 사물이나 인물·조직 따위가 오늘에 이르기까지의 자취.
646) 기탁 받은 물건을 점유하여 그 형상을 유지함.

그러므로 대중이 그 분들을 부모 위하듯 하는 것은 너무나 당연한 일이며, 그 분들의 은혜에 어떻게 보은해야 하는가?

당연히 자식이 부모에게 부모 보은의 조목 2·3·4조로 보은하듯 대중이 공도자를 그렇게 위하자는 것이다.

장차 공도자들은 어떤 대우를 받을 것인가?

대종사 또 말씀하시기를

"재산이 넉넉한 종교 단체에서는 큰 산 위에 비행장을 설비하고 공원을 만들며, 화려하고 웅장한 영정각(影幀閣)을 지어서 공도자들의 영정과 역사를 봉안하면 사방에서 관람인이 많이 와서 어떠한 귀인이라도 예배하고 보게 될 것이며,

유명한 법사들은 각처의 경치 좋은 수도원에서 수양하고 있다가, 때를 따라 세간 교당에 설법을 나가면 대중의 환영하는 만세 소리가 산악을 진동할 것이요,

모든 사람들이 법사 일행을 호위하고 들어가 공양을 올리고 법설을 청하면 법사는 세간 생활에 필요한 인도상 요법이나 인과 보응에 대한 법이나 혹은 현묘한 성리 등을 설하여 줄 것이며,

설법을 마치면 대중은 그 답례로 많은 폐백(幣帛)647)을 바칠 것이요, 법사는 그것을 그 교당에 내주고 또 다른 교당으로 가서 그와 같은 우대를 받게 되리라648)."

공도자 숭배와 관련 깊은 일상 수행의 요법의 조목은?

일상 수행의 요법 중 9조 '공익심 없는 사람을 공익심 있는 사람으로 돌리자'다.

그런데 공익심을 기르고, 여러 방면으로 공헌한 사람들(공도자)의 그 공도 정신을 체받으려면 일상 수행의 요법 전체로 신앙하는

---

647) 윗사람이나 점잖은 사람에게 주는 예물.
648) 대종경, 제14 전망품(展望品), 25장, p.394.

동시에 수행의 표본을 삼아야 할 것이다.

어떠한 경계를 대하더라도 그 경계가 일어나기 전 마음에 대조하여 자성의 정·혜·계를 세우고, 신과 분과 의와 성으로써 불신과 탐욕과 나와 우를 제거하고, 원망 생활을 감사 생활로 돌리고, 타력 생활을 자력 생활로 돌리고, 배울 줄 모르는 나를 잘 배우는 나로 돌리고, 가르칠 줄 모르는 나를 잘 가르치는 나로 돌리고, 공익심 없는 나를 공익심 있는 나로 돌려야 한다.

따라서 일상 수행의 요법 1조부터 9조는 하나며, 사요 전체와도 본디부터 하나임을 확인할 수 있다.

공도자 숭배는 신앙에 비례한다

공도자를 논하기에 앞서 공도(公道)가 무엇인가 살펴보자.

사전적인 의미는 '공평하고 바른 도리, 또는 떳떳하고 당연한 이치'이고, 일상 수행의 요법 9조인 '공익심 없는 사람을 공익심 있는 사람으로 돌리자'와 수행품 1장의 '남에게 유익을 주었는가 못 주었는가'를 보면, 공도가 무엇이지 알게 된다.

공도란 '마음에 나타난 공익심을 실행하는 것, 또는 남에게 유익을 주는 실행'을 말하는 것이다.

남에게 유익을 주려는 마음, 즉 공익심은 누구나 날 수도 있고 안 날 수도 있으며, 강할 수도 있고 약할 수도 있다. 또한 났다가도 얼마 못 가 거품처럼 꺼져 버릴 수도 있다. 나의 마음도 마찬가지다.

또한 공도는 자리 이타(自利利他)로 볼 수 있다. 공도라 하면 이타를 먼저 생각하기 쉬우나, 인과 보응의 이치에 따라 이타가 곧 자리(自利)로 되돌아온다. 따라서 이타가 자리임을 알아야 진정한 의미의 공도요, 공익심이 생기리라.

숭배를 보면, 우러러 공경함이다. 숭배가 우러러 공경함이라 해서 마음에서 공도자를 우러러 공경하는 숭배심이 절로 나오는 것은 아닌 것 같다. 숭배는 공익심을 실행해 보아야 숭배할 줄도 알게 되며, 공도 생활하는 것이 그대로 수용되어야 비로소 숭배하는 마음이 나지 않는가?

그리고 보니, 숭배는 수용이요 신앙이다. 즉 일원상의 진리를 신앙하는 동시에 수행의 표본을 삼는 일원상의 수행이어야 공도를 공도로 발견할 수 있고, 알아 볼 수 있으며, 숭배할 수 있게 된다.

"거리를 깨끗하게 하는 청소부도 공도자로서 숭배할 수 있습니까?"

"물론입니다. 내가 하지 못하는 것을 하는 것, 또는 내가 하기 싫은 것을 묵묵히 하는 것, 또는 세인들이 하찮다고 여기는 일을 하는 사람이라 해서 어찌 숭배의 대상이 되지 않겠습니까?

숭배 곧 수용·신앙은 마음에 드는 것을 가려서 하는 것이 아닙니다. 있는 그대로를 온통 수용하는 것이 바로 신앙입니다.

그러니 하찮은 일을 한다고 여길 수 있는 청소부라 해서 어찌 공도자가 될 수 없으며, 숭배 받지 못할 이유가 되겠습니까? 그 분 역시 원만 구족하고 지공 무사한 성품의 소유자가 아닙니까?

그처럼 공익심을 나투는 분들을 숭배하지 못하는 것은 그 분들에 문제가 있는 것이 아니라, 내게 문제가 있습니다.

이렇게 알고 나니, 수용과 신앙과 숭배는 가려서 하는 것은 아닌 것 같습니다."

"그래도 청소부까지 공도자로 숭배한다는 것은 그런데요."

"거리를 청소하는 것을 볼 때 어떤 마음이던가요? 고맙다, 수고한다는 마음이 나지 않습니까? 그 마음이 바로 고마움을 느끼고 인정하고 수용하는 것 아닙니까?

이러한 마음 자체가 숭배입니다.

우리가 숭배라면 너무나 거창하게 여겨 온 감이 없지 않습니다. 숭배 앞에는 언제나 위인이란 말이 들어가죠. 이때까지 위인이라야 숭배한다는 의식에 속아 온 것은 아닙니까?

경계를 대할 때에는 바로바로 마음을 챙겨서 대조하지 않습니까? 지금, 여기서 하지 않습니까?

숭배도 똑 같습니다. '저 사람이 저와 같이 좋은 일을 계속해서 할 수 있을까?' 라고 생각하는 것은 좋은 일을 계속하여야 숭배하겠다는 식의 흥정이 아닙니까?

경계를 대하면 바로바로 대조하여 자성의 정·혜·계를 세우듯, 청소하는 것을 보고 고마움을 느끼는 순간 감사하는 마음이 나는 것이 바로 숭배하는 것입니다."

이렇게 연마되는 공도자 숭배는 동포은으로, 또 '지자 본위의 조목'의 스승으로까지 이어진다.

공도의 주인이 되어야 하는 이유는?

대종사 말씀하시기를

"그대들은 다 공도의 주인이 되라.

사가의 살림이나 사업은 크거나 작거나 간에 자기의 자녀에게 전해 주는 것이 재래의 전통적 관습으로 되어 왔으나,

공중의 살림과 사업은 오직 공변[649]된 정신으로 공변된 활동을 하는 공변된 사람에게 전해지는 것이니,

그대들이 이 이치를 깨달아 크게 공변된 사람이 되고 보면 우리의 모든 시설과 모든 법도와 모든 명예가 다 그대들의 소유요 그대들의 주관할 바라 이 회상은 오직 도덕 높고 공심 많은 사람들이 주관할 세계의 공물(公物)이니

그대들은 다 이 공도의 주인이 되기에 함께 힘쓰라[650]."

사요의 주지(主旨)는?

"자력 양성은 자력과 타력을 병행하되 자력을 본위로 하자는 것이 그 주지[651]요,

지자 본위는 지와 우가 근본적으로 차별이 없으나 지자가 선도하게 하자는 것이 그 주지요,

---

649) 공평하고 정당하여 어느 한 편에 치우치거나 사사로운 정(情)이 없음.
650) 대종경, 제13 교단품(敎團品), 36장, p.370.
651) 주된 뜻

타자녀 교육은 자기 자녀 타자녀를 막론하고 국한 없이 가르쳐서 교육을 융통시키자는 것이 그 주지요,

공도자 숭배는 공과 사를 결함 없이 쌍전하되 공도를 우선으로 하자는 것이 그 주지이다652)."

어찌하면 공심(公心)이 양성되오리까?

학인이 묻기를

"어찌하면 공심(公心)이 양성되오리까?"

답하시기를

"이 몸이 사은의 공물임을 알 것이요, 그러므로 보은은 의무임을 알 것이요, 인생의 참 가치는 이타(利他)에 있음을 알 것이요, 자리(自利)의 결과와 공익의 결과를 철저히 자각할 것이니라653)."

공도자 숭배를 통해 공도자가 되는 것이 대종사님께서 법을 펴신 뜻이요 대종사님의 정신을 체받는 것이다

공도자 숭배를 통하여 그 공도자의 공도 정신을 체받아 각자가 공도자가 되는 것이 대종사님께서 교법을 펴며 나와 우리에게 진정으로 바라시는 것이다.

세계를 위하면 세계를 위하는 공도자가 되고, 국가를 위하면 국가를 위하는 공도자가 되고, 사회를 위하면 사회를 위하는 공도자가 되고, 교단을 위하면 교단을 위하는 공도자가 되니 공도의 국한을 트고 각자가 처한 상황에 따라 발원하고 실행하는 것이 이 '공도자 숭배'에 담긴 대종사님의 정신을 체받는 것이다.

사요를 자력과 타력으로 나누면?

---

652) 정산 종사 법어, 제2부 법어(法語), 제6 경의편(經義編), 9장, p.841.
653) 정산 종사 법어, 제2부 법어(法語), 제8 응기편(應機編), 27장, p.896.

"사요(四要) 가운데 자력 양성·지자 본위가 자력(自力)이라면, 타자녀 교육·공도자 숭배는 타력(他力)이다.

그래서 자타력을 병진케 하셨다654)."

---

654) 대산 종사 법문집, 제3집, 제2편 교법(敎法), 82. 원중불이사상, p.114.

제4장 삼 학(三學)

제1절 정신 수양(精神修養)

1. 정신 수양의 요지655)

> 정신이라 함은 마음이 두렷하고656) 고요하여657) 분별성658)과 주착심659)이 없는 경지660)를 이름이요, 수양이라 함은 안661)으로 분별성과 주착심을 없이하며662) 밖으로 산란663)하게 하는 경계에 끌리지 아니하여 두렷하고 고요한 정신을 양성함을 이름이니라.

'정신'이라 함은?

정신의 사전적(辭典的) 의미는 '마음이나 생각664)'이다.

그러면 어떤 마음이나 생각이 정신인가?

경계를 따라 별의별 마음이나 생각이 다 나지 않는가?

정신이라 함은 '마음이 두렷하고 고요하여 분별성과 주착심이 없는 경지를 이름'이라고 대종사님께서 아주 명쾌하게 정의하셨다.

또한 정산 종사님의 분별성과 주착심의 정의 역시 선명하다.

---

655) 대체의 내용.
656) ①모난 데 없이 둥글고(圓), 모자란 데 없이 가득 차고, 흐린 데 없이 밝고 분명하다. ②우리의 자성이 원래 원만 구족하고 지공 무사한 자리임을 이름.
657) ①조용하다. ②우리의 자성이 본래 요란하지 아니하고 번뇌가 공한 자리임을 이름.
658) 분별하려는 성질.
659) 어느 한 편에 집착하거나 머물러 있는 마음. 욕심.
660) 어떤 단계에 이른 상태.
661) 마음속.
662) 없이하며(없이하다+며): 없어지게 하다.
663) 흩어져 어지러움.
664) 가늠하여 헤아리거나 판단함.

"정신이란 분별성과 주착심이 없는 경지인데, 분별성이란 예쁘고 밉고 좋아하고 싫어하는 마음들이 잠시잠시 일어나는 것이요, 주착심은 그 분별성이 마음에 자리 잡고 있는 것이다. 이러한 분별성과 주착심이 없는 때가 정신이다665)."

정신이 없다 함은?

정신은 '마음이 두렷하고 고요하여 분별성과 주착심이 없는 경지'를 이르므로 우리가 흔히 말하는 '정신이 없다'는 말은 경계를 따라 분별성에 끌리고 주착심에 끌려 요란해지고 어리석어지고 글러지는 것을 말한다.

각자가 가지고 있는 분별성과 주착심은 원래는 없건마는, 부지불각(不知不覺)666) 간에 형성된, 실체가 없는 불완전한 틀에 묶여 경계에 속는 줄도 모르게 속아 단정 짓고 미워하고 원망하고 비난하고 좋아하고 기뻐하는 것이다.

원래 두렷하고 고요한 마음을 잃어버린 채.

이 상태가 정신이 없는 것이다.

'마음이 두렷하고 고요하여'라 함은?

두렷하고 고요하다는 뜻은 분별성과 주착심이 없는 것으로, 열반을 우리말로 이렇게 이른다667).

두렷하다 함은 사전적인 뜻은 '분명하다'며, 우리의 자성이 원래 원만 구족하고 지공 무사한 자리임을 이르므로 모난 데 없이 둥글고(圓), 모자란 데 없이 가득 차며, 흐린 데 없이 밝고 분명한 것이다.

고요하다 함은 사전적인 뜻은 '조용하다'며, 우리의 자성이 본래

---

665) 한 울안 한 이치에, 제1편 법문과 일화, 3.일원의 진리, 40절, p.72.
666) 자신도 모르는 사이. 알지 못하는 사이.
667) 정산 종사 법어, 제1부 세전(世典), 제9장 열반, p.750.

요란하지 아니하고 번뇌가 공한 자리임을 이르므로 이는 우리의 마음이 경계를 대하여도 분별성과 주착심이 없는 자리를 이른다.

그러므로 사람이 이 자성의 도를 깨쳐서 자성의 원래를 회복함을 두렷하고 고요하다 또는 열반이라고 한다.

'분별성'이란?

분별하려는 성질로서, 예쁘고 밉고 좋아하고 싫어하는 마음들이 잠시잠시 일어나는 것이다.

이 분별하는 마음은 경계를 따라 정도의 차이는 있지만 누구에게나 일어날 수 있다.

단지 원근 친소, 시비 이해에 따라 끌리느냐 안 끌리느냐, 또는 끌리는 정도가 심하느냐 약하느냐 하는 차이가 있을 뿐이다.

'주착심'이란?

어느 한 편에 집착하거나 머물러 있는 마음이며, 그 분별성이 마음에 자리 잡고 있는 것이다.

이는 고정 관념, 선입견 등과 같이 개인·습관·지식·나이·직위 등의 정도에 따라 있어지는 상대심이다.

원래는 없건마는 묘하게 있어지는 마음이다.

분별성도 주착심도 없는, 있더라도 끌림이 없는 마음(본래 마음, 두렷하고 고요한 마음)이 우리를 지키는 중심이다.

이 중심이 선 마음을 찾고 또 찾는 것이 곧 우리의 공부심이요 우리가 나아가고 있는 공부길이다.

정신 수양에서 '정신이라 함은 마음이 두렷하고 고요하여 분별성과 주착심이 없는 경지를 이름이요'에서의 '분별성, 주착심'과 무시선법의 '원래에 분별 주착이 없는 성품을 오득하여'에서 '분

별, 주착'은 같은 것인가 다른 것인가?

분별성(分別性)이란 예쁘고 밉고 좋아하고 원망하는 마음들이 잠시잠시 일어나는 것이요, 주착심(主着心)은 그 분별성이 마음에 자리 잡고 있는 것이다.

분별성이 없다는 것은 분별하는 주체인 내(ego)가 없다는 것이고, 주착심이 없다는 것은 분별하는 마음 작용은 있더라도 한 곳에 머물러 있는 마음이 없다는 것이다.

그러므로 분별성과 주착심의 주체는 나 자신의 마음이다.

그러면 분별(分別)과 주착(主着)은 무엇인가?

분별은 '서로 다른 일이나 사물을 구별하여 가르는 것. 세상 물정에 대한 바른 생각이나 판단'을 말한다. 주착은 '무엇에 마음을 붙이는 것. 일정한 곳에 머물러 있는 것'이다.

그러므로 분별·주착은 나 자신의 마음 작용인 동시에 행위·상태를 말하므로 마음 작용에 바탕을 두는 분별성과 주착심보다는 범위가 넓다 할 수 있다.

결국 분별성과 분별, 주착심과 주착의 차이는 성품과 정신과 마음의 관계에서 찾아야 한다.

성품은 인간이 본래부터 가지고 있는 근본 성질로서 성품의 본래 자리는 텅 비어 분별, 주착 등 아무것도 없다. 즉 일체의 사량 분별이 다 끊어진 것이다. 선악 시비도 없고, 생사 거래도 없고, 죄복 고락도 없고, 행·불행도 없고, 염정 미추도 없고, 남녀 노소도 없고, 동서 남북도 없다. 그러나 천만 경계 따라 생사 고락이 있고, 선악 시비가 있고, 빈부 귀천이 있고, 염정 미추가 있고, 남녀 노소가 있고, 원근 친소가 있다. 이와 같이 경계를 따라 천만 분별과 주착이 일어난다.

정신은 성품에서 나타나는데, 성품과 조금 차이는 있으나 대체로 같으며, 성품보다 소소영령한 감(感: 느낌이나 생각)이 있다. 이 느낌과 생각은 '몸의 감각이나 마음으로 깨달아 아는 기운이나 감정'과 '사람이 머리를 써서 사물을 헤아리고 판단하는 마음 작용. 사리를 분별하는 마음 작용'이다.

그리고 마음은 정신에서 분별이 나타날 때를 말한다.

그러므로 성품과 정신의 차이가 소소영령한 느낌이나 생각이 더 있느냐 덜 있느냐 이듯이 '분별과 분별성'과 '주착과 주착심'의 차이도 마찬가지다.

자, 정리해 보자.

성품은 원래에 분별 주착이 없고, 정신은 분별성과 주착심이 없는 경지라 하듯이, 성품의 원래 자리는 분별하고 주착하는 마음이나 상태나 행위가 없으며, 정신은 분별하는 성질(사람이 지닌 마음의 본바탕)과 주착하는 마음이 없다.

그런데 선악 시비, 생사 거래, 죄복 고락, 행불행, 염정 미추, 남녀 노소, 동서 남북, 호불호(好不好) 등의 상태와 행위를 이러저러하다고 단정하고 분별하는 주체는 무엇인가?

마음이다.

이러니 '성품과 정신'은 조금 차이가 있으나 대체로 같다고 할 수밖에 없으며, '분별과 분별성'과 '주착과 주착심'도 마찬가지다.

'분별과 분별성'과 '주착과 주착심'은 결국 경계를 따라 나타나는 마음 작용일 뿐이다.

무엇은 좋고 무엇은 나쁘고, 무엇은 긍정적이고 무엇은 부정적이라고 생각할 수는 없다.

무엇이든, 어떤 상태든 오직 공부할 뿐이다. 오직 공부 거리로, 오직 공부 찬스로 삼을 뿐이다.

모든 조화는 내게 달려 있다.

해(害)에서 은(恩)이 나오고, 은(恩)에서 해(害)가 나오는 것도 내게 달려 있음을 알지 않는가?

'수양'이란?

사전적 의미는 '심신을 단련하여 지덕(知德)462)을 계발463)함'이다.

이 문장으로 봐서는 심신을 어떻게 단련하는지는 알 수가 없다. 그러므로 수양의 방법이 그렇게 많을 수밖에 없겠구나 하는 생각이 든다.

그러나 대종사님께서는 아주 명쾌하게 수양의 뜻을 '안으로 분별성과 주착심을 없이 하며 밖으로 산란하게 하는 경계에 끌리지 아니하여 두렷하고 고요한 정신을 양성함'이라고 밝히셨다.

그러므로 안으로 분별성과 주착심을 없이 하며, 밖으로 산란하게 하는 경계에 끌리지 아니하여 두렷하고 고요한 정신을 양성하는 훈련을 하기만 하면 수양도 이에 비례함을 알 수 있다.

'밖으로 산란하게 하는 경계'란?

밖으로 산란하게 하는 경계, 즉 외경(外境)에 의해 마음이 일어나고 끌려가고 흔들린다.

외경에는 원·근·친·소, 색·성·향·미·촉·법464), 재색 명리 등이 있다. "그 상황에서 그 외경이 없었다면 그 끌리는 마음은 일어나지는 않았을 텐데……." 하고 후회 섞인 얘기를 한다.

외경에 따라 마음이 동하는 것(자연적인 현상)과 끌려가는 것(내 의지가 나타남)은 다른 얘기다.

그 외경이 없었더라면 동하는 마음이 없었을 것이므로 끌려가지는 않았을 것이다.

그래서 우리는 맹모삼천지교(孟母三遷之敎)를 떠올리며 보다 좋은 환경을 구하려 하고, 유해 환경을 정화하려고 애쓰는 이유가 여기에 있다.

그러나 외경에 끌려가는 사람의 마음에는 이미 그 마음이 잠재되어 있고, 그 마음을 다스릴 수 있는 힘이 부족하기 때문에 마음

---

462) 지식과 도덕.
463) 슬기와 재능을 널리 열어 줌.
464) 육근(六根)으로 대상을 느끼는 여섯 가지 작용, 즉 육식(六識)으로 대하는 여섯 가지 경계인 육경(六境)이다. 色(색)은 눈으로 보이는 물질 세계의 경계요, 聲(성)은 귀로 들리는 모욕·칭찬·감언이설·비방 등의 경계며, 香(향)은 코로 맡아지는 여러 냄새로 대하는 경계며, 味(미)는 혀로 느끼는 맛으로 대하는 경계며, 觸(촉)은 무엇이 몸에 닿았을 때 느끼는 부드러움, 이성간의 접촉, 따뜻함, 서늘함으로 인한 경계다.

의 힘이 쌓이기 전까지는 다른 경계에 부딪치면 그 경계에 끌려가 가정의 문제로, 사회적 문제로 나타나게 된다.

따라서 어떠한 외경에라도 끌리느냐 안 끌리느냐는 그 사람의 책임이요 힘에 달려 있다.

일시적으로 끌리더라도 끝내 대중만 잡아 그 경계를 돌파하고 못하느냐(법마 상전)는 그 사람의 수행의 정도에 달려 있다.

이 끌려가는 마음을 해결할 수 있는 힘을 기르는 것이 우리 공부인들이 오래오래 계속하고 또 계속하여야 할 공부 거리며, 그 해결하는 힘이 바로 법력(수행의 정도)이다.

성품과 정신과 마음의 차이는?

성품은 '정한즉 선도 없고 악도 없고 동한즉 능히 선하고 능히 악하며465)', 원래에 분별 주착이 없으며466)', '제불·조사·범부·중생의 성품, 제불 제성의 심인, 일체 중생의 본성'으로 성품을 나타내고 있다.

정신은 '마음이 두렷하고 고요하여(정한즉) 분별성과 주착심이 없는 경지(무선무악)467)'이고,

마음은 '일원상과 같이 원만 구족하고 지공 무사468)'하다.

성품과 정신과 마음은 다 같이 일원상의 진리를 나타내며, 정산 종사님께서는 이들의 관계를

"성품은 본연의 체요, 성품에서 정신이 나타나나니,

정신은 성품과 대등하나 영령한 감이 있는 것이며,

정신에서 분별이 나타날 때가 마음이요,

마음에서 뜻이 나타나나니,

뜻은 곧 마음이 동(動)하여 가는 곳이니라469)."

---

465) 대종경, 제7 성리품(性理品), 2장, p.258.
466) 정전, 제3 수행편, 제7장 무시선법, p.72.
467) 정전, 제2 교의편, 제4장 삼학, 제1절 정신 수양, p.46.
468) 정전, 제2 교의편, 제1장 일원상, 제3절 일원상의 수행, p.72.

고 체를 잡아 주셨으며, 또한 다음과 같이 구체적으로 설명하였다.

"팔식(八識)은 성품이요, 칠식(七識)은 정신이며, 육식(六識)은 마음이요, 오식(五識)470)은 뜻이다.

육식은 안(眼)·이(耳)·비(鼻)·설(舌)·신(身)·의(意)로서 범부는 이 육식만 발하여 쓰는 것이요,

칠식은 빈 자리를 관(觀)하면서 청정한 자리에 들어가려고 애쓰는 심경이며,

팔식은 청정한 진공 자리에 들어 있는 것이요,

백정식(白淨識)은 종심소욕불유구(從心所慾不蹂矩)471)하는 경지로 진공과 묘유를 겸해 있는 것이니, 이 백정식에 들어가면 육·칠·팔식을 잘 이용하게 된다.

도인은 식(識)을 잘 이용한다. 마음에 분별이 나면 식(識)이다472)."

이와 같이 사람의 마음을 표층(表層)에서부터 심층(深層)에 이르기까지 여덟 단계, 즉 팔식(八識)으로 분석하는 유식론(唯識論)473)과 구식론을 정리하면 다음 그림과 같다.

육식(六識)은 눈(眼)·귀(耳)·코(鼻)·혀(舌)·몸(身)·뜻(意) 등 외부의 사물을 인식하는 감각 기관인 육근(六根)이, 물질(色)·소리(聲)·향기(香)·맛(味)·감촉(觸)·법(法)474)의 여섯 가지 외부적인 대상인 육경(六境)을 대할 때 생겨나는 여섯 가지 인식 작용(마음)이다.

즉, 눈이 물질을 대할 때 보는 안식이 있으며, 귀가 소리를 대할 때 듣는 이식이 있으며, 코가 냄새를 대할 때 냄새를 맡는 비식이,

---

469) 정산 종사 법어, 제2부 법어(法語), 제5 원리편(原理編) 12장, p.822.
470) 안·이·비·설·신식으로 가장 표면에 나타나는 식(前五識)이며, 이를 총괄하는 것이 의식(意識)인 육식(六識)이며, 이 육식의 뿌리가 되는 것이 칠식(말나식)이며, 숨어있는 잠재의식이 팔식(아뢰야식)이다.
471) 논어 '위정'편으로 마음 내키는 대로 행동해도 도리에 어긋남이 없게 됐다는 뜻으로 욕심대로 행동해도 법도(法度)를 거스르지 않는 경지.
472) 한 울안 한 이치에, 제1편 법문과 일화, 제3장 일원의 진리, 92절, p.84.
473) 인간의 복잡한 마음 상태를 여덟 가지로 풀어 설명한 이론. 모든 존재는 마음의 작용에 의해서 나타난 가상의 존재에 지나지 않으므로 모든 대상은 마음을 떠나서는 존재하지 않는다고 설명하는 이론.
474) 진리 그 자체. 부처의 가르침이나 계율. 물질과 정신의 온갖 것.

혀가 맛을 대할 때 맛을 감지하는 설식이, 몸이 감촉을 대할 때 느끼는 신식이 있으며, 의가 법을 대할 때 안다는 의식이 있다.

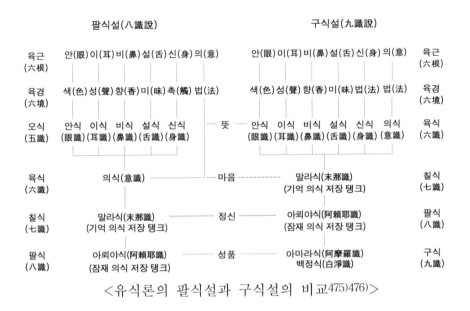

<유식론의 팔식설과 구식설의 비교475)476)>

이와 같이, 육근·육경·육식은 서로 연관 속에서 존재하는 것으로, 그 어느 것도 독립적으로 있는 것은 없다고 보고 있다. 그리고 육식인 의식은 전오식(前五識)인 안식·이식·비식·설식·신식의 활동을 바탕으로 대상을 종합적으로 판단 사유하는 마음이며, 의식이 근본이 되어 전오식을 통괄한다.

팔식설은 앞의 육식설에 제칠식 말나식(末那識)과 제팔식 아뢰야식(阿賴耶識)을 더한 것이다.

말나식은 제육식의 바탕이 되는 식(識)으로, 모든 감각이나 의식을 총괄하여 모든 것을 이기적이고 자기중심적으로 생각하는 마음으로서, 범부가 쉽게 감지할 수 없는 마음이다.

475) 한 울안 한 이치에, 제1편 법문과 일화, 제3장 일원의 진리, 92절, p.84.
476) 이광정, "마음 수업", 한겨레출판(주), p.57. (네이버 지식백과) 식(識)(한국민족문화대백과, 한국학중앙연구원).

이 말나식은 아치(我癡)477)·아견(我見)478)·아만(我慢)479)·아애(我愛)480)의 번뇌가 자리를 잡고 있어서 이들을 제거하면 칠식이 맑아져서 아공(我空)481)의 경지를 이룰 수 있게 된다고 한다.

제팔식 아뢰야식은 일반적으로 장식(藏識)이라고 번역한다. 장식이란 곧 여래를 감추고 있는 식이라는 뜻으로, 비록 중생이 생사속에 있지만 이 감춰져 있는 여래(如來藏)만은 결코 상실되거나 없어지는 것이 아니라는 의미를 담고 있는 것이다.

따라서 이 아뢰야식이 올바로 발현될 때 곧 여래(如來)가 된다고 보고 있다. 불교의 여러 학설을 종합하여 보면 제팔식에 대한 견해는 세 가지 서로 다른 모습을 지닌다.

첫째, 이 식이 참되고 영원하고 물들지 않는 진상정식(眞常淨識)으로서 여래장 그 자체를 의미하는 것이라고 보는 견해.

둘째, 그릇된 마음이요 망념된 생각인 망식(妄識), 또는 지금 당장에는 해롭지도 이롭지도 않지만 밝게 보지 못하는 까닭에 무엇인가 좋지 못한 결과를 낳을 수 있는 무기무명수안식(無記無明隨眼識)이며, 모든 번뇌의 근본이 되는 것이라고 생각하는 견해.

셋째, 아뢰야식이 참되고 한결같아 동요하지 않는(眞) 면과 헛된 망상(妄)을 자꾸 일으키는 면이 함께 들어 있는 마음이라고 주장

---

477) 나의 참다운 모습을 알지 못하고 무아(無我: '나'라는 관념이 없는 것)의 도리를 모르는 번뇌를 이름.
478) 진정한 '나[我]'는 없음에도 불구하고 있다고 '나'라는 존재를 믿고 고집하는 그릇된 견해.
479) 스스로를 높여서 잘난 체하고, 남을 업신여기는 마음.
480) 네 가지 번뇌 가운데 하나로서, '나[我]'에게 애착하는 번뇌.
481) '나[我]'라고 하는 것은 오온(五蘊)이 화합하여 이루어진 것일 뿐, 참으로 '나'라고 할 만한 실체는 없음. 오온은 생멸·변화하는 모든 것을 구성하는 다섯 요소로서 인간 또는 세계를 구성하고 있는 물질적인 부분을 이르는 색온(色蘊), 괴로움과 즐거움, 또는 괴롭지도 즐겁지도 않음을 느끼는 마음의 작용인 수온(受蘊), 어떤 일이나 사물을 마음속에 받아들이고 상상하여 보는 여러 가지의 감정과 생각을 이르는 상온(想蘊), 의지 혹은 충동적 욕구에 해당하는 마음의 작용인 행온(行蘊), 사물의 총상(總相: 만유(萬有)의 일체법(一切法)이 저마다 한 몸으로서 전체적·종합적으로 나타나는 상)을 식별하는 마음의 본체인 식온(識蘊)을 이른다.

하는 견해다.

이 세 가지 견해 가운데 지론종(地論宗)482)은 첫 번째 진식(眞識)의 입장을 취하였고, 섭론종(攝論宗)483)은 두 번째 망식의 입장을, 기신론(起信論)484)은 세 번째 진망화합식(眞妄和合識)485)의 입장을 취하고 있다.

---

482) 중국 불교의 열세 종파 중의 하나로, 십삼종(十三宗)은 법상종(法相宗), 비담종(毘曇宗), 삼론종(三論宗), 선종(禪宗), 섭론종(攝論宗), 성실종(成實宗), 열반종(涅槃宗), 율종(律宗), 정토종(淨土宗), 지론종(地論宗), 진언종(眞言宗), 천태종(天台宗), 화엄종(華嚴宗) 등이다. 세친(世親)의 십지경론(十地經論)에 의거하여 성립된 학파. 이 논(論)은 북위(北魏) 영평(永平) 원년(508)에서 4년에 걸쳐 늑나마제(勒那摩提)·보리류지(菩提流支)·불타선다(佛陀扇多)가 번역하였는데, 번역하는 과정에서 늑나마제와 보리류지가 서로 교리에 대해 견해가 달랐기 때문에 전승(傳承)에도 차이가 생겨, 늑나마제의 견해를 수용하여 하남성(河南省) 상주(相州)의 남부에서 활동한 혜광(慧光, 468-537) 계통의 남도파(南道派)와 보리류지의 견해를 수용하여 상주(相州)의 북부에서 활동한 도총(道寵, 생몰년 미상) 계통의 북도파(北道派)로 분열됨. 특히, 전자는 아뢰야식(阿賴耶識)을 청정한 진식(眞識)이라고 하는데 반해, 후자는 오염된 망식(妄識)이라고 함. 북도파는 수대(隋代) 초에 섭론종(攝論宗)에 흡수되었고, 남도파는 당대(唐代) 초에 섭론종과 화엄종에 흡수됨.

483) 인도의 진제(眞諦, 499-569)가 양(梁)에 와서 무착(無著)의 섭대승론(攝大乘論)을 번역함으로써 진제 문하에서 형성된 학파. 지론종(地論宗)의 남도파(南道派)가 아뢰야식(阿賴耶識)을 청정한 진식(眞識)이라 하고 북도파(北道派)가 오염된 망식(妄識)이라 하는데 반해, 이 학파는 아뢰야식을 진망화합식(眞妄和合識)으로 간주하고 아뢰야식 외에 제9식으로 청정한 아마라식(阿摩羅識)을 상정함. 지론종을 흡수하여 한때 융성하였으나 현장(玄奘, 602-664)이 인도에서 귀국한 후 새로운 유식학(唯識學)을 전하여 법상종(法相宗)이 성립됨에 따라 급속히 쇠퇴함.

484) 대승기신론(大乘起信論)이라고도 한다. 대의는 인간의 마음(衆生心)이란 공간적으로는 전 세계를 인식의 내용으로 하고, 시간적으로는 영원한 과거로부터의 역사를 포함하면서 무한한 미래를 개척하며, 망상(妄想)과 깨달음의 두 가지 성질을 지니고 있다. 이 마음의 위대성을 대승(大乘)이라고 하는데, 이 마음을 수행함으로써 망상에서 벗어나 깨달음에 도달할 수 있다는 것이다. 인도의 마명(馬鳴:100~160?)이 저술하였다고 하나 그의 생존 연대가 불확실하여 중국에서 만들어진 것이라는 설도 있다. 원전인 산스크리트 원본은 전해지지 않고 있으나, 중국 양(梁)나라 때의 진제(眞諦)와 실차난타(實叉難陀)의 한역본이, 한국에는 실차난타의 한역본이 전해지고 있고, 원효(元曉)가 주석한 '대승기신론소(疏)'가 유명하다.

485) 원래는 청정한 진공 자리에 들어 있으나, 무명에 가리어 참(眞)과 거짓(妄)이 함께 있다 함.

따라서 섭론종의 주장에 입각하면 이 아뢰야식을 끊어버릴 때 모든 번뇌가 사라지게 되고, 이 식이야말로 모든 미혹의 근본이 되는, 더러움에 물든 좋지 않은 생각이라고 보는 견해다.

그러나 그들의 의도는 사람의 마음이 이처럼 더럽기만 한 것이라고 단정하는 것이 아니었기 때문에 아뢰야식보다 더 차원이 높은 또 하나의 마음 자리를 설정하지 않을 수 없었던 것이다.

제구식인 아마라식(阿摩羅識)이며, 이는 팔식을 가리고 있는 무명이 없어진 맑고 밝고 깨끗한 마음, 곧 반야의 지혜다. 암마라식(菴摩羅識)·청정무구식(淸淨無垢識)·백정식(白淨識) 등으로 번역하며, 영원하고 한결같고 그릇됨이 없는 진여(眞如)의 경지로 보고 있다[486].

선악간 마음 발하는 것이 마치 저 밭에서 여러 가지 농작물과 잡초가 나오는 것 같구나!

"본래에 분별과 주착이 없는 우리의 성품(性稟)에서 선악간 마음 발하는 것이 마치 저 밭에서 여러 가지 농작물과 잡초가 나오는 것 같다 하여 우리의 마음 바탕을 심전(心田)이라 하고,

묵은 밭을 잘 개척하여 좋은 밭을 만들 듯이 우리의 마음 바탕을 잘 단련하여 혜복을 갖추어 얻자는 뜻에서 심전 계발(啓發)이라는 말이 있게 되었나니라.

그러므로, 심전을 잘 계발하는 사람은 저 농사 잘 짓는 사람이 밭에 잡초가 나면 매고 또 매어 잡초는 없애고 농작물만 골라 가꾸어 가을에 많은 수확을 얻는 것 같이,

선악간에 마음 발하는 것을 잘 조사하고 또 조사하여 악심이 나면 제거하고 또 제거해서 악심은 없애고 양심만 양성하므로 혜복이 항상 넉넉할 것이요,

심전 계발을 잘못 하는 사람은 저 농사 잘못 짓는 사람이 밭에

---

486) http://terms.naver.com/entry.nhn?docId=559833&cid=1620&categoryId=1620, 네이버 지식백과, 식(識), 한국민족문화대백과, 한국학중앙연구원.

잡초가 나도 내버려 두고 농작물이 나도 그대로 두어서 밭을 다 묵히어 가을에 수확할 것이 없는 것 같이,

악한 마음이 나도 그대로 행하고 선한 마음이 나도 그대로 행하여 자행 자지하는지라 당하는 것이 고(苦)뿐이요, 혜복의 길은 더욱 멀어지나니라.

그러므로, 우리의 천만 죄복이 다른 데에 있는 것이 아니요, 오직 이 심전 계발을 잘하고 못하는 데에 있나니, 이 일을 어찌 등한히 하리요[487]."

참회가 곧 정신 수양이다

정신이라 함은 마음이 두렷하고 고요하여 분별성과 주착심이 없는 경지를 이름이요, 수양이라 함은 안으로 분별성과 주착심을 없이하며 밖으로 산란하게 하는 경계에 끌리지 아니하여 두렷하고 고요한 정신을 양성함을 이름이다.

이에 해당되는 대종사님의 가르침은 참회문에도 있다.

'큰 솥 가운데 끓는 물을 냉(冷)하게 만들고자 하는 사람이 위에다가 약간의 냉수만 갖다 붓고, 밑에서 타는 불을 그대로 둔즉 불의 힘은 강하고 냉수의 힘은 약하여 어느 때든지 그 물이 냉해지지 아니함과 같나니라.

(중략) 이같이 한즉 저 솥 가운데 끓는 물을 냉하게 만들고자 하는 사람이 위에다가 냉수도 많이 붓고 밑에서 타는 불도 꺼버림과 같아서 아무리 백천 겁에 쌓이고 쌓인 죄업일지라도 곧 청정해 지나니라.'

이처럼 정신 수양의 요지와 참회문을 비교해 보면, 참 재미있는 대종사님의 말씀을 발견할 수 있다.

'정신이라 함은 마음이 두렷하고 고요하여 분별성과 주착심이 없는 경지를 이름이요'의 그 경지가 바로 진공 자리이며, 큰 솥(심지) 가운데 끓는 물(요란함·어리석음·그름)이 냉(冷)하게 된 상태

---

487) 대종경, 제3 수행품(修行品), 56장. p.176.

(그 요란함·그 어리석음·그 그름을 없게 하는 것으로써 자성의 정·혜·계가 세워진 것)를 말한다.

'수양이라 함은 안으로 분별성과 주착심을 없이하며 밖으로 산란하게 하는 경계에 끌리지 아니하는 것'은 솥 위에다가 냉수도 많이 붓고 밑에서 타는 불도 꺼버림과 같이 안으로 분별성과 주착심을 없이하며 밖으로 산란하게 하는 경계에 끌리지 아니하는 것이 아닌가!

그래야 큰 솥 가운데 끓는 물이 냉해지듯 하여 천만 경계를 응용할 때에 두렷하고 고요한 정신이 양성됨을 이름이 아닌가!

그러면 큰 솥 가운데 끓는 물을 냉하게 만들고자 위에다가 냉수도 많이 붓고 밑에서 타는 불도 꺼버리는 것은 무엇인가?

곧 참회가 아닌가!

참회하는 것도 결국은 정신 수양을 이름이 아닌가!

수양이 깊은 큰 도인들이 경계를 당하였을 때의 상태는?

"수양이 깊은 큰 도인들이 경계를 당하는 것은 마치 큰 바다가 바람을 만나되 겉은 동하나 속은 여여한 것 같은 것이다.

설혹 큰 경계를 당하여도 그 마음이 움직이지 아니하고 설혹 마음이 움직이더라도 본성에 가서는 조금치488)도 흔들리는 바가 없어서, 항시 동하여도 항시 정하고, 항시 정하여도 항시 동하여 동정이 한결같은 것이다489)."

수양의 표준은?

"수양은 해탈이 표준이 되나니라490)."

정신 수양의 대지(大旨)491)는?

---

488) 매우 작은 정도.
489) 대종경 선외록, 8. 일심적공장(一心積功章), 7절, p.62.
490) 정산 종사 법어, 제2부 법어(法語), 제6 경의편(經義編), 18장, p.843.

"수양은 망념을 닦고 진성(眞性)을 기름이 그 대지니라492)."

수양의 방법의 주(主)와 요건(要件)은?

"수양의 방법은 염불과 좌선과 무시선 무처선이 주가 되나, 연구와 취사가 같이 수양의 요건493)이 되나니라494)."

2. 정신 수양의 목적

유정물(有情物)은 배우지 아니하되 근본적으로 알아지는 것과 하고자495) 하는 욕심496)이 있는데497), 최령498)한 사람은 보고 듣고 배우고 하여 아는 것과 하고자 하는 것이 다른 동물의 몇 배 이상이 되므로 그 아는 것과 하고자 하는 것을 취하자면 예의499) 염치500)와 공정한 법칙은 생각501)할 여유502)도 없이 자기에게 있는 권리503)와 기능504)과 무력505)을 다하여 욕심만 채우려 하다가 결국은 가패 신망506)하며, 번민 망상507)과 분심 초려508)로 자포 자기509)의 염세증510)도 나며, 혹은 신경 쇠약자511)도 되며, 혹은 실진자512)도 되며, 혹은 극도에 들어가 자살하는 사람까지도 있게 되나니, 그런 고로 천지 만엽513)으로 벌여 가는 이 욕심을 제거514)하고 온전515)한 정신을 얻어 자주력(自主力)을 양성하기 위하여 수양을 하자는 것이니라.

---

491) 글이나 말의 대략적인 뜻.
492) 정산 종사 법어, 제2부 법어(法語), 제6 경의편(經義編), 19장, p.844.
493) 필요한 조건.
494) 정산 종사 법어, 제2부 법어(法語), 제6 경의편(經義編), 15장, p.843.
495) -고자: 동사의 어간에 붙어 욕망의 뜻을 나타내는 말.
496) 무엇을 지나치게 탐하거나 누리고 싶어 하는 마음.
497) -는데: 다음 말을 끌어내기 위해 미리 관계될 만한 사실을 말할 때 쓰는 연결 어미.
498) 가장 신령스러움.
499) 예절과 몸가짐.

'유정물(有情物)'이란?

모든 생령(生靈: 영식이 깊아 있는 생물)이다. 금수 초목도 다 포함된다.

살아있기 때문에 배우지 아니하되 근본적으로 알아지는 것과 하고자 하는 욕심(무엇을 지나치게 탐하거나 누리고 싶어하는 마음)이 있고 의지가 있다.

유정물(有情物)은 배우지 아니하되 왜 근본적으로 알아지는 것과 하고자 하는 욕심이 있는가?

유정물은 영식(靈識)이 깊아 있는 생물이며, 식(識)의 작용이 신령스럽다는 뜻에서 영식이라고 한다.

경계를 따라 인식되는 마음 작용은 천변 만화(千變萬化)하고 무

---

500) 청렴하고 결백하여 수치를 아는 마음. 어떤 예(禮) 아닌 경계를 당하여 양심상 스스로 부끄러운 생각을 일어내고 청렴을 지키는 것.
501) 가늠하여 헤아리거나 판단함. 분별.
502) 경제적·정신적·물질적·시간적으로 넉넉하여 남음이 있음.
503) 권세와 이익. 무슨 일을 자유로이 처리할 수 있는 권한.
504) 기술적인 능력이나 재능.
505) 마구 난폭하게 위협하는 힘. 마구 억지를 부려 마음대로 해내는 힘.
506) 가산을 탕진하고 몸을 망치는 것.
507) 번민: 마음이 번거롭고 답답하여 괴로워함. 망상: ①있지도 않은 사실을 상상하여 마치 사실인 양 굳게 믿는 일, 또는 그러한 생각. 망념. ②허망한 생각. 미혹한 마음에서 일어나는 생각(요란함·어리석음·그름). 번민 망상: 마음이 편안하지 못하고 답답하며 필요 없는 이 생각 저 생각에 잡혀 있음.
508) 성을 내고 초조한 생각으로 마음을 태우는 것.
509) 자포 자기는 마음에 불만이 있어 짐짓 몸가짐이나 행동을 되는 대로 하는 것, 또는 스스로의 희망과 신념을 끊어버리는 것.
510) 인생이 싫어지고 모든 것이 귀찮게 여겨지는 정신적 증세.
511) 정신의 과로와 감정의 부조화로 인해 신경이 쇠약해진 환자.
512) 정신에 이상이 생긴 자.
513) 천 갈래 만 갈래. 천만 가지로 흩어지는 것.
514) 덜어 없앰.
515) 흠결(일정한 수효에서 부족함이 생김)이 없이 완전함.

궁 무진(無窮無盡)한 조화를 나타내므로 영식이라고 한다.

이 영식은 좁은 의미로는 유정물에게만 있으나, 넓은 의미로는 유정·무정이 다 갖고 있는데, 영식이 깊아있는 정도는 무정물보다는 유정물이 더 크다.

그러므로 유정물은 경계를 대하여 인식하는 마음이 작용되기 때문에 배우지 아니하여도 근본적으로 알아지고 하고자 하는 마음이 생기며, 이를 지나치게 탐하거나 누리고 싶어하는 욕심이 생긴다.

최령한 사람은 보고 듣고 배우고 하여 아는 것과 하고자 하는 것이 왜 다른 동물의 몇 배 이상이 되는가?

사람이란 존재가 유정물 중에서 가장 신령(최령)스럽기 때문에 보고 듣고 배우고 하여 아는 것과 하고자 하는 것이 다른 동물의 몇 배 이상이 되므로 그 아는 것과 하고자 하는 것을 취하려는 마음이 일어나기 때문에 욕심이 생긴다.

이 욕심도 지나친 것을 경계하자는 것이지 정당한 욕심까지 금하자는 것은 아니다.

그러나 아무리 정당한 욕심일지라도 지나치게 되면 자리 이타가 되지 않으므로 중도에 맞게 취사하여야 한다.

이 욕심의 크기에 대한 대종사님의 법문을 보자.

"욕심은 없앨 것이 아니라 도리어 키울 것이니, 작은 욕심을 큰 서원으로 돌려 키워서 마음이 거기에 전일하면 작은 욕심들은 자연히 잠잘 것이요, 그러하면 저절로 한가롭고 넉넉한 생활을 하게 되리라516)."

사람이 보고 듣고 배우고 하여 아는 것과 하고자 하는 것이란?

경계를 대할 때마다 육근을 통하여 저절로 있어지는 진리의 작

---

516) 대종경, 제3 수행품(修行品), 36장, p.164.

용(묘~한 마음)이다.

이것은 우리가 간섭할 대상이 아니다.

우리가 할 일은 보고 듣고 배울 때마다 저절로 일어나는 마음을 있어지는 그대로 신앙하는 것이며, 진리의 작용이 내게 일어나는 반가운 징조며, 공부 찬스인 줄 아는 것이며, 공부 거리로 삼는 것이다.

이때가 바로 공부할 때이다.

'그 아는 것과 하고자 하는 것을 취하는 것'이란?

이는 일어나는 마음을 시비 이해, 원근 친소에 따라 행동으로 옮기는 것이다.

즉 취사하는 마음이 순하게 발하면 선(善)이 되고, 거슬러 발하면 악(惡)이 된다.

이 취할 때마다 일어나는 마음과 결정하는 마음을 챙기고 또 챙기고, 대조하고 또 대조하면 나의 취사하는 행동은 자동적으로 자리 이타로 정당하게 동작하게 된다.

'예의 염치와 공정한 법칙은 생각할 여유도 없이 자기에게 있는 권리와 기능과 무력을 다하여 욕심만 채우려 하다가'라 함은?

경계를 따라 일어나는 마음에 끌려가 버리는 것이다.

자신의 마음에 속는 줄도 모르게 속아 목적을 달하기 위해서는 수단과 방법도 가리지 않게 된다.

이렇게 하고픈 묘한 마음은 누구에게나 일어날 수 있다.

현재의 처지가 절실하면 절실할수록, 어떤 관문에 막혀 더 이상 진전이 불가능하게 되었을 때 이런 생각을 누구나 한번쯤은 해 보게 된다.

욕심을 채우려고 자기에게 있는 권리와 기능과 무력을 다하면

어떻게 되는가?

"마음이 바르지 못한 사람이 돈이나 지식이나 권리가 많으면 그
것이 도리어 죄악을 짓게 하는 근본이 되나니, 마음이 바른 뒤에
야 돈과 지식과 권리가 다 영원한 복으로 화하나니라[517]."

욕심을 채우려고 어떻게 하는가?

예의 염치와 공정한 법칙은 생각할 여유도 없이 자기에게 있는
권리와 기능과 무력을 동원하기도 한다.

이는 신상에 위기가 닥칠수록, 욕심을 부당하게 채우려 할수록,
자존심과 체면이 걸린 일일수록 다급한 마음은 도를 넘어 예의 염
치와 공정한 법칙은 생각할 여유도 없게 되고, 이를 타개할 방법이
라면 부정당한 방법일지라도 동원해 보고픈 생각을 한번쯤 해 보
는 것 또한 사람의 마음이다.

이 마음에 끌리면 자기에게 있는 권리와 기능과 무력을 다하게
되고, 우선 당장에는 이익이 되는 것 같지만 하늘의 그물은 크고
성긴 듯하지만 빠뜨리지 않는다(天網恢恢 疎而不漏)고 인과 보응
의 이치에 따라 결국에는 가패 신망도 하게 된다.

'가패 신망'이란?

이는 경계를 당하여 유형의 금전적인 손해와 몸이 병드는 것으
로 국한할 수는 없다.

금전적인 손해도 별로 없고 몸이 멀쩡하더라도 마음에 상처를
입어 안정을 잃게 되면 이웃이나 친지·동료·사회로부터 신용을 잃
게 되므로 타력의 도움을 받기가 여간 쉽지 않다.

돈을 빌리기도 어려울 것이며, 주위에서 자신을 신뢰하지 않는

---

517) 대종경, 제11 요훈품(要訓品), 4장, p.315.

경우도 없지 않을 것이다.

유형적인 자산뿐만 아니라 무형적인 자산도 잃게 되므로 어지간한 공부심 없이는 원래 있던 신용을 회복하기가 결코 쉽지 않을 것이다.

'망상'이란?

있지도 않은 사실을 상상하여 마치 사실인 양 굳게 믿는 일, 또는 그러한 생각, 즉 망념이다.

이는 경계를 따라 자신의 기준(틀)과 욕심에 의해 일어나는 요란함·어리석음·그름이다.

그러고 보니, 나와 상관없는 것이 아니다. 일시적일지라도 망상에 빠지고 끌리는 경험은 누구나 다 있을 수 있다.

이 역시 지나치면, 자신을 보이지 않는 틀에 가두고, 가장 가까운 사람도 의심의 틀에 가두며, 그런 자신을 못 견뎌 하게 된다.

'앗, 망상이 나는 구나! 망상에 끌리는 구나!'

하고, 망상에 끌리는 마음을 공부 삼기만 하면(번뇌 즉 보리) 번민의 고리도 자동적으로 풀어질 것이다.

'자포 자기'와 '염세증'이란?

자포 자기는 마음에 불만이 있어 짐짓 몸가짐이나 행동을 되는 대로 하는 것, 또는 스스로의 희망과 신념을 끊어버리는 것이며,

염세증은 인생이 싫어지고 모든 것이 귀찮게 여겨지는 정신적 증세다.

그러므로 자포 자기는 염세증의 전단계임을 알 수 있다.

그러면 나는 자포 자기하지 않고 염세증이 없는가?

무엇을 열정적으로 하다가 장애를 만나 진행이 어렵게 되거나 포기하는 경우, 열정(욕심)이 크면 클수록 나타나는 자포 자기와 염세증의 정도도 비례하게 된다.

이때가 무엇인가?

공부할 때이다.

나 자신을 자세히 조사해 보고, 점검해 볼 수 있는 절호의 찬스다.

가라앉는 마음을 공부 거리 삼으면, 그 마음은 살아나고 아픈 만큼 성숙해지듯, 그 만큼 적공이 되어 나를 살리는 원동력으로 바뀌게 될 것이다.

욕심만 채우려 하다가 받게 되는 인과 보응의 결과는?

욕심이 인(因)이 되어 그 결과로 가패 신망도 하며, 번민 망상과 분심 초려로 자포 자기의 염세증도 나며, 혹은 신경 쇠약자도 되며, 혹은 실진자도 되며, 혹은 극도에 들어가 자살하는 사람까지도 있게 된다.

'유정물(有情物)은 배우지 아니하되……혹은 극도에 들어가 자살하는 사람까지도 있게 되나니'에서 느끼게 되는 감각은?

가패 신망·번민 망상·분심 초려·자포 자기·염세증·신경 쇠약자·실진자·극도에 들어가 자살하는 사람까지의 모든 원인은 욕심이다.

그러므로 정신 수양 공부의 제일 목표는 마음에서 불같이 일어나는 욕심을 제거하는 것이다.

제거하고 또 제거해도 경계를 따라 또 일어나는 것이 욕심이다.

그런데 대종사님께서는 심리학자도 아니요, 정신과 의사도 아니신데 어찌 이렇게까지 정확하게 밝히셨는지 감탄이 절로 나온다.

천지 만엽(천갈래 만갈래)으로 벌여가는 욕심을 제거하는 처방 또한 내놓으셨다.

정신이 무엇이며, 수양이 무엇인지를 정확하게 밝히셨다.

'온전(穩全)한 정신'이란?

온전함이란 흠결(일정한 수효에서 부족함이 생김)이 없이 완전하며, 본바탕 그대로 고스란하며, 잘못된 것이 없이 바르거나 옳은 것이다.

그러므로 온전한 정신이란 마음이 두렷하고 고요하여 분별성과 주착심이 없는 경지다.

이는 경계를 따라 마음에서 일어나는 요란함을 알아차리고, 그 마음을 있어지는 그대로 인정하고 수용하여 그 욕심나는 마음이 있기 전 원래 마음과 대조하여 자성의 정을 세운 마음 상태며, 그 경계를 대하고도 요란함이 없는 마음 상태다.

이것이 천지 만엽으로 벌여 가는 이 욕심을 제거하여 분별성과 주착심이 없는 정신의 자주력(自主力)을 양성한 결과다.

결국 수양 공부를 하자는 목적은?

정신을 수양하여 천만 경계를 응용할 때에 청정하여 물들지 않고 튼튼하여 흔들리지 않는 온전한 정신의 자주력인 수양력을 얻자는 것이다.

3. 정신 수양의 결과

우리가 정신 수양 공부를 오래오래 계속하면 정신이 철석같이 견고하여, 천만 경계를 응용할 때에 마음에 자주(自主)의 힘이 생겨 결국 수양력(修養力)[518]을 얻을 것이니라.

'우리'라 함은?

어느 특정한 사람만이 아니다.

---

518) 정신 수양 공부를 오래오래 계속하면 정신이 철석같이 견고하여, 천만 경계를 응용할 때에 마음에 생기는 자주의 힘.

유무식·남녀·노소·선악·귀천을 막론하고 누구나 다란 말이다.

누구나 다 할 수 있다는 뜻이며, 공부의 세계는 누구에게나 다 평등하다는 말이다.

왜 '정신 수양'이 아니고 '정신 수양 공부'인가?

정신을 수양하는 과정, 상황 등이 모두 공부라는 말이다.

공부는 새로운 것을 배우는 것이기도 하지만, 배운 것을 익숙하게 될 때까지 익히고 또 익히는 것이다.

정신 수양도 몇 번, 일정 기간 동안 하는 것이 아니라, 정신을 수양하는 과정에서 배우고 깨달은 것을 익히고 또 익혀 익숙하게 될 때까지 계속하고 또 계속하는 것이다.

이렇게 하는 것이 무엇인가?

공부요 훈련이다.

그러고 보니 공부가 곧 훈련이요 훈련이 곧 공부임을 알겠구나!

이래서 정신 수양이 아니라 정신 수양 공부라 하고, 정신 수양 과목이라 하지 않고 정신 수양 훈련 과목이라 하는 이유를 알겠구나!

'우리가 정신 수양 공부를 오래오래 계속하면'이라 함은?

경계를 대할 때마다 일어나는 요란한 마음이 곧 공부 거리요 그 때가 공부 찬스임을 알고 원래 마음에 대조하여 자성의 정을 세우기를 끊임없이 하고 또 하는 것이며, 감각·감상 얻기를 즐겨하고 이를 생활에 활용하기를 끊임없이 하고 또 하는 것이다.

이 과정의 심신 작용 처리건과 감각·감상 등을 일기로 기재하기를 끊임없이 하고 또 하는 것이며, 이를 지도인에게 보고하여 지도인과 문답하고 감정·해오 얻기를 즐겨하는 것이다.

경계를 대할 때마다 대조하고 또 대조하고, 챙기고 또 챙기기를 언제까지 하는가?

오래오래 계속하는 것이다. 즉 순간이 영원이 되게 하는 것이다.

'정신이 철석같이 견고하여'라 함은?

정신은 마음이 두렷하고 고요하여 분별성과 주착심이 없는 경지이므로 경계를 대할 때마다 이렇게 되고 또 이렇게 되도록까지 공부(훈련)를 하고 또 할수록 정신이 철석같이 견고해진다.

대종사님께서는 정신이 처음부터 또는 날 때부터 철석같이 견고하다고 하지 않으셨다.

정신 수양 공부를 오래오래 계속하면 이렇게 된다고 하셨다.

쇠도 불에 달궈 두드리고 또 두드리면 금강석처럼 단단해진다.

정신 수양 공부도 마찬가지다.

지름길이 따로 있지 않다. 오래오래 계속하는 것뿐이다.

하다가 잘 안 되고 힘들더라도 쉼 없이 공부심을 놓지 않고 오래오래 계속하면, 결국 마음에 자주의 힘이 생겨 수양력을 얻는다고 분명히 말씀하셨다.

요란한 경계를 대할 때마다 염불하듯 외쳐 보자.

아니 경계 염불을 외쳐 보자.

'앗, 경계다!', '앗, 경계다!'

'공부할 때구나!', '공부할 때구나!'

'천만 경계를 응용할 때에'란?

'경계를 대할 때마다, 경계를 따라, 이 원상의 진리를 각(覺)하면, 상시 응용 주의 사항으로 공부하는 중'과 같은 의미다.

즉 일상생활에서 육근을 작용할 때란 말이며, 우리의 삶 자체라는 말이다.

'천만 경계를 응용할 때에 마음에 자주(自主)의 힘이 생겨'라 함은?

경계를 대하면 경계에 따라 요란해지고 망설여지고 결정하기 어려워하는 것이 우리의 마음이다.

남에게 의지하고 싶고 피하고 싶은 것이 경계를 따라 나타나는 우리의 마음이다.

그런데 정신 수양 공부를 오래오래 계속하여 안으로도 마음이 두렷하고 고요하여 분별성과 주착심을 없이하고, 밖으로도 산란하게 하는 경계에 끌리지 아니하여 마음이 두렷하고 고요하면 어떠한 결과가 나타나는가?

요란해지고 망설여지고 결정하기 어려워하는 경계에서도 마음이 두렷하고 고요하므로 남의 의지나 간섭을 받지 않고도 마음을 결정할 수 있는 자주(自主)의 힘이 생기는 것은 지극히 당연하지 않은가!?

공부인이 동정간에 수양력(修養力) 얻는 빠른 방법은?

대종사 말씀하시기를

"첫째는 모든 일을 작용할 때에 나의 정신을 시끄럽게 하고 정신을 빼앗아 갈 일을 짓지 말며 또는 그와 같은 경계를 멀리할 것이요,

둘째는 모든 사물을 접응할 때에 애착 탐착을 두지 말며 항상 담담한 맛을 길들일 것이요,

셋째는 이 일을 할 때에 저 일에 끌리지 말고 저 일을 할 때에 이 일에 끌리지 말아서 오직 그 일 그 일에 일심만 얻도록 할 것이요,

넷째는 여가 있는 대로 염불과 좌선하기를 주의할 것이니라519)."

수양력을 얻어 나가는 데 있어서 두 길은?

대종사 말씀하시기를

"수양력을 얻어 나가는 데 두 길이 있나니, 하나는 기질(氣質)의 수양이요 둘은 심성(心性)의 수양이라,

---

519) 대종경, 제3 수행품(修行品), 2장, p.141.

예를 들면 군인이 실지 전쟁에서 마음을 단련하여 부동심(不動心)이 되는 것은 밖으로 기질을 단련한 수양이요,

수도인이 오욕의 경계 중에서 마군(魔軍)을 항복받아 순역 경계에 부동심이 되는 것은 안으로 심성을 단련한 수양이라,

군인이 비록 밖으로 기질의 수양력을 얻었다 할지라도 안으로 심성의 수양력을 얻지 못하면 완전한 수양력이 되지 못하고,

수도인이 또한 안으로 심성의 수양력은 얻었으나 실지의 경계에 단련하여 기질의 수양력을 얻지 못하면 또한 완전한 수양력이 되지 못하나니라520)."

따라서 안으로 단련한 수양력은 실지의 경계에서 밖으로 단련하는 수양력과 서로서로 도움이 되고 바탕이 되어 완전한 하나의 수양력으로 화한다는 말씀이다.

수양력의 정도를 알 수 있는 방법은?

"정할 때 마음 나가는 번수와 동할 때 마음 끌리는가 아니 끌리는가를 대조하면 수양력의 정도를 알 것이니라521)."

수양의 결과는?

"수양의 결과는 생사의 자유와 극락 수용과 만사 성공이니라522)."

정신 수양·사리 연구·작업 취사의 결과는 곧 무시선법(無時禪法)의 실행이다.

정신 수양·사리 연구·작업 취사의 결과와 무시선법을 관련지어 보면, 다음 표와 같이 삼학은 곧 무시선법의 실행임을 알 수 있다.

---

520) 대종경, 제3 수행품(修行品), 16장, p.151.
521) 정산 종사 법어, 제2부 법어(法語), 제6 경의편(經義編), 17장, p.843.
522) 정산 종사 법어, 제2부 법어(法語), 제6 경의편(經義編), 16장, p.843.

정신 수양·사리 연구·작업 취사의 결과	무시선법(無時禪法)
정신 수양 / 사리 연구 / 작업 취사: 우리가	사람이
정신 수양: 정신 수양 공부를 / 사리 연구: 사리 연구 공부를 / 작업 취사: 작업 취사 공부를	선을
정신 수양: 오래오래 계속하면, / 사리 연구: 오래오래 계속하면, / 작업 취사: 오래오래 계속하면,	만일 오래오래 계속하여
정신 수양: 정신이 철석같이 견고하여, 천만 경계를 응용할 때에 마음에 자주(自主)의 힘이 생겨 / 사리 연구: 천만 사리를 분석하고 판단하는데 걸림 없이 아는 지혜의 힘이 생겨 / 작업 취사: 모든 일을 응용할 때 정의는 용맹 있게 취하고, 불의는 용맹 있게 버리는 실행의 힘을 얻어	모든 번뇌를 끊고 마음의 자유를 얻은, 즉 철주의 중심이 되고 석벽의 외면이 되어 부귀 영화도 능히 그 마음을 달래어 가지 못하고 무기와 권세로도 능히 그 마음을 굽히지 못하며, 일체 법을 행하되 걸리고 막히는 바가 없고, 진세(塵世)에 처하되 항상 백천 삼매를 얻을지라,
정신 수양 / 사리 연구 / 작업 취사: 결국	이 지경에 이른즉
정신 수양: 수양력(修養力)을 얻을 것이니라. / 사리 연구: 연구력(研究力)을 얻을 것이니라. / 작업 취사: 취사력(取捨力)을 얻을 것이니라.	진대지(盡大地)가 일진 법계(一眞法界)로 화하여 시비 선악과 염정 제법(染淨諸法)이 다 제호(醍醐)의 일미(一味)를 이루리니, 이것이 이른바 불이문(不二門)이라 생사 자유와 윤회 해탈과 정토 극락이 다 이 문으로부터 나오나니라.

   이 둘은 떼어놓으려야 떼어놓을 수 없는 관계며, 결국 그 결과는 같음을 알 수 있다.

   천만 경계를 응용할 때에 마음에 자주의 힘이 생기고, 천만 사리를 분석하고 판단하는데 걸림 없이 아는 지혜의 힘이 생기고,

모든 일을 응용할 때에 용맹 있게 취하고 용맹 있게 버리는 실행의 힘이 생겨 마음이 철주와 같이 견고하려면 결국 오래오래 계속해야 함을 알 수 있다.

철주의 중심이 되고 석벽의 외면이 되는 것은 마음에 자주의 힘과 지혜의 힘과 실행의 힘이 생김에 따라 나오는 여유로움과 한가로움이다.

이처럼 삼학과 무시선법이 하나로 만나는 것은 대종사님께서 진리를 우리가 생활에 쓸 수 있도록 짜 놓으셨기 때문이리라.

제2절 사리 연구(事理研究)

1. 사리 연구의 요지

사(事)라 함은 인간의 시·비·이·해(是非利害)를 이름이요, 이(理)라 함은 곧 천조(天造)523)의 대소 유무(大小有無)를 이름이니, 대(大)라 함은 우주 만유의 본체524)를 이름이요, 소(小)라 함은 만상525)이 형형색색526)으로 구별되어 있음을 이름이요, 유무라 함은 천지의 춘·하·추·동 사시527) 순환과, 풍·운·우·로·상·설(風雲雨露霜雪)과 만물528)의 생·로·병·사와, 흥·망·성·쇠의 변태529)를 이름이며, 연구라 함은 사리를 연마530)하고 궁구531)함을 이름이니라.

---

523) 천지 자연의 조화. 우주 만유의 조화.
524) 사물의 정체(正體). 현상(現象)의 근본이 되는 실체(實體).
525) 모든 물건의 드러난 형상.
526) 가지 각색.
527) 한 해의 네 철, 곧 춘·하·추·동. 한 달의 네 때, 곧 회(晦: 그믐. 음력에서 한 달의 맨 끝날)·삭(朔: 초하루. 음력의 매월 1일)·현(弦: 음력 7, 8일께 (上弦)와 22, 23일께(下弦)의 반달)·망(望: 음력의 보름). 하루의 네 때, 곧 단(旦: 아침)·주(晝: 낮)·모(暮: 저녁)·야(夜: 밤).
528) 세상에 있는 모든 물건.

'사(事)'라 함은?

사는 곧 일이다. 일이라고 하면, 일반적으로 몸과 마음을 움직여서 하는 육체적·정신적인 활동이다.

이러한 활동을 낳게 하는 것은 무엇인가?

인간의 시·비·이·해(是非利害)다. 나와 너의 시비 이해, 또는 이를 위해 하는 모든 활동(심신 작용)이 일이다.

이 세상의 모든 활동이 시비 이해를 벗어나는 것이 있는가?

시비 이해에 끌려가든, 시비 이해를 일으키며 가든 우리(몸이든 마음이든)는 시비 이해 속에서 나서 시비 이해 속에서 사라진다.

이렇게 사(事)의 정의를 정확하게 알고 나니, 새삼 일에 대한 국한(局限)과 분별이 툭 없어진다.

'인간의 시·비·이·해(是非利害)'란 무엇인가?

옳고(도리에 맞는 일), 그르고(도리에 어긋나는 일), 이롭고(자기에게 유익되는 일), 해로운 것(자기에게 손해되는 일)이다.

누구를 위한, 누구를 본위로 하는 시비 이해인가?

자연이나 동물의 것이 아니라, 인간(나)에 의한, 인간(나)을 위한 시비 이해다.

우리의 마음에서 일어나는 원인이 시비 이해에서 비롯되는 것이므로 '인간의 시비 이해'라 하신 것이다.

이 시비 이해는 나와 무관한 것이 아니다. 모든 시비 이해의 시작은 내게서 비롯된다. 그래서 나의 시비 이해를 잘 해결하는 법이, 그것도 간단한 교리와 편리한 방법으로 내놓으신 것이 대종사님의 용심법이다.

이 용심법대로 공부해 가면, 시비 이해에 끌려 괴로워하는 고락

---

529) 형태나 상태가 달라짐.
530) 갈고 닦음.
531) 진리를 속속들이 깊이 연구하는 것.

의 생활에서 벗어나 시비 이해의 일로써 이 세상을 운전하며 나와 이웃과 사회를 낙원으로 인도하게 된다.

한 마음 챙기는 것이 작은 일 같아도 이처럼 놀라운 일을 창조하는 근본이 된다. 일심(一心)이 우주의 중심이요, 수신(修身)이 천하의 근본이라는 말씀이 바로 이런 의미일 것이다.

'이(理)'라 함은?

천지 자연의 조화, 우주 만유의 조화인 천조(天造)의 대소 유무(大小有無)를 이른다.

그러므로 이 세상의 일은 사(事) 아닌 것이 없고 이(理) 아닌 것이 없으므로 사리를 연구하자는 것이며, 실제로는 주견(主見)[532]이 없든 부지중이든 임시적이든 사리 연구를 하면서 생활하고 있기 때문에 기왕 할 바에야 같은 값이면 다홍치마라고 공부적으로 법도 있게 간단없이 하자는 것이다.

이것이 대종사님께서 펴신 사리 연구를 사리 연구답게 하는 방법일 것이다.

'대(大)라 함은 우주 만유의 본체를 이름이요, 소(小)라 함은 만상이 형형색색으로 구별되어 있음을 이름이요, 유무라 함은 천지의 춘·하·추·동 사시 순환과, 풍·운·우·로·상·설(風雲雨露霜雪)과 만물의 생·로·병·사와, 흥·망·성·쇠의 변태를 이름이며, 연구라 함은 사리를 연마하고 궁구함을 이름이니라' 함은?

대(大)는 우주 만유의 본체(그 사물의 실제 모습. 본바탕)로서 진공(眞空) 자리요 전체 자리요 하나 자리다.

일원상의 진리의 대소 유무에 분별이 없는 자리며, 생멸 거래에 변함이 없는 자리며, 선악 업보가 끊어진 자리며, 언어 명상(言語

---

532) 자기의 주장이 있는 의견.

名相)이 돈공(頓空)한 자리며, 경계를 따라 마음 작용이 일어나기전 마음이다(심지는 원래 어리석음이 없건마는).

또한 일원상 서원문의 '유상으로 보면 상주 불멸로 여여 자연(如如自然)하여 무량 세계를 전개하였고'가 대(大) 자리다.

소(小)는 만상(모든 물건의 드러난 형상)이 형형색색으로 구별되어 있는 것으로서 묘유(妙有)다.

공적 영지의 광명을 따라 대소 유무에 분별이 나타나서 선악 업보에 차별이 생겨나는 것이며, 언어 명상이 완연하여 시방 삼계(十方三界)가 장중(掌中)에 한 구슬같이 드러나는 자리며, 경계를 따라 묘하게 있어지는 일체의 마음 작용이다(경계를 따라 있어지나니,).

또한 일원상 서원문의 '무상으로 보면 우주의 성·주·괴·공(成住壞空)과 만물의 생·로·병·사(生老病死)와 사생(四生)의 심신 작용을 따라 육도(六途)로 변화를 시켜 혹은 진급으로 혹은 강급으로 혹은 은생어해(恩生於害)로 혹은 해생어은(害生於恩)으로 이와 같이 무량 세계를 전개하였나니'가 소(小) 자리에 해당된다.

유무(有無)는 변화다.

진공이 묘유로, 묘유가 또 진공으로, 묘유가 또 다른 묘유로 끊임없이 변화하는 것이 곧 유무며 조화다(그 요란함을 없게 하는 것으로써 자성의 정을 세우자.).

'대소 유무'란 무엇인가?

"대(大)란 온 우주 전체가 둘이 아닌 하나며, 낱낱이 나누어진 것이 아니라 전체다. 나의 근본(根本) 자리고, 본래(本來) 자리다. 이것을 먼저 알아야 수양하는 사람이 체(體)를 얻는 것이다.

소(小)란 나누어 있는 것이다. 대 자리가 형형색색으로 나뉘어 있는 것이다. 소는 대의 작은 집이고, 대는 소의 큰 집이다. 대 자리와 소 자리를 알면, 그 사람은 성리에 토를 뗀 사람이고 체를 잡은 사람이다. 그러나 그것에 토를 못 뗀 사람은 항상 어리석은 행동이 나온다. 너는 너고 나는 나다. 그러나 전체를 본 사람은 대체를 잡고 나가기 때문에 항상 넉넉하고 자신 있으며 어느 한 편에 국집533)하지 않는다.

유무(有無)란 바로 인과(因果)의 이치다. 있으면 없고 없으면 있는 인과의 이치를 알게 되면, 내가 남을 속이고 해하는 일은 안 한다. 좋은 사람 있으면 배우고, 모자란 사람 있으면 이끌어준다. 나보다 나은 사람 있으면 분통이 터지고 속이 상하는 것은 인과의 이치를 모르는 것이다.

대 자리, 소 자리, 유무 자리를 터득하면 만점이다. 만고대성(萬古大聖)534)과 파수공행(把手共行)535)한 자리가 그 자리다. 대소 유무의 이치에 토를 못 떼고 수행하는 것은 모래로 밥을 짓는 것과 같아서 항상 모래밖에 안 된다. 그러기 때문에 이것이 일생뿐 아니라 영생의 일이다536)."

사람의 마음을 대소 유무로 나누면?

경계를 따라 마음 작용이 일어나기 전 마음(一念未生前), 즉 '심지는 원래 요란함이 없건마는'이 대(大, 진공)며, 묘하게 일어나는 마음(원망, 미움, 슬픔, 기쁨 등), 끌리는 마음이 소(小, 묘유)며, 마음이 안정되어 원래 마음이 된 상태에서 경계를 원만하게 처리를 하든, 또는 일어난 마음에 끌려 자행 자지하여 갈등을 일으키든지 모든 취사하는 마음이 유무(有無, 조화)다.

유무는 순하게 발하느냐 거슬러 발하느냐 하는 정도에 차이가

---

533) 마음이 확 트이지 못하고 어느 한편에 국한·집착하는 것. 사리(事理)를 두루 살펴 종합적으로 판단하지 못하고 자기의 주관에 얽매이거나 자기의 소견만이 옳다고 고집하여 매우 답답한 모습을 말한다. 사람이 국집을 벗어나지 못하면 큰일을 할 수가 없고, 수행자가 국집을 벗어나지 못하면 해탈 자재하는 큰 도인이 될 수 없다.

534) 세상에 비길 데가 없는 큰 성인.

535) 불보살과 함께 손을 잡고 불법을 같이 수행하여 간다는 뜻. 계율을 잘 지켜 가면 삼세제불과 같은 길을 걸어가게 된다는 의미이다.

536) 대산 종법사 법문집, 제3집, 제2편 교법(敎法). 44. 현대의 세 가지 위기, p. 86.

있을 뿐이다.

우리의 생활을 대소 유무로 밝혀 보면?

여행을 대소 유무로 밝혀 보자.

여행은 하나 자리, 전체 자리인 대(大) 자리다.

이 여행을 잘 하기 위해 사전에 준비하고 연마해야 할 것이 한 두 가지가 아니다. 여행지, 여행갈 사람, 교통편, 숙박 장소, 예약, 경비, 준비물, 입고 갈 옷, 신발, 날씨 등이 소(小) 자리다.

이 중 변화될 가능성이 있는 것이 유무(有無) 자리다.

여행갈 사람, 교통편, 날씨는 변화될 가능성이 있다.

여행갈 사람은 사정이 생겨 빠질 수도 있고, 못 간다고 하던 사람이 갈 수도 있다. 사람 수가 변하면 숙박, 경비, 교통편도 변할 수 있다. 그러므로 사람 수를 정해야 하고, 바뀔 수 있는 것에 대비해야 한다.

교통편은 날씨의 정도에 따라 변할 수 있다. 날씨가 나빠 비행기가 운행하지 못할 수도 있고, 여행지를 아예 다른 곳으로 바꿀 수도 있다.

이와 같이 소와 유무를 충분히 밝혀 대비하지 않으면 여행을 가기도 전에, 또는 여행 중에 난처한 상황에 처할 수도 있다.

다음에는 결혼에 대하여 대소 유무로 밝혀 보자.

결혼이 대 자리면, 결혼을 하기 위한 구성 요소가 소 자리다.

배우자, 상견례, 집, 혼수 비용, 청첩장, 예식장, 피로연, 신혼 여행, 예약, 주례, 사회자, 사진 촬영 등이 소 자리다.

이 중 변할 수 있는 것이 유무 자리다. 변할 수 있는 것을 예견하여 미리 대비하는 것이 유무 자리를 밝히는 것이다.

소 자리는 소 자리로 그치는 것이 아니라, 각각이 대 자리가 될 수 있다.

신혼부부가 살 집을 예로 들어 보자.

어떤 집을 구할 것인가? 돈은 어떻게 조달할 것인가?

이 중 변할 수 있는 것이 무엇인지 밝혀서 대비해야 원만하게 집을 구할 수 있다.

즉 대 자리 속에도 소와 유무가 있고, 소 자리 속에도 대와 유무가 있고, 유무 자리 속에도 대와 소가 들어 있다.

대와 소와 유무는 상황에 따라 주와 종이 있을 뿐 서로서로 바탕이 되고 도움이 되어 하나라도 없어서는 온전할 수 없는 하나의 관계, 은혜의 관계를 이루는 구성 요소다.

천지의 춘·하·추·동 사시 순환과, 풍·운·우·로·상·설(風雲雨露霜雪) 과 만물의 생·로·병·사와, 흥·망·성·쇠의 변태도 내 안에서 일어나는 마음 작용이다

"천지의 일기도 어느 때에는 명랑하고 어느 때에는 음울한 것과 같이, 사람의 정신 기운도 어느 때에는 상쾌하고 어느 때에는 침울하며, 주위의 경계도 어느 때에는 순하고 어느 때에는 거슬리나니, 이것도 또한 인과의 이치에 따른 자연의 변화라,

이 이치를 아는 사람은 그 변화를 겪을 때에 수양의 마음이 여여하여 천지와 같이 심상(尋常)537)하나,

이 이치를 모르는 사람은 그 변화에 마음까지 따라 흔들려서 기쁘고 슬픈 데와 괴롭고 즐거운 데에 매양 중도를 잡지 못하므로 고해가 한이 없나니라538)."

연구의 표준은?

"연구는 대각이 표준이 되나니라539)."

사리 연구의 대지는?

---

537) 대수롭지 않고 예사로움(흔한 일임). 대수롭지 않은 것은 중요하게 여길 만하지 않은 일임.
538) 대종경, 제5 인과품(因果品), 6장, p.221.
539) 정산 종사 법어, 제2부 법어(法語), 제6 경의편(經義編), 18장, p.843.

"연구는 지혜를 연마하며 본원을 궁구(窮究)540)함이 그 대지(大旨)541)니라542)."

연구의 방법의 주(主)와 요건(要件)은?

"연구의 방법은 견문(見聞)543)과 학법(學法)544)과 사고(思考)545)가 주가 되나, 수양과 취사가 같이 연구의 요건546)이 되나니라547)."

2. 사리 연구의 목적

> 이 세상은 대소 유무의 이치548)로써 건설되고 시비 이해의 일로써 운전549)해 가나니, 세상이 넓은 만큼 이치의 종류도 수가 없고550), 인간이 많은 만큼 일의 종류도 한551)이 없나니라552).

연구 공부의 목적은?

사리를 연구하여 천만 사리를 분석하고 판단하는 데 걸림 없이 아는 지혜의 힘인 연구력을 얻자는 것이다.

---

540) 속속들이 깊이 연구함.
541) 말이나 글의 대강의 내용이나 뜻.
542) 정산 종사 법어, 제2부 법어(法語), 제6 경의편(經義編), 19장, p.844.
543) 보고 들어서 깨닫고 얻은 지식.
544) 배우고 익히는 방법.
545) 생각하고 궁리함. 궁리는 사물의 이치를 깊이 연구함이며, 마음속으로 이리저리 따져 깊이 생각함이다.
546) 중요한 용건(볼일). 필요한 조건.
547) 정산 종사 법어, 제2부 법어(法語), 제6 경의편(經義編), 15장, p.843.
548) 사물의 정당한 도리(일의 가닥).
549) 자본이나 어떠한 일 같은 것을 움직이어 나아가게 함.
550) 수가 없고(수가 없다+고): 썩 많아서 헤아릴 수 없다.
551) 넘지 못하게 정하거나 또는 이미 정하여진 정도나 범위.
552) 한이 없나니라(한이 없다+나니라): 끝이 없다.

이 세상(世上)은 어떤 세상인가?

이 세상은 넓은 만큼 이치의 종류도 수가 없고 인간이 많은 만큼 일의 종류도 한이 없어 매우 복잡해 보이지만, 세상 돌아가는 이치는 의외로 간단하다.

즉 대소 유무의 이치로써 건설되고 시비 이해의 일로써 운전해 가는 것이다.

'이 세상은 대소 유무의 이치로써 건설되고'라 함은?

이 세상의 본래 모습, 여러 환경과 원인에 따라 나타나는 모습, 그 모습에서 다른 모습으로 변화하는 모습 등 하나하나가 다 대소 유무라는 말이며,

이들이 한시인들 멈추지 않고 순환 무궁하는 것 또한 대소 유무의 이치를 따르고 있기 때문에 이 세상은 대소 유무의 이치로써 건설된다고 한다.

'시비 이해의 일로써 운전해 가나니'라 함은?

우리는 이 세상을 어떻게 살아가는가?

무수히 다양한 모습을 나투며 살아간다.

어느 것 하나 고정되지 않고 변화되는 속에서 살아간다.

그러나 아무리 다양한 삶의 모습일지라도 시비 이해를 벗어날 수는 없다.

나 또는 상대방의 일이 옳으냐 그르냐, 내가 또는 상대방이 하는 일이 내게 또는 상대방에게 이로우냐 해로우냐 하는 범주에 속해 있다.

그래서 우리는 이 세상을 시비 이해의 일로써 운전해 간다고 하는 것이다.

가만히 자신의 생활을 대조해 보자.

한시인들 시비 이해의 일로써 운전해 가지 않는 순간이 있는
지……

'이치의 종류도 수가 없고'라 함은?

수가 많고 적다가 아니라, 너무나 많아서 헤아릴 수 없다는 뜻
의 '수가 없다'는 말은 참으로 적절하고 기막힌 표현이다.

이는 틀이 작은 것보다 큰 것이 좋다는 기존의 관념을 허물어
버린, 틀이 없는 것이 가장 좋다는 통쾌한 법문을 생각나게 한다.

'인간이 많은 만큼 일의 종류도 한이 없나니라.' 함은?

인간이 많은 만큼 일어나는 시비 이해도 비례하여 한이 없다.

그러므로 생각하는 바가 다르고, 그 생각과 기준이 시대와 환경
에 따라 변하므로 이를 위해 필요한 의·식·주 또한 다르므로 이와
관련된 일의 종류를 어찌 한정할 수 있겠는가!

한이 없다고 할 수밖에.

그러나, 우리에게 우연히 돌아오는 고락이나 우리가 지어
서553) 받는 고락은 각자의 육근(六根)을 운용554)하여 일을 짓는
결과이니, 우리가 일의 시·비·이·해를 모르고 자행 자지555)한다
면 찰나찰나556)로 육근을 동작하는 바가 모두 죄고557)로 화하여
전정558) 고해559)가 한이 없을 것이요, 이치의 대소 유무를 모르
고 산다면 우연히 돌아오는 고락의 원인을 모를 것이며, 생각이
단촉560)하고 마음이 편협561)하여 생·로·병·사와 인과 보응의 이
치를 모를 것이며, 사실과 허위562)를 분간563)하지 못하여 항상
허망564)하고 요행565)한 데 떨어져, 결국은 패가 망신566)의 지경에

---

553) 지어서(짓다+어서): 없는 것을 새로 생기도록 만들다. 모양이 나타나게 만들다.

이르게 될지니, 우리는 천조의 난측567)한 이치568)와 인간의 다단569)한 일570)을 미리 연구하였다가 실생활에 다달아571) 밝게 분석572)하고 빠르게 판단573)하여 알자는 것이니라.

'우연히 돌아오는 고락'이란?

생각하지 않았거나 생각하지 못한 고와 낙으로서 현실적으로 그 원인을 알 수 없는 고락을 말하는데, 전생에 지은 것은 알기 어렵고 무심으로 지은 것은 그 원인을 스스로 알기 어렵다.

그러나 알고 보면 짓지 않고 받는 고락은 없다.

'지어서 받는 고락'이란?

---

554) 움직이어 씀.
555) 제 마음대로 하고 싶으면 하고, 말고 싶으면 맒.
556) 지극히 짧은 시간. 손가락 한 번 튀기는 순간.
557) 죄를 지어 받는 고통.
558) 앞길.
559) 고뇌가 많은 이 세상.
560) 짧고 급함.
561) 한 쪽에 치우치고 좁음.
562) 거짓.
563) 사물의 대소·경중·시비 등을 가려서 앎.
564) 거짓이 많고 망녕됨.
565) 행복을 바람. 뜻밖에 얻는 행복.
566) 가산을 없애고 몸을 망침.
567) 헤아리기 어려움.
568) 천조의 난측한 이치: 천조의 대·소·유·무, 즉 이(理)를 이름.
569) 일이 흩어져 가닥이 많음.
570) 인간의 다단한 일: 인간의 시·비·이·해, 즉 사(事)를 이름.
571) 다달아(다다르다+아): 목적한 곳까지 이르러 닿다.
572) 어떤 사물을 분해하여 그 사물을 성립시키고 있는 성분·요소·측면을 확실히 밝히는 것.
573) 어느 사물의 진위·선악·미추 등을 비교 구별하여 그 사이의 관계 및 가치에 대한 지식을 형성하는 사유(생각함) 작용.

우연히 돌아오는 고락이든, 정당한 고락이든, 부정당한 고락이든 그 원인을 스스로 알기 어려운 경우가 많으나, 알고 보면 모두 각자의 육근(六根)을 운용하여 일을 짓는 결과이므로 짓지 않고 받는 고락은 없다.

'우리에게 우연히 돌아오는 고락'은 있는가?

대종사 서울교당에서 건축 감역(監役)574)을 하시는데, 여러 일꾼들이 서로 말하기를, 사람이 아무리 애를 써도 억지로는 잘 살 수 없는 것이요, 반드시 무슨 우연한 음조(陰助)575)가 있어야 되는 것이라고 하는지라,

대종사 들으시고 그 후 제자들에게 말씀하시기를

"대저 우리 인간이 이 세상에서 살아가자면 우연한 가운데 음조와 음해576)가 없지 아니하나니

모르는 사람들은 그것을 하나님이나 부처님이나 조상이나 귀신이 맡아 놓고 주는 것인 줄로 알지마는

아는 사람은 그 모든 것이 다 각자의 심신을 작용한 결과로 과거에 자기가 지은 바를 현재에 받게 되고, 현재에 지은 바를 또한 미래에 받게 되는 것이요, 짓지 아니하고 받는 일은 하나도 없는 줄로 아나니,

그러므로 어리석은 사람들은 이치 아닌 자리에 부귀와 영화를 억지로 구하며 빈천과 고난을 억지로 면하려 하나,

지혜 있는 사람은 이미 지어 놓은 죄복은 다 편안히 받으면서

---

574) 토목·건축 따위의 공사를 감독함.
575) ①인간이 의식하지 못하는 가운데 진리가 들어서 도와주는 것. 사람이 덕행을 쌓으면 직접적으로는 그 대가(代價)를 받지 않는다 할지라도 자기도 모르게 진리 세계에서 크게 도와주게 된다. ②상대방이 모르게 도와주는 것. 밀행(密行). 음조도 역시 인과 보응의 이치대로 이루어진다.
576) 넌지시 다른 사람에게 해를 끼치는 것. 겉으로는 도와주는 체하면서 속으로는 상대방이 모르게 중상 모략 등으로 해를 입히는 것. 남을 음해하는 죄가 매우 크다고 한다.

미래의 복락을 위하여 꾸준히 노력을 계속하는 것이며,

같은 복을 짓는 중에도 국한 없는 공덕을 공중에 심어서 어느 때 어느 곳에서나 복록의 원천이 마르지 않게 하나니라577)."

각자가 육근(六根)을 운용하여 일을 짓는 결과는?

우리가 이 세상을 시비 이해의 일로써 운전해 가는 일체가 육근을 운용하는 것이며, 그 운용(수행)하는 정도 및 수준에 따라 인과 보응의 결과가 나타나는데, 우연히 돌아오는 고락의 모습으로, 지어서 받는 고락의 모습으로 나타난다.

"보통 사람은, 잘 되는 것은 모두 자기의 복이라 하고 잘못되는 일은 모두 저 사람 때문이라고 책임을 돌리려 하나, 실은 자기가 과거에 지은 바를 그대로 받을 따름이다.

그러므로, 잘못된 일이 있고 환란이 있을 때에 자기를 먼저 반성함과 동시에 미래를 잘 개척해 나가기로 서원하고 실행해야 할 것이다578)."

'일의 시·비·이·해'란?

막연히 어떤 시·비·이·해가 아니다. 현재 내가 하고 있는 일의 시·비·이·해다.

이들은 지금 내가 대하고 있는 시·비·이·해에 따라 마음이 작용되므로 이때 일어나는 마음과 끌리는 마음이 곧 경계요 공부 거리다.

그러므로 우리는 일을 할 때 시·비·이·해에 따라 일어나는 마음을 살피고 또 살피고 대조하고 또 대조하여 항상 공정한 자리에서 자리 이타로 취사해야 한다. 훈훈한 은혜가 나투어지도록 하고 또 하고 하고 또 하여야 한다.

---

577) 대종경, 제5 인과품(因果品), 15장, p.225.
578) 한 울안 한 이치에, 제1편 법문과 일화, 제2장 심은대로 거둠, 35절, p.54.

'일의 시·비·이·해를 모르고'라 함은?

주위 인연과 맺고 있는 시·비·이·해에 대한 판단이 어둡거나 그로 인한 상호 관계와 인과 보응되는 이치를 모른다는 말이다.

우리가 일의 시·비·이·해를 볼 때, 숲을 보듯 전체(大)도 보고, 나무를 보듯 묘하게 나타나는 작용(小)도 동시에 보아야 어느 한쪽에 치우치지 않을 것이며, 그 판단 또한 진리에 어긋나지 않을 것이다.

'자행 자지'란? 왜 이렇게 되는가?

자행 자지는 마음의 중심이 굳건하지 못하여 경계에 따라 움직이므로 제 마음대로 하고 싶으면 하고, 말고 싶으면 마는 것이다.

왜 이렇게 되는가?

시비 이해를 모르기 때문이며, 이러하기에 서로의 관계를 둘러볼 여유가 없기 때문이며, 인과 보응되는 이치를 모르기 때문에 마음 속에서 일어나는 분별성과 주착심에 끌려 자행 자지한다.

이를 벗어나려면 어떻게 해야 하는가?

자신의 대오 각성 없이는 누가 뭐라 해도 소귀에 경 읽기일 수밖에 없다. 대오 각성을 했다 하더라도, 처음에는 과거의 습관(업력) 때문에 흔들릴 수 있으므로 자신을 지도할 수 있는 스승의 가르침을 받으며 힘을 길러 마침내 독립할 수 있어야 하고, 급기야는 남을 지도할 수 있는 위치까지 진급해야 한다.

그런데 자식이, 또는 형제가 자행 자지한다면 어떻게 할 것인가? 포기할 수 있는가?

조급하기보다는 마음의 여유를 갖고 끝까지 마음의 끈을 놓을 수 없다.

어떻게 맺어진 인연인가?

그 소중한 인연을 끝까지 선연으로 돌리는 길이 내가 가야 할 길이요 내가 감내해야 할 보은의 길인 것을.

우리가 일의 시·비·이·해를 모르고 자행 자지한다면 어떻게 되는가?

찰나찰나로 육근을 동작하는 바가 모두 죄고(죄를 지어 받는 고통)로 화하여 전정(前程, 앞길) 고해(고뇌가 많은 이 세상)가 한이 없을 것이다.

일의 시·비·이·해를 모르고 자행 자지한다면 왜 찰나찰나로 육근을 동작하는 바가 모두 죄고로 화하는가?

사람이 출세하여 세상을 살아가는 동안 대하게 되는 크고 작은 일(경계)을 처리해 갈 때에 그 처리한 일들이 이치에 맞는지 안 맞는지, 어떻게 하면 자리 이타가 되고, 어떻게 하면 이익이 생기고, 어떻게 하면 손해가 되는가를 정확히 모른다면 그 육근 동작이 올바르게 되지도 못하고 자신의 (당시) 기준에 따라 옳다고 처리한 일이 이치에 어긋날 수 있으며, 이(利)를 구한다는 것이 도리어 해를 불러올 수도 있다.

그러므로 이러한 상태에서 이루어지는 육근 동작은 모두 죄고로 화하게 될 것이다.

그 결과가 이러하다면 자신의 요량(料量)[579]으로는 최선을 다하여 죽어라 한다고 했지만 그 얼마나 허망한 일이며, 자신뿐만 아니라 남들에게까지 본의 아니게 해를 입히게 되니 얼마나 위험하고 안타까운 일인가!?

'동작'이란?

사전에는 '무슨 일을 하려고 몸을 움직이는 일'로 정의한다.

---

579) 앞일을 잘 생각하여 헤아림. 또는 그런 생각.

그러므로 이들 육근 중 신(身)을 이른다고 생각하여 안·의·비·설·의는 언급하지 않는다고 생각할 수 있다.

그러나 안·이·비·설·의는 딴 데 있는 것이 아니라 우리 몸을 떠나서는 존재할 수 없기 때문에, 동작이란 육근 전체를 표현함을 알 수 있다.

'이치의 대소 유무를 모르고 산다면' 어떻게 되는가?

이치란 사물의 정당한 도리(일을 하여 가는 도리), 즉 사리의 이(理)이다.

이치는 어떻게 이루어지며, 어떻게 나투어지는가?

대소 유무로 이루어지고, 대소 유무로 나투어진다.

그런데 이치의 대소 유무를 모르고 산다면 어떻게 되는가?

우연히 돌아오는 고락의 원인을 모를 것이며, 생각이 단촉하고 마음이 편협하여 생·로·병·사와 인과 보응의 이치를 모를 것이며, 사실과 허위를 분간하지 못하여 항상 허망하고 요행한 데 떨어져, 결국은 패가 망신의 지경에 이르게 될 것이다.

'이치의 대소 유무를 모르고 산다면 왜 우연히 돌아오는 고락의 원인을 모를 것이며'라 함은?

이치의 대(大)를 알면, 우주 만유의 근본(본래 이치)을 알게 되므로 고락의 근본도 알게 되고 우주 전체를 알게 되므로 그 마음은 천지같은 광대 무량한 마음이 되어 원래 분별성과 주착심 없는 마음을 쓰게 될 것이다.

이치의 소(小)를 알면, 만상이 형형 색색으로 구별되어 있음을 알게 될 뿐만 아니라, 우리의 마음도 경계를 따라 극히 미묘하고 극히 다양하게 작용됨을 알고 수용하게 되므로 무엇이 고(苦)며 무엇이 낙(樂)인지 아는 동시에 정당한 고락과 부정당한 고락이 무엇인지 알게 될 것이며, 시비·선악·길흉·화복 등 모든 상대적인 분별 현상까지도 밝게 알게 될 것이다.

유무(有無)를 알면, 무엇이 씨앗이 되어 고(苦)의 열매를 맺게 하고, 무엇이 원인이 되어 낙(樂)으로 되는지 알게 되므로 세상의 돌고 도는 이치를 알기 때문에 편착심과 집착심(내가 아니면 안 된다는 생각, 내가 아니면 할 수 없다는 생각 등)이 적을 것이며, 이로 인해 일의 기회를 놓치지도 않을 것이다.

그러므로 대소 유무의 변화되는 이치를 알게 되면, 우연히 돌아오는 고락의 원인을 알게 될 뿐만 아니라, 찰나찰나로 행하는 모든 육근 동작이 복락으로 화할 것이다.

'생각이 단축하고 마음이 편협하여'라 함은?

상대방의 입장과 주변 관계를 두루 살피지 않고 자기 중심으로 판단하기 때문에 생각이 짧고 급하며, 또한 어떤 일을 처리할 때 주위를 둘러보기보다는 자신의 이해를 먼저 생각(이기심, 자존심 등의 분별성과 주착심)하기 때문에 마음이 자기 위주로 치우쳐서 자연히 생각하고 배려하는 범위가 좁을 수밖에 없다.

이는 자신의 마음이 시비 이해로 작용되는 줄 미처 알지 못하므로, 그 일어나는 마음에 끌려 생각나는 대로 마음 끌리는 대로 말하고 행동하게 되어 자신만 알고 남은 배려할 줄 몰라 자신뿐만 아니라 남도 힘들게 한다.

그러나 자신의 마음을 보고 멈추고 대조하면, 자신의 생각과 마음뿐만 아니라 이 세상이 대소 유무의 이치를 따라 작용되고 건설됨을 생생히 느끼게 되어 자신의 상(相)은 자연히 놓아지고 경계를 따라 응용 무념하게 된다.

생각과 마음의 차이는?

생각과 마음은 서로 상호 작용이다.

생각은 자연스런 두뇌의 반응이지만, 마음은 두뇌의 작용보다는 가슴에 가까운 존재다.

마음은 사람의 몸 어디에 있는지 알 수 없다. 때로는 두뇌에 있다고 얘기하는 사람이 있는가 하면, 심장에 있다고 생각하는 사람이 있다.

마음이 생각에 끼치는 영향은 굉장히 크다. 누군가를 사랑한다면 그 마음으로 인해서 생각이 시작된다. 누군가를 좋아하고 사랑하는 것은 생각의 작용이 아니라, 마음의 작용이다.

마음은 너무 추상적이기 때문에 측정하기가 어렵다. 긍정적인 마음을 갖는 것이 긍정적인 생각을 만드는 데 영향을 준다.

마음은 감정에 이끌리므로 이성적이기보다는 감성적이지만, 생각은 계산적이므로 이성적이다. 마음은 어디에 있는지 의견이 분분하지만, 생각은 뇌에서 시작되고 행동으로 나타난다.

즉 흥부가 다리를 다친 제비를 보고 불쌍함을 느껴 치료했던 것은 마음에서 우러나온 행동이고, 놀부가 멀쩡한 제비의 다리를 분질러 치료했던 것은 생각에서 나온 행동이다.

이와 같이 자신과 대상이 하나가 되었을 때의 감정은 마음에서 기인되고, 분리되었을 때의 견해는 생각에서 기인된다.

생·로·병·사와 인과 보응의 이치를 모르게 되는 원인은?

이치의 대소 유무를 모르고 살므로 생각이 단촉하고 마음이 편협하기 때문이다.

즉 대소 유무가 생·로·병·사로 인과 보응의 이치로 나투어지며, 또한 생·로·병·사와 인과 보응의 이치가 대소 유무로 변화되고 나투어짐을 알지 못하므로, 눈앞에 보이는 대로 생각나는 대로 판단하여 행동하게 된다.

'이치의 대소 유무를 모르고 산다면 왜 생각이 단촉하고 마음이

편협하여 생·로·병·사와 인과 보응의 이치를 모를 것'인가?

이치의 대(大)를 모르면, 그 마음이 전체에 미치지 못하고 하나인 줄 알지 못하므로 생각이 단촉하고 편협할 것이요 생멸 없는 이치를 모를 것이다.

이치의 소(小)를 모르면, 그 마음이 형형 색색으로 나투어짐을 모르므로 생각이 한 편에 치우치거나 허망한 데 떨어지기 쉬울 것이며,

이치의 유무(有無)되는 속성을 모른다면, 우주 만유가 길이길이 돌고 도는 이치와 인과 보응으로 변화되는 이치를 모르므로 현실에 집착하거나 눈앞에 보이는 것에만 집착하거나 생각이 단촉하고 편협하여 고집이 생겨 생·로·병·사와 인과 보응의 이치를 모를 것이다.

이치의 대소 유무를 모르고 산다면 왜 사실과 허위를 분간하지 못하여 항상 허망하고 요행한 데 떨어지게 되는가?

이치의 대(大)를 모르면, 소(小)에 치우쳐 전체의 사실과 그 실정(명일심통만법 통만법명일심, 만법 귀일되는 이치)을 모르기 때문에 전체는 허위[거짓, 몽환포영(夢幻泡影), 경계를 따라 일어나는 요란함·어리석음·그름]로 보이기 쉽고 또한 생멸 없는 이치를 모를 것이며,

대(大)는 안다 할지라도 소(小)를 모르면 부분의 실정과 현실(만상이 형형 색색으로 구별됨 또는 그로 인해 나타나는 현상. 요란함·어리석음·그름)에 어두워 소(小)는 허망하고 하등의 가치가 없는 것으로 보이기 쉬우며,

대(大)와 소(小)는 안다할지라도 유무(有無)를 모르면 요행(뜻밖에 얻는 행복)한 데 떨어지거나 허망(거짓이 많고 망념됨)한 생각에 붙잡히게 될 것이요, 눈앞의 일에만 허덕이게 될 것이다.

그러므로 이치의 대소 유무를 모르고 산다면, 선후 본말의 순서와 사실과 허위, 생·로·병·사와 인과 보응의 이치를 모를 것이니

어찌 허망하고 요행한 데 떨어지지 않겠는가?

'천조의 난측한 이치'란?

천조[천지 자연(우주 만유)의 조화]의 난측(헤아리기 어려움)한 이치란 무엇인가?

대소 유무, 즉 이(理)를 이른다.

천지 자연(우주 만유)의 조화가 대소 유무의 이치에 따라 나타나고 변화한다. 천지의 조화, 우리 마음의 조화는 일정한 형상도 없으며(변화), 일정한 유형으로 정해진 것도 없다.

있는 듯하다가도 없고 없는 듯하다가도 있다. 단지 그 시간의 길고 짧음이 있을 뿐이나, 이 또한 고정되어 있지 않으므로 참으로 변화 무쌍하고 다양하기 때문에 헤아리기 어렵고, 지극히 미묘한 것이다.

이것이 바로 천지와 우리 마음의 속성이니 이런 줄 아는 것, 이를 수용하는 것이 곧 우리의 마음 공부다(우주 만유의 본래 이치와 우리의 자성 원리를 해결하여 알자는 것, 즉 성리다).

'인간의 다단한 일'이란?

우리의 일상 생활에서 벌어지는 시비 이해, 즉 사(事)를 말한다.

나의 시비 이해, 나와 너 사이에 얽혀 있는 시비 이해는 어떠한가?

실제로 일은 시비 이해에 따라 흩어지고, 그 가닥의 수가 한이 없다.

그러나 아무리 다단한 일이라도 크게 뭉쳐보면 시·비·이·해로 구분할 수 있으므로 그 관계만 정확하게 알면 생각 밖으로 쉬운 것 또한 인간의 다단한 일이다.

우리는 왜 천조의 난측한 이치와 인간의 다단한 일을 미리 연구

하여야 하는가?

천지 자연(우주 만유)의 조화되는 이치는 헤아리기 어렵고, 인간의 일은 흩어지고 그 가닥이 수도 없이 많기 때문이다.

미리 대비하지 않으면, 경계를 대할 때마다 맞춤복처럼 상황에 맞게 처리할 수 없을 뿐만 아니라 본의 아니게 자신의 잘못으로 주위까지 파란 고해에 빠뜨릴 수 있다.

미리 연구하면 할수록 연구력이 쌓이고, 취사력이 길러져 밝게 분석하고 빠르게 판단하여 자리 이타로 원만하게 처리할 수 있게 된다.

우리는 왜 (천조의 난측한 이치와 인간의 다단한 일을 미리 연구하였다가) 실생활에 다달아 밝게 분석하고 빠르게 판단하여 알자고 하는가?

우리가 천조의 난측한 이치와 인간의 다단한 일을 미리 연구하는 목적은 무엇인가?

실생활, 즉 일상생활을 잘 하자는 것이다. 일상에서 부딪히는 시비 이해의 일들을 밝게 분석하고 빠르게 판단하여 처리하자는 것이다.

이렇게 함으로써 약자가 강자로 되고 강자가 영원한 강자로 되며, 우리가 바라는 복락을 누릴 수 있고 사은에 보은할 수 있다.

만약, 우리가 학문을 위한 학문을 하듯, 천조의 난측한 이치와 인간의 다단한 일을 연구만 하고 실생활에 활용하지 않는다면 어떻게 되겠는가?

이는 삼학이 각각인 줄은 알지만 하나인 줄은 모르는 것과 같은 것이며, 눈앞의 대소 유무만 보고 그 실상과 관계를 모르는 안타깝고 안타까운 일이다.

분석과 판단은 어떻게 하는가?

밝게 하고, 빠르게 한다.

또한 바르게 분석하면 내 마음과 주위가 더없이 밝아진다.

판단은 어떠한가?

판단을 하기까지는 망설이고 검토하고 알아보는 등 시간이 많이 걸리나 그 판단하는 순간은 얼마나 빠른가!

이 분석과 판단도 응용하기 전에 응용의 형세를 보아 미리 연마하기를 주의하면 할수록 훈련이 되고 힘이 길러져서 보다 빨라지고, 보다 정확해지고, 보다 원만해진다.

이것이 마음 공부를 함으로써 나타나는 위력이다.

결국 사리 연구 공부를 하자는 목적은?

사리를 연구하여 천만 사리를 분석하고 판단하는 데 걸림 없이 아는 지혜의 힘인 연구력을 얻자는 것이다.

3. 사리 연구의 결과

우리가 사리 연구 공부를 오래오래 계속하면, 천만 사리를 분석하고 판단하는 데 걸림없이 아는 지혜의 힘[580]이 생겨 결국 연구력을 얻을 것이니라.

'우리가 사리 연구 공부를 오래오래 계속하면'이라 함은?

우리의 생활, 우리의 삶 자체는 천조의 대소 유무의 이치(理)로써 건설되고 인간의 시미이해의 일(事)로써 운전해 가는 것이므로 사리 연구를 하지 않을 수 없으며, 이를 공부 삼기를 쉼 없이 목적을 달할 때까지, 이 생이 다하는 날까지 끊임없이 하자는 것이

---

580) 천만 사리를 분석하고 판단하는 데 걸림 없이 아는 지혜: 반야(般若). 반야지(般若智). 반야바라밀(般若波羅蜜). 반야바라밀다(般若波羅蜜多).

다. 하다말다가 아니라, 하고 또 하고 하고 또 하자는 것이다.

마음 공부도 마찬가지다.

천조의 난측한 이치인 대소 유무의 이치와 인간의 다단한 일인 시비 이해의 일을 어떻게 수용하고, 이들과 어떻게 하나 되어 살아갈 것인가?

사리 연구 공부로 나아가야 한다. 그것도 오래오래 계속해야 한다. 사리 연구가 내 삶이요 내 삶이 사리 연구 공부의 대상이기 때문이다.

'천만 사리를 분석하고 판단하는 데 걸림없이 아는 지혜의 힘이 생겨'라 함은?

일과 이치가 아무리 다단하고 난측하다 하더라도 시비 이해와 대소 유무의 이치를 벗어나 이루어지는 것은 없다.

즉 사리가 아무리 천만 가지라도 그 본질의 속성은 이러하므로 시비 이해의 이치로, 대소 유무의 이치로 분석하고 판단하는 훈련을 오래오래 계속하면 분석하고 판단하는 데 걸림이 없어진다는 말이다.

이것이 무엇인가?

지혜의 힘인 연구력이다.

그러므로 연구력은 얻고 싶다고 해서 얻어질 수 있는 것이 아니다. 사리 연구 공부를 오래오래 계속(상시·정기 훈련)하면 자연히 얻어지는 것이다.

경계를 대할 때마다 밥먹듯이 하고 또 하고, 하면 할수록 지혜의 힘이 생기고 또 생겨 연구력이 길러지고 또 길러진다.

사리 연구는 '천지 보은의 조목'의 천지의 지극히 밝은 도를 체받는 것이다

사리 연구는 '인간의 시·비·이·해(是非利害)와 천조(天造)의 대소 유무(大小有無)를 연마하고 궁구하여 천만 사리를 밝게 분석하고 빠르게 판단하는 데 걸림 없이 아는 것'인데, 이는 천지의 지극히 밝은 도를 체받는 것이다.

즉 천지 보은의 조목 1조 '천지의 지극히 밝은 도를 체받아서 천만 사리(事理)를 연구하여 걸림 없이 알 것이요'에서 천지의 지극히 밝은 도를 체받는 것은 천만 사리를 연구하여 걸림 없이 아는 것이므로 이것이 곧 사리 연구임을 알 수 있다.

공부인이 동정간에 연구력을 얻는 빠른 방법은?

"첫째는 인간 만사를 작용할 때에 그 일 그 일에 알음알이를 얻도록 힘쓸 것이요,

둘째는 스승이나 동지와 더불어 의견 교환하기를 힘쓸 것이요,

셋째는 보고 듣고 생각하는 중에 의심나는 곳이 생기면 연구하는 순서를 따라 그 의심을 해결하도록 힘쓸 것이요,

넷째는 우리의 경전 연습하기를 힘쓸 것이요,

다섯째는 우리의 경전 연습을 다 마친 뒤에는 과거 모든 도학가(道學家)의 경전을 참고하여 지견581)을 넓힐 것이니라582)."

연구 공부하는 데 세 가지 요긴함이란?

말씀하시기를

"연구 공부하는 데 세 가지 요긴함이 있나니,

첫째는 바르게 봄이요,

둘째는 바르게 앎이요,

셋째는 바르게 깨침인 바,

이 세 가지 가운데 바르게 깨침이 그 구경이 되나니라.

---

581) 지식과 견문(知見). 식견(識見).
582) 대종경, 제3 수행품(修行品), 2장, p.141.

안으로 버리고자 하되 버릴 수 없고, 잊고자 하되 잊을 수 없고, 숨기고자 하되 숨길 수 없으며,

밖으로 길흉이 능히 그 뜻을 움직이지 못하고, 순역이 능히 그 마음을 유혹하지 못하고, 백 가지 묘한 것이 능히 그 생각을 끌지 못하면, 이것이 이에 바르게 깨친 진경이니라[583]."

연구의 결과는?

"연구의 결과는 사리 통달과 중생 제도와 만사 성공이니라[584]."

연구력의 정도를 알 수 있는 방법은?

"안으로 성리 연마와 경전 해득(解得)[585]과 밖으로 사물 판단하는 능력을 대조하면 연구력의 정도를 알 것이니라[586]."

제3절 작업 취사(作業取捨)

작업 취사란?

원만 구족하고 지공 무사한 각자의 마음을 잘 사용하는 것이며, 시비 이해를 밝게 분석하고 빠르게 판단하여 불같이 일어나는 욕심을 제어하며, 철석같이 굳은 습관을 버리고 좋은 습관을 길들이는 공부이다.

또한 무슨 일에나 육근을 작용하여 정의는 용맹 있게 취하고 불의는 기어이 버리는 것이다.

---

583) 정산 종사 법어, 제2부 법어(法語), 제7 권도편(勸道編), 39장, p.881.
584) 정산 종사 법어, 제2부 법어(法語), 제6 경의편(經義編), 16장, p.843.
585) 뜻을 깨쳐 앎.
586) 정산 종사 법어, 제2부 법어(法語), 제6 경의편(經義編), 17장, p.843.

작업과 취사의 관계는?

적업의 사전적(辭典的) 의미는 '일터에서 기구를 갖고 일을 함. 또는 그 일'이다.

그러나 정전에서 작업의 의미는 안·이·비·설·신·의 육근을 작용하는 것이며, 취사는 정의는 취하고 불의는 버리는 것이다.

그 과정과 결과는 모두 업장으로 나타나는데, 불생 불멸의 이치와 인과 보응의 이치에 따라 선연으로 맺어지기도 하고 악연으로 맺어지기도 하며, 또는 진급으로 변하고 또는 강급으로 변하며, 또는 보은으로 또는 배은으로 나타난다.

따라서 육근을 작용할 바에야 악연·강급·배은의 씨앗이 되는 불의를 취하고 정의는 버리기보다는 불의는 버리고 정의를 취하여, 같은 값이면 다홍치마라고, 선연·진급·보은의 씨앗을 심자는 것이다.

1. 작업 취사의 요지

> 작업이라 함은 무슨587) 일에나 안·이·비·설·신·의(眼耳鼻舌身意) 육근을 작용588)함을 이름이요, 취사라 함은 정의589)는 취하고590) 불의591)는 버림592)을 이름이니라.

'무슨 일에나 안·이·비·설·신·의(眼耳鼻舌身意) 육근을 작용함'이란?

심지는 원래 없건마는 경계를 따라(무슨 일에나) 있어지는 것이

---

587) 사물을 꼭 집어 낼 수 없을 때 들떼놓고 하는 말.
588) 힘이 미쳐 영향을 줌.
589) 올바른 도리. 정당하고 의로운 일. 진리에 어긋남이 없고, 양심에 거리낌 없이 최대 다수의 복리를 위하는 일, 또는 행위.
590) 취하고(취하다+고): 버리지 않고 가지다.
591) 정당하고 의롭지 못한 일. 진리에 맞지 않고 양심에 꺼리는 바 있으며, 다수에게 해독을 끼치는 일.
592) 쓰지 못할 것을 내던지다.

다. 즉 묘하게 일어남도 '무슨 일에나 안·이·비·설·신·의 육근을 작용함'이요, 끌려감도, 대조하여 자성의 정·혜·계를 세움도 다 '무슨 일에나 안·이·비·설·신·의 육근을 작용함'이다.

그러므로 무슨 일에나 육근을 작용하더라도 취할 것은 취하고 버릴 것은 버리자는 것이다.

즉 부지중으로 주견 없이 임시적으로 하지 말고, 공부적으로 법도 있게 간단 없이 하자는 것이다.

'취사라 함은 정의는 취하고 불의는 버림을 이름'이란?

취하는 것은 버리지 않고 가지는 것이요, 버리는 것은 가지지 않고 내던지는 것이다.

버리지 않고 가져야 하는 정의는 무엇이며, 가지지 않고 버려야 할 불의는 무엇인가?

인도 정의의 공정한 법칙에 어긋나면 불의(부정당한 일)요, 합당하면 정의(정당한 일)다.

그럼 인도 정의의 공정한 법칙이란 무엇인가?

사람이 마땅히 지켜야 할 올바른 도리와 대의로서 공평하고 정대(바르고 옳아서 사사로움이 없음)한 것이다. 즉 만사를 작용할 때에 원·근·친·소와 희·로·애·락에 끌리지 아니하고 오직 중도에 맞는 것이다.

이것이 정의와 불의의 기준점이다. 일심이 동하면 정의가 되고 잡념이 동하면 불의가 된다 하셨다.

즉 일심이 동하면 공평하고 정대하며 오직 중도를 잡으나, 잡념이 동하면 원·근·친·소와 희·로·애·락에 끌려 사사로와지기 때문에 실행하는 사람에 따라 고무줄 마냥 그 기준이 달라지게 된다.

"정의인 줄 알거든 크고 작은 일을 막론하고 죽기로써 실행할 것이요, 불의인 줄 알거든 크고 작은 일을 막론하고 죽기로써 하지 않을 것이요[593]."라고 하셨다.

왜 이렇게 해야 할까?

불의를 취하기는 쉬우나, 정의를 취하기는 보통 어려운 것이 아니다. 그렇다고 하여 대부분의 사람들이 정의를 취하기보다는 불의를 취하는가?

아니다. 경계를 따라 정의를 취하기도 하고 불의를 취하기도 한다. 오히려 정의를 취하는 사람이 더 많다. 작은 불의는 취하더라도 큰 정의를 취하는 사람들이 더 많기 때문에 이 세상은 갈등 속에서도 무리없이 굴러가는 것이며, 우리가 살아갈 맛이 나는 것이다.

그러나 불의를 실행하고픈 유혹에 빠지기 쉽고, 한 번 빠지면 두 번 세 번은 더 쉽기 때문에 큰 불의 뿐만 아니라 작은 불의까지도 죽기로써 하지 말자는 것이다.

취사의 표준은?

"취사는 중정(中正)594)이 표준이 되나니라595)."

작업 취사의 대지는?

"취사는 중정을 취하고 사곡(私曲)596)을 버림이 그 대지니라597)."

취사의 방법의 주(主)와 요건(要件)은?

"취사의 방법은 경험과 주의와 결단이 주가 되나, 수양과 연구가 같이 취사의 요건이 되나니라598)."

2. 작업 취사의 목적

---

593) 대산 종사 법문집, 제2집, 제1부 교리, 삼학 공부, p.46.
594) 어느 쪽에도 치우침이 없고 곧고 바름, 또는 지나치거나 모자람이 없이 알맞음.
595) 정산 종사 법어, 제2부 법어(法語), 제6 경의편(經義編), 18장, p.843.
596) 사사롭고 바르지 못함.
597) 정산 종사 법어, 제2부 법어(法語), 제6 경의편(經義編), 19장, p.844.
598) 정산 종사 법어, 제2부 법어(法語), 제6 경의편(經義編), 15장, p.843.

정신을 수양하여 수양력을 얻었고 사리를 연구하여 연구력을 얻었다 하더라도, 실제 일을 작용하는 데 있어 실행을 하지 못하면 수양과 연구가 수포599)에 돌아갈600) 뿐이요 실효과601)를 얻기가 어렵나니, 예를 들면 줄기와 가지와 꽃과 잎은 좋은 나무에 결실이 없는 것과 같다 할 것이니라.

취사 공부의 목적은?

모든 일을 응용할 때에 정의는 용맹 있게 취하고, 불의는 용맹 있게 버리는 실행의 힘인 취사력을 얻자는 것이다.

정신을 수양하여 수양력을 얻고 사리를 연구하여 연구력을 얻는 목적은?

실제 일을 할 때 수양력과 연구력을 바탕으로 정의는 취하고 불의는 버리는 실행을 하자는 것이다.

만약 얻어진 수양력과 연구력을 실행, 즉 삶에 써먹지 않는다면 얼마나 허망한 일인가?!

이는 수양을 위한 수양, 연구를 위한 연구를 한 꼴밖에 되지 않으며, 수양·연구·취사가 셋인 줄은 알고 하나인 줄은 모르는 소치다.

정신을 수양하면 할수록 연구력과 취사력도 덩달아 길러지고, 사리를 연구하면 할수록 수양력과 취사력도 덩달아 쌓이고, 작업을 취사하면 할수록 수양력과 연구력도 덩달아 닦이는 동시성의 관계가 있음이 교법의 묘미요, 진리의 속성이다.

'실제 일을 작용하는 데 있어 실행을 하지 못하면 수양과 연구가 수포에 돌아갈 뿐이요 실효과를 얻기가 어렵나니'라 함은?

---

599) 물거품. 헛된 결과.
600) 돌아갈(돌아가다+ㄹ): 있었던 곳으로 다시 가다.
601) 실지로 나타나는 효과. 취사력을 얻는 것.

수양·연구·취사는 솥의 세 발과 같다. 이 중 하나가 짧거나 부러지면 나머지 두 발이 아무리 튼튼해도 균형이 깨어져 기울어지거나 넘어지듯이 수양과 연구도 제대로 되지 않으며, 된다 하더라도 더 이상의 경지로 나아가기는 어렵다.

그러면 어느 것에 치중하는 것이 좋은가?

경전·법규 연습하기를 대강 마친 사람은 의두 연마하기를 주의하라 하듯이, 수양·연구에 너무 연연하지 말고 또는 수양·연구도 안 되었는데 어찌 나설 수 있느냐고 망설이지 말고, 서툴더라도 취사를 해 보자는 것이다.

취사를 해 보면, 그를 통하여 또 다른 경지의 수양력과 연구력이 길러지므로 이들 셋은 서로서로 도움이 되고 바탕이 되어 일분 일각도 떨어질 수 없는 관계임을 자연히 알게 될 것이다.

수양·연구·취사는 동시에 길러지고 도저히 떨어질 수 없다는 것을 알게 될 것이며, 이것이 진리의 속성임 또한 알게 될 것이다.

그러나 상황에 따라, 즉 정할 때는 수양·연구가 주체가 되고 동할 때는 취사가 주체가 되므로 정할 때는 취사(상시) 공부의 자료를 준비하고, 동할 때는 수양·연구(정기) 공부의 자료를 준비하면 된다. 이렇게 하면 삼대력도 길러지고, 실효과도 자동적으로 얻어진다.

왜 '수포로'가 아니고 '수포에'인가?

국어 사전에도 '수포로 돌아가다'로 되어 있다.

'로'의 뜻을 찾아보면 '받침이 없거나 'ㄹ' 받침인 체언에 붙어 방향을 표하는 말'이다.

그러면 '에'의 뜻은 '명사 아래에 붙는 향진격(向進格, 앞으로 나아감) 조사'다.

'로'나 '에' 둘 다 방향을 나타내므로 다 써도 좋을 듯 싶으나, '에'가 보다 강하고 구체적인 뜻을 나타낸다.

수양력과 연구력을 얻었는데 실행을 못했다고 해서 왜 수양과 연구가 수포에 돌아가고 실효과를 얻기가 어려운가?

수양력과 연구력을 얻으면 실행력도 동시에 얻어지는 줄 생각하기 쉬우나, 이는 이론만 알았다고 해서 실무에도 밝은 것은 아닌 것처럼, 실행해 보지 않으면 실행하지 않은 것에 그치는 것이 아니라 실행할 줄 모르게 되어 실행을 통하여 알아지는 실행력(취사력)은 길러지지 않는다.

그러므로 수양력과 연구력은 취사력과 다른 것이 아니다. 취사를 통해서 취사력만 키워지는 것이 아니라, 수양력과 연구력도 동시에 밝아지고 길러진다. 이들 셋은 결국 하나다. 단지 상황상황에 따라 쓰이는 정도가 다를 뿐이다.

따라서 대종사님께서는 실행이 잘 되지 못하는 이유를 일에 당하여 시비를 몰라서 실행이 없거나, 설사 시비를 안다 할지라도 불같이 일어나는 욕심을 제어하지 못하거나, 철석같이 굳은 습관에 끌리거나하여 악은 버리고 선은 취하는 실행이 없는 까닭이라고 말씀하셨다.

줄기와 가지와 꽃과 잎은 좋은 나무에 결실이 없는 것과 같다는 뜻은?

나무의 줄기와 가지와 꽃과 잎이 아무리 좋다 할지라도 결실이 없다는 것은 열매가 열리는데 필요한 영양분과 관리가 부족하기 때문이다.

이는 마치 사람이 일원상과 같이 원만 구족하고 지공 무사한 성품을 이미 가졌고, 더군다나 수양력과 연구력을 얻었다 해도 실행이 없으면 실무에 서툴고 취사력이 부족한 것과 같은 것이며,

또한 이는 아무리 성능이 우수한 컴퓨터와 상세한 사용법을 기재해 놓은 설명서를 가지고 있다 할지라도 직접 써 보지 않으면 무용지물인 것과 같은 이치라 하겠다.

'줄기와 가지와 꽃과 <u>잎은 좋은</u> 나무에 결실이 없는 것과 같나 니라'에서 '잎은 좋은'은 '잎은 좋은데' 또는 '잎은 좋다 하더라도' 라고 고쳐야!

무엇이 좋은 나무인가?
'줄기와 가지와 꽃과 잎'이 좋은 나무다.
이런 '나무'인데, 결실이 없으므로 빛 좋은 개살구라는 의미다. 긍정과 부정이 함께 오는 문장이다.
의미로 보아, '잎은 좋은'은 둘 다 '나무'를 꾸미게 되고, '-은'과 '-은'이 겹치게 되어 어색한 문장이 되고 만다.
다음과 같이 비교해 보자.

정신을 수양하여 수양력을 얻었고 사리를 연구하여 연구력을 얻었다 <u>하더라도</u>,	예를 들면 줄기와 가지와 꽃과 잎은 좋은	→ 예를 들면 줄기와 가지와 꽃과 잎은 <u>좋다 하더라도</u> (또는 좋은데)
실제 일을 작용하는 데 있어 실행을 하지 못하면		
수양과 연구가 수포에 돌아갈 뿐이요 실효과를 얻기가 어렵나니,	나무에 결실이 없는 것과 같다 할 것이니라.	

이런 의미를 잘 살리려면 '잎은 좋은'을 '잎은 좋은데', '잎은 좋다 할지라도', '잎은 좋다 하더라도'로 고치면 문장의 의미가 보다 선명해진다.
만약, '잎은'을 '잎이'로 고치면 '줄기와 가지와 꽃과 잎이 좋은 나무는 결실이 없는 것으로 단정하게 되어 실제의 현상과 전혀 달라지므로 이는 옳지 않다.
여기서 '줄기'와 '가지'와 '꽃'과 '잎'과 '나무의 결실'은 무엇인가?

‘줄기와 가지와 꽃과 잎’은 ‘정신을 수양하여 얻은 수양력, 사리를 연구하여 얻은 연구력’이며,

‘나무의 결실’은 ‘실제 일을 작용하는 데 있어 하는 실행력(취사력)’, 또는 ‘수양과 연구의 실효과’다.

대범, 우리 인류가 선(善)이 좋은 줄은 알되 선을 행하지 못하며, 악이 그른 줄은 알되 악을 끊지 못하여 평탄[602]한 낙원을 버리고 험악[603]한 고해로 들어가는 까닭은 그 무엇인가. 그것은 일에 당하여 시비[604]를 몰라서 실행이 없거나, 설사 시비는 안다 할지라도 불같이 일어나는[605] 욕심을 제어[606]하지 못하거나, 철석[607]같이 굳은[608] 습관에 끌리거나 하여 악은 버리고 선은 취하는 실행이 없는 까닭이니, 우리는 정의어든[609] 기어이[610] 취하고 불의어든 기어이 버리는 실행 공부를 하여, 싫어하는 고해는 피하고 바라는 낙원을 맞아 오자는 것이니라.

낙원과 고해는 어떠한 것인가?

낙원은 걱정 없이 살기 좋은 즐거운 곳으로서 평탄하나, 고해는 고뇌가 많은 이 세상으로서 험난하다.

그러면 낙원과 고해는 어디에 있는가?

분별성과 주착심에 걸려 있으면 그 생활이 고해요, 불신과 탐욕과 나와 우에 빠져 있으면 그 생활이 고해다.

---

602) 마음이 편하고 고요함.
603) 길·기세·천후·형세 등이 험난함.
604) 잘잘못.
605) 한창 성해지다. 일·기운이 생기다.
606) 통제하여 상대를 눌러 자기 의사대로 움직임.
607) 쇠와 돌. 굳고 단단함의 비유.
608) 단단하다. 뜻이 흔들리지 않다. 습관이 되다. 응결되다.
609) -어든: -거든. 가정으로 조건 삼아 말할 때 쓰는 연결 어미.
610) 기어코. 꼭. 틀림없이.

그러나 분별성과 주착심을 공부 거리 삼고, 그 분별성과 주착심을 놓고 공부하는 데에 재미를 느끼고, 원망할 일이 있더라도 먼저 모든 은혜의 소종래를 발견하여 원망할 일을 감사하는 생활로 돌리고, 신과 분과 의와 성으로써 불신과 탐욕과 나와 우를 제거하면 어떻게 되겠는가?

그 생활이 낙원이요, 고해가 낙원으로 변하게 된다.

낙원을 버리고 고해로 들어가는 것도, 고해를 버리고 낙원으로 들어오는 것도 모두 내게 달려 있다.

우리 인류가 선(善)이 좋은 줄은 알되 선을 행하지 못하며, 악이 그른 줄은 알되 악을 끊지 못하여 평탄한 낙원을 버리고 험악한 고해로 들어가는 까닭은 그 무엇인가?

그것은 일에 당하여 시비를 몰라서 실행이 없거나, 설사 시비를 안다 할지라도 불같이 일어나는 욕심을 제어하지 못하거나, 철석같이 굳은 습관에 끌리거나하여 악은 버리고 선은 취하는 실행이 없기 때문이다.

또한 '제 14장 고락에 대한 법문'의 '낙을 버리고 고로 들어가는 원인'을 보면,
1. 고락의 근원을 알지 못함이요,
2. 가령 안다 할지라도 실행이 없는 연고요,
3. 보는 대로 듣는 대로 생각나는 대로 자행 자지로 육신과 정신을 아무 예산 없이 양성하여 철석같이 굳은 연고요,
4. 육신과 정신을 법으로 질박아서 나쁜 습관을 제거하고 정당한 법으로 단련하여 기질 변화가 분명히 되기까지 공부를 완전히 아니한 연고요,
5. 응용하는 가운데 수고 없이 속히 하고자 함이니라.
고, 아주 구체적으로 그 까닭을 말씀하셨다.

대종사 말씀하시기를

"어리석은 사람은 복을 받기는 좋아하나 복을 짓기는 싫어하고, 화(禍)를 받기는 싫어하나 죄를 짓기는 좋아하나니,

이것이 다 화복의 근원을 알지 못함이요, 설사 안다할지라도 실행이 없는 연고니라611)."

일에 당하여 시비를 가리려면 어떻게 해야 하는가?

"일에 당하여 시비를 가리려면

첫째, 공(公)인가 사(私)인가,

둘째, 다수인가 소수인가,

셋째, 대국적인가 소국적인가,

넷째, 분수에 맞는가 맞지 않는가,

다섯째, 시대에 맞는가 맞지 않는가,

여섯째, 영구적인가 일시적인가,

일곱째, 중도에 맞는가 과불급인가,

이상 일곱 가지 조목을 기준하여 보면 되리라612)."

'불같이 일어나는 욕심'이란?

한번 탐하는 욕심이 일어나면, 그 욕심은 타오르는 불과 같아서 제어하기가 결코 쉽지 않다.

그래서 불같이 일어난다고까지 말씀하셨다.

이 욕심의 불길을 잠재우지 못하면 급기야는 그 불길에 휩싸여 가패 신망도 하며, 번민 망상과 분심 초려로 자포 자기의 염세증도 나며, 혹은 신경 쇠약자도 되며, 혹은 실진자도 되며, 혹은 극도에 들어가 자살하는 사람까지도 있게 된다.

'철석같이 굳은 습관'이란?

---

611) 대종경, 제11 요훈품(要訓品), 19장, p.318.
612) 한 울안 한 이치에, 제1편 법문과 일화, 제3장 일원의 진리, 49절, p.74.

한번 형성된 습관은 굳고 단단하여 고치기가 얼마나 힘들기에 철석같이 굳다고까지 하셨을까!

습관으로 굳어진 줄 알지 못하여 고치지 못하는 경우도 있고, 알고 있어도 고쳐지지 않는 경우도 있다.

그러므로 타의에 의해서든 자의에 의해서든 자신의 습관을 고치는 것은 고통이 따르게 마련이다. 이 고통의 정도와 시간의 차이가 바로 중생과 부처의 차이요 갈림길이다.

변하려면 고통과 괴로움은 감수해야 한다. 우리가 바라는 좋은 결실이 기다리고 있기 때문이다.

낙원과 고해와 욕심과 습관의 속성은?

낙원은 평탄하고, 고해는 험악하며, 욕심은 불같이 일어나고, 습관은 철석같이 굳다.

'철석같이 굳은 습관에 끌리거나 하여 악은 버리고 선은 취하는 실행이 없는 까닭'은?

대종사 말씀하시기를

"사람의 성품은 원래 선악이 없는 것이나 습관에 따라 선악의 인품(人品)이 있어지나니 습관은 곧 당인613)의 처음 한 생각이 좌우의 모든 인연에 응하고 또 응하는 가운데 이루어지는 것이라.

가령 그대들이 공부에 발심하여 처음으로 이 도량에 와서 스승과 동지를 만나고 법과 규칙을 지켜나갈 때에, 처음에는 모든 일이 서투르고 맞지 아니하여 감내614)하기가 어려우나, 그 발심을 변하지 아니하고 오래 계속하면 차차 마음과 행동이 익어져서, 필경에는 힘들지 아니하고도 자연히 골라지게 되나니 이것이 곧 습관이라,

이와 같이 좌우의 인연을 따라 습관 되는 이치가 선과 악이 서

---

613) 당사자(當事者).
614) 어려움을 참고 견딤(堪耐).

로 다르지 아니하나,

선한 일에는 습관 되기가 어렵고 악한 일에는 습관 되기가 쉬우며,

또는 선한 습관을 들이기 위하여 공부하는 중에도 조금만 방심하면 알지 못하는 가운데 악한 경계에 흘러가서 처음 목적한 바와는 반대로 되기 쉽나니

이 점에 늘 주의하여야 착한 인품을 이루게 되리라615).”

‘정의어든 기어이 취하고 불의어든 기어이 버리는 실행 공부’는?

이는 작업 취사를 말하며, 싫어하는 고해는 피하고 바라는 낙원을 맞아 오게 하는 길이다.

또한 이 실행 공부(작업 취사)는 제14장 고락에 대한 법문의 ‘고락(苦樂)의 설명’에서 보면, ‘정당한 고락과 부정당한 고락을 자상히 알아서 정당한 고락으로 무궁한 세월을 한결같이 지내며, 부정당한 고락은 영원히 오지 아니 하도록’ 하는 공부법이다.

정의어든 기어이 취하고 불의어든 기어이 버리라는 말씀은?

솔성 요론 13·14조, 즉 ‘정당한 일이거든 아무리 하기 싫어도 죽기로써 할 것이요’와 ‘부당한 일이거든 아무리 하고 싶어도 죽기로써 아니할 것이요’와 같이 하라는 말이다.

정의어든 기어이 취하고 불의어든 기어이 버리라는 말씀과 처세에는 유(柔)한 것이 제일 귀하고(處世柔爲貴) 강강함은 재앙의 근본이라(剛强是禍基)616)는 말씀은 서로 어긋나지 않는가?

처세에는 부드러운(柔) 것이 제일 귀하다고 하여, 즉 남의 원망을 두려워하여 좋은 게 좋다는 식으로 취할 것을 취하지 않고 버

---

615) 대종경, 제3 수행품(修行品), 30장, p.161.
616) 대종경, 제4 인도품(人道品), 34장, p.203.

릴 것을 버리지 않는다는 것이 아니며,

강강(剛剛)617)함이 재앙의 근본이라 하여 강강해야 할 때 강강하지 말자가 아니다.

정의를 취하고 불의를 버릴 때, 즉 경계를 대할 때마다 그 상황을 보아가면서 유하게 할 것(때)은 유하게 하고, 강강하게 할 것(때)은 강강하게 하자는 것이다.

유하게 하여도 충분한 것을 강강하게 하는 것이 위엄 있고 남자답다 하여 상대방의 입장과 형편은 헤아리지 않고 마음에 상처를 입히는 것은 원만한 취사가 아니며, 이 또한 중도를 벗어나는 것(어느 한 쪽으로 치우치거나 끌리는 것)이다.

또한 '다른 사람의 원 없는 데에는 무슨 일이든지 권하지 말고 자기 할 일만 할 것이요.'라 하여 정의를 세워야 할 때 세우지 아니하고 불의를 버려야 할 때 버리지 않는다면, 나의 마음과 이 세상은 어디로 가겠는가?

그러므로 만나는 상황에 따라 온전한 생각으로 취사하기를 주의하기만 하면 중도에서 어긋나지 않을 것이다.

결국 취사 공부를 하자는 목적은?

모든 일을 응용할 때에 정의는 용맹 있게 취하고 불의는 용맹 있게 버리는 실행의 힘인 취사력을 얻자는 것이다.

3. 작업 취사의 결과

우리가 작업 취사 공부를 오래오래 계속하면, 모든 일을 응용할 때에 정의는 용맹618) 있게619) 취하고, 불의는 용맹 있게 버리는 실행의 힘을 얻어 결국 취사력을 얻을 것이니라.

---

617) 성정이나 기력이 굽힘이 없이 꿋꿋함.
618) 용감하고 사나움.

'우리가 작업 취사 공부를 오래오래 계속하면'이라 함은?

경계를 대할 때마다 글러지는 마음이 곧 공부 거리요 그 때가 공부 찬스인 줄 알고 원래 마음에 대조하여 자성의 계를 세우기를 끊임없이 하자는 것이다.

이 과정을 심신 작용 처리건으로, 또는 그 대소 유무의 이치가 밝아지는 정도를 대조하는 감각·감상을 일기로 기재하여 지도인과 문답하고 지도인의 감정·해오 얻기를 계속하고 또 계속하자는 것이다. 이 공부를 놓지 말자는 것이다.

왜 '용맹하게'가 아니고 '용맹 있게'인가?

여기서 '용맹하게'가 아닌 '용맹 있게'를 발견하게 된다.

우리는 보통 '용맹하게 정진한다, 용맹하게 노력한다, 용맹하게 공부한다'고 하지, '용맹 있게 ○○한다'고 하지 않는다.

이러니 의문이 걸릴 수밖에.

이럴 때는 아무리 쉽다고 생각하는 '있게'와 '하게'라도 그 뜻을 찾아보지 않을 수 없다.

이들의 으뜸꼴은 '있다'와 '하다'인데, '있다'는 '어떤 동작의 상태를 현재 계속하다. 어느 상태를 지속하다.'는 뜻이고, '하다'는 '명사 아래에 쓰여 동작을 나타내는 말을 만드는 말. 무슨 목적을 위해 움직이다.'로 정의하고 있다.

따라서 '하다'의 뜻은 움직이는 상태를 나타내되, 그 움직이는 시간이 얼마나 되는지 알 수가 없다. 잠깐 하고 끝나는지, 아니면 계속 진행되는지가 명확하지 않으며, 목적하는 바를 이루기 위해 움직이므로 그 동작 자체는 순간순간인 느낌도 갖게 한다.

그러나 '있다'는 현재의 동작 상태가 꾸준히 계속되는 것을 의미하므로 어느 순간에 끝나는 완료형이 아니라, 현재 진행형이다.

---

619) 있게(있다+게): 어떤 동작의 상태를 현재 계속하다. 어느 상태를 지속하다.

그렇다면 정의는 취하고 불의는 버릴 때 '용맹하게' 실행할 것인가, 아니면 '용맹 있게' 실행할 것인가는 명확해진다. 경계를 대할 때마다 취하고 버리는 실행은 계속해야 하므로 당연히 '용맹 있게'다.

그러면서 용맹하게도 자꾸 계속하면 '용맹 있게'로 되지 않을까?

작심 삼일도 삼일에 끝내지 말고, 또 작심 삼일하여 계속하면 작심 평생 또는 작심 영생이 되는 게 아니냐는 스승님의 말씀이 들리는 듯하다.

그러면 이 작업 취사의 결과에서 현재 진행형을 나타내는 단어가 '있게' 말고는 또 없단 말인가?

'오래 오래 계속하면'과 '모든 일을 응용할 때'와 '얻을'은 당연히 현재 진행형이다.

작업 취사는 '천지 보은의 조목'의 '천지의 순리 자연한 도를 체받는 것'이다

작업 취사는 '무슨 일에나 육근을 작용하여 정의는 용맹 있게 취하고 불의는 기어이 버리는 것'인데, 이는 천지의 순리 자연한 도를 체받는 것이다.

천지 보은의 조목 4조 '천지의 순리 자연한 도를 체받아서 만사를 작용할 때에 합리와 불합리를 분석하여 합리는 취하고 불합리는 버릴 것이요'에서, 천지의 순리 자연한 도를 체받는 것은 만사를 작용할 때에 합리와 불합리를 분석하여 합리는 취하고 불합리는 버리는 것이므로 이것이 곧 작업 취사임을 알 수 있다.

공부인이 동정간에 취사력을 얻는 빠른 방법은?

"첫째는 정의인 줄 알거든 크고 작은 일을 막론하고 죽기로써 실행할 것이요,

둘째는 불의인 줄 알거든 크고 작은 일을 막론하고 죽기로써 하

지 않을 것이요,

셋째는 모든 일을 작용할 때에 즉시 실행이 되지 않는다고 낙망하지 말고 정성을 계속하여 끊임없는 공을 쌓을 것이니라[620]."

경계를 당할 때에 무엇으로 취사하는 대중을 삼을 것인가?

문정규(文正奎)[621] 여쭙기를

"경계를 당할 때에 무엇으로 취사하는 대중을 삼으오리까?"

대종사 말씀하시기를

"세 가지 생각으로 취사하는 대중을 삼나니,

첫째는 자기의 본래 서원(誓願)을 생각하는 것이요,

둘째는 스승이 가르치는 본의(本意)를 생각하는 것이요,

셋째는 당시의 형편을 살펴서 한 편에 치우침이 없는가를 생각하는 것이라,

이 세 가지로 대중을 삼은즉 공부가 항상 매(昧)하지 아니하고 모든 처사가 자연 골라지나니라[622]."

취사의 결과는?

"만행 구족과 만복 원만과 만사 성공이니라[623]."

취사력의 정도를 알 수 있는 방법은?

"안으로 일기를 기재하여 계문을 조사하고, 밖으로 일을 당하여

---

620) 대종경, 제3 수행품(修行品) 2장, p.141.
621) 1863~1936. 법호 동산(冬山). 전남 곡성에서 출생. 전주에서 한약방을 경영하다가 친구 송적벽의 인도로 1920년(원기 5) 봉래정사를 찾아가 소태산 대종사에게 귀의하였다. 이후로 독실한 신앙심과 수행심으로 봉래정사와 익산총부 등지에서 소태산 대종사를 시봉하며 수행 정진하였다.
622) 대종경, 제3 수행품(修行品) 33장, p.163.
623) 정산 종사 법어, 제2부 법어(法語), 제6 경의편(經義編), 16장, p.843.

수기응변하는 능력을 대조하면 취사력의 정도를 알 것이니라624)."

삼학 공부의 목적은 무엇인가?

정신을 수양하여 천만 경계를 응용할 때에 청정하여 물들지 않고 튼튼하여 흔들리지 않는 온전한 정신의 자주력인 수양력을 얻자는 것이고,
사리를 연구하여 천만 사리를 분석하고 판단하는 데 걸림 없이 아는 지혜의 힘인 연구력을 얻자는 것이며,
모든 일을 응용할 때에 정의는 용맹 있게 취하고 불의는 용맹 있게 버리는 실행의 힘인 취사력을 얻자는 것이다.

삼학과 대소 유무에 걸림이 없다는 것은?

작업 취사까지 정리를 하고 나니, 내 밝아진 정도겠지만 삼학이 하나로 꿰어지는 듯하다.
정신 수양과 사리 연구를 정리했을 때의 느낌과 하나가 되어 삼학에 걸렸던 마음이 시원하게 뚫리는 것 같다.
"모든 작용과 현상을 대소 유무의 이치로 낱낱이 나누어도 보고, 합하여 보기도 해라."
"대·소·유무, 수양·연구·취사는 하나이면서 셋이요, 셋이면서 하나다."
라는 말씀이 보다 또렷하게 들려오기 시작한다.
우리가 느끼고 있지 못했을 뿐, 실제로 일을 처리할 때 삼학은 동시에 병진되고 있지 아니한가?!
정적인 상태로 나타나 있는 현상은 대와 소와 유무가 각각 구별되어 있기도 하지만, 하이젠베르그의 불확정성의 원리를 들지 않더라도 우리의 삶이나 자연 현상은 끊임없이 변화가 이루어지고 있으므로 대 중에 소와 유무가 있고, 소 중에 대와 유무가 있으며,

---

624) 정산 종사 법어, 제2부 법어(法語), 제6 경의편(經義編), 17장, p.843.

유무 중에 대와 소가 있지 아니한가!

그러니 어찌 대·소·유무를 하나라 할 수 있으며, 또 셋이라고 할 수 있겠는가?!

하나이면서 셋이요, 셋인 동시에 하나인 동시성이 아닌가!

전체인 대와 개체인 소, 대에서 소로 변하고, 소에서 또 대로 변하는 그 과정이 유무며, 이 유무를 통하여 대로, 또는 소로 화하며 조화를 이루고 있지 않은가!

경계를 따라 요란해지는(사량 분별하는) 심신 작용(유무)은 한 생각 한 생각(소)으로 되었다가, 또 일념미생전 본래 마음 자리 (대)로 되기도 하며, 이런 상태는 돌고 돌지 않는가!

이 대·소·유무간의 흐름이 끊어질 수 있는가?

진리의 작용 자체가 바로 대·소·유무의 이치에 따라 응해지며, 진공 묘유의 조화지 않는가!

이런 관계임을 아는 것이 바로 대소 유무를 걸림 없이 아는 것이며, 대소 유무에 걸림이 없는 것이 아닌가!

걸림이 없는 대·소·유무의 관계를 보면서 삼학 병진도, 팔조도 이와 똑 같다는 생각이 든다.

연구·취사 없는 수양이 어찌 가능하며, 온전한 자주의 힘이 생겨 수양력이 어찌 양성되겠는가!

수양·취사 없는 연구가 어찌 가능하며, 밝고 빠른 연구력이 어찌 얻어지겠는가!

수양·연구 없는 취사가 어찌 가능하며, 용맹 있는 취사력을 어찌 얻을 수 있겠는가!

수양·연구·취사를 따로따로 떼어서 생각해 보면, 수양은 언제 하고, 연구는 언제 하며, 취사는 언제 할 것이냐는 생각이 들어 삼학만 떠올리면 그만 머리가 아프고 피곤해지곤 했다.

이제는 삼학 공부를 함으로써 더욱 더 생활이 즐겁고, 심신 작용이 보다 더 평안해져야 되지 않겠는가?

그런데 원래 삼학 자체의 속성대로 삼학이 서로서로에 갊아져 있음을 알고 나니, 편안함을 느끼게 되면서 진행 사조(신·분·의·성)도, 사연 사조(불신·탐욕·나·우)도 똑 같은 원리임을 깨닫게 된다.

일원상의 수행에서 '일원상과 같이 원만 구족하고 지공 무사한 각자의 마음을 알자는 것이며'의 '알자' 속에 양성과 사용이 다 들어 있다는 말씀이 이해되고,

일원상 서원문에서 '이 법신불 일원상을 체받아서 심신을 원만하게 수호하는 공부(정신 수양)를 하며, 또는 사리를 원만하게 아는 공부(사리 연구)를 하며, 또는 심신을 원만하게 사용하는 공부(작업 취사)를 지성으로 하여……'의 '또는'이 바로 삼학의 속성이 동시성이요 병진임을 나타내는 단어임을 다시금 확인하게 된다.

삼학은 마치 쇠스랑의 세 발과도 같다

또 말씀하시기를

"우리가 경전으로 배울 때에는 삼학이 비록 과목은 각각 다르나, 실지로 공부를 해나가는 데에는 서로 떠날 수 없는 연관이 있어서 마치 쇠스랑의 세 발과도 같나니,

수양을 하는 데에도 연구·취사의 합력이 있어야 할 것이요,

연구를 하는 데에도 수양·취사의 합력이 있어야 할 것이요,

취사를 하는 데에도 수양·연구의 합력이 있어야 하나니라.

그러므로, 삼학을 병진하는 것은 서로 그 힘을 어울려 공부를 지체없이 전진하게 하자는 것이며,

또는 선원에서 대중이 모여 공부에 대한 의견을 교환하는 것은 그에 따라 혜두가 고루 발달되어 과한 힘을 들이지 아니하여도 능히 큰 지견을 얻을 수 있게 하자는 것이니라625)."

천만 경계에 항상 삼학의 대중을 놓지 말아야

대종사 말씀하시기를

---

625) 대종경, 제2 교의품(敎義品), 21장, p.124.

"공부하는 사람은 세상의 천만 경계에 항상 삼학의 대중을 놓지 말아야 할 것이니,

삼학을 비유하여 말하자면 배를 운전하는 데 지남침 같고 기관수 같은지라, 지남침과 기관수가 없으면 그 배가 능히 바다를 건너지 못할 것이요, 삼학의 대중이 없으면 사람이 능히 세상을 잘 살아 나가기가 어렵나니라[626]."

삼학 병진이 곧 삼공 선도구나!

삼공 선도(三功仙道)는 단군 조선 이전의 나라였던 배달국에서부터 전해지는 우리 선조들의 심신 수련법으로서, 기(氣) 공부·마음 공부·몸 공부를 말한다.

이 세 가지 공부법은 대종사님께서 친히 펴신 정전의 말씀 중 어디에 해당될까 하는 오랜 의문이 삼학을 공부하면서 마침내 풀렸다.

그 동안 정전의 말씀과 비교해 보면서 정전은 너무 마음 공부에 치중하고 있다는 오랜 의구심을 동시에 털어버리게 되었다.

삼공(三功)을 자동차에 비하건대, 몸 공부는 자동차 정비와 관리에, 기 공부는 연료에, 마음 공부는 운전자의 운전 솜씨와 마음가짐에 해당된다.

사람은 몸과 마음과 기로 이루어져 있으므로 이들을 각각 단련함으로써 진리를 깨달아 성통 공완(性通功完)[627]하여 보다 평안한 삶(낙원 생활)을 영위하고자 한다.

삼공 역시 어느 한 쪽으로 치우치면 기·마음·몸 간의 유기적인 신진 대사와 공조 체계가 깨어져 결국에는 병이 들게 마련이다.

그러면 삼학의 정신 수양·사리 연구·작업 취사는 삼공의 기(氣) 공부·마음 공부·몸 공부 중 어디에 해당되는가?

---

626) 대종경, 제2 교의품(敎義品), 22장, p.125.
627) 도를 통하여 깨달음이 이루어지는 일.

언뜻 생각되기로는, 정신 수양은 온전한 정신을 얻어 자주력을 양성하는 것을 이르므로 삼공의 기 공부에 해당되며, 사리 연구는 생각과 마음을 단련하여 지혜의 힘을 얻는 것이므로 마음 공부에 해당되며, 작업 취사는 육근이 작용하되 정의는 취하고 불의는 버리는 실행의 힘을 얻어 몸으로 행하는 것이므로 몸 공부에 해당된다.

그러나 정신 수양·사리 연구·작업 취사나 기(氣)공부·마음 공부·몸 공부는 솥을 떠받히는 세 다리와 같아서 어느 하나인들 등한시할 수 없으며, 과불급일 수 없는 것이다.

셋 중 어느 한 쪽으로 치우친다면 그 균형은 깨어지기 때문에 일시적으로는 엉성한 형태의 새로운 균형이 이루어졌다가도 결국에는 그 불안정한 균형조차 허물어진다.

'심고와 기도'에서 '자력(自力)과 타력이 같이 필요하나니 자력은 타력의 근본이 되고 타력은 자력의 근본이 되나니라.'고 하신 바와 같이 자력과 타력은 서로의 근본이 되는 것임을 어찌 잊을 수 있단 말인가!

이처럼 삼학이나 삼공 각각에서 둘은 고사하고 어느 하나인들 없어서도 안 되고 소홀히 할 수도 없는 것임을 다시금 느끼고 또 느낀다.

정신 수양에 삼공이 다 들어 있고, 사리 연구에도 삼공이 들어 있으며, 작업 취사에도 삼공이 이미 포함되어 있지 않은가!

또한 기 공부에도 삼학이, 마음 공부에도 삼학이, 몸 공부에도 삼학이 들어 있지 않은가!

이러니 대종사님의 삼학과 조상님들의 삼공이 어찌 다르다 할 수 있겠는가?!

모든 사상은 동원 도리·동기 연계의 이치대로 그 근본은 하나임을 알게 되니 삼학과 삼공을 분별하는 마음은 어느덧 하나로 조화되어 삼학이 곧 삼공이요, 삼공이 곧 삼학으로 수용된다.

따로 놀던 삼학과 삼공이 하나로 보이게 되니 평안한 느낌과 함께 대종사님 말씀이 생각난다.

"예수교에서도 예수의 심통 제자만 되면 나의 일을 알게 될 것이요, 내게서도 나의 심통 제자만 되면 예수의 한 일을 알게 되리라628)."

삼학의 표준은?

말씀하시기를
"우리가 수양 연구 취사의 삼학으로써 공부를 진행하는 바,
결국 수양은 해탈이 표준이 되며,
연구는 대각이 표준이 되며,
취사는 중정(中正)629)이 표준이 되나니라630)."

삼학의 대지(大旨)는?

"수양은 망념을 닦고 진성(眞性)을 기름이 그 대지요,
연구는 지혜를 연마하며 본원을 궁구함이 그 대지요,
취사는 중정을 취하고 사곡(私曲)631)을 버림이 그 대지니라632)."

과거의 삼학(계·정·혜)과 우리의 삼학(수양·연구·취사)과의 차이는?

"과거에도 삼학이 있었으나, 계·정·혜와 우리의 삼학(수양·연구·취사)은 다르나니,
계(戒)는 주로 계문을 주로 하여 개인의 지계(持戒)633)에 치중하였지마는 취사(取捨)는 수신 제가(修身齊家)·치국 평천하(治國平天下)의 모든 작업에 빠짐없이 취사케 하는 요긴한 공부며,

---

628) 대종경, 제14 전망품(展望品), 14장, p.388.
629) 어느 쪽에도 치우침이 없고 곧고 바름, 또는 지나치거나 모자람이 없이 알맞음.
630) 정산 종사 법어, 제2부 법어(法語), 제6 경의편(經義編), 18장, p.843.
631) 사사롭고 바르지 못함.
632) 정산 종사 법어, 제2부 법어(法語), 제6 경의편(經義編), 19장, p.844.
633) 계율을 잘 지키어 범하지 않는 것.

혜(慧)도 자성에서 발하는 혜에 치중하여 말씀하였지마는 연구 (硏究)는 모든 일 모든 이치에 두루 알음알이를 얻는 공부며,

정(定)도 선정(禪定)에 치중하여 말씀하셨지마는 수양(修養)은 동정간에 자성을 떠나지 아니하는 일심 공부라,

만사의 성공에 이 삼학은 벗어나지 못하는 것이니 이 위에 더 원만한 공부길은 없나니라634)."

비공부인과 공부인의 삼학의 차이는?

"공부하지 않는 이에게도 삼학은 있으나 이는 부지중 삼학이요 주견 없는 삼학이요 임시적 삼학이며,

공부인의 삼학은 공부적 삼학이요 법도 있는 삼학이요 간단 없는 삼학이니라635)."

수양·연구·취사의 방법의 주(主)와 요건(要件)은?

"수양의 방법은 염불과 좌선과 무시선 무처선이 주가 되나 연구와 취사가 같이 수양의 요건이 되며,

연구의 방법은 견문과 학법(學法)과 사고가 주가 되나 수양과 취사가 같이 연구의 요건이 되며,

취사의 방법은 경험과 주의와 결단이 주가 되나 수양과 연구가 같이 취사의 요건이 되나니라636)."

수양·연구·취사의 결과는?

"수양의 결과는 생사의 자유와 극락 수용과 만사 성공이요,
연구의 결과는 사리 통달과 중생 제도와 만사 성공이요,

---

634) 정산 종사 법어, 제2부 법어(法語), 제6 경의편(經義編), 13장, p.842.
635) 정산 종사 법어, 제2부 법어(法語), 제6 경의편(經義編), 14장, p.843.
636) 정산 종사 법어, 제2부 법어(法語), 제6 경의편(經義編), 15장, p.843.

취사의 결과는 만행 구족과 만복 원만과 만사 성공이니라[637]."

정·혜·계는 어떻게 닦고 쌓고 지키는가?

"정(定)을 쌓되 동정(動靜)에 구애 없는 정을 쌓으며,
혜(慧)를 닦되 지우(智愚)에 집착 않는 혜를 닦으며,
계(戒)를 지키되 선악(善惡)에 속박 없는 계를 지키라[638]."

삼대력 정도를 아는 방법은?

"정할 때 마음 나가는 번수와 동할 때 마음 끌리는가 아니 끌리는가를 대조하면 수양력의 정도를 알 것이요,
안으로 성리 연마와 경전 해득과 밖으로 사물 판단하는 능력을 대조하면 연구력의 정도를 알 것이요,
안으로 일기하여 계문을 조사하고 밖으로 일을 당하여 수기응변하는 능력을 대조하면 취사력의 정도를 알 것이니라[639]."

일이 있는 때나 일이 없는 때를 오직 간단 없이 공부로 계속한다면, 그 결과는?

대종사 말씀하시기를
"보통 사람들은 항상 조용히 앉아서 좌선하고 염불하고 경전이나 읽는 것만 공부로 알고 실지 생활에 단련하는 공부가 있는 것은 알지 못하나니, 어찌 내정정(內定靜)[640]·외정정(外定靜)[641]의

---

637) 정산 종사 법어, 제2부 법어(法語), 제6 경의편(經義編), 16장, p.843.
638) 정산 종사 법어, 제2부 법어(法語), 제7 권도편(勸道編), 52장, p.886.
639) 정산 종사 법어, 제2부 법어(法語), 제6 경의편(經義編), 17장, p.843.
640) 안으로 마음이 어지럽지 아니하고, 마음이 평화롭고 맑으며, 천만 번뇌를 잠재우는 공부. ①일이 없을 때에는 염불이나 좌선으로 어지럽게 일어나는 천만 번뇌를 고요하게 잠재워 무념의 경지에 들어가 온전한 근본 정신을 양성한다. ②일이 있어서 동작을 할 때에는 그 뜻을 바르게 가져 비

큰 공부 법을 알았다 하리요.

무릇, 큰 공부는 먼저 자성(自性)의 원리를 연구하여 원래 착(着)이 없는 그 자리를 알고 실생활에 나아가서는 착이 없는 행(行)을 하는 것이니, 이 길을 잡은 사람은 가히 날을 기약하고 큰 실력을 얻으리라.

공부하는 사람이 처지처지를 따라 이 일을 할 때 저 일에 끌리지 아니하고, 저 일을 할 때 이 일에 끌리지 아니하면 곧 이것이 일심 공부요,

이 일을 할 때 알음알이를 구하여 순서 있게 하고, 저 일을 할 때 알음알이를 구하여 순서 있게 하면 곧 이것이 연구 공부요,

이 일을 할 때 불의에 끌리는 바가 없고, 저 일을 할 때 불의에 끌리는 바가 없게 되면 곧 이것이 취사 공부며,

한가한 때에는 염불과 좌선으로 일심에 적공도 하고 경전 연습으로 연구에 전공도 하여, 일이 있는 때나 일이 없는 때를 오직 간단 없이 공부로 계속한다면 저절로 정신에는 수양력이 쌓이고 사리에는 연구력이 얻어지고 작업에는 취사력이 생겨나리니,

보라!

송규는 입문(入門)한 이래로 지금까지 총부 혹은 지방에서 임무에 노력하는 중 정식으로는 단 삼개월 입선(入禪)도 못하였으나,

현재 그의 실력을 조사하여 본다면 정신의 수양력으로도 애착·

록 찰나간이라도 망념이 일어나지 않게 한다.
641) 바깥 경계에 마음이 끌려가지 않고 마음의 안정을 얻는 정신 수양 공부. 밖으로는 동(動)하는 경계를 당하여 대의로 취사하여 망녕되고 번거한 일을 짓지 아니하는 것으로써 정신을 요란하게 하는 마(魔)의 근원을 없이 하는 공부. ①큰 서원을 세워서 아무리 바깥 경계가 유혹하더라도 거기에 마음이 끌려가지 아니하는 공부. 곧 철주의 중심이 되고 석벽의 외면(鐵柱中心 石壁外面)이 되는 공부. ②큰 신심을 가져서 천만 가지 세상일을 사량 계교하지 않고 오직 수행에만 힘쓰는 공부. 수행보다 더 크고 급한 일이 없다는 확고한 신심·공부심을 갖는 것. ③큰 분심(大忿心)을 가져서 천만 가지 장애가 앞을 가로막아도 조금도 두려워하지 않고 물러가지 않는 공부. 불퇴전·칠전팔기의 용맹 정진. 이런 방법으로 공부를 하면 자연히 외정정이 되어서 천만 경계에도 마음이 흔들리지 아니하고 안정과 평화를 얻게 된다.

탐착이 거의 떨어져서 희·로·애·락과 원·근·친·소에 끌리는 바가 드물고, 사리에 연구력으로도 일에 대한 시비 이해와 이치에 대한 대소 유무를 대체적으로 다 분석하고, 작업에 취사력으로도 불의와 정의를 능히 분석하여 정의에 대한 실행이 십중팔구는 될 것이며,

사무에 바쁜 중에도 써 보낸 글들을 보면 진리도 깊으려니와 일반이 알기 쉬운 문체며 조리 강령이 분명하여 수정할 곳이 별로 없게 되었으니,

그는 오래지 아니하여 충분한 삼대력을 얻어 어디로 가든지 중인을 이익 주는 귀중한 인물이 될 것인 바, 이는 곧 동정간에 끊임 없는 공부를 잘한 공덕이라,

그대들도 그와 같이 동정 일여(動靜一如)의 무시선(無時禪) 공부에 더욱 정진하여 원하는 삼대력을 충분히 얻을지어다642)."

체용(體用)이 겸전하고 동정이 서로 근원하는 원만한 삼대력 얻는 길은?

"삼대력 공부에 저축 삼대력 공부와 활용 삼대력 공부가 있나니,
저축 삼대력 공부는 정할 때에 안으로 쌓는 공부요,
활용 삼대력 공부는 동할 때 실지 경계에 사용하는 공부라,
아무리 저축 삼대력 공부를 하였다 할지라도 활용하지 못하면 마치 그늘에서 자란 나무 같아서 힘이 없을 것이요,
활용 삼대력 공부 역시 저축 삼대력 공부가 없으면 마치 뿌리가 튼튼하지 못한 나무 같아서 힘이 없으리라.
그러므로, 항상 저축 삼대력 공부와 활용 삼대력 공부를 병진하여 체용이 겸전하고 동정이 서로 근원하는 원만한 삼대력을 얻을지니라643)."

정신 수양·사리 연구·작업 취사와 마음 공부의 상관 관계?

---

642) 대종경, 제3 수행품(修行品), 9장, p.146.
643) 정산 종사 법어, 제2부 법어(法語), 제6 경의편(經義編), 20장, p.844.

정신 수양·사리 연구·작업 취사로 마음 공부를 어떻게 하는지
정리하면 다음 표와 같다.

정신 수양은	사리 연구는	작업 취사는
"마음을 닦아서 맑히자는 것으로 정신의 자주력을 얻자는 것이요, 번뇌에 불타는 마음의 불을 끄자는 것이요, 욕심에 도둑맞은 참 마음을 찾아내자는 것이며644)",	"마음을 찾아서 밝히자는 것으로 모든 진리를 궁구하여 깨치자는 것이요 모르는 진리를 배워서 알자는 것이요, 밝혀 놓은 참 지혜를 계속해서 닦아 어둡지 않게 하자는 것이며644)",	"마음을 바르게 잘 쓰자는 것으로 악업을 끊고 선업을 행하자는 것이요 복을 계속해서 새로 짓자는 것이요 지은 복이 계속되도록 하자는 것이며644)."
"마음을 닦고 키우는 공부요, 일심을 모으는 공부요, 기도하는 공부요, 마음을 길들이는 공부요, 마음을 지키는 공부요, 마음을 고요하게 하는 공부요, 생각을 텅 비우는 공부요, 착심을 떼는 공부요, 부동심을 양성하는 공부요, 보림하는 공부니라645)."	"마음을 찾는 공부요, 스스로 궁구하고 깨치는 공부요, 보고 듣고 말하다가 우연히 깨치는 공부요, 스승이 가르치고 훈습시키는 공부요, 실지 체험으로 깨치는 공부요, 심천(心天)에 지혜의 달이 솟게 하는 공부요, 견성보다 수증(修證)이 훨씬 어려움을 아는 공부요, 스승의 인가를 얻는 공부요, 스스로 깨닫는 공부요, 대각의 경로를 아는 공부니라646)."	"마음을 잘 쓰는 공부요, 유무념 대조하는 공부요, 계율을 잘 지키는 공부요, 육근 동작을 바르게 하는 공부요, 조심하는 공부요, 남에게 유익을 주는 공부요, 겸양하는 공부요, 넉넉한 처사를 본받는 공부요, 중도를 잡는 공부요, 상을 없애는 공부요, 심신을 원만하게 쓰는 공부니라647)."

삼학 공부를 하는 가운데 크게 경계할 일이 있나니

644) 대산 종사 법어, 제2 교리편, 54장, p.58.
645) 대산 종사 법어, 제2 교리편, 56장, p.58.
646) 대산 종사 법어, 제2 교리편, 57장, p.59.
647) 대산 종사 법어, 제2 교리편, 58장, p.59.

대산 종사 말씀하시기를

"첫째, 수양할 때 무기공(無記空)에 빠지거나 허령이 나타나는 것이요,

둘째, 연구할 때 대각을 단번에 이루려고 급한 마음을 내거나 사견에 빠지는 것이요,

셋째, 취사할 때 제가 짓고 제가 받는 줄을 모르는 것과 법의 선(線)이 없이 사는 것이니라[648]."

대산 종사 말씀하시기를

"대종사께서는 삼학 편수를 특히 금하셨나니, 우리는 삼대력 중에서 모자라는 점을 스스로 살핌과 동시에 스승의 지도와 동지들의 의견을 들어서 삼학을 병진해 나가야 하느니라[649]."

---

648) 대산 종사 법어, 제2 교리편, 59장, p.60.
649) 대산 종사 법어, 제2 교리편, 60장, p.60.

제5장 팔 조(八條)

제1절 진행 사조(進行四條)

삼학 공부를 진행하는 원동력으로서, 만사를 이루려 할 때에 마음을 정하게 하는 신(信), 권면하고 촉진하는 분(忿), 모르는 것을 알아내는 의(疑), 그 목적을 달하게 하는 성(誠)이다.

1. 신(信)

신이라 함은 믿음[650]을 이름이니, 만사[651]를 이루려 할[652] 때에 마음을 정하는[653] 원동력(原動力)[654]이니라.

신(信)이란?

믿으면 믿는 만큼 알아지고, 알면 아는 만큼 믿게 된다.
각산님의 '교전 공부'에서 보면[655],
"내 눈에 보이기는 검은 것이지만 경전이나 스승께서 희다 하시면 왜 희다고 했는가를 생각하는 것이 신이요, 내 눈에 보이는 대로 검다고 속단하는 것은 신이 아니다."라고 하신 말씀은 오롯한 신성이 어떠한 것임을 되새겨 보게 한다.
자신의 지식·고정 관념·선입견·기준 등으로 판단하는 마음은 내려놓고, 나타난 현상을 있는 그대로 보고 수용하는 것이 신의 알파요 오메가며(일원상의 신앙), 자신의 일어나는 마음 역시 진리의

---

650) 믿는 마음.
651) 여러 가지 일. 모든 일.
652) 이루려 할(이루다+려+하다+ㄹ): 목적을 성취하다. 일을 마치다.
653) 정하는(정하다+는): 바뀌거나 옮겨지지 아니하다. 결정하다. 작정하다.
654) 모든 사물의 활동의 근원이 되는 힘.
655) 각산 신도형, "교전 공부", 각산 문집 I, 원불교출판사, p.199, 원기77(1992).

작용 따라 있어지는 것임을 인정하고 수용하는 것 또한 신의 알파요 오메가다(일원상의 신앙).

이런 고요하고 두렷한 마음 바탕에서 시종이 여일한 신심이 길러지는 것이다.

모든 일을 이루려 할 때에는 반드시 하면 된다는 믿음이 있어야 한다. 허공 법계(법신불 전)에 뿌리를 둔 믿음이 있어야 이것이 마음을 결정하게 하는 원동력이 되어 만사가 이루어진다. 이는 마음을 이루려는 방향으로 나아가게 하기 때문이다.

이 믿음이 일심으로 동하면 정의가 되고, 잡념으로 동하면 불의가 되어 불신을 일어나게 한다.

그러므로 경계를 따라 일어나는 마음을 원래 마음으로 돌려 자성의 정·혜·계를 세우는 것이 만사를 이루려 할 때에 마음을 정하는 원동력인 신(信)을 기르는 것이다.

'아, 이런 마음이 나오는 구나!'
'아, 내가 이런 마음을 내고 있구나!'
'난 분명히 할 수 있어!'
'난 반드시 이루고 말 거야!'

누가 누구의 마음을 정하게 하는가?

원래에 분별 주착이 없는 내가 경계를 따라 묘하게 일어나는 내 마음을 (결)정하게 한다.

경계를 따라 일어난 마음에서 두렷하고 고요하여 분별성과 주착심이 없는 원래 마음으로.

사대 불이 신심(四大不二信心) 또는 사대 불리 신심(四大不離信心)이란?

진리와 둘이 아닌 신심, 스승과 둘이 아닌 신심, 법과 둘이 아닌 신심, 회상과 둘이 아닌 신심(四大不二信心)이다.

공부를 해 가는 과정에서 여러 마음이 일어날 수 있다.

가령, 진리와 법은 믿겠는데 스승은 못 믿겠다든지, 또는 진리와 법과 스승은 믿겠는데 회상은 못 믿겠다는 것은 진리·스승·법을 믿는 마음이 확고하지 않기 때문이다.

진리와 스승과 법과 회상은 결코 둘이 아니요 서로 떨어질 수 없는 것(四大不離信心)이다.

솔성 요론에서 신(信)과 가장 관계 깊은 조항은?

1조인 '사람만 믿지 말고 그 법을 믿을 것이요', 2조인 '열 사람의 법을 응하여 제일 좋은 법으로 믿을 것이요'다.

신과 미신(迷信)은 어떻게 다른가?

신과 미신은 무엇을 믿는다는 점에서는 같다.

신은 알고서 믿는 것, 나는 정확히 모르더라도 상대에 대한 주위의 믿음이 바르고(진리적이고) 굳건할 때의 믿음이다.

그런데 '미신은 따로 있는 것이 아니라, 모르고 믿으면 미신이니라656).'고 하셨다.

내가 믿은 것들은 다 알고 믿었고, 내가 믿고 있는 것들은 다 알고 있는가?

아무런 과학적·합리적 근거도 없는 맹목적인 믿음 또한 미신이므로 이런 모습의 나는 없는가?

아무리 진리적이고 객관적이고 체계적이라고 해도 나 자신이 정확히 알지 못하고 믿으면 그 또한 미신이 아닌가?

엄격한 의미의 신(信)이 얼마나 어렵고 어려운가!

이러하기에 신을 모든 일을 이루게 하는 원동력이요 바탕이라고 하는가 보다.

---

656) 정산 종사 법어, 제2부 법어(法語), 제11 법훈편(法訓編), 14장, p.942.

"불경은 보지 말라" 하시었더니, 경상(經床)까지 외면하고

　다음 달에 대종사께서 정산 종사를 부안 변산 월명암에 보내시며 말씀하시기를
　"불경은 보지 말라."
　하시었더니, 경상(經床)까지 외면하고 보지 아니하시며,
　그 후 다시 진안 만덕산에 보내시며 말씀하시기를
　"전주에는 들르지 말라."
　하시었더니, 전주를 바라보지도 아니하고 지나시니라.
　후일, 학인에게 말씀하시기를
　"내 일찍 대종사께 물건으로 바친 것은 하나도 없으되 정(情)과 의(義)에 조금도 섭섭함이 없었노니, 마음으로 한 때도 그 어른을 떠나 본 일과 일로 한 번도 그 어른의 뜻을 거슬러 본 일이 없었노라657)."

신근(信根)에도 심천(深淺)이 있나니

　말씀하시기를
　"신근(信根)에 심천658)이 있나니,
　아무 주견 없이 여러 학설에 끌리고 여러 사람의 주의·주장에 끌려서 이리 흔들리고 저리 흔들려 자행 자지하다가 자신을 그르치는 정도는 낙엽 같은 신근이요,
　정당한 법에 믿음이 서서 약간의 경계에는 흔들리지 않으며 큰 경계를 당하면 흔들리기는 하나 타락하지 않는 정도는 나무 뿌리 같은 신근이요,
　믿음이 깊어서 어떠한 역경·난경을 당할지라도 조금도 흔들리지 아니하며, 일체 행동을 하되 언제나 양심이 주장하여 죄고에 빠지지 않는 정도는 태산 교악(泰山嶠嶽)659) 같은 신근이니라660)."

---

657) 정산 종사 법어, 제2부 법어(法語), 제1 기연편(機緣編), 4장, p.759.
658) 깊고 얕음.

교리도에서 사은 신앙문의 신(信)과 팔조의 신과는 어떠한 관계가 있는가?

한 제자가 여쭈었다.

"사은 신앙문의 신(信)과 팔조의 신과는 어떠한 관계가 있습니까?"

"삼학은 체(體)요 팔조는 용(用)이다.

먼저 팔조의 신으로 들어가서 삼학으로 들어가고, 그리고 사은으로 들어간다.

그러므로, 팔조의 신이란 사은 신앙의 초문이다.

그러나 또한 팔조에서 삼학, 삼학에서 사은, 또 사은에서 팔조, 이렇게 돌면서 공부가 되어 올라간다661)."

즉 팔조의 바탕은 삼학이다.

신·분·의·성과 불신·탐욕·나·우는 이들의 수양력·연구력·취사력에 따라 그 쓰임과 나타남이 달라진다.

그러므로 신(信)의 정도에 따라 삼학 공부가 얼마나 순숙되고 이어 사은 보은이 어떻게 추진되느냐가 좌우된다.

도가(道家)에서 공부인의 신성을 먼저 보는 뜻은?

대종사 말씀하시기를

"도가에서 공부인의 신성을 먼저 보는 것은 신(信)이 곧 법을 담는 그릇이 되고, 모든 의두를 해결하는 원동력이 되며, 모든 계율을 지키는 근본이 되기 때문이니,

신이 없는 공부는 마치 죽은 나무에 거름하는 것과 같아서 마침내 결과를 보지 못하나니라.

그러므로, 그대들도 먼저 독실한 신을 세워야 자신을 제도하게

---

659) ①높고 큰 산과 웅장한 봉우리. ②사람의 인품이나 능력이 뛰어나 모든 사람들로부터 존경과 신뢰를 받을만한 것을 비유하는 말.

660) 정산 종사 법어, 제2부 법어(法語), 제7 권도편(勸道編), 11장, p.870.

661) 한 울안 한 이치에, 제1편 법문과 일화, 3장 일원의 진리, 16절, p.65.

될 것이며, 남을 가르치는 데에도 신 없는 사람에게 신심 나게 하는 것이 첫째가는 공덕이 되나니라662)."

먼저 굳은 신심이 있고 없음을 알아야 할 것이니

하루는 이춘풍(李春風)663)이 와서 뵈오니, 대종사 말씀하시기를

"저 사람들이 나를 찾아온 것은 도덕을 배우려 함이어늘, 나는 무슨 뜻으로 도덕은 가르치지 아니하고 이같이 먼저 언(堰)을 막으라 하였는지 그 뜻을 알겠는가?"

춘풍이 사뢰기를

"저 같은 소견으로 어찌 깊으신 뜻을 다 알으오리까마는 저의 생각에는 두 가지 이유가 있는 듯하오니, 첫째는 이 언을 막아서 공부하는 비용을 준비하게 하심이요, 다음은 동심 합력으로 나아가면 이루지 못할 일이 없다는 증거를 보이시기 위함인가 하나이다."

대종사 말씀하시기를

"그대의 말이 대개 옳으나, 그 밖에도 나의 뜻을 더 들어보라. 저 사람들이 원래에 공부를 목적하고 온 것이므로 먼저 굳은 신심이 있고 없음을 알아야 할 것이니,

수 만년 불고(不顧)664)하던 간석지를 개척하여 논을 만들기로 하매665) 이웃 사람들의 조소를 받으며 겸하여 노동의 경험도 없는

---

662) 대종경, 제10 신성품(信誠品), 7장, p.308.
663) 1876~1930. 본명 지영(之永). 법호 훈산(薰山). 정산 종사의 외사촌. 경북 금릉에서 출생. 1918년(원기 3) 영산 방언공사가 한창 진행 중일 때 소태산 대종사를 찾아와 제자가 되었다. 1921년(원기 6) 겨울에는 전 가족을 이끌고 전북 부안군 보안면 종곡리로 이사하여 소태산 대종사의 봉래정사 생활에 크게 뒷받침하였다. 1924년(원기 9)에 익산총부를 건설하기 위하여 소태산 대종사가 봉래정사를 떠났을 때에 그의 가족들은 다시 봉래정사 부근으로 이사하여 봉래정사를 수호하였다. 1925년(원기 10)에 그는 출가하여 총부 선원 교무, 서울교당 교무 등을 역임하였다. 출가하기 전에 그는 유학에 상당한 지식을 갖추고 있었고, 총부 건설 초기에 그의 유학 지식은 유용하게 활용되었다.
664) 돌보지 않음.

사람들로서 충분히 믿기 어려운 이 일을 할 때에 그것으로 참된 신심이 있고 없음을 알게 될 것이요,

또는 이 한 일의 시(始)와 종(終)을 볼 때에 앞으로 모든 사업을 성취할 힘이 있고 없는 것을 알 수 있을 것이요,

또는 소비 절약과 근로 작업으로 자작 자급하는 방법을 보아서 복록(福祿)이 어디로부터 오는 근본을 알게 될 것이요,

또는 그 괴로운 일을 할 때에 솔성(率性)하는 법이 골라져서 스스로 괴로움을 이길 만한 힘을 얻을 수 있을 것이니, 이 모든 생각으로 이 일을 착수시켰노라666)."

2. 분(忿)

분이라 함은 용장666)한 전진심668)을 이름이니, 만사를 이루려 할 때에 권면669)하고 촉진670)하는 원동력이니라.

분(忿)은 용장한 전진심으로서 용감하고 씩씩하게 앞으로 나아가려 하고 보다 나아지려는 마음, 즉 분발심(忿發心)이다.

나도 할 수 있다는 신념에 바탕을 둔 생생한 의욕이다.

어떠한 일을 당하여서도 굳은 결심으로 밀고 나아가는 생생 약동하는 마음이다. 이 마음은 누구나 갖고 있는 속성이다.

그러므로 이 마음은 나와 너를 타일러서 만사를 이루려 하는 방향으로 힘쓰게 하고 재촉하여 빨리 나아가게 한다.

이 마음이 나기 시작할 때 잘 살려야 한다.

이는 막 타기 시작하는 모닥불 같아서 꺼지거나 한꺼번에 타버

---

665) -매: 어떤 일에 대한 원인이나 근거를 나타내는 연결 어미.
666) 대종경, 제1 서품(序品), 10장, p.110.
667) 용감하고 씩씩함.
668) 앞으로 나아가려는 마음.
669) 타일러서 힘 쓰게 함.
670) 죄어치어(재촉하여) 빨리 나아가게 함.

리지 않도록 잘 살려야 한다.

용장한 전진심을 내어 어떤 일을 실행할 때 즉시 실행이 되지 않으면 낙망하여 포기하고 싶은 마음 또한 묘하게 일어난다.

이때에도

'내가 분심(忿心)을 내고 있구나!'

'분심에 끌려 있구나!'

'포기하고 싶은 마음에 끌리는구나!'

하고 이 마음을 공부 거리 삼아 나아가는 것이 우리 공부인의 일이다.

끊임없이 자리 이타하고 정당한 길로 나아가는지, 옆길로 새려고 하는지, 그만 두고 싶은지 잘 살피고 살펴야 분발심이 살아 움직인다.

아무리 용장한 전진심(前進心)과 분심(忿心)을 권면하고 촉진하고 싶어도 다른 사람의 원 없는 데에는 권하지 말아야 한다.

상대방이 수용하지 못하는 바에야 서로의 갈등과 주위의 혼란만 키울 뿐이다.

이럴 때에는 자기 할 일만 하는 데에 분심을 모으고, 안으로 더 체계적이고 합리적이고 논리적으로 분심을 키워야 한다.

때가 되면 주머니 안의 송곳마냥 자연히 드러나기 마련임(囊中之錐) 또한 진리의 속성이 아니겠는가!?

누가 권면하고 촉진하며, 누구를 권면하고 촉진하는가?

하고 싶어하는 내가 하기 싫어하는 나를 권면(타일러서 힘 쓰게 함)하고 촉진(재촉하여 빨리 나아가게 함)하며,

이런 나를 더욱 권면하고 촉진하는 나로 돌리는 것이 곧 분(忿)이다.

경계를 대할 때마다 일어나는 마음을 원래 마음으로 순발력 있게 돌리고 또 돌리는 것 또한 분(忿)이다.

구하기에 노력만 한다면 누가 이를 막을 것인가?

말씀하시기를

"우리가 세상에서 구하고자 하는 것을 간단히 말하자면 복과 혜 두 가지인 바,

세상은 복의 밭이요 우주는 진리의 덩치며, 우리에게는 다 부처 님 같이 복과 혜를 얻을 수 있는 요소가 갊아 있건마는 구하는 데 노력하지 아니하므로 오지 않나니, 구하기에 노력만 한다면 누가 이를 막으리요.

그러나 아무리 구하여도 되지 않는 일은 진리에 어긋나게 구하 는 연고라, 우리는 원하거든 먼저 구해야 하며, 구하되 진리로써 구해야 하나니라671)."

3. 의(疑)

의라 함은 일과 이치에 모르는 것을 발견672)하여 알고자673) 함을 이름이니, 만사를 이루려 할 때에 모르는 것을 알아내 는674) 원동력이니라.

일과 이치란 인간의 시비 이해와 천조(天造)의 대소 유무다.

시비 이해에 끌리고 대소 유무의 가닥에 집착하면, 시비 이해의 일과 대소 유무의 이치를 모르게 된다.

'내가 끌리고, 집착하고 있구나!' 하고 알면, 일과 이치에 모르고 있는 나를 발견하게 된다.

모르는 것을 발견하여 알아내려는 마음은 사리 연구다. 믿지 못

---

671) 정산 종사 법어, 제2부 법어(法語), 제9 무본편(務本編), 10장, p.908.
672) 남이 미처 보지 못한 사물을 먼저 찾아 냄.
673) -고자: 동사의 어간에 붙어 욕망의 뜻을 나타내는 말.
674) 알아내는(알아내다+는): 모르던 것을 새로 깨닫다. 찾거나 연구하여 내다.

하여 그러는 의심(疑心)이 아니라, 사실과 거짓을 사심없이 볼 수 있는 혜안을 기르게 한다.

의(疑)는 믿음을 더욱 키우고, 용장한 전진심을 더욱 내게 하고, 간단없는 마음을 더욱 지키게 하는 원동력이 된다.

그러므로 모르는 것을 발견하여 알고자 하는 의(疑)는 내면 낼수록 연구력을 얻게 되어 만사를 이루게 한다.

모르는 것을 알아내는 사람은 누구인가?

나 자신이다.

모르는 것을 알아보는 것이 쑥스럽고 창피하다고 여겨 그냥 넘어가려는 나(배울 줄 모르는 나)를 모르는 것을 잘 알아내는 나(잘 배우는 나)로 돌리는 것이 곧 의(疑)임을 알 수 있다.

이 의(疑)는 대종사님도 맨 처음 내신 것이다

의가 공부를 촉진하는 진행 사조 중 세 번째라 하여 신과 분 다음으로 중요하다고 생각할 수 있으나 그렇지는 않다.

대종사님께서도 7세 때부터 관천기의상(觀天起疑相)을 나툰 바탕이 곧 일과 이치에 모르는 것을 발견해 알고자 하는 의(疑)였다.

이 우주 만물 어디에나 나투어져 있는 인간의 시비 이해와 천조의 대소 유무인 일과 이치는 사실은 아는 것보다는 모르는 것 투성이다.

물어보지 않고 말이 없다 하여 어찌 알고자 하는 마음이 없다고 할 수 있으며, 어찌 알고자 하는 마음이 나지 않는다고 생각할 수 있겠는가?

공부의 첫걸음도 '의(疑)'요 마무리도 '의'임을 잊지 않는다면 '의' 또한 만사를 이루게 하는 원동력임을 인정하지 않을 수 없다.

그런데 왜 의(疑)보다 신·분이 먼저일까?

진리가 진리인 줄 모르고, 법(法)이 법인 줄 모를 때에는 이를 알고자 하는 의(疑)가 가장 먼저일 것이다(관천기의상(觀天起疑相)). 부처님도 대종사님도 마찬가지였다.

그런데 대종사님께서 대각하신 일원상의 진리와 이를 바탕으로 펴신 교법이 있는 데에도 이를 미처 알아보지 못하고 다른 것을 찾으려 한다면 수저를 들고서 수저를 찾는 격이요, 아기를 업고서 아기를 찾는 격이다.

즉 이미 있는 법을 찾아 헤맬 것이 아니라, 대종사님의 법을 믿고 인도하는 대로 따르면 되는 것이며, 법을 손에 들고 마음에 담고 사용하면 되는 것이다.

이러하기에 법을 담는 그릇인 신(信)이 제일 먼저 올 수밖에 없으며, 용장한 전진심인 분(忿)으로 법의 체성에 합하고 법의 위력을 얻도록까지 권면하고 촉진하면 법과 하나되어 법을 한시도 떠나지 않고 사용하는 공부인, 자리이타·무아봉공하는 활불이 될 것이다.

이왕이면 다홍치마라고, 밝게 알고 바르게 알고자 하는 마음(疑)을 놓지 않는다면 신(信)도 더욱 굳건해지고 분(忿)도 더욱 굳세어질 것이며, 더불어 의(疑) 또한 새롭고 새로워질 것이다.

이 모두를 아우르는 것이 무엇인가?

쉬지 않고 하고 또 하고 하고 또 하는, 간단없이 오래오래 계속하는 성(誠)이다.

결국 신·분·의·성은 서로 서로 도움이 되고 바탕이 되는 상생 상화의 관계 속에서 공부를 촉진하고 또 촉진하는 원동력의 한 모습 한 모습이다.

모든 의문을 풀어보려는 간절한 구도심이 쌓이고 쌓여 지극해야

학인들에게 말씀하시기를

"모든 것이 간절히 구하는 이에게 돌아오나니, 과거 부처님께서 새벽 별을 보시고 득도를 하신 것은 그 별 자체에 무슨 뜻이 있어

서 깨치신 것이 아니라,

인간의 생·로·병·사의 모든 의문을 풀어 보시려는 간절한 구도심이 쌓이고 쌓여 지극하셨기 때문에 드디어 깨치신 것이며,

대종사께서도 7세 때부터 우주의 자연 현상을 보시고 싹 트신 간절한 구도의 정성이 쌓이고 쌓여 드디어 대각을 이루신 것이니라.

그러므로, 법문을 들을 때에 공력(功力)[675] 없이 듣는 것과 공력을 들여 듣는 것이 다르고, 모든 사리에 연구심을 가지고 견문하는 것과 범연히[676] 듣고 보는 것이 다르나니,

정전을 항상 염두에 두고 모든 학설을 연마하면 교리에 더욱 밝아질 것이요, 그렇지 아니하고 학설만 들으면 머리만 산란하리라.

그러므로, 새벽에는 좌선으로 마음을 맑히고 낮에는 경전으로 이치를 연마하라 하셨나니라[677]."

4. 성 (誠)

성이라 함은 간단[678] 없는 마음을 이름이니, 만사를 이루려 할 때에 그 목적[679]을 달하게 하는 원동력이니라.

성(誠)이란 거짓 없이 한결 같은 마음, 간단 없는 마음이다.
만사가 이루어질 때까지, 그 목적을 달할 때까지 지니는 마음이다.
이 마음은 항상 한결 같은가?
불신과 탐욕과 나와 우는 없는가?
경계를 대할 때마다 원래 마음으로 돌리고 또 돌리기를 쉬지 않

---

675) 어떤 일을 이루기 위하여 공들이고 애쓰는 힘.
676) 범연(泛然)하다: 차근차근한 맛이 없이 데면데면하다(사람을 대하는 태도가 친밀감이 없이 예사롭다. 성질이 꼼꼼하지 않아 행동이 신중하거나 조심스럽지 아니하다.).
677) 정산 종사 법어, 제2부 법어(法語), 제7 권도편(勸道編), 35장, p.879.
678) 잠깐 끊어짐.
679) 일을 이루려 하는 목표.

는 것이 성(誠)이다.

만사는 나와 무관하거나 거리가 있는 것이 아니라, 현재 내가 하고 있는 일, 현재 내가 대하고 있는 모든 것이다. 즉 만사가 경계다.

이 만사를 따라 일어나는 마음을 대조하고 또 대조하여 챙기고 또 챙겨서 필경은 챙기지 아니하여도 저절로 되어지는 경지에까지 도달하는 것이 성(誠)이다.

모든 일을 작용할 때에 즉시 실행이 되지 않는다고 낙망하지 않고 정성을 다하여 끊임없이 공을 쌓는 것 또한 성(誠)이다.

그 목적을 달하게 하는 사람은 누구인가?

나 자신이다.

그 목적을 달하게 하지 않으려는 나를 잘 달하게 하는 나로 돌리는 것이 곧 성(誠)이다.

또한 그 목적을 달하게 할 때 내가 할 수 있는 한 최선을 다하는 것이 참다운 성(誠)이며, 이는 곧 자력 생활임을 알 수 있다.

성(誠)이란 '천지의 지극히 정성(精誠)한 도를 체받는 것'이다

성은 '간단 없는 마음을 이름이니, 만사를 이루려 할 때에 그 목적을 달하게 하는 원동력'인데, 이는 천지 보은의 조목 중 천지의 지극히 정성한 도(2조)를 체받는 것이다.

천지 보은의 조목 2조	성(誠)
천지의 지극히 정성한 도를 체받으면 만사를 작용할 때에 간단 없이 시종이 여일하게 그 목적을 달할 것이요.	간단 없는 마음을 이름이니, 만사를 이루려 할 때에 그 목적을 달하게 하는 원동력이니라.

따라서 천지의 지극히 정성한 도를 체받는 것은 만사를 작용할 때에 간단 없이 시종이 여일하게 그 목적을 달하는 것이므로 이것이 곧 성(誠)임을 알 수 있다.

정당한 일에 지극한 정성을 들이면 이루어지지 않는 일이 없으니

말씀하시기를

"정당한 일에 지극한 정성을 들이면 그 정성의 정도와 일의 성질에 따라서 조만은 있을지언정 이루어지지 않는 일이 없으며,

그 이루어지는 것은 사실적으로 그 일이 잘 진행되어 점차로 목적을 달성하는 수도 있고 또는 불가사의한 기운이 응하여 일시에 그 목적이 이루어지는 수도 있나니라.

구인의 혈인(血印)이 날 때 우리 회상은 법계[680]의 인증을 받았나니, 현실의 큰일들은 다 음부의 결정이 먼저 나야 하나니라[681]."

오래 평범을 지키면서 꾸준한 공을 쌓는 사람은 특별한 인물이니

대종사 말씀하시기를

"대중 가운데 처하여 비록 특별한 선과 특별한 기술은 없다 할지라도 오래 평범을 지키면서 꾸준한 공을 쌓는 사람은 특별한 인물이니, 그가 도리어 큰 성공을 보게 되리라[682]."

이소성대의 정신으로 노력을 계속한다면 큰 성과를 보게 될 것이요

대종사 말씀하시기를

"세상의 모든 사물이 작은 데로부터 커진 것 외에는 다른 도리가 없나니, 그러므로 이소성대(以小成大)는 천리(天理)[683]의 원칙이니라.

---

680) 현상 세계의 근본이 되는 형상이 없는 진리의 세계.
681) 정산 종사 법어, 제2부 법어(法語), 제5 원리편(原理編), 30장, p.827.
682) 대종경, 제11 요훈품(要訓品), 40장, p.322.

이 세상에 크게 드러난 모든 종교의 역사를 보더라도 처음 창립할 때에는 그 힘이 심히 미약하였으나 오랜 시일을 지내는 동안에 그 세력이 점차 확장되어 오늘날 큰 종교들이 되었으며, 다른 모든 큰 사업들도 또한 작은 힘이 쌓이고 쌓인 결과 그렇게 커진 것에 불과하나니,

우리가 이 회상을 창립 발전시키는 데에도 이소성대의 정신으로 사심 없는 노력을 계속한다면 결국 무위이화(無爲而化)의 큰 성과를 보게 될 것이요,

또는 공부를 하는 데에도 급속한 마음을 두지 말고 스승의 지도에 복종하여 순서를 밟아 진행하고 보면 마침내 성공의 지경에 이를 것이나,

만일 그렇지 아니하고 어떠한 권도(權道)684)로 일시적 교세의 확장을 꾀한다든지 한 때의 편벽된 수행으로 짧은 시일에 큰 도력을 얻고자 한다면 이는 한갓 어리석은 욕심이요 역리(逆理)685)의 일이라, 아무리 애를 쓰되 헛되이 세월만 보내게 되리라.

그런즉, 그대들은 공부나 사업이나 기타 무슨 일이든지 허영심과 욕속심(欲速心)에 끌리지 말고 위에 말한 이소성대의 원칙에 따라 바라는 바 목적을 어김없이 성취하기 바라노라686)."

진행 사조와 삼학과의 관계는?

진행 사조 신·분·의·성은 삼학 공부를 촉진시키는 원동력이다.

그러나 이 신·분·의·성도 챙기고 또 챙겨야 신(信)에 힘이 붙어 만사를 이루려 할 때에 마음을 정하는 원동력이 되고, 분(忿)에 힘

---

683) 천지 자연의 도리, 곧 천지 팔도(八道). 지극히 밝고, 지극히 정성스럽고, 지극히 공정하고, 순리 자연하고, 광대 무량하고, 영원 불멸하고, 길흉이 없고, 응용 무념한 천지의 도리.

684) 수단은 비록 정당하지 못해도 그 목적은 정당한 것. 정당한 목적을 달성하기 위해 일시적으로 취하는 방편. 그러나 이 경우의 방편은 권모술수가 아님.

685) 이치에 어긋남.

686) 대종경, 제13 교단품(敎團品), 30장, p.367.

이 붙어 만사를 이루려 할 때에 권면하고 촉진하는 원동력이 되고, 의(疑)에 힘이 붙어 만사를 이루려 할 때에 모르는 것을 알아내는 원동력이 되고, 성(誠)에 힘이 더하여져 만사를 이루려 할 때에 그 목적을 달하게 하는 원동력이 되기 때문이다.

신·분·의·성도 삼학과 같은 관계요 원리다

삼학이 서로 떨어질 수 없는 관계이듯 신·분·의·성도 마찬가지다. 신(信)이 분·의·성을 여의면 참다운 신이 될 수 없고, 분(忿)이 신·의·성을 여의면 참다운 분이 될 수 없으며, 의(疑)가 신·분·성을 여의면 참다운 의가 될 수 없으며, 성(誠)이 신·분·의를 여의면 참다운 성이 될 수 없다.

그러므로 성(誠)이란 신·분·의·성의 준말로 보는 것이 타당할 것 같다.

큰 정성이 난 뒤에 크게 깨달음이 있나니라

대종사 말씀하시기를

"처음 발심한 사람이 저의 근기도 잘 모르고 일시적 독공(篤工)687)으로 바로 큰 이치를 깨치고자 애를 쓰는 수가 더러 있으나 그러한 마음을 가지면 몸에 큰 병을 얻기 쉽고, 마음대로 되지 않을 때에는 퇴굴심(退屈心)688)이 나서 수도 생활과 멀어질 수도 있나니 조심할 바이니라.

그러나, 혹 한 번 뛰어서 불지(佛地)689)에 오르는 도인도 있나니

---

687) 열성을 가지고 착실하게 공부하는 것. 독공(篤功)은 마음 공부를 잘하기 위해 열성을 다해 노력하는 것이고, 독공(篤工)은 지식 공부를 잘하기 위해 부지런히 노력하는 것임.
688) 수행인이 마음 공부를 해나가다가 순역 경계에 부딪쳐서 더 발전하지 못하고 물러서거나 굴복하는 마음.
689) 중생이 수행하여 보살의 경지를 거쳐 최후에 도달하게 되는 부처님의 경지. 곧 원불교인이 이상으로 하는 최상 구경인 대각여래위의 경지.

그는 다생겁래(多生劫來)690)에 많이 닦아 온 최상의 근기요, 중·하
(中下)의 근기는 오랜 시일을 두고 공을 쌓고 노력하여야 되나니,

그 순서는 첫째 큰 원(願)이 있은 뒤에 큰 신(信)이 나고, 큰 신
이 난 뒤에 큰 분(忿)이 나고, 큰 분이 난 뒤에 큰 의심이 나고,
큰 의심이 있은 뒤에 큰 정성이 나고, 큰 정성이 난 뒤에 크게 깨
달음이 있으며,

깨달아 아는 것도 한 번에 끝나는 것이 아니라 천통 만통이 있
나니라691)."

누구나 신·분·의·성만 지극하면 가히 얻을 수 있나니라

한 제자 여쭙기를

"저는 본래 재질이 둔하온데 겸하여 공부하온 시일이 아직 짧사
와 성취의 기한이 아득한 것 같사오니 어찌 하오리까?"

대종사 말씀하시기를

"도가의 공부는 원래 재질의 유무나 시일의 장단에 큰 관계가
있는 것이 아니라 오직 신(信)과 분(忿)과 의(疑)와 성(誠)으로 정
진(精進)하고 못 하는 데에 큰 관계가 있나니,

누구나 신·분·의·성만 지극하면 공부의 성취는 날을 기약하고
가히 얻을 수 있나니라692)."

"이와 같이 나는 길을 인도하는 사람이 없어서 가지가지 고행을
다 하였다.

그러나, 그대들은 내가 먼저 경험해 보고 나서 눈먼 봉사라도
안심하고 가도록 큰 길을 닦아 놓았고, 이렇게 편안히 의지할 집
을 지어서 아무 거리낌 없이 공부할 수 있도록 해 놓았으니 얼마

---

690) 아득한 과거로부터 수많은 생을 받아 육도 윤회를 하게 된다는 뜻. 인간
　　　은 과거 생에도 육도 윤회를 수없이 하였고, 또 사람의 몸으로도 여러 가
　　　지 형태로 생을 받아 살아가고 있는 것임.
691) 대종경, 제3 수행품(修行品), 43장, p.168.
692) 대종경, 제10 신성품(信誠品), 3장, p.307.

나 다행한가.

  그렇건마는, 여기 와서도 딴 길을 바라는 자가 없지 않으니 이는 천만년을 구할지라도 다 허사로 돌아갈 것이다.

  그대들은 의심하지 말고 신·분·의·성(信忿疑誠)만 들이댄다면 이는 나의 공부한 수고의 반만 하여도 반드시 성공할 것이다.

  내 법대로만 하면 예전에 상근기가 백년 걸려서 할 공부라도 나에게 와서 일이 년만 닦으면 그 공효를 이룰 것이다[693]."

신·분·의·성을 마음 공부와 사·농·공·상에 들이대면?

  정산 종사 말씀하시기를
  "신·분·의·성을 마음 공부에 들이대면 삼학 공부에 성공하고, 사·농·공·상에 들이대면 직업에 성공하나니라[694]."

제2절 사연 사조(捨捐四條)

  삼학 공부를 방해하는 장벽(또는 방해꾼, 마장)으로서, 만사를 이루려 할 때에 결정을 못하게 하는 불신(不信), 상도에서 벗어나서 과히 취하는 탐욕(貪慾), 하기 싫어하는 나(懶), 대소 유무와 시비 이해를 전연 알지 못하고 자행 자지하는 우(愚)를 말한다.

  이들은 놓아버려야 하고, 버려야 할 네 가지이다.

1. 불신(不信)

  불신이라 함은 신의 반대로 믿지 아니함을 이름이니, 만사를 이루려 할 때에 결정[695]을 얻지 못하게 하는 것이니라.

---

693) 대종경 선외록, 3. 구도고행장(求道苦行章), 6절, p.35.
694) 정산 종사 법어, 제2부 법어(法語), 제7 권도편(勸道編), 32장, p.878.

'불신'의 사전적 의미는 '믿지 아니함. 또는 믿을 수 없음'이다. 이는 내 탓일 수도 있고, 상대방의 탓일 수도 있다.

그러나 믿지 않는 주체는 나 자신이다.

믿지 않는 마음이 분명할 때는 결정이 빠르지만, 자신의 마음이나 상대방의 마음 상태가 분명하지 않으면 쉽게 결정하지 못하고 저울질을 하거나, 이래야 할지 저래야 할지 갈피를 못 잡게 된다.

왜 이럴까?

믿지 않는 마음이 분명한 경우에도 두 가지 형태가 있다.

첫째, 분별·주착없이, 사심없이 상황과 이치에 따라 내린 판단이면 그 믿지 않는 마음을 존중해야 한다. 그러나 지금 내가 믿지 않기로 결정하는 이 마음이 세월이 흘러도 바뀌지 않을 만큼 바른지 마음을 정할 때 반조해 볼 필요가 있다.

둘째, 자기 스스로 잘난 체하고 높은 체하여 남을 가볍게 여기고 업신여기는 아만심을 가지고 있을 때, 또는 자신이 가지고 있는 분별성과 주착심 때문에 다른 사람을 믿지 않을 때 등이다.

자신의 마음이나 상대방의 마음 상태가 분명하지 못한 경우를 살펴보자.

우선, 나 자신의 마음을 보면 내가 대하고 있는 이치나 시비 이해에 대하여 잘 모를 때, 상대방을 확실히 모를 때, 실제로 경험을 한 적이 없어 확신이 없을 때 결정을 잘 하지 못한다.

다음에는 나는 믿고 결정하려 해도 상대방이 자신의 마음을 결정하지 못하고 망설이거나, 결정했다가도 금방 바꿔버린다면 불신할 수밖에 없다.

2. 탐욕(貪慾)

> 탐욕이라 함은 모든 일을 상도에 벗어나서 과히 취함을 이름이니라.

---

695) 결단하여 정함.

욕심은, 사전적 의미로, 무엇을 탐내거나696) 분수(分數)697)에 지나치게 하고자 하는 마음이며, 탐욕은 지나치게 탐하는 욕심이므로 둘 다 마음을 말하고 있다.

그러나 대종사님께서는 탐욕을 '모든 일을 상도(常道)에 벗어나서 과히 취함'이라고 하셨다. 즉 지나치게 탐하는 마음을 어찌하지 못하고 그 마음에 끌려 행동으로 옮기는 것으로 정의하고 있다.

상도는 무엇인가?

'항상 변치 않는 떳떳한 도리(道理)'와 '항상 지켜야 할 도리'다.

그러면 항상 변치 않는 떳떳한 도리는 무엇인가?

이는 진리를 말한다. 풀어쓰면, 불생 불멸의 진리와 인과 보응의 이치이므로 일원상의 진리가 곧 상도이다.

'항상 지켜야 할 도리'는 또 무엇인가?

누구나 알고 있는 인의예지(仁義禮智)698) 또는 효제충신(孝悌忠信)699), 30계문과 솔성 요론 등이다. 이들은 일원상의 진리를 생활 속에서 실천하면서 삼대력을 얻도록 풀어 쓴 것이다.

우리가 경계(境界)를 대했을 때 경계(警戒)하자는 것은 모든 일을 상도와 분수에 벗어나서 과히 취하는 탐욕이다. 분수에 벗어나지 않고, 상도에 벗어나지 않는 욕심까지 경계하자는 것은 아니다.

무슨 일이든 잘 하고 싶은 마음, 이루고 싶은 마음, 소유하고 싶은 마음, 이기고 싶은 마음, 자리이타하고 싶은 마음 등은 누구에게나 다 있다.

이런 마음 역시 욕심이므로 이들까지 경계하자는 것은 아니다.

이에 대하여 대종사님과 정산 종사님께서 하신 말씀이다.

"욕심은 없앨 것이 아니라 도리어 키울 것이니, 작은 욕심을 큰 서원으로 돌려 키워서 마음이 거기에 전일하면 작은 욕심들은 자연 잠잘 것이요, 그리하면 저절로 한가롭고 넉넉한 생활을 하게 되리라700)."

---

696) 탐내다: 가지거나 차지하고 싶어 하다.
697) 자기 신분에 맞는 한도.
698) 어질고, 의롭고, 예의 바르고, 지혜로움.
699) 어버이에 대한 효도, 형제끼리의 우애, 임금에 대한 충성, 벗 사이의 믿음.

"오욕 자체는 좋고 나쁠 것이 없으나, 분수 이상의 욕심을 내면 죄고(죄와 고통)로 화하고 분수에 맞게 구하고 수용하면 그것이 세간의 복락이니라[701]."

우리가 욕심을 경계하고 참고 살자는 것은 욕심을 멀리 쫓으려는 것이 아니라, 큰 욕심으로 영생을 잘 살아 보자는 것이다.

이것이 우리 스승님들께서 진정으로 바라는 본의며, 욕심 경계를 통하여 욕심 경계에서 해탈하는 길이다.

3. 나(懶)

<blockquote>나라 함은 만사를 이루려 할 때에 하기 싫어함을 이름이니라.</blockquote>

나(懶)는 게으른 마음, 하기 싫어 뒤로 미루는 마음이다.

이런 마음이 나거나 이런 마음에 끌리기에 어떤 일을 할 때 하기 싫어 뒤로 미루게 되고, 이런 마음이 쌓이고 쌓이면 만사가 하기 싫어진다.

아무리 부지런한 사람도 경우에 따라서는 하기 싫은 마음이 날수 있으며, 아무리 게으른 사람도 자기가 좋아하는 일은 잘 하게 마련이다.

우리 공부인들은 이 하기 싫은 마음이 나오는 순간, '하기 싫은 마음이 나는구나!' 하고, 이를 공부 거리 이때를 공부 찬스로 삼을 뿐이다.

하기 싫은 마음이 그 상황에서 나오는 것도 묘하게 있어지는 진리의 작용이기 때문에 이를 간섭할 필요는 없다.

우리가 반드시 해야 하고, 또한 할 수 있는 일은 이 마음과 이때를 공부 거리, 공부 찬스로 삼는 것이다.

"○○의 심지는 원래 게으르다 부지런하다는 분별이 없건마는 하기 싫은 일을 해야 하는 경계를 따라 하기 싫은 게으름이 있어

---

700) 대종경, 제3 수행품(修行品), 36장, p.164.
701) 정산 종사 법어, 제2부 법어(法語), 제8 응기편(應機編), 22장, p.895.

지나니, 그 게으름을 없게 하는 것으로써 자성의 계를 세우자."

이렇게 대조하고 또 대조하고, 챙기고 또 챙기며 공부할 뿐이다.

이렇게 공부를 하기만 하면, 게으름도 더 이상 괴로움이 아니라 부지런한 나로 돌리고 세우라는 진리의 반가운 소식으로, 게으름으로 게으름 공부를 하여 게으름으로부터 해탈할 수 있게 된다.

그러면, 게으름으로부터 어떻게 해탈할 수 있는가?

게으른 마음이 날 때마다 이때가 경계인 줄 알고, 미리 챙기고 미리 실행하는 마음으로 돌리고 또 돌리는 것이며, 미리 실행했을 때의 장점과 게으른 마음에 끌렸을 때의 문제점을 정확하게 대조하여 내가 어떻게 하는 것이 자리 이타인지 내게 도움이 되고 다른 사람에게도 이익이 되는지 알아야 한다.

이 게으른 마음은 누구에게나 다 있고, 언제든지 나올 수 있으므로 이 마음이 나올 때마다 챙기고 또 챙기고 대조하고 또 대조하기를 오래오래 계속할 뿐이다.

이것이 내가 해야 하고 또 해야만 하는 일이다.

어리석은 사람은 복 짓기를 게을리하고 잠을 자나니

대종사 말씀하시기를

"어리석은 사람은 남이 복 받는 것을 보면 욕심을 내고 부러워하나, 제가 복 지을 때를 당하여서는 짓기를 게을리하고 잠을 자나니, 이는 짓지 아니한 농사에 수확하기를 바라는 것과 같나니라.

농부가 봄에 씨 뿌리지 아니하면 가을에 거둘 것이 없나니 이것이 인과의 원칙이라, 어찌 농사에만 한한 일이리요.[702]"

의욕이 없고 게으른 것이 안분(安分)이 아니니라

학인이 묻기를

"안분[703]을 하면 세상에 전진이 없지 않겠나이까?"

---

702) 대종경, 제5 인과품(因果品), 17장, p.226.

말씀하시기를

"의욕이 없고 게으른 것이 안분이 아니요, 순서를 바르게 잡아 태연히704) 행하는 것이 안분이니, 자기의 정도에 맞추어 전진할지니라705)."

4. 우(愚)

우라 함은 대소 유무와 시비 이해를 전연706) 알지 못하고 자행 자지707)함을 이름이니라.

우(愚)는 어리석음, 자기가 알아야 할 것과 알 수 있는 것을 모르고 사는 것이다. 또한 대소 유무와 시비 이해를 전연 알지 못하고 자행 자지하는 것이다.

대종사님께서는 지극히 부정할 때 사용하는 '절대로, 전연'과 같은 부사(副詞)를 잘 사용하지 않으셨다.

(절대로는 좌선법에 2번, 팔조에 1번 나옴.)

그런데 여기서는 왜 그랬을까?

자행 자지하는 원인이 대소 유무와 시비 이해를 전혀 모르기 때문이지, 조금이라도 안다면 그렇게 하지는 않을 것이라는 말이다. 아니, 조금이라도 알면 자행 자지할 리 없다는 말이다.

여기서 대소 유무는 '천조(天造)의 대소 유무'며, 시비 이해는 '인간의 시비 이해'다.

---

703) 편안한 마음으로 제 분수를 지킴.
704) 태도나 기색이 아무렇지도 않은 듯이 예사롭게.
705) 정산 종사 법어, 제2부 법어(法語), 제8 응기편(應機編), 33장, p.897.
706) 전혀. 도무지. 완전히.
707) ①진리를 깨치지 못한 사람이 스스로를 깨친 것으로 잘못 알아서 함부로 제멋대로 행동하는 것. 아직 불보살의 경지에 도달하지 못한 사람이 함부로 무애행을 흉내 내는 것. ②제 마음대로 하고 싶으면 하고, 하기 싫으면 그만 두는 것.

그런데 '사리 연구의 요지'에서 보면, 천조의 대소 유무는 '이(理)'며, 인간의 시비 이해는 '사(事)'이므로 결과적으로 우(愚)는 사리에 매우 어둡거나 사리 연구를 하더라도 자리 이타심으로 하지 않고 자신의 욕심을 채우려고 하거나 또는 이기심·아만심으로 하기 때문에 행동을 하면 할수록 저지르는 어리석음은 더욱 커져서 급기야는 자신과 주위 인연에게 상처를 입히고 주위를 힘들게 한다.

대소 유무와 시비 이해를 전연 알지 못하고 자행 자지하면 어떻게 되는가?

이치의 대소 유무를 모르고 산다면 우연히 돌아오는 고락의 원인을 모를 것이며, 생각이 단촉하고 마음이 편협하여 생·로·병·사와 인과 보응의 이치를 모를 것이며, 사실과 허위를 분간하지 못하여 항상 허망하고 요행한 데 떨어져, 결국은 패가 망신의 지경에 이르게 될 것이며,

일의 시·비·이·해를 모르고 자행 자지한다면 찰나찰나로 육근을 동작하는 바가 모두 죄고로 화하여 전정 고해가 한이 없을 것이다.

그러면 어떻게 하면 우(愚)를 벗어날 수 있는가?

첫째는 자신의 행동도 때로는 어리석은 줄 알아야 이를 벗어날 수 있다. 자신도 어리석어질 수 있는 줄 모르다면 누가 뭐라 해도 소용이 없다. 이런 사람은 자신을 돌아볼 수 있게 되거나 우연히 또는 뜻하지 않은 특별한 계기를 만나야만 해결의 실마리를 잡을 수 있다.

둘째는 평소 사리에 밝은 사람도 대하는 경계에 따라 어리석은 마음이 날 수 있으므로 이를 경계하자는 것이다. 이를 위해서는 '천조의 난측한 이치(대소 유무)'와 '인간의 다단한 일(시비 이해)'을 미리 연구하였다가 실생활에 다달아 밝게 분석하고 빠르게 판

단하여 알자는 것이다.

우(愚)와 치(痴)는 둘 다 어리석음인데 어떻게 다른가?

학인이 묻기를
"우(愚)와 치(痴)가 어떻게 다르나이까?"
답하시기를
"우는 시비를 모르는 어린 마음이요, 치는 알기는 하나 염치 없고 예의 없는 마음이니라.
하근기에 우자가 많고 중근기에 치자가 많나니 우와 치를 벗어나야 상근기가 되나니라.
일기할 때에 헛치사를 좋아했거든 치심에 끌린 것으로 기록하라. 치심의 병근은 명예욕이며, 천치와 우는 비슷하나니라[708]."

사연 사조와 삼학과의 관계는?

사연 사조는 삼학 공부를 방해하는 장애물, 훼방꾼, 걸림돌이다.
그러나 우리는 장애물이 있다 하여 멈추고, 훼방꾼이 있다 하여 좌절하고, 걸림돌이 있다 하여 넘어질 것인가?
비록 돌아가야 하고, 더디게 갈지언정 멈추거나 좌절할 순 없다.
오히려 이들 경계를 공부 거리 삼고, 공부할 때로 삼아 불신·탐욕·나·우를 신·분·의·성으로 돌릴 뿐이다.
그리하여, 뛰지 못하면 걷고 걷지 못하면 기어서라도 앞으로 나아가고 또 나아가야 한다.

팔조는 우리의 자성 원리다

팔조를 공부하면서 참으로 건성으로 공부하여 왔음을 인정하지 않을 수 없다.

---

708) 정산 종사 법어, 제2부 법어(法語), 제6 경의편(經義編), 21장, p.844.

새롭게 알게 된 팔조는 희열을 느끼게 하고, 대종사님께서 정전에 기재해 둔 법 중의 하나가 아니라 나의 법으로 살아남을 느끼게 된다.

진행 사조와 사연 사조는 삼학 공부를 촉진시키는 원동력인 동시에 걸림이 되게 하는 장애물임을 알게 되니, 이는 경계를 따라 나타나는 마음 작용(요란함·어리석음·그름)이요 진리의 양면성과 동시성으로 비춰 보인다.

사람의 성품이 정할 때는 무선 무악하나 동할 때는 능선 능악하게 작용되는 이치와 같이, 바로 이 팔조도 그렇겠구나 하는 느낌이 든다.

'심지는 원래 불신과 탐욕과 나와 우에 대한 분별·차별도 없건마는 경계를 따라 있어지나니, 그 불신과 탐욕과 나와 우를 없게 하는 것으로써 자성의 신과 분과 의와 성을 세우자.'

'유무식·남녀·노소·선악·귀천이 내 안에 있듯, 이 팔조도 내 안에 있는 마음 작용이구나!'

'팔조가 바로 자성의 원리구나!'

'우리가 그 요란함을 통하여 자성의 정을 쌓고, 그 어리석음을 통하여 자성의 혜를 밝히고, 그 그름을 통하여 자성의 계를 지키듯이, 불신과 탐욕과 나와 우를 통하여 신과 분과 의와 성을 기르고 나툴 수 있구나!'

이렇게 되면서, 팔조는 삼학에 연이어질 수밖에 없는 필연적 관계임을 알게 되고, 또한 내 마음 작용의 원리로 보이면서 마음을 대조하는 법의 표준이 된다.

팔조는 사은의 피은·보은·배은이다

진행 사조(신·분·의·성)는 피은된 바를 알게 하는 동시에 보은행의 원동력이며, 사연 사조(불신·탐욕·나·우)는 배은의 원인이 된다.

사은 없이 살 수 없다는 것은 누구나 다 인정하지 않을 수 없다.

이 피은된 바를 억지로 믿으라거나 또는 억지로 믿으려는 것이 아니라, 이미 피은된 바를 그대로 알자는 것이다.

이것이 곧 신(信)이며, 잘 모르던 것을 발견하여 보다 구체적으로 아는 것이 곧 의(疑)다. 또한 이에 따라 힘 미치는 대로 보은하는 것이 곧 분(忿)이요 성(誠)이다.

그런데 이 피할 수 없는 피은된 사실을 모른다든지 또는 인정하려 들지 않는 것이 불신(不信)이며, 탐욕과 나와 우로 말미암아 보은을 실행하지 않는 것이 곧 배은이다.

제6장 인생의 요도와 공부의 요도(人生-要道 工夫-要道)

사은 사요는 인생의 요도(要道)[709]요, 삼학 팔조는 공부의 요도인바, 인생의 요도는 공부의 요도가 아니면 사람이 능히[710] 그 길을 밟지 못할 것이요, 공부의 요도는 인생의 요도가 아니면 사람이 능히 그 공부한 효력[711]을 다 발휘[712]하지 못할지라[713], 이에[714] 한 예를 들어 그 관계를 말한다면, 공부의 요도는 의사가 환자를 치료[715]하는 의술[716]과 같고, 인생의 요도는 환자를 치료하는 약재[717]와 같나니라.

인생의 요도와 공부의 요도가 주는 느낌은?

정전으로 공부할 때마다 느끼는 것은 전체적인 구성이 너무나 잘 짜여진 한 편의 드라마 같다는 생각이 든다.

그럼에도 인위적인 요소가 없고 자연스럽다. 이는 대종사님께서 진리를 그대로 옮겨 놓으셨기 때문이리라.

인생의 요도는 생활 속에서 일원상의 진리를 잘 발견하여 활용할 수 있도록 네 가지 은혜(四恩)의 피은·보은·배은의 도를 밝히셨고, 사람들이 생활 속에서 원만 평등하게 보은할 수 있도록 사요(四要)로 세상을 건지고 고르는 불공법이 되게 하셨다.

공부의 요도는 인생의 요도와 도움이 되고 바탕이 되는 공부법

---

709) 요긴하고도 바른 길.
710) 서투르지 아니하고 익숙하게. 도량이 넓고 지혜가 많게.
711) 어떤 것에 작용하여, 또 그것을 사용하면 어떤 효과·효험을 나타낼 수 있는 힘. 법률·규칙 따위의 작용.
712) 실력 같은 것을 외부에 드러냄. 떨치어서 나타냄.
713) -ㄹ지라: '마땅히 그러할 것이라'의 뜻을 나타내는 종결형 서술격 조사.
714) '그래서·이리하여·이러한 까닭으로'의 뜻의 접속사.
715) 병이나 상처를 다스려 낫게 함.
716) 병을 고치는 기술.
717) 약을 짓는 재료.

으로서 누구나 일원의 위력을 얻고 일원의 체성에 합하도록까지 공부할 수 있는 삼학(三學)과 이 삼대력 공부를 촉진하고 저해하는 마음 작용을 팔조(八條)로 밝혀 주셨다.

그리하여 누구나 실행하고 있는 심신 작용의 하나하나가 이미 공부의 요도를 나투고 있는 것임을 알게 해 주셨다.

이렇게 공부해 가면서 대종사님께서 밝혀 주신 진리가 나의 진리로도 변해지고 있음을 느끼게 된다.

경계를 따라 환자도 내가 될 수 있고 그를 치료하는 의사도 내가 될 수 있으며, 그를 치료하는 약재와 의술도 이미 나 자신이 가지고 있음도 알게 되었다.

교법 전체를 묶어 교리도로 그렸듯이 교의편을 요약하여 인생의 요도와 공부의 요도로 묶었구나!

교의편은 교법의 핵심인 일원상 장(章)을 바탕으로 하고, 사은·사요·삼학·팔조로 펼쳐져 있다.

사은은 일원상의 진리가 우리 주위에 나타나 있는 우주 만유(천지 만물, 허공 법계)의 모습이며, 사은에 불공하고 보은하는 요긴한 법이 사요며, 이를 잘 할 수 있는 공부법이 삼학이며, 이를 촉진하고 장애가 되는 것이 팔조다.

그러므로 사은·사요를 묶어 인생의 요긴한 길(要道)로, 삼학·팔조를 묶어 공부의 요긴한 길(要道)로 간단하게 나타내셨다.

이 두 길은 서로서로 바탕이 되고 도움이 되는, 없어서는 존재할 수 없는 불가분의 관계이므로 교의편을 다시금 요약·정리해 주셨다(대자대비심).

이는 마치 교법 전체를 ─ 한 눈에 알 수 있도록 도형화하여 ─ '교리도'로 그렸으며, 이 일원의 회상에 펼치고자 하는 가르침을 '교법의 총설'로 한 데 묶어서 설명하였으며, 이 교법을 수행에 편리하게 사용하도록 '일상 수행의 요법'으로 간결하게 요약하였으며, 교법을 공부하고 수행하는 정도를 누구나 대조하여 알 수 있도록

'법위 등급'을 그 기준으로 내어놓으셨듯이…….

인생의 요도와 공부의 요도를 밟음이 부모 보은되는 내역은?

한 제자 여쭙기를

"부모 보은의 조목에 '공부의 요도와 인생의 요도를 유루 없이 밟으라.' 하셨사오니 그것이 어찌 부모 보은이 되나이까?"

대종사 말씀하시기를

"공부의 요도를 지내고 나면 부처님의 지견을 얻을 것이요, 인생의 요도를 밟고 나면 부처님의 실행을 얻을지니, 자녀된 자로서 부처님의 지행을 얻어 부처님의 사업을 이룬다면 그 꽃다운 이름이 너른 세상에 드러나서 자연 부모의 은혜까지 드러나게 될 것이라, 그리 된다면 그 자녀로 말미암아 부모의 영명(令名)718)이 천추에 길이 전하여 만인의 존모(尊慕)719)할 바 될 것이니, 어찌 단촉720)한 일생에 시봉(侍奉)721)만 드리는 것에 비하겠는가? 그러므로, 이는 실로 무량한 보은이 되나니라."

학인이 (정산 종사께) 묻기를

"공부의 요도와 인생의 요도를 밟음이 부모 보은 되는 내역을 더 자상히 알고 싶나이다."

말씀하시기를

"그 부모의 영명(令名)722)이 천추(千秋)723)에 영전(永傳)724)됨이요, 그러한 불보살을 세상에 희사한 공덕으로 자연 하늘 복이 돌아감이요, 현생과 후생을 통하여 도덕 있는 자녀의 감화를 받기가 쉬움이니라725)."

---

718) 훌륭하다는 명성이나 명예.
719) 존경하여 그리워함.
720) 시일이 촉박(기한이 바싹 닥쳐와서 가까움)함.
721) 모시어 받듦.
722) 훌륭한 인물이라는 좋은 평판.
723) 오래고 긴 세월, 또는 먼 장래.
724) 길이 전해짐.

인생의 요도와 공부의 요도를 빠짐없이 밟는 것이 순서 있는 공부요 근원 있는 대도니라

대종사 말씀하시기를

"나의 법은 인도상 요법(人道上要法)726)을 주체삼아 과거에 편벽된 법을 원만하게 하며 어려운 법을 쉽게 하여 누구나 바로 대도에 들게 하는 법이어늘,

이 뜻을 알지 못하고 묵은 생각을 버리지 못하는 사람은 공부를 하려면 고요한 산중에 들어가야 한다고 하며, 혹은 특별한 신통(神通)을 얻어서 이산도수(移山渡水)727)와 호풍환우(呼風喚雨)728)를 마음대로 하여야 한다고 하며, 혹은 경전·강연·회화는 쓸 데 없고 염불·좌선만 해야 한다고 하여, 나의 가르침을 바로 행하지 않는 수가 간혹 있나니, 실로 통탄할 일이니라.

지금 각 도 사찰 선방이나 심산 궁곡(深山窮谷)729)에는 평생 아무 직업 없이 영통이나 도통을 바라고 방황하는 사람이 그 수가 적지 아니하나, 만일 세상을 떠나서 법을 구하며 인도를 여의고 신통만 바란다면 이는 곧 사도(邪道)730)니라.

그런즉, 그대들은 먼저 나의 가르치는 바 인생의 요도와 공부의 요도에 따라 세간 가운데서 공부를 잘 하여 나아가라.

그러한다면, 마침내 복혜 양족(福慧兩足)731)을 얻는 동시에 신통

---

725) 정산 종사 법어, 제2부 법어(法語), 제6 경의편(經義編), 7장, P.840.

726) 사람이 살아가는데 반드시 필요한 요긴한 방법. 인생의 요도와 공부의 요도를 말함.

727) 하룻밤 사이에 수백 리 밖에 있는 큰 산을 감쪽같이 옮겨 오거나, 강이나 바다 위를 자유 자재로 걸어다니는 기행 이적.

728) 화창한 날씨에 갑자기 사나운 바람을 불러 오거나, 구름 한 점 없이 맑은 하늘에서 갑자기 억센 소나기가 쏟아지게 하는 신통 묘술.

729) 깊은 산속의 험한 골짜기(深山窮谷). 문명 세계와는 멀리 떨어진 깊은 산골 마을이라는 말.

730) 정도(正道)에 상대되는 말로서, 진리에 바탕하지 않아서 인간과 사회에 해를 끼치고, 인간을 타락시키며, 사회를 혼란하게 하는 유사 종교. 혹세무민하고 기인취재(欺人取財)하며, 민중을 고통에서 구제하지 못하고 오히려 파멸과 타락의 구렁텅이로 몰아넣는 삿된 도(道), 또는 사이비 종교.

과 정력도 그 가운데 있을 것이니 이것이 곧 순서 있는 공부요 근
원 있는 대도니라732)."

지금 세상의 이 큰 병을 치료하는 큰 방문은 인생의 요도인 사은 사요와 공부의 요도인 삼학 팔조니라

대종사 이어서 말씀하시기를

"그런즉 이 병들733)을 고치기로 할진대 무엇보다 먼저 도학을
장려하여 분수에 편안하는 도와, 근본적으로 은혜를 발견하는 도
와, 자력 생활하는 도와, 배우는 도와, 가르치는 도와, 공익 생활하
는 도를 가르쳐서 사람 사람으로 하여금 안으로 자기를 반성하여
각자의 병든 마음을 치료하게 하는 동시에,

선병자 의(先病者醫)734)라는 말과 같이 밖으로 세상을 관찰하여
병든 세상을 치료하는 데에 함께 노력하여야 할지니,

지금 세상의 이 큰 병을 치료하는 큰 방문(方文)735)은 곧 우리
인생의 요도인 사은 사요와 공부의 요도인 삼학 팔조라, 이 법이
널리 세상에 보급된다면 세상은 자연 결함 없는 세계가 될 것이
요, 사람들은 모두 불보살이 되어 다시없는 이상의 천국에서 남녀
노소가 다 같이 낙원을 수용하게 되리라736)."

---

731) 복족족 혜족족의 준말. 복과 혜를 아울러 닦아야 복이 넉넉해서 물질이
    풍부하고, 지혜가 밝아서 아무리 사용해도 다함이 없음.
732) 대종경, 제3 수행품(修行品), 41장, p.166.
733) 첫째는 돈의 병이며, 둘째는 원망의 병이며, 셋째는 의뢰의 병이며, 넷째
    는 배울 줄 모르는 병이며, 다섯째는 가르칠 줄 모르는 병이며, 여섯째는
    공익심이 없는 병이다. 대종경, 제2 교의품(敎義品), 34장, p.133. 참조
734) 같은 병을 먼저 앓은 사람이 의사라는 말.
735) '약방문'의 준말. 약을 짓기 위해 약 이름과 분량을 적은 종이. 처방전.
736) 대종경, 제2 교의품(敎義品), 35장, p.135.

제7장 사대 강령(四大綱領)

사대 강령은 곧 정각 정행(正覺正行)·지은 보은(知恩報恩)·불법 활용(佛法活用)·무아 봉공(無我奉公)이니,

강령의 뜻이 '일의 근본이 되는 큰 줄거리'이므로, 사대 강령인 '정각 정행·지은 보은·불법 활용·무아 봉공'은 원불교 교리의 네 가지 큰 줄거리(4대 이념)요, 교리에 근거한 교단의 네 가지 큰 목표(4대 목표)다.

정각 정행은 일원의 진리 곧 불조737) 정전(正傳)738)의 심인을 오득(悟得)739)하여 그 진리를 체받아서740) 안·이·비·설·신·의 육근을 작용할 때에 불편 불의(不偏不倚)741)하고 과불급(過不及)742)이 없는 원만행을 하자는 것이며,

'정각 정행'이란?

정각 정행은 글자 그대로 바르게 깨치고 바르게 행하는 것이다.

---

737) ①서가모니불. ②부처와 조사, 부처는 삼세 제불을 말하고, 조사는 역대 조사를 말한다. ③선종에서는 부처도 조사라 하고, 조사를 옛 부처라 하기도 하여 부처와 조사를 구별하지 않고 동격으로 보는 경우가 많다.
738) 올바르게 전함. 제불 제성들께서 그 심법을 전하실 때에 이심 전심으로 전해 주심을 말함.
739) 깨달아 체득함.
740) ①진리를 그대로 닮아가는 것. 천지의 도를 본받아 그대로 실행하는 것. 천지의 도를 본받아 그대로 실행하면 천지 같은 위력을 얻게 된다. ②성현의 인격과 언행을 본받아 닮아가는 것. ③행동·글씨·문장·그림 등에 있어서 나보다 나은 사람을 본받아 닮아 가는 것. ④일원상의 진리를 신앙하는 동시에 수행의 표본을 삼는 것.
741) 치우치거나 의지하지 않음.
742) 지나치거나 미치지 못함.

어떻게 하는 것이 바르게 깨치는 것이며, 바르게 행하는 것인가?

정각이란 불조 정전(佛祖正傳)[743]의 심인(心印), 즉 제불 제성(제불 조사)이 그 심법을 전할 때에 이심 전심으로 전해 주신 깨달음을 각자가 깨달아 체득하는 것(悟得)이며,

정행이란 그 진리를 체받아서 안·이·비·설·신·의 육근을 작용할 때에 어느 한 편에 치우치거나 의지하지 않고(不偏不倚) 넘치거나 모자람(過不及)이 없는 원만행(圓滿行)을 하자는 것이다.

또한 이는 정신 수양을 바탕으로 하는 사리 연구와 작업 취사다. 즉 경계에 끌리지 아니하여 두렷하고 고요한 정신으로 천조의 대소 유무의 이치와 인간의 시비 이해를 정확히 알아서 육근 작용을 바르게 하는 것이다.

따라서 "정각 정행(正覺正行)이란 일원의 진리를 알아서 원만하게 행하는 것이요, 지공 무사한 자리를 알아서 지공 무사하게 쓰는 것이며, 생멸 없는 자리를 알아서 생사에 해탈하는 것이요, 일체 만상이 없는 자리를 알아서 경계에 끌리지 않는 것이다[744]."

정각과 대각은 어떻게 다른가?

정각(正覺)은 일원상의 진리를 바르게 깨닫는 것으로서 이 세상은 대소 유무의 이치로써 건설되고 시비 이해의 일로써 운전해 가므로 천조의 난측한 이치와 인간의 다단한 일을 미리 연구하였다가 실생활에 다달아 밝게 분석하고 빠르게 판단하여 아는 것이며,

원래 요란함·어리석음·그름이 없는 내 마음이 곧 부처(心卽佛)요, 분별·주착이 없는 내 성품이 곧 법(性是法)임을 정확히 깨닫는 것이며,

우리의 본래 성품은 요란함도 없고(無亂) 어리석음도 없고(無痴) 그름도 없으며(無非), 지극히 원만한 줄 정확히 아는 것이다.

---

743) 부처와 조사들이 대도 정법으로 일체 중생을 바른 길로 인도해 주는 경전.
744) 한 울안 한 이치에, 제1편 법문과 일화, 3장 일원의 진리, 45절, p.73.

대각(大覺)은 일원상의 진리를 크고 원만하고 바르게 깨치는 대원정각(大圓正覺)의 준말로서

대각하게 되면 심즉불(心卽佛)이요 성시법(性是法)임을 정확히 알 뿐만 아니라 천조의 대소 유무와 인간의 시비 이해에 걸림이 없어 대소 유무의 이치를 따라 인간의 시비 이해를 건설하며,

동하여도 분별에 착이 없고 정하여도 분별이 절도에 맞으며, 시방 삼계가 다 오가(吾家)의 소유인 줄을 알며, 또는 우주 만물이 이름은 각각 다르나 둘이 아닌 줄을 알며, 또는 제불·조사와 범부·중생의 성품인 줄을 알며, 또는 생·로·병·사의 이치가 춘·하·추·동과 같이 되는 줄을 알며, 인과 보응의 이치가 음양 상승(陰陽相勝)과 같이 되는 줄을 알며, 또는 원만 구족한 것이며 지공 무사한 것인 줄을 알게 된다.

따라서 정각이 촛불 같은 광명(光明)이라면, 대각은 태양 같은 광명이다. 대각·원각(圓覺)745)·정각이라야 참다운 대각(眞大覺)이다.

'불조 정전(正傳)의 심인'이란?

불조는 부처와 조사(祖師), 제불 조사(諸佛祖師), 제불 제성(諸佛諸聖)이며, 불조 정전은 제불 제성들께서 깨신 심법(心法)을 전할 때에 이심 전심으로 전해 주심이다.

제불 제성이 깨쳐 전해 주는 것이 무엇인가?

제불 제성의 심인(心印)이다.

제불 제성의 심인은 무엇인가?

우주적 관점에서 본 일원상의 진리는 우주 만유의 본원이고, 일체 중생의 모습에서 본 일원상의 진리는 일체 중생의 본성이듯, 성현의 관점에서 본 일원상의 진리는 곧 제불 제성의 심인이니,

---

745) ①대원정각의 준 말. 소태산 대종사의 깨달음. 원만 구족한 깨달음. 불보살의 원만한 깨달음. ②일원상의 진리를 확실히 깨치는 것. ③모든 사람에게 부처의 성품이 본래부터 갖추어져 있는데, 스스로 원만히 갖추어져 있는 것을 여래장(如來藏)이라 하고, 원만하고 신령스럽게 깨닫는 것을 원각이라 한다.

불조 정전의 심인을 일원의 진리라고 한다.

그러면 이들은 무엇으로 전해지고 있는가?

경전이다.

그래서 불조 정전을 부처와 조사들께서 깨친 대도 정법으로 일체 중생을 바른 길로 인도해 주는 경전이라고 하며, 원불교 교전, 금강경, 반야심경 등을 말한다.

어떻게 하면 그 진리를 체받을 수 있는가?

그 진리는 일원상의 진리이므로 그 진리를 체받는 것은 '일원상의 수행'의 일원상의 진리를 신앙하는 동시에 수행의 표본을 삼는 것이다.

안·이·비·설·신·의 육근을 작용할 때에 왜 불편 불의(不偏不倚)하고 과불급(過不及)이 생기는가?

육근이 작용되지 않으면 경계를 느낄 수가 없다.

경계는 항상 존재하지만, 그를 보고 요란해지고 어리석어지고 글러지는 것은 육근이 분별성과 주착심에 따라 작용되기 때문이다.

이때 나타나고 생겨나고 드러나는 형태가 원·근·친·소에 따라 불편 불의하게 또는 과불급해지기도 한다.

'안·이·비·설·신·의 육근을 작용할 때에 불편 불의(不偏不倚)하고 과불급(過不及)이 없는 원만행을 하자'는 까닭은?

일원의 진리 곧 불조 정전(正傳)의 심인을 오득(悟得)하여 그 진리를 체받기 때문이다.

이렇게 되면 지극히 밝아지고, 지극히 정성해지고, 지극히 공정해지고, 순리 자연해지고, 광대 무량해지고, 영원 불멸해지고, 길흉이 없어지고, 응용에 무념해지기 때문이다.

원만행(圓滿行)과 중도행(中道行)은 어떻게 다른가?

일원의 진리 곧 불조 정전(正傳)의 심인을 오득(悟得)하여 그 진리를 체받아서 안·이·비·설·신·의 육근을 작용할 때에 불편 불의(不偏不倚)하고 과불급(過不及)이 없는 것이 원만행이며,

중도행은 만사를 작용할 때에 희·로·애·락과 원·근·친·소에 끌려가지 아니하여 육근 동작이 불편 불의하고 과불급이 없는 것이다.

따라서 원만행과 중도행의 의미는 같으므로 원만행은 원만한 중도행을 말하며, 작업 취사의 표준행이다.

> 지은 보은은 우리가 천지와 부모와 동포와 법률에서 은혜 입은 내역746)을 깊이 느끼고 알아서 그 피은의 도를 체받아 보은행을 하는 동시에, 원망할 일이 있더라도747) 먼저 모든 은혜의 소종래748)를 발견하여 원망할 일을 감사함으로써 그 은혜를 보답749)하자는 것이며,

정각 정행이 삼학이듯 지은 보은은 사은인데, 왜 배은은 언급하지 않았을까?

사은은 피은·보은·배은으로 나투어지는데, 교리의 이념이요 교단의 목표인 사대 강령에 배은을 담을 수는 없지 않겠는가?

대종사님께서는 어떻게 하면 배은은 하지 않고 피은된 바를 정확하게 알아 보은하기를 일구월심(日久月深)750) 바라며, 해에서 은이 나오듯(恩生於害) 배은과 배은의 결과를 정확하게 알아 보은하

---

746) 분명하고 자세한 내용.
747) -더라도: 가정 또는 양보의 뜻으로, 아래 사실이 위의 사실에 매이지 아니함을 나타내는 종속적 연결 어미.
748) 지내 온 내역.
749) 남의 호의·은혜를 갚음.
750) 날이 오래고 달이 깊어 간다는 뜻으로, 세월이 흐를수록 더함.

기를 바라기 때문이다.

지은과 보은의 관계는?

지은과 보은은—신앙과 수행이 그러하듯—따로따로가 아니라 동시에 일어나는, 서로서로 도움이 되고 바탕이 되는 불가분(不可分)의 관계요 은혜의 관계요 동시성의 관계다.

또한 지은과 보은은 사은과 사요가 이루는 관계와 같고, 삼학과 팔조가 이루는 관계와 같고, 인생의 요도와 공부의 요도가 이루는 관계와 같다.

'천지와 부모와 동포와 법률에서 은혜 입은 내역'은?

천지·부모·동포·법률 피은의 강령과 그 각각의 조목이며, '그 피은된 도'를 말한다.

'먼저 모든 은혜의 소종래를 발견하여'라 함은?

원망하는 마음을 일단 멈추고—먹구름을 뚫고 비추는 한 줄기 햇빛을 보듯이—원망을 감사로 돌릴 거리를 한 가지라도 찾자는 것이다.

이것이 '먼저 모든 은혜의 소종래(所從來)를 발견하여'에 담긴 뜻이며, '모든 은혜의 소종래'는 '우리가 천지와 부모와 동포와 법률에서 은혜 입은 내역'이다.

우리가 아무리 원망할 일이 많다 하더라도 천지에서, 부모에게서, 동포에게서, 법률에서 입은 은혜만큼 많겠는가?

경계를 따라 일시적으로 원망심에 가려 피은된 바를 먼저 발견하지 못하는 것은 손바닥으로 해를 가리는 것과 무엇이 다르겠는가!

일시적으로 밉고 원망할 일에 가려진 은혜는 실지로 손바닥으로 가려진 하늘이다. 결코 손바닥으로는 하늘이 가려지지 않듯이 일시적으로 치성한 원망할 일은 발견한 은혜로 인해 결국에는 감사·보은으로 돌려진다.

이는 밝은 불에 파해지는 어둠과 같고, 자성의 혜광을 따라 반드시 없어지는 업(業)과 같은 것이다. 결국 우리가 하고 또 할 일은 원망 생활을 감사하는 보은 생활로 돌리고 또 돌리는 일이다.

보은은 '원망할 일이 있더라도 먼저 모든 은혜의 소종래를 발견하여 원망할 일을 감사함으로써 그 은혜를 보답하자는 것'이라 함은?

보은은 지은의 궁극적이고 구체적인 실행이며, 원망할 일이 있더라도 먼저 모든 은혜의 소종래를 발견하여 원망할 일을 감사함으로써 그 은혜에 보답하자는 것이다.

이는 대종사님께서 신심 없고 착하지 못한 제자에게는 큰 허물에도 꾸중을 적게 하시며 조그마한 선행에도 칭찬을 많이 하시는 연유를 묻는 제자의 물음에

"열 가지 잘못하는 가운데 한 가지라도 잘하는 사람은 그 하나일지라도 착한 싹을 키워 주기 위함이니라[751]."

고 하신 말씀과 다르지 않다.

이처럼 우리의 궁극적인 목표는 입은 은혜에 보은행을 하자는 것이지, 백해 무익한 원망 생활을 하자는 것이 아니다.

그러니 사람으로서 누구나 바라는 보은을 하기 위해서는 원망할 일이 있더라도 먼저 모든 은혜의 소종래를 발견하자는 것이다.

이것이 원망하는 나를 감사 보은하는 나로 돌리게 하는 씨앗이기 때문이다. 그래서 원망할 일이 있더라도 먼저 모든 은혜의 소종래를 발견하자는 것이다.

지은 보은하면 사은이 곧 복전이 되나니라

대산 종사 말씀하시기를

---

751) 대종경, 제12 실시품(實示品), 39장, p.342.

"지은 보은하면 사은이 곧 복전이 되고 배은망덕하면 사은이 곧 죄전이 되므로 부처님께서는 처처불상의 도를 믿고 깨달아서 사사물물에 불공하시느니라752)."

지은 보은(사중은(四重恩)을 발견해서 크게 보답하자)이란?

첫째, 천지의 피은됨을 알아서 배은은 하지 않고 보은을 하되 그 강령으로서는 응용 무념의 도를 체받아 실행하는 것이다.

둘째, 부모의 피은됨을 알아서 배은은 하지 않고 보은을 하되 그 강령으로서는 무자력자 보호의 도를 체받아 실행하는 것이다.

셋째, 동포의 피은됨을 알아서 배은은 하지 않고 보은을 하되 그 강령으로서는 자리 이타의 도를 체받아 실행하는 것이다. 뜻과 같지 않으면 양보한다(不如意讓步).

넷째, 법률(입법, 치법)의 피은됨을 알아서 배은은 하지 않고 보은을 하되 그 강령으로서는 '[불의를 제거하고 정의를 세우는 도'를 체받아 실행하는 것이다.

여기서 피은됨을 참으로 느끼고 확실히 알아야 보은행이 나오고 사은과 윤기가 통하는 동시에 합덕(合德)이 된다753).

불법 활용754)은 재래755)와 같이 불제자로서 불법에 끌려 세상 일을 못할 것이 아니라 불제자가 됨으로써 세상 일을 더 잘하자는 것이니, 다시 말하면 불제자가 됨으로써 세상에 무용756)한 사람이 될 것이 아니라 그 불법을 활용함으로써 개인·가정·사회·국가에 도움757)을 주는 유용758)한 사람759)이 되자는 것이며,

---

752) 대산 종사 법어, 제2 교리편, 41장, p.53.
753) 대산 종사 법문집, 제1집, 정전 대의, 10. 사대 강령, p.42.
754) 이리 저리 잘 응용함.
755) 전부터 있어 내려 옴.
756) 쓸 데(소용)가 없음. 볼 일이 없음. 무용한 사람: 재래와 같이 불제자로서 불법에 끌려 세상 일을 못하는 사람.

'불법(佛法)'이란?

제불 제성이 깨달아 전하는 법이며, 부처님께서 중생을 위하여 내놓은 법이며,

일원상의 진리를 신앙하는 동시에 수행의 표본을 삼아 원만 구족하고 지공 무사한 각자의 마음을 알고 양성하고 사용하여 누구나 다 낙원 생활을 할 수 있도록 밝혀 주신 대종사님의 법이다.

'재래와 같이 불제자로서 불법에 끌려 세상 일을 못하는 것과 불제자가 됨으로써 세상에 무용한 사람이 되는 것이니'라 함은?

과거에는 세간 생활을 하고 보면 수도인이 아니라 하므로 수도인 가운데 직업 없이 놀고 먹는 폐풍이 치성하여 개인·가정·사회·국가에 해독이 많이 미쳤으며760),

과거의 불교는 그 제도가 출세간(出世間) 생활하는 승려를 본위하여 조직이 되었는지라, 세간 생활하는 일반 사람에 있어서는 모든 것이 서로 맞지 아니하였으므로, 누구나 불교의 참다운 신자가 되기로 하면 세간 생활에 대한 의무와 책임이며 직업까지라도 불고하게 되었다761).

'불제자가 됨으로써 세상 일을 더 잘하는 것'과 '불법을 활용함으로써 개인·가정·사회·국가에 도움을 주는 유용한 사람이 되는 것'은?

우리는 우주 만유의 본원이요, 제불 제성의 심인(心印)인 법신불일원상을 신앙의 대상과 수행의 표본으로 모시고, 천지·부모·동포·

---

757) 남을 돕는 일. 돕다: 남이 하는 일이 잘되도록 거들거나 힘을 보태다.
758) 쓸 데(소용)가 있음. 이용할 데가 있음.
759) 유용한 사람: 불제자가 됨으로써 오히려 불법을 활용하여 개인·가정·사회·국가에 도움을 주는 사람.
760) 정전 제 3 수행편 제16장 영육 쌍전 법(靈肉雙全法), p.89.
761) 정전 제 1 총서편 제2장 교법의 총설, p.22.

법률의 사은(四恩)과 수양·연구·취사의 삼학(三學)으로써 신앙과 수행의 강령을 정하였으며, 모든 종교의 교지(敎旨)도 이를 통합 활용하여 광대하고 원만한 종교의 신자가 되자는 것이며762),

우리는 제불·조사 정전(正傳)의 심인인 법신불 일원상의 진리와 수양·연구·취사의 삼학으로써 의·식·주를 얻고 의·식·주와 삼학으로써 그 진리를 얻어서 영육을 쌍전하여 개인·가정·사회·국가에 도움이 되게 하자는 것이다763).

무용한 사람과 유용한 사람이란?

무용한 사람은 재래와 같이 불제자로서 불법에 끌려 세상 일을 못하는 사람이며, 유용한 사람은 불제자가 됨으로써 오히려 불법을 활용해 개인·가정·사회·국가에 도움을 주는 사람이다.

불법 활용의 궁극적인 목표는?

우리가 천지와 부모와 동포와 법률에서 은혜 입은 내역을 깊이 느끼고 알아서 그 피은의 도를 체받아 보은행을 하는 동시에,

원망할 일이 있더라도 먼저 모든 은혜의 소종래를 발견하여 원망할 일을 감사함으로써 그 은혜를 보답하자는 것이다.

불법을 활용하여 생활의 향상을 도모할지언정 불법에 사로잡혀 일생을 헛되이 지내지 말라

대종사 여러 제자에게 말씀하시기를
"그대들은 마땅히 불법을 활용하여 생활의 향상을 도모할지언정 불법에 사로잡힌 바 되어 일생을 헛되이 지내지 말라.
무릇, 불법은 원래 세상을 건지는 큰 도이거늘, 도리어 세속을

---

762) 정전 제 1 총서편 제2장 교법의 총설, p.22.
763) 정전 제 3 수행편 제16장 영육 쌍전 법(靈肉雙全法), p.89.

피하고 산에 들어가서 다만 염불이나 간경(看經)[764]이나 좌선 등으로 일 없이 일생을 보내고 마침내 아무런 제중(濟衆)의 실적도 없다면 이러한 사람은 다 불법에 사로잡힌 바이라, 자신에도 별 성공이 없으려니와 세상에도 아무 이익이 없나니라[765]."

불법을 위한 공부가 아니라, 불법을 생활에 써 먹기 위해 공부해야

대종사 말씀하시었다.

"나는 불법을 위하여 공부하라는 것이 아니요, 불법을 생활에 써 먹기 위하여 공부하라는 것이다[766]."

무아 봉공[767]은 개인이나 자기 가족만을 위하려는 사상[768]과 자유 방종[769]하는 행동을 버리고, 오직 이타적 대승행으로써 일체 중생을 제도[770]하는 데 성심 성의[771]를 다 하자는 것이니라.

'대승(大乘)'이란?

이타 주의(利他主義)에 의하여 널리 인간 전체의 구제를 주장하는 적극적인 불법이며, 승(乘)은 피안으로 타고 가는 수레라는 뜻으로, 곧 교리나 진리를 뜻한다.

종래의 출가자 위주의 교의(敎義: 종교상의 가르침)를 반대하고, 재가의 대중을 두루 교화할 교리를 주장한다.

---

764) 경전을 읽는 것.
765) 대종경, 제3 수행품(修行品), 51장, p.173.
766) 대종경 선외록, 15. 생사인과장(生死因果章), 10절, p.100.
767) 무아: 나라는 관념을 갖지 않음. 사심이 없음.
　　 봉공: 나라와 사회를 위해 힘써 일함.
768) 생각. 의견.
769) 누구의 간섭이나 절제가 없이 제멋대로 하는 생활. 자행 자지.
770) 미혹한 세계에서 생사만을 되풀이하는 중생을 건져 내어 생사 없는 열반의 언덕에 이르게 함.
771) 성심(誠心): 성실한 마음. 성의(誠意): 참되고 정성스러운 뜻.

'대승행'이란?

사사로운 정이나 눈앞의 일에 사로잡히지 않는 대승적[772] 사상과 행동이다. 즉 함께하되, 다 함께 유익한 자리 이타행이다.

이 세상에서 가장 먼저 해야 하고 가장 큰 제도(濟道)는 무엇인가?

자기 자신을 제도하는 것이다. 즉 자기 불공이다.

나를 없애면 시기·질투·원망이 없어지고 마음이 편안해진다

"너희, 한 생 안 나온 폭 잡고 살아라. 그러면 무아 봉공이 될 것이다. 나를 주체 삼으니까 시기와 질투가 있지, 나를 없애면 시기·질투·원망이 없어지고 마음이 편안할 것이다[773]."

사대 강령은 앎을 바탕으로 하는 실행이다

사대 강령은 교리와 교법을 아는 것에 그치는 것이 아니라, 앎을 바탕으로 하는 실행이다. 정신 수양·사리 연구에 바탕한 작업 취사다.

이처럼 교법의 실행을 목표로 하기에 사대 강령을 교단의 이념이요 목표라고 한다.

사대 강령의 각 강령과 관련이 깊은 교의편의 내용은?

사대 강령의 정각 정행, 지은 보은, 불법 활용, 무아 봉공은 교의편의 내용, 즉 일원상장(章), 사은장(章), 사요장(章), 삼학장(章), 팔조장(章) 중 어느 것과 관계가 깊은가?

---

772) 부분적인 것이나 개인적인 것에 얽매이지 않고 전체를 생각하는.
773) 한 울안 한 이치에, 제1편 법문과 일화, 제8장 화합 교단, 78절, p.155.

사대 강령		일원상	사은	사요	삼학	팔조	비고
정각정행	일원의 진리 곧 불조 정전(正傳)의 심인을 오득(悟得)하여 그 진리를 체받아서 안·이·비·설·신·의 육근을 작용할 때에 불편 불의(不偏不倚)하고 과불급(過不及)이 없는 원만행을 하자는 것	○			○	○	공부의 요도인 삼학·팔조를 실행하는 수행의 강령
불법활용	재래와 같이 불제자로서 불법에 끌려 세상 일을 못할 것이 아니라 불제자가 됨으로써 세상 일을 더 잘 하자는 것이니, 다시 말하면 불제자가 됨으로써 세상에 무용한 사람이 될 것이 아니라 그 불법을 활용함으로써 개인·가정·사회·국가에 도움을 주는 유용한 사람이 되자는 것	○			○	○	
지은보은	우리가 천지와 부모와 동포와 법률에서 은혜 입은 내역을 깊이 느끼고 알아서 그 피은의 도를 체받아 보은행을 하는 동시에, 원망할 일이 있더라도 먼저 모든 은혜의 소종래를 발견하여 원망할 일을 감사함으로써 그 은혜를 보답하자는 것	○	○	○			인생의 요도인 사은·사요를 실천하는 신앙의 강령
무아봉공	개인이나 자기 가족만을 위하려는 사상과 자유 방종하는 행동을 버리고, 오직 이타적 대승행으로써 일체 중생을 제도하는 데 성심 성의를 다 하자는 것	○	○	○			

사대 강령은 수행편의 전주곡이요 마중물이다

수(修)와 행(行)은 동시성이며, 빛과 그림자, 또는 표리(表裏)와 같은 관계를 이루고 있다. 이와 같이 수와 행은 음양 상승의 도를 따라 기르고 나투는 것이다.

따라서 기르고 닦는 수는 삼학의 정신 수양과 사리 연구에 가깝고, 나투는 행은 작업 취사에 가깝다.

그렇다고 수는 작업 취사와는 무관하고, 행은 정신 수양·사리 연구와 관계가 적다는 것은 아니다. 단지 그 관계를 나누다 보니 그렇다는 말이다.

앞의 정의에서 보면, 수는 지혜를 닦는 것이므로 공부요 행은 복덕을 쌓는 것이므로 사업(보은행)이라 했고, 또는 수는 무아의 경지를 닦는 것이며 행은 봉공행을 하는 것이므로 무아 봉공이 곧 수행이다.

이와 같이 보면, 사대 강령이 곧 수행임을 알 수 있다.

즉 정각 정행에서 정각은 수(修)요 정행은 행(行)이며, 지은 보은에서 지은은 수요 보은은 행이며, 불법 활용에서 불법은 수요 활용은 행이며, 무아 봉공에서 무아는 수요 봉공은 행이다.

따라서 교리와 수행을 아우르므로 교의편과 수행편을 연결하는 사대 강령은 수행편의 바로 앞에 와 수행편을 맞이하는 전주곡이요 마중물이니, 수행편이 사대 강령 다음에 오는 것은 너무나도 지극히 당연하지 아니한가?!

'인생의 요도와 공부의 요도'와 '사대 강령'은 교의편의 요약이다

학교 수업 시간을 상기해 보자.

수업이 끝날 5분 전쯤에 선생님께서 어떻게 하셨는지…….

학생들이 그 날 수업 내용을 잊지 않도록 요약·정리해 주셨다.

이와 같이 대종사님께서는 사은·사요인 인생의 요도와 삼학·팔조인 공부의 요도는 의사가 환자를 치료하는 의술과 약재의 관계로 그 관계를 요약·정리하셨다.

사대 강령 또한 마찬가지다.

교의편(일원상, 사은, 사요, 삼학, 팔조)을 네 가지 큰 줄거리(4대 이념)로 요약·정리하여 신앙과 수행의 표준으로, 교단의 네 가지 큰 목표(4대 목표)로 삼게 해 주셨다.

이 어찌 대종사님의 대자비심이 아닌가!

사대 강령은 이 세상과 전 인류에게 드리는 1페이지 제안서

원불교의 핵심 교리는 제1장 일원상에서부터 제5장 팔조까지다. 30페이지(p.23-52)에 불과하니까, 원불교를 모르는 사람들에게 읽어보라고 권하면 읽어볼까?

종교와 생각과 관심이 다르고, 자기 일에 바쁜 사람들이다.

그런데 1페이지에 불과하다면 어떠할까?

1페이지이면 부담이 없다.

그러므로 사대 강령은 대종사님께서 우리의 전 교리를 표어로도, 구호로도 사용할 수 있도록까지 요약 정리하여 전 인류에게 제시한 1페이지 제안서(one page proposal)인 동시에, 원불교가 지향하는 목표며, 원불교적 인간상을 확립하기 위한 지표다.

참고 문헌

1. "원불교 전서", 원불교출판사, 1998(원기 83년).
2. 박정훈, "한 울안 한 이치에: 정산 종사 법문과 일화", 원불교출판사, 1987(원기 72년).
3. 이공전, "대종경 선외록", 원불교출판사, 1985(원기 70년).
4. 대산종사법어편수위원회, "대산 종사 법어", 원불교출판사, 2014(원기 99년).
5. 대산종사법어편수위원회, "대산 종사 법어", 자문판 회람용, 2013(원기 98년).
6. 신도형, "교전 공부", 원불교출판사, 1992(원기 77년).
7. "대산 종사 법문집", 제1집 정전대의, 원불교출판사, 1996(원기 81년).
8. "대산 종사 법문집", 제2집, 원불교출판사, 1990(원기 75년).
9. "대산 종사 법문집", 제3집, 원불교출판사, 1996(원기 81년).
10. "대산 종사 법문집", 제4집, 원불교출판사, 1993(원기 78년).
11. "대산 종사 법문집", 제5집, 원불교출판사, 1994(원기 79년).
12. 류성태, "정전 풀이", 상·하, 원불교출판사, 2010(원기 95년).
13. 한성심, "정전으로 하는 마음 공부", 상·하, 원불교출판사, 2001(원기 86년).
14. 대산종사수필법문편찬회, "대산 종사 수필 법문집 2(원기 65년~83년)", 원불교100년기념성업회, 2014(원기 99년).
15. 김승혜, 서정범, 길희선, "선불교와 그리스도교", 바오로딸, 1999.
16. 김태영, "선도 체험기", 39권, 도서출판 유림, 1998.
17. 손정윤, "원불교 용어 사전", 원불교출판사, 1993(원기 78년).
18. "원불교 용어 사전", http://www.won.or.kr/mbs/won/jsp/dictionary/dictionary.jsp.
19. "네이버 국어 사전", http://dic.naver.com/.

20. (주)두산출판BG, "동아 국어 새 사전", 제3판, (주)두산, 1999.
21. 한글과 컴퓨터, "한컴 사전", 한글2010.

부　　　록

부록 1

정전 차례 공부

'정전(正典)'은 바른 진리관, 바른 신앙관, 바른 수행관을 알게 하고 기르게 하고 사용하게 하여 누구나 다 천여래 만보살이 되게 하는 바른(正) 법(典)이며, 대종사님의 몸이요 마음이요 실천이다.

대종사님은 이 정전에 당신의 일대 경륜과 포부를 교리와 법으로 어떻게 담으려 했는지 '정전 차례 공부'를 통해 그 심경과 구상하신 과정을 알아보고자 한다.

정전은 총서편·교의편·수행편으로 이루어져 있다. 이 세 편의 구성은 우리의 삶의 방식과 크게 다르지 않다.

예를 들면, 우리가 여행을 가려고 할 때 맨 처음에 무엇을 하는가?

첫 번째는 어디로 갈까 행선지를 생각한다. 국내, 아니면 해외? 간다면 어느 곳으로? 며칠 동안이나? 누구와 함께? 등등 여행에 대해 구상하고 기획을 한다. 이것이 총서편이다.

두 번째는 여행 경비, 장소, 기간, 교통편, 숙박, 예약, 식사, 준비물 등에 대해 조사하고 조정하며 구체적인 실행 계획을 세운다. 이것이 교의편이다.

세 번째는 세운 여행 계획에 따라 여행을 즐기는 것이며, 예상치 못한 일이나 검토해야 할 문제가 발생되면 여행을 하면서 해결한다. 이것이 수행편이다.

그러므로 총서편·교의편·수행편은 따로따로 떨어져 있는 것이 아니라, 하나의 세계(일원 회상)를 이루는 구성 요소다.

'제1 총서편(總序編)'은 대종사님께서 일원 회상을 열고자 하는 동기와 포부를 나타내며, 이에 대한 교법의 대강을 전체적으로 한데 묶어서 설명하고 있다. 이것이 '개교의 동기'와 '교법의 총설'이다.

'제1장 개교(開敎)의 동기(動機)'에서는 현 시대의 진단(현하~어찌 파란 고해가 없으리요.)과 처방(그러므로,~물질의 세력을 항복 받아)과 비전(파란 고해의 일체 생령을~그 동기니라.)을 제시하고 있고,

'제2장 교법(敎法)의 총설(總說)'에서는 교리의 대강으로 신앙의 대상이요 수행의 표본인 법신불 일원상과 신앙의 강령인 사은과 수행의 강령인 삼학을 제시하며, 결국 이들이 교의편의 핵심 골격이 될 것임을 예고하고 있다.

'제2 교의편(敎義編)'은 대종사님께서 일원 회상의 교법을 일원상·사은·사요·삼학·팔조와 이들의 관계로 짜겠다는 설계도며, 이들을 기본 교리로 삼겠다는 선언이다.

'제1장 일원상(一圓相)'에서는 법신불 일원상의 세계를 진리·신앙·수행·서원·점검과 깨침으로 나누어 일원상의 진리, 일원상의 신앙, 일원상의 수행으로 펼치셨고, 언제 어디서나 서원하고 점검하게 하는 일원상 서원문과 일원상 법어를 내놓으셨다. 마지막에는 이렇게 일원상의 진리를 신앙하는 동시에 수행의 표본을 삼아 서원을 올리고 점검하기를 오래오래 계속하면 경계경계마다 깨침의 노래, 즉 게송을 나투게 됨을 알려주고 있다.

'제2장 사은(四恩)'은 일원상의 진리가 우주 만유, 즉 천지 만물과 허공 법계에 펼쳐져 있는 모습으로서 천지은·부모은·동포은·법률은이다. 또한 사은은 천지·부모·동포·법률에 구체적으로 보은하는 불공법임을 알게 해 주셨다.

'제3장 사요(四要)'는 이 네 가지 은혜에 보은하고 불공하여 세상을 균형 있는 평등의 세계가 되게 하는 구체적인 방법이며, 그

방법으로 자력 양성, 지자 본위, 타자녀 교육, 공도자 숭배를 제시하여 이를 실천하도록 일러주셨다. 이 사요는 사은과는 떼려야 뗄 수 없는 실과 바늘 같은 관계를 이루고 있으므로 사은에는 이미 사요가 포함되어 있다.

만사 만리의 근본되는 우리가 사은에 어떻게 보은하고 사요를 어떻게 실천할 것인가 하는 수행의 공부길을 '제4장 삼학(三學)'으로 밝히셨는데, 이들이 정신 수양, 사리 연구, 작업 취사다. 세상 일이란 시비 이해로 얽혀 있기 때문에 자연히 순역 경계가 존재하듯이, 이 삼학의 공부길에도 권장하고 격려하는 후원자가 있는가 하면, 훼방하고 걸리게 하는 훼방꾼과 장애물이 있다. 이들이 곧 '제5장 팔조(八條)'로서 신·분·의·성의 진행 사조와 불신·탐욕·나· 우의 사연 사조다.

사요가 사은의 동반자이듯이, 삼학에는 항상 팔조가 함께하고 있으므로 삼학만 있더라도 팔조가 이미 포함되어 있는 줄 알아야 한다.

대종사님께서는 기본 교리로 사은·사요·삼학·팔조를 밝혀 놓고는 어떻게 하셨는지 알아보자. 구슬이 서 말이라도 꿰어야 보배라고 했다. 이것이 곧 떼어놓을 수 없는, 서로서로 도움이 되고 바탕이 되는, 하나의 관계임을 이르는 '제6장 인생의 요도와 공부의 요도'다.

삼학과 팔조는 공부의 요도로서 의사가 환자를 치료하는 의술과 같고, 사은과 사요는 인생의 요도로서 환자를 치료하는 약재와 같으므로 의술과 약재는 따로따로 생각할 수 없다. 항상 함께하는 하나의 세계를 이루는 구성원이다.

자, 학교 다닐 때 공부를 잘 가르치던 선생님이 수업 끝나기 5분 전쯤에 어떻게 했던가를 떠올려 보자. 우리가 그 시간의 수업 내용을 잊지 않도록 요약해서 설명하지 않았던가! 인생의 요도와 공부의 요도가 바로 대종사님께서 기본 교리인 사은·사요·삼학·팔조를 따로따로 생각하지 않고 하나의 관계로 알도록 요약 정리해 주신 것이다. 대종사님께서 교법 전체를 한 장의 그림(교리도)으로 그려 손 안에 쥐어주신 그 대자비심과 은혜를 '제6장 인생의 요도와 공부의 요도'에서도 알 수 있다.

원불교의 핵심 교리는 제1장 일원상에서부터 제5장 팔조까지다. 우리의 교리는 이렇다고 우리 교도들만 알고 있으면 되겠는가?

세상에다 원불교의 교리는 이러이러하다고 알려야 한다. 교리 내용이 불과 30페이지(p.23-52)밖에 안 되니까 자세히 읽고 알아보려고 할까? 이미 종교가 다르고, 사상과 관심이 다르고, 자기 일에 바쁜 사람들이다.

그렇지만 만약 1페이지 요약문이라면 어떠할까?

대종사님께서 우리의 전 교리를 표어로도, 구호로도 사용할 수 있도록까지 요약 정리하여 전 인류에게 제시한 1페이지 제안서(one page proposal)가 바로 '제7장 사대 강령(四大綱領)'이다. 또한 사대 강령은 원불교가 지향하는 목표며, 원불교적 인간상을 확립하기 위한 지표다.

그 내용은 정각 정행, 지은 보은, 불법 활용, 무아 봉공이다. 정각(正覺)·지은(知恩)·불법(佛法)·무아(無我)가 수(修)에 해당된다면 정행(正行)·보은(報恩)·활용(活用)·봉공(奉公)은 행(行)에 해당되므로 사대 강령은 교의편에서 수행편을 맞이하는 마중물이요 전주곡이요 전야제며, 교의편과 수행편을 연결하는 징검다리인 셈이다.

'제3 수행편(修行編)'은 수행에 필요한 것으로 새롭게 무엇을 만들어낸 것이 아니라, 교의편의 내용인 교리를 실생활에서 실천할 수 있는 수행 방법으로 엮어 내놓은 것이다. 우리가 여행을 가기 위해 머리를 맞대고 구체적으로 세운 계획을 실제로 여행을 가서 실행하며 여행을 즐기는 것처럼, 교의편에서 나툰 교리를 바탕으로 삼아 수행편에서는 수행하는 법으로 업그레이드하여 실생활에서 이들로 수행하자는 것이다.

'제1장 일상 수행의 요법(要法)'은 교의편 제1장 일원상에서부터 제5장 팔조에 이르기까지의 교리를 아홉 가지로 압축한 결정체며, 우리가 실생활에서 경계를 따라 마음을 잘 사용할 수 있도록 하는 마음 사용 길잡이인 동시에, 행복의 지름길로 인도하는 행복의 공식이며, 신앙하는 동시에 수행하는 데 가장 요긴한 수행법이다.

또한 선생님이 수업을 시작하면서 이전 시간에 배운 내용을 상기시키고 난 후에 그 시간의 수업을 진행하듯이, 일상 수행의 요법은 대종사님께서 일상 수행의 바탕이 되는 교리(일원상, 사은, 사요, 삼학, 팔조)가 무엇인지, 이들이 어떻게 뭉쳐져 있는지 알게 하는 수행의 안내자다.

그러나 아무리 '일상 수행의 요법'이 일상 수행하는 데 요긴한 법이라고 해도, 상근기 소수를 제외하고는 사용하는 요령을 터득하지 못하는 것이 대부분이다. 그래서 필요한 것이 훈련이다. 이것이 '제2장 정기(定期) 훈련과 상시(常時) 훈련'이며, 정기 훈련은 정기 훈련법으로, 상시 훈련은 상시 훈련법으로 하는 것임을 일러주고 있다.

정기 훈련법은 공부인에게 정기로 법의 훈련을 받게 하는 법이다. 그렇게 하려면 훈련 교재가 있어야 하는데, 대종사님께서 제시한 훈련 교재는 뭉치면 세 가지고 펼치면 열 한 가지다. 즉 첫 번째는 정신 수양 훈련 과목인 염불·좌선이며, 두 번째는 사리 연구 훈련 과목인 경전·강연·회화·의두·성리·정기 일기며, 세 번째는 작업 취사 훈련 과목인 상시 일기·주의·조행이다. 그러므로 수행은 정신 수양, 사리 연구, 작업 취사를 훈련시키는 과목으로 하는 것이며, 이들 과목이 곧 수행법이 될 것임을 알 수 있다.

상시 훈련법은 공부인에게 상시로 수행을 훈련시키는 법으로서,

그 방법은 '상시 응용 주의 사항'과 '교당 내왕시 주의 사항'이다.

대종사님께서는 교의편에서도 그러했듯이(제6장 인생의 요도와 공부의 요도), 여기서도 정기 훈련법과 상시 훈련법은 따로따로가 아니라 서로서로 도움이 되고 바탕이 되는 하나의 관계를 이루는 구성원임을 역설하는 말씀이 바로 '정기 훈련법과 상시 훈련법의 관계'이다.

자, 이제부터 본격적으로 수행법을 살펴보자.

수행은 다른 것으로 하는 것이 아니라, 정기 훈련 11과목으로 하는 것임을 정기 훈련법에서 알 수 있다. 즉 염불은 제3장 염불법으로, 좌선은 제4장 좌선법으로, 의두·성리는 제5장 의두 요목으로, 정기 일기·상시 일기·주의·조행은 제6장 일기법으로 수행법을 제시하였는데, 경전·강연·회화는 굳이 법으로 나타내지 않고 생략하였다. 정전 자체가 경전이고, 강연·회화는 격을 갖추어서, 또는 자유롭게 지견을 교환하는 것이므로 굳이 수행법으로 내놓지 않아도 훈련할 수 있기 때문이다.

'제3장 염불법(念佛法)'은 천지 만엽으로 흩어진 정신을 주문 한 귀에 집주하되 천념 만념을 오직 일념으로 만드는 법이며, '제4장 좌선법(坐禪法)'은 기운을 바르게 하고 마음을 지켜 사람의 순연한 근본 정신을 양성하는 법이므로 결국 염불법과 좌선법은 공부인의 정신 수양을 훈련시키는 법임을 알 수 있다.

'제5장 의두 요목(疑頭要目)'은 대소 유무의 이치, 시비 이해의 일, 과거의 불조 화두 중에서 의심나는 제목, 우주 만유의 본래 이치와 우리의 자성 원리를 연마하여 공부인에게 사리간 명확한 분석을 얻게 하는 사리 연구를 훈련시키는 법이다.

'제6장 일기법(日記法)'은 상시 일기법과 정기 일기법이 있는데,

상시 일기는 상시 일기법에 따라 당일의 유무념 처리와 학습 상황과 계문에 범과 유무를 기재하고, 정기 일기는 정기 일기법에 따라 당일내 작업한 시간 수와 당일의 수입·지출과 심신 작용의 처리건과 감각·감상을 기재함으로써 수양력에 바탕을 둔 연구력과 취사력을 얻도록 하여 사리 연구와 작업 취사를 훈련시키는 법이다.

이와 같이 일상 수행의 요법, 정기 훈련과 상시 훈련, 염불법, 좌선법, 의두 요목, 일기법으로 하는 수행은 언제 하는가? 생각 날 때만? 아니면 정한 날에만? 언제 어디서나 항상 하여야 한다. 그렇게 하는 것이 공부고 수행이므로 그 구체적인 수행법이 곧 '제7장 무시선법(無時禪法)'이다.

무시선법에 따라 수행하면, 육근이 무사하면 잡념을 제거하고 일심을 양성하게 되고, 육근이 유사하면 불의를 제거하고 정의를 양성하게 되기 때문에 정할 때나 동할 때나 동정을 여의지 아니하고 일분 일각도 공부를 떠나지 않게 된다.

이와 같이, '제1장 일상 수행의 요법'부터 '제7장 무시선법'에 이르기까지 이들을 법대로 공부하고 수행하면 어떻게 될까? 주위로부터 공부 잘한다, 수행 잘한다고 소문이 자자할 것이다. 이런 칭찬에 우쭐하여 자신이 대단히 공부 잘하는 공부인인 줄 알고 교만에 빠질 수도 있고, 공부에 빠져 오히려 공부로 인하여 주변을 살피지 못하고 갈등을 일으킬 수도 있다.

이때가 공부인에게는 대단히 중요한 때이기도 하지만, 반면에 대단히 위태로운 때이기도 하기 때문에 자신을 돌아보며 내가 정말로 법에 맞게 공부와 수행을 잘 하고 있는지 점검하여 완전한 힘을 얻고 큰 힘을 기르도록 보림 공부를 해야 한다.

이렇게 하는 것이 '제8장 참회문(懺悔文)'이다. 이 참회문을 통하여 밖으로 모든 선업을 계속 수행하는 동시에 안으로 자신의 탐·진·치를 제거하는 참회를 성심으로 하여 마음의 자유를 얻고 천업을 임의로 하여 생사를 자유로 함으로써 정신을 수양하는 훈련을 해야 한다.

이렇게 하면 어떻게 되는가?

빨래는 비누를 넣고 푹푹 삶으면 때가 깨끗하게 빠지듯이, 마음이 청정해지고 안정이 된다. 이러한 마음 상태가 되고 난 후에 하는 것이 '제9장 심고와 기도(心告-祈禱)'다. 만약, 마음에 쌓인 탐·진·치와 죄업을 참회하지 않고 심고와 기도를 한다면 그 위력이 나타나겠는가? 심고를 올리고 기도를 올리기 위해서는 반드시 참회가 선행되어야 함을 알 수 있고, 참회한 마음으로 상대처를 따라 심고와 기도를 지성으로 올림으로써 사은의 위력을 얻어 원하는 바를 이루고 낙 있는 생활을 하게 될 것이다.

참회한 마음으로 심고와 기도를 올리며 마음이 차분해지고 안정이 된 다음에는 무엇을 해야 할까? 무엇을 하면 내가 원하는 것을 이룰 수 있을까?

내가 원하는 것을 이루기 위해 과거와 같이 불상에게만 빌 것이 아니라, 죄복을 주는 사은 당처에, 그것도 일의 성질에 따라 적당한 기한을 정해 불공해야 사실적인 동시에 반드시 성공할 수 있다. 이러한 수행법이 곧 '제10장 불공하는 법(佛供-法)'이다.

이와 같이 불공은 사은 당처와 일의 성질에 따라 기한을 정해 올리며, 또는 언제 어디서나 사은 당처에 불공을 올리는데, 반드시 주의해야 할 것은 하지 말아야 할 것은 하지 말아야 하고, 해야 할 일은 권장하여 해야 한다. 이것이 '제11장 계문(戒文)'과 '제12장 솔성요론(率性要論)'이다.

계문은 수행의 정도에 따라 보통급은 보통급 십계문을, 특신급은 보통급 십계문과 특신급 십계문을, 법마상전급은 보통급 십계문과 특신급 십계문과 법마상전급 십계문을 지키도록 하는데, 경계에 끌리고 안 끌리는 대중만 잡는 공부를 끝까지 놓지 않게 되

494

면 하지 말아야 할 것은 아무리 하고 싶어도 기어이 하지 않게 되고, 해야 할 일은 아무리 하기 싫어도 기어이 하게 되므로 이렇게 계문 공부와 솔성요론 공부를 오래오래 계속하게 되면 수양력이 쌓이고 연구력이 얻어지고 취사력이 생겨난다.

또한 계문을 지키고 솔성요론을 실천하는 것이 나를 구속하는 것이 아니라, 오히려 나를 자유롭게 하는 것임을 알게 된다. 이것도 하지 말라 저것도 하지 말라, 또는 이렇게 해라 저렇게 해라 한다하여 내가 구속된다고 생각할 수 있으나, 하지 말아야 할 것은 하지 않고 해야 될 일은 하게 되니 계문에 위배될 일이 없으므로 그 얼마나 떳떳하고 걸림이 없지 아니한가!

만약 하지 말아야 할 것을 하게 되면 마음이 어떠한가?

양심에 찔리고 죄책감을 느끼며 후회하게 된다. 그런데 계문을 준수하면 이런 일이 없어지니 마음이 얼마나 홀가분하고 자유롭지 아니한가! 솔성요론에서 권장하는 대로 하게 되면 경계에 따라 혼란스럽던 것도 바루어지므로 손해날 일도 없어지고 헛갈리지 않게 되어 자유롭지 아니한가?

이 정도로 수행을 하고 공부를 하면 어느 정도의 단계에 이르렀을까?

정식 법강항마위, 즉 법사(法師)의 경지일 것이다.

육근을 응용하여 법마상전을 하되 법이 백전 백승하며, 우리 경전의 뜻을 일일이 해석하고 대소 유무의 이치에 걸림이 없는 수행의 경지, 즉 나를 이기는 항마위에 오른 법사가 된 후에 처음으로 하는 말씀(법문)이 무엇일까?

'제13장 최초 법어(最初法語)'다.

대종사님의 가르침은 항상 나로부터 출발하여 사회로 밖으로 미래로 나아간다. 수신·제가·치국·평천하(修·齊·治·平)다. 이것이 수신의 요법, 제가의 요법이요, 강자·약자 진화상 요법, 지도인으로서 준비할 요법이다.

이처럼 항마위에 오른 법사가 된 후에는 교법으로 파란 고해의 일체 생령을 건지고 병든 세상을 치료하는 제생의세의 길로 나아가야 한다. 나를 건지고 세상을 건지는 것이 내가 나아가야 하고 내가 해야 하는 일이다. 이 길이 '제14장 고락에 대한 법문'이며, '제15장 병든 사회와 그 치료법'이다. '고락에 대한 법문'은 내가 왜 낙을 버리고 고로 들어가는지 그 원인을 진단하고 부정당한 고락을 버리고 정당한 고락으로 무궁한 생활을 하도록 하는 방향으로 요 나로부터의 출발이라고 한다면, '병든 사회와 그 치료법'은 밖으로 사회로 나아가서 내가 무엇을 어떻게 할 것인지 알려주는 가르침이다.

결국, 우리 삶 속의 수행은 항상 나로부터 출발하여 사회로 밖으로 나아가 내가 수행한 만큼 생활 속에서 나를 단련하고, 그 삶 속에서 다시 나를 돌아보며 수행 정도를 점검하고, 또 그 속에서 나를 활용하는 과정을 반복하는 것이다. 즉 나로부터 출발하여 사회로 나아갔다가 그 다음에는 어디로 돌아가는가?

바닷물이 증발하여 안개로 구름으로 비로 강물로 돌고 돌아 다시 바다로 돌아오듯이 원래 출발점인 나 자신으로, 즉 모든 일의 조물주인 나 자신으로 돌아와 자력을 양성하는 것이다. 내 자력은 어디에서 비롯되는가? 나 자신의 몸과 마음이다. 즉 나의 영과 육이며, 나의 영과 육을 쌍전하는 것이 만사 만리의 근본되는 나를 자력 있는 나로 양성하는 것이다. 이 가르침이 '제16장 영육 쌍전법(靈肉雙全法)'이다.

정기 훈련 11과목, 즉 염불·좌선·경전·강연·회화·의두·성리·정기 일기·상시 일기·주의·조행은 결국 한 마음 밝히자는 것(通萬法明 一心)이며, 사람으로서 사람다운 행실 가짐을 이르는 조행을 함에 자유 자재하자는 것이다. 이와 같이 만법을 공부하고, 만법으로 수행하는 것은 결국 나의 영과 육을 쌍전하자는 것이며, 영과 육을 쌍전하는 데에서 새로운 출발이 시작되는 것이다.

그러므로 우리의 모든 수행은 '영육 쌍전 법'에서 출발하여 '영육 쌍전 법'으로 돌아오는 것이므로 이 '영육 쌍전 법'이야말로 수행편의 완결판이다.

그러면 제일 마지막에 있는 '제17장 법위 등급(法位等級)'은 무엇인가?

모든 공부인에게 주는 보너스요 비전이다. 유무식·남녀·노소·선악·귀천을 막론하고 교법으로 신앙하는 동시에 수행을 하면 그 수행의 정도를 따라 어떠한 경지에 이르게 될 것인지 밝힌 비전이다.

이 '법위 등급'은 이를 등불과 목표로 삼아 정진하고 또 정진하여 기필코 천여래 만보살이 되기를 바라마지 않는 대종사님의 염원이다.

결국, 이 '정전 차례 공부'는 모든 공부인의 전체 수행 과정을 나타내는 것임을 알 수 있다. 대종사님의 일대 경륜이자 만법을 사용하는 설명서인 이 '정전'이 장중의 한 구슬처럼 쥐어지는 것 같다고 하면 너무 지나친 표현일까!?

오직 생활 속에서 활용하며 법과 하나가 될 때까지 하고 또 할 뿐이다.

대종사님께서는 교리와 수행법을 지식으로 아는 지식인이 되기보다는 몸과 마음을 훈련하여 경계마다 자성의 혜광을 밝히는 공부인이 되어 시비 이해에 자유 자재하고 생사의 자유를 얻는 활불이 되는 묘방을 이 정전에 담아 주셨으니, 마음 사용 설명서인 이 정전에 바탕하여 마음 공부하는 공부인이 되기를 염원하는 바이다.

부록 2

경전 속의 정전 관련 법문

"'정전'은 대종사의 몸이요 마음이요 실천이니, '정전'에 밝힌 대로만 공부하면 누구나 여래가 될 수 있느니라."

<대산 종사 법어, 제2 교리편, 7장>

대산 종사, 원기 79년(1994) '정전마음공부'하는 교도들에게 말씀하시기를

"대종사께서 '정전'을 직접 편찬하시고 마지막 감수까지 낮에는 대중을 각별히 지도하시고 밤에는 늦은 시간까지 호롱불이나 촛불을 켜고 종이에 연필로 쓰셨다 또 지우셨다 수없이 하시면서 온갖 성심과 불력(佛力)774)을 다하셨으니 노심초사(勞心焦思)775)하시고 심사숙고(深思熟考)776)함이 얼마나 깊고 깊으시고 멀고 머셨으면 그렇게까지 쓰고 지우고, 지우고 쓰셨을 것인가 생각해 보아야 하리라.

편찬이 완성된 '정전'을 서둘러 인쇄에 부쳤으나 완간을 보지 못하고 열반에 드시었으니 참으로 마음 아픈 일이고 우리들의 정성이 적었음을 통감(痛感)777)하노라. 영생 영겁(永生永劫)778)을 거래하시면서 계획대로 호리도 틀림없이 하는 분이시건만 우리가 또 어찌 헤아리리오.

대종사의 그 심경과 그 뜻을 끊임없이 캐내고 캐내어 육근에 뒤집어 씌워 써 봐야 할 것이니라.

너희들! 생활 속에서 가장 상식적이고 평범한 말씀을 가지고 '정

---

774) 부처의 위력과 공력.
775) 몹시 마음을 쓰며 애를 태움.
776) 깊이 잘 생각함.
777) 마음에 사무치게 느낌.
778) 영원한 삶과 영원한 세월.

전'이 편제되었다고 생각하여 말씀으로만 넘기고, 법문으로 새겨 받들지 않는 일이 많음을 자성(自省)779)해야 하리라. 자주자주 건성건성 아무 뜻 없이 입으로만 외우고 지식으로만 아는 그런 어리석음을 범하여 본인은 물론이거니와 지도 받는 이들에게도 그러한 길로 가게 하는 교화를 해서는 안 될 것이니라."

<대산 종사 법어(자문판 회람용), 제1 신심편, 9장>

원기 25년(1940) 9월부터 대종사께서는 교리에 능숙한 몇 몇 제자(송도성, 서대원, 이공주, 박장식, 송규)에게 명하시어 그 동안의 모든 초기 교서들을 통일 수정케 하시고, 27년(1942)부터는 그 편찬을 자주 재촉하시며, 감정(鑑定)의 붓을 들으시매 시간이 밤중에 미치는 때가 잦으시더니, 드디어 성편(成編)780)되매, 바로 인쇄에 부치라 하시고 "때가 급하여 이제 만전(萬全)781)을 다하지는 못하였으나, 나의 일생 포부와 경륜이 그 대요는 이 한 권에 거의 표현되어 있나니, 삼가 받아 가져서, 말로 배우고 몸으로 실행하고 마음으로 증득하여, 이 법이 후세만대에 길이 전하게 하라. 앞으로 세계 사람들이 이 법을 알아보고 크게 감격하며 봉대할 사람이 수가 없으리라." 하시었다.

그러나, '불교 정전'은, 일정 당국의 출판 불허로 발간이 지연되다가, 불교시보 사장 김태흡(金泰洽)의 명의(名義)782)로 허가를 얻어, 28년(1943) 3월에야 인쇄에 회부, 대종사 열반 후인 그 해 8월 비로소 발행 되었다. 이 '불교 정전'이 후일 '원불교 교전'이 발간되기까지 19년 동안 새 회상의 유일한 통일 교서였다.

'불교 정전'의 편차는, 권두에 일원상과 사대 강령·표어·교리도·설립 동기·서 등이 있고, 전 3권 중 권 1에는 제1편 개선론 제2편 교의 제3편 수행으로 새 회상의 원경(元經)이, 권 2에는 금강경·반야

---

779) 자기 자신의 태도나 행동을 스스로 반성함.
780) 시문(詩文)을 지어 한 편을 완성함.
781) 조금도 허술함이 없이 아주 완전하거나 안전함.
782) 문서상의 권한과 책임이 있는 사람이나 기관·단체 등의 이름.

심경·사십이장경·죄복보응경·현자오복덕경·업보차별경 등 6편의 불경이, 권 3에는 수심결·목우십도송·휴휴암 좌선문·의두 요목 등 4편의 조론(祖論)이 편입되어 있었다.

원경인 권 1의 세차(細次)를 보면, 제 1편 개선론은 총 11장으로 종전의 혁신론 내용이 거의 그대로 수정 편입되었고, 제2편 교의(敎義)에는 사대 강령·일원상·게송·사은·사요·삼학·팔조·삼대력·인생의 요도와 공부의 요도 관계 등 9개 장이 편입되었으며, 제3편 수행에는 일상 수행의 요법·공부의 요도 정기 훈련 과목급 해석·공부의 요도 상시 훈련 과목급 해석·일기법·염불법·좌선법·무시선법·계문·솔성 요론·최초 법어·참회문·고락에 대한 법문·병든 가정과 그 치료법·영육 쌍전문·법위 등급과 그 해의(解義)[783] 등 15개 장이 편입되어 있었다.

이 중 새로 보이는 장(章)들로는 권두의 표어, 권 1의 사대강령·일원상·게송·염불법·좌선법·무시선법·참회문·병든 가정과 그 치료법·영육 쌍전문 등이고, 교리도가 수행·신앙 양문(兩門)으로 바뀌었으며, 심불 일원상이 법신불 일원상으로, 사요가 자력 양성·지자 본위·타자녀 교육·공도자 숭배로, 삼강령 팔조목이 삼학 팔조로, 법위의 6부(簿)가 3급(級) 3위(位)로 되는 동시에, 권 2·권 3이 전적(全的)으로 새로 편입되어 불법과의 연원 관계가 더욱 뚜렷해졌고, 최초 판에만 있던 양대은(兩大恩)(교의 3장)은 출판 허가 과정에서 편입되었다가 해방 후 삭제되었다.

<원불교 교사, 제2편 회상의 창립, 제4장, 3. 불교정전의 편수 발간>

대종사 열반을 일년 앞두시고 그동안 진행되어 오던 정전(正典)의 편찬을 자주 재촉하시며 감정(鑑定)의 붓을 들으시매 시간이 밤중에 미치는 때가 잦으시더니, 드디어 성편되매 바로 인쇄에 부치게 하시고, 제자들에게 말씀하시기를

"때가 급하여 이제 만전을 다하지는 못하였으나, 나의 일생 포부

---

783) 글이나 글자의 뜻을 풀어서 밝힘.

와 경륜이 그 대요는 이 한 권에 거의 표현되어 있나니, 삼가 받아 가져서 말로 배우고 몸으로 실행하고 마음으로 증득하여 이 법이 후세 만대에 길이 전하게 하라.

앞으로 세계 사람들이 이 법을 알아보고 크게 감격하고 봉대(奉戴)784)할 사람이 수가 없으리라."

<대종경, 제15 부촉품(附囑品), 3장>

우리 교단이 일제하에서 존폐의 어려운 고비를 맞았을 때 우리 교단을 측면에서 도와준 사람들이 있었다. 한국불교시보사 사장이었던 김태흡 스님, 일본 조동종의 상야 스님(박문사 주지), 임제종의 중촌 건태랑 씨, 이리 경찰서 하촌 서장 등이다. 김태흡 스님은 '불교 정전'의 인쇄를 맡아 주어 드디어 우리 회상의 최초 교서 결집인 '불교 정전'을 원기 28년 8월에 출판되게 하였다.

그러나 참으로 애석하게도 대종사는 정전(正典) 출판 2개월을 앞두고 열반에 드시었으니 제자들의 비감(悲感)785)은 이루 형언할 수 없었다.

대종사는 가시고 대종사의 말씀만 한 권의 책이 되어 제자들의 손에 남게 되었다.

<대종경 선외록, 21. 교단수난장(敎團受難章), 17절>

대종사께서 열반하시자 김태흡 스님은 자진해서 초종장례786)를 주례하기도 하였다. 나중에 '불교 정전'이 출판되자 전북 경찰서에서 자기네들이 허락도 해 주지 않은 책이 직접 총독부를 상대로 출판되어 나오자 그들의 비위(脾胃)787)를 상하게 되었다.

---

784) 공경하여 높이 받듦.
785) 슬픈 느낌. 슬픔.
786) 초상이 난 뒤부터 졸곡까지 치르는 온갖 일이나 예식.
   졸곡: 사람이 죽은 지 석 달 만의 정일(丁日)이나 해일(亥日)에 지내는
   제사(삼우제를 지낸 뒤임).
787) 음식의 맛이나 어떤 일에 대해 좋고 나쁨을 분간하는 기분.

결국 김태흡 스님은 서에 불려가 시말서(始末書)788)를 쓰고 풀려 나오는 고생을 겪으면서까지 일제 말기에 우리 교단을 도와준 고마운 스님이었다.

<대종경 선외록, 21. 교단수난장(教團受難章), 18절>

"내가 남은 일이 허다한 중에도 첫째, '대종경' 완성이요, 둘째, '정전'이 어느 시대 어느 지방에든지 맞는 경이 되도록 개편하는 일이요, 셋째, 법훈을 성편하여 대종사의 사상을 조술(祖述)789) 연역(沿繹)790)하는 일이다. 그런데, 꼭 그 시기에 몸에 병이 있으니 내 이 일을 다하지 못할까 저어한다791)."

<한 울안 한 이치에, 제1편 법문과 일화, 9. 오직 한 길>

대산 종사 말씀하시기를

"대종사의 법은 일상생활 속에서 가장 평범한 공부를 쉽고 빠르고 넓고 깊게 정진 적공하여 불과(佛果)를 얻게 하여 주셨나니라.

그러나 우리들이 '정전'을 봉독할 때, 건성으로 넘어가서 깊은 공부가 적은 것 같아 늘 안타깝게 생각하고 있었나니라.

'정전'은 하나이면서 전체이고 전체이면서 하나이게 하셨고, 안이면서 밖이고 밖이면서 안이고, 크면서 작게 작으면서 크게, 없으면서 있게 있으면서 없게, 높으면서 낮게 낮으면서 높게, 밝으면서 어둡고 어두우면서 밝게 하여 사통오달로 통하고 하나도 빠짐없이 이루도록 되어 있나니라.

과거의 공부법은 자기 수신과 자기 구제에 치우친 바가 없지 않았으나 대종사의 법은 이 우주와 만물도 살아 있는 부처로 모시고 다 살리고 구제하게 하셨나니라."

<대산 종사 법어(자문판 회람용), 제2 교리편, 5장>

---

788) 일을 잘못한 사람이 그 일의 전말(顚末)을 자세히 적은 문서.
789) 선인(先人)이 말한 바를 근본으로 하여 서술하고 밝힘.
790) 뜻을 알기 쉽게 덧붙여서 해석하고 설명함.
791) 염려하거나 두려워하다.

대산 종사 말씀하시기를

"'정전'은 생활 속에서 가장 쉽고 빠르게 불과를 얻을 수 있도록 밝혀 주신 원경(元經)으로, 하나면서 전체고 전체면서 하나가 되도록, 안이면서 밖이고 밖이면서 안이 되도록, 크면서 작고 작으면서 크도록, 없으면서 있고 있으면서 없도록 사통오달로 밝혀 주신 큰 경전이니라.

과거의 공부법은 자기 수신과 자기 구제에 치우친 바가 없지 않았으나 대종사께서 내놓으신 이 법은 우주와 만물까지도 다 살아 있는 부처로 모시고 살리고 구제할 수 있도록 해 주셨으므로, 우리는 정전에 밝혀 주신 한 말씀 한 말씀을 깊이 받들고 모실 줄 알아야 하느니라."

<대산 종사 법어, 제2 교리편, 8장>

대산 종사, 원기 79년 시자 주성균(朱性均)에게 말씀하시기를

"진리와 스승과 법과 회상이 모두 간섭[792]하고 제재(制裁)[793]하는 공부인이 되어야 하나니라.

공부인은 항상 '정전'으로 공부하되, '정전'이 먼저 있고 자신의 마음은 뒤에 있어야 하며, 회상이 먼저 있고 자신의 몸은 뒤에 있어야 하리라. '정전'과 회상보다 마음과 몸이 먼저 있으면 도가에 있더라도 세속에 사는 것과 다름이 없으므로 진리와 대중으로부터 간섭받고 호념 받는 일이 적으리라."

<대산 종사 법어(자문판 회람용), 제8 운심편, 40장>

정산 종사 말씀하시기를

"정전은 교리의 원강[794]을 밝혀주신 '원(元)'의 경전이요 대종경은 그 교리로 만법을 두루 통달케 하여 주신 '통(通)'의 경전이라,

---

792) 남의 일에 부당하게 참견함.
793) 규칙이나 관습의 위반에 대해 제한하거나 금지함.
794) 으뜸되는 골격.

이 양대 경전이 우리 회상 만대의 본경(本經)이니라."
<정산 종사 법어, 제2부 법어, 제6 경의편, 1장>

대산 종사 말씀하시기를

"정산 종사께서는 '정전'은 근원을 밝힌 원경(元經)이요, '대종경'은 두루 통달한 통경(通經)이라 하셨나니, '정전'과 '대종경'은 복과 혜를 구하고 성불 제중 제생 의세하는 가장 바르고 빠른 길을 밝혀 주신 큰 경전이니라."
<대산 종사 법어, 제2 교리편, 1장>

대산 종법사 말씀하시기를

"'정전(正典)'은 근원(根源)을 밝힌 원경(元經)으로 복혜(福慧)가 샘솟듯 비오듯 제조되는 원료이고, 대종경(大宗經)은 두루 통달(通達)한 통경(通經)으로 복혜(福慧)를 물마시듯 숨을 쉬듯 활용(活用)하게 한 경(經)으로 각 종교의 교리와 제도와 교단의 성격, 성현들의 능력과 인격 등을 알 수 있게 하였다."
<대산 종사 법문집, 제2집, 제2편 교법, 1. 정전은 근원을 밝힌 원경>

대산 종사 말씀하시기를

"'정전'은 대종사께서 친히 제정하신 크고 원만한 법이니 장차 온 세상이 천하의 큰 도요 만고의 대법으로 받들게 될 것이라, 그대들은 '정전'을 공부할 때 입으로만 외우고 글로만 알려고 하지 말고 대종사의 본의를 깊이 생각하고 찾을 줄 알아야 하느니라."
<대산 종사 법어, 제2 교리편, 2장>

경전을 공부하는 법

첫째는 단어, 숙어, 토씨 하나하나의 문자의 뜻으로 경(經)을 해석하는 이문석경(以文釋經)이다. 이때는 국어 사전과 원불교 용어 사전이 기본 도구다.

여기서 국어 사전은 어떤 현상이나 감성(感性)에 대한 표현이 풍부한 것이 좋다. 예를 들면, '개교의 동기니라'의 '-니라'의 뜻을 찾아볼 때 어떤 사전을 보면 좋은지, 두 개 이상의 사전의 뜻을 조합해 보는 것이 왜 좋은지 명확해진다.

- A 사전 : 진리나 으레 있는 사실을 일러 줄 때에 예스럽게 쓰이는 종결 어미.
- B 사전 : 으레 그러한 일이나 경험으로 얻은 사실을 타이르듯 일러주는 뜻을 나타내는 종결 어미.

'원불교 용어 사전'이 좋고도 좋은 것임은 분명하나, 교리와 용어에 대한 실력이 웬만큼 쌓이지 않고는 찾고 또 찾아도 이해하기 어렵다. 공부 초기에 이런 고비를 넘어야 비로소 눈에 들어오는 것인데 어쩌겠는가?

둘째는 경(經)으로써 경(經)을 해석하는 이경석경(以經釋經)이다. 먼저 정전에 있는 대종사님의 말씀으로 풀이하고, 대종경의 말씀으로 해석하고, 정산 종사 법어, 대산 종사 법어 등 우리의 교서로, 다음에는 기타 경전으로 해석하는 것이 좋다.

셋째는 수행으로 경(經)을 해석하는 이행석경(以行釋經)이다. 경전을 공부하고 교리를 공부하는 주목적은 내 마음을 내 마음대로 사용하는 성불이요, 이를 바탕으로 펼치는 제중일진대 누구나 진리를 수행으로 실천할 수 있도록 해석하는 일이다.

넷째는 진리인 도(道)로써 경(經)을 해석하는 이도석경(以道釋經)이다. 우리의 교법은 사통오달로 걸리거나 막힘이 없으며, 간단하고 편리하게 짜여 있기 때문에 남녀·노소·유무식·선악·귀천을 막론하고 근기에 맞게 쓸 수 있도록 해석하면 좋다.

이 네 가지 경전 연마 방법은 순서가 아니다. 경전은 이 네 방법으로 연마한다는 말이다. 상황에 따라 걸림없이 이 네 가지 방법으로 자유 자재하며 공부하여 우리의 최종 목표인 성불 제중, 제생 의세하자.

이를 위해서 교법을 실생활에서 사용하자. 교법에 맞게 생활하는 '불법시생활'과 생활 속에서 경계를 따라 일어나는 마음 작용 하나하나를 교법에 대조하는 '생활시불법'으로 살아보자.

부록 4

표제부터 표어까지의 구성 의미

圓佛敎全書

원불교 전서 표지의 '圓佛敎 全書'는 무슨 뜻을 담고 있을까?

'원불교'는 종교 중의 하나이기 이전에 이문석경(以文釋經)으로 풀어보면, '일원상의 진리'에 대한 깨침을 가르치는 것, 즉 일원상의 진리를 어떻게 하면 깨칠 수 있는지 그 길을 가르치는 것이며, 전서(全書)의 뜻은 '어떤 사람의 저작을 모두 모아 한 질로 만든 책' 또는

'어떤 한 분야의 저작물이나 사실의 전부를 망라하여 체계적으로 엮은 책'이다.

그러므로, '원불교 전서'는 '대종사님께서 깨치신 일원상의 진리와 이에 바탕한 진리의 모습을 사진 찍듯이 옮겨 놓은 정전과 대종경, 정사 종사 법어 등 8대 교서 중의 6대 교서를 모아 한질로 만든 책이요, 일원상의 진리에 대한 깨달음과 이에 관련된 경전을 망라하여 체계적으로 엮은 책'임을 알 수 있다.

다음에는 '원불교 전서 차례'가 이어진다.

원불교 교전(정전, 대종경), 불조 요경, 예전, 정산 종사 법어(세전, 법어), 원불교 교사, 원불교 성가가 전서의 차

례다. 이들은 우리의 지정 교서다.

다음에는 '원불교 교전(圓佛敎 敎典)'이 온다.
교전은 대종사님께서 진리를 그대로 옮겨 기록하신 원경(元經)인 정전(正典)과 정전의 해설서요 대종사님의 언행록인 대종경(大宗經)이다. 이 정전과 대종경은 대종사님께서 깨치신 진체(眞體)인 '일원상의 진리'를 상황상황에 맞게 풀어놓은 것이다.

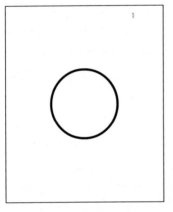

그러므로 다음 페이지에는, 일원상의 진리를 형상으로 나타낸, 일원상(O)이 올 수밖에 없다.

이처럼 대종사님께서 친히 쓰신 정전과 언행록인 대종경을 담고 있는 교전의 첫머리에 일원상이 있는 것은 교전 전체가 일원상의 풀이며, 교전 전체를 일원상으로 나타낼 수 있음을 말한다. 그렇지 않고는 어찌 첫머리에 둥그런 일원상이 그려져 있겠는가?!

다음에는 교법의 대의(大意)를 축약해 나타낸 표어가 있다.

전서의 이런 구성은 결론을 먼저 말하고 자세히 풀어 일러주는 귀납법의 형태이나, 그 하나하나의 내용에서는 결론이 마지막에 나오는 연역법으로 구성되어 있을 것임을 예상할 수 있다
표어는 무슨 뜻인가?
'사회나 집단에 대하여 어떤 의견이나 주장을 호소하거나 알리기 위하여 주요 내용을 간결하게 표한한 짧은 말귀. 슬로건'이다.
그러므로 5개의 표어 역시 교법의 전체를 나타낼 것임을 미루어

짐작할 수 있다.

개교 표어: 물질(物質)이 개벽(開闢)되니 정신(精神)을 개벽(開闢)하자.

물질(物質)이 개벽(開闢)되니,

정신(精神)을 개벽(開闢)하자.

이 중 제일 먼저 나오는 표어는 개교의 동기와 개교의 정신을 밝혀 놓은 개교 표어인 '물질이 개벽되니 정신을 개벽하자.'이다.

먼저 이문석경(以文釋經)과 이경석경(以經釋經)으로 풀어 보자.

물질은 '물건의 본바탕. 공간의 일부를 차지하고 질량을 갖는 것. 정신에 대하여 인간의 의식 바깥에 존재하는 것'이며,

개벽은 '막혔던 것이 크게 열리고, 어두웠던 것이 밝아지고, 불편한 것이 편리해지고, 부족한 것이 편리해지는 것'이다.

정신(精神)은 '물질에 상대되는 말로서, 마음이 두렷하고 고요하여 분별성과 주착심이 없는 경지'를 말한다.

그러면 물질이 개벽된다는 말은 무슨 뜻인가?

옛날의 등잔불이 형광등으로 바뀌고, 나막신이 가죽으로 만든 구두로 바뀌고, 걸어다니던 교통 수단이 자동차, 비행기로 바뀌는 것과 같이 물질적인 생활이 날로 편리해지고 날로 밝아지고 날로 넉넉해지고 날로 열려지는 것이다.

다음에 정신이 개벽된다는 말은 무슨 뜻인가?

종교, 사상, 인종, 나라, 민족, 남녀, 노소, 선악, 귀천, 직업 등으로 막혔던 마음과 관습의 벽이 무너지고 크게 열리는 것이며, 마음에 걸림이 없어져서 우주 만유의 본래 이치와 우리의 자성 원리에도 밝아지고, 천조의 대소 유무, 인간의 시비 이해에 막히거나 걸림이 없어지게 되고, 마음에 부족함이 없어지고 넉넉해지는 것

이다.

그런데 물질이 개벽되니 왜 정신을 개벽하자고 하셨는가?

이는 물질이 개벽되는 만큼 정신이 쇠약해져서 그 물질을 잘 사용하지 못하고 도리어 물질의 노예 생활을 하게 되므로, 이를 해결하여 물질을 선용(善用)하자는 정신 회복 운동의 주창이다.

그러면 정신을 개벽하려면, 즉 정신의 세력을 확장하려면 언제, 어떻게 하는가?

물질 경계를 따라 마음이 요란해질 때, 어리석어질 때, 글러질 때가 바로 정신을 개벽할 순간이며, 이들이 공부 거리다.

즉 물질 경계를 당하여 일어나는 마음을 교법에 대조하여 자성의 정·혜·계를 세우면서, '이것이 바로 정신을 개벽하는 것이구나!' 하고 공부한다면 수행으로 경을 해석하는 이행석경(以行釋經)이요, 진리인 교법으로 대조하면서 경을 해석하는 이도석경(以道釋經)이다.

이처럼 정신을 개벽하는 방법과 길은 진리적 종교의 신앙과 사실적 도덕의 훈련에 있다. 여기서 진리적 종교의 신앙은 진리 불공과 실지 불공이 그 강령이며, 사실적 도덕의 훈련은 정기 훈련과 상시 훈련이 그 강령이다. 이에 대해서는 '개교의 동기'를 공부할 때 자세히 다루었다.

결론적으로, 개교 표어인 '물질이 개벽되니 정신을 개벽하자.'가 주는 메세지는 온전한 마음으로 물질을 잘 사용하자는 것이다.

그러면 개교 표어는 왜 따로 한 페이지에 있으며, 신앙 표어, 수행 표어, 공부 표어, 생활 표어는 왜 동시에 한 페이지에 있고, 신앙 표어, 수행 표어, 공부 표어, 생활 표어 순일까?

'일원상의 진리'를 형상으로 나타낸 '일원상(O)'이 교법 전체를 나타내듯, 개교 표어 역시 마찬가지다. 우리가 신앙하고 수행하는 근본 목적이 개벽되는 물질을 잘 사용[善用]하기 위한 정신 개벽이므로 개교 표어는 교법 전체를 함축하고 있는 메세지다. 일원상이 한 페이지에 따로 오듯, 개교 표어 역시 같은 수준으로 대접하여 한 페이지에 나타낸 것이 아니겠는가!

신앙 표어 : 처처불상(處處佛像) 사사불공(事事佛供).
수행 표어 : 무시선(無時禪) 무처선(無處禪).
공부 표어 : 동정일여(動靜一如) 영육쌍전(靈肉雙全).
생활 표어 : 불법시생활(佛法是生活) 생활시불법(生活是佛法)

처 처 불 상 (處處佛像)
사 사 불 공 (事事佛供)

무 시 선 (無 時 禪)
무 처 선 (無 處 禪)

동 정 일 여 (動 靜 一 如)
영 육 쌍 전 (靈 肉 雙 全)

불 법 시 생 활 (佛法是生活)
생 활 시 불 법 (生活是佛法)

네 표어 중 신앙 표어인 "처처불상 사사불공"이 왜 맨 처음에 왔을까?

우주 만유가 다 불상이고, 우리의 육근 동작 하나하나가 거슬러 발하든(배은) 순하게 발하든(보은) 다 불공이므로 불상과 불공은 여여자연하게 존재하는 것이며, 진리의 전체 자리며, 우리 삶의 기본 바탕이므로 신앙 표어인 '처처불상 사사불공'이 가장 먼저 올 수밖에 없을 것이다.

그러면 '처처불상 사사불공'이 왜 신앙 표어일까?

불상(佛像)은 변하는 자리에서 보든, 변하지 않는 자리에서 보든 곳곳(항상 그 자리)에 여여히 존재하는 천지 만물이요 허공 법계이므로 본원 자리를 품고 있는 우주 만유요, 심인 자리를 품고 있는 제불 제성이요, 성품 자리를 품고 있는 일체 중생이요, 천지·부모·동포·법률이니 신앙의 대상이 될 수밖에 없다.

불공(佛供)을 보자.

불공이 왜 신앙인가?

불공은 '부처나 스승·조상·웃어른들에게 공경하는 마음과 정성스런 마음을 다하여 음식·재물·향화(香華)·등명(燈明), 마음 등을 바치는 일. 천지에게 당한 죄복은 천지에게, 부모에게 당한 죄복은

부모에게, 동포에게 당한 죄복은 동포에게, 법률에게 당한 죄복은 법률에게 비는 것'이며,

신앙(信仰)은 '신이나 부처(神佛) 등을 믿어 그 가르침을 지키고 그에 따르는 일'이다. 즉 불공은 신앙의 발로(發露)다.

그러므로 '처처불상 사사불공'은 공부인의 궁극적인 신앙 생활의 표준이므로 신앙 표어인 것이다.

그러면 '무시선(無時禪) 무처선(無處禪)' 수행 표어가 왜 신앙 표어 다음에 오고, '무시선 무처선'이 왜 수행 표어일까?

선(禪)이라 함은 '원래에 분별·주착이 없는 각자의 성품을 오득하여 마음의 자유를 얻게 하는 공부'이다.

따라서 '무시선 무처선'은 글자 그대로 언제 어디서나(無時) 시간과 장소에 구애받지 않고(無處) 항상 선을 계속하는 생활인데, 이 생활이 곧 '자기 몸으로 직접 앞장서서 실제로 행하는' 수행이며, 우리 공부인의 궁극적인 수행 생활의 표준이므로 수행 표어가 된다.

수행은 신앙과 모순·대립의 관계가 아니라, 표리(겉과 속 또는 안과 밖)의 관계며 동시성이다. 즉 신앙이 투철하면 수행도 잘 되고, 수행이 깊으면 신앙도 철저하게 되는 동시성의 관계이지만, 깊은 수행을 하려면 신앙이 바탕이므로 신앙 표어 다음에 수행 표어가 오는 것이 타당할 것이다.

자, 이렇게 신앙의 대상이요 수행의 표본인 불상(일원상의 진리)과 신앙과 수행의 행위인 불공을 원만하게, 치우치거나 걸림없이 하려면 어떻게 해야 할까?

불상-불공-신앙-수행의 정체(正體)와 이들의 관계와 나와 이들의 관계를 잘 알기 위한 노력, 즉 공부를 하여야 한다.

그러므로 공부에 관한 내용을 담고 있는 공부 표어 '동정 일여(動靜一如) 영육쌍전(靈肉雙全)'이 올 수밖에 없다.

자, 동정 일여를 알아보자.

육근(六根)이 유사(有事)한 동(動)과, 육근이 무사(無事)한 정(靜)은 서로서로 도움이 되고 바탕이 되는 관계며, 없어서는 안 되는 관계며, 양면성의 관계며, 동시성의 관계며, 표리의 관계다. 즉 동과 정은 일여(一如: 하나)라는 말이다. 이 동과 정은 우리 공부인에게는 항상 공부 거리가 되고, 공부를 할 수밖에 없고, 공부를 해야 하는 경계다.

진리는 바탕이 되는 체(體)와 쓰임이 되는 용(用)으로 구분 되므로 체(體)는 정(靜)이며, 용(用)은 동(動)이다.

그러므로 진공으로 체를 삼고 묘유로 용을 삼아 동하여도 동하는 바가 없고 정하여도 정하는 바가 없이 마음을 작용하면, 동하여도 분별에 착이 없고 정하여도 분별이 절도에 맞아 육근의 동과 정이 모두 다 공적 영지의 자성에 부합된다.

이것이 곧 동정 일여며, 마음 공부의 표준이며, 동정간 불리선이며, 무시선 무처선이다.

다음에는 영육 쌍전(靈肉雙全)을 보자.

앞에서 동정이 일여이듯, 영과 육 역시 마찬가지 관계를 맺고 있는 하나다. 영육은 '정신과 육신, 정신 생활과 물질 생활, 이상과 현실 등'으로 볼 수 있고, 쌍전은 '두 쪽 또는 두 가지 일이 모두 온전하거나 완전한 것'이다.

이와 같이 영과 육이 동시에, 고루고루 온전하려면 동정 일여가 되어야 한다. 그러고 보니, 동정 일여가 선행되어야 영육이 쌍전됨을 알 수 있다. 대종사님께서는 영육 쌍전 법을 '법신불 일원상의 진리와 수양·연구·취사의 삼학으로써 의·식·주를 얻고 의·식·주와 삼학으로써 그 진리를 얻어서 영육을 쌍전하여 개인·가정·사회·국가에 도움이 되게 하자는 것'이라고 하셨다.

무엇이든 클라이맥스가 있고, 마지막이 있듯, 표어도 마찬가지다.

표어는 '일원상의 진리(신앙의 대상과 수행의 표본)→신앙→수행→공부→?'의 순서로 왔다.

신앙과 수행과 공부는 곧 무엇을 잘 하자는 것인가?

이들에 대한 지식을 갖추어 유식하다는 말을 들으려고……? 보다 궁극적이고 우선적인 것은 이렇게 함으로써 내가 행복해지고 가족이 행복해지고, 나아가 사회·국가·인류가 다 같이 행복해지는 일이다.

이것은 바로 생활이 아닌가? 삶이 아닌가?

그것도 대종사님께서 펴신 교법에 따라 생활을 함으로써 현실 생활을 더욱 발전시키고, 일상생활 속에서 우주 만유의 본래 이치와 우리의 자성 원리를 깨치자는 것이다. 그래서 '불법시생활(佛法是生活) 생활시불법(生活是佛法)'이 생활 표어이다.

결국, 표어에서 보듯, 우리의 교법은 '일원상(신앙의 대상과 수행의 표본)→신앙→수행→공부→생활'로 짜여 있다.

따로따로 구분되어 있는 것이 아니라, 동시성으로, 현재 진행형으로, 하나로, 서로서로 도움이 되고 바탕이 되는 관계를 이루고 있는 하나의 세계다.

이상은 표어의 구성과 관계를 교법의 체와 용으로 연결시키면서 대종사님, 정산 종사님께서 어떤 심경으로 교법을 짜셨고, 우리에게 보다 간단하고 편리한 방법으로 알려주려고 그것도 표어(標語)로써 정리하셨음을 알게 되었다.

부록 5

표어 공부

1. 물질(物質)이 개벽(開闢)되니 정신(精神)을 개벽(開闢)하자.

개벽은 없던 것이 있어지고, 막혔던 것이 크게 열리고, 어두웠던 것이 밝아지고, 불편하던 것이 편리해지고, 부족하던 것이 풍족해지는 것이다.

그러므로 정신 개벽은 정신 생활이 크게 향상되는 것으로, 어두운 마음이 밝아지고, 묵은 마음이 새로워지고, 막혀서 닫혀 있던 마음이 툭 터져 열리고, 가려있던 마음이 밝아지고, 좁은 마음이 넓어지고, 부족하고 옹색하던 마음이 넉넉하고 풍부해지는 것이다.

또한 신앙과 수행의 방법이 편리해지고, 사람간의 윤리와 도덕의 길이 편리해지고, 사실적으로 원만해진다.

즉 미신적 신앙에서 불생 불멸의 이치와 인과 보응의 이치에 바탕한 진리적 종교의 신앙을 하게 되고, 부분·편중 신앙에서 우주 만유가 다 처처 불상이요 법신불 사은이니 전체 신앙을 하게 되고, 신불에 의존하여 위력이 나타나기를 빌던 타력 신앙과 자신의 깨침에 치우친 자력 신앙에서 벗어나 자력과 타력은 다 같이 필요하고, 자력은 타력의 근본이 되고 타력은 자력의 근본이 되므로 자력과 타력을 병진하는 자타력 병진 신앙으로 바뀌게 된다.

또한 수행은 정신 수양력, 사리 연구력, 작업 취사력을 편벽되지 않게 골고루 얻는 삼학 병진 수행을 하게 되고, 동과 정 어느 한쪽에 치우치지 않고 골고루 쌍전하는 동정 일여 수행을 하게 되고, 공부와 사업이 어느 한쪽에 치우쳐 공부 때문에 사업을 못하고 사업하느라 공부를 하지 못하는 것이 아니라, 공부와 사업이 둘이 아니므로 공부를 잘하면 사업도 잘되고 사업 속에서 공부도 익어가는 이사 병행 수행을 하게 된다.

윤리면과 생활면을 살펴보자.

윤리는 인간과 인간, 인간과 만물, 인간과 신(진리) 간에 반드시 지켜야 할 도리인데, 이들은 진공과 묘유로, 없어서는 살지 못할 은의 관계를 맺고 있는 사은이므로 어느 한 쪽에 치우치는 것이 아니라, 서로서로 바탕이 되고 근본이 되는 하나의 관계 속에 있음을 알게 된다.

생활은 신앙과 생활, 수행과 생활, 신앙과 수행, 영육 쌍전 등 어느 한편에 착되지 않고 서로서로 도움이 되고 바탕이 되고 근본이 되어 사통오달로 걸림도 막힘도 없이 크고 편리해진다.

이상의 신앙·수행·공부·생활을 원만하게, 막힘없이 할 수 있는 종교가 바로 원불교요, 그 법이 대종사님께서 펼치신 교법이다.

물질의 개벽은 세상의 문명이 발달됨에 따라 자연적으로 되어지나, 정신 개벽은 어떻게 해야 할까?

물질 개벽에 구애 없이 항상, 오래 오래 계속하여 정신을 개벽하고 또 개벽하려면 어떻게 해야 할까?

그 처방이 대종사님께서 '개교의 동기'에서 말씀하신 '진리적 종교의 신앙'과 '사실적 도덕의 훈련'이다.

이와 같이 정신 개벽이 되면 나날이 개벽되는 물질을 선용하게 되고, 정신·육신·물질면으로 온전해지고, 풍요로워지고, 기쁘고 즐겁게 되어 행복해지므로 정신 낙원 생활, 육신 낙원 생활, 물질 낙원 생활을 하게 된다.

이것이 대종사님께서 우리 공부인에게 주는 정신 개벽에 대한 비전이다.

2. 처처불상 사사불공

처처불상 사사불공은 '곳곳이 부처님이니 일마다 불공하자.'이다. 처처가 불상이란 무슨 뜻인가?

이 세상 무엇이든, 어디에 있는 것이든, 눈에 보이는 것이든(천지 만물=삼라만상) 보이지 않는 것이든(허공 법계) 다 부처요, 진리의 덩치요, 하나의 세계다. 즉 법신불 일원상이라는 말이다.

이러하기에 육근이 작용되면서 만나는 일체의 대상이 다 불상이므로, 부처님을 대하듯 불공을 하자는 것이다.

대종사님께서는 이런 관계를 일러

"일원상의 내역을 말하자면 곧 사은이요, 사은의 내역을 말하자면 우주 만유로서 천지 만물 허공 법계가 다 부처 아님이 없나니,

우리는 어느 때 어느 곳이든지 항상 경외심을 놓지 말고 존엄하신 부처님을 대하는 청정한 마음과 경건한 태도로 천만 사물에 응할 것이며,

천만 사물의 당처에 직접 불공하기를 힘써서(사사불공) 현실적으로 복락을 장만하자고 하셨다795)."

여기서 천지 만물(삼라 만상) 허공 법계란 무슨 뜻인가?

천지 만물, 즉 삼라 만상(森羅萬象)은 눈에 보이는 진리의 입장(현상 세계)을 나타낸 말로서 '우주에 형형색색으로 나열되어 있는 온갖 현상. 해·달·별·비·바람·안개·눈 또는 봄·여름·가을·겨울 등의 우주의 모든 현상과, 강·산·돌·나무·풀·짐승·사람 등 땅 위의 온갖 만물의 총칭이며, 진리의 응화신불'이다.

허공 법계(虛空法界)는 눈에 보이지 않는 진리의 입장(진리 세계)을 나타낸 말로서 '허공처럼 텅 비었으면서도 일체의 법을 다 포함한 진리의 세계며, 현상 세계의 근본이 되는 형상이 없는 본체(本體)'다. 나무를 예로 든다면, 가지와 잎은 현상계요 뿌리는 본체라고 할 수 있다.

이 형상 있는 현상 세계(천지 만물)는 형상 없는 법계(허공 법계)에 근원하여 존재하므로, 천지 만물과 허공 법계는 동시성의 관계요, 없어서는 살 수 없는 은(恩)의 관계요, 도움이 되고 바탕이 되는 관계요, 둘이 아닌 하나의 관계로 이루어져 있는 하나의

---

795) 대종경, 제2 교의편, 4장, P.113.

세계다.

내 주위에 있는 처처 불상이 무엇인지 구체적으로 생각해 보자.

집에는 시어머니·시아버지 부처님, 며느리 부처님, 아내 부처님, 아들·딸 부처님이 있고, 직장에는 상사 부처님, 동료 부처님이 있고, 사무실에는 컴퓨터 부처님, 책상 부처님, 종이 부처님들이 있다. 들에는 쌀 부처님, 과일 부처님, 돌 부처님, 나무 부처님 등 내 주위에 있는 모든 것, 이 우주에 존재하는 유형·무형의 모든 것들이 다 부처님이다. 나를 즐겁게 하는 분도 부처님이요, 밉고 짜증나게 하는 상대방도 싫든 좋든 다 부처님이다.

이 부처님들이 내게 복도 주고 죄벌을 주는 권능을 가지고 있으며, 은혜의 관계를 맺고 있는 사은이므로 일을 할 때마다 부처님을 대하듯 정성심(誠)으로, 공경심(敬)으로, 믿음(信)으로 불공을 잘 하자는 것이다.

그릇도 잘 쓰면 편리하고 복을 주지마는, 잘못 쓰면 깨어져 다칠 수 있으므로 이것이 우리에게 주는 벌이다. 이처럼 천지 만물은 공을 잘 들이면 위력이 나오고 법력이 나오며, 그 본래 마음자리는 같으나 쓰는(불공하는) 사람에 따라 보응되는 인과도 달라지고, 받게 되는 죄복도 달라지게 된다.

그러므로 응용하는 데 온전한 생각으로(정신 수양, 사리 연구) 취사하기를 주의하고(작업 취사), 응용하기 전에 응용의 형세를 보아 미리 연마하기를 주의(사리 연구)하는 것이 곧 부처님의 심법이요, 공부인의 수행 정도요, 마음 공부의 위력이다.

다시 한 번 정리해 보자.

처처불상 사사불공. 곳곳이 부처님이니 일마다 불공하자.

천지 만물의 본성 자리는 같고, 하나의 세계다.

대산 종사님께서는 이런 진리의 모습을 보시고

진리는 하나.

세계도 하나.

인류는 한 가족.
세상은 한 일터.
개척하자 하나의 세계.

라고 하셨다.

이 진리를 우리는 무엇이라 하는가?

일원상의 진리다. 약(略)하여 일원(一圓)이라고 한다.

교리도에서 보면,

'일원(一圓)은 법신불(法身佛)이니 우주 만유(宇宙萬有)의 본원(本源)이요, 제불 제성(諸佛諸聖)의 심인(心印)이요, 일체 중생(一切衆生)의 본성(本性)이다.'라고 하셨다.

일원상은 '일원상의 진리'의 실제 모습을 말로 하면 잊어버릴 수도 있고, 이해하기도 어렵고, 후세에 전하기도 어려워 사람들이 누구나 다 알기 쉽도록 형상으로 나타낸 것인데, 곧 일원상은 부처님의 마음이요 우리 공부인들이 닮아가려고 하는 신앙의 대상이요 수행의 표본이다[796].

진리가 이런 이치임을 깨닫는 것, 진리가 이런 이치인 줄 아는 것이 견성(見性)이며, 이런 성품을 잘 지키는 것, 즉 잘 기르는 것이 양성(養性)이며, 이런 성품을 잘 거느리는 것, 즉 잘 사용하는 것이 솔성(率性)이다.

이것이 무엇인가?

앞에서 말했다시피 삼학이다. 불공을 잘 하는 것은 삼학 공부를 잘 하는 것이다.

교리도에서 보면 일원은 인과 보응의 신앙문과 진공 묘유의 수행문으로 되어 있는데, 인과 보응의 신앙문에는 '보은 즉 불공'이라 하셨다.

처처가 불상인 줄 알고, 사사에 불공하자는 말씀임을 다시 새기니, 신앙의 대상인 사은에 보은을 잘 하는 것이 참으로 불공을 잘

796) 정전, 제1 서품(序品), 제2장 교법의 총설, P.22.

하는 것이요, 불공을 잘 하는 것이 즉 보은임을 알 수 있다.

자, 처처가 불상이므로 만나는 인연을 대할 때마다 부처님을 대하듯이 잘 되던가?

분별성과 주착심을 놓고, 선입관과 이래야 된다는 틀을 놓고 잘 되던가?

미워하는 마음, 분별하는 마음, 차별하는 마음을 본래 마음과 대조하며 이 마음들이 경계를 따라 일어나는 미묘한 마음 작용임을 알고, 간섭하거나 분별하지 말고 그대로 신앙할 뿐이다. 대조하고 또 대조하고, 챙기고 또 챙길 뿐이다.

대조하지 아니하여도, 챙기지 아니하여도 저절로 되어지는 경지에 이를 때까지 하고 또 하고, 하고 또 할 뿐이다.

이것이 처처에 있는 불상을 비로소 불상으로 신앙하는 것이요, 일마다 불공하고 또 불공하는 것이다.

이와 같이 신앙하는 것이 무엇인가?

법신불 일원상을 신앙의 대상으로 모시는 것이 무엇인가?

바로 '일원상의 신앙'이다. 이 세상에, 내 주위에, 내게, 내 마음에서 일어나는 일체의 현상과 마음 작용을 그대로 수용하고 믿는 것이 일원상의 신앙이다.

따라서 '일원상의 신앙'을 함으로써 공통적으로 해결되는 것이 '처처불상 사사불공'이다. 일원상 장(章)을 공부할 때 왜 일원상의 신앙을 잘 하면 처처불상 사사불공이 해결되고, 처처불상 사사불공을 잘 하게 되는지 알아보자.

처처불상 사사불공은 지금 여기서, 경계를 대할 때마다, 오늘도, 내일도, 일생을 통해서, 영생을 통해서 하고 또 하고, 하고 또 할 뿐이다.

경계를 대할 때마다 처처가 불상으로 보이고 또 보일 때까지. 사사에 불공을 하고 또 할 때까지. 하려고 하지 않아도 무위이화 자동적으로 되어지고 또 되어질 때까지.

우리가 현재 잘 살고 못 사는 것은 과거 숙겁(宿劫)을 통하여 불공한 정도의 차이 때문이다.

부처는 일체의 유정물·무정물이므로 만물(=만유)을 부처로 보는 사람, 만물이 부처로 보이는 사람은 견성한 사람이다. 따라서 만물이 부처로 보이면 불공을 잘 하는 것이다.

보은 즉 불공, 불공 즉 보은이다.

사은에 보은하는 것이 불공을 잘 하는 것이요, 대하는 모든 일에 불공을 잘 하는 것이 보은을 잘 하는 것이다.

따라서 은혜를 알고 감사·보은하는 '지은 보은'이 곧 행복으로 가는 길이다. 깨달은 사람은 우주가 법당인 줄 안다. 만물이 다 부처이므로 이들 부처가 있는 곳이 곧 법당이기 때문이다. 그러므로 '지은 보은'은 곧 견성이요 솔성이다.

우리의 삶은 순경과 역경의 연속이므로 이 순·역간에 불공을 할 수밖에 없다. 왜냐 하면 일체 만유가 살아있는 부처 즉 생불(生佛)이며, 이 부처님들이 죄복을 주는 권능을 가지고 있기 때문이다.

이 우주에는 한없는 세상이 펼쳐져 있다. 그렇기 때문에 변화가 있을 수밖에 없다. 우리가 늙고 죽고 다시 태어나는 것도, 남자로 여자로 태어나는 것도 인과 보응에 따라 변한다. 이 변화는 하나도 정해진 것이 없다(無有定法).

처처가 불상이므로 역경이든 순경이든 항상 만유가 부처로 보여야 한다. 기분이 좋을 때는 남편이 부처로 보이고, 화가 나면 부처로 안 보이고 그러면 안 된다.

부처를 기독교에서는 하나님이라고 한다. 무소부재하신 하나님이라고 하는데, 이는 곧 처처불상이다. 어디서나 하나님을 볼 수 있어야 한다.

부처를 세 부처로 나누어 말할 수 있다.

첫째는 전체불(全體佛=법신불 일원상)이다.

전체불을 나누면 사은(四恩)이요, 사은을 이 세상에 펼치면 삼라만상이다. 이를 불교에서는 '일즉다(一卽多)'라고 한다.

불공에는 진리 불공과 사실 불공(=실지 불공, 당처 불공)이 있다. 진리 불공은 마음속으로 생각하는 바가 반드시 이루어지도록 간절히 염원하는 것이며, 사실 불공은 간절히 염원하는 것을 실천하는 것이다. 간절하면 실천하게 된다. 즉 행동을 하게 된다.

숨는 것과 나타나는 것은 하나다. 이 숨고 나타나는 것이 은현(隱現)이다. 그래서 부처는 은현 자재(隱現自在)한다고 한다. 인과 보응에 따라 갔다가 오고, 왔다가 가는 것도 은현이다.

둘째는 만유불(萬有佛=화신불)이다.

그렇기 때문에 사람마다 목소리가 다르고, 모습도 다르고, 동작도 다르고, 심지어는 나무·돌도 모습·크기가 다 다르다.

셋째는 자심불(自心佛)이다.

자기 마음이 곧 부처라는 말이다. 원래는 우리도 다 부처다. 왜 우리가 부처인가? 중생이나 부처나 본성(本性)은 원래 같기 때문이다. 부처는 마음을 본성대로 사용하나, 중생은 본성이 삼독심(요란함, 어리석음, 그름)에 의해 가려져 있기 때문에 본래 마음을 사용하지 못한다. 본성대로 살면 편안하고 즐겁고 행복하다.

따라서 본성대로 살려면 삼학(三學)으로 공부를 해야 한다.

삼학으로 가려진 것을 걷어내야 한다. 정신 수양 훈련 과목(염불·좌선)으로 오래오래 공부하면 수양력을 얻게 되고, 사리 연구 훈련 과목(경전·회화·강연·의두·성리·정기 일기)으로 오래오래 공부하면 연구력을 얻게 되고, 작업 취사 훈련 과목(상시 일기·주의·조행)으로 오래오래 공부하면 취사력을 얻게 된다. 이 삼대력을 얻게 되면 본성대로 마음을 사용할 수 있게 된다.

우리는 경계를 대할 때마다 공부 찬스로, 공부 거리로 삼아야 한다. 경계를 통해서 공부해야 한다. 경계를 만날 때 피해버리는 피경(避境)을 하는 경우가 있다. 수양력이 부족하여 마음이 끌려가기 쉽기 때문이다.

공부가 익어가면 경계를 당해서도 마음이 끌려가지 않는 대경(對境) 공부를 해야 한다.

피경 공부로 얻은 수행력은 마치 그늘에서 자란 꽃이 햇빛을 만나면 시들어 버리는 것처럼 경계를 만나면 흔들리기 쉽다. 피경 공부는 초보자가 취할 방법이다. 마음의 힘을 길러 경계를 돌파해야 한다.

경계 속에서 어떻게 마음을 사용할 것인가? 은혜를 발견하여 보은해야 한다. 이것이 불공이다. 경계를 당하여 원망하기보다는 감사할 줄 알고, 은혜를 먼저 발견하는 것이 원불교 공부다.

불공과 감사의 표준은 성(誠)·경(敬)·신(信)이다. 정성을 다하고, 공경하고, 믿는 것이다. 반드시 성공한다고 굳게 믿으면 성공하게 된다. 처처불상 사사불공도 성·경·신으로 해야 한다. 집에 가면 가족 부처님이 있다. 왜 남편이 부처님으로 보이지 않는가? 성·경·신의 마음이 부족하면, 본래 마음이 그 은혜의 소종래와 일어난 마음에 가려서 원수로 보이기도 하고 미운 마음이 나기도 한다.

사람의 마음은 지극히 미묘하여 잡으면 있어지고 놓으면 없어진다. 어느 때 마음을 잡고, 어느 때 마음을 놓아야 할까? 경계를 대했을 때 마음을 잡고(執心), 자성의 정·혜·계가 세워졌을 때 마음을 놓아야 한다(能心). 놓아야 될 때 놓지 못하고, 잡아야 될 때 잡지 못하면 도리어 해가 된다. 놓을 때 놓고, 잡을 때 잡는 것이 해탈이다. 수양의 극치는 해탈(解脫)이요, 취사의 극치는 중정(中正)이며, 연구의 극치는 대각(大覺)이다.

우주가 법당이다. 마음 공부하면 우주가 법당이고, 이 몸도 법당인 줄 알게 된다. 부처님과 같은 본성을 모시고 살므로, 즉 마음에 부처님을 모시고 살므로 만사 만리의 근본되는 이 몸이 법당인 것이다. 부처님을 모신 이 법당을 잘 모시는 것이 마음 공부다. 누구나 부처님을 모시고 있기 때문에 함부로 대할 수 없고, 성·경·신으로 대하게 된다. 이것이 마음 공부요 불공이다. 부처님은 부처의 세계에서 살므로 항상 행복하다. 이것이 극락 생활이다.

대산 종사님께서는 수행 정진의 불공법을 다음 세 가지로 말씀하셨다.

첫째는 불석신명불공(不惜身命佛供)이다.

자기의 몸이나 생명까지도 조금도 아끼지 않고 다 바쳐서 삼학을 수행하고 중생을 제도하여 보시를 베풀어서 불공하기에 힘쓰는 것이다.

둘째는 금욕난행불공(禁慾難行佛供)이다.

욕심을 금하는 금욕이나 하기 어려운 일을 하는 고행은 참기 어려운 일이기 때문에 금욕·고행 그 자체가 바로 난행이다. 나의 발전과 가족을 위해 반드시 하지 않아야 되는 데도 불구하고 참지 못하고 끊지 못하여 하고 있는 것, 하고 싶은 것을 기어이 안하기도 하고, 반드시 해야 되는 줄 알면서도 습관이 되어 하기 싫어하는 마음을 돌려 기어이 하고야 마는 것이다.

셋째는 희사만행불공(喜捨萬行佛供)이다.

자기가 갖고 있는 재물을 공익 사업에 기쁜 마음으로 보시하고, 대도 정법의 모든 수행을 닦아가는 것이다. 대종사님께서 내놓으신 자신도 이롭고 남도 이롭게 하는 자리이타법이 곧 불공이다. (그릇된 불공은 자신은 이익이 되고 다른 사람은 해가 되는 자리타해다.)

천지은에 대한 불공은 무념 보시(반대는 불공을 했다는 상을 내는 유념 보시)요,

부모은에 대한 불공은 무자력자 보호(반대는 무자력자 방치)요,

동포은에 대한 불공은 자리이타(반대는 자리타해)요,

법률은에 대한 불공은 준법 지계(반대는 무법 행위)다.

처처불상 사사불공은 오래오래, 항상 하고 또 하고, 하고 또 할 뿐이다. 챙기지 아니하여도 무위이화 자동적으로 되어지고 되어질 때까지 하고 또 할 뿐이다.

3. 무시선 무처선(無時禪 無處禪).

어느 때나 선이요 어디나 선방.

무시선 무처선은 원만한 수행 길의 표준이다.

그러면 선(禪)이 무엇이기에 어느 때 어디서나 하자는 말인가?

선(禪)의 뜻은 다음과 같다.

- 국어 사전 : (1) 마음을 가다듬고 정신(精神)을 통일(統一)하여 번뇌(煩惱)를 끊고 진리(眞理)를 깊이 생각하여 무아 정적(無我靜寂)의 경지(境地)에 몰입(沒入)하는 일(수행). (2) 좌선(坐禪)의 준말.
- 정전 : (1) 원래에 분별·주착이 없는 각자의 성품을 오득하여 마음의 자유를 얻게 하는 공부(수행편 제4장 무시선법). (2) 좌선이 곧 선(禪)이므로 "마음에 있어 망념을 쉬고 진성(眞性)을 나타내는 공부이며, 몸에 있어 화기(火氣)를 내리게 하고 수기(水氣)를 오르게 하는 방법"(정전 수행편 제4장 좌선법).

  (3) (언제 어디서나 정신 수양·사리 연구·작업 취사의) 삼학을 병진하는 수행법.

  (4) (정신 수양·사리 연구·작업 취사 중 어느 한편에 치우친 바 없이 이 삼학을 균형 있게 병진 수행하는) 대승선.
- 한자 사전 : 터를 닦다.
- 원불교 용어 사전 : (1) 국어 사전의 뜻과 동일. (2) 무시선 무처선의 준말. 어느 때 어느 곳에서나 정신 수양·사리 연구·작업 취사의 삼학 수행을 병진하는 것.

위 뜻풀이를 보면 선(禪)이라 함은 마음의 터, 또는 마음에 터를 닦는 것이다. 어떤 터인가? 내 마음이 원래는 분별·주착이 없는 줄 알고, 마음의 자유를 얻는 것이다.

그런데 대종사님의 말씀을 잘 보아야 한다. '……마음의 자유를 얻는 공부'가 아니라, '……마음의 자유를 얻게 하는 공부'다. 무시선 무처선, 즉 선(禪)을 하면 마음의 자유를 얻게 된다는 말이다.

그러므로 무시선 무처선은 때와 장소를 가리지 않고, 선(禪)을 하는 법 즉 마음 공부를 하는 법이다. 그래서 수행품(修行品) 제4장은 무시선이 아니라 무시선법이다.

경계는 정해진 곳에서만, 정해진 때에만 있어지는 것이 아니다. 때와 장소를 가리지 않고 어느 때나 어느 곳에서나 대하는 일체의 대상을 따라 마음이 작용되어 요란해지거나 어리석어지거나 글러지기도 하므로 이러한 경계로부터 해탈하여 마음의 자유를 얻는 것도 때와 장소를 가리지 않고 이루어질 수밖에 없다.

마음이 살아 있기 때문에 경계를 따라 끌려다니며 파란 고해에서 헤맬 것이 아니라, 내 마음이 원래 분별·주착이 없는 우주 만유의 본원임을, 제불 제성의 심인임을, 일체 중생의 본성임을 알고, 마음의 자유를 얻자는 것이다. 내 마음의 정체가 이렇다는 것이다. 내 마음이 어떤 존재라는 것을 모를 때는 경계를 따라 헤맬수 있으나, 누구나 다 부처의 마음을 가지고 있는 줄 아는 부처의 마음으로 돌아갈 수 있고, 부처의 마음을 사용할 수 있지 않은가? 그러므로 마음을 마음대로 사용할 수 있는 부처가 되는 마음 공부를 제대로 하는 사람은 행복한 사람이다.

부처의 모습은 어느 곳에도, 무엇에도 치우친 바 없이 두루두루다 갖춘 모습이요, 가장 아름다운 모습이요, 영원히 돌고 도는 모습이요, 하나인 동시에 모두를 표현하는 모습이요, 비었으면서도 다북차 있는 모습이다.

그래서 대종사님을 원각성존(圓覺聖尊)-일원상의 진리를 원만하게 깨치신 부처님-이라 한다.

부처님의 모습은 원만 구족하고 지공 무사한 모습이므로 일원상과 같이 원만 구족하고 지공 무사한 마음을 사용하는 사람은 부처다. 그러나 중생은 이 원만 구족하고 지공 무사한 마음이 오욕[식욕(食慾)·색욕(色慾)·재물욕·명예욕·수면욕]과 탐·진·치 삼독심으로 가려져 있어 부처님처럼 살지 못한다.

그러므로 부처와 같은 삶을 살려면 정신·물질·육신으로 좋을 일을 많이 해야 한다.

일원상의 성격은 인과 보응과 불생 불멸이다. 이 세계는 하나며 진리도 하나다. 나라에는 국경이 있어도 진리는 나눈 바가 없기에 국경이 있을 수 없다. 진리는 인과 보응의 이치와 불생 불멸의 이치에 따라 나타나는 게 다를 뿐이다.

내가 모두에게 한 만큼 모두에게 받고, 가족에게 한 만큼 가족에게 받는다. 이것이 인과 보응의 이치며, 이러한 이치는 영원히 돌고 돌므로 이 또한 불생 불멸의 이치에 따라 그렇다는 말이다.

우주도 하나, 진리도 하나, 본성도 하나다. 이런 이치인 줄 알기 위해서는 무엇으로 공부하는가. 삼학으로 한다. 그래서 어느 곳에서나 정신 수양·사리 연구·작업 취사의 삼학 수행을 병진하는 것을 무시선 무처선이라 하는 이유인 것이다.

일원상의 진리를 공·원·정(空圓正)으로 표현하는데,

우주 만유의 본원이요 제불 제성의 심인이요 일체 중생의 본성인 법신불을 공(空)이라 하고, 과보와 수행의 결과로 나타나는 보신불(報身佛)은 원(圓)이며, 삼라만상으로 나타난 화신불(化身佛)은 정(正)이다.

또한 공(空)은 각자의 마음을 일원상과 같이 원만 구족하고 지공 무사하게 기르는 양성(養性)이며, 원(圓)은 각자의 마음이 일원상과 같이 원만 구족하고 지공 무사한 줄 아는 견성(見性)이며, 정(正)은 일원상과 같이 원만 구족하고 지공 무사한 각자의 마음을 사용하는 솔성(率性)이다.

그러므로 공(空)은 정신 수양이요 그 표준인 해탈(解脫)이며, 원(圓)은 사리 연구요 그 표준인 대각(大覺)이며, 정(正)은 작업 취사요 그 표준인 중정(中正)이다.

텅 비고 둥글고 바른, 이것이 공·원·정이요 일원상의 진리의 표현이다.

그 일 그 일에 온전한 생각으로 취사를 하는 것이 곧 공·원·정이요, 무시선 무처선이다. 이렇게 자신이 처한 일에 온전한 생각으로 취사를 하는 것이 곧 마음 공부를 하는 것이며, 스스로를 훈련하는 것이다. 그러므로 마음 공부가 스스로 훈련하는 것이다.

왜 어디나 선방이라고 하는가?

일체 만물이 다 부처요, 공부 거리요, 경계요, 경전이다. 이 우주가 돌아가는 것이 경전이다. 공부하면 선악(善惡)이 다 나를 성불하게 하는 나의 스승이다. 이러니 삼라만상을 다 아우르고 있는 우주가 다 선방이요 마음 공부하는 내 집 아니겠는가?!

공부하면 법이 일기로 나오고, 공부하는 법을 설하게 된다. 어디서나 공부 거리인 경계가 있고, 어느 때나 공부할 찬스이므로 공부를 하기만 하면 법을 쓸 수밖에 없고 법이 나올 수밖에 없다.

무시선 무처선을 하게 되면 자동적으로 삼학으로 공부를 하게 되고, 무시선 무처선으로 공부를 하면 여의자재(如意自在)하게 된다.

때 없이 공부하고, 어디서나 공부하는 무시선 무처선.

마음 공부의 실력을 얻으려면 정기 훈련 11과목으로 공부하여 상시 공부의 자료를 준비하고, 또한 상시 훈련으로 정기 공부의 자료를 준비하여야 한다.

정기 훈련 11과목은 정신 수양 훈련 과목(염불·좌선)과 사리 연구 훈련 과목(경전·강연·회화·의두·성리·정기 일기)와 작업 취사 훈련 과목(상시 일기·주의·조행)으로 구성되어 있다. 즉 정기 훈련은 삼학을 훈련하는 것으로서 마음 공부를 하는 것이며, 마음 공부는 삼학으로 하는 것임을 알 수 있다.

마음 공부는 진리의 속성대로 마음을 텅 비우고(진공), 묘하게 있어지는 경계(묘유)를 있는 그대로 수용하고, 일원상의 진리와 합일되는 것(조화)이다.

일원은 대종사님께서 깨치신 이름이며, 우주 만유의 본원이요, 제불 제성의 심인이요, 일체 중생의 본성이다. 이 일원을 기독교에서는 하나님이라 하고, 불교에서는 부처님이라 한다.

그러므로 무시선 무처선은 '일원상의 진리'를 알아서 '일원상의 진리'를 사용하자는 것이다. 성품을 떠나지 않고, 일원상의 진리를 무시 무처로 활용하는 것이다.

어떻게 성품을 떠나지 않게 하는 방법이 있는가?

마음을 쓸 때 항상 조심해야 한다. 마음이 요란하지 않는 평상심을 유지해야 한다. 이것이 성품 자리, 부처님 마음을 떠나지 않는 것이며, 이것이 곧 동할 때나 정할 때 마음이 항상 한결 같은 동정일여(動靜一如)다. 탐·진·치가 일어나므로 성품을 마음대로 지키지 못한다. 성품 자리는 본래 분별·주착이 없으며, 상(相)도 과불급(過不及)도 없는 마음이다.

이 마음으로 수행해야 한다. 이것이 부처님의 수행이다. 원만 구족하고 지공 무사한(=가득 차고 모자람이 없고 사는 없고 공만 있는) 부처님의 수행이다.

부처님을 사생자부(四生慈父), 즉 이 우주에 생겨나고 있는 사생의 자비로운 아버지라 한다. 자비심으로 가득 찬 마음이 곧 앞에서 말한 마음이다.

일원상과 같이 원만 구족하고 지공 무사한 마음을 수호하는 것, 일원상과 같이 원만 구족하고 지공 무사한 마음을 아는 것, 일원상과 같이 원만 구족하고 지공 무사한 마음을 사용하는 것은 삼학으로 원만 구족하고 지공 무사한 마음이 되게 하는 것이며, 부처가 되는 것이다.

이렇게 하려면 진공으로 체를 삼고, 묘유로 용으로 삼아야 한다. 일원상의 진리는 변하는 진리(=인과 보응의 이치)와 불변하는 진리(=불생 불별의 이치)가 하나로, 동시에 돌고 있다. 이와 같은 이치를 알려주는 것이 교리 공부요 마음 공부다. 교리 공부를 하고 마음 공부를 하는 것은 부처의 경지로 들어가는 길을 알려주는 주소를 아는 것과 같다. 그러하므로 우선 교리와 마음의 원리를 알아야 하고, 이를 생활에 활용하는 활불이 되어야 한다.

무시선법에 '육근이 무사(無事)하면 잡념을 제거하고 일심을 양성하며, 육근이 유사하면 불의를 제거하고 정의를 양성하라.'고 하셨다. 이것이 곧 부처가 되는 길이요 극락 생활을 하는 길이다.

무시선을 단련하는 데, 4가지 방법이 있다.

첫째, 공부인은 규칙적인 시간 생활을 해야 한다.

하루 일과를 아침에는 염불·좌선으로 수양·정진하고, 낮에는 보은·노력하고, 저녁에는 참회·반성하는 시간으로 생활해야 한다. 이렇게 규칙적으로 생활하는 것이 상시 훈련이다.

둘째, 챙기는 습관을 가져야 한다.

가장 큰 적은 방심이요 게으름이다. 차 사고도 비탈길이나 굽은 길보다는 평지에서 많다고 한다. 방심하기 때문이다. 또한 나중에 하지 하고 미루고, 지금 하기에 게으르기 때문이다.

셋째, 분리자성(分離自性), 즉 성품을 떠나지 않는 공부를 해야 한다.

유념할 자리에 유념하고, 무념할 자리에 무념하도록 마음을 챙겨야 한다. 성품을 떠나지 않으면, 지나치지도 않고 넘치지도 않고 모자라지도 않고 착(着)하지도 않게 된다. 모든 성자(聖子)들이 하는 것이 바로 이것이다.

넷째, 응용 무념으로 공부해야 한다.

내가 했다는 상, 내가 한다는 상. 이 마음이 오히려 죄를 짓고, 도리어 마장이 되는 수도 있다.

다섯째, 잡는 공부와 놓는 공부를 해야 한다.

잡는 공부는 챙겨야 할 것은 챙기는 것이며, 놓는 공부는 버려야 할 것은 버리는 것이다. 이렇게 하려면 염불·좌선·기도·주문을 많이 해야 한다.

이상을 요약하는 정산 종사님의 말씀과 대산 종사님의 말씀으로 '무시선 무처선' 정리를 마무리하고자 한다.

"수양의 방법은 염불과 좌선과 무시선 무처선이 주가 되나 연구와 취사가 같이 수양의 요건이 되며, 연구의 방법은 견문과 학법(學法)과 사고가 주가 되나 수양과 취사가 같이 연구의 요건이 되

530

며, 취사의 방법은 경험과 주의와 결단이 주가 되나 수양과 연구가 같이 취사의 요건이 되나니라[797]."

"무시선 무처선의 공부 법에는 정시(定時)의 선과 정처(定處)의 선 공부도 잘 하라는 뜻이 들어 있고, 처처불상 사사불공의 불공 법에는 정처(定處)의 불상에 대한 정사(定事)의 불공도 착실히 하라는 뜻이 들어 있나니라[798]."

"우리 교리로 말하면 무시선(無時禪) 무처선(無處禪)으로 때와 곳을 가리지 않고 선할 줄 아는 것이다. 이것이 일심 연속(一心連續)이고, 일념 만년(一念萬年)이다. 또 처처불상(處處佛像) 사사불공(事事佛供)이다[799]."

"선을 무시선 무처선으로 마음 공부를 잘 하면 그 마음이 항상 불방심(不放心)해서 간단(間斷)이 없다. 이것이 바로 면면약존하는 것이다. 실올이 면면(綿綿)해서 10년, 100년, 1,000년 가더라도 한결같다. 그저 있는 것 같다. 그래서 한 고비 넘는다[800]."

4. 동정일여(動靜一如)

동정(動靜)이 왜 하나라고 하는지 알아보기 전에 동과 정이 무엇인지 아는 게 순서일 것이며, 이를 정확히 안다면 하나인 줄도 자동적으로 알게 될 것이다.

동(動)은 육근이 동작할 때를 이르고, 정(靜)은 육근 동작이 쉴 때를 이른다. 또한 경계를 따라 마음이 작용되어 요란해지거나 어리석어지거나 글러지면 동(動)이라 하고, 마음이 움직이지 않으면 즉 요란함·어리석음·그름이 없으면 정(靜)이라 한다.

---

797) 정산 종사 법어, 제6 경의편(經義編), 15장, p.843.
798) 정산 종사 법어, 제6 경의편(經義編), 29장, p.848.
799) 대산 종사 법문집, 제3집. 제3장 수행(修行), 118장, p.203.
800) 대산 종법 법문집, 제5집, 제3부 파수공행(把手共行), 2. 제가 수행 요지(諸家修行 要旨), 6. 도덕경의 정수(道德經의 精髓), p.300.

동정일여는 육근이 움직일 때나 쉴 때 막히거나 걸림이 없는 마음의 경지를 이르며, 마음 씀씀이와 마음가짐이 움직일 때나 고요할 때나 똑 같다는 말이다. 즉 순경을 당하거나 역경을 당하거나 마음의 상태, 마음 씀씀이가 똑같다는 말이다. 이런 상태의 마음을 일러 평상심(平常心)이라고 한다.

  그러므로 동정일여는 여래위의 경지요, 부처의 경지요, 깨달음의 경지이므로 넘치지도 않고 모자라지도 않아 마음을 한결같이 사용할 수 있다.

  어떻게 하면 마음이 이런 경지에 이를 수 있고, 어떻게 하면 이런 수양력을 나툴 수 있고, 이런 연구력을 나툴 수 있고, 이런 취사력을 나툴 수 있을까?

  신앙의 대상이요 수행의 표본인 '일원상의 진리'를 깨쳐야 한다. 즉 변·불변(變不變)의 이치를 깨쳐야 한다. 변하는 진리[=인과 보응의 이치=동(動)]와 변하지 않는 진리[=불생 불멸의 이치=정(靜)]가 하나인 줄도 알고 둘인 줄도 알고, 만법이 하나인 줄도 알고 하나가 만법으로 되는 줄도 알아야 한다.

  이를 일원상 서원문에서 변하는 진리는 '무상으로 보면 우주의 성·주·괴·공(成住壞空)과 만물의 생·로·병·사(生老病死)와 사생(四生)의 심신 작용을 따라 육도(六途)로 변화를 시켜 혹은 진급으로 혹은 강급으로 혹은 은생어해(恩生於害)로 혹은 해생어은(害生於恩)으로 이와 같이 무량 세계를 전개하는 것'이라고 하셨고, 변하지 않는 진리는 '유상으로 보면 상주 불멸로 여여 자연(如如自然)하여 무량 세계를 전개하는 것'이라고 하셨다.

  심지는 원래 요란함이 없건마는(=변하지 않는 진리) 경계를 따라 요란함·어리석음·그름이 있어지는 것(=변하는 진리), 일기의 변화처럼 요란해졌다가도 그 마음으로 공부하면 없어지고, 없어졌다가도 경계를 따라 나타나는 것 또한 마음 작용을 통하여 나타나는 변·불변하는 진리의 작용이다.

  이처럼 우주의 진리는, 동전(銅錢)의 양면처럼 또는 빛이 있으면 그림자가 있듯, 보는 각도에 따라 둘인 것 같으나 실상은 하나이므로 동정 역시 하나다. 즉 동과 정은 하나의 진리에 대한 표리(表裏: 겉과 속) 관계의 설명이다. 진리를 체(體)와 용(用)으로 구별해 볼 때, 체를 정(靜)이라 하고 용을 동(動)이라 한다. 그러므로 진공으로 체를 삼고 묘유로 용을 삼아 동하여도 동하는 바가 없고 정하여도 정하는 바가 없이 마음을 작용하면, 동하여도 분별에 착이 없고 정하여도 분별이 절도에 맞아 육근의 동과 정이 모두 다 공적 영지의 자성에 부합된다. 이것이 동정일여의 경지요, 동정간 불리선(動靜間不離禪)801)이며, 동정상안(動靜常安)802)이 된다.

그러나 사람들은-이런 이치를 미처 깨닫지 못해, 깨달았다 해도 미처 경지에 이르지 못해-순역 경계를 따라 동과 정이 하나가 되기도 하고, 동과 정이 달라 괴로움과 즐거움이 번갈아 나타나는 고락상반(苦樂相半)803)의 생활을 하고 있다.

수양을 많이 하면 천상락(天上樂)을 누리고 천상계(天上界)에 머물게 된다. 이것이 극락 생활이며, 이는 살아서 삼대력을 갖춘 사

---

801) 동할 때나 정할 때나 항상 선 수행을 계속하는 것이며, 또는 일이 있을 때나 없을 때나, 언제 어디서나 항상 선 공부를 게을리 하지 않는 것이다. 이는 곧 무시선 무처선으로서 육근이 무사(無事)하면 잡념을 제거하고 일심을 양성하며, 육근(六根)이 유사(有事)하면 불의를 제거하고 정의를 양성하는 공부로, 일상 생활 속에서도 잠시도 선 수행을 잊지 않고 계속하는 것이다.

802) 동정간 불리선, 동정상선(動靜常禪) 공부를 계속하면, 마침내 마음의 힘을 얻어 동정묘용의 조화가 나타나고, 순역 경계를 당해서도 마음이 경계에 끌리지 않아 언제나 평화 안락한 경지를 얻게 되는 것이다. 마음에 힘을 얻지 못한 사람은 순경에서는 마음이 편안하지만, 역경에서는 마음이 불안해지고 괴로워진다. 그러나 마음에 힘을 얻으면 순역 경계에 마음이 끌려가지 않기 때문에 비록 어떠한 역경을 만나도 마음이 결코 불안해지거나 괴로워지지 않는다. 마음에 한 티끌의 번뇌도 일어나지 않기 때문에 마음이 항상 평안해지는 것이다. 이런 사람에게는 미운 사람, 고운 사람이 따로 없고, 극락과 지옥도 따로 없게 된다.

803) 인생살이에는 괴로움과 즐거움이 서로 반반이라는 말. 큰 권력을 쥐고 부귀영화를 누리는 왕도 밤에 잠을 잘 때에는 백성들로부터 비난받고 고통받는 꿈을 꾸게 되고, 낮에 가난한 거지도 밤에는 왕이 되는 꿈을 꾸며 즐거워하게도 되는 것이다. 어느 때는 괴로움이 더 많고 어느 때는 즐거움이 더 많은 것 같지만, 사람 한 평생을 길게 놓고 볼 때는 고락이 서로 반반인 경우가 대개의 인생살이다.

람이 누리는 해탈·대각·중정의 생활이다.

부처님은 참 자유인이다. 이렇게 되기 위해 염불·좌선·기도·무시선 무처선을 정신 수양 훈련 과목으로 삼아 수양력을 기르면 궁극에는 동정일여가 되어 해탈하게 되고, 경전·회화·의두·성리·정기 일기를 사리 연구 훈련 과목으로 삼아 연구력을 닦으면 궁극에는 동정일여가 되어 대각하게 되고, 상시 일기·주의·조행을 작업 취사 훈련 과목으로 삼아 취사력을 기르면 궁극에는 중정(=중도)행을 하게 되어 이치에도 걸림이 없어지고 일에도 걸림이 없어지므로(理無碍事無碍) 동정일여가 된다.

교단 초창기 중앙총부에 설립한 전무출신 양성 기관인 유일학림(원광대학교의 전신)의 학생들이 자는 온돌방은 윗목(아궁이로부터 먼 곳), 아랫목(아궁이로부터 가까운 곳) 다 골고루 따뜻했는데, 이는 대종사님께서 구들장을 놓을 때 윗목은 얇은 돌을 쓰고, 아랫목은 두꺼운 돌을 사용했기 때문이라고 한다.

대종사님께서 방구들 놓아본 경험이 없을 터인데, 이는 무엇을 말하는가? 이치에 통달하여 걸림이 없으니 무슨 일을 하든 일도 통달하여 걸림이 없게 된다는 말이다.

삼대력을 갖추어 부처의 경지에 오르면 만물을 부려 쓰게 되고, 복혜가 없으면 복혜가 열리게 하여 자신도 이롭고 남도 이롭게 하는 자리 이타행을 한다. 역경·순경이 와도 그 경계를 잘 부려 쓰므로 역경은 전화위복이 되어 순경이 되게 하고, 순경은 간사하고 망녕된 곳으로 가지 않도록 미리미리 대비하므로 영원한 순경이 되게 한다.

사람에게는 동정이 있고, 날씨도 변덕이 있으나, 이 우주의 진리는 동정이 하나다. 동정이 하나인 우주의 이치를 알아 그때그때 상황에 맞게 살면, 즉 응용(應用)하는 데 온전한 생각으로 취사하기를 주의하여(=삼대력으로) 살면 동정일여가 되고, 우주의 대소 유무의 이치를 따라 시비 이해를 건설하게 된다.

오늘 공부를 시작하기 전에 부른 성가 183장(주산 종사 작사) '오늘 아침 좌선 때에'의 가사 '오늘 아침 좌선 때에 극락 맛을 보

534

았지요. 서방 정토 안 갔어도 극락 맛을 보았지요.'처럼 좌선을 하면 동정일여의 극락 맛을 볼 수 있다.

좌선이든 염불이든, 어떤 공부든 하고 또 하고, 오래오래 계속하고, 미쳐야 토가 떨어진다.

정전 제17장 법위 등급의 대각여래위의 법문에 '동하여도 분별에 착이 없고, 정하여도 분별이 절도에 맞는 사람의 위니라.'고 했는데, 이 '동하여도 분별에 착이 없고, 정하여도 분별이 절도에 맞는 것'이 바로 동정 일여다.

'동하여도 분별에 착이 없는 것'은 경계를 따라 육근이 작용하여 일어나는 분별성과 주착심에 끌려 요란해지지도 어리석어지지도 글러지지도 아니하여 매양 만사를 작용할 때에 원·근·친·소와 희·로·애·락에 끌리지 아니하고, 합리와 불합리를 분석하여 합리는 취하고 불합리는 버리며, 편착심을 없이 하고, 온전한 생각으로 취사하여 천만 경계에 부동심이 되고, 매번 하는 모든 일의 사정에 맞게 취사하는 것이요, 응무소주이생기심(應無所住 而生起心: 천만 경계를 응용하되 주착한 바 없이 마음을 작용하라는 말)하는 것이다.

'정하여도 분별이 절도에 맞는 것'은 범부 중생은 일이 없으면 사심 잡념·번뇌 망상으로 지낼 뿐 아무런 준비도 할 줄 모르나, 여래는 일이 없으면 하염 없는(끝맺는 데가 없는) 자리에 안주(자리를 잡고 편안하게 삶.)하여 장래의 기틀을 보아서 늘 미리 준비하는 것이다. 준비 없이 동하고 보면, 분별을 낼 때에 섞이고 물들게 되며, 일을 당하여 창황 전도(너무 급하여 어찌할 바를 모름)함을 면하지 못하게 된다.

이처럼 동정일여는 여래위의 경지다. 여래위는 육식(六識)[보고(色)·듣고(聲)·냄새 맡고(香)·맛보고(味)·부딪치고(觸)·알고(法) 하는 여섯 가지 인식 작용]이 육근(六根)을 통하여 나갈 때 섞이지 않으므로 항상 한결같고, 죄를 짓지 않으므로 손해를 보지 않고 자리 이타행을 하게 된다. 진흙 속에 핀 연꽃처럼 몸은 비록 티끌 세상에 있어도 청초한 향기를 뿌려 대하는 걸음걸음마다 모두를 밝고 맑고 훈훈하게 한다.

보살은 동정역순을 초월한 경지이나, 여래위는 이를 활용하는 경지이므로 경계를 따라 물들거나 섞이지 않고 매양 중도를 행한다. 여기서 중도행이란 나를 알고 남을 알고, 때에 맞게 상황에 맞게 하는 시중행(時中行)이다. 이것이 상시 응용 주의 사항 1조인 '응용(應用)하는 데 온전한 생각으로 취사하기를 주의하는' 마음을 사용하는 실효과다.

일이 없어 고요할 때 앞으로 올 일을 미리 내다보고 준비하는 것이다. 어부가 바다에 나가지 않을 때(=육근이 무사할 때) 그물을 손질하듯, 대종사님께서는 대각하신 후 방언 공사를 하고, 변산에서 제법(製法)하여 이 회상을 펼칠 준비를 하셨다.

이처럼 '정하여도 분별이 절도에 맞는 것'이란, 장래의 기틀을 보아 미리 준비하는 것이다. 죽음의 보따리를 40살부터 장만하라 하신 말씀도 다 이 말씀이다.

요약하면, 동정일여는 동정간 불리선이며, 동정상안(動靜常安)이다. 이는 곧 무시선 무처선의 수행이요, 이러한 수행을 하는 사람은 생각 생각이 보리심이요 가는 곳마다 극락이다.

또한 이러한 사람은 이 세상 어디에서나 가는 곳마다 주인이 되고, 이 세상 무슨 일이나 하는 일마다 주인이 되며, 그가 사는 곳은 어디나 다 성지(聖地)가 된다.

5. 영육 쌍전(靈肉雙全)

영육 쌍전이란 사람의 정신도 소중하고 육신도 소중하니 아울러서 건전하고 튼튼하게, 조화롭고 균형 있게 발전시켜 가자는 것이며, 이렇게 되려면 정신과 육신이 건전해야 한다.

영과 육은 사람의 정신과 육신뿐만 아니라, 다음 표와 같이 진리와 현상의 양면을 아울러 나타낸다.

은혜가 '없어서는 살 수 없는 관계'이듯 이들 영과 육은 항상 동시에 존재하며, 서로서로 바탕이 되고 도움이 되는 관계며, 영은 육의 근본이 되고 육은 영의 근본이 되므로 떨어지려야 떨어질 수 없는 불가분리의 관계며, 양면으로 나타나 떨어져 있는 것 같지만 (=양면성) 음양이 상승하듯 조화를 이루며(=동시성) 한 기운으로 뭉쳐진 하나의 세계요 하나의 진리 모습이다.

영육 쌍전(=하나의 세계)		비고
영(靈) (정신·이상적인 면)	육(肉) (실천·현실적인 면)	
정신(精神)	육신(肉身)	
보이지 않는 세계 [형이상학(形而上學)]	보이는 세계 [형이하학(形而下學)]	
유심론(唯心論)	유물론(唯物論)	
삼학 수행	의식주 생활	
수도 생활(修道生活)	현실 생활(現實生活)	
이상(理想)	현실(現實)	
지혜(智慧)	복(福)	복혜쌍수, 복혜양족
진리 불공	실지 불공	
내생(內生)	현세(現世)	
체(體)	용(用)	체용
진공(眞空)	묘유(妙有)	
유상(有常)	무상(無常)	
도학(道學)	과학(科學)	
불법(佛法)	생활(生活)	불법시 생활 생활시 불법
공부(工夫)	사업(事業)	
이(理)	사(事)	이사 병행
일원의 체성	일원의 위력	
이성(理性)	감성(感性)	
지성(知性)	야성(野性)	
문명(文明)	야만(野蠻)	
법신불(法身佛)	화신불(化神佛)	
종교(宗敎)	정치(政治)	정교 동심
수양(修養)	노동(勞動)	
진리(眞理)	기술(技術)	

우리 교법은 이사 병행, 삼학 병진, 영육 쌍전, 복혜 양존, 정교 동심 등과 같이 한쪽으로 치우치거나 지나치지 않고, 동시에 함께 나아가며 발전하자는 정신으로 조화와 균형을 이루고 있다. 원불교 교도들이 주위로부터 '원만하다. 남을 배려할 줄 안다. 주위를 아우른다.'는 얘기를 듣는 이유가 이 때문일 것이다.

천지는 둘이 아니다. 하나다. 한 기운으로 존재한다. 진리가 보이지 않는 세계(형이상학)와 보이는 세계(형이하학)로 이루어져 있듯, 영혼과 육신도 마찬가지다.

법을 설(說)하는 장소 주위에는 눈에 보이지 않는 영혼들이 천도 받으려고 많이 온다고 한다. 그래서 대종사님께서는 주위 영혼들도 다 듣도록 큰 소리로 설법을 하셨다. 천도 법문을 할 때 좌종을 치며 "○○야 정신을 차려 나의 말을 잘 들으라. ○○야 또 들으라. ○○야 듣고 듣느냐. ○○야 듣고 들었느냐."라고 영가의 이름을 부르고 또 불러준다.

일원상의 진리가 영원하듯 영혼도 영원한 세계가 있다. 그래서 '영천영지(永天永地) 영보장생(靈保長生)'이라고 한다.

정신·육신·물질 이 세 가지가 있어야 살아 갈 수 있으므로 이들을 다 갖추어야 한다. 넉넉하게 갖추어야 한다. 이런 사람을 복과 혜가 구족한 사람이라고 한다. 대종사님의 법으로, 원불교에 다니며 마음 공부하면 복혜가 증진되고, 하나 되는 진리를 알게 되므로 좋은 일을 많이 하게 되고, 인과 보응되는 이치에 따라 복혜가 증진된다. 이것이 참으로 잘 살고 잘 사는 것이다.

원불교 사상은 두루 회통(원만구족하고 융통·융화해서 막히거나 걸림이 없어 하나로 된다는 뜻), 쌍전, 병진되는 사상이므로 두루 가꾸어 나가므로 중도 생활을 하게 된다.

법 공부를 하지 않으면 정신이 가난해지고, 영혼도 빈곤할 수 있다. 그러나 영육을 쌍전하면 빈곤·질병도 퇴치되므로 몸과 마음이 건강해져 건강한 생활을 할 수 있다.

그러면 영육 쌍전을 잘 하려면 어떻게 해야 할까?

삼학으로 공부해야 한다. 특별히 시간을 내어 공부하는 것이 아니라, 일 속에서 생활하면서 경계 경계마다 삼학으로 들이대며 공부하면 영육이 쌍전된다. 마음 공부하면서 일하고, 일하면서 마음 공부하면 영육이 쌍전된다. 만약 일 때문에 공부를 못하거나 공부 때문에 일을 못한다면 이는 병든 선(禪)이요 병든 공부라 할 수 있다. 매사를 삼학으로 공부해야 한다. 응용하는 데 온전한 생각으로 취사하기를 주의해야 한다. 그래서 성가 73장 영육쌍전가는 "몸과 마음 어울리어 살아가는 우리. 정신도 육신도 소중하여라. 살기에 바쁘다고 공부 놓으랴. 공부로 의식주를 구할지니라. 생활로 산 불법을 이룰지니라. 혜복을 갖추는 길 여기에 있고 새 종교 산불법이 이 법이니라."고 하셨다.

잘 살아가려면 몸과 마음을 조심하고, 또한 몸과 마음을 단련해야 한다. 오늘도 내일도 하고 또 하고, 하고 또 해야 한다. 이것이 무시선 무처선이다. 우리의 선(禪)은 단전주선(丹田住禪)이다. 행(行)·주(住)·좌(坐)·와(臥)·어(語)·묵(默)·동(動)·정(靜) 간에 의식을 항상 단전에 두고 계속하는 것이다. 이것이 단련이며, 이렇게 하고 또 하면 능(能)이 나게 된다.

일하면서 공부하고 공부하면서 사업하는 것, 이것이 영육 쌍전이다.

과거 불교에서 이판승(理判僧)과 사판승(事判僧)이 서로 갈등 대립하였다. 불경 공부와 참선으로 수행을 주로 하는 이판승은 절 살림을 맡아 일을 주로 하는 사판승을 보고 수행은 하지 않고 세속적 권세나 재물 추구에 마음을 빼앗긴다고 비판하였고, 사판승은 이판승을 보고 사리에 어두운 현실 도피 주의자라고 비판하였다. 그래서 원불교에서는 이러한 현상을 해소하고 또한 진리의 기틀대로 영육 쌍전, 이사 병행(理事並行) 등 쌍전·병행·병진·조화를 교법의 기본 정신으로 삼고 있다.

영육을 쌍전하게 되면 일만 하는 사업인이 아니라 일을 통해서 공부도 잘하는 공부하는 사업인이 되고, 공부만 하는 공부인이 아니라 공부를 통해서 사업도 잘하는 사업하는 공부인"이 된다. 이런 교도를 생활과 법을 활용하는 살아있는 부처, 즉 활불(活佛)이라고 한다. 영육 쌍전의 최고 목표는 활불이라 할 수 있다.

과학과 도학, 유물론과 유심론. 따로따로 존재할 수 없다. 모두 하나다. 이들을 수용하여 병진해야 한다. 모두 살려 써야(활용) 한다. 대종사님께서는 모든 철학과 사상을 다 수용하여 살려 쓰셨다. 우리도 그래야 한다.

대산 종사님께서는 일인일기(一人一技), 즉 한 사람이 하나씩 기술을 가져야 한다고 하셨다. 한 손에는 교전[法]을 들고 한 손에는 기술을 들고 법과 기술을 병진·조화하여야 영육이 쌍전되어 잘 살게 된다고 하셨다.

원불교 공부는 실천하기가 쉽지 않다. 지행 일치(知行一致), 언행 일치(言行一致)가 어렵다. 하고 또 하고, 하고 또 하면 결국에는 능이 나 무위이화(無爲而化) 자동적으로 영육을 쌍전하는 활불이 될 것이다. 이렇게 될 때까지 하고 또 하고, 하고 또 하여야 할 것이다. 챙기지 아니하여도 저절로 되어질 때까지.

6. 불법시생활 생활시불법(佛法是生活 生活是佛法)

이는 '불법을 생활 속에서 쓰고 생활 속에서 불법을 활용하자.'라는 말씀으로, 종교의 생활화인 동시에 생활의 종교화를 말하며, 미래지향적인 종교의 방향이다.

우선 불법(佛法)이 무엇인지 알아보자.

불법은 말 그대로 부처님의 가르침이다. 더 정확한 표현은 이를 시대화·생활화·대중화할 수 있도록 새로 짜신-주세불이요 새 부처이신-대종사님의 가르침이다.

그러면 대종사님의 가르침의 핵심은 무엇인가?

'일원상의 진리(=일원)'다.

'일원(一圓)은 법신불(法身佛)이니, 우주 만유(宇宙萬有)의 본원(本源)이요 제불제성(諸佛諸聖)의 심인(心印)이요 일체 중생(一切衆生)의 본성(本性)이다.'라고 정의하셨다(교리도에서).

부처는 본성을 회복한 사람, 본성에서 떠나지 않는(不離自性) 사람이나, 중생은 마음이 탐·진·치에 가려-해가 구름에 가리듯-자성을 제대로 쓰지 못하는 사람이다.

세수도 며칠 안 하면 때가 꼬질꼬질해진다. 우리 마음도 마찬가지다. 탐·진·치로 찌든 때를 마음에서 벗겨내야 한다. 한두 번만, 생각 날 때만 해서는 안 된다. 매일 같이 해야 한다. 경계를 대할 때마다, 요란한 마음이 날 때마다, 어리석은 마음이 날 때마다, 그른 마음이 날 때마다 닦고 또 닦기를 쉬지 않아야 된다. 구정 선사가 솥을 아홉 번 걸었으나, 걸 때는 오직 한 번이었듯이 경계를 대할 때마다 오직 그 경계만 한번 닦으면 된다. 이것이 오래 오래 계속하는 것이요 영생 동안 하는 것이다. 이것이 마음 공부다. 염불·좌선으로 탐·진·치 삼독심을 녹여내야 한다.

'욕' 자(字)를 쓸 때도 부처는 '하고자 할' 욕(欲) 자를 쓰나, 범부 중생은 '욕심' 욕(慾) 자를 쓴다. 하고자 하는 마음이 서원이다. 욕심도 정당한 서원을 세우는 데 내야 한다. '일원의 위력을 얻도록까지 서원하고 일원의 체성에 합하도록까지 서원'하는 정당한 욕심을 내야 한다.

일원(=일원상의 진리)은 전지전능(全知全能)하며, 무소부재(無所不在)하다.

그러므로 일원은 복을 짓는 착한 사람에게는 복을 주고, 마음 공부 잘 하는 사람에게는 잘 살게 하는 지혜를 준다. 이것이 인과 보응이요, 영원히 쉬지 않고 돌고 돌므로 불생 불멸이다.

일원상 서원문에서 '심신 작용을 따라 육도(六途)로 변화를 시켜……'라고 했듯이 복도 심신 작용을 따라 나오고, 죄도 심신 작용을 따라 나온다.

그러므로 복도 짓고, 죄도 짓는 내가 나의 주인이다. 이 모든 것을 가능케 하는 것이 마음이므로 내 주인공은 내 마음이다. 어떤 마음으로 사느냐, 무엇을 원하고 있느냐가 그래서 중요하다. 영혼도 평소 원하던 마음 따라 그쪽으로 끌리게 된다. 자식도 인연 따라 온다고 한다. 은혜를 갚으러 왔든, 빚을 받으러 왔든 내게 온 자식은 지중한 인연이다. 법동지도 인연 따라 만나게 된다. 유유상종(類類相從)하게 되므로 잘 만나 잘 살려면 평소 정당한 서원으로 살아야 한다. 이 인과는 영원히 돌고 돈다. 그래서 불생 불멸이다.

대종사님의 법을 만난 것을 큰 행운으로 알고 복을 잘 지어 잘 사는 것이 부처의 세계다.

잊지 말 것은 인과 보응과 불생 불멸이다.

이것만 확실히 알면 확실하게 신앙하게 된다. 교무님에 따라, 동지에 따라 마음이 흔들리는 것은 이런 이치를 확실히 몰라 신근(信根)이 약하기 때문이다. 그래서 대종사님께서는 '사람만 믿지 말고 그 법을 믿으라.'고 하셨다.

복과 죄는 지은대로 받게 되는 자업자득(自業自得)이요 자작자수(自作自受)다. 그래서 정신은 내가 차려야 한다.

모든 일과 공부는 내가 해야 내 것이 된다. 복도 내가 지어 내가 받게 된다.

마음 공부를 하고 있다고 하면서도 대종사님의 가르침을 생활에 과연 얼마나 활용하고 있는가?

과연 나의 모습은 '불법시생활 생활시불법'인가?

과연 나의 수행은 '불법시생활 생활시불법'인가?

교리도(敎理圖) 공부

교리도는 원기 28년 1월에 대종사님께서 교법의 진수(眞髓)804)를 한데 모아 전 교법을 한 눈에 알아볼 수 있도록 분명하고 뚜렷하게(一目瞭然) 그림으로 나타낸 법문이요 대자대비심의 발로(發露)다.

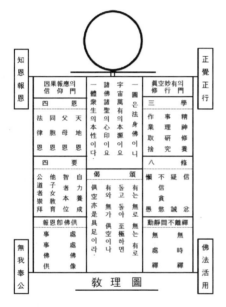

<원기 47년 원불교 교전의 교리도>

우선, 전 교법을 교리도로까지 그려 내놓으신 대종사님의 심경으로 돌아가 살펴보자.

'교법의 핵심은 원경(元經)인 정전(正典)인데, 이 정전을 어떻게 하면 알기 쉽게 한 장의 그림으로 나타낼 수 있을까?'

'정전은 총서편·교리편·수행편으로 구성되어 있는데, 그 핵심은 교리편이다.

그러므로 이 교리편을 주로 하되, 내 법은 사통오달로 두루 막힘없이 통하고 또한 신앙과 수행이 동시이듯 교리편과 수행편 역시 마찬가지이므로 교리를 수행으로 나투도록 나타내면 좋겠구나!'

이런 생각으로 구상하지 않았을까 하는 생각을 감히 해 본다.

일원상의 진리를 형상으로 나타낸 일원상(○)을 맨 위 중심에 두고, 이를 가장 잘 설명하는 말씀은 교법의 체(體)인 '제1절 일원

---

804) 사물이나 현상의 가장 중요하고 본질적인 부분.

상의 진리'와 마음 공부하며 깨달음을 노래한 '제6절 게송(偈頌)'이
므로 이들을 중심축으로 삼고 위아래에 놓되, 일원상의 진리는 하
나로 뭉쳐 '一圓은 法身佛이니 宇宙萬有의 本源이요 諸佛諸聖의
心印이요 一切 衆生의 本性이다.'라고 하셨다.

일원상의 진리(=일원)는 신앙의 대상이요 수행의 표본이며, 진
리는 신앙과 수행을 동시에 병진해야 바르게 닦게 되고 바르게 알
게 되고 바르게 사용할 수 있으므로 편의상 신앙과 수행으로 나누
되, 알고 보면 누구나 다 이 법(法)의 문(門)에 들어와 있는 줄 알
것이요 또한 누구나 다 이 법의 문으로 들어오기를 오매불망 염원
하므로 항상 열려 있는 문(門), 항상 열고 들어갈 수 있는 문(門)
을 붙여 신앙문(信仰門)과 수행문(修行門)으로 이름하였을 것이다
(생과 사를 생사문이라 했듯).

그러면, 교리도 입장에서 보았을 때, 왜 신앙문은 오른쪽에 수
행문은 왼쪽에 두었을까?

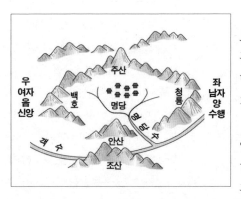

음양 오행에서 왼쪽이 양이요
오른쪽이 음이므로 음에 해당되
는 신앙문은 오른쪽에, 양에 해
당되는 수행문은 왼쪽에 두었을
것이다.

이에 바탕하여 신앙의 대상
인 사은(四恩)과, 사은에 보은
할 수 있고 또한 세상을 고르
는 구체적인 방법인 사요(四
要)는 신앙문에, 수행의 구체적인 방법인 삼학(三學)과 이를 더욱
촉진하는 진행 사조와 방해하는 사연 사조 즉 팔조(八條)는 수행
문에 두었을 것이다.

또한 신앙의 방법이 보은이고 불공이므로(報恩卽佛供) 이를 함
축하는 처처불상(處處佛像) 사사불공(事事佛供)은 신앙문에 두고,

수행은 원래에 분별·주착이 없는 각자의 성품을 오득하여 마음

의 자유를 얻게 하는 선(禪)이며, 이 선은 동과 정이 불리된 것이 아니라 하나이므로 동정일여 영육 쌍전 즉 동정간불리선(動靜間不離禪)을 해야 하는데, 이것이 곧 무시선 무처선(無時禪 無處禪)이므로 이는 당연히 수행문에 두었을 것이다.

이상의 교리들을 네 가지로 집약한 것이 4대 강령이다.

이를 신앙과 수행으로 나누면 정각 정행(正覺正行)과 불법 활용(佛法活用)은 수행에 해당되므로 양(陽)인 왼쪽에 놓고, 지은 보은(知恩報恩)과 무아 봉공(無我奉公)은 신앙에 해당되므로 음(陰)인 오른쪽에 두었을 것이다.

이와 같이 각 교리들의 관계를 생각하며 그 배치 관계를 그려보았고, 그 의미와 관계를 공부하기에 앞서 교리도의 유래를 알아보는 것도 의미가 있을 것이다.

교리도는 현재 교전에 있는 것 외에 3개가 더 있었다.

최초의 교리도는 원기 17년(1932)에 발간한 '육대요령'에 나타나 있다. 두 번째 교리도는 원기 28년(1943년)에 발간한 '근행법'에, 세 번째는 '불교정전'에, 네 번째 교리도는 원기 47년(1962)에 처음 발행한 현행 '원불교 교전'에 나타나 있다. 첫 번째 교리도는 도식의 형태이기는 하나, 아직 거북이 형태를 제대로 갖추지 못했다. 두 번째 교리도부터 일원상이 그림으로 나타나 있고, 거북이의 모습을 갖추었다. 세 번째 교리도는 두 번째 교리도와 거의 비슷하지만, 무아봉공이 처음 등장한다. 네 번째 교리도가 현행 교리도인데, 일원상 게송과 사요를 넣었고, 불교 보급을 불법 활용으로 바꾸었다.

대종사님께서는 교리도를 그려놓고 "참 좋다. 꼭 거북이 같이 생겼다. 오래오래 전해 갈 만고의 대법이다. 내 법의 진수가 모두 여기에 들어 있다. 이대로만 수행한다면 빈부 귀천·유무식·남녀 노소를 막론하고 성불 못할 사람이 없을 것이다."라고 하였다.

이제부터, 교리도에 나타낸 각 교리들의 의미와 관계를 공부하고자 한다.

가장 먼저 알고 싶은 것이 '신앙문을 왜 인과 보응의 신앙문이라 하고, 수행문을 왜 진공 묘유의 수행문이라 했을까?'이다.

즉 신앙이 왜 인과 보응에 바탕을 두고, 수행이 왜 진공 묘유에 바탕을 두느냐이다.

신앙은 불공이며, 불공에는 진리 불공과 실지(당처) 불공이 있는데, 이들은 모두 자기 자신과의 관계뿐만 아니라 진리와 나의 관계, 상대방과 나의 관계에 대한 문제이므로 자신과 상대와의 관계 즉 진리든 자기 자신이든 상대방이든 불공을 하면 한 만큼 받고 받은 만큼 보은하게 되는 인과 보응의 관계 속에서 이루어진다.

그러므로 신앙은 곧 인과 보응의 이치에 바탕을 두고 있음을 알 수 있고, 신앙문을 인과 보응의 신앙문이라고 하는 말이 그래서 더욱 타당함을 인정할 수밖에 없게 된다.

이번에는 수행과 진공 묘유의 관계에 대하여 살펴보자.

수행은 자기 스스로 하는 것이다. 스스로 노력한 만큼, 자기 자신에게 불공을 한 만큼 되어지고 이루어진다.

그러면 무엇으로 수행을 하는가?

내가 대하게 되는 모든 대상 즉 천만 경계가 수행의 대상이며, 그를 대하며 작용되는 일체의 마음 작용은 원래는 요란함도 어리석음도 그름도 없건마는(=진공) 경계를 따라 있어질 뿐이다(=묘유). 이 원래는 없었으나 즉 허공처럼 텅 비었으나 경계를 따라 묘하게 일어나는 마음 작용을 가지고 수행하는 것이다. 이 묘하고도 묘한 마음 작용이 그르게 작용되는지 바르게 작용되는지, 그르게 작용되면 왜 그런지, 바르게 작용되면 그건 또 왜 그런지, 그른 취사를 하였으면 그 상황에서 왜 그랬는지 등등 그 마음으로 수행하는 것이다.

그러므로 수행은 진공 묘유의 이치에 바탕하여 수행하므로 신앙문이 그러하듯, 수행문도 진공 묘유의 수행문이라고 하는 것이 지극히 타당함을 알 수 있다.

이와 같이 일원상의 진리를 신앙과 수행으로, 인과 보응과 진공 묘유로 구분하였으나, 이 또한 일원의 불변하는 진리에 체를 두고 변하는 진리의 쓰임을 나타내는 것이다(用變不動本).

교리도는 앞에서 언급했다시피, 교법의 진수와 교단의 목표가 집약되어 있다.

대종사님께서 원기 28년(1943) 1월에 새로 정한 교리도(敎理圖)를 발표하시며 "내 교법의 진수가 모두 여기에 들어 있건마는 나의 참 뜻을 아는 사람이 몇이나 될꼬. 지금 대중 가운데 이 뜻을 온전히 받아갈 사람이 그리 많지 못한 듯하니 그 원인은, 첫째는 그 정신이 재와 색으로 흐르고, 둘째는 명예와 허식으로 흘러서 일심 집중이 못되는 연고라, 그대들이 그럴진대 차라리 이것을 놓고 저것을 구하든지, 저것을 놓고 이것을 구하든지 하여, 좌우간 큰 결정을 세워서 외길로 나아가야 성공이 있으리라[805]."고 말씀하셨다.

여기서 외길은 대종사님께서 펴신 교법대로 나아가는 것이다. 새로 깨치려고 또는 다른 법을 구하려고 기웃거릴 것이 아니라, 대종사님의 가르침대로 신앙하고 수행하는 것이 견성·성불하는 길이요 제생 의세하는 길이다. 이렇게 하는 것이 외길을 가는 것이다.

일원상의 진리는 변하는 진리와 불변하는 진리로 돌고 도는데, 우주 만유를 통하여 무시광겁에 은현 자재하고 있다. 이 은현(隱顯), 즉 숨었다 나타나는 것이 인과 보응이다. 인(因)은 은(隱)이요 과(果)는 현(顯)이니, 보은하면 한 만큼 사은에 갚는 인이 되어(=報) 과로 돌아오게 된다(=應).

그러므로 인과 보응의 신앙문은 법신불 사은에 대하여 하면 한 만큼 갚게 되고 받게 되는 인과 보응의 진리에 바탕을 둔 원만한 신앙길을 밝혀주신 문(門)이다.

수행은 진공 묘유의 진리에 근거하여 경계를 대할 때마다 진공으로 체를 삼고 묘유로 용을 삼아 원만 구족하고 지공 무사한 내 마음을 알고 양성하고 사용하는 것이므로 공부를 하면 할수록 맑

---

805) 대종경, 제15 부촉품(附囑品), 7장, p.402.

아지고 밝아지고 훈훈해진다.

그러므로 진공 묘유의 수행문은 원만한 수행길을 밝혀 주신 것이다. 이 원만 구족하고 지공 무사한 각자의 마음을 알고 양성하고 사용하는 것이 무엇인가? 삼학으로 수행한다. 그러니 수행문에 삼학이 포함되는 것은 지극히 당연하지 아니한가!?

신앙은 불공이다. 즉 사은에 보은하는 것이다. 천지은에는 대한 불공은 무념 보시며, 부모은에 대한 불공은 무자력자 보호며, 동포은에 대한 불공은 자리이타며, 법률은에 대한 불공은 준법 지계다.

이처럼 보은하면 복을 받고, 배은하면 벌을 받게 된다. 대종사님의 가르침은 멀리 있지 않다. 가까이에 있다. 생활 속에 있다. 내가 대하고 있는 일체가 다 복을 주는 조물주인 동시에 벌을 주는 조물주다.

인과 보응의 신앙문에는 인생의 요도인 사은(四恩)·사요(四要)가, 진공 묘유의 수행문에는 공부의 요도인 삼학(三學)·팔조(調)가 들어 있다.

이 사요는 세상을 고르게 하고 잘 살게 하고 평등하게 하는 묘방으로서 사은에 대하여 보은할 수 있는 구체적인 비방(秘方)이다. 자력 양성은 인격 평등이며, 지자 본위는 지식 평등이며, 타자녀 교육은 교육 평등이며, 공도자 숭배는 생활 평등이다.

삼학은 수행을 맑고 밝고 훈훈하게 하는 공부길이요, 팔조는 삼학을 추진하는 원동력(진행 사조: 信·忿·疑·誠)과 방해꾼(사연 사조: 不信·貪慾·懶·愚)인데, 이 삼학 역시 사은에 보은하는 원동력이 되니 우리 법은 사통오달이라 명일심(明一心)하면 통만법(通萬法)하게 된다.

교리도의 신앙문에 있는 '처처불상 사사불공'과 정전 수행편에 있는 '불공하는 법' 사이에는 어떤 차이가 있는가?

두 불공의 의미가 거의 같으나, 그 차이를 굳이 찾는다면 수행편의 '불공하는 법'이 실지 불공을 보다 강조하였고, '처처불상 사사불공'은 실지 불공에 진리 불공을 더한 전체 신앙, 전체 불공이

548

라고 볼 수 있다.

교리도가 거북이 모양을 한 것은 대종사님께서 거북이를 의식하고 그렸다기보다는 그리고 나니 거북이 형상이 되었다고 생각된다. 거북이는 기린·봉황·용과 함께 신령스런 영물(靈物)로서 수명이 긴 동물이다. 대종사님께서는 교리도로 나타낸 이 교법이 거북이처럼 수 만년 동안 오래 오래 전해 갈 것이라고 하셨다.

끝으로 교리도는 교법을 일목요연하게 나타낸 진수인 동시에 일원상의 진리를 신앙의 대상과 수행의 표본으로 삼아 장난감을 가지고 놀듯, 게임을 하듯 교법을 항상 궁굴리면서 생활에 활용하는 공부인, 교법이 곧 생활이요 생활이 곧 교법인 활불(活佛)이 되는 것이야말로 대종사님께서 당신의 가르침을 알기 쉽게 자세하게 펴시고서도 교법(=진리를 활용하는 법)을 하나로 뭉쳐 교리도로까지 일러주고 있는 대자대비심에 보은하는 길이다.

원불교를 왜 불교의 한 종파로 오해하는가?

원불교의 교도들이 받는 질문 중 대답을 잘 못하는 것 중 하나가 바로 원불교와 불교의 차이점에 대한 설명이다.

심지어 불교의 어떤 인터넷 싸이트에는 원불교를 불교의 한 종파(宗派)로 분류하여 쓴 글도 게재되어 있다.

왜 이런 일이 벌어지며, 원불교는 불교의 한 종파가 아니라 왜 새 불교, 새 종교라고 하는지 알아보자.

[교단 내의 의견]

대종사님께서 대각하신 후 부처님을 연원불로 정하여 본사(本師)로 모시고 있는데, 이로 인하여 원불교를 불교의 한 종파로 보는 시비가 예나 지금이나 끊이지 않고 있다.

이런 시비가 오늘만 있을까?

대종사님과 정산 종사님 당대에도 마찬가지였다. 두 분의 말씀을 들어보자.

대종사 대각을 이루신 후 모든 종교의 경전을 두루 열람하시다가 금강경(金剛經)을 보시고 말씀하시기를

"서가모니 불(釋迦牟尼佛)은 진실로 성인들 중의 성인이라."

하시고, 또 말씀하시기를

"내가 스승의 지도 없이 도를 얻었으나 발심한 동기로부터 도 얻은 경로를 돌아본다면 과거 부처님의 행적과 말씀에 부합되는 바 많으므로 나의 연원(淵源)을 부처님에게 정하노라." 하시고,

"장차 회상(會上)을 열 때에도 불법으로 주체를 삼아 완전 무결한 큰 회상을 이 세상에 건설하리라." 하시니라806).

---

806) 대종경, 제1 서품(序品), 2장, p.95.

"우리 회상을 과거 회상의 한 종파로 아는 이가 있나이다."

(정산 종사) 말씀하시기를

"과거 부처님께서 바라문807)의 교리를 인순(因循)808)하신 점이 있고, 예수께서 구약(舊約)809)을 연원하시었으되, 불교나 기독교를 과거의 한 종파라 하지는 않느니라."

또 사뢰기를

"과거 교법과 우리 법과의 관계는 어떠하나이까?"

말씀하시기를

"주로 창조하시고, 혹은810) 혁신, 혹은 인용(因用)하셨나니라811)."

"그러므로, 부처님의 무상 대도에는 변함이 없으나 부분적인 교리와 제도는 이를 혁신하여 소수인의 불교를 대중의 불교로, 편벽된 수행을 원만한 수행으로 돌리자는 것이니라812)."

따라서 구약과 신약을 동시에 보는데도 불구하고 기독교를 천주교의 한 종파라고 하지 않듯, 원불교는 불교의 한 종파라고 할 수 없으며, 불교를 혁신한 '새 불교', '새 종교'라고 해야 한다.

[교단 밖의 의견]

우선, 서강대(천주교 재단) 종교학과 김승혜, 길희선 교수와 중앙승가대학(불교 재단) 서종범 교수의 얘기813)부터 들어보자.

---

807) 인도의 사회 계급 제도인 4성(四姓) 가운데 가장 높은 지위에 있는 종족으로서 승려 계급. 바라문교의 전권을 장악하여 왕보다도 윗자리에 있고 신의 후예라 자칭한다.
808) 낡은 인습을 고집하고 고치지 않음.
809) 기독교의 경전. 예수가 나기 전의 이스라엘 민족의 역사와 하나님의 계시 등을 기록한 것으로, 창세기에서 말라기까지 39권으로 되어 있다.
810) 원문은 '혹시'의 뜻인 '혹'이나, '더러는'의 뜻을 가진 '혹은'으로 수정하였다. '혹시'의 뜻은 '그럴 리는 없지만 만일에, 어쩌다가 우연히, 짐작대로 우연히'다. 그러므로 '혹'이 아니라 '혹은'임을 알 수 있다.
811) 정산 종사 법어, 제2부 법어(法語), 제6 경의편(經義編), 39장, p.851.
812) 대종경, 제1 서품(序品), 16장, p.104.
813) 김승혜, 서종범, 길희선, "선불교와 그리스도교", 바로오딸, 서울, p.88-89, 1996.

"원불교가 불교냐 아니냐에 대해서는 논란이 많이 있습니다. 제가 보기에는 교리면에서는 불교에서 응용하는 면이 상당히 있지만, 원칙적으로는 민족 종교814)에 해당된다고 생각합니다.

그 이유로 원불교에서는 불상(佛像)을 모시지 않고 원(圓)815)만을 상징으로 택하고 있다는 점을 들 수 있을 것입니다. 세계 어느 불교에서도 불상을 모시지 않는 불교는 없습니다.

또한 그 종파의 종조(宗祖)를 그토록 신앙하는 경우도 찾아 볼 수 없습니다. 원불교는 서가모니보다도 소태산을 더 신앙하고 있습니다816).

이런 몇 가지 점에서 보아도 불교라기보다는 민족 종교817)라고 할 수 있습니다. 그리고 문공부(지금의 문화체육관광부) 자료에 나오는 우리나라 불교 교단 중에도 원불교는 포함되어 있지 않습니다. 다만 문제는 이름에 불교라는 말이 들어 있고, 실제 교리상으로도 불교에서 응용한 것들이 많이 있다는 점입니다.

그렇기 때문에 그들 내부에서도 논란이 있는 것으로 알고 있습니다. 불교로 돌아갈 것인가 아니면 소태산 중심의 특색을 강조할 것인가의 문제가 있는 것입니다.

---

814) 종교학상의 분류에서 어떤 특정한 민족이나 인종만이 믿는 종교. 특히, 같은 문화 양식을 공유하는 혈연·지연의 결합성이 강한 민족에게서 볼 수 있으며, 미개 민족의 종교에서 발전한 것이라고 할 수 있다. 일반적으로는 특정한 개인으로서의 개조(開祖)는 없고, 민족의 성립과 함께 발생된 종교로서 신봉되는 것이 상례인데, 고대의 이집트·바빌로니아·페르시아의 종교와, 켈트족(族)·튜턴족·슬라브족·그리스인·로마인의 종교 및 유대교나 고대 브라만교, 일본의 신도(神道) 등이 대표적인 민족 종교다. 불교·그리스도교·이슬람교 등의 세계 종교와 상대 개념이기도 하나, 때로는 그 경계가 분명치 않은 경우도 있다. 그러므로 <u>원불교는 민족 종교가 아니라, 세계 종교라고 해야 정확한 표현이다.</u>
815) 법신불 일원상(=일원상=일원상의 진리)을 말함.
816) 이는 김승혜, 길희선, 서종범 교수들의 잘못된 인식이다. 원불교에서는 소태산 대종사를 신앙하기보다는 그 가르침의 핵심인 '일원상의 진리'를 신앙의 대상과 수행의 표본으로 삼고 있으며, 공부의 방향로를 열어주신 스승으로 모시고 그 가르침을 따르고 있다.
817) 불교라기보다는 민족 종교: '전통 불교라기보다는 불교를 혁신한 새 불교요 세계 각국에서 성장하고 있는 세계 종교'라고 수정해야 정확한 표현이다.

하지만 엄격하게 구분하여 원불교는 새로운 세계 종교[818]의 범주로 분류되어야 할 것으로 생각합니다."

또 다른 분의 얘기를 한 번 더 들어보자.

선도(仙道) 수련가이자 미래 소설 '다물', '소설 한단고기', '인민군 3부작'의 작가인 김태영 선생[819]의 '선도체험기' 씨리즈 중 39권에 소개된 글이다.

"원불교출판사에서 펴낸 원불교 전서를 다 읽었다. 원불교 하면 우선 불교의 한 종파인 것처럼 생각되기 쉽지만 그렇지 않다.

원불교는 1891년 5월 5일 전라남도 영광군 백수면 길룡리라는 작은 농촌에서 태어난 소태산(少太山) 박중빈(朴重彬, 1891-1943)에 의해 1916년에 이 땅에 태어난 순전한 한국의 자생 종교다.

원불교라는 이름이 생겨난 것은 소태산이 1916년에 누구의 지도도 받지 않고 순전히 자력으로 수도한 끝에 깨달음을 얻은 뒤에 천도교, 증산교, 그리고 그 당시 한국에 들어와 뿌리를 내리고 있던 불교와 기독교 같은 외래 종교들의 경전을 섭렵하던 중 불경을 읽다가 그가 깨달은 것과 흡사한 점들을 발견하고는 자신의 소위 일원 사상을 뜻하는 원(圓)자에다가 불교를 결합하여 원불교라는 이름을 그의 제자인 정산이 해방 후(1948)에 지은 데서 비롯된 것이다.

따라서 원불교는 불교적 색채가 있으면서도 원초적인 불교와는 여러 가지 면에서 다르다.

교조인 소태산은 득도 후에 여러 종단을 순방하여 종교에 대한 넓은 안목과 식견을 가지고 어떠한 종교에서든지 좋은 점이 있으면 과감하게 수용하여 원불교 교단의 것으로 채용하는데 서슴지

---

818) 원문에는 '민족 종교'로 되어 있으나, 실상은 민족 종교가 아니라 세계 종교이므로 이를 수정하였다.

819) 배현송 교무님과 인연이 닿아 가져다 준 원불교 주요 경전과 법문집을 읽고서 원불교에 비상한 관심을 갖게 되었고, 깊은 통찰력으로 그의 저서인 '선도체험기 39권, 40권'과 '소설 단군 5권'에 원불교에 대한 글을 실었다. 그는 원불교에 대해 깊이 이해하고 있는 교단 외 인사 중 한 분이다.

않았다.

뿐만 아니라 개방적이고 민주적이고 남녀 평등적인 행정과 제도를 이룩하여 교단의 발전을 도모하였다.

특히 법회 의식에서는 기독교와 유사한 점이 많다.

원불교는 민중의 생활 불교로서, 500년간의 조선 왕조의 억불(抑佛)820) 정책으로 그때까지도 산 속에 은둔하여 기복 신앙으로 명맥을 유지하고 있던 일제하의 불교와는 천양지차(天壤之差)821)가 있었다.

교도들의 일상 생활 자체를 신앙 생활과 직결시킨 점이라든지, 자선 사업과 왜정 때의 이 땅의 퇴폐적이고 무기력했던 사회 풍조 개조 사업에 앞장 선 면에서는 기성 불교가 도저히 따라 갈 수 없는 장점들을 지니고 있다.

원불교의 사회 개량 사업으로 축적된 노하우는 박정희 시대의 새마을 운동의 사표가 되어 자문 역할을 하기도 했다822).

그리하여 지금 이 나라의 천도교, 증산교, 원불교 중에서 가장 후발 종교이면서도 가장 착실하게 성장하고 있는 종교로 알려져 있다. 천도교·증산교·원불교는 우리나라 종교의 세 줄기의 중요한 맥을 잇고 있는 것이 사실이고 언론에서도 그렇게 늘 보도되고 있다.

(중략)

한국에서 자생한 종교 가운데서 지난 83년 동안 이렇다 할 내분 없이 가장 착실하게 성장하여 온 원불교는 가장 완벽하고도 모범적인 종교로서 내외의 주목의 대상이 되고 있다. 원불교는 다른 자생 종교와는 달리 일찍부터 외국에 눈을 돌려 해외 교화에도 괄목할 만한 신장세를 보여주고 있다.

초가집 한 채로 시작한 원불교 총부가 오늘날 이렇게 커지리라고는 초장기에는 누구도 상상할 수 없었던 일이었다. 또 겨우 방 두 칸으로 시작된 원광대학교는 오늘날 국내 굴지의 명문 사립 대

---

820) 불교를 억제함.
821) 하늘과 땅 사이와 같이 엄청난 차이.
822) 원불교 전서 중의 '예전(禮典)'은 '가정 의례 준칙'의 근간이 되었다.

학교로 성장하리라고는 누가 알았겠는가?

창립자 소태산을 비롯한 역대 종법사들과 교도들의 무아 봉공, 성불제중(成佛濟衆)823), 제생의세(濟生醫世)824) 정신과 순수한 종교적 열정이 빚어낸 금자탑이 아닐 수 없다.

(중략)

바로 이 때문에 원불교는 국내·외의 어떤 종교보다도 포용력이 있고, 개방적이고, 민주적이다.

특히 남녀 평등을 실천하는 면에서는 아직도 남성 우위의 기성 전통에 사로잡혀 있는 어떠한 기성 종교도 따를 수 없다. 원불교 안에서는 일체의 성 차별이 없어서 남녀 평등이 가장 완벽하게 구현되고 있는 것으로 널리 알려져 있다.

과연 시대를 선도해 나가는 첨단 종교가 아닐 수 없다.

일상 생활 자체가 신앙과 유기적인 관계를 맺고 있을 뿐만 아니라, 어느 종교보다도 자선 사업에 열정을 기울이고 있는 면에서도 타종교의 추종을 불허하고 있다.”

이와 같이 원불교는 엄연히 불교와는 다름을 알 수 있다.

종파라고 하면 신앙의 대상은 같으나, 다만 그 공부 방법과 수행 방법이 다르다.

즉 그 종파의 중흥조(中興祖)825)가 공부와 수행이 빠르다고 주장하는 불경(팔만대장경) 중의 하나를 주 경전으로 삼고 있다.

선(禪) 수행을 위주로 하는 선종(禪宗), 계율 수행을 주로 하는 율종(律宗), 경전의 가르침을 주로 하는 교종(敎宗) 등이 있으며,

---

823) 진리를 깨쳐 부처를 이루고 자비 방편을 베풀어 일체 중생을 고해에서 구제하는 것.

824) 자기 스스로를 먼저 제도하고, 병든 세상을 구제한다는 뜻. 성불 제중과 같은 뜻이나 성불 제중보다 적극적인 교화 자세와 사회 참여의 의지가 강하게 내포되어 있다.

825) ①중시조(쇠퇴한 가문을 다시 일으킨 조상. 쇠퇴한 학문이나 기술 따위를 다시 일으킨 사람). ②종문(宗門)이나 절을 중흥하여서 개산조 다음 가는 공로를 세운 승려를 높여 이르는 말. 침체한 한 종문의 교세를 크게 떨치거나, 법당 따위를 다시 세우거나 증축한 승려를 이른다.

이에 따라 행사, 의식 등이 다르다.

따라서 원불교와 불교는 교조가 각각 다를 뿐만 아니라, 신앙의 대상과 기본 교리와 경전 등이 모두 다르므로 원불교를 불교의 한 종파라고 할 수는 없다.

제도면에서도 불교가 출세간 생활을 위주로 하는데 반해, 원불교는 세간 생활과 출세간 생활을 병행하여 생활과 종교를 둘로 보지 않고 신앙과 수행을 하므로 불교의 한 종파가 아니라 새 불교, 새 종교라고 한다.

원불교와 불교의 주요 차이점을 비교해 보면 다음 표와 같다.

구분	불교	원불교
교 조	서가모니	소태산 박중빈
발 생 지	인도	한국
신앙의 대상	불법승 삼보826)(자성 삼보)	일원상의 진리
기본 교리	사제827), 십이인연828), 팔정도829)	사은 사요, 삼학 팔조
제 도	출세간 생활 위주 (출세간≫세간)	출세간·세간 생활 병행 (출세≤세간)
경 전	금강경 등 8만 4천 경전	원불교 교전 등 8대 교서830)

---

826) 우주 만유의 진리를 깨친 부처님(佛), 부처님이 설한 모든 교법(法), 부처님의 교법을 믿고 따르며 수행하는 사람(僧)을 말한다.

827) 인생의 모든 문제와 그 해결 방법에 대한 네 가지의 근본 진리로서 제(諦)는 진리·진실이란 뜻이며, 그러한 진리가 신성한 것이라 하여 사성제(四聖諦) 또는 사진제(四眞諦)라 한다. 미혹의 세계와 깨달음의 세계의 인과(因果)를 설명하는 기본적인 교리로 고제(苦諦)·집제(集諦)·멸제(滅諦)·도제(道諦)의 네 가지 진리를 말한다.

828) 중생 세계의 삼세에 대한 미(迷)의 인과를 열두 가지로 나누어 설명하는 말이다. 과거에 지은 업에 따라서 현재의 과보를 받고, 현재의 업을 따라서 미래의 고(苦)를 받게 되는 열두 가지 인연을 말한다. 십이연기(十二緣起)라고도 한다. ①무명(無明)은 미(迷)의 근본이 되는 무지(無知). ②행(行)은 무지로부터 다음의 의식 작용을 일으키게 되는 동작. ③식(識)은

556

의식 작용. ④명색(名色)은 이름만 있고 형상이 없는 마음과, 형상이 있는 물질. 곧 사람의 몸과 마음. ⑤육입(六入)은 안·이·비·설·신·의의 육근(六根). ⑥촉(觸)은 육근이 사물에 접촉하는 것. ⑦수(受)는 경계로부터 받아들이는 고통, 또는 즐거움의 감각. ⑧애(愛)는 고통을 버리고 즐거움을 구하려는 마음. ⑨취(取)는 자기가 욕구하는 것을 취하는 것. ⑩유(有)는 업(業)의 다른 이름. 다음 세상의 과보를 불러 올 업. ⑪생(生)은 몸을 받아 세상에 태어나는 것. ⑫노사(老死)는 늙어서 죽게 되는 괴로움이다.

829) 중생들이 고통의 원인이 되는 탐·진·치의 삼독심을 없애고 해탈을 얻어 깨달음의 세계인 열반을 얻기 위해 실천 수행해야 할 여덟 가지의 길, 또는 그 방법으로 정견(正見), 정사유(正思惟), 정어(正語), 정업(正業: 바르게 행동), 정명(正命: 바르게 생활), 정정진(正精進: 바르게 수행 정진), 정념(正念), 정정(正定: 바르게 선정을 닦는 것)이다.

830) 원불교 교전, 불조 요경, 예전, 정산 종사 법어, 대산 종사 법어, 교사, 교헌, 성가.

정전 모시고 하는 마음공부 Ⅰ
(총서편, 교의편)

인쇄 2016년 4월 20일
발행 2016년 4월 28일

지은이 류백철
펴낸이 주영삼

펴낸곳 원불교출판사
　　　　주소 익산시 익산대로 501
　　　　전화 (063) 854-0784　팩스 (063) 852-0784
출판신고일 1980년 4월 25일 (제1980-000001호)
홈페이지 www.wonbook.co.kr

인쇄 원광사

값 23,000원
ISBN 978-89-8076-252-1(03200)

낙장 및 파본은 교환하여 드립니다.